대한민국
국가미래전략
2017

일러두기

• 가독성을 고려해, 가급적 명사나 동사의 단위별 붙여쓰기를 허용했습니다.
• 외래어 표기는 국립국어원의 표기를 따르는 것을 원칙으로 했으나 예외를 둔 것도 있습니다.

대한민국 국가미래전략

National Future Strategy

2017

30년 후, 대한민국 미래비전
'아시아 평화중심 창조국가'를 말한다

|

KAIST 문술미래전략대학원 지음

이콘

＼ 2부 ＼ 대한민국 국가미래전략

7장 \ 경제분야 미래전략

2017년 판을 내며

오늘날 대한민국은 어느 분야를 보더라도 세계 10위권에 속하는 번영을 누리고 있다. 유구한 5,000년의 역사를 이어온 것도 놀라운 일이지만 그보다는 식민지의 유산을 안은 신생 독립국으로서, 또 동족상잔의 비극을 품은 분단국으로서 단기간에 이런 성과를 올렸다는 사실이 더욱 놀랍다.

대한민국 6대 절대과제

우리는 과연 현재의 번영을 후손들에게 물려줄 수 있을까. 미래의 후손들이 현재와 같은 번영을 누리기 위해서는 다음의 '6대 절대과제'를 해결해야 한다.

• **저출산·고령화:** 저출산으로 인해 100년 후에는 대한민국 인구가 4,000만 명 이하로 줄어들 것으로 전망된다. 더불어 평균수명의 연장으로 초고령사회에 진입할 것이다. 사회의 모든 분야가 초고령사

회에 적응할 수 있도록 구조적 체질개선이 필요하다. 모든 구성원이 구조개선의 고통에 동참할 수 있도록 적극적인 독려도 요구된다.

•**사회통합·갈등해결:** 우리나라는 사회갈등과 양극화가 특히 심한 사회이다. 정신문화가 날로 황폐해지면서 관용과 포용, 나눔과 배려가 점차 사라지고, 이기주의와 집단적 터부, 배타가 기승을 부리고 있다. 사회적 관계의 단절로 인해 자살률은 OECD 국가 중 가장 높은 수준이고 반대로 국민행복지수GNH는 가장 낮다. 부가 세습되어 신분이동의 길이 차단되면서 젊은이들이 희망을 잃었고 전반적으로 사회가 불안한 상태이다. 이런 상황에서는 국민의 능력을 한곳으로 모으기 어렵다.

•**평화(통일)와 국제정치:** 남북의 평화와 통일은 지상과제이다. 해방 100주년을 내다보면서 분단 100년을 상정한다면 그것은 이미 우리에게 온전한 미래가 아니다. 부끄럽지 않은 민족사를 후대에 물려주기 위해서, 가장 기본적인 선결과제가 있다면 남북의 평화가 구조적으로 안착화, 제도화된 상태, 즉 평화와 통일이다. 철저히 평화적인 방식으로 분단과 전쟁의 위험을 한반도에서 씻어내야 한다. 평화통일의 과업은 국민의 단결과 지혜로운 대외정책에 의해서 가능하다.

•**지속적인 성장과 번영:** 지난 40년간 이루었던 성장과 번영을 지속, 발전시켜야 국민소득 3만 달러를 돌파하고 선진국 반열에 오를 수 있다. 성장이 없으면 인구 감소에 따른 사회 전반의 체질개선은 더욱 험난할 것이다. 여기서 주저앉으면 다시 후진국으로 낙오하기 십상

이다. 첨단기술을 개발해 성장을 견인할 신성장동력을 발굴하고 신산업을 개척해야 한다.

•**지속가능한 민주복지국가**: 우리나라는 민주주의와 복지국가를 동시에 추구하고 있다. 복지가 민주주의를 만나면 간혹 포퓰리즘의 유혹에 빠질 수 있다. 정치인들은 정권을 잡기 위해 과대공약을 내놓고는 적자재정을 편성하기 쉽다. 그리고 그 부담을 미래세대에 떠넘기는 것이다. 지속가능한 해법을 찾아야 한다. 복지와 민주주의가 선순환할 수 있는 구조가 중요하다.

•**에너지와 환경문제**: 우리나라는 자원빈국이다. 석유는 물론이고 광물자원도 빈약하다. 현대문명은 엄청난 에너지를 소모하고 있고, 그 결과 환경은 급속도로 악화되고 있다. 미래에도 안정적인 성장과 번영을 이루고자 한다면 지속가능한 에너지원을 확보해야 한다. 기후변화와 환경오염에 대비하는 것도 미룰 수 없는 기본적인 책무이다.

대한민국의 6대 변화

광복 70년의 도전과 성공의 영광을 이룩한 대한민국은 지금 중대한 변화를 맞이하고 있다. 이러한 변화는 그동안 경험하지 않은 것들이고 당분간 이러한 추세가 계속될 것으로 예상된다.

•**저성장 시대**: 앞으로 저성장 경제가 예상되고, 기존의 성장주의 전략에서 저성장에 맞는 전략 정책으로 변화하고 있다.
•**삶의 질 중심의 라이프스타일 변화**: 국민들의 사고방식이 GDP 성장

만능주의에서 행복도 함께 생각하는 방식으로 변하고 있다.

•**국가 거버넌스의 다원화:** 기존의 행정부 중심의 의사결정구조에서 입법부, 사법부와 시민단체가 참여하는 구조로 변하고 있다.

•**저출산·고령화:** 인구 감소와 경제인구 감소가 현실로 다가오고 있으며, 이에 적응하는 전략 정책으로 변화하고 있다.

•**불평등 심화:** 사회 곳곳에 불평등과 양극화가 심화, 고착되고 있으며, 이로 인해 사회의 역동성이 줄어들고 있다.

•**직업의 변화:** 자동화로 직업이 변하고 있고 일자리 감소 추세 속에 실업이 증가하고 있으며, 고용불안이 심화되고 있다.

그럼에도 갈지之자 행보를 계속하고 있는 국가

문제는 국가의 중심에서 난국을 헤쳐나가고 최상위 의사결정을 해야 할 정치권이 후진성을 면치 못하고 있다는 사실이다. 사회 각계각층이 열심히 앞으로 나아가고 있는데 정치권이 앞길을 가로막는 형국이다. 5년 단임제의 정권은 단기적 현안에만 급급하다. 여야를 막론하고 국가나 국민보다 당리당략에만 골몰하는 모습이다. 정치인들이 국가의 중심에서 앞길을 개척해주기를 바라는 것은 연목구어緣木求魚가 된 상황이라는 평가가 적지 않다.

더욱이 정권이 바뀔 때마다 국정운영의 기조가 바뀌면서, 이전 정권의 업적과 정책은 무시됐다. 국가정책은 그야말로 갈지之자 행보를 하고 있다. 노무현 대통령의 '혁신경제'는 이명박 대통령에 의해 부정됐고, 이명박 대통령의 '녹색경제'는 박근혜 대통령에 의해 소외됐다. 현재 박근혜 대통령의 '창조경제'가 처한 운명도 그다지 다르지 않을 것이다.

정권을 잡은 사람들은 나라를 송두리째 바꾸어 단기간에 성과를 내고 그 공로를 독차지하고자 했다. 장기적인 청사진은 없어 보였다. 하지만 최고결정권자들이 하는 일이다보니, 어느 누구도 제동을 걸기 어려웠다. 각 정권마다 장기적인 전략을 추진하지 않은 것은 아니다. 노태우 대통령은 '21세기위원회', 김영삼 대통령은 '세계화추진위원회', 김대중 대통령은 '새천년위원회'를 각각 설립했고 노무현 대통령은 '국가비전 2030', 이명박 대통령은 '대한민국 중장기 정책과제'를 작성했다. 여러 정부출연 연구기관에서도 분야별로 장기전략 연구보고서를 발행했다. 그러나 그것들은 정권이 바뀌면서 도서관의 서고로 들어가 잠자는 신세가 되고 말았다.

2001년에 300억 원을 KAIST에 기증하여 융합학문인 바이오및뇌공학과를 신설하게 한 바 있는 정문술 전 KAIST 이사장은, 2014년에 다시 215억 원을 KAIST 미래전략대학원 발전기금으로 기부하면서 당부했다. 국가의 미래전략을 연구하고 인재를 양성해 나라가 일관되게 발전할 수 있는 기틀을 마련해달라는 부탁이었다. 그리고 국가의 싱크탱크가 되어 우리가 나아갈 길을 미리 제시해달라고 요청했다. 기부자의 요청을 무게 있게 받아들인 미래전략대학원 교수진은 국가미래전략 연구보고서인 〈문술리포트〉를 출판하기로 결정하였다.

지금 대한민국에는 '선비정신'이 필요하다

한반도 지도를 보고 있으면 우리 선조들의 지혜와 용기에 다시 한번 감탄이 절로 나온다. 거대한 중국대륙 옆에서 온갖 침략과 시달림을 당하면서도 자주성을 유지하며 문화와 언어를 지켜냈다는 것은 참으로 놀라운 일이다. 만약 북아메리카에 있는 플로리다 반도가 미국에 흡수되지 않고 독립된 국가로 발전하려고 했다면, 과연 가능했을까. 하지만 우리 선조들은 그것을 가능케 했다. 동북아 국제질서 재편의 소용돌이 속에서 새삼 선조들의 업적이 대단하게 느껴진다.

그렇다면 역사적 패권국가였던 중국 옆에서 국가를 유지, 발전시킬 수 있었던 비결은 무엇이었을까. '선비정신'이 한몫을 한 것은 아닌가 생각한다. 정파나 개인의 이해관계를 떠나서 오로지 대의와 국가, 백성을 위해서 시시비비를 가린 선비정신 말이다. 이러한 선비정신이 있었기에 설사 나라가 그릇된 길을 가더라도 곧 바로잡을 수 있었다. 선비정신이 사라진 조선말 100년은 망국의 길을 걸었던 과거를 잊지 말아야 한다.

21세기, 우리는 다시 선비정신을 떠올린다. 정치와 정권에 무관하게 오로지 나라와 국민을 위하여 발언하는 것이다. 선조로부터 물려받은 금수강산을 영광스러운 나라로 만들어 후손들에게 물려주기 위한 전략을 수립하는 것이다. 우리는 국가와 사회로부터 많은 혜택을 받고 공부한 지식인들이다. 국가에 진 빚이 많은 사람들이다. 이 시대를 사는 지식인으로서 국가와 사회에 보답하는 길이 있다면 선비정신을 바탕으로 국가와 국민행복을 위해 미래전략을 내놓는 것이다.

비록 우리에게 정책결정권은 없지만, 대한민국의 건강한 선비로서 국가의 미래대계를 치우침 없이 제안하고자 한다. 우리의 제안 중에는 옳은 것도 있고 그릇된 것도 있고 부족한 것도 있을 것이다. 그릇된 것, 부족한 것은 계속 보완하고 발전시켜나갈 예정이다. 다만 우리의 미래전략 보고서에 옳은 것이 있다면 정권에 상관없이 활용될 수 있을 것이고, 이를 통해 국가의 미래는 발전할 수 있으리라 믿는다.

국가가 일관성 있게 옳은 방향으로 나아가게 만드는 것이 바로 우리가 목표하는 바이다. 우리는 그동안 배운 지식과 선비정신에 기반한 양심에 따라 국가의 미래를 바라보고 전략을 제시하고자 한다. 우리는 이것을, 이 시대를 살아가는 '선비정신', 즉 지식인의 소명이라 생각한다.

미래의 눈으로 현재를 바라보다

우리는 국가미래전략의 시간적 개념을 30년으로 설정했다. 일반적으로 한 세대를 30년으로 본다. 우리는 다음 세대에 물려줄 국가를 생각하며 오늘 해야 할 일을 논하기로 했다. 즉 다음 세대의 입장에서 오늘의 상황을 바라보는 것이다. 미래전략은 미래의 눈으로 현재의 결정을 내리는 것이다. 이것이 바로 현재의 당리당략적, 정파적 이해관계에서 자유로운 민간 지식인들이 해야 할 일이라고 생각한다.

30년 후 2047년에는 광복 102주년이 된다. 광복 102주년이 되는 시점에 우리는 어떤 나라를 만들어야 할 것인가. 우리의 다음 세대에 어떤 나라를 물려줄 것인가. 지정학적 관계와 우리 자신의 능력을 고려할 때, 어떤 국가비전을 제시할 것인가. 매우 많은 논의를 거친 결과, 우리는 다음과 같은 국가비전에 이르렀다.

'아시아 평화중심 창조국가'

우리는 우리나라의 활동공간을 '아시아'로 확대, 설정했다. 지금도 그렇지만 30년 후에는 국가 간의 경계가 더욱 희미해져 있을 것이다. 아시아는 세계의 중심지역으로 역할하고 있을 것이고, 그중에서도 한국, 중국, 일본, 인도 등이 주역이 되어 있을 것이다. 한국인의 의사결정은 국내외 다양한 요소를 고려해야 하는 상황이 될 것이고, 또한 한국인이 내린 결정의 영향은 한반도를 넘어 아시아로 퍼져나갈 것이다.

우리는 국가의 지향점을 '평화중심국가'로 설정했다. 우리나라는 전통적으로 평화국가이다. 5,000여 년의 장구한 역사 속에서도 자주독립을 유지해왔던 이유 중의 하나도 '평화'를 지향했기 때문일 것이다. 주변국과 평화롭게 공존, 번영을 꿈꾸는 것이 우리의 전통이고 오늘의 희망이며 내일의 비전이다. 더욱이 우리는 민족사적 대사大事를 앞두고 있다. 한반도 통일이라는 민족사적, 국가적 지상과제를 안고 있다. 이 과제를 이루기 위해서는 평화 이외에는 다른 방법이 없다. 남북이 머리를 맞대고 평화통일을 연구해야 한다. 북한 주민들에게도 통일이 되면 지금보다 더욱 평화롭고 윤택한 삶이 기다리고 있다는 희망을 심어주어야 한다. 주변국들에도 한국의 통일이 그들에게 도움이 되는 공존과 번영의 길이라는 인식을 심어줄 필요가 있다.

또한 우리는 '창조국가'를 내세웠다. 본디 우리 민족은 창조적인 민족이다. 역사를 돌이켜보면 선조들의 빛나는 창조정신이 돋보인다. 컴퓨터시대에 더욱 빛나는 한글과 세계 최초의 금속활자가 대표적인 창조의 산물이다. 빈약한 자원 여건 속에서도 반도체, 휴대폰, 자동차, 조선, 석유화학, 제철산업을 세계 최고 수준으로 일구었다. 이것이 가능했던 배경으로 온 국민이 가지고 있는 창조정신 외에는 설명할 길이 없다. 처음에는 선진국의 제품을 사서 썼지만, 그 제품을 연구해서 오히려 더 좋은 제품을 만들어냈고 다시 우리의 것으로 재창조했다. 앞으로도 우리의 창조능력은 계속 발전될 것이다. 새로운 기술을 개발하고 새로운 산업을 일으키고 새로운 경제번영시대를 열어갈 것이다.

21세기 선비들이 작성하는 국가미래전략

2015년 판을 출판한 이후 2016년 1월부터는 서울 광화문의 서울창조경제혁신센터에서 매주 금요일 〈국가미래전략 정기토론회〉를 개최하였다. 국가미래전략은 내용도 중요하지만 국민들의 의견수렴과 공감이 중요하기 때문이다. 지금까지 총 85회의 토론회에 약 2,500명이 참여하여 다양한 의견을 제시해주었다. 의견들은 수렴되어 전체 국가전략을 작성하는 데 반영되었다. 2년간 200여 명의 관련 분야 전문가들이 발표, 토론한 내용들을 담아서 원고를 작성하고 수정, 검토하였다.

우리는 순수 민간인으로 연구진과 집필진을 구성했다. 정부나 정치권의 취향이 개입되면 영속성이 없다는 것을 알기 때문이다. 〈대한민국 국가미래전략 2015, 2016〉이 출판되자 많은 분들이 격려와 칭찬을 해주었다. 그중에 가장 흐뭇했던 말이 "특정 이념이나 정파에 치우치지 않은 점"이라는 반응이었다. 우리는 다시 다짐했다. '선비정신'을 지키는 것이다. 오로지 국가와 국민만을 생각한다. 정부나 정치권, 대기업의 입장을 생각하면 안 된다.

우리는 매년 이 연구보고서를 수정, 보완할 것이다. 매년 30년 후를 대비하는 전략보고서를 발행하는 것이다. 국내외 뜻있는 많은 분들의 더 많은 지적과 가르침, 지혜를 기다린다. 바쁜 가운데도 시간을 내어 토론에 참여하고, 원고를 써주고, 원고를 검토해준, '21세기 선비' 여러분께 다시 한번 깊은 감사의 인사를 드린다.

연구책임자 이광형

(KAIST 문술미래전략대학원장/미래전략연구센터장)

국가미래전략 연구보고서 작성에 함께 한 사람들

*참고: 2016판의 원고가 2017판에도 수록된 것이 있기 때문에,
2016판에 참여하신 분들도 함께 명단에 넣었습니다.

• 기획위원

김원준 KAIST 교수, 김진향 여시재 선임연구위원, 이광형 KAIST 교수(위원장), 이상지 KAIST 연구교수, 임춘택 GIST 교수, 정재승 KAIST 교수, 최윤정 KAIST 선임연구원

• 편집위원

곽재원 경기과학기술진흥원 원장, 길정우 통일연구원 연구위원, 김원준 KAIST 교수, 김진향 여시재 선임연구위원, 박병원 과학기술정책연구원 센터장, 박상일 파크시스템스 대표, 박성원 과학기술정책연구원 연구위원, 서용석 한국행정연구원 연구위원, 이광형 KAIST 교수(위원장), 이상지 KAIST 연구교수, 임춘택 GIST 교수, 정재승 KAIST 교수, 최윤정 KAIST 선임연구원, 한상욱 김&장 변호사

• 초고 작성 참여자

강희정 한국보건사회연구원 실장, 고영회 전 대한변리사회 회장, 공병호 공병호경영연구소 소장, 국경복 서울시립대 초빙교수, 김경준 딜로이트안진 경영연구원 원장, 김남조 한양대 교수, 김동환 중앙대 교수, 김명자 전 환경부장관, 김민석 뉴스1 기자, 김소영 KAIST 교수, 김수현 서울연구원 원장, 김연철 인제대 교수, 김영귀 대외경제정책연구원 연구위원, 김영욱 KAIST 연구교수, 김원준 KAIST 교수, 김유정 한국지질자원연구원 실장, 김종덕 한국해양수산개발원 본부장, 김준연 소프트웨어정책연구소 팀장, 김진수 한양대 교수, 김진향 여시재 선임연구위원, 김현수 국민대 교수, 남원석 서울연구원 연구위원, 박남기 전 광주교대 총장, 박두용 한성대 교수, 박상일 파크시스템스 대표, 박성호 YTN 선임기자, 박인섭 국가평생교육진흥원 박사, 박종훈 한국행정연구원 연구위원, 배규식 한국노동연구원 선임연구위원, 서용석 한국행정연구원 연구위원, 설동훈 전북대 교수, 오태광 전 한국생명공학연구원 원장, 우운택 KAIST 교수, 원동연 국제교육문화교류기구 이사장, 유희열 부산대 석좌교수, 윤영호 서울대 교수, 이광형 KAIST 교수, 이근 서울대 교수, 이삼식 한국보건사회연구원 단장, 이상지 KAIST 연구교수, 이선영 서울대 교수, 이소정 남서울대 교수, 이수석 국가안보전략연구원 실장, 이원재 희망제작소 소장, 이혜정 한국한의학연구원 원장, 임만성 KAIST 교수, 임정빈 서울대 교수, 임춘택 GIST 교수, 정용덕 서울대 명예교수, 정재승 KAIST 교수, 정해식 한국보건사회연구원 연구위원, 정홍익 서울대 명예교수, 조동호 KAIST 교수, 조성래 국무조정실 사무관, 조 철 산업연구원 선임연구위원, 주대준 전 선린대 총장, 차미숙 국토연구원 연구위원, 천길성 KAIST 연구교수, 최슬기 KDI 교수, 한상욱 김&장 변호사, 한표환 충남대 교수, 허태욱 KAIST 연구조교수, 황덕순 한국노동연구원 연구위원

• 자문 검토 참여자

교수, 전문가: 강윤영 에너지경제연구원 연구위원, 고영하 고벤처포럼 회장, 권오정 해양수산부 과장, 길정우 통일연구원 연구위원, 김경동 서울대 명예교수, 김광수 상생발전소 소장, 김대호 사회디자인연구소 소장, 김동원 인천대 교수, 김두수 사회디자인연구소 이사, 김들풀 IT NEWS 편집장, 김상협 KAIST 초빙교수, 김세은 강원대 교수, 김승권 전 한국보건사회연구원 연구위원, 김연철 인제대 교수, 김우철 서울시립대 교수, 김인주 한성대 겸임교수, 김태연 단국대 교수, 류한석 기술문화연구소 소장, 문해남 전 해양수산부 정책실장, 박병원 경총 회장, 박상일 파크시스템스 대표, 박성필 KAIST 초빙교수, 박성호 YTN 선임기자, 박연수 고려대 교수, 박영재 한반도안보문제연구소 전문위원, 박진하 건국산업 대표, 박헌주 KDI 교수, 배기찬 통일코리아협동조합 이사장, 배달형 한국국방연구원 책임연구위원, 서복경 서강대 현대정치연구소 연구원, 서용석 한국행정연구원 연구위원, 서훈 이화여대 초빙교수, 선종률 한성대 교수, 설동훈 전북대 교수, 손종현 대구가톨릭대 교수, 송향근 세종학당재단 이사장, 심재율 심북스 대표, 안병민 한국교통연구원 선임연구위원, 안병옥 기후변화행동연구소 소장, 안현실 한국경제신문 논설위원, 오영석 전 KAIST 초빙교수, 우천식 KDI 선임연구위원, 유희인 전 NSC 위기관리센터장, 윤호식 과총 사무국장, 이민화 KAIST 교수, 이봉현 한겨레신문 부국장, 이삼식 한국보건사회연구원 단장, 이상룡 대전대 겸임교수, 이상주 국토교통부 과장, 이수석 국가안보전략연구원 실장, 이원복 이화여대 교수, 이장재 한국과학기술기획평가원 선임연구위원, 이정현 명지대 교수, 이종권 LH토지주택연구원 연구위원, 이진석 서울대 교수, 이창훈 한국환경정책평가연구원 본부장, 이철규 해외자원개발협회 상무, 이춘우 서울시립대 교수, 이헌규 한국과학기술단체총연합회 전문위원, 임만성 KAIST 교수, 장용석 서울대 통일평화연구원 책임연구원, 정경원 KAIST 교수, 정상천 산업통상자원부 팀장, 정용덕 서울대 명예교수, 정진호 더웰스인베스트먼트 대표, 정홍익 서울대 명예교수, 조덕현 한국관광공사 단장, 조봉현 IBK경제연구소 수석연구위원, 조충호 고려대 교수, 지영건 차의과대학 교수, 최준호 중앙일보 기자, 최호성 경남대 교수, 최호진 한국행정연구원 연구위원, 한상욱 김&장 변호사, 허재철 원광대 한중정치외교연구소 연구교수, 허태욱 KAIST 연구조교수, 홍규덕 숙명여대 교수

KAIST 문술미래전략대학원/미래전략연구센터: 김민혜, 김자훈, 박가영, 박승재, 박주웅, 배일한, 서종환, 양수영, 이창기, 정지훈, 정진만, 조성래, 최성원, 최우석

⟨KAIST 국가미래전략 정기토론회⟩

· 주최 : KAIST(문술미래전략대학원/미래전략연구센터)
· 일시/장소 : 매주(금) 17:00~19:00 / 서울창조경제혁신센터(서울 광화문 KT
빌딩 1층)
· 토론회 내용을 바탕으로 원고가 작성되었기 때문에 토론회 일정표를 수록합
니다.

· 2015년

횟수	일시	주제	발표자	토론자
1회	1/9	미래사회 전망	박성원 과학기술정책연구원 연구위원	서용석 한국행정연구원 연구위원
2회	1/16	국가미래비전	박병원 과학기술정책연구원 센터장	우천식 한국개발연구원 선임연구위원
3회	1/23	과학국정대전략	임춘택 GIST 교수	강홍렬 정보통신정책연구원 연구책임자
4회	1/30	인구전략	서용석 한국행정연구원 연구위원	김승권 한국보건사회연구원 연구위원
				설동훈 전북대 교수
5회	2/5	아시아평화대전략	이수석 국가안보전략연구원 실장	장용석 서울대통일평화연구원 책임연구원
			김연철 인제대 교수	조봉현 IBK경제연구소 연구위원
6회	2/13	문화전략	정홍익 서울대 명예교수	정재승 KAIST 교수
7회	2/27	복지전략	김수현 서울연구원 원장	이진석 서울대 교수
8회	3/6	국민행복대전략	정재승 KAIST 교수	정홍익 서울대 명예교수

9회	3/13	교육전략	이선영 서울대 교수	손종현 대구가톨릭대 교수
10회	3/20	미디어전략	김영욱 KAIST 연구교수	김세은 강원대 교수
				이봉현 한겨레신문 부국장
11회	3/27	보건의료전략	강희정 한국보건사회연구원 실장	지영건 차의과대학 교수
12회	4/3	노동전략	배규식 한국노동연구원 선임연구위원	이정현 명지대 교수
13회	4/10	행정전략	김동환 중앙대 교수	최호진 한국행정연구원 연구위원
		정치제도전략	김소영 KAIST 교수	서복경 서강대 현대정치연구소 연구원
14회	4/17	외교전략	이근 서울대 교수	허재철 원광대 연구교수
15회	4/24	창업국가대전략	이민화 KAIST 교수	고영하 고벤처포럼 회장
16회	5/8	국방전략	임춘택 GIST 교수	선종률 한성대 교수
17회	5/15	사회안전전략	박두용 한성대 교수	류희인 삼성경제연구소 연구위원
18회	5/22	정보전략	주대준 전 선린대 총장	서훈 이화여대 초빙교수
19회	5/29	금융전략	신보성 자본시장연구원 선임연구위원	정진호 더웰스인베스트먼트 대표
20회	6/5	국토교통전략	차미숙 국토연구원 연구위원	안병민 한국교통연구원 선임연구위원
		주택전략	남원석 서울연구원 연구위원	이종권 LH토지주택연구원 연구위원
21회	6/12	창업전략	박상일 파크시스템스 대표	이춘우 서울시립대 교수
22회	6/19	농업전략	임정빈 서울대 교수	김태연 단국대 교수

횟수	일시	주제	발표자	토론자
23회	6/26	자원전략	김유정 한국지질자원연구원 실장	이철규 해외자원개발협회 상무
24회	7/3	기후전략	김명자 전 환경부 장관	안병옥 기후변화행동연구소 소장
25회	7/10	해양수산전략	김종덕 한국해양수산개발원 본부장	문해남 전 해수부 정책실장
26회	7/17	정보통신전략	조동호 KAIST 교수	조충호 고려대 교수
27회	7/24	연구개발전략	유희열 부산대 석좌교수	안현실 한국경제신문 논설위원
28회	7/31	에너지전략	임만성 KAIST 교수	강윤영 에너지경제연구원 박사
29회	8/21	지식재산전략	고영회 전 대한변리사회 회장	이원복 이화여대 교수
30회	8/28	경제전략	김원준 KAIST 교수	김광수 상생발전소 소장
31회	9/4	환경생태전략	오태광 한국생명공학연구원 원장	이창훈 한국환경정책평가연구원 본부장
32회	9/11	웰빙과 웰다잉	김명자 전 환경부 장관	서이종 서울대 교수
33회	9/18	신산업전략 1 의료바이오/안전산업	정재승 KAIST 교수	
34회	9/25	신산업전략 2 지적서비스산업	김원준 KAIST 교수	
35회	10/2	한국어전략	시정곤 KAIST 교수	송향근 세종학당재단 이사장
				정경원 KAIST 교수
36회	10/16	미래교육 1 교육의 새 패러다임	박남기 전 광주교대 총장	원동연 국제교육문화교류기구 이사장
				이옥련 부산거학초 교사
37회	10/23	미래교육 2 행복교육의 의미와 과제	문용린 전 교육부 장관	소강춘 전주대 교수
				송태신 전 칠보초 교장

				천주욱 창의력연구소 대표
38회	10/30	미래교육 3 창의와 융합을 향하여	이규연 JTBC 국장	이선필 전 칠성중 교감
39회	11/6	미래교육 4 글로벌 창의교육	박세정 팬아시아미디어 글로벌그룹 대표	신대정 곡성교육지원청 교육과장
				김만성 한국문화영상고 교감
40회	11/13	미래교육 5 통일교육전략	윤덕민 국립외교원 원장	오윤경 한국행정연구원 연구위원
				이호원 디아글로벌학교 교장
41회	11/20	미래교육 6 전인격적 인성교육	원동연 국제교육문화교류기구 이사장	윤일경 이천교육청 교육장
				이진영 인천교육연수원 교육연구사
42회	11/27	서울대/KAIST 공동선정 10대 미래기술	이도헌 KAIST 교수	
			이종수 서울대 교수	
43회	12/4	미래세대전략 1 미래세대 과학기술전망 교육과 우리의 미래	정재승 KAIST 교수	김성균 에너지경제연구원 연구위원
			김희삼 KDI 연구위원	김희영 서울가정법원 판사
44회	12/11	미래세대전략 2 청소년 세대 정신건강 이민과 문화다양성	송민경 경기대 교수	정재승 KAIST 교수
			설동훈 전북대 교수	서용석 한국행정연구원 연구위원
45회	12/18	미래세대전략 3 한국복지국가 전략 기후변화 정책과 미래세대	안상훈 서울대 교수	김희삼 KDI 연구위원
			김성균 에너지경제연구원 연구위원	서용석 한국행정연구원 연구위원

· 2016년

횟수	일시	주제	발표자	토론자
46회	1/8	한국경제의 위기와 대안	민계식 전 현대중공업 회장	
			박상인 서울대 교수	
47회	1/15	국가미래전략보고서 발전방향	우천식 KDI 선임연구위원	
			김대호 (사)사회디자인연구소 소장	
48회	1/22	한국산업의 위기와 대안	김진형 소프트웨어정책연구소 소장	김형욱 홍익대 교수
49회	1/29	리더와 선비정신	김병일 도산서원선비문화수련원 이사장	
50회	2/5	한국정치의 위기와 대안	정세현 전 통일부 장관	장용훈 연합뉴스 기자
51회	2/12	한국과학기술의 위기와 대안	유희열 부산대 석좌교수	박승용 ㈜효성 중공업연구소 소장
52회	2/19	국가거버넌스전략	정용덕 서울대 명예교수	이광희 한국행정연구원 선임연구위원
53회	2/26	양극화해소전략	황덕순 한국노동연구원 연구위원	전병유 한신대 교수
54회	3/4	사회적 경제 구축전략	이원재 희망제작소 소장	김광수 상생발전소 소장
55회	3/11	국가시스템 재건전략	공병호 공병호경영연구소 소장	
56회	3/18	사회이동성 제고전략	최슬기 KDI국제정책대학원 교수	정해식 한국보건사회연구원 연구위원
57회	3/25	알파고 이후의 미래전략	이광형 KAIST 교수	안상훈 서울대 교수
				김창범 서울시 국제관계대사
58회	4/1	교육수용성 제고전략	원동연 국제교육문화교류기구 이사장	이옥주 공주여고 교장
59회	4/8	교육혁신전략	박남기 전 광주교대 총장	김재춘 한국교육개발원 원장
				김성열 경남대 교수
60회	4/15	공공 인사혁신전략	서용석 한국행정연구원 연구위원	민경찬 연세대 명예교수

61회	4/22	평생교육전략	박인섭 국가평생교육진흥원 박사	강대중 서울대 교수
62회	4/29	지방분권전략	한표환 충남대 교수	박헌주 KDI국제정책대학원 교수
63회	5/6	한의학전략	이혜정 한국한의학연구원 원장	김재효 원광대 교수
64회	5/13	글로벌산업경쟁력전략	김경준 딜로이트안진 경영연구원 원장	모종린 연세대 교수
65회	5/20	부패방지전략	박중훈 한국행정연구원 연구위원	최진욱 고려대 교수
66회	5/27	뉴노멀 시대의 성장전략	이광형 KAIST 교수	최준호 중앙일보 기자
67회	6/3	서비스산업전략	김현수 국민대 교수	김재범 성균관대 교수
68회	6/10	게임산업전략	장예빛 아주대 교수	강신철 한국인터넷디지털 엔터테인먼트협회장
69회	6/17	치안전략	임춘택 GIST 교수	최천근 한성대 교수
70회	6/24	가상현실·증강현실 기술전략	우운택 KAIST 교수	류한석 기술문화연구소장
71회	7/1	자동차산업전략	조철 산업연구원 주력산업연구실장	최서호 현대자동차 인간편의연구팀장
72회	7/8	로봇산업전략	오상록 KIST 강릉분원장	권인소 KAIST 교수
73회	7/15	웰다잉문화전략	윤영호 서울대 교수	임병식 한국싸나토로지협회 이사장
74회	7/22	한류문화전략	심상민 성신여대 교수	양수영 더필름컴퍼니Y 대표
75회	8/12	FTA전략	김영귀 대외경제정책연구원 연구위원	정상천 산업통상자원부 팀장
76회	8/19	저출산대응전략	이삼식 한국보건사회연구원 단장	장형심 한양대 교수
				신성식 중앙일보 논설위원

횟수	일시	주제	발표자	토론자
77회	8/26	관광산업전략	김남조 한양대 교수	조덕현 한국관광공사 창조관광사업단장
78회	9/2	고령화사회전략	이소정 남서울대 교수	이진면 산업연구원 산업통상분석실장
79회	9/9	세계 1등대학전략	김용민 전 포항공대 총장	김성조 전 중앙대 부총장
80회	9/23	소프트웨어산업전략	김준연 소프트웨어정책연구소 팀장	지석구 정보통신산업진흥원 박사
81회	9/30	군사기술전략	천길성 KAIST 연구교수	배달형 한국국방연구원 책임연구위원
82회	10/7	통일한국 통계전략	박성현 전 한국과학기술한림원 원장	정규일 한국은행 경제통계국장
83회	10/14	국가재정전략	국경복 서울시립대 초빙교수	박용주 국회예산정책처 경제분석실장
84회	10/21	권력구조 개편전략	길정우 전 새누리당 국회의원	
			박수현 전 더불어민주당 국회의원	
85회	10/28	양성평등전략	민무숙 한국양성평등진흥원 원장	
			정재훈 서울여대 교수	

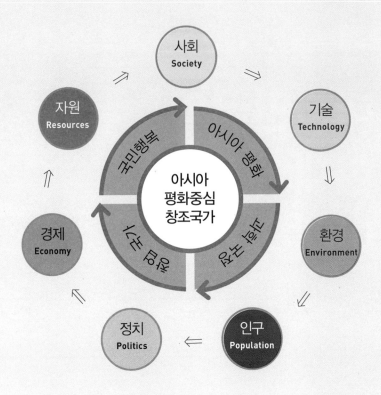

사회 Society	기술 Technology	인구 Population	경제 Economy
문화전략	연구개발전략	저출산대응전략	경제전략
복지전략	산업기술전략	고령화사회전략	금융전략
노동전략	소프트웨어산업전략	다문화사회전략	국가재정전략
교육혁신전략	지식재산전략		조세전략
교육수용성제고전략	정보통신기술전략	**정치 Politics**	창업전략
평생교육전략	사물인터넷전략	국가거버넌스전략	글로벌산업경쟁력전략
한글전략	자동차산업전략	공공 인사혁신전략	FTA전략
미래세대전략	로봇산업전략	통일전략	국토교통전략
양극화해소전략	가상현실·증강현실기술전략	외교전략	주택전략
사회이동성제고전략	보건의료전략	국방전략	농업전략
웰다잉문화전략	한의학전략	정보전략	해양수산전략
한류문화전략	군사기술전략	지방분권전략	서비스산업전략
미디어전략		부패방지전략	사회적경제 구축전략
재난대응전략	**환경 Environment**	치안전략	K뷰티산업전략
	환경생태전략		관광산업전략
	온난화기후전략		
			자원 Resources
			에너지전략
			자원전략

1부

대한민국의
현재와
미래

대한민국의
위기

1 기로에 선 대한민국

"유구한 역사와 전통에 빛나는 우리 대한국민은 3·1운동으로 건립된 대한민국임시정부의 법통과 불의에 항거한 4·19민주이념을 계승하고, 조국의 민주개혁과 평화적 통일의 사명에 입각하여 정의·인도와 동포애로써 민족의 단결을 공고히 하고, (중략) 우리들과 우리들의 자손의 안전과 자유와 행복을 영원히 확보할 것을 다짐하면서 …. (후략)"

〈대한민국헌법〉 전문의 일부이다. 지금 이 순간에 헌법 전문을 다시 읽는 까닭은 대한민국의 미래가 혼미 속으로 빠져들고 있다는 생각 때문이다. 선각자들은 어떠한 생각으로 대한민국을 세웠을까? 역사를 보면 지금보다 더 어려운 상황이 많이 있었다. 우리 조상님들은 어떻게 난국을 극복해왔을까? 답답한 마음에 선조들의 지혜를 찾아보고 싶은 심정이다. 〈3·1 독립선언서〉를 펼쳐본다.

선조들의 지혜가 필요한 시점

"吾等은 玆에 我 朝鮮의 獨立國임과 朝鮮人의 自主民임을 宣言하노라. 此로써 世界萬邦에 告하야 人類平等의 大義를 克明하며, 此로써 子孫萬代에 誥하야 民族自存의 正權을 永有케 하노라…. (후략)"

(우리는 이에 우리 조선이 독립한 나라임과 조선 사람이 자주적인 민족임을 선언한다. 이로써 세계 만국에 알리어 인류 평등의 큰 도의를 분명히 하는 바이며, 이로써 자손만대에 깨우쳐 일러 민족의 독자적 생존의 정당한 권리를 영원히 누려 가지게 하는 바이다.)

우리나라는 지금 어려운 상황에 처해 있다. 사회, 정치, 외교, 경제, 문화, 기술 등 다양한 분야에서 우리 앞에 놓인 과제들은 우리가 한 번도 겪어보지 못한 일들이 대부분이다. 그렇기에 어느 것 하나 우리에게 자신감을 갖게 해주는 것이 없다. 선조들이 물려준 이 나라와 번영을 제대로 보전하고 발전시켜 후손들에게 넘겨줄 수 있을지 장담하기 어려운 상황이다. 우리가 어떻게 대처하느냐에 따라 새로운 도약을 이룰 수도 있지만, 자칫 퇴보의 수순을 밟을 수도 있다.

가장 긴박하게 전개되는 것이 남북문제와 국제정세이다. 도저히 이해할 수 없는 북한 정권은 백성들의 먹고사는 문제는 도외시한 가운데 핵무기 개발에 빠져 있다. 동아시아 전역에 걸쳐 미국과 중국의 대결구도가 형성되면서, 우리나라가 취해야 할 입지가 매우 복잡하게 되었다. 우리나라는 지정학적인 위치로 볼 때, 국제관계를 통해서 앞날을 개척해야 한다. 우리 선조들은 주권이 위협을 받았을 때에도 용기와 지혜를 발휘하여 슬기롭게 헤쳐 나왔다. 공산주의와 이념의 함정에 매몰되지 않고, 기적적으로 민주주의와 번영의 길을 찾아 오늘에 이르렀다. 과거 선조들은 더 어려운 상황도 극복하고 슬기롭게 대처하여 강대국들의 틈 속에서 민족의 살 길을 찾아 왔다. 우리도 지금 민족자존을 지킬 수 있는 창의적인 지혜가 필요한 시점이다.

희망이 없으면 죽은 사회

우리사회에는 최근 들어서 젊은 사람들 사이에 이상한 말들이 난무하고 있다. '3포' '5포'라든지 또는 '금수저' '흙수저'라는 말이 나돌고 있다. 이 말은 노력해도 되지 않는 세상을 빗대는 말이다. 기성세대는 이러한 말들이 생겨나게 된 원인을 생각해보고 치유책을 내놓아야 한다. 여러 가지 통계를 보면 우리사회는 최근 빈부격차가 커지고 있으며, 이 차이가 세습되는 경향을 보이고 있다. 어느 사회나 모든 모순을 해결하는 것은 어렵기 때문에 그 사회만의 고유한 불평등이 존재하고 있다. 하지만 한국사회는 부모의 재력이 자녀의 교육을 통해서 세습되고, 부모가 재산을 물려주어서 세습되고, 부모의 사회적 지위가 자녀의 직업에 영향을 주는 경향이 나타나고 있다.

이러한 현상 앞에 많은 젊은이들은 '절망'이라는 글자를 떠올린다. 만약 젊은이들이 노력해도 자신의 꿈을 이룰 수 없는 사회라고 생각하게 되면, 그 사회는 죽은 사회이다. 희망이 없는 사회는 웃음도 발전도 없고 오직 갈등만이 남게 된다.

저출산 고령화 대책을 적극적으로 세워야 한다. 현재 우리나라 합계출산율은 약 1.2 정도이다. 이러한 추세가 계속된다면 2100년에는 인구가 2,000만 명 수준으로 떨어지게 된다. 인구 감소 기간 중에 겪어야 할 다이어트 고통을 감당하기 어려울 것이다. 현재 우리나라 65세

이상의 노령인구는 약 600만 명이고, 생산가능인구(15~64세)가 부담하는 유소년인구와 노령인구를 나타내는 부양률이 37%이다. 2030년이 되면 노령인구는 1,200만 명이 되고, 부양률은 50%, 2060년에는 1,700만 명에 부양률 100%가 된다. 다가오는 현실을 더이상 외면하고 있을 수 없다. 이러한 인구구조를 넘겨주면서 자손만대에 잘 살기를 바란다는 것은 말이 안 된다.

제4차 산업혁명 개념을 적용한 산업개편

한국경제는 지금 저성장의 늪에 빠져들고 있다. 수출액이 마이너스 성장을 거듭하는 기간이 20개월을 넘어섰다. 우리나라의 경제를 받쳐주던 5대 주력산업인 전자, 자동차, 철강, 석유화학, 조선 중에서 절반이 어려운 처지에 놓여 있고, 특히 조선업은 대규모 감원을 단행해야 하는 상황이다. 대기업 중심의 경제구조를 가지고 있는 한국경제는 이러한 산업이 무너지면, 치명적인 타격을 입을 수밖에 없다. 대기업을 대신할 신산업과 중소 중견기업을 육성해놓지 않았기 때문이다.

지금 현재로서는 두 가지 방안이 있다. 첫째는 현재 주력산업을 첨단화하여 경쟁력을 유지하는 방법이다. 여기에는 제4차 산업혁명의 개념을 도입하여 기존의 제조업을 인공지능과 빅데이터 중심의 제조업으로 개편해야 한다. 두 번째는 신산업을 발굴, 육성하는 방법이다. 선진국들은 잘 하고 있지만, 우리가 잘 하지 못하는 산업을 찾아서, 그 분야 기술개발과 창업을 적극 지원해야 한다. 중소기업이 땀흘려 개발한 기술과 지식재산이 불법적인 관행과 제도 미비로 빛을 보지 못하고 사라지는 일이 많다.

국가가 처한 위기에 대응하고 해결할 주체는 두말할 것도 없이 정치이다. 정치가 최고 권력을 가지고 사회의 갈등을 조정하고 새로운 대안을 제시하며 이끌고 나가야 한다. 그러나 현재 우리나라의 정치는 여러 사회 분야 중에서 가장 낙후된 분야 중에 하나이다. 새로운 사회 변화에 따라서 법과 제도를 조정해 나가는 기능이 현저하게 약화되어 있다. 이익집단의 이익을 대변하고 갈등을 증폭시키는 역할까지 한다는 비판을 받고 있다. 정치권이 국민의 목소리를 대변하는 것이 아니라, 지역적인 당파 이익을 대변하는 고질병에 걸려 있음이 점점 더 분명하게 드러나고 있다. 포퓰리즘에 빠져서 선심성 공약을 제시하고 무책임한 복지 정책을 남발하는 경우가 있다. 이미 우리나라 부채는 급증하고 있으며, 국민 1인당 1,300만 원의 빚을 지고 있다는 통계가 있다. 기성세대들이 자신들의 이익을 위하여 부채를 만들고, 이를 미래 세대에게 전가하는 일은 참으로 온당하지 못한 일이고 헌법 정신에도 어긋나는 일이다.

우리에겐 위기극복 DNA가 있다

한국은 자원빈국이다. 에너지 등 많은 자원을 수입에 의존하고 있다. 특히 에너지는 96%를 수입하여 사용하고 있다. 1년에 에너지 수입액이 약 1,800억 달러나 된다. 이는 GDP 대비 약 13%에 이른다. 이 달러를 마련하기 위하여 우리는 수출을 많이 해서 이익을 내야 한다. 우리나라 산업구조가 수출중심이 될 수밖에 없는 이유이다. 그런데도 1인당 에너지 소비량은 세계 두 번째로 높다. 이러한 에너지 소비 습관을 자손들에게 물려주어서는 안 된다. 산업구조도 에너지 절약형으로 개편해 나가야 한다. 대체 에너지 개발에 더욱 관심을 가져야 한다. 2021년이 되면 파리기후협약이 발효되어, 산업 전반에 탄소배출 규제가 시작된다. 이에 대한 대비도 더 늦추면 안 된다.

"위기는 위기로 인식하는 순간, 더이상 위기가 아니다"라는 말이 있다. 우리 문술리포트는 대한민국은 위기 속으로 빠질 수 있는 위험한 기로에 서 있다고 진단한다. 우리 몸속에는 위기에 강한 DNA가 있다. 위기가 오면 흩어졌던 마음도 한곳으로 모아지고 협력하게 된다. 사방이 완전히 짙은 어둠 속에 빠진 것과 같은 위기의 순간에 우리는 비폭력적인 〈3·1 독립선언서〉를 선포했고, 6·25 한국전쟁의 급박한 참변 때는 목숨을 던져 새로운 출발의 기초를 마련했다. 1990년대말 외환위기 때에는 어느 누구도 생각하지 못한 창의적이고 희생적인 금모으기 운동으로 세계인의 감동을 불러일으키며 위기를 극복했다.

우리 대한민국은 지금 국민들의 마음속에 스며드는 위기의 어두운 그림자를 슬기롭게 관리할 수 있을 것이다. 어떤 역경도 넘어온 불굴의 정신을 살려 창의적인 지혜를 모아 국가의 미래전략을 세우고, 그에 맞추어 흔들림 없이 밀고 나가면 어느덧 위기는 극복되어 있을 것이다.

대한민국은 위기 대신 재도약의 길을 선택하여, 안으로는 자부심과 용기와 희망을 찾으며, 밖으로는 대한민국을 주목하는 세계인들에게 새로운 번영의 길을 제시하여야 한다. 그것이 바로 〈문술리포트〉가 지향하는 '아시아 평화중심 창조국가'로 가는 길이다.

"人類平等의 大義를 克明하며, (중략) 民族自存의 正權을 永有케 하노라." 〈3·1 독립선언서〉에서.

한국 사회의 경제성장 공식이 과거의 경향을 벗어나고 있다. 고성장
이 일반적이었던 과거와 달리 저성장, 저소비, 고물가, 고실업, 저금리
등이 특징인 뉴노멀New Normal 시대에 진입하고 있다. 이러한 가운데
고령화 속도는 빨라지고 저출산 현상은 지속되고 있다. 또 생산연령
인구가 많아 누려왔던 인구 보너스Bonus 효과는 사라지고 반대로 생
산연령인구가 줄어들면서 성장도 위축되는 인구 오너스Onus의 시기로
이동하고 있다. 침체된 경제 상황은 저성장뿐 아니라 다양한 사회적
갈등으로 이어지면서 우리사회에 위기를 가져오고 있다.

우리 사회의 병리 현상을 단적으로 보여주는 지표가 세 가지 있
다. 한국의 자살률은 2013년 기준 10만 명당 28.7명으로 OECD 가
입국가 중 가장 높았다. 반대로 출산율은 2014년 1.21명으로 같은 해
OECD 평균 1.68명에 미치지 못할 뿐 아니라, OECD 가입국가 중 가
장 낮았다. 한국인의 평균적인 행복감도 2013~2015년 기간 중 전 세
계에서 58위를 기록했다. OECD 가입국가 중 한국보다 낮은 행복도

를 보인 국가는 슬로베니아, 헝가리, 그리스, 포르투갈, 그리고 터키뿐이었다. 우리사회에서 '삶의 위기'나 '삶의 불안정성'이 커지고 있는 것이다.

사회양극화 심화

삶의 불안을 가중시키는 핵심 원인은 양극화이다. 고용기간이 불안정하거나 낮은 임금을 받고 각종 사회보험의 적용에서도 불가피하게 제외되는, 근로조건이 불안정한 이들이 상당한 규모로 유지되고 있다. 결과적으로 일을 하면서도 빈곤을 벗어나지 못하는 집단이 늘어나고 있다. 전체 근로자의 32%가 비정규직으로 근무하고 있으며, 이들의 월평균 임금은 151.1만 원으로 정규직의 53.3%에 그치고 있다. 비정규직의 국민연금, 건강보험, 고용보험 가입률은 40%대에 머물러 있어, 80%대에 이르는 정규직에 비해서 사회보장의 혜택을 받을 가능성이 낮다.

소득수준 등급인 소득분위 구간에서 가장 낮은 1분위 근로자 가구의 소득 증가 추세가 2009년까지 정체되다가, 최근 들어서야 겨우 다른 분위의 소득 증가 정도를 따라가고 있다. 중위임금의 60%에 미치지 못하는 '저임금 일자리'를 가진 사람은 2007년 26%에 이르렀다가, 최근에는 23.7%로 낮아졌다. 소득분배지표가 조금씩 개선되고 있지만, 국민들이 체감하는 수준은 다르다. 사회계층을 구분할 때, 본인이 중산층에 속한다는 응답은 2006년 이후 지속적으로 줄어들었고 하층에 속한다는 응답은 늘어났다. 주관적으로 인식하는 중산층의 감소 추세는 2015년이 되면서 겨우 멈춰선 것으로 나타났다.

가족해체와 공동체 붕괴

우리는 전통적으로 아동기 및 노년기의 보호를 가족이 담당해 왔다. 그러나 가족에 대한 가치관이 급격히 변화하고 경제적 어려움까지 더해지면서 가족구조가 달라지고 있다. 가족과 국가, 각각의 역할을 재구조화해야 할 상황에 직면한 것이다.

2015년 기준 우리나라의 평균 초혼연령은 남자 32.6세, 여자 30.0세였다. 이는 2006년 혼인통계에서 확인된 남성 30.9세, 여성 27.8세였던 초혼연령에 비해 높아진 것을 보여준다. 또한 15~49세 기혼여성의 절반가량은 결혼을 반드시 해야 할 필요가 없다고 응답하였으며, 특히 저소득 가정일수록 결혼에 대해 부정적 태도를 보였다. 가치관의 변화는 이혼율의 증가에서도 찾아볼 수 있다. 또한 독거노인도 빠르게 늘어나고 있다. 노인 혼자 거주하는 독거비율은 1994년 13.6%에서 2014년 23.0%로 늘어났고, 자녀와 동거하는 노인의 비율은 같은 기간 54.7%에서 2014년 28.4%로 감소하였다. 우리 사회의 가장 마지막 안전망으로 작동하였던 가족의 구조가 변화하면서 사회구성원의 심리적 불안감도 커지고 있는 것이다.

또 다른 한편에서는 공동체의 복원이 시급한 과제로 제시되고 있다. 우리 사회는 도시화에 따라 전통적 촌락 공동체가 급속히 와해되었지만, 새로운 형태 및 가치를 지닌 공동체를 만들어내지 못하고 있다. 과다한 노동시간, 불안정한 삶은 개인의 삶을 피폐하게 하고, 나아가 구성원 간의 신뢰와 호혜, 교류를 필요로 하는 공동체의 붕괴를 가져오고 있다. 그 결과, 유대의 범위가 좁아지고 공존의 가치관이 약해지면서 한국사회의 미래 위기가 더욱 커지고 있다. 이런 점에서 교육, 학습, 복지 등의 영역이 지역공동체를 기반으로 작동할 수 있도록 연계 전략과 정책을 고려해야 한다. 다양한 세대의 공동체 구성원이 함께 참여할 수 있는 영역이기 때문이다. 특히 국가의 능력이 가족구조의 변화와 가족해체에 제대로 대응하지 못할 경우, 지역공동체가 보완적 기능을 수행할 수 있을 것이다.

계층이동의 역동성 상실

한국의 사회이동성 저하는 미래 사회의 심각한 위기 원인이다. 산업구조의 거대한 변화가 종료되면서 사회이동성의 저하는 일면 당연한 귀결이다. 그러나 한국사회가 만들어 낸 계층이동 사다리의 신화는 여전히 사람들의 머릿속에 남아 있는 가운데, 우리 사회의 위기로 이어지고 있다.

1970~1980년대 한국 사회에서 교육 투자는 성공의 지름길이었다. 부족한 고등교육 인력을 확보하기 위해 교육 수준에 따른 임금 격차, 즉 임금 프리미엄이 높은 편이었으며, 그에 따라 교육 투자는 매우 높은 수익률을 보였다. 교육 기회가 균일하게 제공된 것은 아니었지만, 교육을 받으면 성공할 수 있다는 기회균등의 가능성은 있었다. 그래서 어느 정도 교육을 받으면 성공할 수 있다는 등식이 만들어졌다. 그러나 교육의 팽창기에 이루어졌던 사무직과 관리직 부문 일자리의 증가는 현재 이루어지지 않고 있다. 충분한 교육을 받았더라도 제한된 일자리를 놓고 치열한 경쟁을 벌어야 하는 구도로 변화한 것이다.

더욱 심각한 문제는 현재의 사회 양극화가 부모의 경제력을 토대로 교육기회와 취업기회의 양극화로도 이어지면서 기회균등의 가능성을 낮추고 있는 점이다. 전 세계적으로 볼 때, 성장 및 교육 시기의 소득 불평등이 심한 국가에서는 세대 간 이동성이 낮은 것으로 나타난다.

한국 사회가 1970~1980년대까지 보여주었던 불평등의 감소가 높은 사회이동성으로 나타난 것과는 반대로, 1990년대 중반 이후 불평등의 증가는 낮은 사회이동성으로 이어지고 있다.

사회이동성은 우수한 인력을 적재적소에 투입할 수 있는 인적자본의 효율적 사용 외에도, 바람직한 사회규범을 창출할 수 있다는 장점을 가진다. 즉 어느 정도의 교육은 필요하며 노력하면 성공할 수 있다는 사회규범은, 많은 사람을 노력하게 하여 사회의 질적 수준을 높일 가능성이 있다. 따라서 한국의 낮아진 사회이동성은 사회규범의 붕괴를 가져올 수 있다는 점에서도 심각한 문제인 것이다.

소득계층과 직업계층이 세대에서 세대로 세습되는 확률이 높아지면서, 교육 참여 의지도 구분되기 시작했다. 학업을 중단하는 비율은 저소득층에서 두드러진다. 교육과정이 높아질수록 교육비용은 증가하는데다, 대학교육을 마친 이후에도 취업 재수와 직업탐색을 뒷받침하는 추가적인 비용이 요구되고 있기 때문이다. 그래서 일찌감치 많은 것을 포기하는 경향이, 즉 일하지도 않고 일할 의지도 없는 소위 청년 니트NEET족이 증가하고 있는 것이다. 최근 유행하는 금수저, 흙수저, 또는 3포, 5포 세대라는 말은 이러한 사회적 위기를 보여주고 있다.

한국사회에서는 세대 내 계층 이동도 원활하지 않다. 새로운 지식 및 기술 습득이 정규교육 과정에서만 이뤄지면서 정체되기 때문이다. 장시간 근로에 따라 자기계발의 기회가 충분하지 못한 것도 원인이지만, 기업도 인력을 교육시켜 재활용하는 것보다 새로운 인력을 충원하는 것에 익숙해진 탓이다. 결과적으로 개인의 능력과 사회의 활력이 정체되는 낮은 이동성의 사회로 고착화되고 있다.

사회이동성의 저하는 계층의 고착화로 이어지고, 이는 신뢰의 외연을 확대시키지 못하는 문제도 일으킨다. 비슷한 소득수준과 교육수준을 가진 사람들끼리의 결혼이 급증하는 것, 주거 지역을 기준으로 나누는 소득 계층의 구분은 한국의 공동체가 급격하게 협소해지고 있음을 방증한다. 이러한 사회에서 신뢰에 기반 한 새로운 사회적 가치의 창출은 매우 어려우며 계층 간 갈등의 골은 더욱 깊어질 수밖에 없다.

변화를 따라가지 못하는 사회적 기반

산업구조가 바뀌고 저성장이 지속되고 있지만 높은 경제성장 상황에서 형성된 한국의 사회경제적 기반이 변화를 따라가지 못하고 있다. 생산성이 높은 분야의 일자리가 급증하던 시기에는 교육 수준의 팽창이 이루어졌고 노동시장도 고학력자를 충분히 수용할 수 있었다. 또한 평생직장, 안정적인 임금 상승을 보장하는 노동시장 특징에 따라 외벌이 일자리에 기반을 둔 복지제도가 설계되었다. 그러나 산업구조의 변화에 따라 평생직장의 쇠퇴, 저임금 일자리의 증가 등은 새로운 유형의 사회적 위기 요인이 되고 있다.

가령, 저임금 일자리는 특히 여성에게서 두드러지고 있는데, 일자리를 갖고 있는 여성 가운데 37.8%가 이에 해당된다. 저임금에도 불구하고 여성의 경제활동 참여는 증가세에 있다. 통계청 지역별고용조사에 따르면, 2015년 하반기 맞벌이 가구는 43.9%에 이르고 있다. 50대 가구의 51.7%가, 40대 가구의 51.4%가 맞벌이 가구이다. 6세 이하 자녀가 있는 경우에는 38.1%였지만, 자녀의 연령이 높을수록 맞벌이 비율은 높아졌다. 그러나 여기에는 저임금만의 문제가 아니라 가사부담으로 인한 여성의 경력단절, 한국의 직장문화, 경직된 직무 구조, 고학력 여성노동력 미활용, 복지정책 등 다양한 문제가 함축적으로 담겨 있다. 다시 말해 15~54세 여성 중에서 결혼, 출산, 육아, 가족 돌봄 등의 이유로 직장을 그만둔 비율은 21.8%에 이르지만, 이들 여성이 다시 노동시장으로 복귀할 때 수평이동이 보장되는 것은 아니다. 한국의 직장문화 또한 전일제 근무를 요구하고 있다. 호봉제 승진과 승급 체계에서는 근로시간의 양을 조정하거나, 직무를 변경하는 유연성을 확보하기 어렵다. 우리나라의 높은 여성 교육을 활용할 장치도 마련되어 있지 않다. 25~34세 노동시장 참가 여성 중에서 고등교육과정 이상을 이수한 비율은 72%로 OECD 국가 중 가장 높은 편이다. 이들 여성이 출산과 양육의 과정에서 사회제도의 뒷받침을 받지 못하고 불이익을 감수해야 하는 상황이며, 이는 낮은 출산율과도 무관하지 않다고 해석된다. 최근 여권이 많이 신장되었다고 하지만, 한국사회가 여성의 능력을 제대로 활용하지 못하고 있는 점은 확실하다.

한편 교육정책도 변화를 따라가지 못하는 것이 현실이다. 고등교육은 산업화의 진전에 따라 사회적 계층 이동의 발판으로 기능하였다. 그러나 1980년대 이후 출생자들에게서는 교육에 대한 투자가 적절한 성과로 연결되지 않고 있다. 또한 창의성을 갖춘 인재를 요구하는 사회에서 주입식 교육을 통한 인재양성 체계가 유지되고 있는 현실은 교육정책의 지속가능성을 의심하게 한다. 더군다나 임금구조의 양극화 상황에서 살아남기 위한 최소한의 자격 요건으로서 대학 입시는 과다한 경쟁만을 이끌어내고 있다. 결과적으로 교육 투자의 비효율성은 점차 커져가고 있다.

세대 간 갈등심화

브렉시트Brexit, 즉 영국의 유럽연합 탈퇴의 후폭풍 가운데 하나가

세대 간 갈등 문제이다. 브렉시트를 둘러싼 찬반 의견이 세대별로 극명하게 갈렸던 만큼 당연한 결과이기도 하다. 실제로 영국의 24세 이하 젊은 세대들은 찬반투표에서 75%가 유럽연합 잔류를 선택했고, 반면 65세 이상 노년 세대에서는 61%가 탈퇴를 지지했다. 그러나 아이러니컬하게도 새로운 미래의 영국에서 더 오래 살아가야 할 세대는 바로 젊은이들이다. 결국 젊은 세대들은 자신들이 원하지 않았지만, 노년세대가 선택한 미래를 수용해야 하는 상황에 이르면서 세대 간 갈등은 더 커지고 있다. 경제적인 부의 양극화가 주요 원인이 된 브렉시트가 이제 경제적 차원을 넘어 정치적, 사회적 차원의 세대갈등으로 확대되고 있는 것이다.

이러한 세대갈등이 영국만의 문제는 아니다. 우리사회에서도 이념, 지역, 계층 갈등에 이어 세대갈등이 점점 더 주요한 사회문제로 떠오르고 있다. 갈등의 원인은 저출산과 고령화, 저성장에 따른 일자리 부족 등 다양한 측면에서 기인한다. 생산가능인구의 감소와 고령층의 증가는 생산력을 떨어뜨리고 반대로 늘어난 복지수요는 국가재정의 부담요인이 되면서 세대 간 분배문제를 제기하고 있다. 또 저성장의 장기화는 일자리를 둘러싸고 모든 세대들에게 어려움을 가중시키고 있다. 15~29세 청년실업률의 경우, 2016년 6월 기준 10.3%에 이를 정도로 심각하다. 청년층은 노동시장의 첫 일자리 진입에서부터 좌절을 경험하고 있는 셈이다. 그러나 우리나라 노인빈곤율 또한 세계 최고 수준이다. OECD가 2012년 통계기준으로 2015년 발표한 보고서에서 65세 이상 한국 노인의 상대적 빈곤율은 49.1%에 달해 34개 국가 중 1위였다.

노령인구의 급속한 증가는 복지수요의 급속한 증가를 불러오고 있다. 그러나 그러한 수요를 감당할 경제활동 인구는 감소 추세에 있다. 지속가능한 복지를 위한 논의에서 정작 그 부담을 짊어져야 할 미래세대는 뒷전으로 밀리고 있다. 정치인들은 노인세대의 목소리에 귀를 더 기울이는 경향이 있다. 노인세대의 인구가 많기도 하고 투표율이 높기 때문이다. 정부는 계속하여 적자재정을 편성하여 부채를 미래세대에 전가하고 있다. 세대 간의 정의로운 분배와 균형이 어긋나고 있다는 증거이다. 경제적 배분을 넘어 사회통합을 가로막고 사회균열을 가져오는 구조적 문제로 고착화될 가능성이 있는 것이다. 또한 정치적 민주주의를 가로막는 요인으로도 연결될 수 있다. 미래세대의 권익을 보호하는 각별한 노력이 필요하다.

또한 한국은 나이에 의한 차별이 심한 나라이다. 동일한 능력과 창의적인 생각을 가졌어도 나이가 적다는 이유로 합당한 대우를 받지 못하는 경향이 있다. 많은 조직에서 나이가 적은 사람은 의사표현시에 보이지 않는 제약을 받고 있다. 존댓말을 사용하는 한국어의 특성상 처음 대면부터 나이에 의하여 위계가 설정되는 경향이 있다. 사회의 역동성을 가로막는 의미없는 위계질서와 집단주의가 없어져야 할 것이다.

김용 세계은행총재는 2016년 7월 열린 미래교육소사이어티 포럼에서 한국이 극복해야 할 세 가지 과제로 나이 차별, 성 차별, 외국인 차별을 들었다. 글로벌 선진사회로 가기 위해서는 열린 자세가 필요하다. 세계 역사를 볼 때, 폐쇄적인 나라가 흥한 예는 없다.

3

기술의 위기

과학기술의 발전이 우리나라의 경제 발전을 견인해 왔다는 것은 주지의 사실이다. 앞으로의 세상에서도 그 역할은 더 증대되어 우리의 삶 깊숙이 지대한 영향을 미칠 것이다. 이렇듯 과학기술의 힘은 경제 발전의 동력이자 국가의 경쟁력으로 연결되지만, 국내 과학기술의 투자나 개발 환경은 활성화되지 못한 채 위기감이 고조되고 있다.

외형적으로만 보면, 우리나라의 연구개발R&D에 대한 투자 규모는 미국, 중국, 일본 등에는 못 미치지만 2014년 기준 약 723억 달러로 세계 6위에 올라 있다. 또 GDP 대비 투자 비율은 4.29%로 OECD 국가 중 1위를 차지하며 세계 최고 수준을 자랑한다.

그러나 많은 투자에도 불구하고 한국의 R&D 사업은 '고비용 저효율'이라는 문제를 드러내고 있다. R&D 역사가 일천하여 물리적 자산에 대한 투입 비중이 높으며, OECD가 지적한 바와 같이 시설 투자가 높고 인건비 비중이 낮으며, 산업 연계성이 떨어진다.

세계경제포럼WEF이 발표한 〈2015년 국제경쟁력 지수〉에서도 한국은 조사 대상국 140개 국가 가운데 26위를 기록하고 있다. SCI급 국제저널 논문의 등재 순위는 세계 6위[1]이나, 실용화 성공률은 43위를 기록하고 있어, 질 보다는 양 위주의 논문 성과임을 알 수 있다. 특히 현대경제연구원이 2016년 8월 발표한 〈R&D 투자의 국제비교와 시사점〉 보고서에 따르면 2014년 기준 세계 최고기술 보유수는 0개인 것으로 조사됐다. 미국 97개, EU 13개, 일본 9개 등의 실적과 비교해 볼 때 심각한 수준임을 알 수 있다.

또한 대표적 지식재산권인 특허의 영향력 지수를 살펴보면 2012년 기준 건설·교통 분야를 제외하고 전 분야에서 기술 수준이 떨어지는 경향이 나타났으며, 영향력 지수가 0인 분야도 8개나 되었다. 한국이 자랑하는 ICT도 여기에 포함되어 있다. 또 다른 지수인 총요소생산성 지수Total Factor Productivity, TFP의 경우, 한국은행의 발표에 따르면 과학기술의 TFP 경제성장 기여도는 2.2%(2001~2005)에서 1.4%(2010~2014)로 낮아졌다. 투자에 비해 부진한 성과를 보여주는 지표들인 것이다. 이는 연구자들이 크게 반성해야할 문제이다.

구조적인 문제

과학기술 성과가 미흡한 데에는 우리 과학기술 분야의 구조적 문제가 자리하고 있다. 첫째, 거버넌스 문제로서 과학기술분야의 중심이 되는 컨트롤 타워 기관이 없다는 점이다. 이명박 정부 시절에는 과학기술이 교육과 접목되어 교육과학기술부라는 명칭 아래, 그리고 박근혜 정부에서는 창조경제라는 명분 아래 ICT와 결합하여 미래창조과학부라는 이름으로 되어 있으나 자세히 들여다보면, 과학기술 부분은 부차적으로 다루어지는 느낌이다. 정부가 2015년 6월에 발표한 국가

R&D 혁신 방안에 대한 과학기술인 인식조사에서도 과학계와의 소통 부족 등이 문제점으로 지적된 바 있다. 과학기술 분야의 컨트롤 타워 부재뿐 아니라 과학기술을 바라보는 현 정치권의 시각을 그대로 보여주는 결과라고 할 수 있다.

실제로 국가과학기술위원회(현재는 국가과학기술심의회) 중심의 조정과 종합 기능은 한계가 있어 보인다. 우리나라의 구조상 위원회는 제대로 된 기능을 수행하기 어렵다. 헌법기구인 대통령 과학기술자문위원회는 이름뿐인 위원회로 전락한 지 오래다. 이는 위원회라는, 책임 없는 조직의 한계점을 그대로 드러내기 때문이다.

따라서 국가차원의 과학기술 비전을 국민들에게 제시하고, 이를 아젠다화 하여, 정치와는 일정한 거리를 두고 꾸준히 밀고 나아갈 수 있는 강력한 과학기술 거버넌스의 구축이 시급하다. 예컨대 국가 R&D 정책과 투자를 아우르는 독립기구인 국가과학기술 총사령탑의 설치가 필요한 시점이다. 특정부처에 소속되지 않고, 국가 전체 연구개발을 관장하도록 하는 것이다. 예산 확보, 배분, 조정과 국가 차원의 장기 포트폴리오 설정 및 미래 성장 동력으로 연계되는 과정까지를 담당하여 우리의 미래 먹거리 창출을 위한 컨트롤 타워 역할을 수행해야 한다.

둘째, 획일적인 산업지원정책이 가져오는 문제점이다. 가령 전국에 17개의 창조경제혁신센터가 획일적으로 설립되었으며, 전국에 100곳이 넘는 산학연 복합단지 개념의 클러스터가 지역과의 유기적 연계 없이 조성되었다. 2005년부터 경기도가 조성한 판교테크노밸리를 보면 많은 생각을 하게 한다. 이곳에서는 혁신 기업들 1,100여 개 이상과 7만 명 넘는 종업원들이 모여 70조 원(2015년 기준)이 넘는 매출을 올리고 있다. 판교밸리의 예에서 알 수 있듯이, 기업이 혁신을 통해 매출을 발생시키기까지는 많은 시간이 필요하다.

카카오, 라인, 스마일 게이트, 쿠팡 등 최근 새롭게 등장해 성공의 궤적을 그려가는 스타트업들의 사업 분야는 정부가 정한 성장 동력에는 있지도 않았다. 오히려 정부의 규제로 힘들어하는 기업들이다. 스스로 시작하고 스스로 성장해 수조 원의 가치를 만들고 있으며 지속적으로 우수 인재를 채용하고 있다. 미국의 경우도 마찬가지이다. 페이스북이나 우버 같은 거대 디지털 기업의 성공은 미국 정부의 제조업 혁신 정책인 '리메이킹 아메리카Remaking America'와는 무관하다. 중국의 텐센트, 알리바바, 샤오미조차도 중국의 자주창신自主創新 같은 계획경제 정책과 상관없이 스스로 길을 개척해온 기업들이다.

이러한 성공적인 개척 사례로 세계적인 드론 생산업체인 DJI(대강창신과기유한공사)를 꼽을 수 있다. 이 회사를 창업한 왕타오(1980년생)는 현재 5조 원 가량의 자산을 보유하고 있는 기업가이다. 그는 2006년 홍콩 로봇경진대회의 우승 상금 3억 원을 종잣돈으로 홍콩과기대 동기생 2명과 선전深圳에서 창업했다. 오늘날 세계 드론 시장의 60% 점유율을 차지하고 연간 5억 달러 이상의 매출을 올리며, 시장가치로만 100억 달러를 웃도는 기업을 운영하고 있다. 이들의 성공요인은 자기가 좋아하고 잘하는 특기기술을 사업화하는 것이다. 정부는 규제를 없애주고 도와주는 일만 하면 된다.

셋째, 국가와 기업 간의 역할이 불분명한 데에서 오는 문제점이다. 정부는 기초 탐색영역을, 기업은 활용영역을 담당해야 한다. 우리의 경우는 그 구분이 불분명하다. 1960년대부터 정부의 필요에 의해 설립된 출연연구기관의 경우, 이제는 그 기능에 대해 심사숙고할 때가 되었다. 많은 출연 연구기관의 설립 당시 환경과 목적이 변화되었음에도 불구하고 아직도 그 틀을 벗어나지 못하고 있어, 결국에는 민간 기업과 경쟁을 하는 경향이 있다. 심지어 정부는 중소기업의 기술을 지원하라고 독촉하기도 한다.

정부 R&D 투자의 문제

두 자리 수의 증가율을 보였던 정부 R&D 예산 증가율이 계속 감소하여, 2016년에는 급기야 제 자리 걸음 수준인 0.2% 증가[2]에 그쳤다. 이는 복지, 국방 예산의 수요 증가로 정부 예산 전체에 주름살이 간 결과이다.

동시에 기업의 R&D 자금 투자에 대한 세제도 축소되었다. 2015년의 경우, 기업 R&D 인건비, 설비 투자비 등 연간 3.5조 원의 세금 공제 혜택으로 GDP 대비 R&D 세액 공제 비중은 OECD 국가 중 3위를 차지할 정도였다. 그러나 최근 세제개혁으로 세액 공제를 축소함으로써 투자의욕을 꺾고 줄어드는 R&D 자금 상황을 더욱 어렵게 만들고 있다.

R&D의 가장 중요한 축 중의 하나인 기초연구에 대한 투자도 심각한 위기상황이라고 할 수 있다. 그간 정부의 R&D 지원은 주로 출연연구기관과 대학 중심의 기초·원천 연구에 집중되어 있다고 해도 과언이 아닐 정도였다. 그러나 최근에는 기초연구보다는 단기성과 위주의 연구개발에 치우쳐 투자되어 왔다. 그 결과 커다란 성과가 나타나지 않고, 기초·원천 연구는 더욱 구멍이 나게 되었다. 자신들의 임기 내에 성과를 내려는 조급증이 만든 결과로 추정된다. 이제부터 기초연구 부분은 투자에 앞서 기초연구에 대한 철학부터 정립하는 것이 필요한 시점이다.

R&D 정책의 한계 문제

과학기술과 R&D는 공통적인 특성을 가지고 있다. 장기적이며 불확실하다는 점이다. 그러나 우리 정부는 5년 단임제라는 시간적 제약 때문에 단기 위주의 보여주기식 정책을 펼치고 있다. 일례로 각 정부마다 선정한 미래성장 동력의 중점기술 수를 살펴보면 알 수 있다. 노무현 정부 시절 8개였던 기술 수가 이명박 정부에서는 16개, 박근혜 정부에서는 13개로, 숫자만 바뀌었을 뿐 내용은 크게 변화가 없는 것을 알 수 있다. 설상가상 3년 내에 성과를 내도록 주문을 받기 때문에 크게 바뀔 수도 없을 것이다.

그러나 독일의 경우 20년 장기 추진 프로그램으로 신재생 에너지 개발을 하고 있다. 또한 '인더스트리 4.0' 프로젝트는 원천기술 및 응용기술 개발부터 기술관련 법과 제도 등 환경변화를 10년 이상 장기간에 걸쳐 추진하고 있다. 미국, 일본, 유럽 등 과학기술 선진국의 정부주도 정책은 10년 이상 장기적인 계획이 적지 않다.

두 번째 문제로는 우리나라 R&D 사업에 대한 평가 시스템을 지적할 수 있다. 현재의 평가 시스템은 정량 평가에 치중되어 있어 질적인 평가가 이루어지지 않고 있다. 이를 위해서 수많은 전문 관리기구와 평가전문기관들이 머리를 맞대고 대안을 짜내고 있지만 아직까지는 마땅한 방법론이 정형화되어 있지 못한 실정이다. 즉 분야별 특성을 고려한 질적인 평가시스템이 필요한 시점이다.

또한 현재 정부부처가 일률적으로 하고 있는 기관 평가 시스템도 문제이다. 출연기관을 공공사업 투자기관과 동일하게 분류하고 이익 창출에 비중을 두는 투자기관과 동일한 평가 지표를 적용하고 있다. 이익창출이라는 획일화된 잣대가 아니라 정성적 평가가 반영될 수 있는, 출연기관에 대한 별도의 접근이 필요하다.

　세 번째로 지적하고 싶은 부분은 감사와 관련된 문제이다. R&D의 특수성을 고려하여 실패가능성이 높다는 점을 인정하는 차별화된 감사가 필요하다. 공무원처럼 감사하면 연구원들이 공무원처럼 된다. 공무원처럼 된다는 말은 안전운행하는 샐러리맨이 된다는 뜻이다. 안전운행을 하면 사고도 안 나고, 큰 결과도 안 나온다.

4

환경/인구/자원의 위기

우리를 둘러싼 환경의 변화, 세계적인 인구 불균형, 자원의 고갈 또한 심각한 문제로 다가왔다.

환경: 지구온난화와 기상이변의 증가

기후변화는 지구촌의 안녕과 평화를 위협하는 '가장 두려운 대량살상무기'에 비유되기도 한다. 2016년 세계경제포럼이 작성한 〈세계위험보고서the Global Risks Report〉에서도 세계경제를 위협하는 최대 위험요인으로 기후변화 대응 실패를 꼽았다. 기후변화는 물 부족이나 식량난, 경기둔화, 사회통합의 약화, 치안 불안과 같은 사안보다 훨씬 큰 위험요인이라는 것이다. 아시아 지역은 더 취약하다. 1인당 생태용량bio-capacity이 세계 평균치보다 낮은 열악한 조건에서 급격한 산업화와 도시화를 거쳐 왔기 때문이다.

더 심각한 문제는 한반도의 기온 상승폭이 전 지구 평균에 비해 높고, 다른 지역에 비해 식생의 변화가 빠르게 진행되고 있다는 점이다. 한국의 평균기온과 해수면 상승만 살펴봐도 지구 평균치의 2배이다. 환경부와 기상청이 발간한 2015년 평가보고서에 따르면, 현 추세대로 갈 경우, 2100년까지 기온은 5.9℃, 해수면은 63cm 상승할 것으로 예측됐다. 이는 전 세계 평균기온 상승(0.85℃)과 해수면 상승(1.4mm/년)보다 훨씬 높은 수치이다.

이런 가운데 향후 남부 도서지역을 중심으로 아열대 기후대가 명확히 나타날 것으로 보고되고 있다. 아열대 기후의 등장은 말라리아 등 열대성 질병의 창궐과 새로운 신종 질병을 유발할 수 있다. 아울러 온난화로 인한 기후변화는 기상이변을 유발하여 폭우, 폭설, 폭염 등 자연재해를 더욱 빈발하게 할 것으로 예측되고 있다. 자연재해의 빈발뿐만 아니라, 재해의 강도도 기존의 관측 수치를 훨씬 뛰어넘는 수준으로 커지고 있다.

결국 지구온난화는 기후변화로 인한 기상이변과 자연재해, 해수면 상승, 질병의 확산 등을 초래해 미래 우리 생태계와 사회경제에 막대한 영향을 끼칠 것으로 우려되고 있다.

신新기후체제 구축

2015년 12월 제21차 유엔기후변화협약UNFCCC 당사국 총회에서 타결된 파리협정은 기후변화를 방치할 경우 국제사회가 공멸할 수 있다는 위기의식의 산물이다. 2020년 만료되는 교토의정서를 대체할 파리협정은 새로운 국제협약으로서 이제 전 세계가 신기후체제에 돌입해야 함을 의미한다. 기존의 합의문인 교토의정서가 선진국에만 적용되었다면 2020년 이후의 기후변화 대응을 담은 파리협정은 선진국뿐 아니라 개도국에도 온실가스 감축 의무가 보편화되는 국제적 합의라는 점에서 차이가 있다. 이처럼 개도국에까지 무거운 책무를 부여함에도 196개국이 협약에 참여한 것은 그만큼 기후변화가 전 세계적으로 심각한 문제가 되었음을 의미한다.

파리협정문은 이번 세기말까지 산업화시대 이전 대비 지구 평균기온 상승폭을 2℃보다 훨씬 아래로 유지하며, 1.5℃ 상승 억제를 위해서 노력한다는 목표를 제시하고 있다. 지구 기온 상승폭을 2℃ 이내로 제한하는 것과 1.5℃ 이내로 억제하는 것의 차이는 크다. 무엇보다도 화석연료 퇴출 시점이 달라진다. '기후변화에 관한 정부 간 협의체'의 제5차 보고서에 따르면, 지구 기온상승 폭을 2℃ 이내로 억제하려면 세계 온실가스 배출량을 2050년까지 2010년 대비 40~70% 범위에서 줄여야 한다. 또한 2070~2080년경에는 화석연료 이용을 전면 중단해야 한다. 이처럼 파리협정 이전과 이후의 세계는 분명히 다를 것이다. 문명사적으로 볼 때 파리협정은 화석연료시대에서 재생에너지 시대로의 이행을 서둘러야 한다는 신호를 보낸 것으로 풀이될 수도 있다.

신기후체제 출범을 앞두고 우리나라도 과거의 패러다임으로는 해결할 수 없는 새로운 도전에 직면하게 됐다. 2013년 한국의 온실가스 배출량은 세계 8위, 연료 연소에 의한 이산화탄소 배출량은 세계 7위, 그리고 온실가스 배출(1990~2012년) 증가율(33%)은 OECD 국가 중 최고 수준이다. 하지만 이번 파리협정 채택과 함께 우리나라도 2030년까지 온실가스 배출전망치(BAU, 특별한 감축 노력을 하지 않을 경우 예상되는 미래의 배출량) 대비 37%를 줄이겠다는 내용의 감축목표를 제출한 상태이다. 결국 경제성장과 온실가스 감축이라는 두 가지 과제를 동시에 떠안게 된 것이다.

생태환경 파괴

인류문명의 지속가능성을 위해서는 생태계의 생활터전이 필수요건이다. 그러나 자원고갈과 오염 가중으로 생태계는 자정 능력과 회복 능력의 한계치를 벗어나고 있다. 지속가능한 소비와 생산이라는 새로운 패러다임으로 전환되지 못한다면, 생존의 기반이 되는 생태계의 생명을 상실하고 인류 자체의 존속에 위협을 맞게 될 상황이다. 인간은 환경의 일부이며, 생태계의 파괴로 인한 피해는 인류사회에 부메랑이 되어 돌아오기 때문이다.

지구상에는 열대에서 북극연안, 해양, 산악까지 다양한 생태계가 존재하고 다양한 생물도 존재하고 있다. 그런데 1970년부터 2006년까지 지구상에서 살고 있는 생물종의 31%가 사라져버렸다. 이런 추세로 간다면 해마다 2만 5,000~5만 종의 생물종이 사라지게 된다. 그리고 20~30년 내에 지구 전체 생물종의 25%가 멸종하게 된다.

우리나라도 마찬가지이다. 야생생물의 서식지 감소뿐만 아니라 섭식원 파괴, 이동경로 파괴 등으로 생태계가 위협받고 있다. 멸종위기 야생동식물 지정 수도 2005년 221종에서 2012년 246종으로 늘어났다. 이렇듯 우리나라 생물다양성은 확연히 감소세를 보이고 있다. 개발에 따른 서식지 감소, 그리고 환경오염과 기후변화 등으로 인해 생물종 개체 수는 더욱 급격히 감소될 것으로 우려된다. 생물다양성 감소는 국가적 측면에서는 생물자원의 손실이자 인류문명으로서는 생존 기반의 약화를 의미한다. 생물다양성이 훼손되는 것은 생태계 서비스와 같은 복합적인 기능의 훼손을 뜻한다. 그리고 생물자원을 이용하여 다양한 가치를 창출해 내는 경제산업 활동이 심각한 지장을 받게 되는 것이다.

따라서 생물다양성 복원을 포함한 생태환경 문제는 매우 중요하며, 단일한 정책으로 해결되기에는 매우 복합적인 사안이기도 하다. 전 지구적 기후변화로 인해 전반적인 생태환경이 위협받는 측면이 있다. 특히 미래세대를 위해 장기적인 관점에서, 사후처리보다는 사전예방에 초점을 맞추어야 하며, 지속가능한 사회 시스템으로 전환하는 것이 필요하다. 생태환경 파괴나 기후변화에 따른 여파는 장기간에 걸쳐 나타나며, 또한 한 번 발생하면 다시 되돌리기 어려운 측면이 있다.

인구: 인구증감 불균형·이동 확산·고령화

현재 세계는 급격한 인구구조변화를 겪고 있다. 그 첫 번째가 전 지구적인 인구증감의 불균형이다. 인구가 감소하고 있는 지역이 있는 반면, 아프리카 등 저개발 지역들의 인구는 지속적으로 증가하고 있다. 이러한 지역 간 인구증감의 불균형 속에서도 전 지구적 차원의 인구는 지속적으로 증가하고 있다. 두 번째 변화는 지역 간 인구이동의 확산이다. 지난 20년간 자신이 태어난 국가가 아닌 다른 국가에 거주하는 이주자 수는 38%나 증가했으며, 향후 세계화의 진전으로 지역 간 인구이동은 더욱 가속화될 전망이다. 세 번째 변화는 전 지구적인 고령화 추세이다. 의료기술의 발전과 생활 및 보건 수준의 향상은 인류의 기대수명을 급격히 증대시켰으며, 이는 선진국, 개도국을 막론하고 인구구조의 고령화를 가져오고 있다.

대한민국의 급격한 인구구조변화

대한민국은 세계에서도 인구구조변화가 가장 급격히 진행되고 있는 국가 중 하나이다. 출산율은 OECD 국가들 중 가장 낮은 수준을 지난 10년간 유지하고 있으며, 세계에서 가장 빠른 속도로 고령화되고 있다. 지금과 같은 저출산·고령화 추세가 지속된다면 2030년을 정점으로 인구는 감소하기 시작할 것이며, 2050년에는 전체 인구 가운데 고령인구가 38.2%에 이르는 초고령사회를 맞을 것으로 전망되고 있다. 한국사회의 인구구조변화를 견인하는 또 하나의 요인은 외국인 유입 증가에 따른 것이다. 외국인 유입의 급증은 무엇보다 외국인 근로자 유입이 가장 큰 원인이지만, 국제결혼증가, 외국인 유학생 증가, 해외동포에 대한 입국문호 확대도 주요 원인으로 작용하고 있다. 한국사회의 저출산·고령화 추세와 맞물려 한국으로의 외국인 유입은 더욱 가속화될 전망이다.

학령인구, 병력자원, 생산가능인구, 그리고 소비인구의 감소

인구구조의 급격한 변화는 미래 한국의 정치, 경제, 사회, 문화 모든 분야에서 지대한 영향을 미칠 것으로 예상된다. 먼저 저출산으로 인한 학령인구 감소이다. 이미 신입생을 받지 못한 초등학교가 속출하고 있으며, 현재의 대입정원(약 56만 명)이 유지될 경우 학령인구 감소로 인해 2023년에는 16만 명의 대입정원이 남아돌 것으로 전망되고 있다. 학령인구의 감소가 대학의 생존 여부 문제로까지 이어질 수 있는 것이다. 두 번째로 병력자원의 감소이다. 현재 35만 명 수준인 20세 남성 인구는 2020년경에는 25만 명 이하로 급감할 것으로 전망되고 있다. 국방개혁에 따른 병력 감축이 이루어진다 하더라고 매년 수만 명의 병력자원이 부족해지는 것이다. 세 번째로 생산가능인구(15~64세)의 감소이다. 우리나라는 2017년부터 생산가능인구가 감소하면서 노동공급과 투자가 감소하고, 성장은 정체될 것으로 전망되고 있다. 마지막으로 소비인구의 감소이다. 생산가능인구의 부족은 일정 부분 기계로 대체할 수 있으나, 소비는 기계가 대체할 수 없다. 소비의 감소는 기업의 수익악화로 이어지고, 정부의 세수 감소와 국가재정 악화로 연계될 수밖에 없다.

복지수요 증가·사회전반 보수화·노인문제 급증

고령화가 가져올 문제로는 먼저 연금, 보험, 의료 및 기타 사회복지 등의 확충으로 인한 정부의 급격한 지출 증가이다. 고령화로 인해 경제 활력이 떨어지고 세수는 감소하는 반면, 늘어나는 복지수요에 따른 정부 재정의 부담은 늘어날 수밖에 없다. 두 번째로 고령인구의 증가는 미래 정치지형에도 심대한 영향을 미칠 것으로 전망된다. 2050년경에는 전체 유권자 가운데 고령인구가 절반을 넘어서면서, 정치권은 청년세대나 국민전체의 이익을 대표하기보다는 고령세대의 이해를 반영할 수밖에 없는 구조가 형성될 수 있다. 이로 인해 고령집단의 과도한 정치 세력화 및 사회전반의 보수화가 진행될 수 있으며, 일자리와 연금을 둘러싼 세대 간 갈등 문제가 전면으로 부상할 수 있다. 세 번째로 노인빈곤, 노인자살, 노인범죄 등에 대한 사회문제도 커다란 사회적 위기로 작용할 수 있다.

외국인 유입증가로 인한 사회갈등

외국 태생의 국내 유입 인구도 우리의 대응 여부에 따라 심각한 문제를 야기할 수 있다. 먼저, 우리사회에 인종, 민족, 문화 간 갈등이라는 새로운 갈등을 일으킬 수 있다. 또한 저숙련·저임금 인력이 대부분인 현재의 국내 체류 외국인 구성은 우리사회에 새로운 하층계급을 형성할 수 있으며, 도시의 슬럼화, 게토화, 치안문제 등의 문제를 가져올 수 있다. 두 번째 문제는 외국인에 대한 기존 내국인의 제노포비아 xenophobia이다. 이미 청년층을 중심으로 외국인들에 대한 혐오감이 증가하고 있으며, 이러한 경향은 사회 전체로 확대되고 있는 추세이다. 세 번째로 다문화 가정 2세들의 불안정한 한국사회 적응이다. 이들은 현재 우리사회의 배타성으로 인해 차별받고 있으며, 이들에 대한 돌봄과 배려를 소홀히 할 경우 한국사회에 대한 반감은 더욱 확대될 것이다. 선별적 이민정책과 포용적 다문화정책이 필요한 이유이다.

자원 고갈

전 세계적으로 총 에너지 수요는 2030년까지 지속적으로 상승할 것으로 전망되고 있다. 특히 중국과 인도 등 신흥산업국의 생산과 소비의 확대는 에너지·자원 고갈을 더욱 가속화시키고 있다. 중국과 인도 외에도 개발도상국에서의 에너지 소비는 향후 20년간 선진국에서보다 훨씬 빠른 속도로 증가할 것으로 예측되고 있다.

이러한 자원고갈의 가속화는 우리나라에 심각한 위기로 다가올 수 있다. 우리나라는 전 세계 10위권의 경제 규모에 제조업 중심의 산업구조를 가지고 있다. 자원 수요가 많은 반면에 원유, 유연탄과 같은 에너지 자원과 구리, 철 등 주요 광물 자원을 대부분 수입에 의존하고 있어, 안정적인 자원 확보가 중요한 정책과제 중 하나이다. 자원 가격은 다른 재화의 가격에 비해 변동성이 크기 때문에, 우리 경제에 주요 위험 요인이다.

한국의 낮은 자원안보

수입 의존도가 높아 대외적인 환경 변화에 취약하다고 평가받는 한국의 자원안보 수준은 어느 정도일까? 세계에너지협의회World Energy Council에서 매년 발표하는 '에너지 3중고 지표Energy Trilemma Index'에 따르면, 한국은 대중의 에너지 접근성과 적정가격 수준을 의미하는 에너지 공정성에서는 A등급이지만, 에너지 공급능력을 뜻하는 에너지 안보나 신재생에너지 개발수준을 상징하는 환경적 지속성에서는 세계 54위를 기록했다. 우리와 자원 수급 여건이 비슷한 대만(30위)이나 일본(32위)에 비하여 차이가 크다. 이러한 결과는 미국 상공회의소에서 발표하는 에너지 안보 위험 지수Energy Security Risk Index에서도 비슷하게 나타난다. 한국은 에너지 다소비국 25개국 중 22위로 낮은 평가를 받았다. 우리나라의 광물 안보의 경우, 현재 '위험한 수준'은 아니지만, 95% 이상을 수입에 의존하는 현 구조에서는 언제든지 상황이 악화될 수 있다는 것을 염두에 두어야 한다.

세계적 에너지·자원 환경 급변

최근 셰일가스와 같은 비전통자원의 개발, 신기후체제인 파리협정 타결 등 에너지·자원을 둘러싼 대내외적 환경 또한 급격하게 변화하고 있다.

시추 운영 기술의 발달로 인하여 2000년대 후반 북미지역에서 비전통 자원의 개발이 폭발적으로 증가하였다. 이른바 '셰일 혁명'으로 불리는 비전통 자원의 시대가 열린 것이다. 북미지역의 원유와 천연가스 공급 증가로 인하여 전 세계 석유 시장은 공급초과 상태에 놓이게 되었으며, 경기 둔화로 수요는 오히려 감소하면서 유가 하락으로 이어진 것이다. 낮은 화석연료 가격은 신재생에너지 개발이나 보급에는 저해요인이라고 할 수 있다.

그런가하면 2015년 12월 유엔기후변화협약 당사국총회에서 새로운 기후변화 체제에 대한 합의문인 파리협정이 채택되면서 온실가스 감축 노력이 세계적 차원에서 이루어지게 됐다. 우리나라도 2030년 배출전망치 대비 37%를 감축하기로 했다. 해외에서도 도전적 목표로 평가할 정도로 적극적인 대응이라고 할 수 있다. 우리 정부는 목표를 달성하기 위하여 25.7%는 발전, 산업, 효율 개선 등 국내 각 부문에서 감축하고, 나머지 11.3%는 배출권거래 등 국제시장 메커니즘을 활용하는 방안을 고려하고 있다. 그러나 조선, 해운업 등 관련 산업의 침체와 화석연료의 경쟁력 강화는 장애 요인이 되고 있다.

태양광발전, 풍력발전, 조력발전 등은 온실가스를 배출하지 않는 좋은 대체에너지이다. 하지만 셰일가스의 출현과 에너지 가격의 하락으로 인하여 대체에너지 개발 노력이 약화되고 있는 상황이다. 낮은 효율과 경제성 부족으로 어려움을 겪고 있다. 한편 강력한 에너지원인 원자력발전은 안전성에 대한 의문이 끊이지 않아 그 미래를 장담하기 어려운 상황이다.

에너지 패러다임의 변화

사실 기후변화나 신재생에너지에 대한 논의는 오래전부터 진행되어 왔으며, 자원 가격 급등락은 반복적으로 발생했던 일이다. 그러나 최근 전기자동차의 확산이 두드러지면서 에너지 패러다임 자체가 변화하고 있다. 현재 전 세계 원유 소비량 중 차량, 선박, 비행기 등 수송 부문의 비중은 49.5%이다. 그런데 최근 미국의 테슬라를 중심으로 전기자동차에 대한 공격적인 투자가 이루어지고 있고, 그 결과 전기자동차의 보급 속도가 점차 빨라지고 있다. 석유제품에 의존해 왔던 수송 부문에서 전력이 대안이 된다는 것은 매우 큰 변화이다.

패러다임 변화를 이끄는 다른 한 축은 전력저장관리 기술의 발달이다. 전력은 저장이 어렵고, 일 변동, 계절 변동이 크다는 제약 조건이 있다. 그런데 최근 전력저장시스템Electricity Storage System[3]이 개발되면서 이러한 제약 조건이 해소될 수 있다는 기대를 모으고 있다. 이러한 변화는 자원 빈국인 우리나라에 중요한 기회가 될 수도 있다. 기술 중심의 에너지 환경은 기술 개발을 위한 인프라와 인적 자본이 갖추어진다면 우리나라도 충분히 경쟁해볼 수 있기 때문이다. 그러나 이러한 변화에 뒤처진다면 기회는 위기로 뒤바뀔 것이다.

한편 대체에너지 개발에 대한 노력에도 불구하고 화석연료는 향후에도 중요한 에너지원으로 활용될 것으로 보인다. 국제에너지기구 International Energy Agency에서 발표한 2015년 세계 에너지 전망에 따르면 2040년에 전 세계가 사용하는 에너지 중 74.6%는 화석연료(석탄, 원유, 천연가스)가 될 것이라고 예측하고 있다. 다시 말해 화석연료는 앞으로 25년이 지나도 우리의 주요 에너지원으로 활용될 것이다. 이에 대한 전략적 활용방안도 지속적으로 마련되어야 한다는 것을 의미한다.

수자원과 식량자원 부족 심화

에너지 자원과 더불어 수자원과 식량자원에 대한 부족도 심화되고 있다. 에너지자원과 마찬가지로 물과 식량에 대한 수요도 선진국보다 개발도상국에서 더 빠른 속도로 증가하고 있다. 물과 식량부족의 주요 원인은 전 세계적인 인구증가와 개도국의 소득 수준 향상에 따른 식습관 변화에서 기인한다. 곡물소비와 육류소비가 크게 증가하면서 수자원 사용의 70%를 점하는 농업용수의 사용이 크게 늘어났기 때문이다. 이러한 경향은 향후에도 더욱 심화될 것이며, 늘어나는 수요에 비해 공급은 크게 부족할 것으로 전망되고 있다. 따라서 앞으로 동북아 국가들을 중심으로 에너지, 식량 등 자원 확보 경쟁은 더욱 심화될 것이며, 이에 대한 전략적인 대비가 요구되고 있다.

정치의 위기

　정치학자 데이비드 이스턴David Easton은 정치의 개념을 "(공동체) 모든 사람들이 추구하는 가치의 권위적 배분"이라고 설명했다. 공동체 구성원들에 대한 보편적인 영향력을 설명하는 것이다. 나아가 정치가 작동하고 영향력을 미치는 범위의 보편성과 일반성을 더욱 강조하는 개념으로 "정치로부터 자유로울 수 있는 것은 아무것도 없다."고 주장한다. 정치란 실제로 공동체에 대한 광범위한 보편성을 가진다. 정치는 국가운영에 필요한 법과 제도를 만들고 사회규범과 가치, 윤리와 도덕, 문화의 영역까지 망라함으로써 공동체가 작동하는 기본 틀을 제공하기 때문이다.

　따라서 정치의 위기 또한 사회전반의 위기로 직결된다. 역으로 공동체 각 분야의 위기는 정치의 위기와 맞물릴 수밖에 없다. 각 분야에서의 위기는 다분히 정치행위(법적, 제도적, 사회적 합의 등)를 통해 해소될 수 있으며, 만약 그렇지 못하면 더 큰 위기로 확대, 발전하게 된다.

　결국 정치의 위기는 그 자체가 바로 공동체의 위기가 된다. 또한 사회분야별 문제가 발생했을 때 적절한 정책이나 정치적 해결을 모색하지 못하면 위기는 심화된다. 이런 측면에서 보면 대부분의 정책실패는 주로 적실성 있는 적재적소의 정책이 부재하거나 적절한 해결책을 제시하지 못하는 정치의 실종, 정치의 부재에서 원인을 찾을 수 있다. 이처럼 정치는 살아 있는 유기체로서 일상적으로 작동하게 되어 있다. 위기는 그러한 정치적 기제가 작동하지 않거나 선순환구조의 정책들을 만들어내지 못할 때 발생하게 된다.

정치가 제대로 작동하지 못해 시대적 사회변화에 조응하지 못한 대표적 사례로 실패한 인구정책을 꼽을 수 있다. 보편적으로 출산율이 2.1은 되어야 기존 인구규모가 유지된다. 우리나라의 경우 1983년에 이미 출산율이 2.1 이하로 떨어졌음에도 불구하고 1996년까지 산아제한정책을 유지했다. 시대변화에 제대로 부응하지 못한 전형적인 정책실패 사례이다.

한편 급변하는 사회문화와 과학기술의 변화 속에서 기존의 법제도나 정책이 담보하지 못하는 영역들이 생기게 된다. 인터넷, 디지털, 그리고 글로벌 네트워크로 상징되는 지식정보화 시대는 전통사회의 법제도 및 윤리와 도덕의 영역으로는 감당할 수 없는 새로운 사이버 세상을 창조했다. 또한 과학기술의 발달로 급변하는 사회를 법제도의 변화가 따라가지 못하는 간극도 정책실패로 이어진다. 사이버 세상은 매일같이 변하고 있는데 정부나 국회가 추진하는 관련 법규나 정책의 생산 속도는 평균 2년을 넘기는 것이 대부분이다. 신속한 결정과 집행을 요구하는 정책은 실패가 불가피해진다. 정책의 실패는 결국 정치가 구조적으로 풀어야 하는 과제인 만큼 법제도 제정의 새로운 패러다임을 고민해야 한다.

정치위기의 파급력

정치의 위기는 미시적으로는 정치 그 자체의 위기, 즉 국민기본권이 후퇴하는 민주주의의 위기와 권위주의 독재정치의 득세 등으로 설명한다. 하지만 사실 정치의 위기는 거시적으로 보면 국가를 이루는 사회공동체의 위기, 즉 공동체 존립의 근간이 되는 신뢰의 위기가 핵심적 본질이다.

정치의 위기는 초기에는 정치자체의 왜곡, 이를테면 '모든 인간들이 추구하는 가치의 권위적 배분'이 왜곡되어 국민기본권이 제약당하는 것에서 비롯된다. 이후 이런 현상이 확대되어 민주주의가 후퇴하고 권위주의 정치가 구조화되면서 국민들의 정치 불신, 정부와 정치권력(국가)에 대한 불신, 궁극적으로 공동체 자체에 대한 불신으로 이어진다. 현재 한국정치의 위기는 사회구성원인 국민들이 정치 불신, 국가(공동체)에 대한 불신을 노골적으로 표현하고 있는 현상을 내포하고 있다.

공동체에 대한 신뢰의 위기를 비롯하여 정치행위의 원활한 작동 부족으로 인해 경제, 안보, 사회운용 등 다른 영역에까지 미치는 악영향을 정리하면 다음과 같다.

공동체 신뢰의 위기

정치의 위기는 곧바로 공동체의 위기로 발전한다. 공동체의 위기 중 가장 심각한 위기는 신뢰의 위기이다. 공동체 작동의 기본원리인 정치가 부정되거나, 정치 자체가 불신의 대상이 되는 위기상황이 바로 그것이다. 공동체 작동의 기본원리인 정치가 부정되면 곧바로 공동체 유지의 근본이 되는 정신문화, 윤리와 도덕, 정의 등의 가치규범들이 문란해진다.

동양 유교정치의 교범인 『논어』의 〈안연편顏淵篇〉을 보면 '무신불립無信不立'이라는 사자성어가 나온다. "신뢰가 없으면 국가는 서지 못한다."는 뜻으로 신뢰, 즉 믿음이 국가(공동체) 형성의 가장 근본 덕목임을 강조하는 말이다. 공자의 제자 자공이 공자에게 "나라발전의 정치에 무엇이 필요합니까?"라고 묻자 공자는 "족식足食, 족병足兵, 민신지의民信之矣면 충분하다."고 답변했다. 백성들을 잘 먹이고 안보를 튼튼히 하고 백성들이 신뢰가 있으면 충분하다는 것이다. 여기에서 자공이 한 가지씩 먼저 버릴 수 있는 순서를 물었을 때 공자는 세 가지 중 버려야 하는 것이 있다면 먼저 병兵을 버리고 둘째는 식食을 버리라고 했다. 공자는 국가존립의 최대가치를 백성들의 국가에 대한 신뢰라고 한 것이다. 국가(정부)에게 있어 신뢰가 얼마나 중요한지를 설명하는 대목이다.

나아가 신뢰는 공동체가 발전하는 가장 강력한 에너지이기도 하다. 정치나 경제적 번영은 물론 해당 공동체 구성원들의 소속 국가에 대한 자긍심, 자부심, 애국심의 토대가 된다는 뜻이다. 이러한 국가발전의 가장 근본이 되는 신뢰의 문제와 관련하여 한국정치의 가장 심각한 위기는 국민들의 행복과 희망을 보장해야 할 정치의 기능이 마비되고, 오히려 국민들의 불안과 불신을 자초함으로써 공동체 자체의 존립과 발전에 근본적인 장애로 정치가 받아들여지고 있다는 점이다.

세계경제포럼WEF이 매년 발표하는 국가별 신뢰지수에서도 이를 확인할 수 있다. 2015년 발표한 대한민국 정부, 국회, 사법부 등에 대한 신뢰지수를 보면 '한국의 정책결정 투명성'이 2014년 기준 133위이다(2007년 34위). '정치인에 대한 신뢰도'는 97위, '사법부 독립성'은 82위, '법체계의 효율성'은 113위였다. 대한민국 정부의 정책결정 투명성이 1인당 GDP 330달러의 아프리카 부룬디와 비슷한 평가를 받았다. 정치인에 대한 신뢰도 97위는 아프리카 우간다보다 낮은 수준이고, 사법부의 독립성 82위는 네팔보다 낮다. 법체계의 효율성 113위는 동남아시아 최빈국 캄보디아보다도 낮은 수치이다. 조사방법의 문제점을 차치하고라도 참담한 지표인 것이다.

경제 위기

군이 한국경제의 위기, 산업의 위기를 설명하는 주요 경제지표들을 제시하지 않더라도 이미 한국경제의 위기는 구조화되었다는 평가들이 일반적이다. 경제의 경쟁력은 제도와 시스템의 선진화인데 한국경제의 제도적 불공정이라는 시스템의 문제가 심화되고 있다는 지적이다. 제대로 작동하지 못하는 정치, 즉 정치의 위기는 경제와 산업 분야에서 나타나는 위기적 증상을 적시에 치유하지 못한 채 방치하거나 혹은 방조하고 있는 형국이다. 또한 1987년 체제라고 하는 임기 5년의 대통령단임제가 책임정치와 국가 중장기 정책의 연속성을 담보하지 못한다는 오랜 지적에도 불구하고 국회 및 정치권에서의 개헌논의는 각 정당의 이해득실 탓에 십여 년 넘게 말만 무성하다. 2016년 20대 국회가 개원하면서 개헌논의가 다시 힘을 받고 있는 상황이어서 이번 국회에서 어느 정도 진전이 있을지 주목된다.

안보 위기

국민의 안전과 행복은 국가의 최대목적이자 존재 이유이다. 군사적 긴장이 일상화된 분단체제에서는 국민행복의 근본이 되는 생존권 보장을 위해 평화가 기본이 되어야 한다. 여기에서 국민행복-평화-안보의 상관관계를 제대로 볼 필요가 있다. 국가의 절대가치는 국민행복이며 이를 위해 평화가 보장되어야 한다. 그리고 평화를 위해서 안보가 지켜져야 한다.

남북관계가 화해와 협력, 공존과 평화의 논의가 아니라 대립과 반목으로 이어지고 있다. 천안함 사건, 연평도 총격, NLL충돌, 휴전선에서의 간헐적인 군사적 충돌 등이 일어나고 있다. 남북 간 정치적, 군사적 신뢰에 기반을 둔 휴전선에서의 심리전 중단조치는 북한의 이어지는 도발행위로 다시 재개되었다. 북한의 핵무기 개발은 계속되고 미사일 실험발사 역시 우리 국민뿐 아니라 주변국에도 위협이 되고 있다. 이때마다 북한에 대한 비난과 더불어 우리 정부의 대응역량에 대해 의문이 제기되고 있으며, 국민행복과 안보를 위한 정치의 위기관리 능력에 대해서도 의문을 갖게 한다.

정신문화 위기

정치의 위기는 결국 공동체 안의 불신, 즉 사회 각 부문에서 신뢰의 붕괴로 나타난다. 해방 후의 친일파 청산 문제, 분단체제에서 이념대립, 권위주의 정권의 경직성, 대기업과 재벌 중심의 경제, 일부 사회 지도층의 부도덕한 행위 등은 한국 사회의 신뢰 수준을 심각하게 떨어뜨리고 있다. 극단적인 이념논쟁은 건전한 토론을 제약하고, 국민들의 정신문화와 인성체계에도 부정적인 영향을 주고 있다. 신문, 방송, 문화적 매체들과 SNS 등을 통해 쉽게 확산되는 적대와 증오, 반목과 질시, 폭력적인 담론들은 국민들을 불신문화의 틀 안에 가두고 있다. 이것은 범사회적으로 불신문화, 반공동체 문화를 자연스럽게 형성하게 한다.

60년 넘은 분단체제와 과거 20년 가까이 사회를 지배했던 군사문화는 이분법적 흑백논리의 획일주의를 인성체계에 내면화시켜, 자유로운 창발성이나 자율성을 저해한다. 사회규범, 가치, 법제도, 질서를 무시하거나 이를 파괴하고 윤리와 도덕을 부정하는 사례도 도처에 나타난다. 가뜩이나 경쟁적인 사회에서 결과를 위해서라면 수단과 방법을 가리지 않는 결과중심의 문화가 범람하고 있다.

사회문화 위기

이분법적 흑백논리와 극한 대립의 문화는 사회문화적으로 나눔과 배려, 관용과 포용, 상호존중과 협업의 문화가 자리 잡을 여지를 크게 제약한다. 이러한 문화는 결국 사람과 사람의 관계들을 단절, 왜곡하면서 모든 관계를 갑을관계, 주종관계로 변형시킨다. 이런 관계들이 일반화, 구조화, 고착화되면서 사회구성원들의 인성체계는 왜곡되고 결국 사회 전체가 경쟁과 대립의 형국으로 발전한다.

우리나라는 매일 42명이 스스로 목숨을 끊는다. 수년째 다른 국가들에 비해 압도적 1위를 차지하고 있는 대표적 사회병리현상이다. 우리나라의 하루 자살자 규모는 이라크전 당시 하루 민간인 사망자수보다 더 높다. 이외에도 비정상적으로 높은 이혼율, 그리고 OECD 회원국들 가운데 늘 최하위를 면치 못하고 있는 행복지수와 삶의 지수(특히 고교생들의 행복지수가 일본, 중국의 1/3로서 청소년 행복지수도 수년째 최하위권이다) 등이 대표적인 사회병리현상들이다. 한마디로 지극히 비정상적인 사회의 모습이다. 2014년 미국 갤럽조사 발표에 따르면 2014년 세계 웰빙 지수에서 한국인의 행복지수가 145개 국가 중 117위였다.

1년에 20만 명에 달하는 가출청소년의 규모도 인구 10만 명 당 비율로 따지면 다른 나라들에 비해 압도적으로 높다. 인구 10만 명 당 국적포기자수(이민자수)는 1,680명이다. 100명중 1.7명에 해당되며 이 분야도 압도적 1위이다. 일본의 20배에 달한다. 2003~2012년 10년간 미국으로 귀화한 한국인이 16만6,000명으로 일본의 8배에 달하는데, 이 수치 또한 우리사회의 신뢰지수나 삶의 만족도 등과 직결되는 지수로 볼 수 있다.

한국정치의 미래 위기

한국정치의 위기 현상이 미래에는 해소될 수 있을 것인가? 정치의 미래위기는 불신사회 속에서 성장한 미래세대들이 사회공동체 안에서 직면하게 될 위기로 발현된다.

취업, 연애, 결혼, 출산을 포기하고 인간관계와 집, 꿈과 희망까지 포기하면서도 향후 포기할 것이 계속 늘어난다고 해서 부르는 N포 세대의 미래사회에 대한 불신이 미래사회의 불안을 더욱 조장한다. 희망이 없다. 우리사회 청년들의 꿈이 이민이라고 하는 것이 바로 대한민국의 현재 모습이다. 이러한 기현상은 과연 어디에서 기인하는 것일까?

현재의 한국사회에 대한 불신이 기본 바탕에 있고 장기적 불안이 심화되는 구조, 그리고 소위 불공정 사회에서 희망을 보지 못하는 젊은 세대들이 이민을 꿈꾸게 된다. 젊은 세대들의 불만은 대체로 현재의 정치제도, 경제제도, 사회법규들이 불공정해서 자신들이 열심히 노력해도 열심히 한 만큼 정당한 보상이 돌아오지 않을 것에 대한 불신이다. 결국 기존 질서에 대한 부정적 인식은 직접적으로는 우리 사회가 매우 불공정하다고 보는 것에 근거한다.

매년 국적을 포기하는 국민이 2만 명이라는 사실은 삶의 질이 중요한 가치임에도 불구하고 초경쟁의 불신사회가 지속되고 그 결과 공동체 속에서의 다양한 관계들이 파괴됨으로써 공동체가 해체되는 악순환이 계속되고 있다는 것을 뜻한다. 결국 사회와 국가운영의 근본을 다시 세우고 국민들이 일상생활 속에서 기본에 충실한 삶을 살게 되는 것은 다름 아닌 공정사회, 투명사회, 일한 만큼 보상받는 법제도, 사회규범에 대한 신뢰가 수반될 때 가능하다. 정치적, 경제적, 법적 제도가 불공정, 불공평하고 정의롭지 못하다고 국민들이 인식하는 상황에서 신뢰사회는 제대로 자리 잡기 어렵다. 공동체 안에서 신뢰가 붕괴되는 상황에서는 한국정치의 밝은 미래를 기약할 수 없다.

대책과 방향성

한국정치가 위기를 넘어 정상화하기 위해서는 국가와 사회의 근본을 다시 세우고 기본에 충실해야 한다. 국가공동체의 근본은 국가정체성의 핵심인 국가주권과 국민주권의 핵심인 민주주의이다. 사회적 규범의 기본은 윤리와 도덕, 법과 질서 등 가치규범이다. 진실에 충실한 사회, '나'가 아닌 '우리', '함께', 그리고 '더불어 모두'의 개념에 충실한 공동체 복원이 그것이다. 또한 사회적 신뢰의 기본은 국가의 법·제도, 가치규범에 대한 신뢰 회복이다. 법·제도가 공정하고 공평하다는 인식이 보편화되면 공동체는 다시 회생할 수 있다.

근본을 다시 세우기

공동체를 벗어난 개인이란 없다. 우리사회는 자본의 논리가 주요 담론으로 형성되면서 파편화된 이기적 개인, 사익만 추구하는 개인이

양산되었고 공동체의 기본가치를 도외시하는 경향이 심화되었다. 공동체의 기본은 개인들이 기본적인 가치규범들에 충실할 때 지켜낼 수 있다.

불신의 단초들인 부정과 부패, 탈법과 편법, 특권과 차별이 일소되어야 한다. 공동체를 부정하는 개인주의가 전체 공동체와 국민행복의 관점에서 배격의 대상이 되어야 한다. 경제·산업의 위기, 교육의 위기, 사회문화·정신문화의 위기 등 대부분의 위기는 공동체의 위기, 신뢰의 위기에서 비롯된 것들이기 때문이다.

이런 부정적 사회현상을 바로잡기 위해서는 공동체 구성원 전체의 노력이 필요하다. 공동체가 제대로 작동하면 교육도 경제·산업도 안보도 선순환하게 된다. 사회구성원 개개인의 자율성이 존중되고, 다름과 차이가 적극적으로 수용되어야 할 것이다. 나눔과 배려, 관용과 포용의 문화가 확산되면서 실질적인 창의성과 독창성이 발현되는 열린 사회로 나아가게 될 것이다.

정치체제의 전면 개편: 삼권분립의 책임정치 기반 마련

5년 단임 대통령제는 국가의 중장기적 정책을 연속성 있게 추진하는데 근본적 한계가 있다. 퇴임 후 책임을 지지 않고 임기 내 가진 권력을 만끽하는 제왕적 대통령이 나타날 가능성도 농후하다. 삼권분립의 한 축을 담당하는 국회 역시 대통령의 눈치를 보며 헌법기관으로서의 위상과 역할에 충실하지 못하고 강한 정부에 휘둘릴 여지도 크다. 더욱이 국회 및 정치권에서 과거와 같은 원로 정치인의 탄생을 기대하기 어려운 상황에서 집권당은 대통령의 힘에 기대어 국정에 참여하고 야당은 정부와 대통령에 대한 무한투쟁이나 국회라는 제도권이 아닌 장외투쟁에 대한 유혹에 휘둘릴 가능성이 커진다. 그만큼 이제까지의 한국정치 현장에서는 대통령의 권한이 지나치게 크고 이를 견제하고 감독할 국회의 기능이 제약되어 왔다.

이에 따라 정치체제를 바꾸자는 목소리와 개헌 논의가 산발적으로 일어나고 있다. 논의에서 기본이 될 점은 삼권분립의 원칙이다. 이에 대비하여 국회는 민주주의 정치의 기본인 정당정치 문화를 조속하게 변화시키는 노력이 필요하다. 정당정치 문화가 정착되지 않으면 국회라는 입법기관이 정상적으로 작동하기 어렵다. 게다가 대통령과 정부를 견제할 수 있는 담론 형성과 제도적 감독 기반이 취약할 수밖에 없다. 정부의 다양한 정책을 감독, 견제할 정책적 역량은 정당에 속한 연구기관을 통해 축적된다. 하지만 이런 연구기관은 정당의 장기적 발전과 국가에 대한 기여를 놓고 독자적인 연구와 정책을 마련하기보다는 단기적인 선거와 홍보에 이용되고 있다. 이런 정당 운영이라면 행정부와 대통령에 대한 견제와 감독 역할을 수행하는 데 한계가 있을 수밖에 없다.

각 정당에서 과거에 비해 당지도부의 무게감이 떨어지는 추세를 고려한다면 정당정치를 제도화하기 위한 합리적인 문화를 정착시키기에 오히려 좋은 시점이기도 하다. 정당정치 문화 정립과 더불어 대립과 반목이 아닌 통합의 정치질서를 만들어가기 위한 자질과 역량을 갖춘 정치인 양성문제 역시 정당정치 문화를 확립하는 과정에서 필수적으로 다뤄야 한다. 이런 노력을 통해 미래의 정치 위기를 사전에 방지하는 결과를 기대할 수 있다.

정치인 집단이기주의 견제

한편 이러한 정치개혁은 논의는 많이 되어도, 실제로 현실화되지 못하고 있다는 것이 한국정치의 위기요인이다. 정치인들이 자신들의 일을 결정하면서 자기희생을 무릅쓰거나 객관성을 확보하면서 정치개혁을 달성해내는 것은 쉽지 않은 일이기 때문이다. 모든 사람들은 남의 일에는 냉정하게 판단하고 평가하지만 자신의 일에 대해서는 객관성을 잃기 쉬운 경향이 있다. 그런 면에서 객관성 확보를 위한 두 가지 방안을 제시할 수 있다. 첫째는 개혁 법안의 시행시기를 5년이나 그 후로 늦추는 것이다. 그러면 이 변화에 따른 정확한 이해관계 계산이 어려워져 좀 더 객관적인 입장을 취하기 쉬워진다. 두 번째는 국회의원과 직접 관련된 법안은 외부 특별기관에서 기본안을 작성하고, 국회는 이에 대해 통과 여부 권한만 갖게 하는 방안이다. 이런 조치들이 시행된다면 국회의원들의 집단이기주의와 제 밥그릇 챙기기 문화를 개선시킬 수 있을 것이다.

정치의 위기 요인 중에 정치 포퓰리즘도 있다. 정치인들이 인기에 영합하여 지나친 공약을 남발하는 것이다. 지키기 어려운 공약은 재정적자를 만들고 그 부담은 고스란히 미래세대에게 넘어간다. 우리가 추구하는 민주와 복지의 두 가지 가치가 충돌하는 지점에서 나타나는 현상이다. 정치 포퓰리즘을 방지할 지혜가 필요한 시점이다.

대한민국의 위기
경제의 위기

고속성장이나 압축성장이 한때 한국경제의 상징이었다면, 이제 2% 대 저성장이 자연스러운 일이 되어버렸다. 연애, 결혼, 그리고 출산을 포기한 청년세대를 자조적으로 표현한 '3포 세대'가 2011년 언론 지면에 처음 등장한 이래 사라지기는커녕 N포(많은 것을 포기) 세대라는 표현으로 확대되었다. 계층사다리가 사라진 현실은 '금수저, 흙수저'라는 또 다른 자조적 유행어를 만들어내기도 했다. 이러한 표현이 함축하듯, 최근 우리 사회가 체감하는 경제적 압박과 구조적 모순들은 저성장이 일상화되는 '뉴 노멀New Normal' 시대의 경제지표로 그대로 나타나고 있다.

최근 한국은행과 국내외 연구기관들이 내놓은 2016년 경제성장률 전망치가 이를 단적으로 보여준다. 한국은행은 2016년 경제성장률 전망치를 2.7%로 하향조정했다. 국책연구기관인 한국개발연구원도 당초 제시했던 3.1%에서 2.6%로 내려잡았다. 내년 경제성장률 전망치도 2%

대에 머물고 있어 저성장 국면을 벗어나기가 좀처럼 쉽지 않을 것으로 예상되고 있다. 우리나라는 1990년대 말 외환위기를 겪고도 2000년도에 8.9%의 경제성장률을 기록하며 저력을 과시한 바 있다. 따라서 최근 지속되고 있는 낮은 성장률은 경제 전반의 효율성을 따져봐야 하는, 말 그대로 총체적인 부실상황에 직면했음을 시사한다.

물론 저성장 기조는 우리만의 문제는 아니다. 2008년 글로벌 금융위기 이후 선진국과 신흥국 모두 성장세가 둔화된 가운데 불황이 지속되어온 현상이다. 특히 성장을 주도했던 중국의 성장둔화, 세계 수출시장의 급격한 위축, 여기에 제4차 산업혁명이라는 경제의 대전환 흐름과 영국의 유럽연합 탈퇴에 따른 국제금융시장의 변동성 확대 등 세계경제의 불확실성과 맞물리면서 한국의 경제 여건도 갈수록 악화되고 있다. 신흥국과 마찬가지로 수출의존도가 높은 우리로서는 과거처럼 '수출 드라이브 전략'을 구사하기 쉽지 않은 상황이며, 우리나라 수출의 26%를 차지하고 있는 중국이 성장둔화 속에 구조전환기에 들어서면서 돌파구 마련이 더욱 어려워지고 있는 것이다.

경제의 기초체력 상실

현재 3%대의 잠재성장률도 조만간 2%대로 떨어질 것으로 예측된다. 잠재성장률은 물가상승률이 적정하다는 전제 아래 노동과 자본 등 경제자원을 최대한 활용해 달성할 수 있는 최대성장률을 뜻한다. 한 국가의 중장기 성장추세를 설명할 수 있는 지표이자 경제규모가 커지고 발전할수록 낮아질 수 있는 상대적 개념이기도 하다. 그러나 우리나라의 잠재성장률 둔화 속도가 빠르게 진행되면서 성장 동력을 상실해가고 있는 것은 큰 문제로 지적되고 있다.

한국은행은 2018년까지 한국의 연평균 잠재성장률을 3.0~3.2%로 추산했다. 하지만 LG경제연구원은 생산성 혁신이 이뤄지지 않으면 2016~2020년 연평균 2.5%, 2020년대에는 1%대까지 낮아질 것으로 전망했다. 한국개발연구원도 인구변화 추세를 고려할 때 2026~2030년에는 잠재성장률이 1.8%까지 떨어질 것으로 내다봤다.

잠재성장률 하락은 노동력부족, 투자위축, 생산성 정체와 같은 구조적 요인에서 기인한다. 즉 지금과 같은 저출산과 고령화가 급격히 진행되고 제4차 산업혁명으로 재편되는 산업구조에 대응하지 못해 성장의 모멘텀을 확보하지 못하면 더 큰 경제위기로 치달을 수 있는 것이다.

구조적 경기침체

경제의 기초체력을 상실했다는 점에서 한국경제의 위기가 근본적으로 어디에서 연유하는지를 다시 생각해야 한다. 그동안 우리 정부는 경기침체에서 벗어나기 위해 재정금융을 중심으로 경기부양책을 써왔지만 큰 효과를 거두지는 못했다. 국가와 가계 모두 부채만 늘어났을 뿐이다. 2015년까지 중앙정부, 지방자치단체, 그리고 공기업을 포함한 공공부문 부채는 957조 원에 달한다. 가계부채 또한 2015년 1년 동안에만 전년 대비 두 배 규모인 11.2%가 늘어나며 1,200조 원을 넘어섰다. 국가의 재정건전성을 확보하지 못한 상태에서 인위적이고 외형적인 경기부양책에만 매달린 결과이다.

일본의 '잃어버린 20년', 그리고 독일의 '아젠다 2010'은 현재의 우리나라에게 적잖은 교훈을 준다. 근본적인 대책을 회피하고 양적완화를 통한 단기적인 경기부양책만 제시한 일본은 경제 활력을 살리지 못하고 장기불황을 경험했다. 반면 독일의 경우 정반대의 결과를 보여준다. 독일은 만성적인 저성장 속에 통일비용으로 인한 재정부담까지 겹치면서 1999년에는 영국의 경제주간지 〈이코노미스트〉에 '유럽의 병자'로 지목될 정도였다. 그러나 정권유지를 초월한 근원적이고 광범위한 경제개혁 프로그램으로 국가를 살려냈다. 지금은 '유럽의 병자'가 아니라 '유럽의 강자'로 불린다.

이러한 맥락에서 이주열 한국은행 총재도 2016년 7월 국회에서 열린 경제재정연구포럼에서 통화정책은 만병통치약이 될 수 없고, 저성장 경제구조 탈피를 위해서는 구조개혁만이 해법이라고 강조한 바 있다. 결국 만성적인 경기부양용 재정을 투입해서 이루어지는 '나쁜 성장'이 아니라 '좋은 성장'을 이루기 위해서는 구조개혁을 통한 생산의 효율성 제고, 신규 투자 촉진을 위한 규제완화 및 고부가가치 중심의 신성장동력 발굴, 노동력 부족에 대비한 인구정책과 여성 및 고령자의 경제활동참여 촉진 등이 시급한 과제인 것이다.

주력산업의 한계와 신성장 산업의 미흡

우리나라는 지난 반세기 동안 선진국 추격형 전략을 통해 전자, 기계, 조선·해양, 석유화학, 철강 등의 산업부문에서 초고속 성장을 거두었다. 원가경쟁력을 기반으로 생산기술의 효율화를 추구한 덕분이었다. 이러한 제조업의 성장은 고용을 창출하고 수출을 견인해온 우리 산업의 주축이기도 했다.

그러나 우리의 전통적인 주력산업은 중국 등 신흥국에 가격경쟁력을 내주고, 또 기술혁신을 통해 앞서가는 제조업 선진국의 기술경쟁력에 밀리면서 성장의 한계를 보이고 있다. 예컨대, 최근 10년 동안 철강산업, 석유화학, 자동차, 조선해양, 스마트폰 순으로 중국의 추격을 당하며 고전 중이고, 우리의 자랑이었던 글로벌 1위 조선업은 대규모 적자를 기록한 가운데 도전에 직면한 우리 주력산업의 어려운 현실을 상징하고 있다.

그러나 부를 창출하는 업종과 소비 행태 등이 빠르게 변하는 시대에 과거의 패러다임에만 매달려서는 안 된다. 2016년 초 열린 세계경제포럼WEF의 주제도 제4차 산업혁명이었다. 산업 간 경계가 무너지고 창의적 기술융합이 선도하는 제4차 산업혁명의 흐름 속에서 제조업도 예외가 아니다. 이미 제조업 선진국들 간의 혁신전략 경쟁은 뜨겁다. 미국은 '미국 제조업 혁신법안'을 기반으로 제조업과 ICT 결합을 통한 기술혁신을 강화하고 있으며, 독일은 인더스트리 4.0, 일본은 스마트 제조업 등 21세기형 혁신 추진으로 제조업 부활에 나섰다. 가령 자동차와 ICT를 융합한 자율주행자동차, 제품에 사후 서비스를 결합한 제품서비스통합시스템, 냉장고 등 단위제품의 지능화를 넘어 네트워크 연결성까지 구현하는 스마트 기기로의 전환 등은 전통 제조업이 어떠한 방식으로 재창조되어야 하는가를 보여주는 단적인 사례이다.

이렇듯 전통적인 산업에 신기술과 서비스를 융합하여 창의적인 아이디어 제품으로 재탄생시키는 것이 혁신의 핵심이다. 따라서 성장의 한계에 봉착한 전통 주력산업의 활력을 다시 살리려면 우리가 갖고 있는 인프라와 생산기술을 바탕으로 인공지능, 사물인터넷 등 새로운 기술을 입혀 기술 선도형 고부가가치 제품을 만들어내야 한다. 특히 고용창출 효과가 높은 서비스산업을 비롯해 유망한 신산업을 발굴하여 경쟁력을 선점해가는 전략이 시급한 상황이다.

악화되는 고용환경

고용 상황도 계속 악화되고 있다. 대표적으로 청년실업을 살펴보면, 2016년 6월 기준 15~29세 청년실업률은 10.3%를 기록했다. 2013년 현 정부 출범 이후 청년실업 대책은 6차례나 있었고 4조 원을 청년고용을 위해 투입했지만, 청년실업률의 고공행진은 멈추지 않고 있다. 또한 한국고용정보원에 따르면 청년고용대책을 통해 취업한 근로자 중 비정규직 비율은 42.4%에 이른다. 정부의 도움을 받아 취업을 해도 양질의 일자리로 가지 못한다는 방증이다. 전체 근로자 가운데 비정규직 비율은 2015년 기준 32.5%이다.

고용 측면의 불안정성 외에 심각한 임금격차도 고용환경의 현실을 그대로 보여준다. 전국경제인연합회가 발표한 〈2015년도 소득분위별 근로자 연봉 분석〉 결과를 보면 대기업 정규직 평균연봉은 6,544만 원, 중소기업 정규직 평균연봉은 3,363만 원으로 2배 가까이 차이가 난다. 다시 말해 우리 노동시장의 구조적인 문제를 해결하지 않고서는 고용률을 끌어올리는 것을 비롯해 전반적인 고용환경 개선이 어렵다는 얘기이다. '좋은 일자리' 비중이 낮은 점, 대기업과 중소기업 간, 그리고 정규직과 비정규직 간 고용형태와 임금 등 처우 격차 문제를 좁혀야 한다.

또한 근로자에게는 고용안정성이 낮지만, 반대로 고용의 유연성도 낮아 고용주의 불만도 동시에 높다. 일자리를 창출하는 일은 인센티브뿐 아니라 디스인센티브의 문제이다. 제품의 수명주기와 조직의 수명주기가 짧아지는 환경에서 엄격한 해고제한 조치를 갖고 있는 것은 그만큼 고용주들의 고용가능성을 낮추는 일이다. 결국 고용은 사업하는 사람들이 만들어낸다. 이들이 각종 부담금과 제도 때문에 어려움을 겪는다면 우리 사회에서 원활한 고용창출은 상당한 난항을 거듭할 수밖에 없다. 노동시장의 구조적 차별과 경직성이 해소되어야 고용환경의 개선을 기대할 수 있는 것이다.

내수 침체와 저물가의 고착화

경제성장은 수출(해외수요)만의 책임은 아니어서 내수(국내수요)도 큰 몫을 담당해야 한다. 수출주도의 성장모델이 위축된 상태에서 성장을 견인할 수 있는 또 다른 축은 내수시장밖에 없기 때문이다.

그러나 내수시장의 핵심인 민간소비는 부진을 면치 못하고 있다. 통계청이 발표한 2016년 1분기 가계동향을 살펴보면 그 심각성을 짐작할 수 있다. 가처분 소득 대비 소비지출을 나타내는 평균소비성향은 72.1%를 기록했는데, 이는 글로벌 금융위기 직후인 2009년 1분기보다 낮을 뿐만 아니라 통계가 작성된 2003년 이후 1분기 기준 사상 최저 기록이다. 저성장이 지속되면서 소비심리도 연달아 위축되고 있는 것이다. 특히 한국은행이 발표한 2인 이상 가구의 실질소득은 2015년 4분기부터 마이너스 성장세인 반면, 가처분 소득에서 소비지출과 세금을 뺀 2016년 1분기 가계흑자 지표는 2015년(29.8%)보다 증가한 30.8%였다. 실질소득 증가에 따른 흑자가 아니라 소비지출 감소에 따른, 이른바 '불황형 흑자' 구조인 것이다.

한편 한국은행의 기준금리는 2016년 7월 기준 1.25%이다. 2008년 3월 기준금리 제도가 도입될 때의 5.25% 수준과 비교하면 무려 4% 포인트가 내려갔다. 기준금리 1.25%는 2015년에 두 번, 2016년 6월에 한 번 인하한 결과로 수요 회복에 기여할 것이란 게 한국은행의 전망이다. 여기에 국제유가 등의 영향도 줄면서 소비자 물가는 상반기의

0.9%에서 하반기에는 1.3%로 높아질 것으로 예측됐다. 하지만 최근 통계청이 발표한 2016년 7월 소비자물가는 0.7% 상승에 그쳤다.

이렇듯 2013년 이후 1% 안팎의 저물가 기조가 고착되고 있다. 저물가는 체감경기 둔화를 뜻한다. 저성장과 저물가로 디플레이션 우려가 나오고 있는 것이다. 이는 전통적인 통화정책이 물가에 영향을 미치는 효과에 한계가 나타나는 것도 보여준다.

저물가 상황이 지속되는 것은 가계부채 문제를 더욱 악화시킬 위험도 있다. 일반적으로 금융자산이나 실물자산의 가치는 기준금리의 방향으로 나아가게 된다. 즉 인플레이션이 일어나면 돈의 가치가 떨어져 빚 상환 부담은 완화되지만, 반대로 물가는 오르지 않는 상황에서 금리만 낮아지면 빚만 더 늘기 쉽고 상환 부담도 증가할 수 있기 때문이다. 특히 가계부채 부실이 저소득 가구를 중심으로 늘어날 가능성이 높은데, 경제관련 연구기관들은 가계부채의 부실이 현실화되면 청년층, 노년층, 저소득층, 자영업자, 무직자, 무주택자 등 취약계층에서 먼저 표면화될 가능성이 높다고 예측하고 있는 상황이다.

구조조정

기업의 수익성 악화는 국민경제 전체에도 악영향을 끼치는 점에서 중요하다. 기업의 수익성 악화는 투자 부진과 고용 악화로 이어지고 금융기관의 여신건전성 악화, 그리고 정부의 법인세수 감소로 이어지면서 총체적 부실의 악순환을 만들기 때문이다.

따라서 경쟁력을 상실하고 금융지원에 만성적으로 의존하는 한계기업들은 구조조정 우선순위이지만 오히려 증가세에 있는 것이 우리 경제의 심각한 문제 중 하나이다. 특히 한국은행이 2016년 6월 발표한 〈금융안정보고서〉에 따르면 조선·해양, 철강산업 분야에서는 최근 5년 동안 만성적 적자상태인 한계기업이 2배로 늘어났다.

경제의 노후화된 분야를 잘라내는 일이 바로 구조조정이다. 하지만 외환위기가 끝나고 난 다음 공적영역이든 사적영역이든 제대로 된 구조조정의 노력은 거의 없었다. 그 결과 부가가치를 만들어내기보다는 정부지원이나 금융권의 재원에 기대어 버티는, 소위 '좀비기업'이 늘어난 것이다. 구조조정이 본격화하면 대량 실업은 불가피하다. 그러나 단기적인 고통에도 불구하고 경제 원리에 따라 정리할 것을 정리할 수 있어야 하는데, 우리 사회에서는 여전히 온정주의 분위기가 강하다. 이웃 일본이 효율적인 구조조정을 멀리하고 경기부양용 자원을 낭비한 것이 어떠한 결과를 가져왔는지 직시해야 한다. 유기체와 마찬가지로 우리 경제도 신진대사를 원활히 하는 조치 없이는 건강함을 유지하기 힘든 것이다.

경제적 불평등 문제

경제양극화와 불평등 문제도 우리 경제가 풀어야 할 과제이다. KB금융지주 경영연구소가 발표한 〈2016 한국 부자 보고서〉에 따르면 우리 국민의 0.41%가 가계 전체 금융자산의 15.3%를 차지하고 있는 것으로 나타났다. 부의 편중을 의미한다. 경제적 불평등의 증가는 금융자산의 집중을 불러 경제의 흐름을 저해하는 요인이 된다. 더욱 심각한 것은 이러한 경제양극화가 다음세대의 계층상승 기회를 단절시킴으로써 정치사회적 문제로까지 확대되고 있는 점이다.

우리사회의 이동성이 낮아졌다는 것은 마치 신분제 사회처럼 부모의 소득에 따라 자녀의 계층도 결정된다는 태생적 소득격차의 구조적 문제를 시사한다. 부와 빈곤의 대물림 속에 교육기회의 양극화, 소득의 양극화, 그리고 부의 양극화로 이어지며, 이들 각각의 문제가 상호작용을 거쳐 문제를 더 심화시키는 것이다.

특히 최근 우리 사회에서 두드러지는 소득불평등 문제는 대기업과 중소기업의 격차, 정규직과 비정규직의 격차와 같은 경제적 요인뿐 아니라 급속한 고령화로 노년세대 가운데 저소득층이 급증하고 있는 부분에서도 나타난다. 앞으로 한국사회의 고령화 정도가 진전될수록 소득불평등 정도도 더욱 크게 증가할 수 있다는 것을 의미한다.

한편 기업과 가계 간 소득 분배도 이슈이다. 여기에 낙수효과Trickle down effect 개념이 있다. 기업의 높은 수익이 투자로 연결되어 경제가 성장하고, 일자리를 창출하여 가계의 소득과 저소득층에 혜택을 주어 소득불균형이 해소된다는 이론이다. 이명박 정부에서 법인세를 25%에서 22%로 인하하여, 기업의 수익을 올려주어 투자를 유도하려고 했다. 그러나 기업의 현금 유보금은 증가했지만, 그것이 투자로 연결되지 않고 있다는 통계가 나왔다. 낙수효과가 일어나지 않고 있다는 지적이다. 이를 보완하기 위해 2015년에 '기업소득환류세제'가 도입되기도 했다. 기업소득의 80%를 투자, 임금, 배당으로 사용하지 않으면, 미사용 소득에 10%의 세금을 매기는 제도이다. 기업소득환류세가 시행된 후에 기업소득이 투자나 임금인상보다는 배당에 집중되는 현상이 나타났다. 배당은 주식 보유자의 수익이 되기 때문에 낙수효과와 거리가 있다. 이에 다시 법인세율을 원래대로 환원해야 한다는 주장이 나오고 있다. 기업이 투자를 하지 않으니, 정부가 세금으로 걷어서 투자를 해야 한다는 취지이다.

이런 상황이 주는 시사점은 성장은 중요한 요소이지만 분배 측면의 정책이 동반되지 않으면 불평등을 심화시키고 결국 성장 자체도 위협을 받을 수 있다는 것이다. 따라서 경제양극화를 해소하고 소득불평등을 개선하기 위해 무엇보다 노동시장의 고용안정성을 높이고 정규직과 비정규직, 그리고 대기업과 중소기업 간 소득격차를 해소하기 위한 노력이 선행되어야 하지만, 이와 함께 정부의 소득재분배 정책도 매우 중요하다. 조세 및 복지제도 개선을 통한 계층 간, 세대 내, 그리고 세대 간 소득재분배 정책이 필요한 이유이다.

전망과 비전,
그리고 4개 대전략

1 30년 후의 대한민국

30년 후를 내다보는 한국의 미래사회를 전망하는 일은 하나의 정답이 아닌 다양한 풍경을 보여주는 과정이 될 것이다. 다양한 전망 속에서 미래변화의 경향성들을 추론해가는 것이 미래전망의 목적이라고 할 수 있다. 한국사회의 미래를 생각하면서 우리에게는 6가지 풀어야 할 과제가 있다. 저출산과 초고령화, 사회통합을 통한 갈등 해소, 남북평화(통일), 지속성장과 번영, 민주복지국가의 건설, 에너지와 환경 문제의 해결이다.

미래 한국사회 전망은 세 가지 미래를 제시하기로 한다. '희망 미래'는 우리가 노력하여 얻고자 하는 선호하는 미래이다. 이에 반하여 '또 다른 미래'는 선호하는 미래를 추구하다가 놓칠 수 있는 미래이다. '희망 미래'는 현재 한국 사회의 많은 구성원들이 바라는 미래이고, '또 다른 미래'는 희망 미래를 추구하다가 놓쳐버리거나 혹은 또 다른 가치를 추구하는 미래의 모습일 수 있다. 한편 이 외에 남북 분단의 구조적 한계를 극복하는 통일한국의 미래를 그려보기 위하여 '통일 대한민국의 미래상'을 별도로 제시했다.

각각의 미래에 대한 세부적인 전망은 KAIST(문술미래전략대학원)가 미래변화의 주요 동인으로 제시하고 있는 스테퍼STEPPER, 즉 사회 Society, 기술Technology, 환경Environment, 인구Population, 정치Politics, 경제 Economy, 자원Resources을 기준으로 살펴보았다.

희망 미래
사회: 공동체와 개개인이 상호공존하는 사회

정부는 소득불균형과 사회양극화를 국가 체제를 흔드는 최대의 불안요인으로 인식하고, 이를 해소하기 위한 방안을 적극 강구했다. 높은 성장률만으로는 소득 불균형을 해소할 수 없다는 판단 하에, 증세와 동반된 적극적 복지정책으로 소외계층을 포용했다. 오랜 논란 끝에 증세를 통한 복지확대의 범사회적 합의가 이루어졌다. 정부는 복지 향상을 통해 사회양극화와 고령화 문제를 해소하는 통합적 발전전략을 추진했다. 조세부담률을 국내총생산의 50%가 되도록 꾸준히 높였으며 의료, 교육 등 사회안전망에 대한 투자는 지속적으로 늘어났다. 저소득 계층에 수혜가 집중되는 방식으로 지출이 늘어나면서 소득 불균형은 점차 감소되었으며, 사회양극화도 줄어들기 시작했다.

양극화로 인한 사회 갈등을 해소하기 위한 노력은 정부뿐만 아니라 시민들 스스로도 '사회자본의 확충'이라는 형태로 적극 동참하였다. 이는 사회 구성원들 간의 신뢰 형성, 나눔 확대, 자발적인 협력과 연대를 통한 공동체적 가치의 회복으로 시작되었다. 기업들도 이윤추구보다는 사회적 책임을 최상의 가치로 설정하고 양극화와 갈등을 해소하기 위해 노력했다. 이러한 노력의 결과로 한국 사회는 공동체적 가치와 공공의 이익 안에서 개인의 다양성과 개성이 보장되고 있다. 윤리, 도덕적 가치가 사회에 자리 잡음과 동시에 개인, 기업, 정부는 얼마나 공정하고, 배려 있고, 책임감 있게 행동하느냐에 따라 평가를 받고 있다.

한국은 '문화 선진국'이라는 새로운 비전을 만들었다. 남북의 평화체제 수립 이후 안보문제가 획기적으로 해결되자 경제 성장을 넘어 문화예술의 부흥으로 국가적 에너지를 모았다. 교육에도 많은 변화가 일어났다. 가정과 학교는 학생들에게 창의적인 활동을 강조하고 있으며, 정부는 평생교육시스템을 구현하고 있다. 평생교육시스템은 내국인뿐 아니라 한국사회에 영주권, 시민권을 얻은 이민자들에게도 공히 제공되고 있다.

기술: 세계를 선도하는 과학기술국가

정부는 오랫동안 '과학국정'을 국가운영의 철학적 기치로 내걸고 범국가적 차원에서 합리적이고 과학적인 국가경영 마인드를 확산시켰다. 그 결과 국가 운영에 효율성이 제고되고, 세계를 선도하는 '과학기술국가'로 자리 잡았으며, 과학기술기반의 새로운 성장동력이 개발되어 산업이 활성화되었다. 2017년 이후 정부는 새로운 산업으로 의료·바이오, 에너지·환경, 안전, 지식서비스, 항공우주 분야 등에 집중 투자했다. 특히 항공우주 분야의 발전은 속도가 빨랐다. 한국은 이 분야에 대한 지속적인 투자와 남북의 과학기술협력 등으로 인공위성의 달 착륙에 성공하는 쾌거를 이룩했다.

미디어 환경에도 상당한 변화가 있었다. 거대 뉴스미디어 그룹은 사라졌고, 방대한 정보와 개인의 일상을 연결한 개인 맞춤형 서비스가 일상화 되었다. 개인의 특성과 생체 데이터, 교통과 지리정보 등이 결합된 복합적 정보가 각 개인에게 제공된다. 정보의 대부분은 로봇이 수집하고 요약·편집해서 시민들에게 전달한다. 로봇기자 때문에 특정 분야를 빼고는 기자라는 직업은 거의 사라졌다. 인공지능과 빅데이터 기술의 발달로 다양한 언어가 실시간 번역되어 언어의 장벽도 거의 사라졌다.

환경: 생물다양성의 위기를 극복하려는 노력들

2047년 시점에서 과거를 돌아볼 때 한국사회가 당면했던 커다란 문제가 환경의 파괴였다. 기후변화와 자연재해, 중국의 황사 등 주변국의 산업화 증대에 따른 환경 이슈, 신규 원전의 건설 및 노후화로 원자력 안전 문제의 부각, 인간의 개입과 기후변화에 따른 생물다양성 위기, 유전자 변형 식품의 증가와 환경물질의 오염으로 벌어지는 식품 안전성 문제였다. 그간 파괴된 환경을 회복시키고 보존하는 노력에도 많은 성과가 있었다. 이산화탄소 배출 규제, 생물다양성 보존, 수자원 보존 등이 그 예이다. 한국의 산업은 온실가스 규제에도 잘 적응하게 되었다.

인구: 저출산 고령화의 문제를 해결하려는 시도들

저출산은 생산가능인구의 축소로 이어져 경제성장의 발목을 잡는 요인이었다. 고령화는 젊은 세대의 복지부담 증가로 심각한 문제가 됐다. 이 때문에 미래세대는 경제적으로 불안정하고 노인인구의 증가로 미래세대의 사회정치적 대표성도 극히 감소했다. 젊은 세대와 노인 세대의 갈등이 증가하고 청년세대는 좌절하는 경우가 많았다. 이런 세대 간 갈등을 해결하고 형평성을 갖추기 위해 구성된 '미래세대 위원회'가 미래세대의 정치적 대표성을 강화하였다. 또한 유엔이 1950년대에 정한 '65세 이상 고령자'라는 기존의 고령자 기준은 더 이상 존재하지 않는다. 나이가 아닌 실질적인 생산활동능력 중심의 사회경제구조가 제도화되고 있다.

저출산 고령화 문제를 해결하기 위한 방편으로 한국은 2025년 이후 적극적으로 해외 이민자를 받아들였다. 다른 문화와 인종에 개방적인 태도를 유지하면서, 전문직, 기술직 출신의 외국인에게 영주권이나 국적을 부여해 외국인도 자유롭게 국가적 차원의 연구개발 활동에 참여할 수 있도록 했다. 한반도에 거주하는 사람들의 인종도 다양하지만 이들의 직업도 셀 수 없을 만큼 다종다양하다. 이미 세계는 전통적 의미의 국가 간 경계와 민족적 정체성은 많이 희석되었다.

한편 인구 감소에 따라 병역 자원도 감소하게 되었다. 국방력 유지를 위해 인력을 대신하는 첨단기계화 장비 중심의 군구조 개편이 진행되었다. 예전에 비해 군대의 인적규모가 감소하면서 전체 군사력에서 사람이 차지하는 비중은 매우 낮아졌다. 그 대신 장비와 정보 중심의 첨단군으로 변하고 있다.

정치: 국제정치와 평화외교의 허브

남북이 대립적인 분단체제를 극복하고 자유로운 사회문화교류와 전면적인 경제협력, 정전협정의 평화협정 대체 등 평화체제를 구축했다. 인도적 사회문화 교류를 기본으로 지하자원협력과 경제협력의 확대, 과학기술 협력까지 심화되었다. 이러한 과학기술, 경제협력이 상당한 경제적 성과를 냄으로써 남북이 실질적 경제공동체로 발전하는 원동력이 되었고, 그러한 경제적 실리를 바탕으로 평화와 통일에 대한 국민적 공감대가 더욱 커지게 되면서 평화체제까지 이루게 된 것이다.

정치 문화적 관점에서 국가와 시민사회의 관계가 상당히 변화했다. 시민사회의 개인적 민주시민의식이 이전 시기에 비해 크게 고양되고 시민적 의무와 권한, 책임의식, 자율성이 강화되면서 성숙한 정치문화를 형성하고 있다. 법치와 제도 등 규범적 가치 문화가 강화됨에 따라 정치사회 전반적으로 부정과 부패, 부조리가 거의 해소되고 신뢰 문화가 정착되고 있다.

디지털 민주주의의 발달로 민주주의 제도에도 큰 변화가 있었다. 대부분의 안건은 국민이 직접 참여해 의사결정하는 구조이다. 고령화 사회로 인해 실버세대의 민주주의 독점이 지적됐지만 노인 참정권 제한 등을 통해 세대 간 의견이 균형을 맞춰가고 있다. 미래세대를 대변하는 정당의 활약도 눈에 띈다. 이 정당의 활약으로 지속가능 민주복지국가를 지향하는 국가적 슬로건이 국민들에게 인기를 끌고 있다.

경제: 남북 평화경제의 물적 토대에 힘입은 성장

남북의 평화체제 수립을 바탕으로 획기적으로 성장한 남북평화경제의 물적 토대에 힘입어 한반도는 세계적인 경제 강국으로 발돋움하고 있다. 무엇보다 광범위하게 확대된 남북경제협력이 물적 토대가 되고 상생의 시너지가 발생하면서 괄목할만한 경제성장을 진행하고 있다.

서울에서 출발하는 열차는 평양을 거쳐 중국으로 이어지고 러시아의 시베리아와 유럽으로 연결된 지 오래이다. 방대한 지역을 오가는 열차는 한반도와 아시아를 긴밀하게 연결시킬 뿐 아니라, 유럽연합처럼 이미 경제적으로 하나의 공동체로서 국가 간 경제장벽 자체가 사라졌다. 중국과 한반도 그리고 일본의 경제규모가 세계에서 가장 큰 경제협력단위로 발전하였다.

과학기술의 지속적인 발전과 기업하기 좋은 사회 환경, 이를 뒷받침하는 제도의 발달 등이 눈에 띈다. 많은 청소년들이 미래직업의 꿈을 '기업가'와 '과학자'로 밝히는 데에서도 알 수 있듯이 기업인에 대한 인식은 예전에 비해 매우 좋아졌다. 다문화 출신의 기업가들이 상당히 늘어나고 있는 것도 주목할 만하다. 대기업중심의 전통적인 경제구조는 중견기업, 중소기업, 벤처-창업기업 중심의 경제구조로 크게 변화했다. 복지국가를 지향하는 정부 정책으로 조세부담률은 지속 상승했지만, 정부와 시민사회는 개인의 경제적 부담과 개인이 받는 사회적 혜택의 균형을 찾는 데 노력하고 있다.

자원: 에너지 빈국에서 기술 에너지국으로

전 세계적으로는 셰일가스의 출현으로 저유가 경제를 향유하고 있다. 그러나 셰일가스마저도 없는 한국은 대체에너지 개발에 적극적인 투자를 해왔다. 태양광 발전, 풍력 발전, 수소에너지 등의 대체 에너지 비율이 30%를 넘어섰다. 안전한 원자력발전소 운영에 대한 기술이 확보되어 값싼 에너지 공급이 가능해지고 있다.

한국은 온실가스의 배출량을 줄이거나, 대기 중의 온실가스를 포획해 감축시키는 기술을 발전시켰다. 전기자동차의 공급을 확대하고 탄소 순환형 바이오 화학공장의 설립을 유도했다. 에너지 자원을 사용한 뒤 폐기하지 않고 다시 사용하는 재활용 기술을 개발하면서 플라

스틱이나 폐수 등도 다시 쓸 수 있도록 노력했다. 활용하는 자원의 종류에도 큰 변화가 있었다. 석유나 셰일가스, 원자력, 풍력, 태양광은 기존처럼 지속해서 사용하고 있고, 메탄하이드레이트나 등 새로운 에너지도 상용화하고 있다.

또 다른 어두운 미래

사회: 물리적 외형의 성장, 정신적 내면의 결핍

한국사회는 경제성장 일변도의 정책을 추구하면서 수많은 격차의 심화와 계층 간, 세대 간 갈등을 겪었다. 화려한 외양과 경제적 성장 뒤에는 계층적, 지역적 양극화가 계속되고 있다. 구조적 양극화의 심화는 순수한 개인들의 노력이나 실력 위주의 계층 형성이 아닌 불평등구조의 심화로 이어졌다. 결국 불평등심화의 사회구조는 윤리적, 도덕적 공동체 정신을 훼손하고 사회의 기본 가치인 법규, 제도에 대한 비수용적 태도들이 증대되어 공동체 붕괴현상이 심각한 사회현상으로 만연하게 되었다. 교육에도 암기식 주입 학습이 계속되고 있으며, 창의 선도국가의 실현은 아직 멀어 보인다.

기술: 인공지능의 급속한 발전으로 인한 명암

인공지능 연구는 역사 이래 최대의 전환점을 맞이했다. 인간의 지능을 넘보는 수준까지 발전하고 있다. 이러한 전환점을 촉발한 요인은 빅데이터의 출현과 스스로가 학습할 수 있는 '심화 학습deep learning'이라는 알고리즘의 개발 덕분이었다. 2030년경에 이르러서는 스마트 기계들이 더욱 진화하면서 기계와 사람이 자연스럽게 소통하기 시작했다.

인공지능의 급속한 발전으로 적지 않은 사람들이 인공지능에게 일자리를 빼앗기고, 인공지능에 의해 인류가 지배당하는 것은 아닌가 하는 우려를 하고 있다. 인간은 생물학적인 자연적 인간, 인간과 기계가 융합된 사이보그 존재, 그리고 기계와 인공지능이 결합된 형태로 존재할 것이다. 로봇과 인간이 공존하고, 인공지능과 동식물이 하나의 유기체로 대접받고 있는 것이다. 과학기술이 인간의 정신적, 신체적, 감각적 기능을 확장하거나 향상시키는 데 활용되고 있다. 이는 사회적 계층 간의 불평등을 심화시키는 요인이 되고 있기도 하다.

세계적으로 진행되는 제4차 산업혁명의 물결을 제대로 타지 못한 한국은 해외 기술의존도와 경제의존도가 더 높아졌다. 첨단기술혁명의 과실은 선진국들에 국한되는 것처럼 보인다. 사건사고의 대형화와 더불어 인간정신의 퇴보와 인간 고유의 사회적 역할 축소 등 여러 사회병리 현상들도 발생하고 있다.

환경: 경고를 무시한 대가

세계의 주요국들은 2015년 파리협약을 통하여 온실가스규제를 약속했다. 하지만 주요 국가들이 이해관계에 치우쳐 국제적 차원의 기후변화에 적극적이고 전면적인 대응을 하지 않았다. 전 세계는 석유에너지 고갈, 기후변화, 환경오염, 식량부족 사태를 겪으면서 새로운 삶의 터전을 찾으려고 이동하는 이주민들로 상당한 문제에 봉착했다. 이런 사태가 일어나기 전 경고는 많았으나, 국가 간의 이해관계 충돌로 실질적 대안은 도출되지 못하고 번번이 무시됐다. 더 많은 석유를 사용하면서 더 많은 이산화탄소가 배출됐다. 그 결과 지구의 기온은 급격히 상승했다.

극심한 기후변화로 유럽과 중국의 주요도시들이 홍수와 가뭄에 직면했다. 빙하가 녹아 해수면이 상승하면서 해안지역 침수가 발생하여 태평양과 대서양의 여러 나라들이 국토의 상당 부분을 잃어버렸다. 히말라야 빙설이 녹아내리면서 네팔의 많은 지역이 물에 휩쓸렸다. 한국도 예외는 아니어서 서해와 남해 지역이 바닷물 침범으로 문제가 되고 있다.

인구: 저출산 고령화가 낳은 저소비

인구는 지속적으로 줄고 있다. 2010년 대 이후의 저출산 고령화에 대한 국가 차원의 여러 노력들이 실효성 있는 결과를 내지 못했다. 인구구조의 질적인 개선을 이루지 못함으로써 가장 큰 문제는 국가적 차원의 경제적 생산력 저하와 저성장의 구조화이다. 인구 감소로 인한 생산성 저하와 소비의 감소가 구조적으로 문제가 된 지 오래이다. 소비가 위축되면서, 국가적인 다이어트가 진행되고 있다. 사회 곳곳에서 과거에 비해 고객이 줄었다. 택시 손님도 줄고, 식당 손님도 줄고, 극장 손님도 줄었다. 경기 침체의 긴 시간을 보내왔지만 이미 저성장, 저생산, 저소비는 구조화된 경제적 특징으로 자리 잡았다.

2020년대 이후 적극 추진한 고학력, 기술자 중심의 이민정책은 내부적으로 실효성 있는 유인책을 마련하지 못해 큰 성과를 내지 못했다. 오히려 국내 고급 인재와 전문가들이 초고도의 경쟁과 열악한 사회환경으로 인해 주변 선진국들로 빠져나가는 문제가 대두되고 있다.

정치: 국민을 대표하지 못하는 '정치의 실종'

2047년 현재 한국사회의 여러 위기의 핵심에 정치의 실종이 여전히 문제가 되고 있다. 현실정치의 후진성이 한국사회의 위기돌파를 불가능하게 하고 있는 것이다. 2010년대 이후 정치제도 개혁과 정치문화 혁신을 위한 논의가 현실적 성과로 이어지지 못했기 때문이다. 한마디로 대의제 민주주의에 대한 국민 불신이 여전히 심각한 상태이다.

대통령 단임제를 개선하고자 하는 개헌 논의가 정치세력 간의 이해관계 충돌로 결론을 내리지 못하고 있다. 국민들의 다수가 기존 대통령제의 개혁을 요구하고 있으나, 여야와 시민사회 모두 이렇다 할 합의점을 찾지 못하고 있다. 정치 포퓰리즘의 폐해가 커지고 정치에 대한 불신도 더 커지고 있다.

남북관계는 주변국들의 이해관계를 극복하지 못하고 여전히 분단체제를 지속하고 있다. 무엇보다 심각한 문제는 북한과 통일(평화)문제에 대한 국민적 관심이 현격히 줄어들었다는 것이다. 그동안 통일의 정당성을 지탱해온 민족 동질성에 대한 의식도 희미해졌고, 북에 가족을 두고 온 2, 3세대 이산가족도 거의 사라졌다. 대다수 국민들은 북한을 같은 민족으로 바라보는 것이 아니라 언젠가 우리가 짊어져야 할 부담으로 생각할 뿐이다. 동북아시아 국제질서도 한반도 분단을 중심으로 큰 틀의 변화는 없으나, 미국의 상대적 퇴조와 중국의 실질적 영향력 확대가 구조화됐다. 중국은 급속히 신장된 국력을 바탕으로 신중화新中華 질서를 주변국들에게 일반화하고 있다. 일본 또한 평화헌법을 개정해 군사대국화로 나아가고 있다. 중국의 패권주의와 일본의 군사대국화는 한반도의 평화는 물론 동북아시아의 안보를 크게 위협하고 있다.

경제: 경제성장의 지체와 퇴보

빈부격차, 높은 실업률, 저성장 기조가 계속되고 있다. 일부 지식인들은 임금 인상 대신에 근무시간 20% 단축을 주장하고 있다. 근무시간을 단축해 일자리를 더욱 많이 창출하고, 이를 통해 복지와 사회통합을 이루기 위해서이다. 지역의 소규모 상점이나 영세 상인을 보호하는 협약 및 정책을 시행하고 있으며, 재택근무는 일반화돼 있다. 경제성장의 지체와 퇴보를 자연스럽게 받아들이고 있다. 국가 경제 전체적인 저성장 기조의 구조화로 여러 많은 경제문제가 야기되고 있다. 한마디로 성장전략의 한계와 국가재정의 파탄 위기로 요약할 수 있다.

과학국정을 소홀히 하여 국정운영의 비효율과 기술개발의 부실이 심화되고 있다. 그리고 원자재가격의 상승과 기후변화로 인한 온실가스 감축 확대, 환경보호 무역주의의 강화가 치명적이었다. 더불어 중국과 인도 등 신흥경제대국들의 부상으로 한국경제의 버팀목이 되어왔던 자동차, 전자, 반도체 등의 주력산업들이 줄줄이 경쟁력을 잃었다. 신성장산업은 수십 년째 답보상태에 있다.

저출산 고령화는 점차적으로 생산가능인구의 감소로 이어졌고, 경제활동인구의 비중은 2047년 현재 30% 미만으로 줄어들었다. 또한 저출산 고령화는 천문학적인 사회보장비 지출을 유발해 국가부채를 급증시켰다. 경제활력은 떨어지고 세수는 감소하는데 복지수요가 증가하면서 국가재정 부담이 지속적으로 늘어났기 때문이다. 결과적으로 2047년 대한민국의 국가부채는 GDP 대비 150%까지 악화됐으며, 세계적으로 재정위기 고위험국가군의 하나가 되었다.

동반성장과 사회적 통합을 등한시하고 대기업 중심 성장에 올인한 대가는 실로 엄청났다. 수출기업과 내수기업, 대기업과 중소기업, 고급인력과 단순노동인력 간의 임금격차는 더욱 확대됐다. 중소기업이 대기업으로 성장하여 새로운 산업을 일구는 현상은 보이지 않고 있다.

여전히 일부 대기업에 의존하는 국가 산업의 위험성을 내포하고 있다.

자원: 대체에너지 개발의 절대적 필요

한국정부는 2010년을 전후로 기후변화 및 자원고갈, 경제성장 둔화를 극복하기 위해 '저탄소 녹색성장'이라는 신국가 발전 패러다임을 제시한 바 있다. 그러나 이러한 전략은 곧 자본, 기술, 시간과의 싸움 등 여러 난관에 부딪혔다.

자원문제에 대한 국가적 차원의 문제의식에도 불구하고 잇따른 자원외교 실패로 지속적이고 안정적인 자원공급이 여전히 난제로 남아 있다. 자체적인 대체에너지 개발 등 노력이 일부 효과를 내고 있으나, 전체 에너지 문제를 해소하기에는 여전히 역부족이다. 화석연료를 대체할 에너지원이 뚜렷이 보이지 않는다.

통일한국의 미래상; '남북연합'의 실현

광복 102주년을 맞이한 2047년의 한반도를 특징짓는 가장 큰 정치사회적 변화는 남북이 분단상태를 극복하고 '민족공동체 통일방안'의 2단계인 '남북연합'을 실현하고 있다는 것이다. 남과 북은 2000년의 통일방안 합의와 2025년의 평화협정 체결을 주요 기점으로 평화의 제도화를 위해 꾸준히 노력했다. 결국 광복 90주년인 2035년에 2단계인 남북연합을 선언하고, 이후 더욱 공고한 평화의 제도화를 지속적으로 구조화하고 있는 것이다.

대한민국의 공식 통일방안은 1989년 노태우 정부가 발표한 '한민족 공동체 통일방안'이다. 여기에는 화해협력-남북연합-완전통일의 3단계가 있다.[1] 1단계인 '화해협력' 단계가 지나면 2단계로 '남북연합'을 상정한다. 남북연합은 국방권과 외교권까지 지역정부가 가진다. 다만 양 지역정부의 상위에 '남북정상회의', '남북각료회의', '남북평의회(남북 국회회담)' 등의 통일기구를 둔다. 이러한 남북연합 단계가 더욱 성숙되면 완전 통일국가로 발전하는 것이다.

이러한 남북연합의 분수령은 2025년이었다. 남과 북은 2025년에 적극적인 주변국 평화외교를 통해 기존 정전협정을 평화협정으로 대체하는 2+2(남-북이 주도, 미-중이 보증) 회담을 성공시켰던 것이다. 2+2 한반도 평화협정 체결 이후 한반도 평화의 제도화가 더욱 속력을 냈던 것이다.

사회: 공동체의식과 사회규범이 자리잡은 사회

제도적으로 평화체제가 구조화된 이후 평화문화가 온 사회를 확실히 지배하고 있다. 상호 방문이 자유롭게 이루어지면서 양측 거주자들 사이에 신뢰가 쌓이고 이질감이 줄어들었다. 평화의 정치문화, 사회문화는 평화에 기반 한 다양한 정신문화의 고양을 가져다주었다. 즉 획일화 문화가 퇴조하고 그 자리에 다양성과 평화의 문화가 온 사회에 퍼지고 있다. 생활양식과 사고방식, 가치판단에서 선과 악의 이분법적 흑백논리와 획일주의, 배타주의가 눈에 띄게 사라졌다.

사회적으로 권위주의적 상명하복의 관계, 갑을 관계와 같은 왜곡된 관계들이 퇴조하고, 누구나 고유한 개인으로서의 자율과 창의, 독자적 고유성이 보장받는 사회문화가 확산되면서, 실질적 자유주의와 다양성의 사회문화가 자리 잡고 있다. 이러한 사회문화의 전반적인 선진화로 인해 잃어버렸던 공동체 의식, 즉 윤리와 도덕, 법과 질서, 가치와 사회규범이 온전히 자리 잡는 품격 높은 사회로 나아가고 있다. 그리고 남북이 각각 유지 발전시켜오던 전통문화의 통합으로 한국문화의 꽃이 피고, 한글과 역사 연구가 한층 활발해지고 있다.

기술: 남북협력이 가져온 상당한 성과

남북평화경제를 과학기술이 선도한다고 할 만큼 과학기술분야의 남북 간 협력이 강화되고 있다. 평화체제가 구축되면서 군수산업이 민수산업으로 발전한 것이다. 남과 북의 과학기술이 분야와 수준에 있어 상호보완적인 분야가 많아 시너지 효과를 내는 데 크게 도움이 되었다. 북측의 과학기술들이 민수분야로 넘어오는 과정에서 남측의 선도적 경험과 노하우가 많은 역할을 하기도 했다.

환경: 기존의 국토자연환경에 대한 보존

남북의 환경협력은 북측이 역점적으로 추진하는 분야이다. 북측은 산악지대가 많아 국토보전과 환경에 대한 각별한 관심을 갖고 있다. 그래서 남북경제공동체 추진 과정에서도 최대한 기존의 국토자연환경을 보존하는 차원에서 접근하고 있다. 특히 휴전선 근처의 환경 회복과 보존에 대하여 적극적인 협력을 이루고 있다. 남북은 공통으로 세계적 수준의 국토자연환경을 유지한다는 목표 아래 대기질, 토양질, 수질, 산림분포, 이산화탄소 배출 등에 엄격한 기준을 적용하고 있다.

인구: 8,000만의 실질적 경제공동체

남북연합은 인구 8,000만의 실질적인 경제공동체로 작동한다. 남북의 실질적인 경제공동체 구현으로 고질적인 남측의 저출산, 고령화,

경제인구 감소라는 문제들이 일정부분 해소되었다. 북측의 출산율이 2010년대의 2.0명 수준에서 그대로 유지되고 있다. 이것은 경제공동체 속에서 남측의 생산인구 감소를 구조적으로 상쇄해주고 있다. 이미 남과 북은 산업분야와 지역 사이의 분업과 협업체제가 구조화되어 있다. 상호 가족방문과 공동투자와 생산은 일상적인 일이 되었다.

정치: 실질적 민주주의의 확립

남북연합 상황에서 한반도는 더 이상 국민생존과 안전이 군사적으로 위협받지 않고 있다. 북측의 핵무기는 이미 제거되었다. 남북평화의 제도화가 한반도를 넘어 동북아, 동아시아 전체의 평화질서를 구축하고 있다. 더 이상 이념적 대립의 전통적 갈등은 자리하고 있지 않다. 자연스럽게 남과 북은 남북연합의 두 주체로서 이 지역 국제정치에서 가장 영향력 있는 행위주체로 대접받고 있다. 남북연합이 성숙된 심화 단계로 접어들고 있는 상황에서 가장 큰 역할을 하고 있는 것이 정치와 시민사회의 영역이다. 사회 각계각층의 다양한 목소리가 존재하며 경쟁과 협력, 견제와 타협을 통한 의견 교환이 이루어지는 체제를 구현하고 있다.

경제: 남북 동반성장의 괄목할만한 발전

30여년 이상 지속되어 온 평화적 남북관계의 제도화 과정에서 가장 괄목할만한 외형적 변화는 남북평화경제의 대폭발과 실질적인 남북경제공동체의 구현이다. 2010년대 이후 저성장 경제가 구조화되어 가는 위기 상황 속에서 평화를 기반으로 한 남북경제협력은 최대의 기회였다. 2020년 '남북평화경제위원회'를 출범시킨 이후 '평화를 위한 경제, 경제를 위한 평화'라는 슬로건으로 남과 북은 실사구시 정신으로 경제협력을 전면화 했다. 양측의 경제제도를 존중하되 남북이 시너지 효과를 낼 수 있는 경제협력과 지하자원 공동개발, 남측 기업들의 북측 경제특구 진출 등으로 남북의 경제가 괄목할만한 동반성장을 달성하고 있다.

자원: 남북공동 자원 개발

북측의 미개발 지하자원들을 남북평화협정 체결 이후 남측의 기술과 자본을 도입하여 공동 개발했다. 지하자원협력은 단순한 공동개발과 교역의 수준을 넘어 공동채굴, 공동이용, 공동가공 등의 과정을 통해 부가가치가 매우 높은 자원사업으로 발전시켰다. 남북지하자원협력을 통해 얻어진 재정은 북측의 더 광범위한 경제발전을 위한 종잣돈으로 재투자되고 있다. 남북연합은 더 이상 자원빈국이 아니다.

2

아시아 평화중심 창조국가

미중관계와 브렉시트를 중심으로 한 국제질서 변화와 범세계적 차원의 글로벌화, 새로운 경제위기와 지역내 안보질서 재편, 자원과 환경, 인구문제의 대두 등 변화가 심상치 않다. 무엇보다 과학기술의 발전이라는 물적 변화가 선도하는 시대변화가 더욱 가속화되고 있다. 이러한 시대변화를 정신문화가 제대로 담아내지 못하는 문화 지체가 심화되고 있다. 대한민국 국가적 차원에서 이러한 시대변화에 능동적으로 대처하고자 하는 과학적이고 체계적인 국가미래전략 수립이 절실한 상황이다.

국가전략National Strategy은 국가와 국민의 생존, 번영, 존엄, 가치 등 국가의 핵심가치를 구현하기 위한 비전과 방향이다. 국가의 임무는 국민의 생명과 재산보호, 기본권 보장, 경제적 풍요 등 총체적 국민행복을 구현하는 것이다. 결국 국가전략이란 국토보전, 국민존엄과 인권 보장, 자유와 평등, 민권 보장, 경제적·과학기술적·사회문화적 번영과 국가안보의 공고한 평화 등 국가 핵심가치와 임무를 실현함으로써 국익

을 증대하기 위한 전략이다.[2]

미래전략Future Strategy이란 중장기적 관점에서 국익을 극대화하기 위한 전략이다. 이 책에서는 '미래'의 시간적 범위를 보편적인 한 세대의 기준, 즉 30년으로 하였다. 또 대한민국의 '미래비전'과 그것을 실현하기 위한 핵심적인 '4개 대전략', 그리고 세부 주제별 전략을 제시하였다. 각 세부 주제는 KAIST 문술미래전략대학원이 제시하는 사회변화의 주요 동인인 스테퍼STEPPER(사회, 기술, 환경, 인구, 정치, 경제, 자원)[3]를 구성하는 주요 분야에서 선정하였다.

미래의 변화와 전략

먼저 미래에 어떤 변화가 찾아올지, 그에 따라서 우리는 어떤 전략을 수립해야 할지에 대해 살펴보자.

과학기술 중심의 미래변화

국가, 사회 전반의 위기라는 현재적 상황에서 대한민국의 미래는 어떻게 오고 있는가. 지난 30여 년의 시간과 현재를 돌아보면 다가오는 30여 년의 미래를 전망할 수 있다. 무엇보다 미래변화의 핵심동인으로 정보통신기술 고도화 등 과학기술의 발달이 자리한다. 첨단과학기술과 정보통신의 발달에 따라 전 세계인이 엄청난 양의 정보들을 실시간으로 공유하는 정보폭발의 시대가 왔다. 무인자동차 등 본격적인 로봇시대의 보편화, 3D프린트 생산기술, 인공지능, 인식정보 확산, 사물인터넷으로 상징되는 '초연결사회'의 도래, 의료기술의 발달에 따른 인간수명 100세의 '호모 헌드레드homo hundred' 시대 등이 과학기술이 바꾸는 상징적 시대변화들이다.

전통적 위기로 제기되는 기후변화와 환경문제, 자원과 에너지문제, 인구문제 등은 전 지구적 차원에서 제기되고 있는 위기요인들이다. 여기에 국가의 경계를 초월하는 각종 정보의 글로벌화에 따라 정치, 경제, 사회, 문화적으로 전통적 의미의 국가경계가 약화되고 개인과 시민사회의 영향력이 상대적으로 강화되면서 국가와 정부의 영향력이 퇴조하는 경향성이 나타난다. 인터넷미디어와 SNS 고도화, 글로벌화의 자연스러운 결과들이다. 사회문화적으로는 급변하는 과학기술시대의 변화에 부응하지 못하는 정신문화의 지체, 인간윤리와 도덕, 철학과 가치의 도태 등이 인문학의 위기, 인간의 위기로 상징되고 있다.

능동적 미래전략: 미래는 창조된다

국가와 사회의 온전한 발전은 환경과 시대변화에 얼마나 능동적으로 부응하느냐에 달려 있다. 변화에 대한 적극적 조응과 대응 자체가 발전이다. 만약 그 변화를 태만히 하거나 무시하는 경우 그것은 정체가 아닌 도태가 되고 적폐가 되며 가혹한 경우 혁신과 쇄신의 대상이 된다. 제도와 법, 체제의 적폐는 때에 따라 혁명의 대상이 되기도 한다.

국가적 차원의 선도적 미래준비라는 관점에서 보면 미래는 의지적 관점에서 창조되는 것이다. 즉 미래는 객관적 조건과 환경들에 의해 그냥 막연히 오는 것이 아니라 주체적 의지로 전망하고 준비하고 주도하고자 하는 사람들에 의해 만들어지고 창조되는 것이다.[4] 그렇다. 우리가 함께 꾸는 꿈과 비전은 현실이 된다. 다가올 미래는 지금 현재의 우리가 꾸는 꿈들이 펼쳐지는 세상이다. 다가올 미래사회와 관련하여 앨런 케이Alan Kay는 '미래를 예측하는 가장 좋은 방법은 그것을 창조하는 것'이라고 했다. 더 나은 미래를 꿈꾸는 능동적인 개척자들에게 가장 바람직한 미래상이다.

미래의 모습은 우리가 그리는 비전이고 꿈이다. 즉 우리가 꾸는 꿈, 우리가 그리는 비전이 미래의 현실이 된다. 결국 우리가 꾸는 꿈은 우리가 창조할 미래가 된다. 미래는 우리 속에, 우리의 가슴속에 있는 것이다. 우리는 어떤 미래를 가슴에 담을 것인가. 우리가 지향해야 할 세상, 지향해야 할 가치는 어떤 것들인가. 우리가 지향하고 추구하는 '정신의 미래', '과학기술의 미래'가 결국 미래를 규정한다.

자연환경과 시대변화에 능동적으로 응전하는 과정이 바로 미래변화의 새로운 패러다임을 창조하는 것이다. 결국 그런 주체적인 응전의 과정이 미래창조의 역사가 된다. 미래는 준비하지 않은 사람들에게는 그냥 막연히 오는 것이지만, 준비하는 사람에게는 창조의 과정이다.

미래사회와 대한민국의 위기

이제 미래사회를 맞는 대한민국이 어떤 상황에 놓여 있는지를 살펴볼 차례이다.

미래사회 변화의 주요내용들

미래사회변화 전망과 관련하여 2012년 한국과학기술기획평가원 KISTEP이 발표한 미래사회변화 8대 메가트렌드와 25개 하부 트렌드가 있다.[5] 이 발표에서는 미래사회 8대 메가트렌드로 글로벌화의 심화, 갈등의 심화, 인구구조의 변화, 문화적 다양성 증가, 에너지·자원의 고갈, 기후변화 및 환경문제 심화, 과학기술의 발달과 융·복합화, 중국의 부상 등을 전망하고, 하위 25개 트렌드를 제시했다.

두드러진 미래변화의 경향성은 첫째 '글로벌화의 심화'이다. 이미 글로벌화는 정치, 경제, 사회, 문화, 과학기술 전 분야에 걸쳐서 상당히 진전되었고 향후 그 속도와 폭, 범위는 심화·확대될 것이다. 일국 중심의 국제질서가 아닌 다극화가 진행된다. '갈등의 심화'로는 민족, 종교, 국가 간 갈등 심화, 사이버테러와 비전통적 테러위험 증가, 양극화 등이 대두된다. '인구구조 변화'는 저출산, 고령화의 지속, 도시인구의 증가, 가족개념의 변화 등을 포함하고 있다. '문화적 다양성 증가'는 문화교류의 증대와 다문화 사회화, 여성의 지위 향상 등이 제기되고, '에너지·자원의 고갈' 문제와 관련해서는 에너지와 자원의 수요 증가, 물과 식량 부족 심화, 에너지와 자원의 무기화 등이 두드러진 경향성으로 전망된다. '기후변화 및 환경문제 심화'는 지구온난화와 이상기후, 환경오염의 증가, 생태계의 변화로 상징되고 '중국의 부상'과 관련해서는 중국의 경제적, 정치적, 문화적 영향력 확대 등이 제기된다. 마지막으로 '과학기술의 발달과 융복합화' 측면에서는 정보통신기술의 발달, 생명과학기술의 발달, 나노기술의 발달 등이 미래변화의 경향성으로 제기된다.

<표 2-1> 8대 메가트렌드와 25개 트렌드

메가트렌드	트렌드	메가트렌드	트렌드
글로벌화 심화	세계시장의 통합	문화적 다양성 증가	문화교류 증대와 다문화 사회화
	국제질서의 다극화		여성의 지위 향상
	인력이동의 글로벌화	에너지·자원 고갈	에너지·자원 수요의 증가
	거버넌스 개념의 확대		물·식량 부족 심화
	전염병의 급속한 확산		에너지·자원 무기화
갈등 심화	민족, 종교, 국가 간 갈등 심화	기후변화 및 환경문제 심화	온난화 심화, 이상기후 증가
	사이버테러의 증가		환경오염의 증가
	테러위험의 증가		생태계의 변화
	양극화 심화	중국의 부상	중국 경제적 영향력 증대
인구구조 변화	저출산 고령화의 지속		중국 외교 문화적 영향력 증대
	세계 도시인구의 증가	과학기술 발달과 융복합화	정보통신기술의 발달
	가족 개념의 변화		생명과학기술의 발달
			나노기술의 발달

위기의 대한민국

우리나라를 둘러싼 두드러진 미래환경 변화는 어떤가? 미래창조과학부(미래준비위원회)의 〈미래이슈 분석보고서(2015.7)〉에서는 한국사회의 10년 후를 규정하는 주요 10대 이슈로 저출산·고령화, 불평등문제, 미래세대 삶의 불안정성, 고용불안, 국가 간 환경영향 증대, 사이버범죄, 에너지 및 자원고갈, 북한과 안보·통일문제, 기후변화 및 자연재해, 저성장과 성장전략 전환 등을 순서대로 꼽았다. 모두가 어두운 미래를 말하는 이슈들이다.

〈표 2-2〉 10대 이슈

순위	이슈명	순위	이슈명
1	저출산·초고령화 사회	6	사이버 범죄
2	불평등 문제	7	에너지 및 자원고갈
3	미래세대 삶의 불안정성	8	북한과 안보·통일 문제
4	고용불안	9	기후변화 및 자연재해
5	국가 간 환경영향 증대	10	저성장과 성장전략 전환

오늘의 역경을 딛고 대한민국이 한반도에서 계속 번영을 영위하고 후손에게 영광된 나라를 물려주기 위해서 선결해야 할 과제를 다음과 같이 6개로 정리할 수 있다.

• **저출산·고령화:** 저출산으로 100년 후 인구 4,000만 명 이하 축소, 평균수명 연장으로 초고령사회 도래, 국가와 사회구조적 체질개선 위한 고통 분담

• **사회통합과 갈등해결:** 행복지수 최하, 세계 최고 수준의 자살률, 범죄 비율 등 사회공동체 해체현상

• **평화(통일)와 국제정치:** 평화와 통일은 지상과제, 평화와 통일의 과업은 국민의 단결과 지혜로운 대외정책에 의해서 가능

• **지속적인 성장과 번영:** 중국에 잡힌 주력산업의 위기와 새로운 성장 동력의 필요성, 신성장동력 미확보시 경제적 저성장 구조 심화 및 경제후퇴 가능성

• **지속가능한 민주복지국가:** 국가제도와 리더십에 대한 극단적 불신과

과잉정치, 과잉 포퓰리즘, 정치적 정당성과 공정성에 대한 회의와 불신 심화로 나타나는 국가공동화 현상

• **에너지와 환경문제**: 세계 최고의 에너지 밀도와 유례를 찾아볼 수 없는 에너지·식량 수입의존율, 지속가능한 에너지원 확보, 기후변화와 환경오염 대비 등

대한민국 미래전략의 방향

선비정신에 입각하여 대한민국의 미래를 생각한다. 30년 후 후손들에게 물려줄 자랑스러운 나라를 만든다. 국가 정체성의 주체적 근본을 다시 세우고 공동체와 인간윤리, 도덕과 법, 제도 등 가치추구형 정신문화 성숙, 기본에 충실한 사회를 만든다.[6]

5,000년 숭고한 민족사의 가치를 되새기고 널리 인간을 이롭게 한다는 홍익인간의 기본가치를 숭상하며, 민족사의 과제인 분단극복 평화실현을 추구하며, 자유, 민주, 인권, 호혜의 가치에 입각한 국제정치 외교에 나서는 것이다.

국내적으로는 윤리와 도덕의 근본이 서고 진리와 정의, 자유와 인권, 공정과 투명, 법치와 공익이 온전히 추구되고 권장되는 사회가 될 때, 사라진 신뢰가 살아나고 국가적 품격과 자긍심이 고양될 것이다. 바로 원칙과 기본, 상식과 윤리가 바로 선 나라, 사회적 신뢰와 국가적 자긍심이 묻어나는 나라가 근본과 기본의 영역이다.

이렇듯 국가미래전략 수립의 기본은 국민행복과 건전한 시민사회 건설을 위한 범사회적 차원의 정신문화(선비정신에 바탕을 둔 윤리와 도덕, 진리와 정의, 공정과 투명, 원칙과 법치, 관용과 포용, 나눔과 배려 등) 재

정립에서 비롯된다. 자유, 평화, 민주, 평등, 인권의 기본 가치들이 널리 향유될 수 있는 제도를 정착시켜, 국민행복을 위한 지속가능한 복지민주국가를 이룩한다.

대한민국 미래비전: '아시아 평화중심 창조국가'

2047년을 향한 대한민국의 미래비전으로 '아시아 평화중심 창조국가'[7]를 제안한다. '아시아 평화중심 창조국가'는 아시아(세계)의 중심에서 평화를 토대로 번영, 발전하는 대한민국을 만들어가고자 하는 대한민국의 주도적 의지가 담긴 비전이다.

세계경제의 중심이 아시아로 이동하고 있다

향후 아시아의 지역적 가치가 미래세계의 중심이 된다. 세계경제의 중심이 아시아로 전이되고 있다. 30년 후에는 아시아가 세계경제의 50%를 점유하게 된다. 71억 세계 인구 중 약 61%인 37억 명이 아시아 지역에 분포하고 있다. 아시아의 경제지도, 인구지도가 확장되는 만큼 정치, 사회, 문화적 영향력도 함께 확장될 것이다. 아시아가 세계 네트워크의 중심에 서게 되는 것이다.[8]

그러한 아시아의 중심에 평화로 하나된 남과 북의 한반도가 있다. 국제정치의 지정학적 위기요인을 기회요인으로 삼아, 남과 북 한반도의 탄탄한 평화(평화체제: 실질적 통일)를 바탕으로 대한민국이 아시아의 중심국가로, 과학기술 창조국가로, 품격 높은 정신문화의 행복국가로 나아가는 것이다.

평화는 대한민국 미래의 기본 상수

남북 대치상태의 해소를 통한 평화정착 없이는 한반도의 온전한 미래발전, 선진일류국가는 불가능하다. 역으로 한반도 평화가 세계일류국가로 나아갈 수 있는 물적 토대와 정신문화적 토대, 국제정치적 토대를 동시에 제공한다. 한반도 평화는 동북아를 넘어 아시아와 세계평화의 단초가 될 수 있다.

평화는 대한민국의 근본국익이다. 남북의 적대와 대립, 군사적 긴장과 전쟁위험이 상존하는 분단체제에서 대한민국의 온전한 미래는 현실적으로 불가능하다. 평화의 제도화는 국민기본권과 품격 있는 생활, 국민행복을 구현하기 위한 최대의 기회요인이다. 즉 정치선진화, 경제민주화, 과학기술의 발전, 교육, 문화, 복지의 온전한 발전, 인구, 환경, 자원문제의 극복 등은 남북의 평화를 토대로 구현할 수 있다. 이렇듯 평화(통일)는 대한민국 미래전략의 상당한 기회요인으로 작용하기에 대한민국 미래전략의 잠재된 폭발적 에너지, 미래에 숨겨진 가능성이라고 할 수 있다.

창조국가: 추격자에서 선도자로

더불어 기존의 '추격형 경제구조'를 활용하면서도 '선도형 경제구조'로 혁신하기 위한 포괄적 창조경제, 창조국가의 모델이 필요하다. '창조국가', '창조경제'는 대한민국 경제번영의 핵심 키워드이다. 창조는 국가의 경제적, 사회문화적 미래번영을 위한 핵심가치이자 전략적 용어이다. '창조경제'는 우리의 먹거리 토대, 즉 경제를 근본적으로 혁신, 창조하자는 문제의식에서 출발한다.

창조경제는 대기업 중심의 산업화 경제방식으로는 더 이상 국가경제 전반의 안정적 번영을 담보하지 못하는 한계를 극복하기 위해 나온 경제전략이다. 새로운 성장동력을 발굴, 육성하기 위하여, 온 국민의 창의력과 상상력에 불을 지펴서 창업의 꽃을 피워야 한다. 창조경제는 선진국 모방의 추격자fast follower 경제에서 선도자first mover 경제로 구조적 경제혁신을 강조한다. 창조경제는 산업의 융합, 과학기술과 문화기술의 융합을 넘어 혁신경제를 단순 재포장하지 않고, 한 차원 진화시켜 만든 개념이다. 현재 주력산업이 머뭇거리고 있는 현실에서 새로운 먹거리 창출을 위한 절박한 국가전략이라 할 수 있다.

창조경제를 위해서는 기본적으로 경제민주화가 필요하다. 경제민주화를 통해 중소기업들이 대기업과 함께 동반성장하여 새로운 산업을 일으킬 수 있는 터전이 마련될 수 있다. 중소벤처의 혁신과 대기업의 효율이 결합하는 과정에서 정부와 공공영역의 공정성 확보 등 실질적 경제민주화 조치들이 필요하다. 창조경제와 경제민주화는 손바닥의 앞뒤와 같이 연결된다.

'아시아 평화중심 창조국가'와 '4개 대전략'

아시아 평화중심 창조국가의 비전을 실현하기 위한 4개 대전략이 있다. 4개 대전략은 비전 실현을 위한 원칙과 방법론, 부문과 목표, 물적 토대이자 가장 중요하다고 판단되는 전략들이다.

첫째, '국민행복 대전략'은 미래전략 수립의 근본가치와 목적을 명확히 하기 위해 제시하는 것이다. 국가의 존재이유는 국민의 행복이다. 국가의 독립과 안전, 경제적 안정과 번영을 바탕으로 국가는 국민행복을 궁극의 가치와 목표로 둔다. 국가의 목표가 국민행복에 있음을 전제하고, 전체 국가미래전략의 방향과 세부전략들이 궁극적으로 국민 행복 구현에 모아져야 함을 강조한다.

둘째, '아시아평화 대전략'은 남북분단이 미래에도 지속되는 한, 대한민국의 온전한 미래는 성립 불가능하다는 문제의식에서 출발한다. 근본적으로 전쟁과 생존의 위험을 일상적으로 안고 있는 분단체제를 전제로 한 미래는 온전할 수가 없다. 그래서 남북의 평화[9]를 기본 과제로 설정하고 활동공간이 확대된 아시아 평화대전략을 설정하였다.

셋째, '과학국정 대전략'은 국가 혁신과 창조를 위한 방법론과 원칙으로서의 국정전략이다. 국가운영과 사회 전반에 비합리성을 배제하고 합리성을 도입하여, 사회를 투명하게 만들고 효율을 높이기 위한 국가적 차원의 과제로 제기하는 것이다.

넷째, '창업국가 대전략'은 성장과 분배의 선순환을 위해, 경제의 새로운 지속성장을 위한 대전략이다. 추격형 경제구조에서 선도형 경제구조로 바꾸어가는 국가 차원의 창업경제 활성화 전략이다.

4개 대전략

국민행복 대전략

국민행복전략은 대한민국 미래전략 수립의 근본가치이자 목적이다. 국민은 저마다 개인과 가정의 행복을 추구할 권리가 있으며 국가는 국민 개인이 추구하는 행복을 지원하고 증진할 의무가 있다. 국가의 본질적인 존재이유는 국민행복 구현에 있으며, 전체적인 국가미래전략의 방향과 세부전략은 총체적으로 국민행복 구현에 부합하느냐로 평가되고 판단돼야 한다. 국가를 법과 제도에 따라 운영하고 경제를 성장시키며 예술과 문화를 발전시키는 모든 운영 원칙은 국민이 국가라는 틀 안에서 더불어 살면서 좀 더 행복해지도록 만들기 위해서이다.

왜 국민행복인가

행복은 사전적인 의미로 '생활에서 충분한 만족과 기쁨을 느끼는 흐뭇한 상태', '심신의 욕구가 충족되어 만족감을 느끼는 정신상태'로 정의된다. 신경과학적으로도 행복은 현재 상태에 매우 만족해 이 상태를 계속 유지하려는 노력 외에 다른 욕구가 없는 편안하고 안전한 상태를 의미한다.

이와 같이 행복은 개인의 가치관, 물질적 풍요 수준, 가족과 직장, 사회에서의 인간관계 등에 의해서 결정되는 지극히 개인적인 삶에 대한 만족도를 나타낸다. 행복은 타인과의 상대적인 비교, 사회 구조와 시스템, 법과 제도의 공정하고 투명한 적용, 일을 하는 문화와 방식 등 사회적 토대와 밀접하게 연관돼 있다는 측면에서, 국가적인 노력이 무엇보다 중요하다.

행복은 주관적이자 객관적인 지표

행복은 개인의 전체 삶에 대한 주관적인 감정과 평가로 정의되지만, 객관적인 환경요인이 강조되는 '삶의 질'과도 유사한 개념으로 사용된다. 따라서 만족감, 자립감, 안정감, 성취감, 문화적인 풍요로움, 스트레스 등 주관적인 판단요소가 깊이 관여한다. 동시에 객관적인 차원에서는 삶에 대한 다양한 물리적 구성요소, 즉 의식주, 건강, 소득, 교육, 보건, 여가생활 같은 지표를 통해 파악되는 삶의 물리적 조건도 크게 기여한다.

행복이 주관적인 마음 상태이면서도 동시에 객관적인 방식으로 기술될 수 있다는 가능성은 다양한 기관으로 하여금 행복을 측정하는 지수개발을 가능케 했다. 가장 잘 알려진 해외사례로는 부탄의 국민총행복Gross National Happiness, GNH으로, 국민의 생활수준, 건강, 교육, 생태계의 다양성과 회복력, 문화적 다양성과 지속력, 시간 사용과 균형, 거버넌스, 활력 있는 지역사회, 심리적 행복 등을 측정해 국민행복지수로 사용해왔다. UN개발계획UNDP은 인간개발지수Human

Development Index, HDI라는 것을 통해 국가의 행복지수를 평가해왔다. OECD 회원국 역시 유럽연합회 집행위원 산하 공동연구개발센터JRC 와 함께 개최한 '웰빙과 사회진보 측정Measuring well-being and progress 워크숍'에서 제안된 지표인 국가행복지수National Index of Happiness, NIH 를 통해 국가 간 행복 정도를 비교해왔다.

국가행복지수NIH는 인간의 삶의 질 수준에 기여하는 주관적인 요인과 객관적인 요인을 모두 고려하고 이를 다시 화폐적인 지표(경제적인 자원과 연관된 요인)와 비화폐적 요인(사회적 연관 요인)을 종합적으로 고려해 측정했다. 이를 통해 국가 간 국민행복 정도를 정량적으로 측정하고 비교하는 데 크게 기여해왔으며, 한 국가가 정책기조를 결정할 때 활용할 수 있도록 노력해왔다. 일본의 신국민생활지표People's Life Indicator, PLI는 국민의 생활에 기여하는 환경변화와 국민의식변화에 대응해 국민의 생활을 보다 적절히 나타낼 수 있는 지표로 일본경제청 국민생활국에서 1992년부터 제안, 사용되어온 지표이다. 이 지수는 국민의 행복과 삶의 질을 의식주는 물론 주거, 소비, 근로, 양육, 보건, 여가, 교육, 교제·관계 등 8개 활동영역에 대해 안전, 공정, 자유, 쾌적 등 4개 평가축을 중심으로 평가했다.

대한민국은 지금 행복하지 않다

1998년 UN이 국민들의 주관적인 행복 정도를 측정한 결과, 대한민국은 23위로 나타났다. 또 UNDP가 측정하는 인간개발지수HDI를 비교한 통계에 따르면, 대한민국은 2006년 177개국 중 26위를 차지했다. OECD 회원국의 행복지수 비교(2015)에서는 34개국 중 27위를 차지했다. 덴마크, 스웨덴, 노르웨이, 오스트리아, 아이슬란드 같은 북유럽 국가나 호주, 캐나다 등이 매년 상위권에 올라 있다. 위의 사례를 포함해 대한민국은 다양한 행복지수 평가에서 중위권으로 평가돼 왔으며, OECD 등 선진국들을 중심으로 한 평가에서는 하위권에 머물고 있다.

다시 말하면, 대한민국은 한국전쟁 이후 지난 60년간 경제적으로는 괄목할 만한 성장을 했지만, 국민행복 측면에서는 경제적인 성장에 비해 그다지 나아지지 않았으며, 유사한 경제대국에 비해 행복지수는 매우 떨어져 있다. 특히 건강만족도, 근무비중, 대기오염수준, 취업률, 가구당 금융자산 등에서 다른 나라들에 비해 낮은 수치를 나타냈다.

국내총생산GDP은 더 이상 국가미래전략의 지표가 아니다

지난 20세기 동안 한 국가의 생활수준은 국민총생산Gross National Product, GNP과 국내총생산Gross Domestic Product, GDP에 의해 평가되고 정량화돼 왔다. 삶의 수준을 결정하는 데 있어 경제성장을 가장 중요한 요소로 평가했다. 특히 제2차 세계대전 이후 고도경제성장이 생활수준의 향상이라는 현실적인 변화와 맞물리면서, GDP지표는 국민의 삶의 질을 반영하고 국가발전의 지표로써 많은 국가들에서 매우 유용하게 활용돼 왔다. 대한민국 정부도 GDP 향상을 위해 총력을 기울이고 있다. 지난 60년간 대한민국의 정책 방향은 경제성장이 가장 중요한 가치로 자리매김해 왔다.

"경제성장이 국민행복을 가져올 것이기 때문에 경제성장에 집중해야만 한다."는 성장주의 논리는 타당성이 빈약하다. 최근 학자들은 GDP가 국민행복을 의미하지 않는다는 다양한 근거자료를 제시하고 있다. 특히 이스털린Easterlin에 의하면 일반적으로 개인이 느끼는 행복수준은 빈곤선에 근접할 때에는 소득과 강한 상관관계를 보이지만, 소득이 일정 수준 이상이 되면 소득과 행복은 그다지 큰 상관관계를 보이지 않는다고 한다. 일례로 미국은 제2차 세계대전 이후 1인당 국민소득이 지속적으로 증가하는 기간에 국민행복지수는 오히려 감소했다. 다시 말해 어느 정도 기본욕구가 충족된 국가들에 대해서는 개인의 행복체감도가 소득에 비례하지 않는다는 것이다.

따라서 많은 국가들이 일정 수준 이상의 경제성장을 이룬 후부터는 더 이상 경제성장 자체에 연연하지 않고, 국가정책기조를 국민의 삶의 질이나 행복으로 돌리고 있다. 예를 들어 영국의 이코노미스트 인텔리전스 유니트EIU에 따르면 1인당 국민소득이 1만~1만5,000 달러 사이에 도달하면, 국가의 정책기조를 경제 중심에서 삶의 질로 옮겨가는 것을 적극 검토해야 한다고 주장하고 있다.

안타깝게도 그동안 대한민국의 국가운영 철학은 국민행복보다 경제성장이 우선이었다. 짧은 기간 내에 세계가 놀랄만한 경제성장을 이루어 냈고, 가난을 탈출하고 물질적 풍요로움을 얻는 데에 성공했지만, 그러는 과정에서 국민행복에 기여하는 많은 부분들을 희생해야만 했다. 노동 시간이 지나치게 길고, 다양성을 강조하는 창의적인 일터 문화보다는 수월성을 강조하는 경쟁주의적인 문화가 팽배해졌고, 양극화와 불평등을 유발하는 법과 제도가 오랫동안 대한민국 사회를 지배해 왔다.

이를 단적으로 보여주는 것이 〈그림 2-1〉에서 나타나는 각 국가별 GDP와 삶의 만족도 분포이다. 대한민국은 짧은 기간 내에 1인당 국민소득 2만 달러 시대로 진입했지만, 삶의 만족도는 크게 늘어나지 않았다. 비슷한 국민소득의 나라들에 비해 대한민국 국민의 삶의 만족도는 현저히 낮은 편이다. 이는 경제성장과 물질적 풍요를 이루었음에도 불구하고 정작 도달해야 할 가치인 국민행복은 이루지 못했다는 점에서, 국정 운영의 원칙과 철학을 근본적으로 재고해야하는 시점이 되었음을 의미한다.

〈그림 2-1〉 각 국가별 GDP와 삶의 만족도 분포

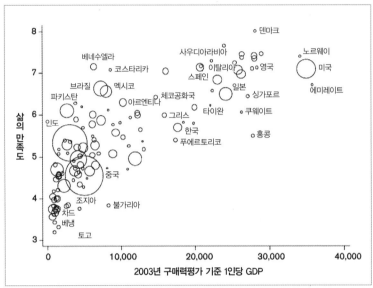

주 : 각 원의 크기는 각 나라의 인구에 비례
자료 : Penn World Tables 6. 2

대한민국은 이미 1인당 국민소득 2만 달러 시대에 접어들었으며 경제성장에 비해 삶의 질은 크게 늘지 않았다는 사실에 초점을 맞춰, 미래전략은 경제성장과 국민행복이라는 두 마리 토끼를 어떻게 잡을 것인가, 더 나아가 전 지구적 흐름인 저성장 시대에 맞게 국민행복을 어떻게 추구할 것인가에 집중해야 한다.

국민행복, 무엇이 영향을 미치는가

국가미래전략을 수립하는 데 있어 국민행복을 가장 중요한 목표로 삼는다면, 국민행복에 영향을 미치는 요인들을 추출해 그것에 긍정적인 영향을 미치는 미래전략 수립을 통해 국민행복을 증진하는 것이 가장 적절한 해법이다. 국민행복에 영향을 미치는 요인들은 과연 무엇일까?

소득에 대한 공정한 분배가 중요하다

다양한 국가행복지수 연구에 따르면, 경제적인 요인에 있어서 국민행복에 기여하는 것은 국민순생산도 중요하지만, 가처분소득과 균등소득분배 등이 가장 중요한 요소로 나타났다. 특히 공정한 소득분배와 경제정의가 실현되는 것이 국민행복에 매우 중요하다.

그것은 비화폐적 요인 중 상대적 빈곤율과도 깊은 상관관계가 있다. 국민행복에 영향을 미치는 중요한 요인 중에는 상대적 빈곤율, 노인빈곤율, 아동빈곤율, 성별임금격차 등이 포함돼 있다. 따라서 소득의 공정분배는 국민행복의 지름길이다.

국민행복을 저해하는 가장 심각한 요소는 불공정함과 불평등이다. 특권층에 대한 특별한 혜택이 존재하고, 사회적 약자가 차별받고, 사회적 계급과 계층을 뛰어넘기 힘들며 부가 대물림 된다면, 국민 행복은 증진될 수 없다. 계층 이동성이 약한, 양극화가 회복되기 힘든 사회에서 국민행복은 신장되기 어렵다.

일할 수 있는 기회가 중요하다

국가행복지수에 기여하는 또 다른 중요한 요소로 고용률과 미취업

가구원 비율을 꼽아야 한다. 국민이 일할 수 있는 기회를 갖고 노동을 통해 소득을 얻는 행위는 자신의 존재감을 인식하고, 자존감을 회복하며 행복과 만족감을 얻는 데 매우 중요하다. 이는 '자립'과도 깊은 연관이 있는데 교육 정도, 즉 평균교육연수나 평균학업성취도가 국민행복에 기여하는 것과 같은 이치이다. 국민은 스스로 자립하길 원하며 그럴 수 있는 역량강화를 위해 교육을 충분히 받을 수 있는 기회를 중요하게 생각한다.

일과 삶의 균형이 중요하다

일터가 행복해야 삶이 행복하다. 한국인의 연간 근로시간은 OECD 국가 중에서 멕시코에 이어 두 번째로 많다. 과도한 노동에 시달리고 있는 셈이다. 대한민국 사회는 개인의 다양성을 인정하거나 서로 다른 생각들을 존중하는 창의적인 문화라기보다는, 수월성을 강조한 경쟁주의 문화와 제도가 만연해 있다. 이러한 환경에서는 개인의 사회적 가치와 존재감을 증명하기 어려우며, 노동의 즐거움도 느끼기 힘들다. 무엇보다도 경제성장과 국민행복을 모두 추구하기 위해서는 효율적이고 창의적인 업무 방식이 사회적 문화로 자리잡아야 한다. 양적 평가에 매몰되고 협력보다는 경쟁을 강조하는 사회적 분위기를 바꾸는 것이 필요하다. 이를 통해 확보된 여가시간은 국민행복의 중요한 요소로 기능할 것이다.

건강과 안전은 행복의 토대이다

건강과 안전은 개인의 행복을 논하는 데 있어 빼놓을 수 없는 요소이다. 안전한 환경에서 건강하게 생활하고, 질병에 대한 치료혜택을 적절히 받을 수 있는 권리는 국민행복에서 무엇보다 중요하다. 따라서 출생시 기대수명, 건강수명, 영아사망률, 잠재적 수명손실 등 건강하게 오래 살 수 있는 기회를 제공해야 한다.

또 안전과 재난에 대비한 시설과 위급한 상황에서 국가의 대처수준은 국민행복에 있어 매우 중요한 안전장치이다. 정부는 국민의 건강과 안전을 위해 최대한의 노력을 아끼지 않아야 하며, 이를 위한 미래전략은 반드시 필요하다. 재난에 대비하고, 자연과 조화로운 친환경 조건을 만들고, 아이에서부터 노인에 이르기까지 모두가 높은 삶의 질을 유지할 수 있는 건강상태를 보장해주어야 한다. 대기, 수질, 토양, 생활환경 등이 모두 행복을 담보할 수 있는 수준으로 청정해야 한다.

더불어 범죄피해율, 살인율, 수감자비율 등 범죄로부터 국민을 안전하게 보호하는 것도 간과해서는 안 된다. 범죄를 줄이고 안전한 사회를 만드는 것이 국민행복을 위한 기본 조건이다.

사회적 연대가 행복의 지표이다

인간의 행복에 가장 큰 영향을 미치는 것은 '관계'이다. 인간은 관계로부터 행복을 얻는다. 그런 의미에서 사회적 연대는 미래국가전략에 있어 핵심지표가 되어야 한다. 지역사회 활동이 증진돼야 하며, 은퇴 후 사회적 기여가 줄어들지 않도록 다양한 제도와 인생이모작 제도가 등장해야 한다. 자살률은 관계가 주는 행복감을 측정하는 직접적인 지표이다. 주관적인 생활만족도는 바로 여기에서 출발한다.

이를 위해 문화적인 다양성이 보장돼야 한다. 국가 간, 계층 간, 계급 간 문화교류를 증진하고 다문화에 대한 사회적 인식수준을 높여야 한다. 양성평등을 위해 여성의 지위가 향상되어야 하며, 사회적 약자에 대한 배려 또한 국민행복에 기여할 것이다. 나와 다른 사람에 대한 포용적인 태도, 실패를 용인해 주는 관용적인 태도, 사람을 물질이나 돈보다 우선시하는 태도, 타인을 경쟁의 대상만이 아닌 협업의 대상으로 인식하는 태도가 무엇보다 중요하다.

국민행복, 어떻게 이룰 것인가

그렇다면 국민행복 증진을 위해 대한민국은 어떤 노력을 기울여야 하는가. 장기적인 관점에서 어떤 부분에 초점을 맞춰 미래전략을 세워야 하는가. 그것이 국민행복을 위한 미래전략의 핵심질문이다. 대한민국 국민행복 증진을 위해 우리가 각별히 고려해야 할 사항은 다음과 같다. 첫째, 심화되고 있는 사회적 불평등을 완화해야 한다. 양극화지수를 만들고 공정사회로 갈 수 있는 토대를 제시해야 한다. 둘째, 사회안전망을 각별히 고려해야 하며 비정규직에 대한 대책, 정책적 불이익을 해소하는 방안이 필요하다. 셋째, 미래에 대한 불안을 정량화해서 지수 안에 포함시켜야 한다. 불안정, 우울증, 자살 등이 세계 최고인 오명을 씻기 위해서는 이러한 노력이 필수이다. 행복을 논의하는 데 있어 지속가능성, 즉 현재 수준의 행복이 미래세대까지 이어질 수 있는지, 언제까지 지속될 수 있는지도 함께 고려해야 한다. 넷째, 국가와 민족, 사회, 이웃에 대한 자긍심이 지수 안에 포함돼야 한다. 이를 구체적으로 논의하면 다음과 같다.

이제는 국내총생산과 국가행복지수의 병행이다

국가전략과 정책이 국내총생산GDP을 늘리는 방식과 더불어 국가행복지수를 함께 높이는 방식으로 재편돼야 한다. 이를 위해서는 먼저 대한민국의 건국이념과 현실적인 상황, 꿈꾸는 미래 등을 고려해 적절한 국가행복지수를 개발해야 한다. 현재 다양한 행복지수가 제안돼 왔으나, 적절한 행복지수가 개발되지는 못했으며, 행복지수에 대한 국민적 합의도 이끌어낸 바 없다. 국가행복지수를 정의할 때 다음과 같은 사항에 유의해야 한다.

첫째, 물질적 행복을 평가할 때 생산보다는 소득과 소비에 주목해야 한다. 둘째, 국민들의 물질적 생활수준은 국민순소득, 실질가계소득, 실질가계소비 등과 좀 더 밀접하게 연관돼 있음에 주목해야 하며, 국가의 경제성장보다 가계의 입장에 초점을 맞추어야 한다. 가계의 부유한 정도는 소득, 소비, 재산 등 물질적 생활수준에 관한 여러 측면들이 통합된 정보이며, 그 분배가 무엇보다 중요하다. 셋째, 물질적 행복의 핵심은 지속가능성과 안정성임을 명심해야 한다. 넷째, 행복은 다차원적인 것이어서 물질적 생활수준, 건강, 교육, 일을 포함한 개인활동들도 중요하지만, 정치적 의견과 행정, 사회적 연계와 관계, 환경(현재와 미래의 조건들) 등 객관적 측면과 주관적 측면 모두 중요하게 고려해야 한다. 일과 삶의 균형이 무엇보다 중요하게 고려되어야 한다.

아시아평화 대전략

4

한반도 평화 전략은 지역질서와의 관계를 고려하지 않으면 안 된다. 한반도의 냉전질서 자체가 아시아 지역질서를 반영하고 있기 때문이다. 나아가 한반도 평화를 넘어서 아시아 평화의 큰 틀에서 우리 문제를 바라볼 필요가 있다. 중국, 일본, 한국, 인도 등을 중심으로 한 아시아 경제축은 가장 급속히 성장하면서 세계 정치와 경제의 중심이 되었다. 30년 후에는 아시아 경제축이 세계 GDP의 절반 가까이를 차지할 것이라는 전망도 있다.

아시아가 세계 경제의 중심으로 부상함에 따라 세계의 정치, 사회, 종교적 갈등과 대립의 중심도 아시아로 이동해 올 것이다. 한국은 물류, 관광, 기술, 무역, 지식재산 등에 있어서 동북아의 허브, 나아가 아시아의 허브국가가 될 수 있다. 평화창조자로서 한국의 역할이 주목되는 이유이다. 아시아 평화대전략은 한반도평화를 주요 전략으로 두지만, 여기에 국한하지 않고 아시아 국가들의 공동번영과 아시아적 가치의 세계적인 확산, 이에 기반한 세계평화의 도모까지 추구한다.

평화의 원칙

평화 만들기peace making는 하나의 과정이다. 한반도뿐만 아니라 아시아에서의 평화정착을 위해서는 '결과로서의 평화'가 중요하지만 '과정으로서의 평화'도 중요하다. 현재의 상황에서 장기간의 과정을 염두에 둔다면, 잠정적 중간 목표를 설정하는 것도 필요할 것이다.

과정으로서의 평화

'법적인 평화'와 '사실상의 평화' 사이의 보완적 관계를 설정할 필요가 있다. 한반도 차원에서 평화협정은 평화체제를 이루어나가기 위한 과정의 특정 국면에서 이루어진다. 다만 평화협정의 시기와 관련해서는 다양한 전략이 있을 수 있다. '법적인 평화'는 '사실상의 평화'가 뒷받침될 때 이루어질 수 있고, 그렇게 해야 지속가능하다. 중요한 것은 '사실상의 평화'를 이루는 것이며, '법적인 평화'와 '사실상의 평화' 사이의 균형 관계를 고려할 필요가 있다. 국제적인 평화협정의 사례를 보더라도, 평화협정은 반드시 평화를 보장하지 않는다. 우발적 충돌의 가능성을 약화시키고 신뢰를 구축하여 법적인 평화의 불완전성을 보완하는 노력이 반드시 필요하다.

아시아 평화에 대한 접근

동북아 안보협력의 질적 발전은 한반도 평화체제의 유리한 환경이 되며, 동시에 한반도 평화체제는 동북아 평화정착의 동력이 아닐 수 없다. 한국이 한반도 평화체제에 대한 강력한 의지가 있으면, 그 과정에서 동북아 협력안보를 주도하는 근거와 명분을 가질 수 있다. 동북아 평화에서 한반도 문제가 갖는 중요성이 있기에, 지역 평화질서를 적극적으로 주도할 수 있는 힘이 생기는 것이다.

유럽의 다자간 안보협력의 출발이었던 '헬싱키 프로세스'의 추진과정에서 핀란드가 중요한 역할을 했다. 마찬가지로 한국도 동북아의 다자간 안보협력 체제 형성에서 중요한 역할을 할 수 있다. 동북아 협력안보는 북핵문제의 해결, 한반도 평화체제 논의의 진전, 역내 국가들 간의 협력 의지 등이 매우 중요하다.

쉬운 협력과 어려운 협력을 동시에 진행할 필요가 있다. 황사 문제와 같은 환경협력, 조류독감, 사스, 메르스 예방 등의 보건협력, 해상사고 공동대처 등 재난방지를 비롯한 비전통적 안보협력부터 시작하는 것이 중요하다. 쉬운 협력을 통해 역내 국가 간의 협력경험을 쌓고, 점차적으로 협력의 수준과 범위를 높여가야 한다. 동시에 역내 국가 간의 분쟁에 대한 인식과 접근법의 차이가 여전히 존재하지만, 핵심 쟁점들을 해결하기 위한 논의를 병행할 필요가 있다.

또한 정치경제적인 이유로 지역의 범위가 넓어지고, 동북아시아와 동남아시아를 묶는 동아시아 차원의 협력전략을 모색할 필요가 있다. 이미 아세안+3 정상회의가 정례화되면서 한국의 외교와 경제 분야에서의 역할도 커졌다. 나아가 서남아시아와의 전략적 협력도 강화되어야 할 것이다. 우선적으로 ASEAN 국가들과의 협력을 확대할 필요가 있다. 동북아시아 전략을 중심으로 동남아시아와 서남아시아와의 지역협력을 중첩적으로 추진할 필요가 있다. 미얀마에서 남중국해까지 미중 경쟁구도가 확장되어 있는 상황이다. 아시아전체를 대상으로 하는 경제협력 및 안보전략이 필요하다. 구체적으로 동북아시아 평화경제전략, 동남아시아 지역협력 전략, 그리고 서남아시아와의 협력을 묶는 전략을 구상할 필요가 있다.

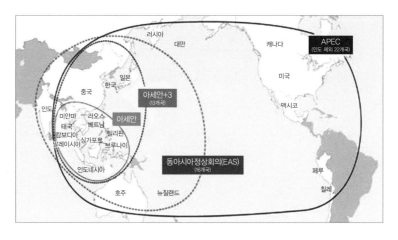

〈그림 2-2〉 아세안을 중심으로 한 지역협력체

북핵문제와 한반도 평화체제의 조응성

한반도 평화정착 과정에서 북핵 문제의 해결이 중요하다. 북핵문제
는 한반도 냉전질서의 변화에 영향을 받는다. 재래식 군비경쟁이 지속
되면, 북한은 핵을 폐기하지 않을 것이다. 북핵문제를 해결하기 위한
6자회담이 장기표류하고, 북한의 핵 능력이 강화되면서 과연 2005년
의 9.19 공동선언이 여전히 유효한지에 관해 의문을 제기할 수 있다.
강화된 북한의 핵 능력만큼 상응조치의 내용도 달라져야 할 것이다.
대응 조치에는 사드THAAD 배치에 대한 외교적인 노력도 포함된다. 북
한이 핵을 포기할 수 있는 상응조치에서 가장 중요한 것은 평화적 환
경의 조성이다. 외교관계 정상화를 비롯하여 군사적 신뢰구축 과정이
점진적이고 단계적으로 추진되어야 할 것이다. 한반도에서의 평화구
축 노력은 동북아 지역차원의 다자간 안보협력과 병행하여 추진할 필
요가 있다.

한반도 평화정착 노력에서 가장 중요한 것은 평화관리의 제도적 메커니즘을 만들어 내는 것이다. 이미 1992년 남북기본합의서의 불가침 부속합의서에서 합의한 바 있는 남북군사공동위원회의 역할을 적극적으로 평가할 필요가 있다. 남북 당사자 간의 군사적 신뢰구축 노력을 중심으로 미국과 중국의 보장 조치와 결합하는 방식이 가장 바람직할 것이다. 상당한 수준으로 '사실상의 평화'가 정착된다고 하더라도, 평화협정의 일부 조항은 '창의적 모호성'이라는 협상의 지혜를 활용할 필요가 있다.

과정으로서의 통일과 평화전략

통일과 평화는 밀접하다. 다만 과정으로서의 통일과 과정으로서의 평화를 연결하는 새로운 인식이 필요하다. 여기서 중요한 개념은 바로 '사실상의 통일'과 '사실상의 평화'라는 개념이다. '법적·제도적 통일'은 통일과정의 절차적 중요성을 강조하지만, '사실상의 통일'은 통일과정의 역동성에 주목한다.

과정으로서의 통일 전략

남북연합은 노태우 정부부터 대한민국 정부의 공식 통일방안의 핵심적 개념이다. 다만 남북연합을 '제도적 구속력'이 있는 개념으로 상정하는 대신, '통일과정'을 표현하는 개념으로 재해석할 필요가 있다. 통일부는 1992년 한민족 공동체 통일방안을 설명하는 과정에서 '남북연합'을 "통일을 지향하는 과도체제로서 국제법적으로 부분적으로 국가연합의 성격"이며 그러나 "주권국가 간의 관계를 상정하는 국가연합과는 다른 특수성"을 지녔다고 평가했다. 다시 말해 '남북연합'을 '공존공영의 통일과정을 상징적으로 나타내는 정치적 표현'으로 해석하고 있다.

분야별 협력과 평화정착의 성과들을 반영하여 '남북연합'의 제도적 수준을 점진적이고 단계적으로 발전시켜 나가는 것이 필요하다. 각 분야별 발전수준이 상호 호혜적이고, 남북관계의 기본성격을 냉전체제에서 탈냉전체제로 전환할 경우, '사실상의 통일' 상태는 실현될 것이며, 그것은 자연스럽게 '법적 제도적 통일'의 기회를 부여할 것이다.

과정으로서의 평화 전략

평화체제의 제도적인 형식은 평화협정이다. 북핵 문제를 해결하고 불안정한 휴전협정을 항구적인 평화협정으로 전환해야 한다. 한국은 군사적 신뢰구축의 당사자이며, 동시에 평화협정의 핵심 주체이다. 평화협정의 당사자 문제는 남북한이 주도하고 미중 양국이 보장하는 2+2 방식이 바람직하다. 평화협정의 근간이 되는 군사적 신뢰구축과 평화정착 과정을 결국 남북한이 중심이 되어 관리해야 하기 때문이다.

잠정적 조치로서 '한반도 종전선언'이 필요하다. 정전은 전쟁이 일시적으로 중단된 상태를 의미하지만, 종전은 전쟁이 종식된 상태를 의미한다. 물론 최근 들어 국제법적으로 일반적 정전general armistice이 내재적으로 장래를 향한 교전의사의 연속적인 포기로 해석 가능하며, 그런 점에서 종전선언이 "이미 종료된 전쟁 상태를 확인·선언하는 데 불과"할 수 있다는 견해도 있다.

그러나 1953년 휴전협정과 종전선언의 차이는 단순한 해석의 문제는 아니다. 전쟁 종식을 선언하는 순간, 그것이 미칠 효과는 적지 않기 때문이다. 우선적으로 정전관리체제에서 종전관리체제로 전환해야 한다. 종전관리체제는 남북한이 중심이 되어 구성되어야 하며, 이미 불가침 부속합의서에서 합의한 남북군사공동위의 활동을 중심으로 운영될 필요가 있다.

남북 군사공동위원회의 역할은 크게 두 가지이다. 첫째, 남북 간 군사문제 논의 및 신뢰구축 조치의 구체적 이행방안을 마련하는 것이고, 둘째, 군사적 신뢰구축조치의 이행 여부를 감독하고 관련 지침 제공 및 조정을 하는 것이다. 구체적인 내용들은 대부분 남북기본합의서 불가침 부속합의서에 포함된 군사적 신뢰구축조치를 우선적으로 시행하는 것이다.

동북아시아 평화협력의 과제와 전략

동북아에서의 안보협력은 정치적 의지가 매우 중요하기 때문에 고위급 대화를 정례화, 혹은 상설화할 수 있는 창의적인 제도를 디자인할 필요가 있다.

첫째, 동북아의 안보구조는 여전히 대립적이다. 냉전시대의 대립축인 한미·미일 군사동맹과 중·러의 군사적 긴장이 상존하고 있다. 미일 군사동맹은 중국 견제를 지향하고 있으며, 중국, 러시아 등은 상하이협력기구를 통해 미일 양국의 패권에 대항적인 안보협력을 발전시키고 있다.

둘째, 동북아 역내 국가들 간의 '역사' 문제도 지속되고 있다. 일본은 유럽의 독일과 다르다. 1970년 12월 7일 빌리 브란트Willy Brandt 당시 서독 총리는 폴란드를 방문하여 유대인의 위령비 앞에서 갑자기

무릎을 꿇었다. 그러나 동북아에서 과거사 문제는 미래지향적 협력을 가로막고 있다.

셋째, 북핵문제의 해결에 영향을 받고 있다. 북핵문제는 동북아가 미래로 나아가기 위한 입구이면서 동시에 출구이다. 동북아에서 군비경쟁의 악순환 역시 북한 문제를 명분으로 진행되고 있다. 이런 점에서 북핵문제의 해결은 한반도에서 평화체제의 형성뿐만 아니라 동북아 평화안보협력의 계기를 제공한다.

동북아의 평화협력을 위해서는 경제적 상호의존성을 심화시키는 노력이 필요하다. 유럽석탄철강공동체ECSC의 사례에서 시사점을 찾을 수 있다. 유럽석탄철강공동체의 형성은 제2차 세계대전의 당사자인 독일과 프랑스가 군수물자인 석탄과 철강을 공동 관리함으로써 평화의 물질적 기초를 마련하고자 한 의지의 산물이었다. 평화경제의 시작인 유럽석탄철강공동체는 40여년 후 유럽통합의 기원이 되었다.

이런 점에서 유럽석탄철강공동체의 경험은 경제협력을 통해 평화를 조성하고, 평화를 통해 경제적 이익을 극대화하고자 하는 '평화와 경제의 선순환' 사례라고 볼 수 있다. 동북아에서도 교통망 연결과 에너지 분야의 협력은 상호 호혜적이기 때문에, 서로의 이익을 추구할 수 있는 분야의 협력부터 발전시켜 나갈 필요가 있다.

한반도 종단철도와 대륙철도 연결

남북 철도 연결은 이미 열차시험운행을 했기 때문에 남북관계가 개선되면 가능하다. 남북 철도 연결에 이어 북한 철도 현대화 구상도 필요하다. 우선적으로 경평선(서울~평양)을 개통시켜 철도를 통한 남북교류시대를 열고, 평양, 남포권과의 남북 물류를 통해 경제성을 확보하며, 중국 횡단철도와 연결할 수 있다. 시베리아 횡단철도와의 연계를 위해 평산~세포 구간의 현대화를 우선적으로 추진하고, 남북철도 연결의 새로운 대상인 경원선(신탄리에서 평강까지 31km 미연결구간) 연결을 단계적으로 추진할 필요가 있다.

대륙철도와 관련해서는 TCR(Trans China Railway)과 TSR(Trans Siberian Railway)과의 연계운영을 위해 통과절차를 비롯한 제도적 협력과 연계 운영을 위한 제도화를 추진해야 한다. 북한 지역에서의 원활한 철도수송을 보장하기 위해서는 북측 지역철도 전 구간에 걸친 보수·정비가 요구되며, 현재의 단선 상태에서나마 신호체계의 자동화 및 열차 대피선의 확장, 교량과 철교의 보강 작업이 필요하다.

동북아 에너지 협력망 구축

러시아 극동 지역의 천연가스를 블라디보스토크에서 출발하여 북한을 통과하는 배관을 통해 남한으로 도입하기 위한 남북러 가스관 연결 구상은 오랜 역사를 가지고 있다. 1990년 한소 수교 직후부터 철도와 가스관 연결사업은 양국의 핵심 현안이었다. 2008년 MOU 체결 시에는 2015년부터 도입을 예정하였으나, 2011년 한러 정상회담 결과 2017년부터 공급하기로 잠정적인 합의를 하였다. 전체 파이프라인의 길이는 약 1,100km이고 이 중에서 북한 구간은 약 700km이다. 총투자비는 약 30억~40억 달러, 운영비는 25년간 약 15억 달러를 예상하고 있다.

PNG(Pipeline Natural Gas) 사업은 한반도 평화정착에 기여할 수 있다. 북한은 통과 국가로 통과료에 해당되는 현물을 공급받을 경우, 에너지난을 극복하는 데 중요한 전기를 마련할 수 있다. 냉전시대 파이프라인은 갈등이 아니라, 평화와 협력의 동력이었다. 러시아, 즉 구소련과 유럽의 PNG 사업은 1968년 오스트리아를 시작으로 1973년에 서독으로 연결되는 등 이미 냉전시대에 시작되었다.

물론 PNG 사업에서 해결해야 할 가장 중요한 과제는 바로 통과의 안정성이다. 국경 간 파이프라인 사업은 분쟁 발생시 이를 해결할 수 있는 명확한 메커니즘이 없기 때문이다. 국제사회에는 일반적으로 수송안정성 확보를 위한 다양한 방식이 있다. 통과국가를 세계 경제에 편입시키고, 대체노선을 확보하거나, 국제적 규범을 마련하는 방안 등이 추진되고 있다. PNG 사업은 남북러 3국의 에너지 상호 연계를 강화하고, 중국의 동북, 러시아의 극동, 그리고 한반도를 중심으로 하는 동북아 에너지 망 구상의 핵심 사업이다.

기후 변화와 북방 농업협력의 중요성

남북농업 협력을 포함한 북방농업이 필요한 이유는 기후변화 때문이다. 우리나라의 기후변화 속도는 지구 평균보다 빠르게 진행되고 있다. 또 기후변화에 따라 농작물 생태계도 변화하고 있다. 농업분야의 남북한 협력은 가능한 일이다. 식량안보와 기후변화에 대비할 수 있는 북방 농업협력을 추진해야 한다. 일본은 이미 30년 전부터 해외농업기지를 확보하여 가공용과 사료를 조달해오고 있다. 러시아 극동에서의 남북러 삼각 농업협력 방안에 대해 적극적인 의지를 갖고 체계적인 지원을 통해 현실화할 필요가 있다.

아시아 허브국가 전략

우리나라는 남북문제와는 직접적인 관계없이 동북아를 중심으로 동아시아, 나아가 아시아 전역에 걸쳐 허브국가로서 성장해나가야 한다. 허브국가란 싱가포르, 홍콩처럼 인원과 물자의 교류가 활발히 이뤄지는 중심지역으로서, 인구와 자본의 밀집으로 인해 도시국가적인 성격을 갖는다.

우선 물류, 관광, 무역 측면에서 동북아의 허브가 되는 것이 중요하다. 이를 위해서는 중국과 일본에 비해 경쟁력이 있는 허브공항과 허브항구를 육성하는 것이 필요하다. 특히 지구온난화로 인해 북극항로가 열리는 상황을 잘 이용하여, 동·남해에 국제적인 북극허브항구를 조성해야 할 것이다. 또한 미래에는 유형의 자산보다는 기술, 지식재산 등이 보다 중요해지므로, 이 분야에 있어서 동북아의 허브국가, 나아가 동아시아의 허브국가가 되는 것이 중요하다.

이러한 허브국가 추진은 국가적으로 정치행정, 과학기술, 경제, 외교, 문화, 교육 등 다양한 분야와 부처에 걸쳐서 이뤄져야 한다. 허브국가에 걸맞게 다양한 언어능력 보유와 글로벌 기준에 부합한 사회제도의 마련도 필수적이다. 다문화가정을 아시아 허브국가의 주요 자산이자 주체로 인식하는 것도 필요하다. 아시아적 가치의 확산이 허브국가 전략의 요체이기 때문이다.

아시아 평화전략의 추진을 위해 필요한 것들

2015년 6월 29일, 중국이 제안하고 주도하여 공식적으로 출범시킨 '아시아인프라투자은행AIIB'은 제2차 세계대전 이후 미국, 일본이 주도한 세계경제질서 또는 아시아경제체제에 큰 충격을 주었다. 그동안 미국과 일본은 국제통화기금IMF, 세계은행, 아시아개발은행ADB을 통해 세계 및 아시아의 경제질서를 주도했는데, 이제는 이를 보완하고 대체할 경제기구가 새로이 만들어졌기 때문이다. 지금 아시아태평양 지역에서는 AIIB와 ADB의 경쟁뿐만 아니라, 미국이 주도하여 추진 중인 '환태평양경제동반자협정TPP'과 중국 중심의 자유무역협정FTA이 무역질서의 주도권을 확보하기 위해 경합하고 있는 형국이기도 하다. 중국의 강대국화에 따라 아시아에서 중국과 미국, 일본의 경쟁이 경제, 외교, 군사 등 모든 면에 걸쳐 나타나고 있다. 이러한 상황에서 아시아 평화 전략의 추진을 위해서는 국내적으로 다음과 같은 과제들이 해결되어야 한다.

외교 전략에 대한 초당적 협력

국제질서가 급변하고 있는 상황에서 국내적으로 미래전략에 대한 공감을 확대할 수 있는 제도적 방안이 필요하다. 초당적 협력을 위해서는 합의를 조정하고 촉진할 수 있는 관련분야 전문가들의 참여가 반드시 필요하다. 외교 전략과 관련해서는 외교 군사 분야의 전문가뿐만 아니라 경제, 사회, 문화 분야의 전문가들이 함께 참여하여 보다 다원적이고 다층적인 전략을 마련하는 것이 바람직하다.

국제 민간 협력의 활성화

아시아의 협력을 위해 극복해야 할 과제들이 적지 않고, 쟁점 현안에 대한 국가 차원의 의견차이도 적지 않기 때문에, 차이를 줄이고 대안을 제시할 수 있는 민간차원의 협력을 확대해야 한다. 현재 1.5 트랙으로 운영되고 있는 '동북아 다자간 안보협력 회의'를 내실화하는 것이 필요하며, 지역적 범위를 달리하거나 혹은 주제별 특성화된 1.5 트랙 차원의 포럼을 활성화할 필요가 있다.

평화의 다원화 혹은 다층적 접근

정치군사적 평화구축 노력이 쉽지 않다는 점에서 평화 개념을 확장하여 사회 문화적인 영역에서 상호이해와 신뢰형성을 위한 다양한 프로그램을 진행할 필요가 있다. 국내적인 통일논의에서도 마찬가지로 이념적 갈등을 우회하기 위한 문화적 접근이 중요하다. 또한 거시적 접근이 가질 수 있는 한계를 보완하기 위해 탈북자 정착을 위한 제도나 지역차원의 통일교육 등 미시적 영역에서의 성과를 추구하는 것도 하나의 방안이다.

4개 대전략
과학국정 대전략

과학국정科學國政은 '과학적인 국가행정 및 정치'라는 의미로 KAIST 문술미래전략대학원에서 처음 사용하면서 국내에 퍼지기 시작한 용어이다. 이는 기존의 국가행정, 입법, 사법, 언론, 경제 등이 과학기술의 급속한 발전에 적절하게 대응하는 데 어려움을 겪고 있는 부분을 해소해야 한다는 필요성에서 나온 개념이다.

과학기술은 과학과 기술을 합쳐서 부르는 용어인데, 과학은 좁은 의미로 자연의 진리를 발견하는 것으로, 기술은 좁은 의미로 인류에게 필요한 것을 발명하는 것으로 각각 정의할 수 있다. 넓은 의미로는 과학은 과학기술을 대표해 종종 사용되며 정치, 경제, 안보와 같은 최고의 개념과 동등하게 쓰인다. 넓은 의미로는 기술도 과학기술을 대표해 종종 사용되는데, 형이하학적인 실체와 과학문명을 움직이는 힘의 구체적 개념으로 주로 사용된다.

이 글에서는 과학국정, 과학문명, 과학국방처럼 과학기술의 인문적 특징을 강조할 때에는 과학을, 기술패권, 기술경제, 기술혁신처럼 과학기술의 실천적 특징과 영향력을 강조할 때에는 기술을 주로 사용했다.

왜 과학국정인가

1960년대부터 지난 반세기 동안 농경시대에서 산업시대를 거쳐 정보지식화시대로 초고속으로 발전한 한국을 해외 일부에서는 '기술한국'으로 보고 있지만, 우리 사회 내면은 다소 복합적이다. 시대 변화에 적극 대응해서 글로벌 마인드를 가진 사람들도 나타났지만, 아직도 '사농공상士農工商'의 구시대적 인식으로부터 자유롭지 못한 사람들도 있다. 지난 70년간 우리 사회에는 일제시대에는 거의 없었던 하나의 단어가 나타났는데 바로 '이공계'라는 표현이다. 지금은 이공계 출신 대기업 CEO의 비중이 절반이 넘을 정도로 국가경제에서 중추적 역할을 하고 있지만, 정부 주요부처와 국회, 언론, 법조계 등 우리 사회의 여론과 정책 주도층에는 아직도 이공계 출신이 적다. 현재 의약계열을 포함할 경우 대학졸업자의 절반정도가 이공계이고 나머지가 인문사회계이다. 정책을 수립하고 이를 여론으로 확대하는 과정에서 아직도 과학기술에 바탕을 둔 합리적인 결정을 내릴 구조가 취약하다고 할 수 있다.

우리 사회가 이과와 문과로 대별되는 인재양성 체제를 갖고 있는 것도 이제는 근본적으로 다시 생각해봐야 한다. 갈수록 과학기술이 모든 분야에 영향을 미치고 있으므로 합리적인 국가경영을 위하여 이는 바람직하지 못한 현상이다.

과거에는 문·무 양반의 균형이 중요했다면, 근현대 사회에서는 이과·문과의 균형이 중요해지고 있다. 과학기술 중심의 현대문명의 본질을 이해하지 못하고서는 국가발전의 핵심 동력을 정확히 파악하기 어려워졌다. 특히 공무원들이 아직도 과학기술에 대한 이해도가 낮은 데에서 발생하는 정책의 불균형과 비효율은 시급히 시정되어야 한다. 중국은 국가지도자가 전자, 기계, 화학분야의 배경을 가진 전문가로서 과학기술 관련 국정 지도를 하고 있다. 그에 반하여 우리는 고급 이공계 인재들이 사무관부터 장관, 국회의원, 판검사들을 힘들게 설득해가며 일하고 있다. 국정의 중요한 사안에 대한 결정을 비효율적으로 더디게 내릴 수밖에 없는 것이다.

우리사회의 과학기술에 대한 이해부족 현상을 원천적으로 치유하지 않고는 1인당 국민소득 3만 달러 시대를 뛰어넘고 2050년대까지 우리나라가 경쟁력 있는 세계적 국가로 성장하는 것은 어려울 것이다. 스티브 잡스Steve Jobs가 보여줬듯이 과학기술적 마인드와 인문학적 상상력, 그리고 예술성이 융합되어야 창조적 역동성을 발현할 수 있다. 이과·문과의 구분과 차별보다는 상호 이해하고 융합하는 것이 국가 경쟁력의 핵심요소가 되었다. 과학국정은 과거 오랫동안 기술을 억압했던 잘못된 관습을 지혜롭게 극복하려는 데 그 목적과 의의가 있다. 과학기술분야 육성전략이 아니라, 비과학적인 국가운영을 과학화하여 전체 국가운영의 생산성과 효율성을 높여 선진국에 진입하고자 하는 국가전략이다.

근대사와 과학기술 패권

인류가 수렵생활에서 농업혁명을 통해 경작법을 터득하면서 고대 국가가 성립했듯이, 지금부터 600여 년 전에 발생한 르네상스를 계기로 근대과학이 시작되고 250년 전에 산업혁명이 일어나면서 근대국가가 성립되었다. 지난 250년간의 인류발전은 그 이전의 모든 역사를 통틀어서 가장 혁명적인 변화를 가져왔다. 그 본질은 과학기술이 역사발전의 가장 강력한 요소이자 수단으로 등장했다는 것이다. 제1차 세계대전과 제2차 세계대전은 정치적으로 후발강대국과 선발강대국 간 식민지 쟁탈전을 벌인 제국주의 전쟁의 성격이 강하지만, 다른 측면에서 보면 국가별로 시차를 두고 진행된 산업혁명의 결과로 축적한 경제력과 무기를 바탕으로 한 기술패권 전쟁이기도 하다.

지난 100년의 세계 역사를 혁신이라는 관점에서 보면, 기술적 성취를 풍성하게 이룩한 국가가 패권을 잡았음을 알 수 있다. 미국은 19세기에 상·농업국가였지만 세계대전을 거치면서 군사우주기술로 소련을 앞지르면서 세계를 제패하게 된다. 반면 소련은 미국보다 우주개발에 앞섰지만 기술경쟁에서 패배한 것이 연방 해체의 중요한 원인이 됐다. 중국은 우리나라와 마찬가지로 65년 전에는 식민지였고 가난한 나라였으나, 지난 40년간 개혁개방과 과교중흥科教中興정책으로 교육과 과학을 중시하면서 G2강대국으로 부상했다. 이스라엘은 당시 500만 명의 인구에 불과했으나 4차례의 중동전쟁에서 3억 명의 아랍을 제압하고 핵무장을 하기에 이른다. 독일과 일본은 세계대전에서 패배했으나, 전쟁 중에 고스란히 보존됐던 기술력을 통해 경제대국으로 부활한다. 영국, 프랑스는 세계대전에서 승리했으나 기술주도력의 상실로 패권도 상실하게 된다.

지난 100년간 세계 주요국의 흥망사에서 기술력이 있는 나라들은 흥했고 그렇지 않은 나라는 흥하지 못했다. 현재 200여 국가 중에서 기술력이 있는데 후진국이 된 국가는 하나도 없고, 기술력 없이 선진국이 된 국가도 없다. 정치, 경제, 문화 등으로는 단순하게 설명되지 않지만, 기술을 중심으로 국가의 흥망을 분석하면 근대사가 비교적 명쾌하게 설명된다. 산업혁명 이후에 국가미래를 결정하는 요소로 기술이 중요한 요소로 대두되었기 때문이다. 역사발전과 세상변화를 주도하는 힘이 지금처럼 과학기술에 집중된 시기는 없었다.

21세기 선진한국의 필수요건

우리나라는 제2차 세계대전 이후 후진국에서 선진국에 진입한 유일한 국가가 되었다. 세계에 내놓을 만한 스마트폰, 반도체, 디스플레이, 자동차, 조선, 석유화학제품을 생산하는 나라가 되었다. 하지만 급격한 산업화의 후유증으로 정치사회적, 경제문화적, 그리고 환경적 문제도 심각하게 대두되고 있다.

우리 사회는 남들이 250년 걸려 이룩한 산업·정보사회를 50년만에 압축성장하면서 파생시킨 문제들을 극복해야 한다. 여러 방안이 있겠으나 의사결정을 하는 정책결정 그룹이 비과학적인 사고에서 벗어나 인문사회와 과학기술의 융합적 사고방식을 내재화하는 것이 필요하다.

2014년에 발생한 세월호 참사 이전에도 많은 대형사고가 발생했다. 이는 누구 한 사람의 잘못으로 볼 수 없다. 과학기술 중심의 감리, 평가, 조사가 이런 위험한 사회에서 국민들을 안전하게 보호하는 합리적인 처방이다. 현대문명은 인류에게 이기利器이기도 하지만 거대한 흉기凶器이기도 하다. 선진국들은 시행착오 끝에, 이런 사고를 예방하려면 한두 사람의 노력으로 해결할 수가 없고, 사회 전체가 과학적 합리성으로 무장되어야 비로소 가능하다는 것을 터득했다. 그러나 우리나라는 국가적으로 이를 적절히 관리할 능력이 부족하다. 국가지도층이 대형기술시스템의 본질을 잘 알고 치밀하게 관리해야 대형사고를 막을 수 있는 것이다.

〈그림 2-3〉 과학국정 개념도

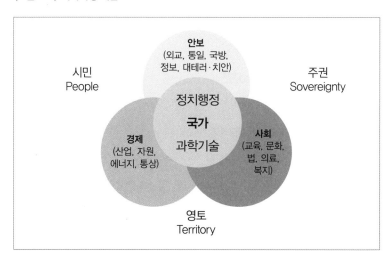

국가 운영의 중심control tower에 정치행정을 두고 사회, 경제, 안보 등 주요 구성 분야에서 과학기술이 중심 역할을 할 수 있도록 국정을 재설계해야 한다. 무엇보다도 과학기술을 경제나 산업의 하부구조로 생각하지 말고, 경제와 산업을 발전시키는 가장 핵심적인 촉매요소로 평가하는 것으로부터 시작해야 한다. 과학국정을 '과학자 우대'나 '연구개발비 증액', '이공계 장학 혜택'과 같은 이공계 유인책 정도로 국한하지 않는 것이 중요하다.

과학국정, 어떻게 추진할 것인가

과학국정은 정부 차원에서만 추진될 일이 아니고 사회 전반의 문화와 관행, 국민의식의 변화, 언론과 시민사회의 적극적인 역할 등이 필요하다. 하지만 단초는 대통령의 리더십에서 시작하여 정부와 정치권이 변화하면 성공할 수 있기 때문에 정부의 역할에서 그 해법을 찾고자 한다.

전문성 중심의 정부조직 개편

현재 가장 중요한 국가적 과제는 창업을 통한 일자리 창출이다. 특히 벤처창업, 대학창업, 사내창업 등을 전담하는 창업전략부를 창설하는 것이 중요하다. 과거 정보혁명 시대에 정보통신부를 두어 IT선진국이 될 수 있었듯이, 바이오시대에는 생명의료부를 창설하여 BT선진국이 되는 것이 절실하다. 이를 위해 보건복지부의 보건기능과 여러 부처에 분산된 생명기술 관련 기능을 합쳐서 생명의료부를 창설해야 한다.

또한 정보(신호·영상), 수사(과학), 연구(국방·의료) 등 독립전문기관을 확대해야 한다. 미국의 항공우주국NASA, 국립보건원NIH, 국가안보국NSA 등의 사례에서 보듯이 정부가 새로운 분야를 육성하려면, 특정 전문가집단이 별도의 조직에서 리더십을 갖고 발전할 수 있게 해주는 것이 필요하다. 예컨대 정보조직의 경우 미국처럼 신호정보기관과 영상정보기관 등으로 전문화하는 것이 필요하다. 과학수사기능도 일반 경찰의 하부조직으로 두어서는 발전되기가 어렵고 독립된 전문기관으로 두고 위상을 강화해야 한다.

안보분야 과학국정

국방이야말로 최첨단 과학기술이 경쟁하는 분야이므로, 당연히 과학국방을 추진해야 한다. 정보·전자전에 맞는 과학적 전술, 정예 과학기술과 방위산업의 육성이 필요하다. 북한의 핵문제는 바로 과학기술의 문제이다. 국방 분야는 과학국정이 반드시 구현돼야 할 분야이다. 육군사관학교에서 우수한 인재들이 이공계열 대신 인문사회계열을 전공해 보병과 포병으로 가야 4성 장군을 바라볼 수 있다고 인식하는 것은 바람직하지 않다. 그 결과 인사와 작전이 중시되고 군수와 정보는 소홀히 하게 된다면, 현대전 수행능력이 뒤떨어지는 결과를 낳을 수도 있다. 이제 장교 양성과정의 필수과목은 사단전술 뿐 아니라 전자전과 정보전 과목도 포함돼야 한다. 전문화된 인력에 의해 방위산업이 육성돼야 한다.

과학정보도 중요하다. 국정원의 과학기술 정보조직을 독립시키고 국방부, 외교부의 정보기능을 과학화해야 한다. 미국의 국가정보기관처럼 신호정보, 영상정보 등 주요 과학기술정보기관을 독립적으로 갖추고 이의 수장을 전문가로 임명하는 것이 필요하다. 전문성을 갖춘 인력을 양성하고, 이 인재들이 주요 정책결정자로 성장할 수 있도록 인사시스템을 갖추는 것이 핵심이다.

외교분야 과학국정

평화외교, 안보(기후/질병/테러/원자력/미사일 등)외교, 자원·기술외교 강화 등 과학 외교 역시 필수적이다. 국제적으로 이산화탄소 규제활동이 강화되고, 에볼라 바이러스나 메르스 등 전염병에 관한 국제공조가 활발해지면서 과학외교능력 확충이 중요한 과제가 되었다. 또한 원자력이나 미사일, 화학무기 협정과 같은 분야에서 성과를 얻기 위해서는 전문성을 갖춘 외교관의 양성이 시급하다. 이를 위해 이공계박사

외교관 특채, 이공계 전문인력들의 고위공무원 및 대사급 외교관 진출 등이 필요하다.

경제분야 과학국정

경제에 활력을 불어넣고 시대에 맞는 산업을 육성하려면 창업혁신을 추진해야 한다. 기술창업, 중소벤처 육성, 기술경영/금융 강화, 시민 발명/지원 등이 필요하다. 과학기술 중심의 경제정책을 통해 실질적인 경제력과 국가경쟁력을 향상시켜야 한다. 이를 위해 벤처창업과 지식기반창업을 활성화하고 육성하는 제2, 제3의 벤처육성정책을 적극 시행해야 한다. 이를 뒷받침할 기술금융과 기술경영을 강화하고 국가가 지원해야 한다.

사회분야 과학국정

안전한 사회를 만들고 유지하려면 과학수사가 필요하다. 법의학 및 수사기술(생물, 화학, 전자, 기계 분야 등)을 발전시켜야 한다. 현재는 검찰의 디지털 법의학 기능이나 경찰의 과학수사 기능이 일반 수사의 보조적인 체계로 운영되고 있다. 이를 선진화하여 과학수사를 주류로 하고, 일반 수사가 보조하는 체계로 전환해야 한다. 기술발전에 따른 사회변화와 범죄양상의 변화를 반영하여, 바이오기술과 정보기술(디지털, 사이버, 소프트웨어 등)에 기반한 과학수사 능력을 기르기 위해 인원과 조직, 예산, 기술을 확충해야 한다.

일상생활을 안전하고 편리하게 변화시키려면 식품·의약품행정, 교통체계를 과학화하고 의과학·공학, 노인복지기술을 육성해야 한다. 특히 지상·해상·항공 교통도 사고를 예방하고 에너지효율과 편의성이

고도화된 선진형 교통체계로 전환되도록 인력과 장비, 기술 측면에서 과학화를 해야 한다.

문화분야 과학국정

과학기술과 가장 관계가 적다고 평가되던 문화의 영역에서도 이제는 과학기술이 기여하는 비중이 매우 높아졌다. SF소설 및 영화는 미래사회에 대한 교과서로서 국민들이 비전과 영감을 갖게 되는 중요한 통로이다. 이와 관련하여 컴퓨터 그래픽스와 디자인, 콘텐츠산업, 문화기술의 체계적 육성이 필요하다. 또한 과학언론의 육성이 중요하다. 기존의 언론체계도 SNS로 대표되는 새로운 미디어의 출현으로 급속히 재편되고 있다. 이러한 미래변화를 반영하여 세계적 경쟁력을 갖춘 미디어산업과 새로운 언론기능을 갖춰나가는 것이 중요하다.

6 창업국가 대전략

'창업기업start-up company' 개념은 신생 벤처기업을 뜻하며 일반적으로 고위험·고성장·고수익 가능성을 지닌 기술기반 회사를 의미한다. 여기에서 '창업국가'는 기술기반 벤처기업의 설립과 운영, 마케팅 등 창업 전반의 활동이 세계적 수준으로 활성화되고 운영이 용이한 국가를 말한다. 그리고 마케팅 성공률이 높은 창업생태계와 시스템을 갖춘, 창업을 근간으로 경제활력과 지속성장을 이끌어가는 국가를 의미한다.

왜 창업국가인가

창업국가를 대전략으로 제안한 핵심이유는 일자리 창출과 국가 차원의 새로운 성장동력의 발굴, 2가지로 요약할 수 있다.

일자리 창출

첫째는 취업난에 따른 고학력실업이 심각한 사회문제로 대두됨에
따라 이 문제를 근본적으로 해결하기 위한 대안이 창업을 통한 일자
리 창출이기 때문이다. 중소기업청의 '2014년 벤처기업 정밀실태조사'
에 따르면, 2013년 기준 벤처기업의 총 고용인력 수는 71만 9,647명,
기업 당 평균 근로자 수는 24.7명으로 전년대비 4.2% 증가하였다.
이 중 창업 3년 이하 기업의 평균 근로자 수는 13.2명으로 전년대비
12.8% 증가하여 창업기업의 고용 기여율이 상대적으로 높은 것을 알
수 있다.

또한 매출액 1,000억 원 이상의, 소위 '벤처천억기업'을 중심으로
살펴보면, 2012년 벤처천억기업의 총 고용인력은 14만 6,016명으로
2011년 13만 4,410명에 비해 약 8.6% 증가했다. 기업 당 평균 고용인
력은 2011년 323명에서 351명으로 늘었다. 2010~2012년 평균 중소
제조기업의 고용증가율 3.5%, 대기업의 고용증가율 4.7%와 비교하면
각각 2.5배와 1.8배로 일자리 창출의 주역임을 보여준다.

〈그림 2-4〉 2012년 고용증가율 비교

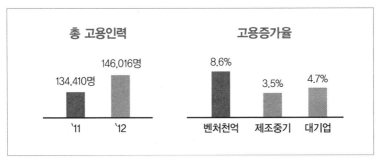

자료: 중소기업청(2013). 벤처천억기업 조사결과

새로운 성장동력 확보

창업국가를 대전략으로 제시한 두 번째 이유는 국가차원의 새로운 성장동력을 확보하기 위해서이다. 창업을 통해 소수 대기업에 집중, 의존하는 산업구조를 개편하고 기술기반 벤처기업을 중심으로 상생하는 개방형 혁신open innovation 생태계를 만들어야 한다. 신제품을 개발하고 새로운 사업으로 시장을 개척하는 도전형 벤처기업은 자본주의 경제를 움직이는 핵심엔진이라고 할 수 있다. 특히 우리나라처럼 대기업 중심의 경제 구조를 가지고 있고, 대기업 구조의 한계가 나타나는 상황에서는 혁신형 기업의 창업으로 새로운 활로를 찾는 일이 절실하다.

창업국가, 어떻게 이룰 것인가

그렇다면 창업국가를 이루기 위해서는 구체적으로 어떤 전략이 필요할까. 이를 정리해 보면 다음과 같다.

교육정책 개혁: 교육·연구·창업의 삼위일체

대학의 역할이 바뀌어야 한다. 대학은 학문의 전당으로서 전통적으로 교육이 주요 역할이었다. 사회가 필요로 하는 미래인재를 교육하는 곳이었다. 여기에 사회가 산업화, 정보화되면서 연구임무가 새롭게 부가되었다. 지식창의시대가 도래하면서 대학은 다시 변화를 요구받고 있다. 지식을 생산하는 곳이 대학이기 때문이다. 자연스럽게 대학은 지식산업을 육성해야 하는 과제를 떠안게 되었다. 이러한 사회환경의 변화에 따라 이제 대학은 새로운 지식의 발굴과 함께 이를 기업화하는 과정인 '창업' 역할을 새롭게 담당해야 한다.

시대를 앞서가는 대학은 교육과 연구를 창업과 분리해서 생각할 수 없게 되었다. 이러한 대학에서는 창업을 위한 교육, 창업을 위한 연구, 또는 역으로 교육과 연구에 도움이 되는 창업이 대학의 이념이 되어야 한다. 즉 교육, 연구, 창업이 삼위일체가 되어야 하는 것이다.

미국의 실리콘밸리는 스탠퍼드 대학과 버클리 대학이 주도하여 만들어진 곳이다. 특히 스탠퍼드 대학의 창업활동은 놀랍다. 스탠퍼드 대학의 졸업생, 학생, 교수가 창업한 회사가 4만 개에 이르고, 이들이 올리는 연매출액은 2조 7,000억 달러로 세계 경제규모 5위인 프랑스의 GDP와 맞먹는다고 한다. 우리나라의 GDP 1조 2,000억 달러의 2배가 넘는 규모이다.

국가경제와 창조경제를 위해서 대학의 역할이 얼마나 중요한지 알 수 있다. 대학이 교육, 연구, 창업이라는 삼위일체 이념으로 창업국가 전략의 시발점이 되어야 한다. 우리나라에 창업의 불을 지피는 일은 대학이 아니면 적극적으로 할 수 있는 곳이 없기 때문이다. 지금 대학 창업이 시급하고도 중요한 국가미래전략인 이유이다.

창업 활성화를 위한 제도 개선

먼저 청년창업을 활성화해야 한다. 18~24세 연령대 청년들의 초기 단계 창업활동이 매우 낮게 나타난다. 혁신주도형 경제국가의 평균이 10%인데 비해 우리나라는 2.3%에 불과하다. 대학졸업 후 20대 후반과 30대 초반의 청년들은 비록 창업에 실패하더라도 재창업을 할 수 있는 나이이다. 또한 평균 2.8번의 실패 후에 성공확률이 높다는 통계를 감안하면 청년창업 활성화를 위한 정책대안이 요구된다.

도전적인 기업가정신, 기업경영, 마케팅, 글로벌 전략 등 전반적인 창업교육은 창업 활성화를 위해 필수적이다. 또한 실패를 두려워하지 않고, 실패의 경험을 기회로 살려 재도전할 수 있도록 돕는 제도적 개선도 뒤따라야 한다. 정부는 정부3.0 플랫폼을 통해 창업기업의 성공률을 최대한 높일 수 있도록 융합적으로 지원해야 한다. 이를 위하여 정부는 공공서비스 자료를 기업가들이 쉽게 공유하고 필요시 사업화할 수 있도록 개방하는 것도 중요하다.

종업원창업과 사내창업을 통한 중년창업도 활성화해야 한다. 경험을 보유한 종업원이 사내창업을 하는 경우, 성공률이 청년창업에 비해 높고 새로운 고용창출에 대한 기대가 초기 창업활동보다 높다. 사내창업을 통해서 해당 기업이나 기관은 미래의 수익가능성을 높이고, 당사자는 자신이 원하는 사업을 추진하여 보다 만족하는 일자리를 만들어낼 수 있다. 또한 창업기업은 소속된 모기업으로부터 초기 자금과 기술 및 판로지원을 받을 수 있으므로 큰 위험요인과 애로사항 없이 발전할 수 있다. 그리고 창업기업이 실패할 경우, 재도전할 수 있는 제도적 장치와 기업문화가 토대가 되어야 한다.

여성창업 활성화도 중요하다. 여성창업 비율을 제고하기 위해 우선 창업교육 대상자, 정부지원 사업자, 그리고 공공구매 사업자 선정 시, 여성지원 할당률을 제도화하는 것을 고려할 수 있다. 공공기관의 여성 임원 비율을 일정 수준으로 공시하여 여성의 경제적 기여도를 높이는 정책도 마련되어야 한다. 정부가 주도하여 우선 공적분야 내 여성의 활용도를 제고함으로써 경제 전반에 여성의 경제활동을 확산해야 한다. 또한 어린이 보육시설을 확충하고 이들의 운영을 질적으로 개선할 필요가 있다.

지식재산 관련법 개정

기술기반의 중소 벤처기업은 대기업에 비해 혁신성이 우수하고 특허 등 지식재산권과 같은 무형자산이 핵심인 경우가 많다. 지식재산권이 다른 기업에 의해 무단으로 침해를 당하는 경우, 소송을 통해 법정에서 다투게 된다. 우리나라는 미국, 일본 등 경쟁국에 비하여 특허무효율이 높다. 또한 손해배상액이 턱없이 적다는 평가가 지배적이다. 기술 기반 벤처창업 활성화에 걸림돌이 되고 있고 특허 무용론이 나오는 것도 이 때문이다. 제반 문제들을 해결하기 위해 관련법을 개정해야 한다. 지식사회의 기업은 지식이 재산이다. 지식재산을 보호해주지 않으면 지식사회의 기업은 성장할 수 없다.

실패를 용인하는 분위기 조성

미국에서 수년 간 창업 1위 대학으로 평가받고 있는 밥슨 대학Bobson College, 수많은 벤처기업들의 창업으로 성공한 실리콘밸리, 창업국가로 알려진 이스라엘이 세계적으로 앞설 수 있는 이유 중의 하나는 실패를 용인하고 재도전을 지원하는 제도가 잘 마련되어 있기 때문이다.

반면 우리나라는 창업 후 실패하면 무한책임을 져야 하는 연대보증으로 신용불량자가 되어 경제활동이 원천적으로 차단된다. 주식회사가 금융권에서 융자를 받을 때, 대표이사가 보증을 서게 하는 제도가 연대보증이다. 회사가 실패하여 빚을 갚지 못하면, 대표이사가 책임을 떠안게 된다. 회사 빚의 규모가 수억~수십억 원 수준이 되면 개인이 감당할 수 없는 상태가 된다. 회사를 성실하게 운영하다가 실패했더라도 신용불량자가 되어 모든 경제활동이 불가능해진다. 최근에는 우수

창업자인 경우에 연대보증 없이 대출을 받을 수 있도록 제도 개선이 있었지만, 아직도 이 혜택을 받을 수 있는 창업자 수는 매우 제한적이다. 보다 장기적으로 우리나라가 세계적으로 앞서는 창업국가가 되기 위해서는 주식회사가 융자할 때에는 개인과 회사를 구분해 책임을 묻고, 또한 회사는 융자보다 투자를 받아서 위험부담을 최소화하는 노력이 필요하다.

우수인력 확보: 스톡옵션제도 개선

스톡옵션(주식매수선택권)은 벤처기업이 임직원에게 주식을 구입할 수 있는 특혜를 제공하는 제도이다. 현재는 충분히 보상을 해주지 못하지만, 나중에 회사가 잘되어 주가가 오르면, 보상을 받도록 해주는 것이다. 돈이 없어 직원들에게 충분한 처우를 해줄 수 없는 벤처기업이 우수인력을 확보할 수 있는 거의 유일한 수단이다. 그런데 우리나라에서는 이것이 거의 유명무실하게 되어버렸다. 즉 벤처기업이 우수인력을 확보하는 수단으로 활용되지 못하고 있다. 최근에 개선이 이루어졌지만 인색한 개선에 불과하다. 벤처기업의 우수인력 확보를 돕기 위해 창안된 스톡옵션제도가 미국처럼 그 목적에 충실하게 인센티브를 제공할 수 있도록 개선되어야 한다.

2부

대한민국
국가미래전략

사회분야
미래전략

1 문화전략

문화적으로 대한민국은 오랫동안 '작지만 화려한 미국'이었다. 광복 이후 대한민국은 개인주의, 물질주의, 경쟁주의 같은 미국의 사회문화적 가치뿐 아니라 문화예술 전 분야에 걸쳐 미국 스타일을 신속하게 받아들이고 재현해왔다. 그 결과 미국에 못지않은 외형을 갖추게 됐다. 물론 K-POP이나 한류드라마가 상징하듯 한국의 대중문화가 한류 열풍을 일으키고 있으며 패션 같은 분야에서도 세계 어느 나라에 뒤지지 않는 수준이 되었다. 2016년에는 특히 소설가 한강의 작품 『채식주의자』가 세계 3대 문학상의 하나로 꼽히는 맨부커 인터내셔널상 수상작이 되며 문학 장르에서도 고무적 성과가 있었다. 그러나 한국적인 가치와 철학, 정신을 담은 작품을 통해 세계에 존재감을 드러낸 작품은 아직 많지 않다.

이제 우리사회는 외형적으로 성장한 훌륭한 문화그릇 안에 무엇을 담을지에 대해 다시 진지하게 성찰해야 한다. 유행을 따라가는 문화수입국이 아닌, 세계문화 속에서 자신의 존재감을 드러내는 문화자립국으로서의 정체성이 무엇인지 스스로에게 되물어야 한다.

앞으로의 시간은 서구화된 형식 안에 아시아적 콘텐츠를 담기 위한 실험으로 풍성해져야 한다. 급속하게 고령화되는 사회는 10~20대 중심의 문화를 '세대를 아우르는 문화'로 재편하는 압력이 될 것이고 다문화가정이 보편화되면서 아시아를 포함한 '문화다양성'의 가치와 의미를 비로소 체험하는 시간이기도 할 것이다. 경쟁을 통한 수월성 superiority을 넘어 개성을 통한 창조성을 문화라는 형태로 꽃피우는 노력이 더 필요한 이유이다.

미래문화를 변화시킬 주요 환경적 요인

경제발전과 소득수준의 변화, 과학기술발전에 따른 사회적 가치관의 변화는 문화에 영향을 미치는 주요 동인이었다. 이러한 양상은 세분화되면서 글로벌화의 심화와 세계경제의 통합, 저출산과 고령화, 국민경제성장 및 불균형 심화, 디지털기술 등 고도기술사회 진입, 다인종 다문화의 사회화, 여가사회화, 지방화시대의 도래와 정부의 역할 변화, 환경 중시 사회로의 전환 등으로 점차 다양해지고 있는 추세이다. 문화의 장기적 변화 트렌드 또한 이러한 환경적 요인의 변화와 무관할 수 없다. 미래문화 예측에서 주목할 요인은 무엇이 있을까.

새로운 문화를 요구하는 고령화사회·싱글족사회

통계청이 2016년 3월 발표한 지표에 따르면, 2015년 기준으로 5,062만 명을 기록한 대한민국의 인구는 2030년에 5,216만 명으로 정점에 이른 후 점차 줄어들 것으로 전망됐다. 또 0~14세 유소년인구는 13.9%로 65세 이상의 고령인구 비율(13.1%)과 비슷하게 나타났으며 저출산에 따라 고령인구는 조만간 유소년인구를 앞질러 2030년 24.3%, 2040년 32.3% 수준으로 증가할 전망이다. 즉 65세 이상의 인구 비율이 20%대가 넘어서는 초고령사회가 2026년 이후 본격화할 것으로 보인다.

고령인구의 증가는 다양한 노인문화, 실버산업의 급성장을 가져온다. 인구통계학적 변화에 따라 가족구조가 변화하고 고령인구가 증대하면서 노년층, 여성층과 같은 새로운 소비계층이 출현하는 등의 사회적 변화가 진행된다. 베이비붐 세대의 은퇴는 실버산업 활성화의 기폭제로 작용할 전망이다. 이들은 높은 교육과 소득 및 소비수준, 개인주의적 가치관, 높은 사회참여의식, 주택, 자동차, 영화산업의 견인세대로 다양한 소비의 적극적인 주체 역할을 수행할 것이다. 따라서 이들이 노인세대로 진입하는 2020년경에는 최대 여가소비층으로 부상할 전망이다.

결혼에 대한 의식 변화와 독거노인 증가로 인한 1인 가구도 증가세에 있다. 1980년 4.8%였던 1인 가구 비율은 2010년 23.9%로 가파르게 증가하며 30년 전에 비해 약 5배로 늘어났다. 여기에 자녀 없는 부부empty nester 증가와 이혼가족·한부모 가족 증가 등 가족구조의 다양한 변화가 일어나고 있어 이러한 구조적 변화는 문화 향유에 있어서도 새로운 변화를 유발할 것이다.

'삶의 질' 중심으로 바뀌는 생활태도

지난 세기가 자본주의, 물질주의적 가치관이 팽배한 시기였다면 향후에는 삶의 질을 중시하고 탈물질주의 가치관으로 이동하는 시기가 될 것이다. 그렇게 되면 일의 양을 중시하고 직장생활이 중심이던 데에서 일의 질을 따지고 행복을 추구하며 가족중심의 생활 및 경제활동 방식으로 변화할 것이다. 또 행복증진을 위해 다양한 여가활동을 즐길 것이며 이는 삶의 질 향상, 건강증진, 스트레스 해소, 자아실현 등에 기여할 것이다.

최근에는 국민들의 삶의 질과 행복에 대한 논의가 활발해지면서 국민총행복이라는 개념의 국민행복지수인 GNH(Gross National Happiness)를 국가발전의 지표로 삼는 변화가 일어나고 있다. 경제지표 중심의 GDP뿐 아니라 비경제적 요인들이 행복감에 미치는 영향력을 중요시하는 잣대의 변화인 것이다. 유엔의 경우에도 2012년부터 〈세계행복보고서〉를 발행하고 있으며 영국의 '웰빙지표'나 캐나다의 '삶의 질 지표' 등도 모두 경제수준 이외에 심리적 웰빙과 문화적 다양성, 사회적지지 등을 삶의 질에서 중요한 기준으로 주목하고 있다. 우리나라는 유엔이 2016년 발표한 〈세계행복보고서〉에 따르면 조사대상 157개국 가운데 58번째로 행복한 국가로 꼽혔다. 그러나 경제협력개발기구OECD의 회원국 행복지수 비교에서 연이어 최하위권을 기록하며 삶의 질에 대한 관심이 점차 커지고 있다.

다문화 확산으로 문화다양성 부상

우리 사회는 해외이주와 국제결혼, 외국인 노동자의 유입, 해외여행자 비율 등이 크게 증가하면서 다인종·다문화사회로 변모하고 있다. 결혼이민자가 31만 명을 넘어서고 있으며 국내 체류 외국인은 2016년 1월 기준으로 180만 명을 넘어섰다. 2045년까지 이러한 경향은 더욱 가속화될 전망이다. 세계화 등으로 인력시장은 글로벌화되었고 다양한 인종적·국가적 교류는 더욱 심화될 것이다. 그러나 2016년 현재, 문화적으로는 여전히 폐쇄적이고 배타적이며, 인종 차별도 공공연히 자행되고 있다. 국제교류 측면에서 이미 다민족·다문화적 사회형태를 띠고 있지만, 아직 제도적·정책적 측면에서 다문화사회의 여러 부분들을 반영하지 못하고 있다. 문화다양성이란, 다인종 혹은 다민족 국가 내부의 문화들에 대한 관용과 보호, 그리고 이들에 대한 존중과 이해의 태도를 바탕으로 한다. 따라서 단일민족 강조와 타문화에 대한 배타적인 태도는 궁극적으로 우리 문화가 다른 문화와 결합해 새로운 문화로 진화하는 데 걸림돌이 된다. 사회안정 뿐 아니라 문화발전 측면에서도 폐쇄적인 태도는 적절하지 않다.

문화다양성은 각각의 다양한 주체들의 정체성이 자유롭게 공존할 때 지켜질 수 있는 것이며 계층 간, 세대 간 문화, 주류와 비주류 문화가 공존할 수 있는 다양성이 바탕이 될 때 문화공공성도 확보될 수 있다. 다양한 문화의 존중은 문화발전의 기폭제가 될 것이며 사회안정에도 크게 기여한다. 유네스코의 문화다양성 선언에 우리도 동참함으로써 타문화권에 대한 존중과 이해를 미래사회의 중요한 가치 중 하나로 설정한 바 있다.

미래 환경 변화에 따른 미래문화 예측

경제적 발전과 함께 사회적 기술적 환경변화는 문화적 측면에서도 새로운 패러다임을 창출하고 새로운 문화적 산물로 나타날 것이다. 주변요인의 변화를 토대로 미래문화의 진화 방향을 예측해본다.

21세기는 '문화의 시대'

모든 문명권에서 문화가 존재하지 않았던 시기는 없지만, 최근 수년간 대한민국은 사회발전의 동인으로 문화의 역할을 강조해왔다. 미국이나 유럽 국가들도 문화가 '미래사회를 이끌어갈 원동력'으로 인식하고 순수예술과 함께 대중예술, 스포츠, 민속문화 등을 지원해왔다. 정부 역시 문화의 미래에 대한 비전을 갖고 문화가 어떻게 국가의 핵심 경쟁력이 되도록 할 것인가에 관심을 쏟고 있다.

문화도 국제경쟁력을 요구하는 시대

글로벌화 추세는 문화 영역에서도 국가 간 경계를 약화시키고 순수문화와 대중문화 모두 누구나 이용할 수 있는 방향으로 세계시장에서 거래되고 공유되도록 만들 것이다. 즉 문화는 국제사회에서 더욱 중요한 의제가 될 것이며 국가 간 문화교류도 보다 활성화될 것이다.

현재 문화산업은 세계 GDP의 7% 이상을 차지하고 있고 매년 10% 이상 꾸준히 성장할 것으로 예측된다. OECD 국가에서 문화산업은 이미 경제의 선도산업을 대표하며 연간 성장률이 5~20%로 추정된다. 이런 상황에서 우리나라는 높은 국제사회 기여도에 상응하는 문화국가로서의 위상 확보가 요구된다. 특히 동아시아권에서는 약 14억 명에 가까운 인구와 다양한 자원을 가진 중국, 여전히 세계경제의 중심에 있는 일본, 각 분야에서 성장하고 있는 싱가포르와 대만 등이 한국과 함께 세계경제시장에서 다양한 전통문화상품을 중심으로 경쟁할 것이다.

세계 문화산업 시장의 42.6%를 차지하고 있는 미국의 경우, 영화, 음악, TV프로그램, 출판, 게임 등의 수출이 자동차, 농업, 항공우주산업, 방위산업 같은 전통산업을 이미 앞질렀으며, 핵심 저작권사업은 연평균 경제성장률보다 3배나 빠르게 성장하고 있다. 다행히 한국 문화콘텐츠산업의 연평균 성장률도 2000년대에 들어 매출액 규모, 수출액 규모, 종사자수 규모 측면에서 지속적인 성장세를 보이고 있으며, 장기적인 관점에서도 유사할 것으로 전망된다.

문화산업은 자체매출 뿐만 아니라 생산유발효과, 부가가치유발효과, 고용유발효과, 전후방연쇄효과 등 다른 산업에 미치는 경제적 파급효과 또한 크다. 예를 들어 2016년에 한국과 중국에서 동시에 방영되며 큰 인기를 모은 드라마 〈태양의 후예〉의 경우, 직접수출 효과가 약 100억 원으로 집계되지만, 나아가 드라마에 소개된 자동차와 조리도구 등의 수출로 1조 원의 경제효과와 4,000여 명의 취업유발효과를 가져온 것으로 파악되고 있다. 지금까지는 방송, 영화, 음악 등 여가 부문에서 문화산업이 중시되었으나, 미래에는 게임을 포함한 문화예술 전반에 걸쳐 문화의 산업화가 가속화될 것으로 보인다. 관광 또한 중요한 문화상품이며, 중국, 태국, 인도네시아, 베트남 등 다양한 동아시아 지역 관광객뿐 아니라 중동 지역 관광객들이 한국을 즐기고 한국 문화를 체험하기 위해 방문할 것으로 전망된다.

〈표 3-1〉 한국 문화콘텐츠산업의 성장 규모 비교

구분	2000년	2004년	2014년
매출액 규모	20조 7,000억 원	50조 600억 원	94조 9,472억 원
수출액 규모	4억 9,000만 달러	9억 4,000만 달러	52억 7,351만 달러
종사자수 규모	36만 명	46만 명	61만 6,459 명

자료: 미래문화전략2030(한국문화관광정책연구원, 2006),
2015콘텐츠산업 통계자료(문화체육관광부, 한국콘텐츠진흥원, 2016)

삶의 중심으로 부상할 문화활동

미래사회의 삶은 생활의 양적인 측면보다는 질적인 측면을 강조하게 될 것이다. 문화예술에 대한 중요성을 인식하면서 문화예술부문에 대한 지출비율도 더 늘어날 것이다. 현재 우리 가계에서 문화여가비 지출비율은 4%대의 수준이지만, 2020년 1인당 국민소득이 3만 달러 이상이 되고, 2040년 그 이상의 성장을 이루면 경제성장보다는 문화생활을 추구하는 양상이 더욱 커질 것이다. 문화여가비 지출도 프랑스, 영국, 일본, 캐나다 수준인 5.2~6%에 도달할 것이 전망된다.

문화예술 인프라에 대한 수요 확대

문화예술시설에 대한 수요변화는 저출산, 고령화에 따른 인구변화, 디지털화 및 지식정보화에 따른 변화 등의 영향을 받을 것이다. 그러나 우리나라의 경제수준과 인구변화 추이를 감안하더라도 아직까지 문화기반시설이 전체적으로 부족한 상태이다. 향후 문화기반시설은 크게 증가할 것이며 지식기반 서비스산업 가운데 특히 영상, 애니메이션, 게임, 출판, 광고, 디자인, 공연산업, 예술경영, 예술행정, 장르별 전문이론 등 지식집약적 고부가가치 분야의 인력수요도 크게 늘어날 것이다. 이를 토대로 2030년 국내 문화산업 규모는 약 150조 원에 이를 것으로 예상되며, 이는 2030년의 국내 GDP 규모를 2,825조 원으로 추정했을 때 5.3%에 해당하는 큰 비중이다.

디지털 컨버전스를 통한 문화콘텐츠의 진화

문화발전에 있어 가장 주목할 기술변화 중 하나는 제품의 멀티미디어화, 간편화, 소셜화, 개인화이다. 기술변화에 따른 디지털 플랫폼의 다변화는 여가시간 증대, 여성의 사회참여 증가 등 사회구조적 변화와 맞물려 새로운 라이프 스타일을 만들어낼 것이다.

소비자는 자신이 편리하게 사용하는 단말기를 통해 시간, 장소에 구애받지 않고 네트워크 서비스를 활용하고자 할 것이다. 대용량 멀티미디어 데이터에 대한 소비자들의 요구, 동영상, 사운드 위주의 서비스 선호 등이 소비자의 요구수요와 맞물려 크게 증대될 것이다. 따라서 디지털기술 기반 문화콘텐츠 상품의 다매체화, 다채널화, 미디어의 보편화는 멀티미디어 문화의 소비를 증가시키고, 문화콘텐츠가 표현될 수 있는 수단의 확대로 이어질 것이다. 즉, 디지털 디바이스간, 디바이스와 서비스 간, 서비스와 서비스 간, 그리고 이용방식에서 활발하게 진행되고 있는 디지털 컨버전스는 콘텐츠 확장과 진화에서도 예외가 아닐 것이다. 기술의 컨버전스를 통한 콘텐츠 확장 및 문화콘텐츠 진화 과정에서 이를 지원할 제도나 정책적 방안이 시급해지는 이유이다.

스포츠문화의 일상화

국민건강 증진과 삶의 질 개선을 위해 스포츠 활동은 무엇보다 중요하다. 스포츠 활동은 문화의 한 형태로서 국민의 일상 속으로 깊이 파고들 것이다. 우리나라에서 스포츠는 개발시대적 드라이브로 목적성을 갖고 발전되어 온 것도 사실이다. 그 결과 엘리트 선수 위주의 육성이나 정부가 주도하는 생활체육 보급, 국위선양이 목적인 정책 등으로 나타나기도 했다. 그러나 2000년 이후 생활 속 문화의 형태로 확산되기 시작한 스포츠는 더욱 일상화될 전망이다. 이는 곧 스포츠산업 규모가 크게 늘어날 것임을 의미하는 것이기도 하다. 현재 세계 스포츠산업 규모는 2014년 기준 약 1조 5,000억 달러(약 1,580조 원)로 추산되고 있다. 그중 가장 큰 시장인 미국은 연간 스포츠산업의 규모가 4,850억 달러(약 511조 원)에 이르며 우리나라는 41조 원 규모 수준이다. 우리나라도 향후 다양한 스포츠를 즐기는 문화가 자리 잡으면서 스포츠에 대한 지출은 크게 늘어날 전망이고 관련 산업규모 또한 증대될 것으로 보인다.

바람직한 대한민국 문화를 위한 실행전략

예측되는 미래문화의 방향성을 인식하면서 새로운 패러다임에 대처하기 위해서는 미래를 준비하는 문화전략들이 필요하다. 특히 행복사회로의 이행에 따른 문화향유 토대 마련, 경쟁과 실적 중심에서 창의와 혁신의 문화로 바뀜에 따라 창의성을 강조하는 문화가치 창출과정 재정립, 다문화사회로의 이행에 맞춘 문화다양성 극대화를 이루기 위해서는 구체적인 실행 전략들을 세울 필요가 있다.

문화가 행복사회의 중심

지난 60년간의 대한민국의 발전방향이 경제성장이었다면 미래에는 국민행복 증진에 좀 더 초점이 맞춰져야 한다. 이를 위해 일의 양보다는 효율, 경쟁보다는 협력, 최고에 대한 추구보다는 유일에 대한 추구로 사회적 가치문화가 변화해야 한다. 이렇게 생긴 여가시간이 문화향유 등 자존감을 높이는 활동으로 채워져야 한다. 가까운 곳에서 언제나 문화생활을 즐길 수 있는 환경과 개인이 능동적으로 문화활동에 참여할 수 있는 기회가 늘어나야 한다.

창의성을 존중하는 문화선진국

문화정책 측면에서 개별적 창의성의 자유를 최대한 보장하고, 그 자유로운 창의성들이 문화적 실험성, 공공성 등을 통해 사회적으로 소통되고 공유될 수 있도록 기획돼야 한다. 그리고 창의적인 사고와 발상이 문화와 예술로 이어질 수 있도록 도와주는 구조와 창의적인 사고와 발상이 간직될 수 있게 해주는 창의발현정책시스템이 구축돼야 한다. 새롭고 실험적인 것에 대한 예술적 이해와 관용이 필요하고 이를 증진할 정책이 요구된다.

다문화사회에서의 문화다양성, 꽃피는 미래문화

대중문화의 '한류' 흐름 이후 TV 프로그램이나 영화, 음악 등의 대중문화 생산물 위주의 한류 흐름을 넘어, 진정한 한국문화를 중심으로 하는 한류가 필요하다는 지적이 제기되고 있다. 아시아문화에 대한 포용이 한류문화를 지속적으로 극대화하는 데 기여할 것이다. 그간 세계화가 문화 간 교류를 촉진시킨 것도 사실이지만, 다른 문화와의 교류는 문화다양성을 불러오기보다는 문화의 동질화 경향을 가져오는 역효과도 낳았다. 따라서 세계화가 가속화될수록 문화적 정체성을 확립해가는 일이 중요해졌고 세계화에 대응하여 특수화, 차별화, 분절, 탈집중화가 중요해졌다.

문화다양성은 다른 민족 사이에만 한정된 것이 아니다. 청년세대와 성소수자들이 인터넷과 대중문화를 통해 일상문화의 변화를 가져오면서 기성문화에 대한 새로운 대안으로 부상하고 있다. 그들은 마니아, 인디, 언더 등 다양한 형태의 하위문화적 집단들로 부상해왔으며 이는 앞으로 더욱 증대될 것이다. 고급문화와 대중문화, 상위문화와 하위문화라는 이분법에서 벗어나 다양한 문화가 공존하는 사회로의 이행이 필요하다.

따라서 새로운 시대의 주체는 동질성을 복제하는 원리가 아니라 다양성을 조직하는 원리에 의해 운영돼야 하며, 다양한 문화주체를 통한 다중심적 질서를 만들어내는 것을 그 기본전략으로 삼아야 한다. 이를 위해 우선 우리 국민들의 인식전환을 위한 프로그램이 필요하다. 문화다양성에 대한 관용적 태도는 교육을 통해 얻을 수 있으며, 이를 통해 다양한 문화가 공존하고 상호존중될 수 있는 문화적 소양을 증대해야 한다. 다른 문화에 대한 열린 태도를 교육하는 프로그램과 함께 다양한 문화에 대한 이해를 높일 수 있도록 정보를 교류하고 문화를 교육하며 우리 문화가 함께 시너지를 낼 수 있는 토대를 마련해야 한다.

우리가 다문화가정에 대한 문화적 이해를 하는 것도 중요하지만, 이주민 2, 3세대에서의 상호이해 및 공생을 위한 노력도 게을리해서는 안 된다. 또 이들에게 우리문화를 교육하고 이들이 우리나라에서도 자국의 문화를 즐길 수 있는 여건을 제공하는 것 또한 간과해서는 안 된다. 이러한 노력이 대한민국을 문화적으로 더욱 풍성하게 만들 것이다. 이 범위가 아시아를 넘어 아프리카, 남미 등지로 확대돼야 한다.

한국적인 것에 대한 재조명

세계화, 글로벌화의 시대일수록 우리의 문화정체성을 다시금 주목하고 이를 통해 문화경쟁력을 강화하는 전략이 필요하다. 우리 문화를 객관적으로 들여다보는 전략과 깊이 들여다보는 전략이 둘 다 필요하다. 전통문화 기반의 문화콘텐츠 개발사업도 필요하고, 새로운 디지털

환경과 수요에 부합하는 문화콘텐츠를 우리 스타일로 새롭게 생성하는 것도 필요하다. 문화정체성 확립 프로그램 개발은 문화정체성 연구 확대와 함께 우리 문화를 세계문화의 중심축에 서게 하는 데 크게 기여할 것이다.

무형 지식재산의 적극 보호

문화콘텐츠는 그 자체로 소중한 지적재산임에도 불구하고 무형의 재산이고 개발자가 명확하지 않거나 재산의 범위 또한 모호하고 복제 유통이 손쉬워 제대로 보호받지 못한 측면이 크다. 따라서 문화전략을 수립하는 데에 있어서도 저작권 보호문제를 가장 중요한 이슈로 다루어야 한다. 특히 동남아 국가에서 이러한 문제는 한류 열풍의 해외유통을 방해하며, 우리 문화콘텐츠에 대한 저작권 침해사례는 실질적인 경제적 손실로 이어진다. 즉 저작권이 경제적 부가가치를 창출하는 하나의 산업이기에, 저작권 정책방향은 문화전략에서 중요한 위치를 차지해야 한다.

무엇보다도 문화예술분야에서 저작권 보호를 위한 권리정보의 표준화 등 지적재산권 보호체계를 구축하고, 저작권의 종합관리 및 이용 활성화를 위한 정책방안을 내놓아야 한다. 더불어 문화산업 유통과 관련해 공정경쟁 강화를 도와야 하며, 해외에서의 저작권 침해 방지를 위한 대책도 마련해야 한다.

문화향유의 양극화 해소

문화 소외계층이 생기지 않고 경제양극화가 문화양극화로 이어지지 않도록 각별히 노력하는 문화전략이 필요하다. 특히 문화 분야 내부의 양극화 해결과 사회양극화 해소를 위한 문화적 해결정책이 동시에 추진돼야 한다. 문화 소외계층을 위한 문화 활성화정책 추진의 일환으로, 취약계층을 정책의 수혜자로 보지 않고, 그들 스스로 자신의 문화를 창조하고 향유할 수 있는 주체로 인식하는 정책개발이 추진돼야 한다. 고령화시대 노인들의 문화활동을 증진시키기 위한 민간시장 활성화 및 관련 제도 정비 등도 요구된다.

예술진흥 통로의 재정비

앞으로 문화산업의 발전과 문화예술 교육의 확산, 문화복지 수요의 증대, 그리고 문화외교의 필요성 증대 등으로 인해 문화예술의 필요성은 더욱 절실해질 것이다. 따라서 문화진흥을 위해 범부처간 협업이 전략적으로 필요하며 관련 행정 부처와 산하기구들의 역할을 과제별로 재조정하고 그 위상을 재정비할 필요가 있다. 좀더 거시적인 틀에서 문화와 예술을 진흥할 수 있는 행정지원 토대가 마련돼야 한다.

문화선진화의 기본으로서 사회구조 제도의 선진화

선진 시민문화는 문화의 주체인 시민들의 의식이 높아질 때 실현될 수 있다. 정신문화의 고양은 해당 사회의 구조적, 제도적 선진화의 결과물로 나타나는 것이다. 그 핵심에 정치제도의 선진화와 경제민주화 등의 제도적 과제들이 자리한다. 국가의 기본인 정치제도, 경제제도, 공동체의 기본인 법과 규범, 윤리와 도덕이 국가체제로부터 존중되어져야 한다. 이러한 국가구조, 정치-경제제도, 사회문화가 정착되어가는 과정에서 창의성 강화를 위한 사회구조와 교육혁신이 따를 수 있고, 나아가 문화선진국으로 발전하는 토대도 마련될 수 있을 것이다.

30년 뒤 대한민국 미래세대의 복지는 어떤 모습일까? 국내 사회복지지출 비율은 OECD 국가의 평균에 미치지 못할 뿐 아니라 최하위권을 벗어나지 못하고 있다. 그러나 최근 10년간 복지지출 증가속도는 연간 13%를 기록하며 OECD 평균인 2~8%를 훨씬 웃돈다. 이를 생각하면 앞으로 우리사회의 복지 수준은 양적으로나 질적으로 더 나아진 모습으로 변화될 것이다.

그러나 경제 성장이 복지의 크기와 내용을 결정하는 것은 아니다. 우리가 북유럽 수준의 국민소득을 벌게 되더라도 북유럽 복지선진국과 같은 복지수준이 저절로 되는 것은 아니라는 얘기이다. 오히려 많은 전문가들은 우리가 일본이나 미국과 비슷한 유형의 복지국가로 되기 쉽다고 한다. 즉 어떤 복지국가 경로를 따르는가에 따라 그 나라의 복지성격이 규정되는 것이다.

이와 함께 최근 새로운 차원의 복지국가 논쟁도 시작되었다. 2010년 지방선거 당시 등장했던 이른바 무상복지 논쟁이 대체로 '더 많은 복지'에 대한 합의로 귀결되었다면, 이번 논쟁은 보다 근본적이다. 일부에서는 이미 지금의 복지도 과잉이며, 재정 면에서도 지속가능하지 않다고 주장한다. 반면 다른 쪽에서는 재정문제는 지나치게 낮은 조세부담률 때문이며, 복지는 계속 확대되어야 한다는 입장이다. 우리 복지국가의 미래모습을 둘러싼 논쟁이 본격화되기 시작한 것이다.

동아시아 복지국가로서 우리의 미래

여러 학자들에 따르면 선진 자본주의 국가의 복지 유형은 대체로 5가지로 나눌 수 있다. 이를 국민 부담률과 사회지출 비중에 따라 나타내 보면, 대체로 고부담-고복지, 저부담-저복지의 스펙트럼 속에 이들 5개 유형이 분포된다. 이런 분포는 조세부담과 복지지출만 차이를 보이는 것이 아니라, 정치적 성격, 노동시장의 구조 등에서도 뚜렷한 차이를 나타낸다. 복지국가 유형은 복지뿐만 아니라 노동과 자본의 관계까지도 반영한 유형인 것이다.

〈그림 3-1〉에서 보듯이 우리는 복지국가 유형의 가장 초보적인 단계에 있다. 국가의 역할이 크지도 않고 복지지출 역시 가장 낮은 단계이다. 그렇다고 복지지출이 늘어나고 재정이 확대된다고 해서 선진국들의 어느 한 유형처럼 변하는 것은 아니다. 여기에는 노동시장 성격을 포함한 다양한 사회, 경제, 정치적 구조가 반영되어 있다.

모두가 북유럽식 복지국가를 부러워하면서 도달해야 될 미래상처럼 생각하지만, 거기에는 특유의 노동시장과 사회시스템이 뒷받침되고

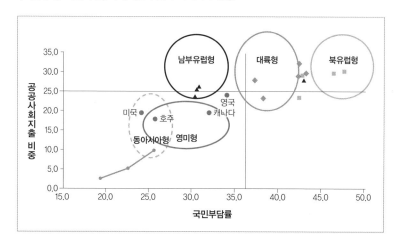

〈그림 3-1〉 국민 부담, 사회지출 수준과 복지국가 유형

있다는 것을 잊어서는 안 된다. 이른바 코포라티즘corporatism(일부에서
는 '조합주의'로 번역한다)으로 불리는 국가의 적극적인 조정 역할과 자
본-노동의 관계에서 우리와는 큰 차이가 있다. 스웨덴의 노동조합 조
직률이 80%에 이른다는 사실을 생각하면 더욱 그렇다. 마찬가지로 독
일과 같은 유럽대륙의 복지시스템도 우리와 다른 경로를 나타낸다. 이
들은 사회보험을 중심으로 튼튼한 노후안전망을 구축해두었고, 이는
다당제와 사회적 합의구조에 의해 뒷받침되고 있다.

　반면 우리나라는 그동안 특유의 발전주의 국가 체제를 지속해 왔
다. 국가는 경제성장의 견인차 역할에만 집중했고, 복지는 개인과 가
족의 책임에 맡겨져 있었다 해도 과언이 아니다. 1990년대 후반부터
빠르게 사회안전망을 강화하고 복지를 늘리고 있지만, 우리는 이미 그
이전에 규정된 경로, 즉 높은 가족책임과 불균형적 노사관계, 과다한
자영업자 규모라는 특수한 환경 속에서 복지국가를 지향해 왔다. 더

구나 선진국들이 고도성장 기간 중에 복지확대를 동시에 이루어냈다면, 우리의 경우 복지확대 필요성을 느꼈을 때는 이미 저성장 단계에 진입한 상태였다. 또한 저출산, 고령화 현상이 이미 진행된 상황에서 복지국가 경로를 밟아야 하는 특수성도 가지고 있다. 따라서 우리나라 복지국가의 미래상은 특수성을 고려하여 거기에서 드러나는 문제점을 해결하는 방향으로 구상하고 설계할 필요가 있다.

〈표 3-2〉 복지국가 유형별 특징

유형	해당 국가 사례	복지정책 특징	사회경제적 특징
북유럽형	스웨덴, 핀란드, 노르웨이, 덴마크	고부담-고복지 사회서비스 발달	낮은 빈곤율 높은 여성경제참가 강한 코포라티즘 정치
대륙형	독일, 프랑스, 오스트리아	중부담-중복지 사회보험 중심 발달	낮은 빈곤율 노동시장 경직성 강한 코포라티즘 정치
영미형	미국, 영국, 호주	저부담-(중)저복지 극빈층 중심의 보호	높은 빈곤율 높은 노동시장 유연성 낮은 노동조합 조직률
남부유럽형	스페인, 포르투갈, 그리스, 이탈리아	저부담-(중)저복지 복지 포퓰리즘 성향	지속되는 가족주의 심각한 재정위기
동아시아형	일본, 한국, 대만	저부담-저복지 사회안전망 구축 단계로 고령화 등에 따라 복지확장 추세	높은 가족주의 노동시장 양극화 낮은 노동조합 조직률과 경직적 노사관계

한국형 복지국가의 과제

우리는 그동안 '성장이 가장 큰 복지'라거나 '경제성장이 어느 단계에 도달한 다음 복지투자를 늘려야 한다'는 식의 낙수효과trickle-down effect 혹은 경제발전론에 입각한 복지정책을 시행해 왔다. 하지만

1997년 외환위기 직후부터 사회안전망 위기가 찾아왔고 이를 극복하는 차원에서 시작된 복지확대는 이후 복지국가라는 목표로 확장되었다. 또한 저출산과 고령화 문제가 대두되면서, 이제 복지는 능력이 되면 하는 것이 아니라 복지를 하지 않으면 미래를 기약할 수 없는, 그런 상황이 되었다.

우리가 지향하는 복지국가는 현재 직면하고 있는 다양한 문제들을 해결하고 극복해야하는 과제까지 떠안고 있다. 복지국가를 이루는 길이 노동시장 양극화, 청년실업, 새로운 경제적 활력과 성장 둔화 등의 문제를 해소하는 과제와 배치되어서는 안 된다. 앞으로의 복지국가는 복지와 경제를 이분법적으로 나누는 것이 아니라 함께 발전하는 것이어야 하기 때문이다. 복지국가에 이르는 길 자체가 대안적 성장동력을 회복시키며 양극화를 해소하는 과정이어야 한다. 또한 복지확대는 삶의 질을 높이고 수준 높은 문화생활에 이르게 하는 적극적이고 긍정적인 측면과 함께 막대한 재정이나 복지의존에 따른 문제를 해결해야 하는 부정적 측면 역시 고려해야 하는 과제이다.

고령화 문제 극복

인간 수명의 연장은 인류로서는 당연히 반겨야 할 축복이다. 하지만 준비되지 못한 고령화는 고통스러운 결과를 초래할 수 있다. 특히 연금 같은 노후생활 대비책이 없는 상황에서 맞이하는 노후는 곧 빈곤을 의미한다. 우리나라 노인빈곤율이 OECD 국가 중 최고인 49.6%(2014년 기준)에 이른다. 노인 2명 중 1명은 중위소득의 50%에 못 미치는 수입으로 생활하고 있다는 뜻이다. 따라서 우리 복지시스템은 이 문제를 해결하는 데서 시작해야 한다.

고령화로 인한 노인 의료비 증가는 미래 사회의 큰 위험요인이다. 그러나 고령화의 영향을 지나치게 과장하는 것은 오히려 고령화에 대한 적절한 대응을 어렵게 만들 수 있다. 지금까지의 노인 의료비 증가 추세는 선발 복지국가들의 궤적에서 벗어나지 않는다.

저출산 문제 극복

저출산 문제의 심각성은 새삼 재론할 필요조차 없다. 그 이유는 복합적인데 일종의 생활양식 변화에서부터 양육과 교육비 부담, 여성 일자리 연속성 부담 등 다양한 분야에 걸쳐 있다. 그 원인이 어떠하든 저출산 문제는 필수 노동력 확보 차원만이 아니라 적절한 시장규모 유지를 위한 인구규모 차원에서도 해결되어야 한다. 특히 소수의 청년이 다수의 노인을 부양하는 부담을 낮추기 위해서는 적절한 인구규모가 필수적이다. 따라서 출산율을 높이고 인구를 늘리는 차원의 복지정책은 국가 미래를 위한 투자이기도 하다.

성장에 기여하는 복지

이제 복지가 소모적이거나 낭비적인 지출이 아니라는 점에는 많은 사람들이 동의하고 있다. 저출산, 고령화의 문제점을 해결하기 위해서라도 복지투자와 지출은 불가피한 것이다. 그러나 여기에 더해서 복지가 성장을 뒷받침한다는 새로운 관점이 필요하다. 우리나라는 대외의존도가 매우 높다. 내수는 취약한 반면 수출·수입의 영향이 크다. 따라서 대외 경제 여건의 변화에 많은 영향을 받는다. 복지선진국인 네덜란드, 핀란드, 덴마크 등 유럽의 국가들은 튼튼한 사회안전망 구축을 통해 국민들이 안심하고 모험적인 대외도전을 할 수 있도록 뒷받침하고 있다. 이렇듯 우리나라와 같이 대외의존도가 높은 나라일수록 사회안전망이 튼튼해야 더 진취적이고 모험적인 도전이 가능하다.

이와 함께 내수확대 차원에서도 복지는 중요하다. 선진국들과 비교하면 우리의 고용분야 중에서 가장 취약한 부문이 사회서비스업이다. 보건, 복지, 보육 등 복지확대와 밀접한 분야가 상대적으로 고용이 저조하고 처우가 열악하다. 특히 보육, 복지 분야의 처우개선은 매우 절실하다. 고용환경만 적절히 개선된다면, 이 분야는 고용이 늘어날 수 있는 잠재력이 충분하다. 복지확대가 곧 일자리 확대와 내수증진으로 이어질 수 있는 것이다.

지속가능한 복지재정

복지를 늘려야 하는 당위성이 분명하고 그것이 국가경제와 고용구조 개선에도 기여할 것이라는 기대도 타당하다. 하지만 복지확대가 국가재정이 감당할 수 있는 범위를 넘어서서도 안 된다. 복지지출의 낭비적인 요소를 줄이고 고용확대와 고용의 질 개선에 기여하는 영역에 집중투자해야 한다. 이와 함께 복지재정 중 국민부담률을 점진적으로 높여감으로써 적정부담 적정혜택의 규범이 지켜져야 한다.

문제는 이 과정에서 복지가 당장 필요한 현세대는 부담을 지지 않고 이를 미래세대에게 떠넘기려는 정치적인 태도이다. 즉 지금 복지를 확대하는 데 소요되는 재정을 다음 세대에 부채로 남기는 방식이다. 이른바 세대전쟁이 발생하는 지점이다.

미래 복지한국의 전략적 방향

복지한국을 실현하기 위해서는 준비되지 않은 고령화에 따라 당장 나타나고 있는 노후빈곤과 의료비 증가문제를 해결해야 하고, 세계에서 가장 낮은 수준의 출산율을 반전시켜야 한다. 아울러 후발 복지국가로서 선진국들이 경험한 다양한 부작용들을 피해가는, 말 그대로 '생산적 복지'와 '지속가능한 복지시스템'을 구축해야 한다. 이것은 복지의 확대속도를 늦추는 것을 정당화시키거나 포장하는 차원이 아니라 실제로 복지확대와 삶의 질 향상을 추구하더라도 보다 튼튼한 복지국가를 이룬다는 차원에서 중요하다.

양적 목표는 '중부담-중복지'

향후 30년을 내다보는 우리 복지국가의 양적인 목표는 '중부담-중복지'라고 할 수 있다. 현재의 '저부담-저복지'에서 복지와 부담을 함께 더 늘리는 복지인 것이다. 우리나라의 저출산, 고령화나 양극화 문제에 대응하기 위해서는 복지의 확대는 불가피하다. 중요한 것은 여기에 수반된 재정확대 문제를 회피하거나 전가하지 않는 것이다. 이에 대한 사회적 대화와 합의가 필요하다.

효과적이고 집중적인 사회안전망 구축

우리나라의 보건·복지·노동 예산은 2013년도에 처음으로 100조 원을 넘어선 데 이어 매년 증가하고 있다. 2016년의 경우 122조 8,828억 원의 예산이 책정되었다. 그럼에도 불구하고 실질적인 빈곤문제 해결을 위한 기초보장이나 노인, 장애인 등의 지원이 미약할 뿐 아니라 복지 사각지대의 문제점도 여전히 갖고 있다. 높은 복지지출에도 불구하고 복지 사각지대가 있는가 하면, 그 반대 측면인 부정 및 중복 수혜 문제도 상존한다. 사각지대와 부정수혜는 전달체계의 불완전성과 제도 미비에서 기인하는 문제이다.

따라서 무엇보다 전달체계를 집중적으로 개선하고 강화할 필요가 있다. 부족한 사회복지 전담공무원은 적어도 10년간 확충계획을 세우고 연차적으로 충원해야 한다. 특히 행정분야 중에서 필요성이 떨어지는 부문을 복지분야로 전환, 전직시키는 일도 병행할 필요가 있다.

복지와 고용서비스를 통합하는 문제도 곧 닥칠 과제이다. 선진국 대부분이 청년실업과 장기실업자 문제에 골머리를 앓고 있다. 이들에게 최저생활에 필요한 복지는 제공하지만, 어떻게든 노동시장으로 진입하도록 지원해야 하기 때문에 상당수 국가에서 복지와 고용서비스를 통합하는 방향으로 복지정책을 추진하고 있다.

이와 같은 전달체계의 강화와 개선을 바탕으로 사회안전망에 대해서는 신속하고 적극적인 확대가 필요하다. 불명예스럽게도 우리나라는 노인빈곤율과 자살률이 세계에서 가장 높다. 가난과 질병, 고독이 가장 큰 원인들이다. 결국 노후를 위한 사회안전망이 부실한 결과인 것이다. 노인빈곤 문제는 우리 국민 모두가 역사적으로 책임져야 할 과제이기도 하다. 노인들은 6·25 한국전쟁, 월남전, 중동 일자리 등 역사의 고비마다 국가의 존립과 발전을 위해 헌신했고 고도성장기의 주역이었다. 하지만 자신들의 전성기에는 노후보장 시스템을 생각하지 못했고, 자신들이 그러했던 것처럼 가족들이 부양해 줄 것이라고 믿었을 뿐이다. 결국 사회가 기초연금을 포함한 노후소득 보장과 의료시스템을 보강해서 안전하고 건강한 노후를 보장해야 될 책임이 있다.

또한 심각한 가난에 시달리거나 만성질환, 가족해체로 어려움을 겪고 있는 가정도 돌보아야 한다. 하지만 우리사회는 사회보험의 사각지대가 넓고, 더구나 중고령 세대는 사회보험의 혜택을 받기 어려운 역사적 한계가 있다. 이미 불안정 고용시대에 들어선 상황에서 안정된 직장을 전제로 한 사회보험 시스템만을 고집할 수도 없다. 따라서 기초생활보장제도를 보완해서 활용하는 것이 효과적이다. 기초생활보장제도를 욕구와 필요에 따라 다원화하고 내실화하여 사회안전망의 중추 역할을 하도록 하는 것이 중요하다. 즉 교육, 의료, 주거 등 다양한 복지욕구에 따라 개별적으로 지원하는 방식이다.

일자리 중심의 복지확대

선발 복지국가들이 20여 년 전부터 고심하고 있는 문제는 어떻게 복지의존을 줄이고 취업을 늘릴 것인가 하는 점이다. 'workfare', 'jobfare', 'welfare to work' 등의 표현이 등장한 것도 이 때문이다. 일종의 근로연계형 복지를 주창한 것이다. 실업급여 수혜 기간을 축소하고 직업훈련이나 구직활동과 연계한다거나 근로능력이 있는 사람들의 생활보호 수급기간을 제한한다거나 하는 시도가 이어져 왔다. 영국의 근로연계형 뉴딜정책, 독일의 하르츠 개혁, 슈뢰더 개혁, 미국 클린턴정부의 빈곤가족 임시지원제도(TANF) 도입 등이 대표적이다.

아울러 연금재정이 부담이 되자 수급액을 낮추거나 시기를 늦추는 방안도 여러 나라에서 시행되고 있다. 이런 시도들이 신자유주의적 복지축소 정책이었다는 비판도 있지만, 중요한 것은 복지정책도 상황에 따라 변해야 한다는 사실이다. 후발 국가인 우리는 이러한 문제들을 미리 예방하고 지속가능한 복지체제를 구축하는 것이 중요하다. 그런 점에서 고용구조를 개선하고 일자리를 늘리는 차원의 복지확대에 특히 주안점을 둘 필요가 있다.

우리 노동시장에서 자영업자 비율은 매우 높다. 외환위기 직후인 2000년 36.8%보다 낮아졌지만, 여전히 30%에 육박하며 OECD 회원국 가운데 상위권에 속한다. 안정된 일자리를 구하기 어려운 경제사정이 반영된 결과이다. 또한 낮은 고용률에도 고령자 취업률은 세계에서 가장 높다. 연금 등 노후소득 안전망이 구축되지 못해 수입원이 계속 필요하기 때문이다.

따라서 앞으로 우리 노동시장은 자영업자 비율을 줄이는 대신 선진국들에 비해 훨씬 부족한 분야인 사회서비스 부문의 고용을 늘리는 전략으로 가야 한다. 이는 복지정책에서도 보건, 보육, 간병, 교육 등 대인서비스 확대에 주안점을 두어야 한다는 뜻이다. 이를 통해 여성의 양육 및 간병 부담을 줄여서 고용 참가를 늘리고, 장기적으로는 저출산에 따른 노동력 부족에도 대처할 수 있을 것이다. 사회서비스 부문의 고용을 늘리는 전략도 다양화할 필요가 있다. 이 부문의 고용을 늘리기 위해서는 공적 재정 투입을 확대하되 기존의 사회보장체계를 고용 친화적으로 개편하는 전략을 강구해야 한다. 즉 재정 투입형 전략과 체계 개편형 전략을 병행하는 방안을 적극적으로 모색해야 한다.

이와 함께 현재 정규직-비정규직, 대기업-중소기업으로 분절화된 노동시장 구조도 개선해야 한다. 양극화된 노동시장은 과열교육을 포함해서 다양한 사회, 경제적 문제를 야기하기 때문이다. 이를 해결하는 방법은 직무급 중심의 성과보상과 임금피크제 확대, 정규직-비정규직의 구별을 없애고 차별 없는 사회보험 적용 등이다. 이미 입법이 추진되었거나 완료된 내용들이지만 문제는 기존의 이해관계가 얽혀 제대로 성과를 거두지 못하고 있다는 점이다. 특히 기존 노동시장의 기득권 구조가 굳어진 상황에서는 해결을 위해 보다 큰 사회적 논의와 합의가 필요하다. 결국 우리 경제의 활력과 도약을 위해서는 노-사-정-시민사회가 일정한 사회적 합의를 통해 기존 노동시장의 한계를 극복할 수 있는 방안을 마련해야 한다.

부담과 혜택의 균형

빼놓을 수 없는 것이 지속가능한 재정을 준비해야 한다는 점이다. 복지확대는 '되면 좋은 것'이 아니라 한국의 미래를 위해 필수불가결한 요소이다. 따라서 복지확대에 따른 재정 해결은 시급한 과제가 되었다. 현재의 저부담-저복지 체제에서 30년 후 중간 수준의 복지와 그에 상응하는 중간 수준으로 이동하는 것은 부담이 될 수밖에 없다. 이 부담을 누가 지는가는 매우 정치적이면서 계층적인 문제이다. 만약 이 부담은 피하고 혜택만 누리려 할 경우 우리는 익히 보아왔던 선진국들의 재정파탄과 국가부채 위험을 피할 수 없다.

이른바 '부자감세' 논란은 우리나라에서만 있는 현상이 아니다. 선진국들도 겪었고 지금도 중요 정치쟁점인 나라들이 많다. 나라별로 어느 계층이 어느 정도 부담한다고 일률적으로 말하는 것은 불가능하다. 각국의 역사적 과정이 다르고 복지국가 경로에서 차이가 있기 때문이다. 다만 분명한 것은 우리의 조세부담률이 장기적으로 높아져야하며, 이 때 어느 계층, 어느 집단, 나아가 어느 세대에게 얼마를 부담지울 것인가 하는 문제가 첨예한 정치적 쟁점이 된다는 점이다. 이것은 행정적이고 기술적인 문제가 아니다. 정치적으로 풀어야 될 과제이다. 누가 얼마를 부담하고 누가 어떤 혜택을 받을 것인가에 사회가 승복하지 않을 경우, 복지확대는 물론이고 사회통합도 요원해진다. 결국 정치가 중심에 서서 해결해야 한다. 제2차 세계대전 직후 유럽 국가들이 경쟁적으로 복지국가 확대의 길에 나섰을 때, 든든한 사회적 대타협이 그 바탕에 있었듯이 말이다. 이는 안보문제처럼 보수, 진보를 떠나 사회적 연대와 합의에 의해 뒷받침되지 않으면 불가능하다.

부담과 혜택의 균형을 이루기 위해 극복해야 할 핵심적인 장애물은 조세부담과 예산집행에 대한 국민의 뿌리 깊은 불신이다. 공정한 부담과 투명한 집행에 대한 국민의 신뢰 확보는 미래의 복지를 위한 선결과제이다.

3

노동전략

세상에 영원한 제도는 없다. 환경이 바뀌고 시기가 바뀌면, 역기능
이 더 많이 나타나기도 하고 제도로서 효용을 잃기도 한다. 우리나라
의 고용시스템도 이런 제도 가운데 하나이다. 주요 선진국 사례를 보
면, 전후체제는 제2차 세계대전 후 만들어진 케인즈 정책에 기반을 둔
다. 완전고용, 고용안정, 단체교섭을 근간으로 하는 고용시스템인 뉴딜
The New Deal체제는 1970년대까지는 잘 작동하였으나 1980년대에 들
어서면서 위기를 맞았다. 즉 새로운 경제사회환경에 적응하지 못하고
실업률 상승 등의 문제를 드러낸 것이다. 이는 새로운 고용시스템으로
전환되었다.

현재 우리의 고용시스템은 1960~1980년대 산업화시기에 형성되어
1987년 민주화와 1997년 외환위기 때 일정하게 변화했다. 그러나 기
본 특징과 구조는 유지되면서 2000년대 들어 문제가 발생하고 있다.
1990년대 말부터 드러나기 시작한 노동시장의 이중구조화는 정규직
과 비정규직 간의 격차 심화, 그리고 대기업, 공공부문의 근로자와 민

간 중소기업 근로자 사이의 격차 심화로 나타났다. 1990년대 중반기까지는 대기업에서 이익이 나면 그 아래에 있는 하청 중소기업에게도 낙수효과가 있었고, 일자리가 창출되어 그만큼 기회도 많이 생겼다. 그러나 1990년대 말과 2000년대에 들어서면서 그런 낙수효과와 일자리 창출 효과가 사라지거나 크게 약화되었다. 2014~2015년에 3대 노동현안으로 대두된 통상임금, 노동시간 단축, 정년연장 문제도 갑자기 불거진 문제가 아니다. 우리의 고용시스템에서 누적되어 온 구조적인 문제라고 할 수 있다.

현 고용시스템의 유용성 상실

현재의 경제사회환경은 산업화시대와 비교해 근본적으로 달라졌다. 현 고용시스템은 산업화시대에 형성되어 순기능을 발휘하였으나 경제사회환경이 바뀌면서 일자리 창출력 상실, 노동시장 이중구조화, 장시간 노동체제, 낮은 여성고용률 등의 역기능을 낳고 있다.

우리 경제는 2000년대 하반기 이후 저성장시대로 진입했다. 앞으로 경제성장률은 높아야 3%를 약간 넘는 수준이 될 것이다. 과거 고도성장 시대를 전제로 만들어진 현 고용시스템에서는 저성장에 따른 여러 가지 충격이나 문제점이 드러날 수밖에 없다. 좋은 일자리 창출력의 감소, 빠른 승진과 가파른 연공주의의 지속불가능, 세대 간 임금격차 등의 문제가 발생하고 있다. 저성장시대가 되었으나 국민들 마음속에 남아 있는 '고성장의 추억'과 높은 '기대감'이 충족되지 못해 불만과 위기감 또한 쌓여가고 있다.

이미 우리 경제는 세계화, 금융자본의 자유로운 이동, 시장의 개방화 등으로 고도의 상호의존적인 국제분업 구조에 편입되고 있다. 과거 고도성장기에는 상대적으로 보호된 시장에서 주로 추격전략을 통해 성장을 유지했다. 반면 이제는 개방된 시장에서 상호의존적인 국제분업 구조가 되면서 노동집약산업의 경쟁력이 저하되고 제조업의 경쟁력이 한계 상황을 맞고 있으며 장시간 노동과 낡은 임금체계 등 각종 문제점들이 나타나고 있다. 게다가 기업의 장기투자 감소, 단기수익중심 경영 방식은 비정규직 증가, 아웃소싱과 원-하청관계의 과도한 의존 등의 결과를 빚어 노동시장의 이중화를 낳고 있다.

　산업구조가 양극화되고 대기업의 시장 지배적 지위가 강화되면서 경제성장의 성과가 대기업에 집중될 뿐 하청 중소기업으로 돌아가지 않고 있고, 그 결과 노동시장의 이중구조는 점차 심화되고 있다. 대기업이 하청단가를 지속적으로 인하하면서 하청 중소기업의 수익성은 더욱 악화되어 중소기업 근로자들의 처우개선을 위한 여지가 줄어들었다. 다시 말해 산업구조의 양극화를 극복하지 않고는 노동시장 양극화를 개혁하는 것은 불가능한 일이 된 것이다. 또한 경제의 서비스화로 일자리는 주로 서비스업에서 늘어나는데,[1] 우리의 경우 부가가치가 높은 산업서비스업의 비중이 낮고 개인서비스업의 비중이 높아, 서비스업 일자리의 질이 떨어지고 있다. 즉 좋은 일자리 창출력이 감소되고 있는 것이다.

고용시스템에 영향을 끼치는 사회적 환경의 변화
　이러한 국내외적 경제환경의 변화와 함께 고용시스템에 큰 영향을 미치고 있는 사회적 환경변화로는 무엇보다 고령화 사회의 도래, 여성

의 활발한 경제활동 참여와 맞벌이가정 증가, 청년층의 고학력화 등
을 꼽을 수 있다.

고령화 사회의 본격화

저출산 현상이 고령화를 가속화하고 있다. 710만 명에 이르는 베
이비붐 세대의 노동시장 퇴직도 본격적으로 시작됐다. 2030년이 되
면 65세 이상의 인구가 전체 인구의 4분의 1 가량이 되어 우리 사회

〈표 3-3〉 남녀 25~54세 고용률 국제비교

(단위: %)

	여성 25~54세			남성 25~54세		25~54세 남녀 고용률 차이
	1995	2013	상승폭	1995	2013	2013
벨기에	60.6	74.0	13.6	86.5	84.0	10.0
캐나다	69.4	77.9	8.5	83.0	85.1	7.2
덴마크	75.9	79.0	3.1	87.3	85.0	6.0
프랑스	67.5	76.2	8.7	86.8	85.2	9.0
독일	66.4	78.5	12.1	86.8	87.9	9.4
일본	63.2	70.8	7.6	95.3	91.7	20.9
한국	54.9	61.8	6.9	92.7	87.8	26.0
네덜란드	61.3	78.3	17.0	88.2	86.4	8.1
스페인	40.3	61.2	20.9	78.6	70.4	9.2
스웨덴	81.1	82.7	1.6	84.0	87.9	5.7
영국	69.5	75.3	5.8	84.8	86.5	11.2
미국	72.2	69.3	- 2.9	87.6	82.8	13.5
OECD 평균 가중치부여	62.0	66.5	4.5	87.7	84.8	18.3

자료: OECD Employment Outlook 2014. 재가공

는 일본, 독일과 함께 세계에서 가장 늙은 사회가 될 것이다. 그런데 현 고용시스템은 젊은 사회를 전제로 만들어져 조기퇴직, 왕성한 세대 (24~54세)의 장시간 노동에 의한 노동시간 독점, 인생의 3분의 1 정도만 고용되어 있는 짧은 고용기간,[2] 노인빈곤층 증가, 노인복지 부족 등 많은 문제를 드러내면서 지속가능성을 잃어가고 있다. 과거 기대수명이 70세 안팎이던 때의 고용기간이 그대로 남아 있는 상태에서 급격한 고령화라는 충격을 현 고용시스템이 소화하지 못하고 있는 것이다.

가족단위 고용모델의 변화

여성의 경제활동 참여가 활발해지면서 우리의 가족단위 고용모델이 남편 취업, 아내 전업주부라는 외벌이 모델에서 맞벌이 모델로 옮겨가고 있다. 고학력의 젊은 층일수록 여성도 남성 못지않은 경제활동 의지를 보이고 있다. 그러나 우리 현 고용시스템은 외벌이 모델을 전제로 설계되어 맞벌이 가정에서, 특히 여성이 직장을 다니면서 자녀를 낳고 키울 수 있는 고용환경이 되지 못하고 있다.

그 결과 장시간 노동, 일과 생활의 불균형, 남성중심의 직장문화, 성차별 등의 문제를 야기하고 있다. 또한 우리나라의 여성고용률은 다른 나라에 비해 낮다. 특히 25~54세의 구간에서 남녀 고용률 차이가 OECD의 다른 어떤 나라보다 크다. 〈표 3-3〉에서 보듯이 남녀 간 임금격차도 커서 차별적 관행이 상당부문 남아 있음을 알 수 있다.

청년층의 고학력화

노동시장의 이중화로 고학력자가 갈 수 있는 일자리는 적다. 다수의 저임금 일자리에 취업한 청년의 열패감과 청년빈곤, 나아가 청년층의 늦은 사회 진출 등이 저출산 문제 심화의 악순환으로 연결되고 있다.

전체적인 고용률도 저조하다. 20대 남성과 여성의 고용률은 모두 주요 선진국 고용률보다 낮은 수준이다. 30대 초반에 가서야 한국의 남

〈표 3-4〉 청년층(남/녀)의 고용률과 실업률 국제비교

국가		고용/실업 20~24세	남녀고용률 20~24세	고용/실업 25~29세	남녀고용률 25~29세	고용/실업 30~34세	남녀고용률 30~34세
캐나다	고용률	68.20	남 68.4	78.5	남 81.2	81.8	남 86.5
	실업률	10.47	여 68.0	7.5	여 75.7	6.1	여 77.1
프랑스	고용률	47.02	남 50.7	74.6	남 79.1	79.7	남 85.0
	실업률	21.96	여 43.4	13.7	여 70.3	9.9	여 74.5
독일	고용률	64.25	남 65.6	77.6	남 80.5	82.1	남 88.1
	실업률	7.70	여 62.9	6.7	여 74.5	5.7	여 76.0
일본	고용률	64.15	남 62.4.	81.2	남 87.2	79.4	남 91.3
	실업률	6.99	여 66.0	6.2	여 74.9	4.4	여 67.2
한국	고용률	43.23	남 38.1	68.8	남 69.6	72.9	남 88.4
	실업률	9.17	여 47.5	7.1	여 68.0	3.7	여 56.7
네덜란드	고용률	71.62	남 71.4	81.7	남 82.0	84.0	남 88.1
	실업률	8.84	여 71.9	7.2	여 81.3	5.9	여 79.8
스웨덴	고용률	58.70	남 59.4	77.5	남 80.5	84.1	남 88.2
	실업률	18.66	여 58.0	9.4	여 74.4	6.8	여 79.8
영국	고용률	60.59	남 62.9	77.6	남 83.4	81.4	남 88.9
	실업률	17.39	여 58.2	8.5	여 71.5	5.6	여 73.8
미국	고용률	61.67	남 63.5	74.0	남 80.1	76.4	남 84.8
	실업률	12.80	여 59.8	8.1	여 68.1	6.7	여 68.2
OECD 평균	고용률	55.16	남 59.5	71.7	남 79.5	75.3	남 86.0
	실업률	14.93	여 50.8	10.4	여 63.9	8.0	여 64.7

자료: OECD StatExtracts, OECD Labour Force Statistics, 2015.

성고용률은 주요 선진국 수준에 도달하며, 30대 초반 한국 여성의 고용률은 결혼에 따른 임신, 출산, 육아 때문에 더 떨어지며 주요 선진국의 고용률보다 10~20% 포인트 정도 낮다.

〈표 3-5〉 OECD 주요국 소득격차와 저임금 비율 비교

	상위10%와 하위 10%간의 소득배율		남녀 간 임금격차(%)		저임금의 비율(%)	
	1999	2012	1999	2012	1999	2012
캐나다	3.63	3.72	24	19	23.1	21.7
프랑스	3.10	2.97	9	14	…	…
독일	3.22	3.26	23	14	20.0	18.3
일본	2.97	2.99	35	27	14.6	14.3
한국	3.83	4.71	41	37	23.4	25.1
네덜란드	2.89	2.90	22	20	14.8	14.6
스웨덴	2.24	2.27	17	15	…	…
영국	3.44	3.55	25	18	20.1	20.5
미국	4.50	5.22	23	19	24.5	25.3
OECD	3.01	3.38	20	15	16.8	16.3

자료: OECD, 2014, OECD Employment Outlook 2013

현 고용시스템이 유발하는 구조적 문제

고용시스템이 경제상황의 변화는 물론 사회적 환경의 변화 또한 수용하지 못하면서 드러내는 구조적 문제는 한두 가지가 아니다. 그중에서도 몇 가지를 정리하면 다음과 같다.

좋은 일자리 창출능력의 급격한 감소

좋은 일자리가 지속적으로 창출되면 청년고용문제와 노동시장 이

중구조 문제도 완화될 수 있다. 그러나 이미 저성장시대에 들어섰고 지불능력을 갖춘 대기업 및 공공부문 조차도 아웃소싱과 원하청 관계를 이용하여 비용을 낮추려 함으로써 좋은 일자리 창출능력은 크게 감소해버렸다.

〈표 3-6〉 정규직 대비 비정규직의 월평균 임금수준

(단위: %)

	2002	2005	2007	2009	2011	2013	2014
정규직	100.0	100.0	100.0	100.0	100.0	100.0	100
비정규직	67.1	62.7	63.5	54.6	56.4	56.1	55.8

주: 정규직 임금을 100으로 했을 경우 비정규직의 상대적 수준
자료: 통계청, 경제활동인구조사 원자료, 각 연도 8월 기준

노동시장 이중구조에 따른 불공정성의 심화

노동시장의 이중구조 아래 대기업과 공공부문의 1차 노동시장과 중소기업과 비정규직의 2차 노동시장 사이에 심화된 격차와 불공정성의 문제이다. 2002년 정규직 대비 비정규직의 임금이 67.1%였으나 2007년에는 63.5%로 낮아졌고, 2014년에는 더 낮아져 55.8%를 기록했다. 4대 보험 가입률에서도 대기업 대 중소기업, 정규직 대 비정규직 사이에 상당한 격차를 보인다.

과도한 노동시간도 불공정성을 심화시키고 있다. OECD 발표에 따르면, 2014년 기준으로 볼 때 한국의 연간 근로시간은 2,124시간, OECD 평균은 1,770시간, 독일은 1,371시간 일하고 있다. 근무일수 240일을 가정하면 한국은 OECD 평균보다 1.5시간, 독일보다 3.1시간 더 일한다는 셈이다. 이는 삶의 질을 악화시키고 또한 직장인의 근로

독점현상으로 나타난다. 근로시간을 축소하여 일자리 나누기job sharing
를 하면 새로운 일자리가 생길 수 있다.

한국의 저임금(중위임금의 2/3 미만) 비중은 2012년 현재 25.1%로
OECD 국가 평균인 16.3%보다 훨씬 높고 임금격차가 심한 미국과 더
불어 수위를 달리고 있다. 또한 상위 10%와 하위 10% 사이에 소득배
율도 4.71로 OECD평균이나 다른 선진국보다 훨씬 높아서 소득의 양
극화도 심각하다. 노동시장의 이중화는 1차 노동시장 정규직의 고용
안정을 둘러싼 노사대립, 비정규직의 정규직화 요구를 낳고 있다. 산
업, 업종별, 직종별 노동시장을 기업 횡단적으로 규율할 수 있는 비교
가능한 기준과 기제가 없는 것도 1차 노동시장과 2차 노동시장의 분
단과 이중구조를 구조화시켜온 요인이다.

같은 산업, 업종, 직종의 기업 간 비교와 조정을 통한 표준화가 되지
않은 상태에서 기업별로 각개 약진한 결과, '파편화되고 불공정한 고
용시스템'이 나타났고 이것이 바로 노동시장의 이중구조라고 할 수 있
다. 문제는 대기업 대 중소기업의 임금격차가 커지는 만큼 대기업이
그 격차를 이용하여 아웃소싱과 원-하청관계를 확대해 왔다는 것이
다. 결국 대기업의 수직적 통제력은 늘어나되 책임은 지지 않는 구조
를 만들어 수익은 전유하되 비용은 외부로 돌리는 식이 되고 있다.

또한 중소기업 근로자, 비정규직 근로자의 기업 간 과도한 노동이동
성과 대기업, 공공부문의 노동이동성 부재의 공존도 노동시장을 이중
구조로 고착화시키고 있다. 이것은 2차 노동시장에서 노동시장의 과도
한 유연화, 1차 노동시장에서 기업 내 노동시장의 경직성이 병존하는
것과 연계되어 있다. 대기업이나 공공부문에서는 기업별 고용시스템과
노동시장 이중구조 때문에 다른 기업으로 이동하려고 해도 쉽지 않

아 노동시장의 경직성으로 나타나고 있고 중소기업 근로자나 비정규직 근로자는 직장이나 직업에 대한 불만을 이직형태로 표출하여 높은 노동이동성을 보이고 있다.

생애주기와 고용주기 사이의 불일치

고령화에 따라 기업 현장에서는 나이가 들어도 일할 의욕과 능력을 가진 중고령자의 정년연장 요구가 거세지만, 기업은 조기퇴출로 대응하고 있다. 2016년부터 상시근로자 300인 이상의 기업에서는 정년이 상향조정되어 60세로 의무화되었지만, 퇴직연령은 대체로 53~55세로 주요 선진국의 실제 퇴직연령인 59~63.7세에 비해 훨씬 낮다. 기업은 근로자가 왕성한 활동을 하는 25~54세까지 장시간 노동을 포함한 집중적인 노동을 시킨 뒤에 중고령자를 퇴출하는 조기퇴직을 관행화해 온 것이다. 하지만 고령자 사회보장의 미비로 퇴직한 뒤에도 55세 이상 중고령자의 절반 가까운 수가 다시 비정규직이나 자영업자로 취업을 하는 실정이며, 거의 70세가 되어서야 실제 퇴직을 하는 상황이다. 근로자들의 생애주기와 기업의 실제 고용주기 사이의 불일치가 심각한 문제를 낳고 있는 것이다.

특히 현 고용시스템은 장시간 노동체제를 기반으로 하고 있어 왕성한 세대의 일자리와 노동시간 독점, 인력사용 최소화로 사회적인 일자리 나누기 부재로 귀결되고 있다. 장시간 노동을 통한 노동투입 위주의 생산시스템도 작업공정, 품질관리, 개선활동 등에서 일터혁신을 지체시키고 있으며 노동의 질 개선이나 일과 생활균형을 결정적으로 가로막고 있다.

고용시스템 개혁방향

공정성, 효율성, 지속가능성을 가진 새로운 고용시스템을 만들려면 우리는 어떤 방향으로 나아가야 하는가?

첫째, 좋은 일자리 창출이나 일자리 나누기를 할 수 있어야 한다. 그러기 위해서는 2차 노동시장의 임금과 근로조건을 개선하여 노동시장의 이중구조를 개혁하고 아웃소싱이나 외주하청화의 요인을 줄여야 한다.

둘째, 한계산업의 구조조정, 생산성 향상을 통한 산업구조 고도화, 서비스산업 최저임금의 적정한 인상, 산업-업종-직종별 임금표준화, 직무급 도입 등을 통해 중소기업이나 비정규직의 저임금 일자리의 임금수준을 높이고 일자리 질을 크게 개선해야 한다.

셋째, 근로자의 생애주기적 요구를 반영하여 '기존의 획일화된 경력경로'를 개혁하여 '다양화된 생애 경력경로'를 만들어야 한다. 왕성한 세대가 일자리와 노동시간을 독점하는 것에서 청년, 고령자도 근로시간을 줄여서 일을 할 수 있는 시스템이 되어야 한다. 그러기 위해서는 중고령자의 고용을 담보할 수 있도록 직제, 임금체계, 정년연장이 가능한 고용시스템이 되어야 한다. 일-생활 균형과 근로자 개인의 생애주기 요구에 맞도록 근로시간을 조정함으로써 맞벌이모델로의 이행을 촉진하고, 여성고용률을 높여야 한다. 그러기 위해서는 가족과 젠더의 시각을 반영한 고용시스템이 되어야 한다. 예를 들어 근로시간제도의 단순화 등 근로조건의 유연화를 촉진할 필요성이 있다. 기존의 다양하고 복잡한 근로시간 및 장소 규제를 최소화시키는 변화들이 이뤄져야 할 것이다.

넷째, 공정하고 지속가능한 직제와 임금체계로의 개혁이 필요하다.

대기업과 공공부문의 연공주의는 고성장시대의 1차 노동시장과 내부 노동시장에 적합한 모델이다. 이제 저성장시대에는 1차, 2차 노동시장을 통합한 공정한 노동시장을 만들어가야 하고 고령화에 따른 정년연장을 보장하기 위한 개혁이 필요하다.

다섯째, 노동 시간을 단축하여 노동생활의 질을 높이고 일-생활 균형 및 세대 간 일자리 나누기를 하되, 시간의 유연성과 노동생산성을 높여야 한다. 학습과 훈련을 강화하여 일터혁신을 촉진함으로써 삶의 질을 높이고 노동시간 단축과 저임금을 개선할 수 있는 여지를 만들어야 한다. 그리고 초과근로시간 수당을 축소 또는 폐지하고, 일자리 나누기를 추진하여 일자리를 창출해야 한다.

마지막으로, 신고용시스템은 기업 간 노동이동성을 촉진할 수 있도록 산업-업종-직종 간 노동시장 내의 비교가능하고 기업횡단적인 노동시장 인프라를 구축해야 한다. 이를 통해 노동시장 내 임금수준과 근로조건을 표준화함으로써 노동시장의 이중구조를 개혁해야 한다.

고용시스템 개혁전략

현 고용시스템의 개혁이 제대로 이루어지기 위해서는 노사정 당사자들이 개혁의 필요성에 대해 절실히 공감해야만 한다. 그러나 우리의 현재 위기는 '저강도 위기'처럼 크게 느껴지지 않은 채 만성화되는 경향이 심각하다. 이러한 위기를 절실하게 체감하는 주체는 2차 노동시장에 속해 있는 중소기업 근로자 혹은 비정규직 근로자들이다. 그러나 이들은 무노조 상태에 있거나 노조가 있더라도 약하기 때문에 위기에 대한 제 목소리를 내기 어렵다.

정부와 전문가들은 현 고용노동시스템이 유용성을 상실했다는 인식을 갖고 고용노동시스템의 일부 개혁인 노동시장 구조개혁에 나서고 있다. 경제발전 노사정위원회를 통해 노동시장 구조개선 원칙과 방향에 대해 합의한 뒤 '노동시장 구조개선 특위'를 2014년 구성한 바 있다. 현 고용시스템의 개혁은 노사정 어느 한쪽이 반대하는 경우 성사되기 어렵다. 다만 현 고용시스템의 근본적인 문제점들에 대해 공감하는 가운데 큰 개혁 방향에 대해 노사정 사이에 일정한 동의가 있는 경우, 구체적인 제도개선에 대한 의견을 조정해 나갈 수 있을 것이다. 그런 점에서 현 고용시스템의 개혁은 10년 이상 걸리는 장기 프로젝트로 추진할 필요가 있다. 노사정위원회 노동시장 구조개선 특위가 1년여 협상 끝에 2015년 9월 대타협을 이끌어냈지만 노동개혁 법안은 19대 국회에서 처리되지 못했고 노사정의 갈등도 여전하다. 고용시스템 전면 개혁을 위해 갈 길이 요원하다는 얘기이다. 그러나 쉽게 좌절할 이유는 없다. 오히려 노동시장 구조개선 특위에서 제기되지 않았던 다양한 문제들에도 관심을 갖고 지속적인 의견 합의와 갈등 해결에 온 힘을 쏟아야 할 것이다.

이러한 장기적인 변화의 기저를 담보하기 위해서는 개별 기업과 정규직 중심 노조를 유럽의 시스템과 같은 산별노조체제로 전환하는 것이 중요한 초석이 될 수 있을 것이다. 또한 독일의 '종업원대표제'처럼 전체 종업원의 과반수 지지를 받는 근로자 대표 또는 종업원대표 제도를 도입하여 확대해 나갈 필요성이 있다. 현재 겨우 10%를 넘어서는 노조 조직률, 비정규직을 포함한 취약계층의 노조결성 어려움 등의 한계를 타파하기 위해 노사협의회 근로자 대표의 권한을 강화하는 '근로자 참여 및 협력증진에 관한 법률(근로자참여법)'을 개정하거나, 이를 대체하는 '사업장 조직법'(가칭)을 제정할 수 있을 것이다. 결국 구조적으로 불합리한 현재의 '이해관계자 게임'에서 벗어나 노사 간의 진정한 '교섭의 분권화'를 이뤄갈 수 있는 사회적 시스템을 정비해나가야 할 것이다.

현 고용시스템을 개혁하기 위한 노력도 그 자체만으로는 노동시장의 이중구조 문제를 근본적으로 해소할 수 없다. 대기업이 독점지배·통제하고 있는 원·하청관계, 아웃소싱, 프랜차이즈에서의 불공정 거래와 독점력을 이용한 이익 추구, 그리고 수익은 전유하고 비용을 외부화하는 관행을 개혁해야 한다. 노동시장의 이중구조 개혁을 핵심으로 하는 고용시스템 개혁은 한계가 있을 수밖에 없다. 또한 하청중소기업을 포함한 수많은 중소기업이 현장에서 다양한 혁신(작업공정, 품질, 숙련, 연구개발, 인사제도 등)을 통해서 생산성, 부가가치 창출을 해나가는 작업도 함께 추진해야 한다. 그래야만 2차 노동시장에 속해 있는 근로자의 임금과 근로조건을 개선할 수 있다.

4

교육혁신전략

교육은 대한민국 국가미래전략 제반 분야의 성패를 좌우할 기초 토대이다. 그러면서 동시에 교육은 다양한 분야의 영향을 받고 있다. 현재 우리 사회는 경제적 양극화와 갈등, 폭증하는 사교육비, 과열경쟁 교육 등의 다양한 문제를 해결하기 위해 노력하고 있지만 상황이 쉽게 개선되고 있는 것은 아니다. 그동안 수많은 교육개혁에 대한 시도가 있었지만, 성공하지 못했다. 그 이유 가운데 하나는 교육시장이 지나치게 독과점 형태가 되어 있기 때문이다. 독과점 형태에서는 획일화된 의식과 제도가 지배하게 되고, 정부에서도 교육시스템을 규정하려는 유혹을 갖기 쉽다. 이처럼 교육개혁을 위한 제도적 한계 속에 사회적 환경 또한 급변하면서 교육문제를 더욱 가속화시키고 있다. 과학기술의 발달로 교육환경이 급속하게 변하고 있지만, 우리의 교육시스템의 변화는 이러한 속도를 따라가지 못하고 있다. 또한 새롭게 대두되고 있는 제4차 산업혁명이 상징하는 바, 창의적 교육의 필요에도 불구하고 우리의 교육이 다양성을 충분히 반영하고 있지 못한 것도 사실이다. 우리가 추구해야 할 교육의 목표를 되짚어봄으로써 미래의 전략 방향을 제시하고자 한다.

교육개혁의 목표

교육이 미래를 밝히기 위해서는 무너진 교육의 토대를 복원해야 한다. 공교육이 무력화되고 사교육이 구조화되는 현실에서 무엇보다 선결적으로 이루어져야 할 것은 교육의 기본 목표와 가치를 재정립하는 것이다.

인성교육 강화: 홍익인간의 재발견

경제성장 시기의 우리교육은 우선 필요한 산업인력을 육성하고 세계적인 경쟁력을 갖춘 실용적인 인재를 육성하는 데 급급하였다. 교육기본법 2조에 명기된 '홍익인간弘益人間'이라는 교육이념을 망각한 채 우리 교육은 수단으로서의 가치에 전도되었다. 이제 '홍익인간' 이념을 법전에서 끄집어내어 우리교육의 진정한 이념으로 부활시킬 때가 되었다. 실제로 한국은 '2015 세계교육포럼'에서 홍익인간의 이념을 발전시켜 향후 15년간 세계를 이끌어갈 좌표로 '세계시민교육global citizenship'을 주창하기도 했다.

또한 홍익인간 '육성'이 아니라 '되기'를 교육개혁 목표로 제시했는데, 그 이유는 가르치는 사람과 배우는 사람을 구분 짓는 방식의 교육과 학습이 아니라, 서로가 서로에게 배우고 가르치며 지속적으로 성장해가는 것을 교육개혁의 목표로 삼아야 한다는 의미이다. 가장 아름다운 스승의 모습은 '영원한 학생'이다. 배움을 중단한 교사, 배움의 기쁨을 잊은 교사는 가르침의 길목을 지키기 어렵다. 홍익인간 '되기'가 강조하고자 하는 것은 교사와 학생이 서로의 배움과 가르침의 기쁨을 존중하고 지켜주어야 한다는 점이다. 그리고 학생만 홍익인간으로 만드는 것이 아니라 가르치고 배우는 과정을 통해 교사, 학부모, 지역사회 구성원 모두가 홍익인간으로 변화되어가야 함도 명심해야 할 것이다.

과열경쟁이 아닌 교육개혁 에너지원으로서의 교육열 조성

목표가 뚜렷해지면 그 목표를 향해 나아갈 에너지원을 찾아야 한다. 교육의 수단적 가치에만 초점을 둔 암흑기에 우리 교육 에너지원은 국가와 사회, 학교, 교사, 그리고 학부모의 교육열[3]과 학생의 학습열이었다. 그러나 이 에너지원의 과열, 그리고 이 에너지원을 효율적으로 통제하는 시스템의 결여로 교육열을 안고 살아가는 주체들만이 아니라 사회 전체가 고통을 겪어왔다. 그동안 교육개혁을 통해 부모의 '과도한' 교육열을 잠재우기 위해 다양한 노력을 기울여왔지만 실패했다. 교육개혁의 영원한 화두는 이 교육열이 보다 바람직한 방향으로 발휘되도록 어떻게 유도할 것인가 하는 것이다.

핵이 일시에 폭발하면 엄청난 재앙이 되지만 핵을 제어하여 생산적으로 활용하면 인류의 미래를 밝히는 엄청난 에너지원이 된다. 이와 마찬가지로 교육열과 학습열 또한 잘 제어하고 제대로 발현되도록 유도하면 우리사회가 교육개혁을 향해 나아가도록 하는 강력한 에너지원이 될 수 있다. 이는 우리가 가지고 있는 강력한 추진 에너지를 부정적인 에너지에서 긍정적인 에너지로 전환시킴으로써 가능할 것이다.

한국형 '시민'의 이해와 시민정신의 복원

교육을 통해 건전한 시민으로 성장할 수 있도록 하기 위해서 다시 짚어야 할 것이 있다. 그 중 하나는 우리 상황에 맞도록 시민의 의미에 대한 재이해이다. 시민은 불어(citoyen), 독일어(Bürger), 영어(citizen)를 번역한 단어이다. 독일어 Bürger는 우리말로 마을 혹은 성城에 해당한다. 따라서 Bürger를 우리의 일상용어로 번역하자면 마을사람, 동네사람, 한자어로 쓴다면 촌민[4]이 더 타당하다. 영어 city도 '(국왕으로부터 특별한 권리를 인정받은, 대성당이 있는) 시'로 번역이 되는데, 다시 말하면 우리나라에서 사용하고 있는 행정단위로서의 시의 개념이 아니라 자치권을 인정받은 마을, 자치동네가 더 와 닿는 번역이다.

이처럼 역사적 배경에서 차이가 있음에도 불구하고 유럽의 citizen, Bürger, citoyen을 '시민'이라는 단어로 번역하면서 잃은 것이 있다. 과거 농촌마을 사람들은 마을의 일을 자기 일로 생각하여 서로 힘을 모으고 양보도 쉽게 했다. 향약, 두레 등은 소위 한국형 시민사회의 예라고 할 수 있을 것이다. 우리의 상황에 적합하게 시민정신(혹은 마을정신)의 개념을 재정의하고 마을정신이 발휘될 수 있게 하는 시스템을 새롭게 고민해야 한다.

최근에 관심이 커지고 있는 마을공동체나 마을학교 등은 '시민'이라는 단어가 가지고 있는 그러한 한계를 인식하고, '시민'을 낯설지 않은 친근한 용어인 '마을'로 다시 번역하여 사용하고 있는 것으로 이해할 수 있을 것이다.

시민교육의 정착을 위해서는 시민교육의 내용에 대한 최소한의 합의, 시민교육의 제도적 안정화, 시민교육에 대한 자발적 참여 동기 부여 등이 전제되어야 한다. 또한 이를 위해 학교교육에서 해야 할 중요한 두 가지는 첫째, 수입된 '시민'의 개념이 아니라 우리 상황에 적합한 시민의 개념과 시민정신을 수업을 통해 학생들 스스로가 도출해보도록 기회를 제공하는 등의 활동을 교육내용에 포함시키는 것이다. 둘째, 학창시절부터 시민단체에 참여할 수 있도록 유도하고 기회를 제공할 필요가 있다. 이러한 과정을 통해 학생들이 한국형 시민으로 성장할 때 우리는 한발 더 나아가 세계시민으로서도 우뚝 서게 될 것이다.

교육혁신을 위한 전략과 방안

미래교육의 희망을 찾기 위해서는 우리 상황에 적합한 교육혁신 전략이 마련되어야 한다. 또 교육혁신이 성공적으로 추진되기 위해서는 필요한 조직을 갖추어야 하고, 동시에 적절한 절차가 마련되어야 한다. 구체적인 실행 전략과 방안들을 몇 가지 제시하면 다음과 같다.

중앙정부와 지방교육자치단체의 역할 구분

과거 정부는 중앙정부만을 의미했지만 지방교육자치가 강화된 현 시점에서 정부는 중앙정부와 지방교육자치단체(지방정부 포함)를 포함하는 의미를 갖는다. 따라서 향후 학교혁신의 방향과 추진체 구성 등에서는 지방교육자치가 강화된 상황을 반영하는 안이 마련되어야 할 것이다. 보다 근본적으로는 학교혁신에서 중앙정부의 역할이 무엇이 되어야 할 것인가에 대한 사회적 합의가 필요하다. 큰 흐름으로 볼 때 학교 혁신에서 중앙정부가 해야 할 바람직한 역할은 학교혁신의 기본 방향과 틀 마련, 지방교육자치단체의 지원 및 감독 역할 등으로 요약된다.

우리나라는 미국처럼 방대한 국가가 아니기 때문에 초중등교육은 국가차원에서 핵심적인 방향을 설정하는 것이 필요해 보인다. 다만 특정 정파에 의해 좌우되지 않도록 초정권적인 기구 설치가 필수적이다. 그리고 지방교육자치단체가 새로운 교육 실험을 하고자 할 때 다양한 의견 수렴 및 민주적인 결정이 이루어지도록 절차상의 보완책 마련도 필요하다.

교육혁신을 추진할 초超정권적 추진체 필요

그동안 강력한 중앙집권 방식으로 진행되어왔던 혁신은 저항과 태업이라는 역효과를 낳았다. 따라서 하향식, 상향식, 혹은 쌍방향식의 평면적인 추진이 아니라 상황과 사안에 따라 다양한 주체(중앙정부, 지방정부, 학교, 지역사회, 학부모 등)와 여러 집단이 힘을 모으는, 입체적인 추진이 필요하다. 예를 들어 가칭 '국가교육위원회'와 같은 초超정권적 추진체를 만드는 것을 고려해볼 수 있다.

특히 초정권적 추진체를 만드는 과정에서 중요한 것은 그 위원으로 임명된 사람들이 자신과 자신을 추천한 조직이 아니라 교육과 우리사회를 위해 얼마나 헌신적으로 일하고자 하는 사람인지, 그에 필요한 능력을 갖추었는지, 그리고 열린 철학을 가지고 있는지 등 위원들의 성향, 역량, 소명의식과 열의가 중요하다.

자율성을 부여하는 정책 추진

교육개혁 의제 중에서 상황에 따라 교사의 전문적인 식견이 중요한 정책 방향에서는 교육전문가인 교사의 의견을 존중하는 것이 필요하다. 교육의 경우에는 학생의 실력(학문적, 인성적) 향상을 위해 학교 현장에서 열정을 가지고 헌신하는 교사가 바로 '제품 전문가'이다. 물론 최종 결정권을 주기 위해서는 교사 중에서 이러한 특성을 가진 전문가를 제대로 찾아낼 수 있는 기본 인프라가 갖추어져 있어야 한다. 그렇지 않으면 학생의 관점이 아니라 교사 이익의 관점에서 결정을 내릴 수도 있다. 또는 특정 정당이나 이익단체의 조정을 받으며 결정권을 행사할 수도 있기 때문이다.

이와 함께 학교혁신의 주체로서 학생들을 공동경영자가 되게 하는 것도 모색해야 한다. 학생들 스스로가 학교교육의 한 주체가 되도록 하는 것은 민주시민에 관한 교육을 받는 것이 아니라 스스로가 민주시민으로서의 역할을 수행함으로써 깨닫고 배우게 하는 기회를 제공하는 것이기도 하다. 그럼에도 불구하고 우리 사회는 심지어 대학에서 마저도 학생들이 학교경영에 직접 참여하는 것에 대해서는 부정적인 인식이 강한 것이 사실이다. 만일 학생들 스스로가 학교교육과 학교혁신의 주체임을 자각하게 하고 필요한 역할 제공 및 역할 수행을 위한 역량 제고를 지원한다면, 학생은 승객이 아니라 함께 배를 움직여 나아가게 하는 선원이 될 것이다.

사회적 논의 활성화

교육이 처한 난관들을 극복하기 위해서는 사회적 논의가 더 활성화되어야 한다. 가령 국민대토론회와 같은 방식은 하나의 절차가 될 수 있다. 대토론회는 학부모가 교육의 주체로서 제 역할을 할 수 있도록 이끌 수 있고, 역할을 할 수 없는 학부모에 대해서는 사회가 대리 학부모를 지원하며, 분별심이 큰 학부모는 자녀에 대한 사랑을 모든 아이에 대한 사랑으로 확산하도록 하는 사회적 공감대 형성 역할을 할 수 있을 것이다. 목표 의식 없이 방황하는 학생들에 대한 사회적 관심 촉구, 이러한 소외된 아이들을 돌보는 기관에 대한 사회와 국가의 적극적인 지원 방향 등도 국민대토론회 과정을 통해 탐색될 수 있을 것이다.

교육개혁의 의제 선정에서부터 시작하여 구체적인 방향과 지원책을 마련할 때 국민의 관심과 공감대 형성이 필요한 사항에 대해서는 하향식 접근이 아니라 시간을 가지고 국민대토론회식 접근을 하는 것이 오히려 더 생산적일 것이다.

과거로부터 배우기

우리는 과거로부터 배워야 더 나은 미래를 만들 수 있다. 과거의 실패를 반복하지 않으려면 과거에 대한 철저한 반성이 선행되어야 한다. 5·31 교육개혁안을 만들었던 교육개혁위원회가 한국교육의 현안문제로 지적한 것은 단편적 지식만을 암기하는, 현실로부터 유리된 교육, 그리고 불량품 인력 제공, 입시지옥, 값싼 학교교육과 과중한 사교육비, 획일적 규제 위주의 행정, 도덕교육의 상실 등이다. 개혁을 실시한 지 20년이 지났지만 어느 하나 해결된 것은 없고, 오히려 지난 세월동안 더 악화되어 관련된 국민의 고통은 더욱 커지고 있다.

특히 교육혁신 추진체와 방법, 교육의 수월성과 형평성, 교원의 자율성과 책무성, 교육제도 운영의 자율성 범위 등을 둘러싸고 다양한 의견이 상존한다. 아름다운 중용의 지점은 시대 상황과 여건에 따라 지속적으로 변하게 될 것이다. 아울러 혁신 의제에 따라서도 중용의 지점이 달라질 것이다. 따라서 이러한 교육 의제에 대한 충분한 논의와 과거의 선행 정책 효과 분석 등을 통해 지속적으로 조화의 지점을 찾기 위해 노력해야 한다.

교육 관련 대책과 교육적 대책 병행

교육대책은 '교육 관련 대책'과 '교육적 대책'으로 구분할 수 있다.[5] 교육 관련 대책은 교육을 받을 수 있도록 기회를 제공하거나 교육을 받는 데 필요한 여건을 조성하는 대책을 의미한다. 교육적 대책이란 사람들이 교육에 관심을 갖고 교육을 받고자 하는 열의를 갖도록 유도하는 데 기여하는 대책, 그리고 사람들의 관점과 행동을 변화시키는 데에 초점을 둔 대책이다. 교육적 대책의 핵심은 열의와 능력을 가진 교사를 확보하는 것이다. 하지만 단순한 유인책을 제공할 경우 그 유인책을 바라보고 오는 교사들만 늘어나 오히려 역효과가 날 수도 있다. 따라서 소외계층의 교육에 헌신하고자 하는 진정한 열의와 능력

〈표 3-7〉 교육 관련 대책과 교육적 대책 비교

구분	교육 관련 대책	교육적 대책
초점	여건조성	대상의 관점과 행동 변화
역할	필요조건	충분조건
예시 (교육격차해소)	컴퓨터 지원, 학비 지원(혹은 융자), 급식비 지원 등 기존의 대부분 소외계층 지원 대책	•우수교사배치 •개별 학생 멘토링 •사회적 멘토링시스템 구축 •교육대토론회 •대학입시에서 부모의 직접적 영향 차단 및 부모의 영향 비중 축소할 수 있는 대책 •소외된 계층 자녀의 대학입학과 공공기관에의 취직 보장
강점	•즉각적인 효과 •가시적인 효과	•궁극적인 목적 달성에 기여 •학교교육만족도 배가, 사회 행복도 배가
예상문제	•궁극적 목표 달성 보장이 어려움 •게임중독, 빚더미 등과 같은 정책 부작용 속출	•열의와 능력을 가진 교육자 확보가 어려움 •정책성과가 나타나는 데 시간이 걸리고, 성과 측정 곤란

을 가진 교사를 가려내고, 이들이 목적달성을 위해 헌신하도록 하는 여건과 제도적 장치를 마련하는 것에 교원정책의 초점이 맞추어져야 할 것이다.

학교혁신 네트워크 형성

학교혁신 네트워크는 학교가 직면한 어려움을 해결하기 위해 학교가 서로 만나 서로에게서 배우며 돕는 역할을 할 수 있다. 이는 현장 중심의 학교혁신이 가능하게 하는 추진체의 역할도 할 수 있을 것이다. 우리나라는 다른 나라와 달리 교사순환근무제를 택하고 있어서 학교 간 배타성이 적다. 그리고 이미 지역 내 교장들 간의 협의체가 활성화되어 있고, 교사들의 연구모임과 기타 친목 모임도 활성화되어 있다. 즉 학교혁신 네트워크 활성화에 필요한 토대는 이미 만들어져 있는 셈이다. 국가와 지방교육자치단체, 그리고 학교들이 함께 만나서 네트워크를 형성하고자 하는 지역에 보다 체계적인 행정적, 재정적, 교육적 지원을 제공한다면 현장 중심의 학교혁신이 빛을 발할 수 있게 될 것이다.

교육시장 개방을 통한 교육혁신

국내 교육시장은 한국학교, 한국교육자, 한국면허소지자들에 의하여 독과점적으로 운영되고 있다고 볼 수 있다. 독과점은 획일적이고 변화에 느린 경향이 있다. 국내 교육의 독과점 체제를 약화시키기 위해서는 교육시장의 개방이 필요하다. 특히 다양한 외국학교를 국내에 대폭 들어오게 하여 교육의 공급체계를 다변화해야 한다. 즉 외국계 학교들과 국내학교들이 학생들의 교육수요를 위하여 선의의 경쟁을 할 수 있도록 지원해야 한다. 지나친 교육경쟁은 부작용을 낳지만 선의의 경쟁은 교육력 향상에 도움을 줄 것이다. 또한 국내교육 체계 안에서도 개방성과 유연성을 갖추는 노력이 시급하다. 예를 들어, 외국어고, 과학고, 산업고와 같은 학교의 경우, 특수목적에 맞춰 교육부가 아닌 관련 부처에서 관할하도록 함으로써, 획일적 시스템이 아니라 각 분야의 특성에 맞는 교육방식과 내용을 보완하는 것도 하나의 방법이다. 특히 정규 교육체계뿐 아니라 대안학교 등을 활성화하여, 기존의 제도권 독점을 막고 글로벌 경쟁력을 갖출 수 있는 교육풍토를 만들려는 노력이 더 보태져야 한다.

사회분야 미래전략

교육수용성제고전략

교육의 결과는 피교육자의 수용성과 본질적인 연관이 있다. 즉 양질의 교육을 제공하였을 때 그것을 받아들일 수 있는 수용성이 높은 사람에게 좋은 결과가 나오는 것이다. 다시 말해 교육의 기본적인 문제는 여러 측면에서 지적할 수 있겠지만, 교육 내용을 학생들이 받아들이지 못하고 있는 점에서도 살펴볼 수 있다. 아무리 좋은 교육내용이라도 학생들이 받아들일 준비가 되어 있지 않거나 받아들이는 수용 능력이 부족하면 의미가 없기 때문이다. 따라서 교육력을 회복하기 위해서는 교육수용성을 높이는 전략이 반드시 병행되어야만 한다. 이 글에서는 교육수용성의 의미를 되짚어보고 미래교육의 바람직한 방향성을 찾아보고자 한다.

교육 수용성의 의미

우리 교육은 한 줄 세우기식 성적 경쟁과 획일화된 교육체계를 통해 공교육을 유지하고 있다. 그 결과, 학업성취를 이룬 소수의 학생들은 성공한 엘리트로 대우를 받지만, 다수의 학생들은 자부심을 상실한 채 낙오자가 되기도 한다. 그러나 학교는 다양한 학습자들로 구성된 역동적인 집단이다. 또한 인간은 서로 다른 수용성을 갖고 있는 점에서 상이한 결과를 드러낼 수밖에 없다.

교육 수용성을 결정하는 요인들

그러면 왜 인간은 서로 다른 수용성을 갖고 있는 것일까. 첫째, 지성의 틀(지력)이 다르기 때문이다. 인간은 저마다의 가치관과 세계관에 따라 전달되는 지식을 재해석한다. 참과 거짓을 구별하는 지성의 틀이 왜곡되어 있으면 전달되는 지식이 바르게 들어오지 않는다. 둘째, 내면의 심적 상태(심력)가 각기 다른 데에서 기인한다. 어떤 일에 부딪혔을 때 일단 포기하고 부정적으로 보기 시작하면 그것을 수용하는 것이 어려워진다. 셋째, 몸의 상태(체력)도 서로 다르기 때문에 차이가 발생할 수 있다. 건강하지 못한 사람, 체력이 부족한 사람은 교육내용을 제대로 받아들이기 어려운 것이다. 넷째, 자기관리능력에 따른 차이점이다. 아무리 좋은 계획을 세우더라도 자신을 통제하여 실행에 옮기지 못하면 의미가 없다. 다섯째, 인간관계능력도 사람마다 다르기 때문이다. 자신이 신뢰하는 사람의 말은 쉽게 받아들이지만, 신뢰하지 않는 사람의 말은 쉽게 받아들이지 않는다.

이러한 5가지 요소, 즉 지력, 심력, 체력. 자기관리능력. 인간관계능력은 인성의 기본적인 요소로서 교육 수용성과 밀접한 관계를 갖는다. 결국 교육의 수용성 부족은 지성의 틀, 마음의 틀, 몸의 틀, 자기관리의 틀, 그리고 인간관계의 틀 왜곡에서 나오는 것이다. 따라서 이

5가지의 틀을 회복시킬 수 있는 현실적 교육전략이 제시되어야 한다.

인식의 틀에 대한 이해

인식의 틀은 개인에 따라서 각자 다른 특성을 가지고 있다. 하지만 그 특성과 차이점이 얼마나 다른지 객관적으로 볼 수 있는 방법은 없다. 개인의 두뇌 속에 입력된 지식을 각자의 인식의 틀을 통해서 재해석하는 과정을 엿보는 방법으로 '사선'을 치며 문장을 읽는 방법이 있다. 예를 들어 "아버지가 방에 들어가신다."라는 문장은 두 가지 방식으로 재해석하여 받아들일 수 있다. "아버지가/ 방에/ 들어가신다." 또는 "아버지/ 가방에/ 들어가신다." 이것이 바로 인식의 틀을 시각화하는 방법이다. 인성교육 과정에서도 인식의 틀의 시각화를 통해 분석해 봄으로써 인식의 틀이 외부입력을 어떻게 재해석하고 있는지를 알 수 있다. 또한 인식의 틀에 대한 이해는 개인적 차이를 보이는 교육 수용성을 이해하는 기반이 될 수도 있는 것이다.

교육 수용성 제고를 위한 커리큘럼 예시

전인격적 인성교육을 기반으로 교육 수용성을 회복시키기 위해서는 참과 거짓을 구별시킬 수 있게 하는 지력, 지식을 내면화시킬 수 있도록 하는 심력, 진리를 실행시킬 수 있도록 하는 체력, 자신이 가진 에너지를 바르게 분포시킬 수 있게 해주는 자기관리능력, 자신이 가진 에너지를 남과 공유할 수 있도록 하는 인간관계능력을 익힐 수 있도록 해야 한다.

인식의 틀을 바르게 정립하며, 내적 수용성을 향상시키고, 탁월성을 발휘할 수 있도록 하는 전인격적 인성교육 프로그램을 제시하면 다음과 같다. 가령, 지력을 높이기 위해서는 지식운영능력, 다중언어능력, 자연세계의 이해, 역사이해 능력, 창조적 지성 측면에서 접근해볼 수 있다. 또 심력은 삶의 목표의식 확립, 반응력과 정서력 계발, 긍정적 사고방식, 바른 세계관의 확립 측면에서 길러갈 수 있을 것이다.

〈표 3-8〉 교육수용성 제고를 위한 커리큘럼 예시

지력	심력	체력	자기관리능력	인간관계능력
지식운영능력	삶의 목표의식 확립	5차원 건강관리법	자유에너지 확장	인간 특질 발견
다중언어능력	반응력 기르기	최대 출력법	시간관리	나와 가족
자연세계의 이해	풍부한 정서력 기르기	노동과 쉼	재정관리	나와 동료
역사 이해 능력	긍정적 사고방식	직업관	언어 및 태도 관리	나와 사회
창조적지성	바른 세계관의 확립	전면적 인성의 확립	융합적 능력	글로벌 인간상

바람직한 미래교육을 위한 기본 방향

교육력의 회복

가정에서는 소위 밥상머리 교육이 사라지고 있고, 학교에서는 인성 교육이 무너지고 있으며, 사회에서는 건전한 시민을 양성하기 위한 교육이 제대로 이루어지지 않고 있다. 학생들은 사교육에 지쳐있고, 학교는 공교육 기관으로서 무기력한 모습을 보이고 있으며, 교권은 끊임없이 추락하고 있는 상황이다. 따라서 경쟁력 있는 미래사회 교육을 재건하기 위해서는 교육력을 회복하는 것이 시급하다. 학교를 포함한 다양한 형태의 교육시스템에서 교육력을 강화해야한다. 교육은 학교에서만 이루어지는 것이 아니며 가정, 지역사회 공동체, 공공·사립기관 등 여러 조직에서 이루어진다. 교육력의 회복도 학교뿐 아니라 다양한 형태의 조직과 교육시스템에서 추진되어야 하는 것이다.

또한 교육력을 회복하기 위해서는 앞에서 살펴본 교육 수용성을 제고해야 한다. 즉 옳고 그른 것을 구별하는 지성의 능력, 어떤 일을 만났을 때 포기하지 않고 긍정적으로 바라보는 심력, 몸을 건강하게 유지하는 체력, 자기 자신을 통제하여 목표에 이르게 하는 자기관리력, 사람들과 좋은 관계를 유지하는 인간관계력이 필요하다.

창의성 교육을 존중하는 사회문화적 환경 조성

미래사회는 남들과는 다른 무언가를 가지고 있어야 생존할 수 있다. 현재 우리 사회 전반에 걸쳐 가장 커다란 화두 중의 하나가 창의성과 창의성 교육이다. 창의성은 독창성과 새로움, 적절성과 유용성 간의 조합을 통해서 발현된다. 창의성 교육은 개별성에 대한 인정과 수용으로부터 가능하다. 사회적 잣대와 기성세대의 눈높이에서 여전히 진행형인 학생들의 수행을 평가하고 분류할 것이 아니라, 이들의 개별성과 차별성을 발견하고 이를 긍정적으로 발전시킬 수 있도록 독려하는 평가 시스템을 고안해야 한다. 이와 같은 창의성의 본질과 가치를 이해하고 존중하는 사회문화적 환경이 조성되어야 할 것이다.

교육환경 변화에 따른 교육방식의 다변화

과학기술의 발달로 교육환경이 급속하게 변하고 있다. 멀티미디어 기기와 인터넷의 발달로 학생들의 기대치는 더욱 높아지고 있다. 기존의 교육방식과 교육기기로는 만족하기 어렵다. 새로운 멀티미디어 기기를 이용한 콘텐츠 개발과 교육방식을 고안해야 한다. 뿐만 아니라 온라인 교육과 오프라인 교육의 장단점을 상호 보완하는 방식으로 새로운 교육모델을 개발해야 한다. 미래사회에서는 교육이 학교라는 공간에서 이루어지지 않을 수 있다. 교육환경 변화에 따라 다양한 형태의 학교와 교육방식이 고안되고 시행될 수 있도록 적극적으로 지원할 필요가 있다.

교육의 사회적 가치 실현

오랫동안 교육의 일차적 목표는 개인의 자아실현과 행복에 있었다. 미래사회에서 교육은 교육의 사회적 책무를 강조한다. 교육의 긍정적, 생산적인 결과는 개인적인 목표달성과 자아실현, 삶의 여유와 만족, 행복을 가져다주지만 개인적인 차원의 것에만 국한되어서는 안 된다. 교육은 교육을 받고 수행하는 대상뿐만 아니라 교육적 행위와 활동을 제공하고 가능하게 하는 사회와 환경에도 유익해야 한다. 교육을 통해서 개인의 잠재적 능력이 발견되고 계발되어 개인을 넘어 사회에 도움이 될 때, 비로소 교육의 사회적 가치를 실현하게 될 것이다.

교육 수용성 제고를 위한 다양한 교육모델 시도

지금까지 교육은 주로 인지역량 중심의 교육을 해왔다. 성적 중심의 교육은 인간을 변별할 수 있는 가장 쉬운 방법이다. 그러나 이러한 교육으로는 전인격성을 길러주는 데 어려움이 있다. 인성부족, 시민의식 부족, 창의성 부족 등의 문제를 드러내며 교육 수용성이 높은 일부 학생에게만 유리한 교육일 수밖에 없었다. 따라서 새로운 교육의 추구가 아니라 그동안 우리가 간과하고 있었던 교육의 본질에 더 다가가려는 노력과 미래사회 변화에 적극적으로 대응할 수 있는 현실적 전략이 필요하다.

특히 교육 수용성을 높이기 위한 다양한 교육모델이 제시되고, 그 실행을 위해 다양한 실험이 계속되어야 한다. 가르치는 방식의 전환도 필요하다. 가령, 토론 중심의 학습법이나 거꾸로 교실이라는 방식의 실험도 좋은 방법이다.

사회분야 미래전략
평생교육전략

최근 수십 년간 정치, 경제, 사회의 변화로 평생학습(평생교육)의 중
요성이 부각되고 있다. 평생교육은 경제와 사회 양 측면에서 국가와
지역, 기업, 그리고 개인의 핵심적인 경쟁 우위 요소이며, 사회 결속의
핵심적인 열쇠라고 여겨지기 때문이다. 그렇다면 지금까지 한국의 평
생교육이 지닌 특징과 역할은 무엇이었는가? 현재의 모습으로 평생교
육은 우리가 직면하고 있는 경제사회적 변화와 미래의 불확실성에 대
응할 수 있는가? 이 경제사회적 목표를 얼마나 달성하는 것이 가능할
까? 이를 위해 어떤 정책들과 결합하고 어떻게 메커니즘을 설계해야
하는가?

이 글에서는 이와 같은 질문들과 관련하여 한국의 평생교육이 앞
으로 나아가야 할 방향을 모색하고자 한다. 이를 위해 한국의 평생교
육이 역사적으로 어떤 단계와 기능을 수행했는지, 그리고 현재 직면한
변화들에 능동적으로 대처하기 위하여 어떤 미래 전략을 설계해야 할
것인지에 대해 탐색해 보고자 한다.

한국 평생교육의 진화과정과 특징

한국의 평생교육이 어디에 뿌리를 두고 있는지에 대한 논의는 다양한 접근이 가능하고, 동시에 심도 있는 분석을 필요로 한다. 지금의 '평생교육법'(1999년 제정, 2007년 개정)은 1982년에 제정된 사회교육법이 그 전신이다. 헌법에 평생교육 조항을 신설하여 명시한 것은 그 보다 앞선 1980년이다. 그러나 한국의 평생교육을 법제도의 테두리 안에서만 살피는 것은 평생교육의 취지나 모습을 보다 폭넓고 깊이 있게 이해하는 것을 어렵게 만든다. 왜냐하면 교육의 사회적 기능에 대한 본질과 그 행위들은 1980년 이전에도 다양한 배경 속에서 여러 가지 형식으로 이루어졌기 때문이다.

개인이 처한 교육·학습 환경은 동일하지 않다. 개인의 평생학습 참여 방식과 그 단계는 국가의 의무교육을 포함한 교육정책, 가계소득과 자신의 관심 등 이해관계에 따라 달라진다. 초등학교, 중학교, 고등학교, 대학교로 이어지는 정통의 정규 교육은 학령기 학생을 교육의 대상으로 한다. 하지만 어떤 이유로 진학 시기를 놓쳤거나 어려웠던 개인들은 정규교육과는 다른 경로나 방식을 통해 학습·교육 활동을 수행하게 된다. 일부는 학교를 통해서, 일부는 학교 밖의 다양한 기관, 야학, 강습소, 계몽운동 등을 통해 이루어졌다. 후자를 위한 교육과 학습이 한국 교육사회에서 흔히 일컫는 사회교육 혹은 '협의의' 평생교육이다.

문해교육

한국 평생교육의 특징과 진화과정은 무엇보다 문해교육 측면에서 찾아볼 수 있다. 기본적인 사회생활에 필요한 기능으로서 기초 문해

능력(읽기, 쓰기, 말하기, 듣기)이 있다. 하지만 문해능력은 여기에 머무르지 않고, 사회발전 단계에 따라 글의 이해와 응용범위를 확장해 왔다. 국가 및 지역사회의 통합차원에서 탈북이주민, 다문화가족 등 문화적 결속으로까지 확장해가는 것이 최근의 경향이다.

시기별로 나눠보면, 해방 전후 한국의 (평생)교육은 부분적으로 민족주의에 그 뿌리를 두고 문맹퇴치를 위한 문해교육에 집중되었다. 일제강점기는 한국의 거의 모든 분야에서 전통적인 정치, 경제, 사회, 문화의 역사적 연결고리를 단절시켰다. 교육은 그중에서도 근본적이었다. 이것이 문해교육에 집중한 가장 큰 이유 중 하나이다. 개인들이 우리말인 한글을 자유롭게 배우고 그들이 속한 사회의 질서에 적응하며 자신들의 꿈을 이루고자 교육받는 것이 가능했어야 했다.

1960년 이후 산업화와 더불어 문해교육은 지역사회개발 및 성인기초교육과 결합되었다. 지역사회 주민을 위한 사회교육을 추진하기 위하여 실업계학교 부설로 각급학교 설치운영(1966년)이 가능하게 되었다. 이후 1972년 방송통신대학교 설치를 시작으로 고등교육 단계로까지 확대되었다. 독학사제도(1990년), 학점은행제(1998년), 사내대학, 원격교육 등이 여기에 포함된다. 최근에는 미국에서 시작된 무크 Massive Online Open Course, MOOC 개념을 발전시켜 한국형 무크K-MOOC 가 2015년에 출발하였다. 이것이 한국 고등교육 단계의 평생교육에 어떤 결과를 불러올지는 지켜볼 일이다.

하지만 이러한 학습·교육인구 구성비에 의한 평생교육의 무게중심은 다수에서 소수의 사람들을 위한 교육으로 그 대상이 바뀌었다. 그 이유는 '(평생)교육의 (부)산물'이기도 한 산아제한, 경제발전, 그에 따른 가계소득의 증대 등으로 정규교육 과정을 이수한 사람들이 늘어났기 때문이다. 2000년대 전후로 대학진학률은 80%를 넘는 수준까지 올라갔다. 교육의 확대와 더불어 평생교육에서 차지하는 문해교육의 대상자는 다수에서 소수로 바뀐 것이다.

이런 흐름 속에서 최근 새롭게 부상한 학습계층은 앞에서 언급한 것처럼 탈북이주민과 다문화가족이다. 다문화정책의 일환인 문해교육은 단순히 한글을 알고 문화를 이해하는 차원을 넘어선다. '새로운' 문해교육의 성격으로도 이해할 수 있다.

경제결합형 평생교육

(평생)교육과 경제와의 관계에서도 한국 평생교육의 특징이 나타난다. 서구사회에서 교육이 처음부터 경제발전 혹은 소득과 서로 밀접하게 연관되어 있다고 보지는 않았다. 많은 학자들은 교육은 사회적 기능에 그 중심을 두고 있다고 주장해왔다. 반면 한국사회에서 교육(열)이 한국 경제발전의 성과와 연관성이 있다고 생각하는 인식은 널리 퍼져 있다. 그러나 진정으로 그 연결고리가 무엇인지, 그리고 어떻게 가능하였는지에 대한 실체가 대중에게 동일한 모습으로 자리 잡고 있는지는 의문이다. 그러나 "많이 배우면 각자가 추구하는 모든 경제사회적 목표를 이루기가 수월하거나 저절로 잘 풀린다."는 식의 결정론적 사회인식은 뿌리 깊게 자리하고 있다. 조선, 고려, 삼국시대까지 거슬러 올라가는 한국의 학습과 교육의 역사가 그 뿌리일 수 있다. 이 역사적 문화의 뿌리는 교육의 힘이 자라나는 토양이고 자양분이다. 물론 이것이 교육·학습만능주의에 사로잡히게 하는 이유이기도 하다.

한국의 산업경제 구조는 농촌사회에서 산업사회로, 산업사회에서 후기산업사회로 바뀌었다. 교육·학습의 성공이 확인되는 경우는 대부분 '좋은 일자리'가 대폭적으로 늘어나는 산업경제가 전제되었을 때이다. 이 시기가 한국의 산업화 과정에서 증명되었다. 이러한 교육과 경제가 합주곡 방식으로 추진되었던 것은 1997~1998년 외환위기 때까지라고 할 수 있다. 전반적으로 (평생)교육정책의 무게중심은 산업구조가 이동하는 트렌드에 부합해서 움직였다. '협의의' 평생교육은 학교교육을 보완하는 방식에 치중하였으며 산업경제에서 요구되는 지식과 기술을 공급하기 위해서 그 발전단계와 구조에 따라 결합하여 추진되었다.

지식과 기술의 확산은 정통의 정규교육 이후 학교 밖 직업훈련으로 이어지는 경로를 따랐다. 노동시장 진입 전후로 나뉘어 기본적으로 교육과 노동시장이 그 역할을 크게 분담하는 방식이었다. 특히 산업화 시기에는 노동시장에서의 직업훈련은 대기업 중심의 내부노동시장 시스템이 핵심이었다. 사실상 평생직장이라는 개념과 제도가 그 바탕이었다. 일부 대기업은 이러한 직업훈련을 포함하여 사내대학을 설립하여 현장에서 직업기술 교육을 실시하고 학위를 인정하고 있다. 그리고 인정직업훈련소, 사업장내 직업훈련소, 공공직업훈련소 등의 직업훈련 기관, YMCA 등 시민단체, 농협, 각종 평생교육시설에 의해서도 이루어졌다.

또한 산업화 초기에 추진되었던 새마을운동 혹은 새마을교육은 매우 중요한 '경제결합형' 평생교육이었다. 낙후된 농촌사회에 근면, 자조, 협동의 계몽정신을 근간으로 한 평생교육이 이루어졌다. 즉 사회와 경제를 하나로 연결한 '화학적 융합'에 해당하는 평생교육이었던 것이다.

복지적 차원의 평생교육

마지막으로 평생교육에 대한 국가의 역할 측면이다. 평생교육은 본질적으로 공공재로서 이해되었다. 국가의 정책은 이 기능에 충실하였고 '복지적 개념' 차원에서 이루어졌다. '산아제한'이라는 가족계획 교육은 대표적인 사례이다.

그러나 평생교육과 관련된 국가의 역할도 1990년대, 특히 외환위기 이후에는 국가와 지역사회의 이해관계와 관심보다는 개인의 이익 중심으로 기울면서 국가의 조율과 조정 기능은 약화되었다. 이 과정에서 오히려 제도권의 정통 교육이 경제와의 조율과정에서 교육의 질을 높여야 한다는 수요자의 요구가 커지면서 산학협력 등의 방식으로 추진되고 있다.

한국의 평생교육이 직면한 도전과 변화

개인들이 겪는 가장 큰 문제는 기본적으로 교육에 거는 기대와 현실 사이의 간극이다. 대부분 이것은 교육정책과 경제정책을 분리해서 볼 수 없는 교육환경의 변화에 기인한다.

교육시스템의 팽창에 따른 가치 변화

경제적 보상이나 성공의 수단이 교육이라고 봤던 지난 수십 년간의 정책흐름은 교육시스템, 특히 고등교육에 대한 개인들의 투자를 확대시켰다. 그러나 일자리 시장에서의 결과는 청년실업 문제처럼 기대와 다르게 나타나고 있다. 또한 사회정의보다는 경제사회적 효율성을 중시하는 방향으로 무게중심의 축이 기울면서 물질주의적 개인주의가 확대되었다. 이것은 세계적인 추세이다. 사회적 가치와 정신을 중시했던 평생교육의 입지가 좁아질 수밖에 없는 것이다.

복지주의적 평생교육의 한계

지식과 기술의 확산 경로도 달라지고 있다. 과거에는 국가와 교육기관이 평균 이상의 기초 지식과 기술을 갖춘 우수인재를 육성하여 노동시장에 진입시키고, 노동시장은 이들에 대한 기술의 업그레이드를 맡아주었다. 이러한 이원체계를 떠받쳐주던 평생직장 제도는 이제 더 이상 유효하지 않다. 그 책임은 점점 개인과 국가에게 전가되었고 일자리가 줄어드는 상황에서 그 압력은 가중되고 있다. 더군다나 과거와 달리 국가 정책의 관심과 개인의 관심 간 조율은 더욱 어려워지고 있다. 지금까지 보완적 기능을 가능하게 해주었던 복지주의적인 협의의 평생교육 환경이 한계상황을 맞은 셈이다.

산업구조의 급변에 따른 단발성 교육의 문제

산업구조가 첨단기술로 무장된 하이테크 산업으로 빠르게 이동하면서 크게 3가지 문제를 수반하고 있다. 하나는 이러한 산업이 국경내에 머물러 있지 않다는 점이다. 즉 일자리의 국제이동이다. 자국 내에 산업기반이 없거나 줄어든다면 배운 지식과 기술의 활용처가 부족하거나 감소하게 되어 지식과 기술의 실효성이 낮아질 수밖에 없다. 다른 하나는 산업구조 변화의 가속화이다. 선진국일수록 현재 처해 있는 경제문제의 해결 수단으로 과학기술을 강조하고 있다. 그러나 고용 문제와 이것이 결부될 때, 그 불확실성에 대한 해결 가능성은 높지 않다. 과학기술의 발달로 생겨나는 새로운 일자리가 자국 내에 생성될 수 있을지가 불투명하기 때문이다. 무엇보다도 산업경제가 요구하는 지식과 기술을 현재의 평생교육시스템이 얼마만큼 그 변화의 속도를 감당해낼 수 있을지 가늠하기 어렵다. 이 모두가 한 번 배운 지식의 유효수명을 단축시킨다. 대신에 반작용으로 평생학습·교육 수요는 더욱 커진다. 하지만 일자리가 늘어나지 않는다면 희망적이지 못하다. 높아가는 청년실업률 수치가 이를 뒷받침하고 있다. 결국 개인의 교육기회에 대한 투자는 덫에 걸려든 모양새이다. 마지막으로 학교교육은 학령기 학생을 대상으로 하는 학교 안(內) 교육이다; 성인학습자나 미취학생을 대상으로 하는 평생교육은 학교 밖(外) 교육이다. 이렇게 구분하는 방식으로는 지식, 기술과 학습의 생존가능성을 증대시키는 데 더 이상 효과적이라고 보기가 어렵다. 학습된 지식의 유효수명이 짧아지는 환경 속에서는 단발성 교육·학습으로는 경쟁력을 유지하기가 어렵기 때문이다. 다발성 혹은 학교, 특히 대학교와 노동시장 사이를 다중으로 오가는 왕복형 평생학습·교육이 가능한 교육기반을 조성하는 것이 이제는 필요하다.

일자리 수요와 공급의 불일치

평생교육·평생학습을 하더라도 더욱 많은 일자리를 만들어내지 못한다면 이 혜택은 소수의 학습자에게만 돌아가게 된다. 인재전쟁war for talent은 교육의 필요성과 중요성을 더욱 강조한다. 그러나 '승자독식'으로 치닫는 현실을 감안한다면, '모두를 위한 평생교육'에 대한 기대가 실현될지 의문인 것이다.

특히 중국과 인도 등 신흥경제국의 등장은 한국의 산업경제에는 매우 부담스러운 것이 사실이다. 특히 중국의 산업구조는 과거 한국이 일본을 좇는 과정에서 중첩되었던 것처럼 한국의 제조업 중심 산업구조를 거의 겹쳐 놓은 모양이다. 교육을 통한 좋은 일자리와 소득에 대한 보장이 기대대로 지켜질지 불투명하다.

학업세계와 직업세계 간 교육내용의 실효성

이러한 변화들은 또 다른 도전에 직면하게 만든다. 그것은 학업세계와 직업세계의 경계가 무너지기 때문이다. 동시에 현장에서 필요로 하는 실무능력을 강조하게 되고, 이것은 교육기관에게 압력으로 작용한다. 그러나 현실적으로 산업현장에서 필요로 하는 기능은 일반적인 기능general skill, 산업-특수형 기능industry-specific skill, 기업-특수형 기능firm-specific skill 등으로 구분해 볼 수 있는데, 개인과 기업 사이에서 서로 원하는 요구가 일치하지 않는다. 평생직장이 보장되지 않는 상황에서 근로자는 자신의 고용력을 키워주는 기능을 원하고, 기업은 근로자가 자사에 도움이 되는 기능을 배우기를 기대한다. 그러나 이 기능은 근로자가 이직할 경우, 고용력을 키워 주는 데는 제한적이다. 결국 이것은 근로자와 고용주 사이에서 형성되는 신뢰 문제로 연결된다. 즉 조직에 대한 충성스러운 태도와 고용력과 관련된 기능의 관계는 긴장상태에 놓이게 된다. 조직 내부에서 이루어지는 훈련프로그램의 효율성과 효과도 이와 밀접한 관련이 있다.

고령사회로의 이동

한국사회가 당면한 또 다른 문제는 인구분포의 변화이다. 고령사회로의 이동이 그것이다. 1963년 0~8세의 인구는 전체인구의 30.3%, 2013년 50~58세의 인구는 14.2%를 차지하였다. 2030년에는

67~75세의 인구가 12.6%에 달할 것으로 예상된다. 그 사회의 목소리가 다수가 차지하고 있는 연령층에서 나온다고 가정한다면, 민주주의 사회에서 국가의 정책은 이들에게 귀를 기울이지 않을 수 없다. 그렇지만 한국사회의 역사에서 이러한 고령층에 대한 경험은 전무하다.

한국 평생교육의 미래방향

평생학습이 불확실한 미래의 돌파구로 인식되는 힘의 세기는 점점 더 커질 것이다. 그리고 그 속에서 해결의 실마리를 찾으려 할 것이다. 역사가 이를 증명한다. 그러나 평생교육을 통해 미래의 불확실성을 낮추고 불안감을 해소하며 동시에 보장성을 높여주지 않는다면 교육에 투자해야 한다는 사회적 명분은 약해지고 결국 교육의 미래는 암울해질 수밖에 없다. 평생교육을 통해 보다 나은 삶을 보장해주기 위해서는 변화에 대한 대응력을 길러줄 수 있어야 한다. 예측하지 못한 풍파에 부닥쳤을 때 시련을 견디어 내고 해법을 찾아낼 수 있는 평생교육으로 그 접근이 바뀌어야 한다.

'소비적' 평생교육에서 '생산적' 평생교육으로의 전환 필요

고령화가 급속하게 진행되는 한국사회를 고려할 때, 개인주의적 경쟁논리만을 강조하기에는 상황이 변화하고 있는 점이다. 경쟁 논리를 통해 잃을 것보다 얻어낼 수 있는 것이 더 많다고 확신하기가 쉽지 않다. 그렇다고 지금까지의 복지적 접근으로 이들을 대우하기에는 생산가능인구가 급격하게 줄어들고 있다. '소비적' 평생교육에서 '생산적' 평생교육으로 전환해야 하는 이유가 여기에 있다. 평생교육 미래전략이 정신적 가치뿐만이 아니라 경제적 관점에서 새로운 일을 만들어내는 것이 중요한 이유이다.

한국의 베이비붐세대는 매우 특별한 의무를 부여받고 태어났다고 할 수 있다. 산업화 성공의 결실을 이끌어낸 세대이다. 하지만 척박한 여건에서 허리띠를 졸라매며 비바람을 피할 수 있는 토대를 마련해 준 그들 부모의 희생이 없었다면 이들의 성공이 과연 얼마나 가능했을까? 이제는 이들 자신이 고령화의 문을 열기 시작했다. 고난을 극복했던 경험을 살려 새로운 인생 3막(1막 학업시기→2막 생산현업시기→3막 은퇴 후 생산복지결합시기)의 세상을 만들어내야 하는 숙명을 안게 된 것이다. 이것은 자신들의 자녀세대(에코세대)와 경쟁을 피하기 위해서는 불가피하다. 이들의 평생학습은 그들이 쌓은 경험 위에 어떻게 창의적인 생각을 결합하여 새로운 것을 만들어낼 것인가에 달려있다. 이 과정에서 물질주의에서 얼마만큼 벗어날 수 있는가도 중요하다. '대大박'이 아닌 '소小박', '고위험' 보다는 '저위험'에 가치를 두는 것이 나을 수도 있다. 복지의 수혜자가 아니라, 그들의 부모세대가 그들을 위해 희생하였듯이, 그들의 자식인 에코세대를 품어주는, 창조적 행위자로의 역발상이 필요하다.

개방성과 유연성을 살린 평생교육 시스템 구축

지금까지의 교육 방식과 내용으로는 실효성이 높지 않다. 특히 지금의 교과서와 그 교과서 내용을 전달하는 모방 중심으로 대표되는 방식은 한계가 있다. 서양에 '식물을 돌보는 것은 흙이고, 정원사는 흙을 돌보는 사람이다'라는 속담이 있다. 한국 평생교육의 미래는 흙을 돌봐야 하는 국가와 교육기관에 달려있다고 할 수 있다. 이를 위해서는 개방과 유연성이 존중되어야 한다. 분야를 넘나들고 교육과 지역사회·산업현장의 영역을 넘나드는 것이 가능하도록 경계를 허물고 새로운 지식과 기술을 만들어낼 수 있도록 유연성을 길러주는 것이다.

그 토양 위에서 자라날 나무가 곧 미래 평생교육을 창출하고 혁신해 나갈 학습자이다. 어떤 학습자는 자신이 운영하는 스파를 헬스케어로 발전시키고자 피부한방을 공부하기 위해 대학에 재진입하였다. 이런 평생학습은 한 명의 성인학습자가 학업을 통해 자신 한 명이 취업하는 것이 아니라, 비즈니스를 확대하고 성공시켜 여러 명을 고용하는 고용주를 배출하는 것이다. 지금까지의 학업-취업의 일대일 방식에서 일대다 학업-창업 방식으로의 가능성을 엿볼 수 있다.

따라서 국가는 평생교육의 토양에 관심을 더욱 집중하여야 한다. 예측되는 위험요인을 제거하거나 대신 감수함으로써 이해관계자를 끌어 모을 수 있어야 한다. 그 산물이 자생적으로 돌아갈 때까지 동력을 불어넣어주는 선도자로서 행동해야 한다. 이렇게 할 때 '새로운' 평생교육이 탄생하고 단단하게 뿌리를 내릴 수 있을 것이다. 전략적 조정자가 국가가 새롭게 수행해 나가야 할 방향이고 역할이다.

7

한글전략

한국어는 한국인이 사용하는 말이며, 한글은 우리나라의 고유문자
이다. 말과 글은 그 민족의 정체성을 나타내는 가장 중요한 요소이다.
영국인에게는 영국말이 있고 말을 적는 알파벳이 있고 중국인에게는
중국말과 그 말을 적는 한자가 있다. 마찬가지로 우리에게는 한국말과
한글이 있다. 한국어는 우리 민족이 탄생한 이래로 한반도를 비롯하
여 그 주변에서 반만년 동안 사용한 말이며, 한글은 15세기 세종대왕
이 창제한 우리 문자이다.

우리는 말과 글을 통해 의사소통을 하고, 문화를 만들고, 생각을
하면서 우리의 혼과 얼을 형성해 왔다. 우리 민족의 정체성이 바로 언
어에 있다는 말은 이를 두고 하는 말이다. 유엔이 2015년 제15회 '국
제모국어의 날'을 맞아 "모국어 교육은 여러 언어를 구사하는 능력을
북돋우고 언어적 문화적 다양성에 대한 존중"이라며 모국어 교육의
촉진에 나선 것도 바로 이 때문이다.

21세기 문화 융성의 시기, 우리 민족의 정체성을 확립하고 문화를

창달하며 세계에 우리 문화를 널리 알리기 위해서는 우리말과 글을 보존하고 발전시키는 것이 꼭 필요하다.

그렇다면 세계 속에서 한국어의 위상은 어떤가? 세계에는 약 7,000개의 언어가 존재한다. 그중에서 중국어는 약 12억 명이 사용하고 있어 단연 1위이고, 그 다음이 스페인어(4억1,400만 명), 3위가 영어(3억3,500만 명)이다. 한국어는 13위로 약 8,000만 명이 사용하고 있다.

전 세계에서 한국어를 가르치는 교육기관은 교육부 통계자료에 따르면 2014년 기준 4,000개이며, 한국어 교육 수강생은 30만 명에 이른다. 한국어 교원자격 취득자 수도 1만6,484명에 이를 정도로 꾸준한 증가세를 보이고 있다. 미국의 대학입학 자격시험(SATⅡ)에도 한국어 과목이 개설되어 있으며 2013년에는 약 3,000명이 한국어 과목에 응시하였다. 외국인의 한국어 능력을 평가하는 한국어 능력시험(TOPIK)은 2013년 기준 세계 61개국 194개 지역에서 시행되었으며, 응시자 수는 1997년 2,692명에서 2013년 16만7,853명으로 60배나 증가했다.

디지털 시대에 한국어의 위상 또한 중요한 위치를 차지하고 있다. 전 세계에서 약 4,000만 명이 인터넷에서 한글로 정보를 나누고 있으며, 언어별 인터넷 사용자 수로는 세계 10위에 해당한다.

그렇다면 한국어와 한글의 미래는 어떠할까? 과연 한국어는 21세기 세계사에서 어떤 의미 있는 역할을 할 것인가? 아니면 영어와 중국어 등의 강대국 언어에 밀려 소수민족의 언어로 전락할 것인가? 한국어와 한글이 제 역할을 하기 위해서는 어떠한 전략이 필요한가? 이런 질문을 던지는 이유는 언어의 운명이 그 민족과 국가의 운명과 밀접한 관련이 있기 때문이다.

언어 환경의 변화

세계 13위의 한국어는 과연 30년 후에는 어떤 모습일까? 한국어를 둘러싼 대내외 환경은 그리 낙관적이지 않다. 자의든 타의든 영어와 중국어 등 세계질서와 문화를 주도하는 언어들이 공용어라는 이름으로 지금보다 더 거세게 들어올 것이다. 그 속에서 우리는 우리 민족과 국가 고유의 말과 글을 제대로 지키고 발전시킬 방안을 찾아야 한다. 한 나라의 언어가 그 국가와 국민들의 정신적 정체성을 규정하는 주요한 기제이기에 언어를 잃으면 국가와 국민의 정체성을 잃게 되기 때문이다. 급변하는 시대변화에 부응하는 언어전략이 필요한 이유이다.

내부적으로 우리는 인구감소 문제에 직면하고 있다. 30년 후에는 한국어 사용자 수도 현격히 감소할지 모른다. 또한 결혼이민자, 외국인 노동자 등이 대거 유입되면서 한국 사회는 다민족 다문화 사회로 크게 변모하고 있다. 언어도 단일 언어의 전통적 측면이 쇠퇴하면서 다양한 외국어가 혼합된 형태로 변형될 가능성이 높다. 이런 상황에서 언어의 다양성과 동질성을 확보하기 위한 노력도 필요하다.

남과 북의 통일시대를 대비해 남북한 언어의 동질성을 확보하는 것도 시급한 과제이다. 30년 이내에 실질적 통일 상황이 올 것으로 예측하는 사람들이 많다. 언어규범, 언어생활, 국어사전, 전문용어 등 언어 관련 제반 문제에 대해 남북이 머리를 맞대고 동질성 회복을 위해 노력해야 한다.

한류의 전파와 더불어 한국문화의 대외적 위상이 높아지면서 한국어 교육에 대한 수요도 계속 증가할 것이다. 그러나 단편적인 한류 콘텐츠만으로는 세계적 차원의 한류를 확산하는 데 한계가 있다. 다양한 한류 콘텐츠 개발과 더불어 한국어를 세계에 보급하고 우리의 언어문화를 널리 알리는 방안도 체계적이고 적극적으로 추진해야 한다.

21세기의 물리적 변화는 역시 과학기술이 주도하게 될 것이다. 시대 변화를 중심으로 보면 과학기술의 시대인 것이다. 디지털 기술은 더욱 발전할 것이다. 새로운 미디어가 끊임없이 등장하고 모든 사물은 네트워크로 연결된다. 사람과 사물이, 사람과 로봇이 한 데 어울려 소통하고 삶을 영위하는 시대가 올 것이다. 이러한 미래기술에 한국어와 한글은 어떤 언어보다도 매우 효율적인 역할을 할 것이다. 한국어와 한글의 산업화 전략이 필요한 이유가 바로 여기에 있다.

무엇이 문제인가

한국어와 한글에 대한 관심 부족

글로벌 시대를 살아가기 위해서는 영어와 중국어 등 세계문화와 질서를 주도하는 공용어도 배워야 하지만 무엇보다도 기본은 모국어 능력을 신장해야 한다. 수천 년간 이어져온 우리 민족, 국가 고유의 정체성과 얼, 사회성들이 온전히 제대로 표현되는 것은 우리말과 글을 통해서이다. 이러한 정체성과 사회성, 얼에 대한 제대로 된 이해 없이 외국어를 배우게 되면 언어는 기계적일 수밖에 없다. 이 부분에 대한 우리 국민들의 관심과 국가전략은 많이 부족하다. 국제 공용어에 대한 관심은 높아가고 모국어에 대한 관심은 줄어든다면 미래의 어느 시점에서는 한국어가 박물관 언어로 전락할지도 모른다. 지난 50년간 전 세계적으로 3,000여 개의 소수언어들이 사라졌다는 통계가 있다. 한글이 단기간에 사라지는 일은 없겠으나 그 위상과 파급력, 쓸모가 위축되고 변형될 가능성은 늘 존재한다.

서기 449년, 영어라는 언어가 브리튼섬에 도착하기 전에는 그곳에 살던 주민들이 켈트어라는 언어를 사용했다. 그러나 지금 그런 사실을 아는 사람은 거의 없다. 청일전쟁 직후부터 51년간 일본의 식민지를 겪었던 대만이 1945년 해방이 되었을 때, 국민 85%가 일본어를 모국어처럼 사용했었다는 점을 명심해야 한다.

국립국어원이 2013년 우리 국민의 국어 능력 수준을 평가한 결과, 우리 국민의 국어능력은 보통 수준에 조금 못 미치는 것으로 평가되었다. 특히 말하기와 쓰기 능력은 60%가 넘는 사람이 기초수준 이하로 나타났다. 따라서 우리말에 대한 지속적인 관심을 이끌어낼 수 있는 국가전략과 정책이 절실히 필요하다.

다문화사회 진입 등 구조적 문제

1990년 4만9,000명에 불과하던 국내 외국인의 수가 2007년에 100만 명을 돌파하였고 2014년에는 160만 명으로 늘어났다. 우리사회가 빠르게 다문화사회로 진입하고 있다. 외국인노동자와, 국제결혼 이주여성의 급증으로 다문화 배경의 학생 수도 함께 증가하고 있다.

2014년 다문화가정 학생은 약 6만8,000명으로, 전체 학생 대비 1.07%에 달한다. 한국교육과정평가원에 따르면 다문화가정 학생들은 국어 교과를 가장 어려워하는 것으로 조사되었다. 국어 교과에서도 '쓰기'(23%), '문장 이해'(16%), '읽기'(14%), '어휘'(12%) 순으로 어려움을 느낀다고 답했다. 따라서 심화되고 있는 다문화 사회에 대비하여 이들의 언어문제를 체계적으로 해결할 수 있는 방안을 마련하는 것이 시급하다.

언어전략에 대한 인식과 투자 부족

선진국들이 모국어에 대해 관심을 갖고 투자하는 것에 비해 우리나라는 한국어 보존 및 발전전략이 아직도 걸음마 수준이다. 세계적 차원의 글로벌화가 심화되는 상황 속에서 언어문제에 대한 국가적 차원의 문제의식 자체가 낮다. 한국어를 중심으로 한 언어전략의 필요성에 대한 기본인식, 문제의식을 높이고 장기적이고 지속적인 전략수립과 투자가 절실히 요구된다. 유네스코에서 각국의 언어문화의 다양성을 유지하기 위해 여러 정책을 수립하여 추진하는 것도 참조할 필요가 있다.

그나마 다행스러운 것은 2005년에 '국어기본법'이 제정되었다는 점이다. 이 법으로 모국어의 보존과 발전에 기여할 제도적 장치가 마련된 셈이다. 이 법에 의해 정부는 5년마다 국어발전 기본계획을 수립하여 시행해야 한다. 현재 2차 5개년 발전 계획이 수립되어 시행 중에 있는데, 아쉬운 점은 기본계획이 5년마다 수립되다 보니 중단기적 전략은 수립이 가능하지만, 장기적인 관점에서 전략을 수립하기가 어렵다는 것이다.

연구 개발 부족

한류의 확산에 따른 한국어 수요에 대한 적극적인 공급 전략이 부족하다. 한국어 관련 산업 종사자(타이포그래피 전문가, 시각디자인 및 언어·국어 관련 교수, 한글 관련 단체 및 학회, 정책기관)를 대상으로 한 설문조사에서는 이러한 문제점을 구체적으로 파악할 수 있다. 전문가들 가운데 80%가 한글 산업화정책이 필요하다고 응답하였다.

한글 산업화정책 필요성의 배경으로는 한글산업 관련 분야들은 발전하고 있으나 이를 체계적으로 관리, 지원하는 기관의 부재(29.2%)를 지적했다. 이외에도 한국어의 체계화(20.8%), 한글을 소재로 하는 콘텐츠나 디자인 개발에 대한 수요 증가(16.7%)의 순서로 응답했다. 한류가 문화적 붐을 일으키는 과정에서 K-POP 수출과 더불어 한글이나 한국 문화 등의 다양한 콘텐츠 보급 및 수출이 동반되어야 하지만 기대에 미치지 못하고 있다는 평가들이 일반적이다.

시급히 해결해야 할 문제나 과제로는 한글산업의 체계적 관리, 지원 기관 설립(29.2%), 한글 소재 콘텐츠나 디자인 개발(16.7%), IT기술의 발전에 비해 미흡한 한글 입력 기술(4.2%), 영어 공용화에 비해 미흡한 한글의 역할(4.2%), IT/디지털 기술과 한글 융합을 통한 신성장사업의 확장 가능성(16.7%), 한류 열풍에 비해 체계적이지 못한 한글산업(20.8%) 등을 꼽았다. 이와 같이 한국어 산업화는 매우 유리한 측면이 있고 가능성도 높지만 체계적인 투자와 전략이 전반적으로 부족한 실정이다.

한글 전략

한국어와 한글의 보존 및 발전을 위한 한국어와 한글의 미래전략 목표는 다음과 같이 설정할 수 있다.

남북통일시대 한국어 전략

통일을 준비하고 대비하는 정책을 미리 마련하고 통일 전 협력과 통일 후 통합과정을 준비하는 것이 필요하다. 특히 언어는 남북의 통일, 통합과정에서 서로를 묶어주는 가장 큰 민족적 동질성의 영역이다.

남북통일시대 대비 언어 동질성 확보를 위한 정책으로는 남북 언어교류사업 확대 및 국제교류 협력망 구축사업을 진행하고, 한글사전과 맞춤법을 비롯한 남북한 단일 언어규범을 준비하며, 국제표준화기구 ISO를 비롯한 국제기구에 단일한국어 규범을 등재할 수 있도록 해야 한다. 또한 전문 분야별 용어를 통일하고 통일된 한국어 정보화 사업을 공동으로 추진하여 통일 시대를 준비해야 한다.

다문화시대 한국어 전략

외국인 이주노동자와 결혼 이주여성, 다문화 가정의 확산 등에 따른 다문화시대 한국어전략이 체계적으로 마련되어야 한다. 향후 30년 미래사회 인구구조 변화에서 전체 인구의 약 10% 이상이 해외 외국인들로 구성될 것이라고 전망한다. 글로벌화 심화는 기존의 국가 간 장벽이 느슨해지면서 일자리 등의 개인적 필요에 따라 국경을 넘는 인구들이 늘어나는 것을 뜻한다. 이러한 흐름으로 볼 때 30년 후에는 한국 국민의 다민족화와 다문화 경향은 크게 확대될 것이다. 이에 따라 10%에 달하는 외국인들의 의사소통 문제는 심각한 사회문제로 대두될 수 있다.

따라서 이질적이고 혼성적인 존재들이 공생하는 다문화 사회로 바뀌고 있는 한국사회에서 원활한 의사소통을 유지하고 언어적 동질성을 확보하는 방안을 체계적으로 수립하는 것이 필요하다. 특히 선진국의 다문화 언어교육정책을 참조할 필요가 있다. 호주는 연방정부를 중심으로 국가 언어정책을 수립했다. 일본은 시민단체를 중심으로 아래로부터 사업을 추진했다. 핀란드의 경우는 모국어를 강조하는 다문화 언어교육을 실시하여 동질적인 교육 대신 개인적인 특성에 따른 다문화 교육을 제공한 사례이다. 이주민 교육의 중점은 언어교육에 있다. 특히 모국어 교육이 주목을 끈다. 이주민에게 자신의 모국어를 학습할 수 있는 기회를 제공해 모국어도 지켜주려는 것이다. 핀란드는 모국어를 유지·발전시킬 권리가 아예 헌법에 명시돼 있을 정도로 모국어를 중시한다. 그래서 모국어 교육에 대한 지원도 중앙정부에서 직접한다. 다문화 시대 언어의 다양성과 동질성을 확보하기 위해서는 다문화 계층을 위한 언어복지 정책을 수립하고 이에 필요한 조사가 실시되어야 한다.

한국어 세계화 전략

한국어는 우리의 삶과 얼이 담긴 문화유산으로 우리 문화가 융성하는 데 크게 기여하고 있다. 유네스코 통계에 따르면 우리나라 문해율은 98.3%(2008)로 세계 평균 84%를 크게 앞서고 있다. 전 세계 성인 7억7,000만 명이 아직 글을 읽고 쓰지 못하는 실정을 고려할 때 문자가 없는 나라에 한글을 전파하는 일도 충분히 가능하다.

또한 세계인에게 한국어와 한글을 체계적으로 교육하고 보급하는 전략도 수립되어야 한다. 이미 국어발전 기본계획에서 세계 각지에 현지 밀착형 한국어 문화학교인 '세종학당'을 2016년까지 200개 설립을 목표로 하고 있다. 그러나 세종학당 사업이 소기의 목적을 달성하기 위해서는 관련 부처와 기관 및 한국어 교육계에 폭넓게 이해와 협력을 구하고, 목표에 따른 사업계획을 더욱 구체적이고 정밀하게 수립하여 실천하는 것이 필요하다. 한국어의 세계적 위상 강화를 위해서는 국제교류 협력망 구축, 다국어 지원 한국어 포털서비스 구축 및 세종학당 지속 개설, 한국어 교육 전문인력 양성, 온라인 한국어 교육체계 구축 등 교육 및 홍보활동을 강화하는 정책을 추진해야 한다.

정보화시대 한국어 전략

남북통일시대, 다문화시대, 글로벌화 등으로 규정되는 언어환경의 미래변화와 함께 고도화된 정보통신기술의 변화가 물리적 환경변화의 가장 큰 원인이다. 세계적 차원의 정보통신 발달에 전통적 의미의 언어소통에도 큰 변화가 일어나고 있다. 기존의 편지는 거의 사라졌으며, 신문도 사라지고 있다. 폭발적으로 증가했던 인터넷 메일도 시대변화 속에서 소통의 매개 역할이 줄어들고 있다. 그 자리에 스마트폰의 대중화를 바탕으로 SNS 기반의 문자, 음성, 캐릭터, 기호 등이 소통의 대명사로 부각되고 있다.

이처럼 급변하는 정보화시대의 한글전략은 우선 컴퓨터와 스마트폰에 최적화된 한글 문자인식, 한국어 음성인식, 한글의 표기와 번역 기술의 개발 등이 망라된다. 정보화시대의 한글은 기존의 오프라인 중심의 물리적 변화를 인터넷 온라인에서, 더 크게는 스마트폰 기반의 의사소통 체계에 최적화된 정보화 작업들로 확장되어야 한다.

한글(한국어) 기반의 음성인식 체계 고도화, 간편하고 통일성 있는 한글 문자인식 기술 개발, 한글을 영어, 중국어, 스페인어 등으로 쉽게 변환할 수 있는 번역 프로그램의 개발 등도 정보화시대 한국어 전략에서 빼놓을 수 없는 주요한 영역이다. 이러한 정보화시대의 한글전략이 결국 한글(한국어)이 글로벌화, 산업화, 다문화화 등을 담보할 수 있는 물리적 기반으로 작동하게 될 것이다.

글로벌 시대 한국어 보존 전략

20세기에는 미국을 중심으로 한 영어 패권주의가 득세했다면 21세기에는 영어와 함께 중국어 패권주의도 예상해 볼 수 있다. 이미 우리나라 최대 무역국은 미국에서 중국으로 변했고, 한국 유학생이 가장 많은 나라도 중국이다. 이러한 시대적 흐름에 맞춰 영어와 중국어의 중요성은 더욱 부각될 것이고 일부 국가들은 모국어를 수호하기가 더욱 어려운 상황에 빠질 것이다. 향후 50년 안에 수천여 개의 언어가 사라질지 모른다는 전망이 나오고 있는 가운데 한국어를 지키고 계승 발전, 확대시킬 수 있는 전략이 필요하다.

언어 다양성 보존을 위해 노력하고 있는 유네스코와 선진국 사례를 살펴볼 필요가 있다. 유네스코는 창립 이래 '문화의 풍요로운 다양성 증진'을 주요 임무로 정하고 문화다양성을 진흥하기 위한 다양한 활동들을 펼쳐 왔다. 2001년 채택한 '세계 문화 다양성 선언'과 '문화적 표현의 다양성 보호와 증진협약(문화다양성협약)'은 문화다양성을 '인류의 공동유산'으로 인식하고 있다.

프랑스도 자국어를 보존하기 위해 노력하는 대표적인 나라이다. 프랑스는 모국어 보존을 위해 1975년 법을 제정하였는데, 주요 정책은 다음과 같다. 첫째, 세계적 차원에서 프랑스어의 지위를 향상시킬 것, 둘째, 프랑스 내에서 프랑스어와 다른 언어들 간의 만족할 만한 관계를 수립할 것, 셋째, 유럽 내에서 프랑스어의 지위를 적극 방어할 것 등이다. 프랑스는 정부 산하에 공식적인 여러 언어단체를 설립하고 이를 통해 이러한 입법과 정책을 체계적으로 수행하고 있다.

글로벌 시대에 한국어를 보존하고 발전시키기 위해서는 유네스코와 같은 세계 기구와 선진국들이 시행하는 모국어 보존전략을 벤치

마킹할 필요가 있다. 구체적으로 언어정책 연구사업을 수립하고, 문자 체계 개발사업을 지원하며, 한국어로 된 문화유산 지식기반사업 등을 추진할 필요가 있다. 또한 국어 사용환경 개선과 국민의 의사소통 증진을 위한 정책도 추진해야 한다. 이외에 국어정보망 구축과 통합 정보시스템 구축으로 정보화 시대 한국어의 사용을 극대화하고, 민족의 문화유산으로서 한국어와 한글을 보존하고 발전시킬 수 있는 정책 수립도 요구된다.

한글의 산업화 전략

한글은 창제원리와 구성 자체가 가장 체계적인 질서를 가진 글자라고 인정받고 있다. 세계 언어학자들은 소리와 글이 체계적으로 연결된 완벽한 문자로 한글의 우수성과 독창성, 과학성을 인정하고 있고, 유네스코 세계기록유산으로도 등재되어 있다. 즉 과학적으로 매우 완벽하게 만들어진 것이 한글, 훈민정음인 것이다. 훈민정음의 창제 원리를 설명한 훈민정음 해례본을 보면 한글이 얼마나 과학적인 원리로 만들어졌는지 설명이 되어 있다.

한글은 디자인의 산업화 측면에서도 매우 우수하고 큰 가능성이 있다. 한글의 자음과 모음의 형태는 창제할 때 발성기관의 모양을 참조했다. 즉 한글은 사람이 목소리를 낼 때 목구멍과 혀의 모양을 단순화시켜 한글의 글자꼴을 만들었다. 즉 발음할 때 목구멍의 모습을 본 뜨는 등 발성 기관이나 그 소리가 나는 모습이 글자의 기본이 된 것이다. 이러한 창제원리로 인해 문자의 구성과 체계가 디자인화 되는 데 상당히 과학적으로 활용될 수 있는 것이다.

이것은 디자인 산업적 측면에서 '바이오미미크리 디자인biomimicry

design'에 해당된다고 볼 수 있다. '바이오미미크리'는 생물의 기본 구조와 원리, 메커니즘 등 생물체의 특성을 산업 전반에 응용하는 것을 의미한다. 예를 들어 물총새를 모방한 신칸센 기차나 노랑거북복을 모티브로 한 벤츠의 자동차처럼 한글도 바이오미미크리 산업의 일종으로 발전시켜갈 수 있는 상당한 가능성을 내포하고 있는 것이다.

또한 국제적으로 통용될 수 있는 한글폰트(예를 들면 Helvetica체)를 개발하거나, 패션 등 디자인적 요소가 강한 산업분야에 한글 디자인을 활용하는 산업화도 상당한 가능성이 있다. 패션디자이너 이상봉씨의 '한글 패턴' 등도 유사한 예가 될 수 있다.

향후 10년간 한글산업의 핵심분야 조사에서 1순위가 디자인(26.7%), 2순위가 콘텐츠(27.8%), 3순위가 문자음성 입력장치(20%)로 조사되었다. 이외에도 IT기술(13.3%), 패션(8.3%), 관광(6.7%)순으로 나타났다. 이유로는 다른 분야에 비해 한글산업 분야가 기술혁신 및 트렌드를 선도할 가능성이 높기 때문이다. 한글이 가진 과학성과 체계성으로 인해 한글 산업화는 다른 어떤 나라의 언어보다 경쟁력이 있다.

한국어 산업화 전략을 위해서는 한글의 브랜드화 전략 강화, 한글을 응용한 IT기술 개발 지원 및 전문인력 양성, 미래 신성장 한글 산업분야 발굴, 한글산업 전문기관 구축, 한글의 원리 및 기능에 대한 체계적 연구지원, 한글의 산업적 활용을 위한 한글의 원천소스 지원, 국내 한글산업 환경 조성 등의 정책이 요구된다.

한글의 장점을 되살리는 언어전략

우리 국민들의 경우 한글 독해 능력은 좋지만, 문장 이해력이나 글쓰기 능력은 떨어진다. 이를 보완할 수 있는 한국어 능력 신장 방안을 수립하고 이를 체계적으로 교육할 필요가 있다. 또한 체계적인 글쓰기 프로그램이 개발되고 효율적인 교육 방안도 함께 연구되어야 한다. 더불어 한글의 특징을 적극 활용하는 방안 연구가 부족하다. 세계 모든 언어학자들이 한글을 세계 최고의 '과학적인 문자 체계'라고 인정하고 있다. 과학적이며 체계적인 한글의 특성을 어떻게 적용할 것인지에 대해 학자들이나 정부 당국자의 인식이 약하다.

훈민정음 해례본을 보면 '소리가 있으면 반드시 문자가 있다'고 했다. 한글을 창제원리대로 사용하면 무슨 소리든지 다 글로 표현할 수 있다는 엄청난 선언이다. 그럼에도 불구하고 요즘처럼 다양한 외국어가 몰려오는 시대에 '한글로 쓰지 못하는 외국어가 있다'고 일찍 포기해 버리는 것은 한글의 무한한 잠재력을 고려하지 않은 행위이다.

훈민정음에 나타난 대로 합자병서合字並書원리를 되살리고 순경음 비읍(ㅸ)과 같은 기능을 사용하면, 바람소리, 동물소리 등 천지자연의 모든 소리를 한글로 쓸 수 있다는 주장에 대해 진지하게 귀를 기울여야 한다. 이러한 기능을 되살리려면 국어기본법이나 한국어맞춤법에서 잘못된 부분을 찾아서 수정하는 과감한 노력이 뒷받침되어야 한다. 이것이야말로 한글의 우수성과 과학성을 되찾는 핵심적인 작업이 될 것이다.

8

미래세대전략

미래세대란 현세대의 결정과 행동의 영향을 직접적으로 받으면서도 아직 미성년이거나 태어나지 않았기에 자신의 목소리를 현실 정치에 반영할 수 없는 세대를 말한다. 이는 곧 현세대의 의사결정은 미래세대까지 포함해 장기적인 관점에서 이루어져야 한다는 것을 의미하지만 미래세대를 향한 관심과 투자는 매우 미흡한 실정이다. 이러한 무관심은 현재의 정치적, 제도적, 구조적 한계에서 비롯된다. 우리나라를 포함한 모든 국가의 공식적인 제도가 현세대의 요구에 우선 반응하도록 구조화되어 있고, 이를 기초로 통치행위의 정당성을 부여받도록 제도화되어 있기 때문이다.

하지만 환경오염과 이로 인한 생태계 파괴와 기후변화, 그리고 자원고갈 등 현세대가 남긴 폐해를 미래세대가 고스란히 떠안아야 한다는 경각심은 미미하나마 미래세대에 대한 관심의 배경이 되고 있다. 특히 OECD 국가 중 최하위권을 기록하고 있는 한국의 낮은 출산율, 급속한 고령화, 복지수요 확대에 따른 재정건전성 문제가 최근 우리 사회의 뜨거운 현안이 되면서 미래에 대한 관심과 우려를 촉발시키는 것도 사실이다.

저출산과 고령화 인구구조 하에서 세대 간 부양의 원리를 기반으로 하는 현행 연금, 보험, 의료제도 등은 미래세대에게 막대한 재정적 부담으로 돌아갈 수밖에 없기 때문이다. 2015년 공무원연금 개혁 과정에서 지켜본 것과 같이, 저부담, 고급여 방식으로 설계된 현행 연금제도는 미래세대에게 과중한 부담을 강요한다. 이렇듯 가시화된 미래의 양상은 한국사회에서 미래세대와 세대 간 형평성 문제에 대한 관심을 유발하는 계기가 되고 있다. 이러한 배경을 토대로 미래세대를 배려하고 세대 간 형평성을 제고하기 위한 전략과 추진 방안들을 살펴보고자 한다. 보다 구체적으로 미래세대의 권익을 현실 정치·정책에 반영함으로써 세대 간 형평성 제고를 실현할 수 있는 제도적 해법을 제시하고자 한다.

미래세대와 현세대 간 형평성 문제

현세대와 미래세대 간의 형평성은 크게 '환경 및 자원 보존'과 '재정 건전성' 차원에서 논의할 수 있다. 먼저 '환경 및 자원 보존'과 관련한 논의는 미래세대의 '환경권'과 연계된다. 지구의 환경과 자원은 현세대만의 소유물이 아니며, 미래세대도 오염되지 않은 환경과 천연자원의 혜택을 누리고 살 권리를 가지고 있다. 현세대가 지금과 같이 자원 소비를 지속한다면 지구의 유한한 자원은 고갈될 수밖에 없으며, 환경오염이나 생태계 파괴 등의 문제 또한 피할 수 없게 된다. 두 번째는 세대 간 자원분배의 불균형 문제를 야기하는 현행 연금시스템이다. 세대

간 부양의 원리를 기반으로 하는 현행 공적연금제도는 저출산, 고령화가 가져올 인구구조 변화에 민감하다. 고령화의 진전으로 연금지출은 늘어나지만, 출산율 저하와 경제활동인구의 감소로 연금 재원이 부족해지고 있기 때문이다. 이는 곧 미래세대에게 커다란 부담으로 돌아갈 수밖에 없다.

현세대와 미래세대간의 격차는 현행 정치, 경제, 사회 시스템이 유지되는 한 더욱 확대될 것이다. 특히 미래세대의 환경권과 연금문제에 있어서 자원·환경 및 인구구조의 변화 등 미래세대에 직접적인 영향을 미칠 수 있는 미래의 추세들은 낙관적이지 못하다. 기후는 불안정해지고 있으며, 자연 재난·재해도 증가하고 있다. 소득수준에 비해 과다한 에너지 사용도 문제이다.

급격한 저출산과 고령화의 추세도 미래세대에게 커다란 부담이다. 인구가 감소하고 고령자가 증가하는 미래 상황에서 현행 연금제도는 '세대 간 착취' 문제로까지 이어질 수 있다. 공무원, 사학, 군인, 국민 등의 연금제도가 현재와 같은 양상으로 미래에도 지속된다면, 연금재정이 고갈되어 재정위기가 발생한다. 베이비붐 세대가 본격적으로 은퇴를 시작하는 2018년경이면 이미 연금과 건강보험 등 재정수요가 폭증할 것으로 예상된다.

복지수요는 고령화의 진전과 사회적 양극화의 심화로 지속적으로 증가할 전망이다. 현행 복지제도를 유지만 하더라도 급속한 고령화로 인해 2050년에는 사회복지 지출이 GDP의 15%를 넘어설 전망이다. 현세대를 위해 복지를 확대할 경우 이는 곧 미래세대 복지의 잠식이 된다. 현저히 부족한 복지재원 마련을 위해 증세와 국채발행 등이 거론되고 있으나, 조세저항 등을 감안할 때 국채발행이 가장 현실적인 대안이라는 주장이 나오고 있다. 그러나 이는 복지는 확대하면서 책임은 지지 않겠다는 논리이며, 미래세대에게 비용부담을 전가하겠다는 의미이다. 현세대를 위해 미래세대의 권익과 복지를 잠식한다면, 이는 세대 간 형평성에 어긋날 뿐만 아니라 미래의 지속가능한 발전도 담보할 수 없다.

문제해결을 위한 미래전략과 추진방안

한 해의 정부 살림살이를 파악할 수 있는 국가 재정적자가 만성적으로 고착화되면서 2015년에는 무려 38조 원에 달했다. 이는 전부 미래세대에 부담으로 작용한다. 이 문제를 해결하기 위한 여러 전략에 대해 알아보도록 하자.

정책적 대안 사례

세대 간 형평성 문제를 다루는 문헌들을 검토해 보면, 이를 해결하기 위한 개혁적인 제안들이 무척 다양하다는 것을 알 수 있다. 이러한 제안들은 상당한 정책적 대안을 담고 있으며, 헌법의 개정, 입법부 내 위원회, 독립적 행정기관, 정책 아젠다의 설정부터 평가에 이르기까지 정책 사이클의 모든 단계를 취급하고 있다. 또한 국외와 국내, 지방의 개혁 사항까지 공공정책의 모든 단계를 포함하고 있으며, 민간 영역 및 비영리 부문도 포괄한다. 이러한 제안들의 많은 부분이 최근 수십 년간 국제기구 및 개별 민주주의 국가에서 제도화되었거나, 정책적으로 고려된 바 있다.

〈표 3-9〉에서 보는 바와 같이 미래세대의 권익보호와 관련해 기

존에 제시된 여러 해결책들을 분석해 보면, 광범위한 분야에 있어서 다양한 형태의 해결책과 독자적인 제안들이 있음을 확인할 수 있다. 각 제안들의 조합 방식이나 혼합 방식을 포함하면, 그 수는 더욱 늘어난다.

이 제안들 중 상당수가 복합적인 목표를 지녔으며, 단순히 미래세대를 위한 것만은 아니다. 또한 제안의 중요도나 복합성의 스펙트럼이 매우 다양하다. 개별 국가들의 헌법 규정, 정부 조직, 정당 간 경쟁 구조, 이념적인 양극화 수준, 사회적 신뢰와 호혜성 수준, 정책 프로그램의 특성, 정책 해결책과 연관된 보상구조 등이 다양성에 영향을 주는 요인들이다.

〈표 3-9〉 미래세대의 권익보호를 위한 해결책

미래세대를 위한 글로벌 거버넌스 조직 개혁
미래세대의 권익보호를 위한 법 조항 마련 또는 강화
미래의 중요한 의사결정을 선출직이 아닌 독립적인 기관에 양도
선거제도 및 투표권 개혁
행정 및 입법기관의 설계 변경
미래예측 메커니즘과 계획 프로세스 강화
장기적인 사안에 초점을 둔 새로운 전략과 계획 수립을 위한 연구 및 자문 기관 설치
미래세대의 후견, 또는 보호와 책임을 담당하는 새로운 기구 창설
절차 및 실질적인 부문에서 의사결정자들을 제한하기 위한 새로운 규칙 도입
예산 및 성과 관리 기구 및 책임성 강화
새로운 정책 프레임워크에 기반한 회계, 복지 측정을 위한 미래준비 및 영향지수 개발
시민사회 역량 강화

따라서 특정한 정치적, 제도적 개혁이 한 국가의 상황에서는 긍정적인 결과를 가져올 수도 있지만, 다른 국가에서는 그렇지 않을 수도 있다는 점을 상기해야 한다. 만약 사회가 이념적으로 깊이 분열되어 있거나 정부에 대한 신뢰도가 낮을 경우, 재정이나 환경의 지속가능성 등과 같은 미래세대와 관련이 있는 문제들에 대한 합의를 도출하기는 쉽지 않다. 장기적 정책 목표와 이를 성취하기 위한 방법에 대한 온건한 합의 없이 올바른 제도와 정책을 펴기는 쉽지 않다. 뉴질랜드의 정책학자 조나단 보스톤Jonathan Boston은 미래세대 정책을 포함한 중장기 미래를 다루는 정책수립이 어려울 수밖에 없는 상황적 특징을 다음과 같이 정리하고 있다.

- 문제가 고도로 복잡할 때
- 예측이 어렵고 인과관계가 불확실할 때
- 정책 효과가 시공간적으로 분산되어 있을 때
- 미래에 직면하게 될 손실들이 비가시적이거나 무형적이어서 긴박성이 줄어들 때
- 정치적 약자나 소외된 집단에만 지배적으로 주어지는 효과일 때

대부분의 중장기 미래정책은 위의 특징 중 하나 이상에 해당되는 상황에 직면한다. 이는 곧 이해당사자 간의 합의 도출을 어렵게 만드는 이유이다. 기후변화 문제는 위와 같은 상황적 특징들을 모두 포함하고 있어 적절한 정책적 대응을 어렵게 하는 대표적인 사례이다. 특히 중장기 정책 문제는 투자 형태의 성과 구조를 가지고 있어 종종 세대 간 책임 전가의 유혹을 낳는다. 세대 간 책임 전가의 유혹은 정책

투자의 비용이 직접적이고 세부적이고 확실하고 가시적인 반면, 장기적 효용이 불확실하며 무형적일 때 더 크게 나타난다. 이러한 비대칭적 성격의 구조적 문제는 미래세대를 고려한 정책을 지향하는 데 큰 걸림돌이자 큰 노력을 기울여야 할 부분이기도 하다. 이를 위해 미래세대에 대한 정치적 지원 범위를 확대하거나, 세대 간 성과를 조절하는 등의 방식으로 문제 해결책을 찾을 수 있다. 물론 그것은 실행 가능해야 하며, 세부적인 법적, 정치적, 정책적 상황 요건에 부합하도록 조절되어야 한다.

추진 방향: 실행가능성, 효과성, 한국적 적실성

미래세대의 권익보호와 세대 간 형평성 제고를 위한 제도 및 정책 설계를 위해서는 복합적인 사고가 필요하다. 또한 많은 정치적, 제도적인 장애물을 극복해야 한다. 이는 단기간 내에 이루어질 수 없으며 장기적인 계획과 지속적인 실천이 필수적이다. 미래세대를 위한 정책과 제도들은 무엇보다 실행 가능해야 하며, 효과가 있어야 하며, 한국적인 상황 요건에 부합되어야 한다. 따라서 제도 및 정책 설계의 기준으로 실행가능성, 정책적 효과성, 한국적 적실성이라는 3가지 방향성을 염두에 둘 필요가 있다.

먼저 설계될 제도나 정책이 실질적으로 실행가능한지 여부를 판단해야 한다. 예를 들어 헌법 개정이 필요한 제안들은 본질적인 법규 변경을 요구하기 때문에 실행하기가 쉽지 않다.

다음으로 설계될 제도나 정책이 실질적으로 미래세대의 권익보호와 세대 간 형평성 제고에 기여할 수 있는지 여부를 판단해야 한다. 이는 정책과 제도의 지속 가능성과도 연관되며, 법적으로 구속력 있는 의무적 기제, 또는 인센티브의 활용을 고려하는 것이다. 한 예로 핀란드의 미래상임위원회 같은 경우는 소속 의원들이 의회 내 요직이나 정당의 리더가 되기 위한 주요 통로로 작용하고 있어 정책입안자들에게 강한 동기 부여를 제공하고 있다.

마지막으로 설계될 제도나 정책이 한국적 상황에 얼마나 부합되는지를 검토해야 한다. 우리나라의 헌법 체계, 정부 조직, 정당 간 경쟁구조, 이념적인 양극화 수준, 사회적 신뢰와 호혜성 수준 등을 고려해 정책 및 제도 설계의 방향성을 설정하는 것이다.

〈표 3-10〉 실행가능성, 효과성, 한국적 적실성 측면에서 평가한 기존 대안들

해결 대안	실행 가능성	효과성	한국적 적실성
글로벌 거버넌스 개혁	◎	○	N/A
법 조항 마련 또는 강화	○	◎	○
미래의 중요 의사결정을 선출직이 아닌 독립적인 기관에 양도	△	◎	△
선거제도 및 투표권 개혁	△	◎	△
행정 및 입법기관의 설계 변경	○	○	○
미래예측 프로세스 강화	◎	○	◎
중장기 전략과 계획수립을 위한 연구 및 자문 기관 설치	◎	△	◎
미래세대의 보호와 후견을 담당하는 새로운 기구 창설	○	◎	○
의사결정자들을 제한하기 위한 새로운 규칙 도입	△	◎	△
예산 및 성과 관리 기구의 책임성 강화	◎	○	◎
회계, 복지 측정을 위한 미래준비 및 영향지수 개발	◎	○	◎
시민사회 역량 강화	◎	○	○

◎: 높음 ○:보통 △:낮음

주: 위 평가는 연구자의 주관적인 판단으로, 추후 전문가 델파이 조사를 통해
보다 면밀하고 신뢰성 있는 검토가 요구된다.

이러한 실행가능성, 효과성(지속가능성), 한국적 적실성이라는 측면에서 이미 제도화되었거나, 정책적 고려 대상이 되었던《표 3-9》미래세대의 권익보호를 위한 해결책을 평가해 보면 〈표 3-10〉과 같다.

미래세대 권익보호 제도화를 위한 추진 전략

실행가능성, 정책적 효과성, 한국적 적실성이라는 3가지 방향성에 입각해 정책과 제도 설계가 이루어지기 위해서는 무엇보다 전략적 실행환경 제공이 필요하다. 즉 정책의 수요와 공급 측면을 고려한 전략적 접근이 요구된다. 수요는 정책의 결정, 입안을 담당하고 있는 정책결정자들의 인센티브에 대한 고려이며, 공급은 정책결정자들이 보다 나은 의사결정을 할 수 있도록 제공되는 정보, 데이터, 분석, 방법론, 절차 등을 의미한다.

정책 공급 부분의 질적·양적 향상은 새로운 기구 설립이나 기존 기구의 역량 강화를 통해 일정부분 가능하나, 정책의 수요 부분은 많은 노력과 전략적인 고민이 요구된다. 특히 정책결정자들은 선거의 압력 때문에 장기적인 고려보다는 단기적인 이해에 우선순위를 두게 되며 그러한 압력의 규모나 형태 및 강도가 정책 결정에 영향을 줄 수밖에 없다. 유권자들 또한 장기적인 혜택보다는 단기적인 이익을 선호하는 경향이 있다. 따라서 정책결정자들이 중장기 미래와 미래세대의 권익에 관심을 가질 수 있도록 인센티브를 제공할 필요가 있다. 미래의 이익을 얻기 위해 현재의 희생을 요구하거나 고통의 일부를 현세대의 힘 있는 집단이 부담해야 할 경우에 특히 필요하다.

사회심리학이나 행동경제학 분야의 연구가 제시한 해결책 중 하나는 '의무적 기제'를 고안하여 인간 행동의 동인으로 삼는 것이다. 그 목적은 의사결정자들이 특정 행위에 구속되도록 하며, 일관성 없는 행동이나 약한 의지 및 외부의 압력에서 발생하는 문제를 줄여주는 데 있다. 이는 특히 정책의 성과가 점진적이고 장기적으로 나타나는 사안이 단기적인 이익에 의해 좌우되는 경우에 적용할 만하다.

만약 인센티브를 제공할 수 있는 정치적 수요 구조를 변경하는 데 제한이 있다면 다른 실행전략을 고민해야 한다. 정책입안자들이 입법 발의를 하는 데 있어서 입법상 제한을 둔다거나 단기적인 정치적 압력으로부터 이들을 보호할 수 있는 추가적인 조치들을 마련하는 것도 방법이다. 그러나 미래세대를 고려하는 입법이나 정책 수립은 사회적으로, 이념적으로, 정치적으로 양분되어 있는 국가에서는 쉽지 않다. 정책적 가치나 목적에 대한 합의가 존재하지 않고, 정책에 대한 의견이 첨예할 경우 유용한 결과를 창출하는 것은 더욱 어려울 것이다.

제도적 장치를 통한 실행 방안

도덕적·윤리적 의무만으로 미래세대에 관심을 갖고 이들을 배려할 수 있는 정책을 수립하도록 강요하기는 어렵다. 적절한 정치적 보상구조가 마련되어야 한다. 행정부의 정책입안자나 정책결정자에게 중장기 정책과 미래세대를 배려하는 정책을 입안하거나 수립 시에 가산점을 부여하고, 인사 상의 혜택을 부여할 필요가 있다. 이를 위해서는 공무원 평가제도에 대한 전반적인 개편이 요구된다. 입법권자들에게도 보상구조가 필요하다. 그러나 입법권자들은 선거의 압력에서 자유롭지 못하기 때문에 국회나 정당에서의 배려가 필요하다. 즉 미래세대를 위한 의정활동을 수행하는 의원들에게 특별한 보상제도가 마련되어야 한다.

국회의원 중에서 미래세대 대리인을 선출하는 것도 고려해볼 만하다. 현재 대한민국에서 시행되고 있는 정당명부식 비례대표제를 기본으로 그 기능과 역할을 재구성 혹은 변경하여 미래세대를 대표하는 역할을 수행하도록 하는 것이다. 현재는 1인 2표에 의한 정당명부식 비례대표제를 통하여 300개 의석 가운데 47개의 의석을 비례대표에게 할당하고 있다. 이러한 비례대표제를 미래세대를 대표하는 제도로 보완하는 것이다. 미래세대를 대표하는 의원들은 미래세대의 권익을 침해하거나, 세대 간 형평성을 저해하는 법안 및 정책에 누구보다 빠르고 적절하게 대처할 수 있을 것이다.

물론 미래세대를 위한 중장기 정책 수립이 대중의 지지를 얻기 위해서는 몇 가지 조건이 뒷받침되어야 한다. 예컨대 기본적인 사실이나 증거가 명백하고 논쟁의 여지가 없어야 하며, 확실한 조기 경고 징후가 있어야 한다. 또한 대안으로 내세운 정책의 결과가 파악하기 용이해야 한다. 나아가 정책으로 인한 비용과 혜택이 주어지는 주체가 분명해야 하며, 정책 투자의 일부 혜택을 가까운 장래에 얻을 수 있어야 한다.

이러한 요인들을 충족시키기 위해서는 첫째, 중장기 정책결정자들이 다양하고 풍부한 정보를 받아볼 수 있도록 원활한 정보 습득환경을 조성해야 한다. 즉 필요한 정보의 범위를 늘리고 품질을 향상시켜 미래세대와 그 잠재적 위협에 대해 이해할 수 있도록 해야 한다.

둘째, 제안된 정책 투자에 대해 권위 있는 지원을 보장해야 한다. 추진될 정책이 장기적인 사회적 혜택을 명확하게 규정하지 못한다면 정치적으로 지속될 힘을 얻지 못한다. 명확하고 충분한 증거를 제시할 수 있는 독립위원회나 초당적 위원회를 설치하는 것은 잠재적으로 미래세대의 이익에 회의적인 유권자들을 설득하는 데에도 도움이 될 수 있다.

셋째, 정책에 대한 프레임을 재구성하는 것이다. 대부분의 정책들은 여러 가지 목표와 목적을 가지며 일부는 유권자들로부터 광범위하게 지지를 받을 수 있다. 이러한 수용성의 차이는 각국이 처한 정책적 이념, 철학, 윤리적 고려를 통해 형성된 정책 환경과 무관하지 않다.

넷째, 정책적 지지를 획득하는 한 방편으로 장기적 이익을 추구함으로써 단기적으로 가장 크게 손해 볼 집단에 대해 보상을 해주는 것이다.

마지막으로 협력적인 거버넌스를 통해 특정 정책에 대한 초당적인 지지와 사회적 합의를 만들어 낼 필요가 있다. 이러한 접근으로 광범위한 합의에 성공할 수 있다면 정책 프레임을 지속할 수 있는 기반 마련이 가능할 것이다.

9

양극화해소전략

우리나라에서 금융자산 10억 원 이상을 보유한 부자는 2015년말 기준으로 약 21만 명이다. 이는 전년대비 15.9% 증가한 수치이다. KB 금융지주 경영연구소가 2016년 7월 발표한 '2016 한국 부자 보고서'에 따르면 우리 국민의 0.41%가 가계 전체 금융자산의 15.3%를 차지하고 있는 것으로 나타났다. 부의 편중을 의미하는 이러한 수치는 그만큼 경제양극화가 심화되고 있다는 것을 뜻한다. 저성장과 함께 양극화가 한국의 경제와 사회의 핵심 문제로 떠오르면서 사회적 경각심이 커지고 있는 것도 사실이다. 2016년 6월 열린 20대 국회의 첫 교섭단체 연설에서 여야 3당 대표들이 공통적으로 제시한 국가적 의제 역시 양극화 해소와 불평등 개선이었다. 양극화와 불평등은 경제적 분배의 문제를 넘어 사회적 통합을 가로막고 분열과 불안을 초래하는 복병이기 때문이다. 유럽연합에서 탈퇴한 영국의 브렉시트Brexit가 상징하는 반세계화의 기저에도 바로 낙후된 지역 중심으로 양극화에 대한 사회적 분노가 자리하고 있다. 미국 대선 과정에서 나타난 도널드 트럼프

Donald Trump와 버니 샌더스Bernie Sanders 현상 또한 빈익빈부익부로 내몰린 저임금 노동자들의 분노와 좌절을 담고 있다.

국내서도 경제적 양극화는 정치권의 의제일 뿐만 아니라 일반 국민들 사이에서도 보수와 진보의 이념 대립보다 더 큰 사회적 갈등요인으로 꼽힌다. 빈익빈부익부의 불평등 구조를 고착화시키는 경제양극화는 한국의 노동시장 구조에서 기인하는 측면이 크다. 한국의 노동시장은 근로조건, 임금수준, 고용안정성 측면에서 양호한 1차 시장과 열악한 2차 시장으로 나뉜 이중적 구조를 형성하고 있기 때문이다. 노동시장의 이중구조는 정규직과 비정규직, 대기업과 중소기업 등 여러 집단들 사이에 격차를 벌리는 주요 요인이 되고 있다.

양극화의 원인을 보다 근원적으로 나눠보면, 첫 번째로는 고용비중의 급격한 감소를 가져온 제조업의 침체를 비롯한 산업구조 변화와 저성장에 따른 고용 정체를 들 수 있다. 성장시대에서 강조했던 낙수효과trickle down effects가 사라졌음은 물론이다. 두 번째로는 앞서 언급한 이중적 노동시장처럼 기업규모와 고용형태에 따른 노동시장의 구조적 문제를 지적할 수 있다. 정규직과 상용직을 줄이고 비정규직과 임시직을 늘려온 기업의 고용전략도 이러한 범주에 속한다. 세 번째로는 노동시장의 공급 차원에서 원인을 찾아볼 수 있다. 즉 급속한 고령화는 경제 활력을 저하시켰을 뿐만 아니라 고령 근로자의 하위 일자리 진입을 증가시킴으로써 저소득층 증가로도 이어지게 했다.

한편 최근 박근혜 정부가 진행하고 있는 노동시장 구조개혁 관련 논의에서 드러나는 바와 같이, 노동시장 유연화가 진행되는 동안 노동시장에서 탈락하는 계층이나 집단을 위한 사회안전망 확충 및 보호 이슈가 또 다른 주요 현안으로 떠오르고 있는 상황이다.

이렇듯 양극화 및 불평등 개선 전략을 강구하는 것은 세계 주요 국가가 안고 있는 공통적인 문제이자 시대를 관통하는 화두일 뿐만 아니라 우리에게도 이제 한국사회의 최대 갈등요인을 해결하기 위한 현안과제가 되었다. 이에 한국의 노동시장 고용구조와 임금격차 현황을 확인하고, 사회안전망 실태를 살펴본 후에, 양극화 및 불평등 개선을 위한 전략 방향을 제시하고자 한다.

한국 노동시장의 현황

경제양극화는 중간층이 엷어지는 대신 부자와 빈곤층이 늘어나면서 상하층이 많아지는 현상이다. 더 심각한 것은 불안정한 고용구조와 임금격차에 따른, 이른바 '일하는 빈곤working poor'의 문제이다. 구조적 차원의 해결 없이는 양극화 문제를 해소하는 것이 불가능하다는 것을 뜻한다.

고용구조와 임금격차 실태

그동안 지속적으로 한국의 노동시장에서 비정규직 비율이 높다는 것이 양극화와 고용불안정성의 주요 원인으로 지적되어 왔다. 지난 10년간 고용형태별 고용비율의 추이를 살펴보면 비정규직 비중이 조금 줄어들고(2004년 37%→2014년 32.4%), 정규직 비중이 조금 늘어났지만(2004년 63%→2014년 67.7%), 비정규직 비율은 여전히 높다고 할 수 있다. 10년 이상 장기근속자 비율 측면에서도 19.7%(2013년 기준)를 기록하며 OECD 주요 국가들과 비교해 볼 때 가장 낮은 수준을 보였다. 즉 노동시장에서 고용의 안정성 또한 매우 낮다는 의미이다.

고용 측면에서 가장 두드러지는 특징이 불안정성이라면 임금 측면에서는 정규직 근로자와 비정규직 근로자 간 임금격차가 문제의 심각성을 단적으로 보여준다. 고용노동부의 '2013 고용형태별 근로실태조사'에 따르면, 전체 근로자의 월 급여(정액급여와 초과급여)는 228만 8,000원으로 조사됐다. 이 중 정규직 근로자의 월 급여는 256만 6,000원, 비정규직 근로자의 월 급여는 137만 2,000원이었으며, 비정규직 근로자의 급여 수준은 정규직 대비 53.3%에 머물렀다. 또한 〈그림 3-2〉에서 보여주는 바와 같이 정규직과 비정규직 근로자의 시간당 임금총액을 비교하면, 그 격차는 감소하는 추세이기는 하지만 일정 수준 이상의 임금격차(2008년 13.0%, 2012년 8.4%)는 지속되고 있는 상황이다.

〈그림 3-2〉 정규직과 비정규직의 시간당 임금총액과 격차(2013년)

(단위: 원, %)

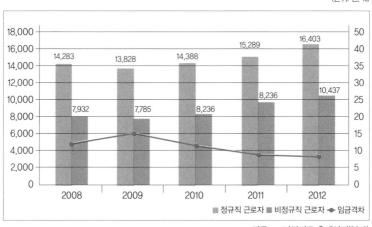

자료: e-나라지표 홈페이지(2013)

대기업과 중소기업 간 임금격차도 큰 것으로 드러난다. 고용노동부의 '사업체노동력조사'(2013년)에 따르면, 대기업 대비 중소기업의 상용근로자 임금수준은 2012년 64.1%를 기록했고, 2002년 67.5% 수준이었던 것에 비해 격차가 더 커진 것으로 나타났다.

〈그림 3-3〉 임금근로자의 월평균 임금 및 대기업-중소기업 격차 (2013년)

(단위: 원, %)

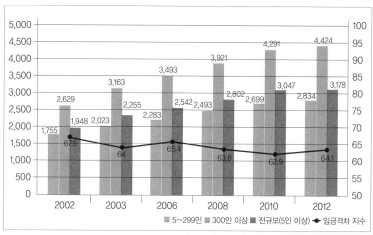

자료: 고용노동부(2014), 알기 쉬운 임금정보 (제32호).

소득불평등을 심화시키는 비경제적 요인

소득불평등income inequality을 가져오는 요인은 다양하지만, 최근 한국사회에서 나타나는 주목할 만한 요인은 바로 인구구조의 변화라는 비경제적 요인이다. 즉 생애주기 상 연령차이가 소득불평도와 밀접한 상관관계를 지닐 수 있는 것이다. 다시 말해 동일한 개인의 경우라도 자신의 연령대에 따라 중·장년기일 때는 고소득층이지만, 청년기와 노년기에는 저소득층에 귀속될 수 있다. 고령화 사회(65세 이상 인구 비중 7% 이상) 단계에 있는 우리나라가 2018년 고령사회(14% 이상) 진입을 눈앞에 두고 있는 가운데, 최근에는 특히 은퇴자가 급증하며 고령자들이 저소득층으로 급속하게 편입되는 현상이 나타나고 있다. 이들 중 상당수가 국민연금 도입 전에 은퇴했거나 도입 직후 은퇴했기 때문에 사회보험 소득은 극히 낮은 수준에 머무를 수밖에 없는 상태이다. 이는 결국 한국사회의 고령화 정도가 진전될수록 소득불평등 정도가 더욱 크게 증가할 수 있다는 점을 시사한다.

또한 소득분배의 불평등 정도를 나타내는 지니계수Gini's coefficient를 통해 소득불평등도 변화 추이를 살펴보면, 우리나라는 1960년대에 경제개발이 시작되면서 불평등이 커지는 것을 의미하는 지니계수 상승 국면에 들었다가 1980년대부터 1990년대 초반까지 하락세를 보였다. 그러나 1990년대 중반부터 2000년대 중반까지 지니계수는 다시 가파르게 상승했으며 이후 2013년까지는 비교적 안정적 패턴을 보였다. 하지만 가구별 특성에 따라 소득불평등 정도가 상당히 다르게 나타나고 있음을 알 수 있다. 즉 2인 이상 가구 대상의 시장소득 지니계수는 소폭 하향안정화 추세인 반면 1인가구를 포함한 전국가구의 시장소득 지니계수는 상대적으로 높았다. 구체적 수치를 살펴보면, 2인 이상 가구의 시장소득 지니계수는 2006년 0.319, 2008년 0.323, 2014년 0.314로 나타났고, 1인가구를 포함한 전국가구의 시장소득 지니계수는 2006년 0.360, 2008년 0.359, 2014년 0.370으로 나타났다. 이것은 이혼 등 가족해체에 따른 1인 가구 증가뿐 아니라 인구고령화로 인한 노인 단독가구 비중 확대가 소득불평등도를 확대시키고 있다는 것을 의미한다.

사회안전망 이슈와 한계

우리나라는 2000년대 초반에 사회보험과 공공부조로 구성되는 사회보장제도의 기본적인 골격을 완성했고, 산재보험, 건강보험, 국민연금, 고용보험 등 4대 사회보험제도의 적용범위와 보장원리 측면에서 보편성을 강화해 왔다. 그러나 여전히 실질적인 성과 측면에서 여러 가지 문제가 있으며, 이는 사회보장제도의 구조 및 구체적인 설계뿐만 아니라 노동시장의 문제와 밀접히 관련되어 있다.

구체적으로 살펴보면, 첫째, 사회보험(고용보험, 산재보험)과 공공부조 제도의 실효성을 가늠할 수 있는 사각지대의 문제인데, 실제로 보호받지 못하는 계층들이 주로 2차 노동시장의 저소득층 노동자들에 해당된다는 점이다. 공적연금이 전국민을 대상으로 확대되면서, 근로자를 대상으로 하는 고용보험과 산재보험은 전체 사업장을 대상으로 확대되었다.

그러나 2014년 현재 고용보험과 공적연금의 미가입률은 전체적으로 각각 22.0%와 25.5%에 이르고, 여성의 미가입률은 각각 26.6%와 31.8%로 남성의 미가입률보다 높다. 고용보험과 공적연금 가입실태는 고용인수가 1~4명 규모부터 300명 이상까지 다양한 사업체의 규모, 상용직, 임시직, 일용직 등의 종사상의 지위, 정규직 또는 비정규직과 같은 고용형태에 따라 커다란 차이가 있다. 예를 들어, 정규직의 고용보험 미가입률은 14.8%이지만, 비정규직의 고용보험 미가입률은 42.1%로 거의 3배에 가깝다. 특히 임시직과 일용직, 그리고 비정규직 가운데서도 단기 기간제와 시간제 및 호출근로의 경우에는 고용보험과 공적연금의 혜택을 거의 받지 못한다. 그밖에도 고용인 수가 10명 이하인 작은 사업체의 종사자 3분의 1 이상도 사회보험 가입률이 낮은 상황이다.

또한 임금근로자 여부에 따라 사회보험의 적용 여부 및 운영방식이 달라지기 때문에 자영업자와 임금근로자 사이에서 성격을 명확히 규정하기 쉽지 않은 고용형태가 늘어나면 사회보험을 통한 보호의 실효성을 거둘 가능성은 더욱 낮아진다. 프리랜서의 증가나 확산되고 있는 공유경제의 일하는 방식의 변화도 사회적 보호에서 배제된 사각지대의 폭을 넓힐 우려가 있다. 계속 변화하는 고용지위에 따라 고용보험 및 산재보험 적용이 달라지기 때문이다. 그밖에도 질병이나 장애에 따른 소득상실의 위험을 보장하는 사회보험제도, 즉 질병급여나 장애급여가 없고 장애인에 대한 소득보장제도가 중증장애인 및 중증장애아동을 대상으로 한 소액의 수당 이외에는 매우 미미한 실정이다.

둘째, 고용보험의 실질적인 보호수준의 문제이다. 글로벌 경제위기 이후 한 번 미끄러지면 멈추지 못하고 바닥까지 추락하는 '미끄럼틀 사회' 현상이 우리에게도 유효하다고 볼 수 있는데, 현재 고용보험의 보호를 받지 못하는 취약계층은 대부분 실업급여는커녕 변변한 퇴직금조차 받지 못하여 실직 상태가 가구 빈곤으로 이어지는 상황이 나타나고 있다. 고용안전망의 보호를 받지 못하고 실직과 빈곤이라는 동반 위험에 노출되어 있는 근로빈곤층이 크게 늘어나고 있는 것이다.

2011년 기준으로 한국의 실업급여 수급률은 39.4%로 OECD 국가들 중 일본(23.0%)보다는 높으나 대체로 낮은 편이다. 실업급여가 있음에도 불구하고 수급률이 낮은 이유는 실업급여 적용범위에서 사각지대가 크고 고용보험 가입률이 낮은 임시직과 일용직의 이직률이 높은 데에서 기인한다. 비상용직과 비정규직, 그리고 특수형태 근로종사자 등에 대한 고용보험 적용방안이 마련되어야 하는 이유이기도 한 것이다. 또한 실업급여 이외에 실업부조를 통해서 실업보험으로부터 배제되거나 실업급여를 소진한 실업자를 보호하는 제도의 부재도 한 원인이라고 볼 수 있다. 이와 같은 측면에서 '한국형 실업부조' 정책의 확대가 필요하다. 실업부조는 일정한 요건을 충족하면 현금급여를 제공하는 권리 보장형entitlement-based 제도이지만, 한국형 실업부조는 노동시장정책에 성실하게 참여하는 자에게 조건부 현금 급여를 제공하는 방식으로, '先취업지원 後생계지원' 방식을 통해 더 나은 일자리로의 이동에 초점을 맞추고 있다.

경제양극화 및 소득불평등 개선을 위한 전략 방안

경제양극화를 해소하고 소득불평등을 개선하기 위해서는 무엇보다도 노동시장의 고용안정성을 높여야 하고, 정규직과 비정규직 간, 그리고 대기업과 중소기업 간 임금 격차를 해소하기 위한 부단한 노력이 선행되어야 한다. 노동시장이 제도에 의한 규율 및 노사관계의 기반 위에서만 건강하게 기능할 수 있다는 인식을 전제로 적절한 노동시장 제도와 노사관계를 형성해 나가는 것도 필요하다. 이를 위해서는 적절한 고용보호 수준 확보, 특히 비정규직 보호와 간접 고용 규제, 근로기준법의 적용범위 확대 및 최저임금 현실화와 제도의 순응률 제고, 노동조합의 연대임금정책과 이를 뒷받침할 수 있는 노사관계 기반 정비 등이 이루어져야 한다. 아울러 노동시장 격차의 근원적 원인이 되는 산업구조 양극화 해소 노력이 뒷받침되어야 한다. 그밖에도 양극화와 불평등 심화가 저소득층 확산, 경제성장 동력의 파괴, 그리고 사회적 갈등으로 이어지는 악순환에서 벗어나기 위해 필요한 몇 가지 전략방안을 살펴보면 다음과 같다.

고용형태 다양화, 정규직 유연화 및 비정규직 공정한 처우

법규제 등을 통해 비정규직을 없애고 모든 근로자를 정규직화 하는 것은 비현실적인 대안이기 때문에 정규직과 비정규직으로 양극화된 고용형태 사이에 다양한 고용형태를 제시함으로써 합리적 선택이 가능하도록 하는 것이 필요하다. 이 과정 속에서 다양한 고용형태가 사회정의의 관점에서 허용되고, 고용안정성과 유연성의 관점에서 어느 정도의 균형성을 확보해야 할 것이다.

또한 정규직 근로자의 특권 해소(유연화)를 통해 정규직 유입 기회를 확대해야 하며, 이를 위해 해고제도 개선을 통해 고용경직성을 완화시켜야 할 것이다. 예를 들어 금전보상제도 확대, 경영상 해고의 기준 명확화, 해고보호 적용 기준점을 최소 6개월 이상 근속기간을 초과한 자로 제한하는 등의 개선 방안을 제시할 수 있다. 더불어 무기계약직 등 다양한 정규직 유형('중규직')의 활성화 방안을 검토할 필요가 있으며 동시에 무기계약직에 대한 차별금지 제도 도입이 필요할 것이다.

비정규직 근로자의 공정한 처우를 확립하는 것도 중요하다. 기존의 '차별시정제도 활성화' 외에 정규직 중심의 집단적 노사관계를 비정규직에게 확대하는 방안이 중요하다. 즉 노사협의회 등에 비정규직의 참여 기회를 제도적으로 보장하는 등의 고용형태 다양성을 반영한 집단적 의사결정 채널을 확보해주는 것이 필요하다. 이를 통해 기간제 근로자의 임금 등 근로조건의 집단적 결정 가능성(기업단위)을 높일 수 있으며 더불어 파견근로자의 임금기준에 대한 집단적 결정시스템(산업, 업종, 지역 단위) 도입도 이뤄갈 수 있을 것이다.

직무급 임금체계로의 전환

다양한 고용형태의 유연성과 안정성의 균형을 맞추면서 임금격차 해소를 위해서는 기존의 연공 중심의 속인적 임금체계 대신 직무급 체계로의 전환과 정착이 필요하다. 직무급이란 임금이 해당 근로자의 직무에 따라 정해지는 것을 뜻한다. 따라서 같은 직무에 종사하는 근로자에게는 근속년수, 연령 등의 조건과 관계없이 동일 임금을 지불하는 방식이 된다.

직무급 임금체계는 노동시장 고령화가 진행되고 있는 상황에서 지속가능성을 담보할 수 있는 대처 방안이기도 하지만, 비정규직에 대한 불합리한 임금 차별 해소를 위한 촉매제로서도 기대되고 있다. 이러한 임금체계가 정착되려면 기업별로 서로 다른 직무급 임금체계가 아니라 직종별 숙련도와 역량을 고려한 광의의 직무급 체계를 전제로 해야 하며, 직무급 표준화 등을 위해서는 노사와 정부가 함께 사회적 합의를 도출해 나가는 것이 필요하다. 궁극적으로 부당한 임금격차를 개선해나가기 위한 공정임금체계(산업별, 업종별 등)가 구축되어야 하고, 노사정의 정책적 협력과 공조 방안이 사회적 의제로 제시되어야 한다. 이를 통해 공정임금의 기반이 조성된다면 노동시장의 고급인력 유입 및 중소기업 경쟁력 증가 등의 선순환이 이뤄질 수 있을 것이다.

사회안전망 체계 확대 및 강화

저소득층 보호를 통해 양극화를 개선할 수 있는 사회안전망을 지속적으로 확충해나가는 것도 중요하다. 이를 위해서는 첫째, 사회보험

사각지대를 줄이기 위해 2012년부터 시행해온 '두루누리 사회보험' 지원 제도의 실효성을 높이는 것이 필요하다. 두루누리 사회보험사업은 10명 미만 소규모 사업장 또는 월평균 보수가 140만 원 미만인 근로자를 대상으로 고용보험과 국민연금 보험료 일부를 국가가 지원하는 제도이다. 이를 통해 사용자(고용주)의 자발적인 사회보험 가입 유인을 높일 수 있을 것이다.

둘째, 사회보험 적용 및 징수의 통합정도를 높이고 세무행정과의 연계를 강화하는 것이 바람직하다. 이는 제도에 역행하는 영역을 찾아 사회보험 가입을 회피하기 어렵도록 강제하는 방안이다.

셋째, 기초보장제도의 사각지대를 줄이기 위해서는 재산기준과 부양의무 기준을 완화하는 것이 필요하다. 또한 특수형태근로종사자 등 기존에 제외되어 있는 집단을 사회보험으로 포괄하기 위해서는 임금노동자로서의 성격이 명확하지 않더라도 종속적인 지위에 있는 취업자들을 대상으로 사회보험의 적용범위를 확장하는 방안을 적극적으로 검토할 필요가 있다. 특히 고용보험의 경우 적용범위 확대와 함께 근로실태에 적합한 급여제도 설계를 병행해야 한다.

제4차 산업혁명에 대처하는 패러다임 구축

현행 사회보장제도의 연장선상에서 시도하는 양극화와 불평등 개선 노력들은 한계가 있을 수 있다. 양극화와 불평등은 산업환경의 변화 등 새로운 위협요인 측면에서도 심화되고 있기 때문이다. 다시 말해 정보통신기술 등 기술혁신이 주도할 제4차 산업혁명은 노동시장의 근본적 변화를 가져올 수밖에 없어 전통적인 접근만으로 대처하는 것이 쉽지 않을 전망이다. 가령 과거의 산업구조는 노동집약적인 생산이 주축이었지만 이제는 기술과 정보집약적 산업구조로 개편되고 있다. 이런 환경에서는 기술과 자본 중심으로 부의 편중이 일어날 것이고 이전과는 다른 노동시장이 형성되고 새로운 차원에서 소득불평등과 양극화가 나타날 수 있다. 따라서 제4차 산업혁명에 대응하기 위해서는 근본적인 패러다임 전환을 검토할 필요가 있다. 성장지상주의와 시장만능주의에서 분배와 복지를 함께 고려하는 패러다임의 변화뿐만 아니라 기본소득의 장단점과 우리 현실에서의 적용가능성 등을 포함해 다양한 스펙트럼을 갖고 탐색해야 할 시점이다.

10 사회이동성제고전략

"계층이동 사다리가 끊겼다."

"더 이상 개천에서는 용이 나올 수 없다."

"한번 흙수저면 영원히 흙수저."

오늘의 한국사회 문제를 함축한 이러한 말들은 2016년에도 언론을 통해 반복적으로 등장했던 표현들이다. 모두 사회이동성이 급격히 줄어들고 있는 현상을 보여준다. 특히 금수저, 흙수저로 등장한 자조적 수저논쟁에는 과거 신분제사회처럼 부모의 소득에 따라 자녀의 계층도 결정된다는 태생적 소득격차의 구조적 문제가 함축되어 있다. 나아가 과거 한국사회에서 교육은 계층사다리를 올라타는 기회요인이었지만, 이제는 교육비 부담이 계층을 고착화하고 공정한 기회를 제공하지 못하는 상황에 이르렀다. 성취를 통한 계층이동이 가능한 사회가 아니라 귀속된 계층에서 좀처럼 상향이동이 쉽지 않은, 사회이동성이 낮은 사회로 가고 있는 것이다.

탄력성을 잃은 계층이동의 문제는 곧 우리사회의 양극화로 귀결된다. 소득의 양극화는 물론 교육기회의 양극화, 부의 양극화, 지역의 양극화 등으로 이어지며, 이들 각각의 문제가 상호작용을 거쳐 문제를 더 심화시키기도 한다. 사회통합을 가로막고 사회균열을 가져오는 구조적 문제인 것이다. 따라서 최근 한국사회에서 우려되고 있는 사회이동성의 문제를 짚어보고, 이를 해결하기 위한 방안 모색에 모두의 지혜를 모아야 할 시점이다.

사회이동성의 의미

사회이동성이란 복수의 계층으로 분화된 사회에서, 특정 계층에 소속되어 있던 사람이 다른 계층으로 이동하는 정도를 의미한다. 즉 계층 간 이동의 정도를 말하며, 이때 계층 간 이동은 상승과 하락 모두를 포함한다. 사회이동성은 모빌리티 테이블mobility table을 통해 알아볼 수 있다.

가령, 〈표 3-11〉에서 사례 A는 시점 1에서의 계층과 시점 2에서의 계층 간에 변화가 없는 경우이다. '과거'의 계층분류에서 상층이었던 사람은 '미래'에도 모두 상층을 유지하고 있으며, '과거'에 하층이었던 사람도 마찬가지로 시점 2에서 예외없이 하층을 벗어나지 못하고 있다. '미래'의 계층은 '과거'에 어떤 계층에 속했었느냐에 따라 결정된다고 볼 수 있다. 이런 경우는 완벽히 닫힌 사회이다. 반대로 사례 B는 완벽히 열린 사회이다. '과거'에 상층 계층에 속했던 사람이 '미래'에 상층 계층을 유지할 가능성은 특정 다른 계층에 속할 가능성과 동일하다. 예를 들어 '과거'에 상층이었던 사람이 '미래'에 다시 상층에 속할 가능성은 3분의 1에 불과하고, 이 확률은 중층이나 하층에 속할 가능성과 동일하다. 이 경우 '미래'의 계층을 결정짓는 요인은 적어도 시점 1에서 어떤 계층에 속해 있었는가와는 무관하다.

〈표 3-11〉 모빌리티 데이블

사례 A					사례 B				
		계층 (미래)					계층 (미래)		
		상	중	하	합계			상	중	하	합계
계층 (과거)	상	100			100	계층 (과거)	상	33	33	33	99
	중		100		100		중	33	33	33	99
	하			100	100		하	33	33	33	99
	합계	100	100	100	300		합계	99	99	99	297

사회이동성은 한 세대 내에서 이동을 바라보느냐, 아니면 세대를 넘어선 이동을 바라보느냐에 따라 세대내 이동성intra-generational mobility과 세대간 이동성inter-generational mobility으로 구분된다. 세대내 이동성은 한 사람의 일생 안에서 발생하는 계층이동을 말하는 것으로 대체로 짧은 시기에 발생하는 사회이동성을 의미한다. 세대간 이동성은 부모와 자식 세대에서 계층 간 변화가 발생하는 정도를 말한다. 〈표 3-11〉의 경우를 예로 들자면 '과거'가 부모 세대의 계층이 되고, '미래'가 자녀 세대의 계층이 된다. 사례 A는 부모와 자녀 계층이 전적으로 일치하는 사회이고, 사례 B는 부모의 계층과 상관없이 자녀의 계층이 결정되는 사회이다.

세대이동성은 절대적 이동성absolute mobility과 상대적 이동성relative mobility으로 구분할 수도 있다. 흔히 계층은 교육수준, 소득, 직업과 같은 대리변수로 측정된다. 그런데 이 변수들의 절대값이 갖는 의미는 시대에 따라 달라진다. 예를 들어 고졸이라는 학력 수준이 1950년에 가졌던 사회적 위상과 2016년에 갖는 위상은 다르다. 따라서 사회이동성을 제대로 파악하기 위해서는 절대적 이동성보다는 상대적 이동성에 더 주목해야 한다.

계층 간 거리가 멀수록 사회이동성이 낮아지는 경향은 있지만, 사회이동성 자체는 계층 간 거리와는 구분되는 개념이다. 이론적으로는 극단적인 빈부격차가 존재하는 사회에서도 계층 이동만 가능하다면 높은 사회이동성이 나타날 수 있다. 사회이동성의 의미는 닫힌 사회가 가져오는 여러 문제를 통해 파악할 수 있다. 닫힌 사회는 계층 이동의 기회가 없음을 의미한다. 한번 하층이었던 사람은 영원히 하층이며, 그 자식세대 또한 하층이 될 것이다. 이런 사회에서는 계층 간 구분이 엄격하게 나누어지고 각각의 계층 간 반목과 갈등이 심각할 것이다. 계층 간에 불평등하게 나누어지는 소득, 명예 등 여러 사회적 자원들이 능력에 따라 재분배될 가능성이 낮아지면 능력이 있는 이들도 열심히 할 동기를 잃어버리게 된다. 반대로 열린 사회는 기회의 평등을 바탕으로 사회통합과 사회효율성 제고에 도움이 된다.

한국의 사회이동성 현황

학교별 진학률 자료는 절대적 이동성의 변화를 단적으로 보여주는 지표 가운데 하나이다. 1943년생부터 1986년생의 학교별 진학률 변화를 통해 한국사회에서 절대적 이동성이 어떻게 달라졌는지를 알 수 있다. 1944년생은 초등학교 졸업자 중 중학교 진학률이 44.3%에 불과했다. 중학교 진학률이 1950년대 중반부터 매해 증가하면서 1966년도부터는 90%를 넘어서게 된다. 같은 시기 고등학교 진학률도 빠르게 증가해 간다. 1970년대 출생자부터는 한동안 35% 수준에서 정체되어 있던 대학진학률이 증가세를 보이며, 1985년생에 이르면 대학진학률이 80%를 넘어서게 된다. 절대적 이동성에서 보면 한국사회는 열린 사회였다고 할 수 있다. 적어도 이 기간의 사회이동성은 상승국면을 이어왔다고 볼 수 있다.

하지만 최근 한국사회의 사회이동성은 이전과는 다른 양상을 드러내고 있다. 〈그림 3-4〉는 KDI 행복연구 조사(2013년)를 활용하여 남성응답자 1,525명의 자료를 분석한 결과이다. 그림은 세대 간 교육수준과 사회경제적 지위가 어떻게 변화하였는지를 세대 간 상관계수를 통해 보여준다. 이때 교육수준은 학력별 교육연수이다. 또 사회경제적 지위는 해당 가족이 중년(40~50대)인 시기를 기준으로 한 것이며, 해당 세대의 전체 한국인과 비교했을 때 주관적으로 판단한 상대적인 위치로서 응답자가 10점 척도로 평가한 수치이다. 시대에 따른 교육수준의 의미가 구분되어 평가된 것이 아니므로 교육수준은 절대적 측면에서 이동성을 보여준다고 할 수 있다. 2013년 40~50대 남성의 할아버지와 아버지의 교육수준은 상관계수가 0.656으로 상당히 높은 편이었다. 즉 아버지의 교육수준은 할아버지 교육수준과 상당부분 관련성이 높았다. 그렇지만 아버지와 응답자 본인의 교육수준의 상관관계는 0.165에 불과했다. 앞서 언급했듯이 한국사회가 경험한 급격한 교육수준의 확대가 이 시기 절대적 이동성을 매우 높였다고 할 수 있다. 흥미로운 부분은 응답자 본인과 아들 간의 학력 수준 간 상관관계가 0.398로 다시 높아졌다는 점이다. 응답자 본인이 고학력자이면 아들도 고학력자일 확률이, 반대로 저학력자이면 아들도 저학력자일 확률이 이전 시기와 비교했을 때 크게 높아진 것이다.

〈그림 3-4〉 세대간 이동성: 교육수준과 사회경제적 지위의 세대 간 상관계수 추이

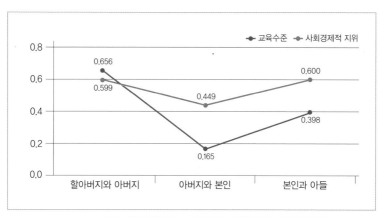

자료: 김희삼 (2015.4). 사회이동성 복원을 위한 교육정책의 방향. KDI Focus.

상대적 이동성 또한 비슷한 경향을 보여준다. 할아버지와 아버지 간의 사회경제적 지위 간의 상관계수는 0.6이었다. 이 수치는 응답자 본인과 아버지 사이에서 0.449로 낮아졌다. 즉 아버지의 지위가 자녀의 지위에 미치는 영향력이 줄어들었다고 추정할 수 있다. 그런데 응답자 본인과 아들의 사회경제적 지위 간의 상관계수는 다시 할아버지와 아버지 세대와 비슷한 0.6으로 올라가 버렸다. 1960년대 출생자(2016년 기준 만47~56세)를 전후하여 높아가던 사회이동성이 다시 낮아진 것이다. 즉 한국사회의 젊은이들에겐 사회이동성 수준이 60년 전으로 되돌아갔다고 말할 수 있는 셈이다.

이러한 현실인식은 사회이동성에 대한 주관적 인식분포에서도 그대

로 나타난다. 2015년에 조사한 KDI 세대연구에 따르면 "인생의 성공요인은 운이나 연줄이 아니라 노력인가?"라는 질문에 대한 응답분포가 연령대별로 크게 달라졌다. 60~70대는 60% 가까이가 "매우 그렇다" 또는 "약간 그렇다"고 응답한 반면에 10대부터 30대는 40% 남짓만이 긍정적인 답변을 하였다. 즉 성공요인으로 노력을 강조하는 비중이 크게 낮아진 것이다. 이는 나이든 세대와는 달리 젊은 세대들은 한국사회가 열린 사회에서 닫힌 사회로 변화했다고 인식하고 있는 것이다.

〈그림 3-5〉 "인생의 성공요인은 운이나 연줄이 아니라 노력인가?" 질문에 대한 응답

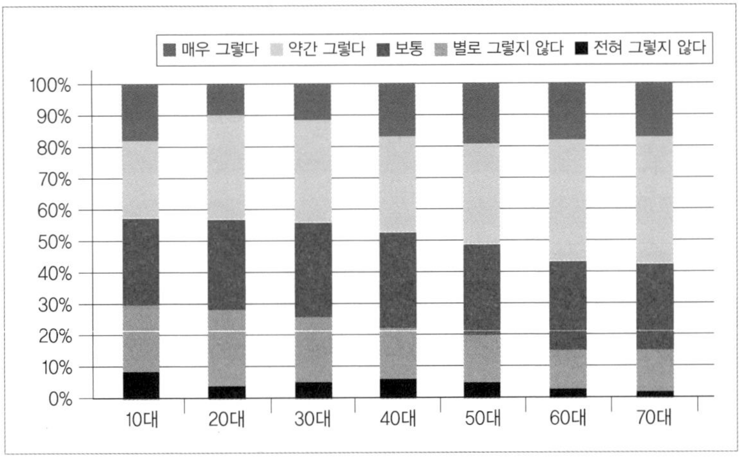

자료: KDI (2016). 세대간 갈등의 분석과 상생 방안의 모색.

사회이동성 제고 방안

사회이동성을 다시 높이려면 무엇이 바뀌어야 할까? 우선 계층 간 이동을 원활하게 만들기 위해서는 계층 간 거리를 가깝게 만들 필요가 있다. 최근 20년간 증가한 불평등도가 사회이동성을 낮추는 방향

으로 작용했음에 주목해야 한다. 계층 간 거리가 멀어지면서 사회이동성도 낮아졌다. 특히 젊은이들에게 계층이동의 기회를 만들어주어야 한다. 이미 나이 든 세대와 달리 요즘 젊은 세대들은 직업 안정성과 소득 수준에서 크게 차이나는 비정규직이 만연한 노동시장에서 좋은 일자리를 찾는 데 어려움을 겪고 있다. 그나마도 실업률이 올라가면서 취업이 쉽지 않다. 정규직과 비정규직 간의 부당한 차별이 없어져야 할 것이다. 또한 비정규직이나 중소기업에서도 능력을 키우고 성공 기회를 잡을 수 있도록 사회가 바뀌어야 한다.

고용안정성 확보

구체적인 정책 방향을 꼽아보자면, 무엇보다 세대 간 차이로 나타나는 고용안정성을 확보하기 위한 정책 방안들이 모색되어야 한다. 최근 세대를 둘러싼 갈등 중 하나가 일자리라는 것을 고려할 때 세대 통합적 측면에서 청년 세대의 고용안정성 제고를 위한 다양한 정책 방안들이 강구되어야 한다. 예를 들어, 청년 창업을 지원하는 엔젤 펀드의 역할 확대, 실업부조제도 도입, 취업성공패키지의 대상층 확대(대학 및 대학원 재학생) 등을 중점적으로 고려할 필요가 있다.

사회이동성 복원과 사회통합을 위해 교육정책 재검토

점점 더 사교육의 영향력이 강화되고 공교육이 위축되고 있는 현실은 사회이동성 측면에서도 우려를 낳고 있다. 교육은 효과적인 사회통합의 정책 수단이며 사회 이동의 수단이지만, 최근의 교육 현실은 오히려 사회경제적 지위의 고착화를 위한 수단으로 자리매김하고 있다고 볼 수 있다. 이러한 상황에서 교육정책에 대한 전반적인 재검토가 요구된다.

공교육이 강화되어 사교육을 받기 어려운 취약계층 출신의 학생들도 학력을 키울 수 있는 방안이 강구되어야 한다. 동시에 대졸 학력이 아니더라도 사회적 지위를 인정받을 수 있는 직업군이 늘어나야 할 것이다. 구체적으로, 사교육 기회의 격차를 축소할 수 있는 교육비 지원 정책, 교육을 통해 상향이동을 촉진할 수 있는 사회적 자본 확충 정책, 부모의 관심을 받을 수 없는 환경에 있는 아동들에 대한 정부의 조기개입 정책 등이 상호보완적으로 설계되어야 할 것이다. 이와 더불어 대학생 학자금 융자 금리의 선진국 수준으로의 인하, 그리고 기숙사 및 공공임대주택을 활용한 주거 및 생활안정 지원 정책 등이 요구된다.

현실적으로 가장 심각한 문제인 주택문제 해결

사회이동성과 관련하여 가장 필수적이고 가장 직접적인 영향을 미치는 문제는 바로 주택 문제이다. 특히 젊은 세대들은 취업뿐 아니라 주거문제와 관련하여, 이전 세대와는 다른 출발선에서 불안정성을 체감하고 있다. 따라서 정부는 적극적이고 전향적인 개입을 통해 1인 가구, 대학생, 신혼부부 등을 위한 소형 아파트 공급과 같은 맞춤형 공급을 대폭 확대하는 방안을 마련해야 한다.

사회이동성이 지극히 낮았던 사회는 전근대사회인 신분제사회였다. 이때에는 부모의 신분이 자녀의 신분을 결정하였다. 한국사회가 과거 신분제사회 방향으로 회귀하는 것은 사회발전 측면에서도 바람직하지 않다. 또한 사회이동성 저하는 자신의 능력을 개발하고자 하는 의욕을 낮춘다는 점에서도 심각한 문제를 야기할 수 있다. 한국경제의 성장이 침체되면서 보다 생산성을 높여야 한다는 목소리가 커지고 있지만, 닫힌 사회에서 개개인의 생산성을 높이는 것은 불가능하기 때문이다. 사회이동성 제고는 진보와 보수를 가릴 것 없이 한국사회가 시급히 해결해야 할 과제인 것이다.

11 웰다잉문화전략

웰빙well-being에 대한 관심은 이제 웰다잉well-dying에 대한 관심으로 이어지고 있으나, '좋은 죽음good death'에 대한 담론이 대중적으로 공유되어 온 것은 아니다. 하지만 2016년 초 국회에서 통과된, 이른바 '웰다잉법' 제정으로 사회적 논의가 한층 뜨거워지고 있는 것도 사실이다. 2017년부터는 호스피스가, 2018년부터는 연명의료중단 결정관련 절차가 시행될 이 법의 정식 명칭은 '호스피스·완화의료 및 임종과정에 있는 환자의 연명의료결정에 관한 법률'(이하 '호스피스법'이라 함)이다. 이 법이 통과하기까지는 18년이 걸렸다. 1997년 서울 보라매병원에서 가족의 뜻에 따라 환자의 인공호흡기를 뗀 의사와 가족이 살인죄로 기소된 사건과 서울 신촌 세브란스병원에서 식물인간 상태 환자의 인공호흡기를 떼어달라는 가족의 요구에 2009년 대법원이 국내서는 처음으로 연명의료 중단 결정을 내렸던 '김할머니 사건'이 법안 제정의 직접적 계기가 되었다.

그러나 호스피스법의 필요성이 대두된 데에는 몇 가지 사회적 배경이 자리한다. 첫째, 고령화 사회가 되었을 뿐 아니라 인공적으로 수명을 연장하는 과잉 연명치료로 감당하기 어려울 정도의 고통스러운 기간 또한 늘어난 점이다. 둘째, 인공적인 연명치료의 고통스러운 실태가 언론을 통해 보도되고 동시에 국민적 관심도 커졌기 때문이다. 셋째, 핵가족화가 가속화되고 맞벌이가 증가하면서 말기환자 간병에 대한 개인과 가족의 부담이 급증한 데에서도 기인한다. 즉 무의미한 연명의료 중단결정에 대한 사회적 여건 조성과 대안으로 호스피스를 먼저 제도화해야 한다는 여론이 이 법안을 통과시킨 힘으로 작용했다. 우리의 경제수준과 삶의 행복도가 불균형을 이루듯, 죽음의 질에 대한 평가에서도 우리나라는 그다지 상위권이 아니다. 영국의 경제전문지 이코노미스트가 주관하는 '2015 죽음의 질 지수Quality of Death Index' 통계에서 한국은 18위를 기록한 바 있다. 이제 더 이상 늦추지 말고 호스피스와 연명치료에 관한 현실과 정책의 문제점을 진단하고 지혜를 모아 웰다잉을 위한 국가적 전략을 모색해야 할 때인 것이다.

죽음의 현실

과거에는 감염성 질환으로 인한 사망이 많았으나, 최근에는 의료기술의 발전에 따라 암, 고혈압, 당뇨병 등 만성질환으로 사망하는 경우가 대부분이다. 우리나라는 매년 사망자가 약 26만 명에 이르는데, 이 중 약 80~90%가 만성질병으로 인한 사망이다. 의사들은 자신이 돌보던 환자의 죽음에 대해 정서적, 영적, 사회적 의미 차원에서 바라보기보다는 의학적 차원에서 죽어가는 환자의 질병과정과 검사결과에 초점을 맞추면서 치료에 치중한다. 그러나 죽음에 대한 지식과 관심이 늘어나면서 의학적으로 소생할 가능성이 매우 희박한 죽음이 임박한 상황에서 인공호흡기, 심폐소생술, 신투석 등 의료 장치는 삶의 연장이 아니라 죽음을 연장할 뿐이라는 일부 의견도 있으므로, 매우 신중하게 제한적으로 이뤄져야 한다. 또한 환자의 권리가 강조되면서 환자들의 연명의료결정에 대한 참여가 새로운 이슈로 등장하게 되었다.

죽음을 생애의 마지막 단계로 본다면 인간적이며 품위 있는 죽음을 맞이하는 것은 매우 중요하다. 가족을 중시하는 우리 문화에서는 가족이나 사랑하는 사람들이 자신의 임종과정 중에 함께 하기를 기대한다. 또한 한국인 10명 중 6명은 자신이 살던 곳에서 임종을 맞이하기를 희망하지만, 전체 사망자의 70%, 그리고 암 사망자의 90%가 병원, 요양시설 등 낯선 곳에서 삶의 마지막을 맞이한다. 아파트 거주 증가로 인해 주거환경이 임종에 부적절하다고 판단되는데다 병원 영안실 이용 등으로 집에서 죽음을 맞이하기가 어려워진 때문이다.

현실적 차원에서 의료비 문제도 있다. 말기환자에게 지출되는 의료비용이 건강보험재정에도 상당한 부담이 되고 있는 상황인데, 미국과 우리나라의 자료를 보면 임종 전 1년 동안에 지출되는 의료비의 약 40~50%가 임종 전 2개월 동안에 지출되고 임종 전 1개월 동안에는 약 30~40%가 지출되고 있다. 사망 전 1개월 동안 지출되는 의료비의 많은 부분들이 중환자실 입원, 인공호흡기 사용, 심폐소생술 등의 의료 이용에 따른 것이다. 이러한 의료기술과 의료장치들은 심장마비나 교통사고와 같은 갑작스러운 위기상황에서는 효과가 있을지라도 임종이 임박한 환자들의 질병을 호전시키거나 고통을 제거하지 못하기 때문에 사실상 무의미한 측면이 있다. 그러나 말기환자 돌봄에 대한 인식이 부족하고 관련 의료체계나 제도가 마련되어 있지 않아 대다수

말기환자들과 가족들은 병원을 찾아 헤매거나 위급한 경우에는 반복적으로 응급실을 찾으며 간혹 임상적으로 검증되지 않은 민간요법을 시도하기도 한다. 결국 비정상적인 의료이용 행태 속에 많은 환자와 가족들이 방치되어 있는 것이다.

한 사람의 죽음이 평균적으로 가족 5명의 삶에 영향을 미친다는 조사결과도 있었다. 매년 약 26만 명의 국민이 사망하므로 국민 130만 명이 매년 죽음으로 인해 다양하고 중대한 영향을 받는 셈이다. 그중 질병에 의한 사망의 경우 간병 부담이 가장 큰 문제인데, 말기 만성질환자의 증가와 병원의 재원기간 단축으로 가족의 간병 부담은 더 커지고 있다. 특히 한국의 경우 환자가 입원하면 가족들이 직접 간병하거나 간병인을 고용해야 하므로 이에 따른 실직, 경제적 문제, 사회활동의 제약 등의 문제가 생기는 것이다. 말기환자의 간병부담 조사에 따르면, 임종환자의 간병인 50%가 환자의 간병을 위해 직장을 그만두거나 생활에 큰 변화를 겪어야 했다. 환자들이 임종 시 가족들이 지켜봐주기를 기대하는 동시에 가족들에게 부담을 주지 않기를 바라지만, 이상과 현실 사이에는 격차가 있는 것이다.

이러한 사회경제적 부담으로 인해 연명의료의 중단 요구 문제가 발생할 수도 있다. 연명의료 중단 결정에는 의학적 문제 외에도 환자 본인의 자기결정권인 자율성이 매우 중요하다. 그러나 취약계층이나 근로빈곤층 등 사회보장의 사각지대에 있는 사람들은 연명의료기간이 길어질 경우 경제적인 이유로 연명의료 중단을 요구하는 등의 문제를 낳고 있는 것이 지금의 현실이다.

웰다잉을 위해 해결해야 할 국가적 과제

시행을 앞둔 호스피스법에는 기존의 암관리법과는 차원이 다른 선언적 의미가 내포되어 있다. 우선 '질병을 치료하는 의료'의 역할에서 '질병을 가진 인간을 전인적으로 돌보는 의료'로 패러다임을 바꾸어야 한다는 점이다. 또한 죽음이라는 짐을 환자와 가족, 국민 개개인이 아니라 사회와 국가가 함께 책임져야 한다는 점이다. 그러나 우리 사회는 법을 시행하기에는 준비상태가 매우 미흡하다. 존엄한 임종이 되도록 호스피스법이 제대로 작동하기 위해서는 선결적으로 풀어야 할 과제들이 있다. 이를 정리하면 다음과 같다.

호스피스와 연명의료중단의 기준

호스피스법 통과로 인해 자칫 '현대판 고려장'이나 '생명 윤리에 어긋나는 일'이 일어날 수 있다는 우려의 목소리가 많다. 가족들이나 의료진들이 치료의 가능성이 있는 환자를 포기하고 방치할지도 모른다는 것이다. 이번 법이 통과되는 과정에서 그동안 병폐가 많아 사회적 질타를 받던 요양병원들도 호스피스를 할 수 있도록 허용되었다. 즉 호스피스를 수익 수단으로 삼으려는 일부 요양병원들로 인해 그 우려가 현실이 될 가능성을 완전히 배제할 수 없는 것이다. 따라서 호스피스 및 연명의료 결정은 의사 개개인의 가치관과 판단에 의해서가 아니라 최신 임상 연구결과와 전문가들의 합의에 따른 말기환자와 임종환자 진료의 표준적 지침을 통해 체계적으로 이루어져야 한다.

호스피스 대상자 범위

현 호스피스법에서는 암과 후천성면역결핍증AIDS, 만성 폐쇄성 호흡기질환, 만성간경화질환으로 인한 말기환자만 그 대상으로 하고 있다. 과거 호스피스제도와 연명의료 결정에 대한 논의가 시작될 당시에는 사회가 수용할 수 있는 수준에서 일차적으로 말기암환자로 제한하여 시행한 후 제도의 시행 결과를 분석하고 사회적 이해를 넓힌 다음에 그 대상 범위를 확대하는 것이 바람직할 것으로 판단되었다. 그러나 법의 제정이 지연되는 동안 사회는 급속도로 고령화가 되었고 암환자뿐만이 아니라 다른 말기환자도 호스피스 서비스를 받아야 한다는 주장이 나오게 되었다. 2015년말 서울대 의대에서 실시한 대국민 조사에 따르면, 응답자의 96.1%가 암 이외에 뇌졸중, 치매 등의 만성질환도 호스피스 대상에 포함시켜야 한다고 답했다. 이 대상에 포함되기를 희망하는 질환은 치매(72.5%)가 가장 많았으며, 다음으로 파킨슨병(64.1%), 뇌졸중(61.6%), 만성 폐질환(21.9%), 근위축성 측삭경화증(20.9%), 만성 신부전(19.4%), 후천성 면역결핍증(18.5%), 만성 간경화(17.4%) 순이었다. 대한민국 헌법 제10조에 "모든 국민은 인간으로서의 존엄과 가치를 가지며, 행복을 추구할 권리를 가진다."고 명시되어 있듯이 모든 말기환자는 인간으로서의 존엄과 가치에 합당한 서비스를 받으며 삶을 잘 마무리하고 편안하게 죽음을 맞이할 권리가 있다.

호스피스 인프라 문제

호스피스 완화의료 병상과 인력도 턱없이 부족하다. 전국 60여개의 완화의료전문기관에서 입원서비스를 제공하고 있으며 2015년 7월에는 완화의료수가가 건강보험으로 인정되었다. 또 2016년 3월부터는 17개 의료기관에서 가정호스피스에 대한 시범사업도 시작했다. 그러나 호스피스 대상자가 확대되고 인구 100만 명 당 50개 호스피스완화의료병상이 필요하다고 추정할 때 약 2,500여 개 병상이 있어야 하지만 2016년 6월 기준 약 1,200여 개 병상만 있을 뿐이다.

말기환자 진단이 이루어지는 상급종합병원들이 적극적으로 참여하지 않는 것도 문제이다. 총 상급종합병원 43개중 14개 상급종합병원이 완화의료전문기관으로 지정되어 있으며 이 또한 지역암센터로 지정받은 9개 병원과 가톨릭계 병원 3개 기관이다. 소위 빅5 병원 중에서는 서울성모병원을 제외한 나머지 4개 병원은 완화의료전문기관이 아니다. 국민들이 필요로 하는 호스피스가 상급종합병원과 빅5 병원에서 배제되어 있다.

호스피스 서비스 기간

현재 호스피스 서비스를 받는 기간도 평균 23일 정도로 매우 제한적이다. 호스피스 완화의료기관의 조사에 따르면, 호스피스완화의료기관 입원 후 환자의 약 50%가 2주 이내 사망하며 1개월 이내에 사망하는 환자는 약 75%에 이른다. 즉 너무 늦은 호스피스 의뢰로 호스피스 및 완화의료의 적절한 서비스를 받지 못하고 있다는 것을 의미한다. 호스피스 서비스를 제대로 받기 위해서는 충분한 기간이 보장되어야 한다. 미국에서는 호스피스 케어를 기대여명이 6개월인 시점부터 제공하고 있다.

웰다잉 공론화

어떻게 죽음을 맞이하는 것이 바람직한가에 대한 사회적 합의가 없다. 바람직한 죽음의 장소는 어디이며 죽음을 맞이하기 전에 호스피스를 원하지 않는 환자에게는 어떤 서비스를 제공해야 할 것인지도 논의된 적이 없다. '바람직한 죽음', 혹은 '좋은 죽음'은 어떤 것인지에 대해서 정리할 기회를 갖지 못한 채 가족과 사랑하는 사람들의 죽음을 맞이하고 있는 것이다. 그동안 우리 문화가 웰다잉을 공론화하는 데에 소극적이었던 점도 있다. 그렇다보니 과연 웰다잉이 무엇인가에 대한 사회적 합의 시도가 전무한 실정이다. 호스피스법이 통과된 지금, 우리에게는 과연 어떤 것이 바람직한 죽음인지를 공개적이면서도 공식적인 절차를 통해 진지하게 논의해야 할 시점이다.

웰다잉을 위한 국가전략

호스피스법이 제대로 시행되기 위해서는 정부가 얼마나 관심을 갖고 신속하게 준비하는가에 달렸지만 앞으로 1년이라는 시간이 결코 긴 시간이 아니다. 매년 약 26만 명의 국민이 사망하고 그 가족 약 130만 명이 영향을 받고 있는 것을 생각할 때 웰다잉을 위한 국가정책은 다른 국정과제 못잖게 중시되어야 한다. 우선 의료현장에서의 혼란을 없앰으로써 '현대판 고려장'의 우려를 불식시켜야 한다. 국민들에게 희망을 주고 부담을 줄여줄 수 있는 호스피스종합계획이 필요한 시점이다.

'바람직한 죽음'에 대한 건전한 논의 필요

무엇보다 바람직한 죽음에 대한 건전한 논의가 이루어져야 한다. 과거 우리는 호상好喪이나 객사客死처럼 죽음과 관련해서 바람직한 것과 바람직하지 않은 것을 구분했었다. 그러나 언제부터인가 객사나 호상이라는 단어는 우리의 대화 속에서 사라져갔다. 말기환자를 위한 진료지침, 보건의료를 포함한 포괄적인 사회경제적 지원정책, 죽음에 대한 교육, 그리고 웰다잉 문화를 위한 대국민 캠페인 등을 위해서는 '바람직한 죽음'에 관한 사회적 논의와 합의가 선결적으로 진행되어야 하는 것이다. 호스피스 제도가 가장 먼저 시행된 영국에서는 '좋은 죽음'을 익숙한 환경에서 존엄과 존경을 유지한 채 가족 및 친구 곁에서 고통 없이 죽어가는 것으로 정의하고 있다.

웰다잉을 위한 법체계와 의료 인프라 구축

우선 시행령과 시행규칙을 구체화하고 의료현장에서의 호스피스·연명의료에 관한 말기환자 진료지침이 마련되어야 한다. 호스피스 및 연명의료 결정 절차는 인간존엄성의 가장 근본인 자율성 존중의 원칙에 근거해야 하며, 질병 상태와 선택 가능한 치료법에 대한 정확한 정보 공유, 호스피스에 관한 선택, 연명의료에 관한 결정 등을 포함한 일련의 절차 수립을 위해서는 정부와 학계, 종교계, 그리고 시민사회의 통합적 노력이 필요한 부분이다. 특히 무의미한 연명의료의 중단은 환자를 죽음에 이르도록 방치하는 것이 아니라 품위 있는 인간적 죽음을 위해 통증 등 고통 감소와 함께 신체적, 정서적, 사회적, 영적 차원의 전인적 돌봄이 강화되어야 한다. 이 지침은 의료계만의 선언이 아니라, 사회적인 의견조절을 통해 사회적 가치가 반영된 합의로 마련되어야 한다. 각 병원들은 이 지침에 따라 연명의료 결정에 관한 병원의 관행을 바꾸고 이를 담당하게 될 전담조직을 만들어 관련된 의료진을 교육시켜야 한다.

또한 정부는 연명의료 및 호스피스의 제도적 확립을 위한 종합계획의 일환으로 중앙호스피스센터와 권역별 호스피스센터를 설치, 운영하고 현재의 호스피스 병상 지역별 균형 및 2,500개 병상으로 확대하기 위한 예산마련책을 강구해야 한다.

나아가 말기환자와 그 가족을 위한 사회경제적 지원책도 필요하다. 말기환자와 그 가족들은 치료비로 인해 이미 경제적 어려움을 겪고 있어 건강보험, 공적기금 등과 같은 안전장치를 통해 지원해야 한다. 또한 돌볼 가족이 부족해 직장을 그만 두어야 하는 환자가족들을 위한 공공 간병제도나 간병을 도와주는 자원봉사 형태의 간병품앗이를 활성화하는 것도 하나의 방안이 될 수 있다. 이는 최근 사회적 관심이 커지고 있는 공유사회 및 공유경제의 개념과 일맥상통하는 부분이기도 하다.

부처 통합적인 행정지원책 마련

정부는 임종을 앞둔 말기환자와 가족을 위한 철학과 비전을 제시하고 체계적인 범부처 차원의 정책을 수립해야 한다. 우선 보건복지부 내에 말기환자 관리 전담조직을 신설하여 관련 업무를 통합할 수 있도록 역할을 정비해야 한다. 현재 보건복지부 내에는 말기암환자의 완화의료(공공보건정책관 질병정책과), 장례지원(노인정책관 노인지원과), 연명의료법안(보건산업정책국 생명윤리정책과), 의료수가(건강보험정책국 보험급여과), 장기요양보험(노인정책관 요양보험제도과) 등의 업무가 분할되어 있어 통일된 업무를 추진하기 곤란한 상황이다.

한편 여성가족부는 여성 말기환자와 여성가족의 맞춤형 돌봄지원센터를 운영해 여성 말기환자와 여성가족을 돕는 방안을 마련해야 한다. 고용노동부의 경우, 말기환자를 간병하는 가족들이 무급병가를 사용하도록 하는 가족병가활성화 방안을 마련하여 수입과 고용을 보장해줄 필요가 있다. 또한 교육부는 초중고 및 대학에서 연령대에 맞게 출생과 죽음에 대한 교육과정을 포함하고 의과대학에서는 말기환자관리에 대한 교육을 실시하도록 조치해야 한다. 특히 이러한 정책들을 아우를 수 있도록 문화체육관광부는 인간이 피할 수 없는 죽음을 통해 진정한 사랑을 배우고 삶의 소중함을 깨달을 수 있는 웰다잉 문화 캠페인을 전개할 필요가 있다.

공익적인 호스피스 재단 설립

정부는 호스피스사업의 원활한 추진을 위해 공익적인 호스피스 재단 설립을 검토해야 한다. 호스피스 재단을 중심축으로 하여 '아름다운 마무리를 위한 범국민적인 문화운동'의 첨병역할이 필요하기 때문이다. 바람직한 삶의 마무리에 대한 공감대 형성과 사회적 합의도출을 위해서는 의료계뿐만 아니라 문화예술계, 학계, 종교계, 언론계, 그리고 시민사회가 모두 함께 참여해야 한다. 호스피스법에서도 삶과 죽음의 의미와 가치를 널리 알리고 범국민적 공감대를 형성하며 연명의료결정과 호스피스를 적극적으로 이용하는 사회 분위기를 조성하기 위해 매년 10월 둘째 주 토요일을 '호스피스의 날'로 정한 바 있다.

'죽음의 질' 평가에서 매년 1위를 차지하고 있는 웰다잉의 선두국가 영국을 비롯해 미국, 대만, 일본 등 호스피스 제도가 발달한 국가들에서는 호스피스 재단과 같은 지원기구를 통해 호스피스를 진흥시키고 관련 기금을 모으는 등의 업무를 하고 있다. 국내서도 호스피스 법안이 처음 발의될 당시에는 호스피스 재단 설립은 물론 완화의료 지원에 필요한 재원을 확보하기 위한 완화의료기금 설치 방안이 제안된 바 있다. 그러나 확정된 법안에는 반영되지 않았다. 따라서 호스피스 및 올바른 연명의료 중단 결정에 대한 사회적 문화 조성과 제도의 성공적 운영을 위해서는 재검토되어야 할 사안이다.

12

한류문화전략

1990년대 말 중화권에서 한국의 TV 드라마 인기로 시작된 한류는 드라마와 음악 등 대중문화를 넘어 다양한 문화와 산업으로 확산되며 이른바 한류 3.0시대를 만들어가고 있다. K팝, K컬처, K툰, K뷰티 등 여러 방면에서 그 장르와 내용, 가치를 전방위로 확장하고 있는 것이다. 한류 1.0이 드라마를 중심으로 이루어졌다면 한류 2.0은 K팝의 확산으로 글로벌 팬덤을 형성하면서 세계 곳곳에서 붐을 일으키기 시작했다. 이러한 붐을 잇는 한류 3.0은 전통문화, 한식, 패션 등 한국의 고유한 라이프스타일을 바탕으로 다양한 교류와 접목을 통해 확산될 것으로 기대되고 있다.

대중문화에서 한국의 산업 전반으로, 중화권에서 세계 전역을 향해 패러다임과 공간을 확장하고 있는 한류가 성공적으로 뻗어나가기 위해서는 더욱 체계화된 전략수립과 준비가 필요하다. 특히 한류의 근간이 된 문화콘텐츠는 시대를 앞서는 창조적 전위 정신을 내재하고 있기에 본질적으로 가장 미래지향적인 분야이다. 그 미래를 함께 모색하고 전망하고 만들어가는 과정에는 콘텐츠 창작자뿐 아니라 모두가 함께 고민하고 더 나은 대안을 찾아가야 한다.

특히 최근 영상한류 분야에서는 고무할 만한 일들이 적잖았다. 예를 들어, 2016년 6월 국내 개봉된 박찬욱 감독의 영화 〈아가씨〉는 앞서 열린 제69회 칸영화제 마켓에서 전 세계 176개국에 판권이 수출됐다. 이는 종전 최고 기록이었던 봉준호 감독의 2013년작 〈설국열차〉의 167개국 판매 기록을 넘어선 수치이다. 드라마의 경우에도 2016년 방영된 KBS 〈태양의 후예〉 판권이 2016년 3월 기준, 중국, 영국, 호주, 이탈리아, 프랑스, 독일, 루마니아, 스웨덴 등 총 32개국에 수출되었고 tvN의 〈치즈인더트랩〉은 회당 12만 5,000 달러로 중국에 수출되는 기록을 세우면서 국내 케이블TV 드라마의 기존 중국 수출 최고가를 갱신하기도 했다.

영화진흥위원회가 발표한 〈2015년 한국영화산업 결산〉 보고서에 따르면, 2015년 한국영화 수출 실적은 총 5,550만 달러였으며 수출국 1, 2위는 각각 중국(925만 4,539달러, 전년 대비 12.8% 증가)과 일본(495만 6,355달러, 전년 대비 10.8% 증가)이었다. 또 미국, 홍콩, 대만, 베트남, 필리핀, 싱가포르가 그 뒤를 이었다. 한국드라마의 시장 규모는 한국영화보다 수출액 규모 면에서 압도적으로 크다. 미래창조과학부와 방송통신위원회가 발간한 〈2015년 방송산업 실태조사 보고서〉에 따르면, 2014년 수출된 지상파와 방송채널사용사업자PP의 드라마는 총 16만 3,030회에 이르는 분량이었고 수출액은 총 1억 8,914만 달러 규모였다.

이렇듯 장기간 저성장 침체국면에 있는 우리나라의 경제상황 속에서도 한류 콘텐츠들은 꾸준히 수출 증가세를 보이며 경제적, 문화적으로 새로운 의미와 현상을 낳고 있다. '포스트 박찬욱', '포스트 봉준호', '포스트 태양의 후예'가 지속 가능하기 위해서는, 또한 대중문화를 넘어 다양한 산업 분야로 한류가 확산되기 위해서는 면밀한 현황 분석을 토대로 미래전략이 논의되어야 할 것이다.

영화 한류의 현황

현재 영화 한류에서 발견되는 특성들은 3가지로 크게 정리해볼 수 있다. 첫째, 해외 유명 제작사들의 한국영화 직접투자 증가에 따른 변화이다. 해외 자본, 특히 중국 자본의 유입이 증가하고 있는 추세는 국내 영화 산업의 투자 주체를 바꾸고 있다. 해외 거대 자본의 유입은 대기업 투자배급사 중심의 한국형 메인투자 시스템과 한국영화 제작 프로젝트 파이낸싱 구조에 전면적인 변화를 일으키고 있다. 이는 향후 해외 자본에 종속되는 경향성과 함께 국내 영상 콘텐츠 제작의 독립성과 창작 권리에도 원천적인 영향을 줄 것으로 우려된다.

둘째, 한국영화의 해외 개봉, 리메이크, 또는 현지화를 꼽을 수 있다. 앞서 지적한 해외 자본의 유입과 연관되는 이 사례는 판권이 수출된 국가에서 리메이크 버전 또는 현지화가 진행되어 원작과는 달리 해당 수출 국가의 문화적 정서와 환경에 따라 일부 결말 또는 전체 내용이 새롭게 제작되는 사례를 의미한다. 이러한 리메이크 및 현지화 전략은 문화적 다양성과 적응성이라는 맥락에서 긍정적으로 볼 수도 있으나, 해외 시장에서의 상업성과 대중성을 절대적 기준 목표로 삼게 될 때, 영상 콘텐츠의 근본적인 문화적 가치, 완성도, 창작의 본래 의미가 퇴색될 수 있다는 양면성을 갖고 있다.

셋째, 한국영화의 부가판권시장 부족에서 기인하는 한류콘텐츠의 상업화 편중 현상이다. 현재 국내 개봉 이후 극장 개봉을 제외하고 한국영화가 수익을 창출할 수 있는 부가 시장이 제대로 갖춰져 있지 않은 상황에서 극장 매출 과잉·독점 현상은 영상 한류는 물론, 국내 영상 콘텐츠의 존립과 지속 가능성 자체에 영향을 미치는 커다란 제약 조건이다. 이러한 국내 시장의 미흡한 상황은 해외 시장에서 상업성과 대중성을 확보하려는 시도로 이루어지고 상업적 목적에 치우친 국내 영상 콘텐츠의 해외 진출이 영상 한류라는 명목 하에 무조건적으로 추진되는 측면도 부인할 수 없는 상황인 것이다.

해외 유명 제작사의 국내 영화 제작과 투자 사례 증가

할리우드 메인 스튜디오인 20세기 폭스사가 나홍진 감독의 2016년 작 영화 〈곡성〉에 100억 원을 직접 투자했다. 해외 유명 제작사들의 한국영화 투자 포트폴리오가 점진적으로 늘어나고 있는 상황에서 20세기 폭스사의 한국 지사인 20세기 폭스 코리아는 한국 시장 전담 배급과 제작 참여 업무를 진행하고 있다. 2008년 본격적으로 국내 영화 투자와 제작 시장에 진출한 20세기 폭스 코리아는 나홍진 감독의 2010년작 〈황해〉, 조동오 감독의 2012년작 〈런닝맨〉, 김영탁 감독의 2014년작 〈슬로우비디오〉의 메인 투자사로 참여하면서 '할리우드 스튜디오화'라는 국내 진출 전략을 추진해온 바 있다.

2016년 개봉된 김지운 감독의 영화 〈밀정〉 역시 대표적인 할리우드 스튜디오인 워너브라더스가 투자와 제작을 맡은 국내 첫 영화이다. 이들 스튜디오는 평균 100억 원에 이르는 대규모 투자, 글로벌 배급망을 통한 한국영화의 세계 시장 진출 가능성, 세계 시장에서의 한국영화

의미 재발견이라는 측면에서 유리한 지점을 제공하지만, 이미 멀티플렉스 상영관과 대기업 자본에 의해 독과점이 형성된 한국영화 산업계에서 또 다른 경제적, 문화적 잠식의 토대가 될 수 있다는 우려의 시선도 상당하다.

할리우드에 이어 세계 2위의 시장 규모를 가진 중국의 거대 '차이나 머니' 역시 한국영화 산업에서 비중을 넓혀가고 있는 상황이다. 중국 인터넷 플랫폼의 '빅3' 기업인 바이두, 알리바바, 텐센트는 이미 엔터테인먼트 콘텐츠 확보를 위해 한국의 영화 및 엔터테인먼트 업계에 큰 단위의 투자를 진행해오고 있다. 국내 엔터테인먼트 기업들은 현재 적극적으로 중국과의 합작법인 설립을 통해 영화뿐 아니라 다양한 콘텐츠의 공동 제작, 유통, 제휴를 보편화하고 있다. 이러한 추세 속에서 제작 노하우와 인력이 대거 유출되고 중국 자본에 대한 의존도가 커질 여지도 있는 것이다. 이처럼 현 시장의 추세와 상황을 깊숙이 들여다보면, 영상 한류의 성과들을 표면적 상황만 놓고 무비판적으로 수용하고 있는 것은 아닌지 심각하게 고려할 필요가 있다.

해외 거대 자본은 주로 상업성이 높은 스타 중심의 콘텐츠에 편중되어 투자된다. 그러나 이 경우에도 체계적인 계약 시스템, 저작권의 권리 기준 정립 등이 명확하게 수립되지 않으면 오히려 국내 자본과 권리, 그리고 시스템의 역유출 사태를 야기할 수도 있는 것이다.

한국 영화의 해외 개봉·리메이크 현지화 사례

지난 2015년 중국에서 개봉된 유하 감독의 영화 〈강남 1970〉은 국내 개봉작과는 전혀 다른 결말로 상영됐다. 중국 현지에서 대단히 높은 인기를 누리고 있는 주연배우(이민호)가 극중에서 사망해서는 안

된다는 중국 현지 팬들의 요구가 반영되어 원작과는 다른 중국판 결말이 탄생한 배경이다. 이민호 씨의 출연 분량이 늘어나고 한국 개봉작에는 아예 없었던 장면이 새로 추가되는 등 중국 현지 팬들을 의식한 현지화 전략 사례는 2가지 측면에서 중요한 이슈를 남긴다. 시나리오 작가와 영화 감독에 의해 한 편의 영상 창작물로 완성되는 영화 제작과정에서 한류 시장의 요구에 의해 어디까지 타협되어 수정될 수 있느냐의 범위를 묻는 이슈가 첫 번째이다. 두 번째는 한국에서 흥행이 부진했던 영화가 중국에서 극찬을 받고 흥행할 경우(리메이크나 부분 각색·수정을 통해 현지화에 성공했을 경우), 그 영화를 영상 한류에 성공한 영화로 볼 수 있느냐의 관점에 관한 이슈이다.

모든 영상 매체가 관객과의 소통을 전제로 하는 미디어인 이상, 미디어는 관객의 의견을 수용할 필연성을 갖게 된다. 관객의 의견은 곧 살아 숨 쉬는 시장의 의견이기도 하다. 또 영상 한류를 이끄는 모든 미디어 콘텐츠들이 한류 시장의 요구에 타협하고 있는 것도 아니다. 다만, 영상 한류의 현지화 전략 수립에 있어 국내 영상 창작자들의 콘텐츠에 대한 신념과 가치가 과도한 상업성에 의해 퇴색되어서는 안 된다는 점을 상기할 필요는 있는 것이다.

제작비를 투자하였거나 판권이 수출되는 주요 한류 시장 국가에서 리메이크 버전 또는 현지화가 이루어져 국내 개봉작과는 달리 해당 수출 국가의 문화적 정서와 환경에 의해 일부 결말 또는 전체 내용이 새롭게 제작되는 사례는 향후 더욱 보편화되고 잦아질 것이다. 이러한 리메이크 및 현지화 전략은 문화적 다양성과 적응성이라는 맥락에서 긍정적이다. 그러나 상업성과 대중성만을 절대적 기준 목표로 삼게 될 때, 영상 콘텐츠의 근본적인 문화적 가치와 추구하는 완성도, 본래의 창작자가 추구했던 의미 등은 퇴색될 수밖에 없다. 만약 이것이 영상 한류를 추동하는 수출 콘텐츠의 보편적 현지화 전략이 된다면 장기적으로는 국내 콘텐츠의 경쟁력 약화로 이어질 수 있다는 점을 간과해서는 안 된다.

한국영화 산업계의 부가판권 시장 미비

한국영화 산업의 '극장 편중'은 부가판권 시장이 제대로 형성되어 있지 않음을 보여주는 오랜 문제로 지적되어 왔다. 극장 매출이 과점하고 있는 한국영화의 매출 분포에서 현재 TV VOD를 제외하고 DVD 판매 시장, 유료 다운로드 서비스, OTTOver The Top 시장의 국내 영향력은 매우 적다. 더 심각한 문제는 불법 다운로드의 확대와 접근 양상이 스마트폰을 통해 대중에게 갈수록 친숙하게 유입되고 있으며 유입 경로 또한 진화하고 있는 점이다.

한국영화진흥위원회가 2016년 발표한 '디지털 온라인 시장 진단'에서도 지적되었듯이, 불법적인 영화 파일 유통이 이뤄지는 웹하드 시장은 크게 줄었지만 불법 유통이 사라진 것은 아니다. 온라인 불법 복제물 유통 비중은 개인 간 파일 공유 프로그램의 일종인 토렌트와 모바일 앱 등을 통해 지속적으로 증가 추세에 있으며, 최근에는 스트리밍 사이트 또한 불법 유통에 활용되고 있는 것으로 나타났다. 그러나 모니터링을 통해 지속적인 삭제 요청과 원본 링크를 삭제하는 것 이외에는 별도의 대응 방법이 없는 실정이다. 더 큰 문제는 영화 불법 관람에 대한 문화가 인식의 수준과는 별개로 크게 개선되고 있지 않다는 점이다. 극장을 제외하고 영화가 합법적으로 유통될 다양한 창구들이 국내 시장에 미비하다는 점, 저작권을 지닌 영상 콘텐츠를 정당한 비용을 지불하고 소비해야한다는 인식이 자리 잡지 못한 점, 인터넷 서비스들의 개방성과 스마트폰 및 SNS를 통한 친숙하고도 공개적인 접근 가능성 등이 영상 불법 다운로드 행태를 양산하고 있다. 이는 장기적으로 영상 소비문화는 물론 영상 한류에 커다란 걸림돌로 작용하게 될 것으로 우려된다. 저작권은 영상 한류가 풀어야 할 큰 숙제이기도 한 것이다.

방송 한류의 현황

2016년 4월 프랑스 칸에서 열렸던 세계 최대 방송영상콘텐츠마켓 '밉티브이MIP TV 2016'에서 국내 영상 콘텐츠가 총 1,116만 달러의 수출 성과를 기록했다. 특히 웹툰과 다큐멘터리가 결합되어 국내 최초 '웹툰 다큐' 포맷으로 선보여진 〈우리 집 꼰대〉를 비롯하여 〈복면가왕〉, 〈태양의 후예〉, 〈판타스틱 듀오: 내 손에 가수〉 등 18개 프로그램이 세부 행사였던 '밉포맷MIP Format'에서 소개되었는데, 한국 콘텐츠만이 갖고 있는 독특한 형식들로서 큰 관심을 받은 바 있다. 이처럼 방송 한류는 단순히 프로그램을 판매하는 방식에 그치지 않고 한국형 방송 콘텐츠 수출 등 다양한 방향으로 전개되고 있다.

국내 영상 콘텐츠의 독특한 포맷 발굴과 증가 사례

2015년 tvN에서 방영된 〈꽃보다 할배〉가 미국 NBC에 포맷 형태로 수출된 것은 우리 방송 콘텐츠의 독창적인 기획력을 인정받은 결과이자 한 차원 진화된 방송한류를 보여주는 대표적인 예이다. 미국판 〈꽃보다 할배〉는 〈Better Late Than Never〉라는 제목의 프로그램으로 방영될 예정이다. '황혼의 배낭여행'이라는 주제로 전 세계 주요 도시를 향해 출연진들이 배낭여행을 떠나는 이 포맷은 국내 예능 프로그램 사상 최초로 방송 프로그램 포맷 자체가 저작권을 갖고 해외에 판매된 사례이다.

2015년 포맷 저작권이 미국의 NBC에 판매되기 전, 2014년에는 중국 동방위성을 통해서도 중국판 〈꽃보다 할배〉인 〈화양예예花样爷爷〉가 방영된 적이 있었다. 그러나 미국의 대표적인 지상파 방송국이자 거대 채널 네트워크 NBC에 포맷 저작권이 판매된 것은 미국 시장과 시청자들에게 미치게 될 국내 예능 포맷의 미래 영향력이 종전의 아시아 시장보다 더 클 수 있다는 기대감을 선사한다. 특히 NBC 제작팀은 한국, 일본, 홍콩 등을 돌면서 아시아 지역에서 촬영할 예정이라고 밝힌 바 있는데, 이에 따라 영상 한류가 관광으로 융합, 연계되어 파생 한류 콘텐츠를 이끌게 될 것이라는 기대감도 높아지고 있다. NBC로 포맷 수출을 담당했던 기업이 미국 굴지의 배급사 'Small World IFT'였던 만큼 이 포맷이 향후 영어권 국가에 추가 수출될 여지도 있다.

CJ E&M은 이 밖에도 〈슈퍼스타 K〉, 〈더 지니어스〉, 〈슈퍼디바〉, 〈더 로맨틱〉 등의 방송 포맷을 수출했으며 MBC는 〈나는 가수다〉, 〈아빠 어디가〉, 〈진짜 사나이〉, 〈무한도전〉, 〈복면가왕〉 등을, KBS는 〈1박2일 시즌1〉, 〈슈퍼맨이 돌아왔다〉 등을 수출한 바 있다. 특히 후난위성 TV, 쓰환위성TV, 저장위성TV, 강소위성TV, 중경위성TV, 상해동방TV 등과 같은 중국의 지방 위성 텔레비전 방송국들이 국내 주요 방송 콘텐츠 포맷의 수출처가 되면서 양국 공동 합작 방송도 적극적으로 추진되고 있는 상황이다. 초기 영상 한류가 콘텐츠 판매에 국한되어 진행되었다면, 현재는 포맷 수출과 합작 제작, 한국 제작진의 해외 직접 진출 등으로 영상 한류의 추세가 변화하고 있다.

국내 웹드라마 역시 각광받고 있는 새로운 포맷의 사례이다. 5분 이내의 짧은 에피소드 중심의 동영상 시리즈물인 웹드라마는 스마트폰과 같은 모바일 기기에서 손쉽게 이용될 수 있는 콘텐츠라는 특성이 있어 신한류 콘텐츠로 그 가능성이 대두되고 있는 상태이다. 미국 LA 웹 페스트가 현재 세계적인 웹 영화제로 관심을 받고 있으며 현재 40여 개에 이르는 웹드라마 전문영화제가 전 세계에서 개최되고 있다. 이에 문화체육관광부와 한국콘텐츠진흥원 등이 후원하는 K웹 페스트KWEB FEST가 조직된 바 있다.

성공적인 사전 제작 시스템 정착에 대한 기대 측면

〈태양의 후예〉는 사전제작 드라마의 성공 가능성을 보여준 중요한 사례이다. 그동안 상황변수가 많은 드라마 제작 환경에서 시청자의 피드백을 반영하지 못하는 점, 촬영 시점과 방영 시점 차이에 따른 트렌드 반영 미비 등이 사전제작 드라마의 실패 이유로 지적되곤 했다. 그러나 〈태양의 후예〉는 이러한 고정관념을 극복하고 큰 성공을 이끈 셈이다.

가령, 사전제작과 실제 방영까지의 시차는 탄탄한 이야기와 완성도 있는 기획력을 통해 충분히 극복될 수 있는 문제라는 것이다. 좋은 이야기와 기획력은 충분한 자본, 톱스타, 톱작가와 더불어 성공적인 사전 제작 시스템을 구성하는 전제 조건이기 때문이다. 잘 알려진 것처럼, 〈태양의 후예〉는 2011년 대한민국 스토리 공모대전에서 우수상을 받은 김원석 작가의 〈국경없는의사회〉를 원작으로 하여 드라마 작가 김은숙과 함께 공동 집필된 작품이었다. 검증된 원작의 우수성과 내

공이 성공을 이끈 기초였던 것이다. 영상 한류 콘텐츠는 문학, 인문학, 사회과학 기반의 다양한 창작물과 연구 토대, 교류 속에서 더욱 깊이 있는 작품들을 기획하고 창작할 수 있는 방향으로 진화해야 함을 시사한다.

한국방송 전문 케이블 채널의 확대

2016년 소니 픽처스가 싱가포르에 설립한 한국방송 전문 케이블 채널인 '채널 원Channel One'이 인도네시아에서도 방영을 시작했다. '빨리빨리PPALI-PPALI'라는 단어를 슬로건으로 활용한 이 채널은 실시간으로 최신 한국드라마들을 방영하고 있으며 현재 〈런닝맨〉, 〈정글의 법칙〉, 〈백종원의 3대 천왕〉, 〈오! 마이 베이비〉, 〈SBS 인기가요〉 등 한국의 인기 예능 프로그램들을 방영하고 있다.

한국에서 현재 상영 중인 프로그램을 해외에서도 전문 케이블 채널을 통해 시청하는 것이 보편화되면, 궁극적으로 콘텐츠 소비의 국가적 경계가 없어질 것이다. 국가와 지역을 초월해 자유로운 의사소통과 정보공유, 매개와 연결을 가능하게 만든 SNS처럼 앞으로 콘텐츠의 소비는 문화권을 넘어 새로운 사회적 관계와 의미망을 재생성하고 강화할 것으로 예상된다. 즉 스마트 미디어 환경과 참여의 실시간 확산으로 인해 콘텐츠 유통망은 국가적, 문화적 경계와 시차를 무의미하게 만들며 무한확장을 거듭해갈 것이다.

한류의 미래전략 방향

한국문화의 유행이란 의미에서 지칭된 '한류韓流'는 계속해서 진화하고 있지만, 특정 콘텐츠와 특정 스타 중심으로 치우쳐 있는 문제점도 있다. 특히 콘텐츠 개발 없이는 한류의 지속화가 불가능하며 계획성 없는 전략으로는 시장의 논리에 휩쓸리는 결과만을 초래할 수 있다. 외양으로만 화려한 한류에 머물지 않기 위해서는 원천적인 시스템 차원에서 전략을 세우고 실천해가는 노력이 요구되는 것이다.

선진적 제작시스템 구축

우선 세계문화산업을 이끄는 수요자들의 기호 변화를 민감하게 파악해야 할 것이며 인스턴트 컬처 중심의 팝 음악, 클립 이미지, 초단편 영상 소비 중심으로 변화하고 있는 시장의 상황들을 적극적으로 관찰하고 이에 적응하는 제작 시스템이 확립되어야 한다.

첫 번째가 콘텐츠 생산에 관한 내용이라면 두 번째는 콘텐츠 유통시스템의 합리화, 개선, 혁신이다. 한류 미래 발전을 촉진하게 될 새로운 유통시스템이 절실한 상황에서 이러한 생산과 유통 구조의 혁신은 그 자체로 한류 플랫폼 확보를 통한 글로벌 브랜드 강화 전략 기조로 연결될 수 있다. 특히 2016년 상반기에 큰 인기를 얻은 드라마 〈태양의 후예〉의 사례는 다양한 커머스 구조들과 유통적으로 결합할 경우 자체적으로 현지 한류에서의 커뮤니티를 생성, 작동시킬 수 있다는 것을 보여줬다. 향후 융복합 한류 플랫폼이 얼마나 중요한 의미를 갖게 될지를 시사한다. 이를 위해 전략적으로 중남미 시장의 텔레노벨라와 같은 시장을 명확히 이해하고 포지셔닝한 브랜드 콘텐츠 개발과 커머스 구조의 확립이 요구된다.

역동적인 콘텐츠 창작 시스템 구축

한류의 지속을 위해서는 한국의 콘텐츠 창작 시스템의 경쟁력을 강화해야 하는 것이 필수적이다. 세계 각지의 이야기 소재들, 인문학적 문화 자원들을 한국의 강점인 ICT와 접목시켜 융복합형 콘텐츠를 국가 R&D의 전폭적인 지원 속에서 기획하고 개발할 수 있는 뉴 콘텐츠 제작 시스템이 요구되는 상황이다.

동서양을 아우를 수 있는 인문학적, 예술적, 시장적 가치가 담긴 품격 있는 콘텐츠 개발은 결국 개별 미디어 기업과 콘텐츠 창작자에 국한된 과업일 수 없다. 공동의 국가 대표 시스템이 갖추어지기 위해서는 산학연관 협업을 통한 공동 워크스테이션은 물론, 혁신적 클러스터 제작시스템이 필요하다. 미국과 유럽, 인도의 유수 영화 제작 시장들이 시스템적으로 갖추고 있는 창작, 제작, 유통, 수출, 마케팅의 전 과정이 조직적이고 유연한 네트워크 속에서 수준 높은 협업을 가능케 하는 것처럼, 한국도 그러한 협업 시스템이 갖춰져야만 한다.

'K스토리'라는 이름의 한국형 스토리 개발은 정부 정책과 사회적 지원에 힘입어 성과를 거두고 있다. 앞서 예시한 것처럼, 한국콘텐츠진흥원이 2011년 대한민국 스토리 공모대전 우수작으로 선정한 〈국경없는 의사회〉는 드라마 〈태양의 후예〉 원작이었다. 이러한 사례는 향후 K스토리가 나아가야 할 방향성을 시사해준다. 성공적인 콘텐츠의 제작을 가능케 할 원작 발굴과 인력 확보를 위한 다양한 지원들이 절실한 것이다. 지난 2009년에 시작된 대한민국 스토리 공모대전에는 현재까지 총 9,205편의 스토리들이 접수되었고 수상작이었던 117편은 출판, 방송, 영화 등 다양한 분야에서 작품화되었다. 드라마 〈닥터 이방인〉, 영화 〈더 파이브〉 등이 사업화 지원을 받아 성공한 대표적인 사례이다.

인적자원 양성 시스템 마련

근본적인 콘텐츠 경쟁력 강화를 위해서는 원천 스토리를 지속적이고도 장기적인 관점에서 발굴해야만 하고 이는 결국 현세대 작가와 미래세대 작가를 양성, 지원해야만 하는 당위로 확장된다. 콘텐츠 제작 원재료를 확보하기 위해서는 인적 자원이 바탕이 되어야 하기 때문이다. 이 과정에서 특히 콘텐츠 원작자에 대한 창작 지원과 시장진출을 적극 지원하고 신인 및 무명 원작자의 권리 안전망 확충 등 창작 역동성을 강화하기 위한 구조도 마련되어야 한다. 구체적으로는 정당한 계약문화가 확산되어야 하고, 저작권과 관련한 문제가 발생하지 않도록 모니터링을 상시화하고, 만약 문제가 발생했을 경우에는 해결 경로가 명확하고 도움을 받을 수 있는 제도적 장치가 구비되어야 한다.

콘텐츠 혼합주의

미래에는 K스토리, K웹툰과 같은 국적성 브랜드 수식을 벗고 글로벌 콘텐츠로서 보편성을 추구하는 하이 스토리high story와 언어적, 문화적 장벽을 파괴할 수 있는 세계 보편적인 하이 이미지high image를 선점하고 확보하는 전략이 요구된다. 한국이 만들거나 주도하는 '하이 스토리, 하이 이미지high story, high image'는 곧 콘텐츠 오너십을 뜻하는 IP(지적재산권-저작권) 확보, 모든 권리all rights 행사를 확약하는 문화 콘텐츠 오리지널리티originality 획득을 가능하게 해줄 것이다.

즉 한류가 더욱 진화하기 위해서는 'K'라는 이름표를 떼고 세계시민 보편적이고 아시아적 가치를 뿌리로 하면서도 동서양 각 지역 현장

곳곳에서 사랑받는 성숙한 미래 한류를 추구해야 한다. 이는 곧 한국 콘텐츠를 터치하는 모든 인류 소비자와 공감하고 버무려지는 혼합주의syncretism와 같은 철학적 기조와 열린 생각으로 무장해야만 비로소 실현 가능할 것이다.

한류콘텐츠 유통 플랫폼 확장

한류문화산업 전달과 커뮤니케이션, 판매와 성과, 영향력 전파는 결국 제작 후 가치사슬인 유통시스템에 달려 있다. 정부나 투자, 유통 쪽에서는 세계 초일류 판매 전문가, 신시장 개척자, 최정예 전담 경영관리 조직, 저작권 등 실질적 문제 해결사 등을 확보, 육성하고 투입하는데 최우선적으로 신경을 쏟아야 한다.

플랫폼이란 '소비자가 연속적이고 반복적으로 사용하도록 기업이 제공하는 모듈(체계)'로도 정의내릴 수 있다. 콘텐츠 세계에서는 TV가 전통 플랫폼이었고 이제는 인터넷, 모바일에서 플랫폼 비즈니스 대전이 치러지고 있다. 가장 유력한 글로벌 플랫폼은 유튜브와 넷플릭스 브랜드로 각인된 OTTOver the Top 서비스이다. 중국에는 최근 알리바바가 인수한 요쿠 투도우, 텐센트, 소호 등 자체 로컬 플랫폼이 이른바 35세 이하 디지털 원주민 세대를 석권하고 있다. 드라마 〈별에서 온 그대〉를 비롯 예능 프로그램 〈무한도전〉, 〈런닝맨〉, 〈아빠 어디가〉, 〈나는 가수다〉 등이 모두 이 인터넷 모바일 플랫폼 속으로 흡수, 재편되고 있다. 나영석 PD가 만든 한국 최초 웹 예능 〈신 서유기〉는 아예 국내에서 네이버 캐스트, 중국에서 QQ 닷컴이라는 뉴미디어 플랫폼만으로 방영되며 각각 5,000만이 넘는 조회 수를 기록한 바 있다.

따라서 한국 문화산업이 중국과 자본으로는 겨룰 수 없는 만큼 자체 브랜드로서 한류플랫폼으로 경쟁해야 한다. 우리 스스로 만들고 운영하는 자체 브랜드 플랫폼으로 한류콘텐츠들이 정당한 대우를 받고 팔려나가 다시 그 자본으로 우리 콘텐츠시장이 확대되는 선순환 구조를 만들어야 한다. 이같은 신생 플랫폼을 통해 중국의 급변하는 규제정책, 국내시장을 파고드는 차이나 머니, 끝없이 치솟는 국내 콘텐츠 판권 가격 등 국내 문화산업을 위협하는 요인들을 제거해나가야 한다. 특히 애플, 구글, 페이스북, 아마존, 넷플릭스 등 글로벌 플랫폼의 영향력이 증대되면서 국내시장에 대한 침식 가능성 또한 점차 높아지고 있는 상황을 직시하고 내수와 해외시장 모두를 아우를 수 있는 한국형 플랫폼을 글로벌 네트워크 형태로 구축해 위협요소에 대응해 나가야 한다.

한류 플랫폼은 1차적으로 기존 글로벌 대형 플랫폼에 테마 채널 형태로 들어가 안착하는 이른바 PIP(플랫폼 인 플랫폼) 개념으로 구상해 볼 수 있다. 넷플릭스, 요쿠 투도우 등과 파트너십을 맺어 한국 콘텐츠 전용 루트를 확보하는 전략이다. 메이저 플랫폼이 아닌 미니 메이저 플랫폼으로 가는 길이다. 2단계 로드맵으로는 한류플랫폼 독자 브랜드를 갖는 길이 있다. 전 세계 79개국 1,800여개, 2,100만여 명에 이른다는 한류동호회(2014년 기준)를 타깃으로 하는 전용·전담·전문 플랫폼을 준비하고 설계하는 과업이 시작되어야 한다.

새로 디자인하는 한류플랫폼은 플랫폼 마케팅platform marketing 본부로서도 기능할 수 있다. 수출 가능 콘텐츠를 모두 집약하고 관련 지식과 정보 자료를 부가하여 제공하는 대표 사이트이자 상설 마켓플레이스로서 역할을 하는 것이다. 특히 해외 판로 네트워크나 경험을 갖지 못한 콘텐츠 창작자와 사업자들로부터 우수콘텐츠 풀pool을 형성해야 한다. 자체 해외 마케팅 활동을 하고 있는 지상파나 대형 PP, 프로덕션의 경우에도 사이트 링크, 상품 카탈로그 공유 등 상호보완적 관계를 통해 거래 유동성을 확충하는 전방위 마케팅 전략을 채택하면 된다. 해외 사례를 보면 영국의 외주전용채널 Ch4는 국내 방영과 TV플랫폼이라는 제한을 벗어나 다양한 뉴미디어 서비스를 통한 해외 판매를 성공적으로 수행하고 있다. Ch4는 수요자 중심 해외 마케팅을 위해 교육 등 특성화 주제를 설정하고 연령대별 취향에 맞춘 서비스 패키지를 만드는 혁신을 추구하고 있다.

또한 재외 공관, 문화원 등과 협업하여 글로벌 채널 서비스global channel service도 운영할 수 있다. 콘텐츠 단발 수출과 채널 진출(현지 TV플랫폼)을 넘어 글로벌 인터넷 채널 서비스(OTT 등)를 통한 현지 유통시스템 구축에 국내 미디어콘텐츠 업계가 주력해야 한다. 일회적이고 산발적인 마켓플레이스 진출이나 현지 TV플랫폼(위성, 케이블 SO, 인터넷 모바일 등) 채널 입점 방식에 머물러온 해외 유통시스템 수준을 첨단 동영상 채널 서비스 수준으로 끌어올려 일상적인 마케팅과 유통 활동을 전개하는 것을 의미한다.

13

사회분야 미래전략
미디어전략

미디어는 정치, 경제, 교육, 복지 등과 마찬가지로 우리 삶의 조건을 결정하는 주요 영역의 하나이다. 우리는 미디어를 통하여 소통하고 세상을 이해한다. 세상 사람들의 의식 수준은 전달해주는 미디어의 수준을 넘어서기 어렵다. 그런 미디어가 위기를 맞고 있다.

미디어가 수행해야 할 사회적 기능이 미래에도 보장될 것인가에 대한 질문이 이 글의 배경이다. 이 글의 목적은 그 기능이 보장되는 미래를 만들기 위해 우리가 지금부터 무엇을 해야 하는가이다. 먼저 미디어 환경이 변화되고 있는 본질과 사회적 의미를 짚어보고 미래 미디어를 변화시킬 기술적 요소들을 살펴볼 것이다. 이를 바탕으로 미래에 일어날 수 있는 미디어 상황을 예측하고 전략과 방안을 제시하고자 한다.

3장. 사회분야 미래전략   309

미디어 환경의 변화

'미디어 빅뱅'이라는 표현처럼 미디어 변화는 근본적이고 혁명적 수준으로 일어나고 있다. 미디어 소비 패턴이 급격하게 변하고 있다. 그 변화는 인터넷에서 출발했다. 한국언론진흥재단이 조사한 '2015 언론 수용자 의식조사'에 따르면 20대의 하루 평균 종이신문 이용시간은 2.5분에 불과했고 신문구독률은 1996년 69.3%에서 2015년 14.3%로 뚝 떨어졌다. 대신 인터넷(PC나 모바일)으로 기사를 접하는 것이다. 한국에서는 네이버와 같은 포털이, 세계적으로는 검색 서비스를 제공하는 구글이 주요 플랫폼 기능을 하고 있다. 나아가 페이스북이나 카카오톡 같은 소셜미디어를 통한 뉴스 소비도 증가세에 있다.

신문에서 인터넷 모바일로 이동

여기에다 콘텐츠를 모아서 전달하는 서비스가 호황을 누린다. 세계 최고의 신문인 뉴욕타임즈조차도 2014년 〈디지털 혁신보고서〉에서 전달자 역할인 허핑턴 포스트Huffington Post와 버즈피드BuzzFeed를 주요 경쟁자로 지목했다. 디지털 퍼스트 전략으로의 전환을 뜻한다. 가디언과 함께 영국의 양대 일간지로 꼽혔던 인디펜던트가 2016년 3월 종이신문 발행을 중단했다.

신문을 만들던 사람들은 라디오 출현에 당혹스러워 했지만 인쇄 미디어는 이후 오랫동안 생존했다. 텔레비전이 미디어의 일상을 지배하기 시작했지만 라디오는 자신의 적소niche를 찾았다. 그런데 인터넷은 문자, 음성, 사진, 동영상, 그래픽 등 기존 미디어의 모든 것을 실현하면서 경계를 허물었다. 또한 인터넷은 언론의 주도권을 생산에서 유통으로 바꾸었고, 모바일은 장소의 한계를 무너뜨리며 방송 생태계에 충격을 주고 있다.

흐려진 경계

미디어 사이의 경계뿐 아니라 개인 커뮤니케이션과 매스 커뮤니케이션 간의 경계도 무너졌다. 전화, 편지 같은 사적 커뮤니케이션은 쌍방향적이고 신문, 방송 같은 매스 커뮤니케이션은 일방향적이다. 이는 송신자와 수신자의 구분이 뚜렷하다는 것을 의미한다. 그러나 인터넷은 이들 간의 경계를 허물며 쌍방향의 매스 커뮤니케이션과 불특정 다수에게 전파되는 개인 커뮤니케이션을 가능하게 만들었다. 인터넷은 시간과 공간의 벽도 허물었다. 검색이라는 마법을 통해 인터넷은 세계 곳곳의 신문과 방송을 실시간으로 접할 수 있게 한다.

"곧 인터넷이 사라진다." 2015년 다보스Davos 포럼에 참석한 에릭 스미스Eric Smith 구글 회장의 말이다. 이는 사물 인터넷의 확산으로 전화기에 이어 안경, 자동차, 시계, 냉장고 등 일상 물건들이 인터넷에 연결된 단말기 기능을 하게 되면, 정작 우리는 인터넷을 의식하지 못하게 된다는 의미이다. 미래에는 미디어와 비非 미디어의 경계도 사라지게 된다.

언론 비즈니스 모델의 위기

이렇게 발전한 미디어 덕분에 언론의 자유도 한껏 높아지고, 민주주의도 이제 더 발전할 일만 남았을까? 그러나 아직 미래는 불투명하다. 조직적이고 체계적으로 뉴스를 제공해 주던 전통적 언론들의 비즈니스 모델이 위기를 겪고 있고, 위기를 극복할 길이 보이지 않기 때문이다. 미디어 시장은 콘텐츠 시장과 광고 시장의 이중성을 가진다. 미디어 기업은 콘텐츠를 생산, 판매하면서 동시에 이를 통해 '생산한' 주목attention을 광고주에게 판다. 그런데 이 두 시장이 다 위기이다.

그 원인은 첫째, 언론의 공급과잉이다. 뉴스 소비 패턴의 변화를 기존 언론사들이 따라가지 못하는 사이에 많은 신생 언론사들이 생겨났다. 종이 신문은 윤전기와 배달 시스템을 갖추어야 했지만 인터넷에서는 컴퓨터만 있으면 된다. 컴퓨터에 카메라를 달면 방송국이 차려진다. 한국에 등록된 인터넷신문 수가 약 6,000개에 육박하는 이유이다. 뉴스 저작권 보호가 제대로 되지 않아 복제 기사가 범람하고 있다.

둘째, 미디어 유통 채널이 변하고 있다. 과거에는 신문사가 기사 생산 및 인쇄, 배달까지 전 과정을 지배했다. 방송사도 마찬가지이다. 그러나 이제 콘텐츠가 전달되는 경로인 '플랫폼'에 대한 지배력이 포털 사업자로 변하고 있다.

셋째, 개별 콘텐츠가 분리되어 이용되고 있다. 과거에는 신문사나 방송사가 편집 또는 편성한 틀 안에서 콘텐츠가 이용되었다. 그러나 포털 같은 유통업자 주도의 시장이 되면서 이러한 통합이 해체되고 있다. 전문 방송 영역에서 스트리밍 서비스를 제공하는 넷플릭스Netflix가 미국이나 유럽에서도 주목과 경계를 받고 있다. 넷플릭스는 한국에서도 2016년 서비스를 시작했다. 콘텐츠 중간 중간에 광고를 배치해 수익을 얻는 모델도 무너지고 있다. 흥미 위주의 자극적인 기사가 더 유리한 상황이 되어가고 있다. 뉴욕타임즈나 파이낸셜타임즈와 같이 경쟁력이 있는 신문사는 디지털 뉴스의 유료화를 시도해 어느 정도 성공을 거두고 있지만 모두가 따라갈 수 있는 모델은 아니다.

넷째, 언론의 자본 예속성이 커지고 있다. 언론 환경이 변하자 많은 언론사들이 재정적으로 건강하지 못한 상황에 빠졌다. 높은 광고

의존성과 대기업 지배적 산업 구조가 만나 만들어내는 강한 자본 종속성은 한국 언론의 부정적 특성 중 하나이다. 또한 한국 언론은 강한 정치 병행적 정파성으로 인해 신뢰의 위기도 겪고 있다. 갈등 상황에서 사실 관계를 설득력 있게 전달할 수 있는 이른바 '권위지quality paper'가 부재하다. 이러한 구조적 문제를 보완해야 할 공영방송마저 정치적 관계성에서 벗어나지 못하고 있다.

사회적 소통 위기

미디어의 기능 중 가장 기본적인 것은 '정보 제공과 감시'이다. 미디어는 내외의 환경 변화를 체계적이고 지속적으로 관찰하여, 의미 있는 정보를 골라 중요성에 따라 배열해서 공급해 왔다. 또한 역사, 정치, 사회적 맥락에 따라 해설을 하고 분화된 사회 영역을 연결해 줄 수 있는 분석을 제공한다. 미디어는 정치적, 경제적, 문화적 권력을 감시하고 견제하며, 대의 민주주의 체제에서 선출직 후보자와 정당에 대한 정보를 제공한다. 또한 미디어는 '논의의 장'으로 기능한다. 미디어는 공공의 문제에 대해 다양한 의견이 표출되고 주목 받을 수 있도록 해준다. 사회적 규범과 갈등 조정을 위해 필요한 가치에 대한 논의도 미디어를 통해 이루어진다. 미디어는 '공동체 유지'에도 필수적이다. 공동의 경험과 지식을 제공하고, 자신과 세계를 이해하는데 필요한 정보를 제공하기 때문이다.

그러나 뉴스미디어의 비즈니스 모델 위기는 이러한 미디어의 기본 기능을 수행하는 데 악영향을 미치고 있다. 사회적 소통의 위기가 그 결과인 셈이다. 뉴스의 연성화와 미디어의 오락화로 사회의 주요 문제와 갈등에 대한 주목이 만들어지지 못하고 있다(의제설정의 위기). 사회적 현안이나 갈등 문제에 대한 충분하고 전문적인 정보가 제공되지 않는다(정보의 위기). 단기적 미봉책이나 임기응변적 대처가 반복되는 한 이유이다. 사회갈등을 조정할 수 있는 이성적-합리적 논의가 힘들다(공론장의 위기).

미래 미디어 기술 전망

새로운 기술을 통해 미래의 미디어 콘텐츠 생산, 유통, 이용 패턴은 더욱 다양해질 것이다. 생산의 경우, 저널리스트 집단, 언론사, 기업, 공공기관, 이용자 외에 로봇이 주요 생산자로 추가된다. 유통의 경우, 뉴스 생산자와 검색제공자 등 미디어 큐레이터뿐 아니라 일반 상품 서비스 제공자와 SNS를 통해 개인도 유통에 가세할 것이다. 미디어 기기도 점차 다른 것이 추가되어 다양화된다.

사물인터넷의 확산과 개인 맞춤형 서비스

먼저 사물인터넷이 있다. 워싱턴대학의 필립 하워드Philip Howard 교수는 2020년에 인터넷에 연결될 기구가 260억 개에 이를 것이라고 보았다. 그중 10억 개만이 개인 컴퓨터나 태블릿 혹은 스마트폰과 같은 '컴퓨터'이다. 그에 따르면 사물인터넷이 제2의 정보혁명을 가져오면서 미디어가 일상의 도구나 활동 공간에 통합되는 것이다. 이는 기본 미디어 콘텐츠 형식의 파괴를 의미한다. 정보와 일상의 삶을 연결하는 개인 맞춤형 서비스가 제공된다. 누구에게나 동일한 날씨 정보가 아니라 '자전거 취미', '꽃가루 알레르기' 등의 개인 특성과 생체 데이터, 교통과 지리정보가 결합한 개인화된 정보가 제공되는 식이다. 게임 등 다른 장르와 뉴스가 혼합되며 광고 역시 몰입을 유도하는 '네이티브' 형, 행위와 연결되는 '액티브'형으로 전환된다. 네트워크에 연결된 사물들은 데이터를 활용할 뿐만 아니라 지속적으로 새로운 데이터를 생산해서 전송한다. 이렇게 모여진 데이터는 빅데이터가 되어 정보의 개인화와 최적화에 활용될 것이다.

로봇 저널리즘과 데이터 저널리즘

로봇 저널리즘은 데이터 저널리즘의 한 형태로 기사 작성을 인공지능이 담당하는 것을 말한다. 포브스 인터넷 사이트(Forbes.com)는 이미 인공지능 플랫폼에서 작성한 기사를 제공하고 있다. 여기에 사용되는 소프트웨어 '퀼Quill'을 개발한 '내러티브 사이언스Narrative Science'사의 연구담당 책임자 크리스 해몬드Kris Hammond는 2025년에는 전체 기사의 90% 필자가 로봇이 될 것으로 예상했다. AP통신도 2015년부터 기업의 수익 관련 기사를 로봇이 작성해 송고하고 있다. 그 전까지 분기별 300건이던 기사가 3,000건 이상으로 늘어났고, 사람이 작성할 때 보다 오보도 적다고 한다. 한국에서도 서울대 언론정보학과 이준환 교수팀이 개발한 '프로야구 뉴스로봇'이 작성한 기사가 페이스북과 트위터로 전달되고 있고, 이준환 교수와 서봉원 교수 연구팀이 개발한 로봇이 작성한 주가시세 뉴스도 2016년부터 파이낸셜뉴스를 통해 소개되고 있다.

인간은 편견이 있어 자신이 원하는 방향으로 사안을 판단하는 경향이 있지만 로봇은 오직 데이터를 바탕으로 '냉철'하게 분석한다. 누가 더 유리할까? 미래에는 심층적인 분석기사는 인간 기자가 쓰고 데이터에 기반 한 뉴스는 로봇이 쓰는 추세로 바뀔 것이다. 저널리즘 패러다임에 대한 변화를 담고 있다.

자동 번역

서로 다른 언어를 사용하는 사람들 사이의 자유로운 의사소통은 실현 불가능한 인간의 꿈 중 하나였으나 자동 번역 혹은 기계 번역 machine translation으로 그 꿈이 점차 현실이 되고 있다. 이미 '구글 번역 Google translate'과 야후 등이 사용하는 'SYSTRAN'이 시중에 나와 있다. 언어에 따라 번역 수준이 차이가 나지만 언젠가 각국의 많은 미디어 콘텐츠를 언어 장벽 없이 이용하게 될 것이다. 이 경우 문화적 다양성이 높아질지는 의문이다. 언어 장벽은 다른 문화의 전파를 막기도 하지만, 자국 문화의 정체성과 미디어 산업을 지키는 도구이기 때문이다. 세계적으로 대형 미디어 기업으로 집중이 심화될 가능성이 있다.

고품질의 미디어 콘텐츠와 '가상 경험'

미래에 텔레비전 수상기나 종이 같은 전통적 수단이 모두 사라지는 것은 아니다. 이들은 각각의 장점을 극대화한 고품질이 될 가능성이 높다. 텔레비전은 이미 등장한 UHD에서 보듯 고화질과 입체 음향의 대형 텔레비전으로 더욱 실감나는 영상을 제공하는 채널로 특화된다. 인쇄 역시 종이가 표현할 수 있는 질감과 색채, 형태를 최대한 살린 고품질이 된다. 이용자의 수요에 맞춘 개인화된 인쇄물을 제공할 수 있게 된다.

미디어를 통한 경험의 심도와 현장감도 훨씬 확대된다. 현재 우리가 경험하는 3D와 4D를 뛰어넘는 '가상 경험' 서비스가 가능하다. 안방에서 사파리를 탐험하거나 '드론 저널리즘'의 도움으로 전쟁터나 재난

현장을 직접 보는 것과 같은 체험이 가능해진다.

이처럼 과거의 미디어 이용이 선택적, 의도적, 집중적이었다면 현재
는 우연적, 비의도적, 복합적인 요소가 더해졌다. 이러한 변화를 〈표
3-12〉와 같이 요약할 수 있다.

〈표 3-12〉 미디어 생산, 유통, 이용의 변화

	과거	현재	미래
생산	•전문직 집단 •기업적 조직	•이해당사자(기업, 기관) •이용자 (전문가, 일반 이용자)	•로봇
유통	•생산자 조직	•포털(검색제공자) •큐레이터 •이해 당사자 •일반 이용자	•일반 상품 제공자 •로봇(검색 알고리즘)
기기	•종이 •라디오 •TV 수상기	•PC •모바일	•일상의 사물 (자동차, 냉장고, 거울, 도마 등)
이용	•선택적 •의도적 •집중적	•우연적 •비의도적 •복합적 (다중적)	•상시적 (모바일, 영상의 중요성 증가)

미래 미디어 전략과 실행방안

인터넷으로 시작된 미디어 환경의 혁명적 변화는 아직도 그 끝이
보이지 않는다. 사물인터넷, 데이터 저널리즘, 로봇 저널리즘, 스마트미
디어, 자동번역기, 가상경험 서비스 등 새로운 기술이 가져올 변화를
예측하기 쉽지 않기 때문이다. 중요한 것은 사회적 의사결정 구조의
핵심인 미디어의 역할을 미래 미디어가 어떻게 담당 혹은 감당할 것인
가이다. '미래에 대한 가장 좋은 예측은 미래를 발명invention하는 것'이

라는 말은 이제 식상할 정도로 자주 인용되지만 여전히 유의미하다. 미디어의 미래도 우리가 그것을 어떻게 발명해 나가는가에 달려있다. 우리가 어떠한 전략을 짜고 어떠한 실행방안을 실천할 것인가가 중요한 이유인 것이다.

융합 미디어를 위한 자원의 재분배와 협력

언론사를 비롯한 미디어 기업은 신문, 방송, 인터넷, 모바일 미디어의 구분을 없애고, 내부 인적 역량과 자원을 재분배해야 한다. 2014년 뉴욕타임즈는 혁신보고서에서 지금은 기사가 이용자를 찾아가는 시대라고 진단했다. 그 실천 방안으로 뉴스룸의 작업 방식과 다른 영역과의 협력 방식을 혁신하라고 제안했다. 혁신은 한국 미디어 기업에도 필요하다. 뉴욕타임즈와 다른 점이라면, 한국 미디어는 '좋은 콘텐츠' 생산이라는 미루어 놓은 숙제를 하면서 동시에 현재의 도전을 극복하는 이중고를 겪어야 한다는 것이다. 주제, 관점, 접근방식, 표출방식에서 독창적이며 차별화된, 동시에 전통적인 가치인 정확성, 독립성, 포괄성과 같은 저널리즘의 품질 기준을 더욱 강화한 콘텐츠를 생산해야 한다. 지금처럼 대부분의 언론사가 비슷한 기사를 생산하고, 모든 주요 영역의 콘텐츠를 직접 생산하는 방식으로는 공급과잉 시장에서 버티기 힘들다.

한정된 자원을 효율적으로 활용하기 위해서는 기자나 PD 등 제작 인력의 역량을 재조정하고 작업 방식을 재구성해야 한다. 내부의 전문성을 키울 영역과, 외부 자원을 네트워크화해서 커버할 영역을 구분하고 그에 상응하는 조직 구조를 개편해야 한다. 다른 조직과도 협력 체제를 구축하여 기사 교류나 공유, 섹션 공동 제작이나 교류, 공동 사업 등 다양한 형태의 '공격적' 협력이 필요하다. 가령 번역과 데이터분석 기능을 갖춘 로봇 저널리즘을 활용하여 단순 스트레이트 기사를 작성하고 저널리스트들은 단순 작업에서 벗어나 사건의 사회적 맥락과 의미를 심층적으로 분석하는 고도의 지적 작업에 집중하는 방식이 한 예가 될 수 있다. 또 가파른 상승세를 이어가고 있는 온라인 미디어 업체인 미국의 버즈피드가 기사 작성 인력보다 플랫폼별 맞춤형 전달 서비스를 담당하는 에디터 인력을 더 많이 배치하고 뛰어난 엔지니어 인력을 전면 배치한 것도 참고할 만하다.

다시 말해 이용자의 특성과 상황을 반영하고, 이용자를 참여시키는 개인화된 서비스를 준비해야 한다. 소셜 미디어를 적극 활용해야 하며, 소셜 네트워크 관리를 전담할 직원이 필요하다. 기사 등 생산되는 데이터는 2차, 3차 등 추가적인 활용을 위해 구조화되어야 한다. 이를 위해서는 이용자의 특성과 수요를 지속적이고 체계적으로 분석해야 하는 것이다.

고품질 콘텐츠 생산기반 복원을 위한 공공 지원

넘쳐나는 정보 속에서 탐사보도, 분석, 해설과 같은 고품질 뉴스 콘텐츠의 필요성과 중요성은 오히려 커진다. 그러나 미디어 시장 구조는 이러한 콘텐츠가 생산되기 힘든 쪽으로 변하고 있다. 저널리즘에 대한 보다 강력한 공적 지원이 필요하다. 오스트리아와 프랑스는 국가가 인쇄 미디어에 현금을 지원하고 있고, 북구 국가들에서도 그러한 지원이 있어왔다. 한국에서도 언론인 교육, 기획취재 지원 등 저널리즘에 대한 지원이 있지만 대폭 확대할 필요가 있다. 권력이나 돈으로부터 자유로운 공영언론을 확립하기 위한 적극적인 방안이 논의되어야 한다.

미디어 콘텐츠의 저작권에 대한 인식도 아직 부족하다. 콘텐츠에 대해 정당한 가격을 지불하는 사회적 환경과 기술적 조건이 마련되어야 한다. 가령 콘텐츠를 이용하고 소액으로 결제할 수 있는 시스템을 개발할 필요가 있다. 갈등을 겪고 있는 뉴스생산자, 포털, 뉴스통신사 등 시장 행위자들 간 거래 질서가 확립되어야 한다.

비영리 저널리즘 등 대안적 미디어에 대한 사회적 지원과 지지도 필요하다. 비용 절감으로 탐사보도가 줄어들었고 거대 광고주에 대한 종속성이 더 높아졌다. 이윤을 목표로 하지 않고 시민들의 기부로 운영되는 저널리즘, 예를 들면 미국의 프로퍼블리카ProPublica 같은 조직이 있어야 한다. 한국에서도 뉴스타파 등의 비영리 저널리즘 조직이 활동하고 있으나 이러한 대안적 미디어에 대한 보다 더 큰 관심과 지지가 필요하다.

보안기술 개발과 사회적 관리체제 구축

발전된 미래 기술이 미디어 영역에서 활용되기 위해서는 개인정보 보안과 알고리즘의 사회적 관리 등 기술적, 법적, 문화적으로 선결되어야 할 과제들이 있다. 사물인터넷을 이용해서 개인의 관심, 취향, 상황을 반영하고 빅데이터 분석으로 이전에는 상상할 수 없었던 유용한 정보를 제공할 수 있다. 그러나 이에 앞서 국가의 체계적인 정책과 지원이 필요하다.

개인 맞춤형 서비스에서 제기되는 개인정보 보호와 보안 문제는 개인정보를 다루는 기업, 개별 국가 및 국제적 협력을 통해 달성될 수 있다. 또한 기술, 법체계, 사회적 인식이 모두 조화를 이루는 가운데 실현될 수 있다. 만약 이러한 선결과제가 해결되지 않는다면 개인은 감시와 조작에 무방비로 노출되거나 '디지털 노숙자'가 되어 네트워크에서 벗어난 삶을 살아갈 수밖에 없다.

검색, 데이터 분석, 로봇 저널리즘 등에 사용되는 알고리즘의 경우에도 투명성과 윤리성이 확보되어야 한다. 인터넷 포털 네이버와 카카오는 뉴스의 검색 제휴를 위해 공동으로 '공개형 뉴스제휴 평가위원회' 설립을 2015년 발표한 데 이어 2016년 3월 뉴스제휴 평가 및 제재 심사에 들어갔다. 어떤 언론사의 뉴스를 검색에 노출시킬 것인가를 공개된 위원회에게 맡기겠다는 것이다. 이는 기업이 자발적으로 공공 관리 모델을 선택했다는 점에서 주목할 만한 결정이다. 우리가 어떤 정보에 접근하게 되는가는 검색 서비스를 제공하는 회사의 알고리즘이 결정하기 때문에 그에 대한 사회적 관리도 요구된다.

뉴스편식 예방을 포함하는 미디어교육

일반 시민은 이제 더 이상 단순한 미디어 이용자가 아니다. 이미 미디어 생산과 유통자가 되었고, 그 역할은 미래에 더욱 커질 것이다. 따라서 그에 상응하는 역량이 필요하다. 말하자면 '미디어 역량'은 미디어를 비판적으로 이용하고 미디어를 활용해 사회적 의사 결정 과정에 참여할 수 있는 능력이라고 할 수 있다. 이러한 능력을 기르는 체계적인 활동이 '미디어 교육'이다.

어린이나 청소년 때부터 사회공동체 문제에 관심을 갖고 뉴스를 이해할 수 있는 능력(뉴스 리터러시), 자신의 의견을 효과적으로 표현할 수 있는 쓰기 능력을 길러야 한다. 읽기와 쓰기는 상호작용적 미디어 환경에서 가장 핵심적으로 요구되는 능력이다. 변화된 미디어 환경에 적응해서 원하는 정보를 찾고 활용할 수 있는 능력도 길러야 한다.

'잊혀질 권리'에 대한 논의에서 볼 수 있듯이 개인정보에 대한 예민성이 점차 더 중요해지고 있다. 자신의 정보를 보호할 수 있는 역량과 다른 사람의 사생활을 존중하는 윤리성이 미디어 교육의 주요 과제 중 하나이다. 미디어 교육도 조기 교육이 효과적이지만 어린이와 청소년만이 미디어 교육의 대상은 아니다. 일반 시민들도 미디어를 이용하고 활용할 수 있는 능력이 필요하다. 미디어 능력이 자연스럽게 획득되는 것이 아니라 의도적이고 체계적인 과정을 통해 길러진다는 인식 전환이 필요하다.

한편 고객중심의 맞춤형 기사 제공 방식의 맹점도 일깨워야 한다. 편식은 해롭다. 음식을 편식해서는 안 되듯이, 뉴스도 지나치게 편식을 하게 되면 안 된다. 편식하는 기간이 1~2년이면 무관하겠지만, 10년 이상 지속된다면 사람의 두뇌에 편향된 지식만 쌓여 있을 것이다. 정치와 경제에 관심 있다고 하여 그 분야 기사만 편식을 하면 다른 과학, 문화, 사회 분야의 지식은 거의 없게 된다. 사람은 자신이 가지고 있는 지식에 바탕을 두어 의사결정을 하게 된다. 두뇌에 편향된 지식만 쌓아둔 사람의 의사결정은 균형 잡힌 결정을 하지 못할 가능성이 크다. 골고루 사회 전반의 기사를 습득하는 습관을 갖도록 지도하는 것이 필요하다.

공공성을 담보할 수 있는 언론환경 조성

미디어의 사회적 공익성에 비하여 미디어의 공공적 위상은 매우 취약한 것이 사실이다. 대부분의 언론사들은 사기업이다. 사기업이 아닌 일부 방송사가 있기는 하지만, 정부 영향 하에 있기 때문에 취약한 위상은 마찬가지이다. 사기업은 당연히 이윤추구를 중요한 목표 중 하나로 한다. 회사의 이윤과 공공성이 서로 충돌할 경우에 회사 경영자는 갈등을 겪지 않을 수 없다. 물론 우리나라는 민주화 운동과정에서 사기업임에도 불구하고 공익성을 위하여 회사의 이익을 희생하였던 자랑스러운 언론 역사를 가지고 있다. 하지만 사회에서 절대적으로 지지받은 시대정신이 존재하지 않고 또한 언론환경이 취약하게 되자, 언론사들이 이윤 추구형 기업 또는 권력 지향형 조직으로 운영되는 경향을 보이고 있다. 과거 민주화 운동시절에는 과감하게 지켰을 법한 언론인의 사명감, 기자 정신, 지식인의 소명의식들이 자본과 권력 앞에 무력해지는 경우가 많이 나타나고 있다.

물론 언론환경이 악화된 것이 사실이다. 대부분의 언론사들이 적자운영을 하고 있다. 기존에 존재하던 비즈니스 모델이 붕괴되어 버린 것이다. 뉴스를 생산하는 기자의 급여를 소비자가 지급하는 것이 기본적인 비즈니스 모델이다. 그런데 현재는 인터넷을 통하여 공짜로 기사를 보고 돈을 내지 않는다. 그러면 기사 제작자의 인건비와 시설비는 누가 부담한단 말인가. 언론사가 적자이면 고급인력을 기자로 활용할수 없고, 고급기사가 생산될 수 없다. 고급언론이 존재하지 않으면, 그사회는 값싼 가십성 기사로 넘쳐날 것이다. 값싼 가십성 기사를 통해서 국민들이 상호 소통한다면 그런 사회의 앞날은 건강할 수 없다.

여기에 창의적인 아이디어가 필요하다. 과학기술연구는 원래 돈 먹는 하마이다. 연구를 본업으로 하여 자립하는 연구소는 이 세상에 거의 없다. 국가적으로 필요하기 때문에 어쩔 수 없이 지원을 하는 것이다. 고급언론도 사회에 반드시 필요하다. 고급언론이 자립할 수 없다면, 국가와 사회가 지원책을 검토해야 할 것이다. 우선 뉴스 저작권을 보호하는 데서 출발해야 할 것이다. 기사를 볼 때는 1원이라도 돈을 내게 하는 것도 고려해 볼 수 있다. 프랑스처럼 신문 배포를 국가에서 지원해주는 방안도 있을 수 있다. 현재까지는 언론인은 지식인의 대명사였다. 적자 운영하는 언론사가 우수 인력을 확보하여 좋은 언론인으로 양성할 수 있는 날이 얼마 남지 않았다. 저급 언론인이 판을 치고 저급기사들이 도배하는 날이 멀지 않았다. 언론인들은 본연의 소명의식을 회복하도록 노력해야 하고, 국가나 사회는 언론사와 언론인들이 그러한 소명의식을 지킬 수 있도록 도와주어야 한다.

14

재난대응전략

최근 우리나라는 대형사고가 끊이지 않아 국민들의 불안감이 커지고 불만과 불신이 높아질 대로 높아졌다. 왜 사고가 늘어나고 있을까? 실제로 사고가 늘어난 것일까, 아니면 단순히 늘어난 것처럼 보이는 것일까. 늘어났다면 왜 늘어났고, 단지 늘어난 것처럼 보이는 것에 불과하다면 왜 그렇게 보이는 것일까?

우선 객관적인 지표부터 살펴보자. 한 나라의 대표적인 안전지표로 외인사망률을 들 수 있다. 외인사망이란 사고, 자살, 타살과 같이 외부 요인으로 사망하는 것을 말한다. 외인사망률은 인구 10만 명당 외인으로 인한 사망자수를 나타낸다. 외인사망에서 자살과 타살을 제외하면 사고에 의한 사망을 추정할 수 있다. 사실 지난 30년간 자살과 타살을 제외한 우리나라 외인사망률, 즉 사고사망률의 변화추이를 보면, 사고사망률은 1991년까지 증가하다가 그 이후 지속적으로 감소하고 있음을 알 수 있다.

그렇다면 지금 국민들이 느끼고 있는 불안은 과잉반응이며, 사고가 늘어난 것처럼 보이는 것은 착각에 불과한 것일까? 결론부터 말하자면 그렇지 않다는 것이다. 옛날보다 먹을 것이 풍부해졌다고 해서 삶의 질이나 행복지수가 올라가는 것이 아니듯이, 사고건수나 사망률이 줄어들었다고 해서 안전지수가 향상된 것이 아니기 때문이다.

위험 사회의 원인

안전에 대한 불안감이 과거보다 더 커지고 사고가 더 늘어난 것처럼 보이는 이유는 다음과 같다. 첫째, 사고감소폭보다 안전에 대한 기대수준의 증가폭이 더 크기 때문이다. 사람들이 판단하는 기준은 과거의 사고발생률이 아니라 현재의 생활수준에 상응하는 기대수준이다. 둘째, 충분히 막을 수 있는 사고를 막지 못했거나, 반드시 막아야 하는 사고를 막으려는 노력을 하지 않았다고 생각하기 때문이다. 막을 수 있는 사고를 막지 못하고 막아야 하는 사고를 막지 않았을 때 사람들은 분하고 억울하며 화가 나게 되는 것이다. 셋째, 국민들이 불안해하는 것은 더 이상 위험을 개인이 통제할 수가 없기 때문이다. 사람들은 자기가 통제할 수 있다고 믿는 위험은 덜 위험하다고 느끼지만, 자신이 통제할 수 없다고 생각하는 위험은 실제보다 훨씬 더 위험하다고 느낀다. 과거의 위험은 개인이 어느 정도 통제할 수 있거나 개인이 조심하면 나름대로 안전을 확보할 수 있었지만 현대사회의 위험은 대부분 개인의 통제 범위 밖에 있다. 이제는 개인이 조심한다고 해결될 문제가 아닌 것이다. 더구나 이제는 어디에 어떤 위험이 있는지조차 알기 힘들다. 이런 상황이 국민들의 불안을 증폭시키고 있다.

더 큰 문제는 이러한 현상이 일시적인 것이 아니라 이제 겨우 시작에 불과하다는 점이다. 앞으로 다가올 미래사회는 위험이 더욱 증폭된 초위험사회가 될 것이다. 안전은 하루아침에 확보되지 않는다. 안전 문제는 모든 이해당사자가 쉽게 동의하고 협력할 것처럼 보이지만 실제로는 거의 모든 이해관계자가 서로 대립하고 갈등하는 요소이기 때문이다. 안전을 확보하기 위해서는 필연적으로 갈등을 조정하고 대립을 협력으로 바꾸어야 한다. 오랜 시간이 걸릴 수밖에 없다. 그래서 안전사회는 어느 날 갑자기 이루어지지 않는다. 미래의 안전을 확보하기 위해서는 지금부터 서둘러 안전전략을 수립하고 실천해 나가야 한다.

현대사회의 위험과 안전

사회안전전략을 수립하기 위해서는 먼저 현대사회의 위험과 안전에 대한 구조적 이해가 필요하다. 현대사회에서 대형재난은 기본적으로 사회시스템의 대형화에서 출발한다. 안전은 크게 자연재해 영역과 인적 사고로 구분할 수 있다. 최근 기상이변 등으로 자연재해에 대한 우려를 많이 하지만 우리나라에서 발생하는 대형참사의 대부분은 인적 사고이다. 자연재해로 인한 인명 손실도 따지고 보면 인적 사고가 원인인 경우가 많다.

현대사회는 위험사회

현대사회를 위험사회라고 한다. 위험사회에 대한 정의나 개념은 다양하지만 그 중 하나가 '위험을 배척하는 것이 아니라 위험을 취하는 사회risk-taking society' 또는 '위험을 취하도록 장려하는 사회'라고 할 수 있다. 위험을 취한다는 의미는 우리의 주변을 둘러보면 금방 이해할 수 있다. 교통수단은 점점 더 빨라지고, 건물도 점점 더 높아지고 있다. 땅 밑을 지나는 가스관이나 송전선은 점점 더 크고 복잡해지고 있다. 공단의 산업시설도 마찬가지이다. 경제가 발달할수록 이러한 경향은 더욱 심해지며, 위험은 갈수록 커진다. 위험을 감수하지 않고는 경제를 발전시킬 수 없으며, 경제를 발전시키기 위해서는 위험을 감수해야 한다. 대개 국민소득이 2만 달러를 넘어가는 사회에서 거의 모든 부문의 위험은 대형화, 고도화, 집적화, 복합화되는 현상이 나타난다.

현대사회에서 위험이 항상 존재할 수밖에 없는 공존의 대상이라면 위험 관리는 더욱 중요해진다. 위험을 관리하지 않으면 사고로 이어지기 때문이다. 작은 위험은 작은 사고를 유발하지만 대형화된 고도의 위험은 대형참사를 유발한다. 위험이 대형화, 고도화, 집적화, 복합화된 현대사회는 늘 대형참사의 위험을 안고 있다. 위험을 관리해야 하는 이유이다.

국민소득과 위험인식의 관계

세계적 추세를 보면 환경·안전·보건에 대한 국민들의 요구수준은 대개 국민소득 수준과 비례하며, 1만 달러, 2만 달러, 3만 달러 수준에서 크게 변화하는 특징이 있다. 대체로 1인당 국민소득이 약 1만 달러 정도 되는 시점에서 환경이 '일반화'되기 시작한다. 일반화된다는 것은 대부분의 사람들이 환경의 중요성을 알기 시작하며, 각자 주어진 여건에서 환경을 보호하기 위해 기꺼이 투자하거나, 투자할 용의가 생기는 것을 의미한다. 이 단계에서는 일반시민들도 환경보호에 기꺼이 투자하기 시작한다. 예를 들어, 쓰레기 분리수거를 한다든지 친환경세제를 구입하는 등 환경보호에 스스로 동참한다. 동시에 자기가 투자와 노력을 하는 만큼 환경에 대한 권리의식도 싹트게 된다. 환경관련법도 사후 대처에서 사전 예방 중심으로 이동한다. 법령의 명칭도 대기오염방지법이나 수질오염방지법과 같은 사후 대처 중심에서 대기보전법이나 수질보전법과 같은 전향적이고 능동적인 사전 대처 형태로 전환된다.

국민소득 2만 달러 정도가 되면 안전이 일반화된다. 일반시민들이 개인적으로 안전에 대해 투자하기 시작하며, 안전에 대한 의무와 권리의식이 커진다. 예를 들어 자동차 구입 시 에어백이나 ABS브레이크, 사륜구동과 같은 안전장치에 관심이 커지며 그에 대한 비용도 기꺼이 지불할 용의가 생기기 시작한다. 사고에 대한 생각도 바뀌기 시작한다. 그전까지는 사고가 나면 '왜 하필이면 나일까, 왜 우리 가족에게 이런 불행이 닥쳤을까?'라는 식으로 사고를 개인의 불운이나 불행이라고 생각했다. 그러나 2만 달러가 넘어서면 왜 사고를 당해야 하는지, 그 원인은 무엇이고 누구에게 사고의 책임이 있는지 따지기 시작한다. 개인적인 안전사고뿐만 아니라 대형참사가 발생해도 비슷하다. 2만 달러 이전에는 대형참사가 발생하면 희생자의 불행을 안타까워하는 분위기가 사회를 압도한다. 사회구성원 모두 슬픔에 젖고 추모 분위기에 젖으며, 희생자를 돕기 위한 성금모금 등이 사회운동의 주류를 이룬다. 그러나 2만 달러가 넘어가면 희생자 추모 분위기도 나타나지만 책임소재 규명을 요구하는 목소리가 높아진다. 피해자나 가족들도 국민성금을 거부하고 보상이나 배상을 요구한다. 피해자가 그저 불쌍한 희생자가 아니라 누군가의 잘못으로 인해 피해를 당한 '피해자'임을 인정받고 싶은 것이다.

국민소득 3만 달러 정도가 되면 보건이 일반화된다. 보건이 일반화된다는 것도 안전과 같이 건강문제가 더 이상 개인차원의 문제가 아니라 국가와 사회차원의 문제로 인식하게 된다는 것이다. 예를 들어

암의 발병 원인과 책임소재를 따지기 시작하며 암 관련 소송이 급격히 증가한다. 또한 암을 예방하기 위한 사회적, 제도적 장치의 도입을 강력히 요구한다. 암이 개인의 문제가 아니라 사회의 문제라는 방식으로 인식이 변화하는 것이다. 즉 이전에는 시민들이 개인적으로 건강에 투자하던 것을, 사회적 차원에서 건강에 투자하도록 국가와 사회에 요구하기 시작하는 등 보건에 대한 의무와 권리의식이 높아진다.

우리나라는 어디쯤 와 있을까? 2015년 우리나라 1인당 국민총소득은 약 2만 8,000 달러였다. 국민소득 수준으로 볼 때 우리나라는 이미 위험사회에 접어든지 오래다. 그러나 우리나라는 경제발전에 비해 상대적으로 안전이 경시되어 온 측면이 강하다. 우리 사회의 안전 인프라, 즉 안전과 관련된 법, 제도, 인력, 기술, 재원, 문화는 1만 5,000 달러 정도 수준에 불과한 것으로 보인다. 반면 안전에 대한 국민들의 요구는 이미 3만 달러 수준을 넘어서고 있다. 한마디로 우리는 1만 5,000 달러의 안전인프라에 2만 5,000 달러의 위험을 가지고 3만 달러의 안전을 요구하는 사회에 살고 있다. 우리는 위험수준과 안전인프라의 격차가 1만 달러 이상인 위험사회에 살고 있는 셈이다.

사회안전을 위한 기본전략

현대 위험사회에서는 사소한 사고도 엄청난 재산손실과 인명피해를 초래하는 대형참사로 이어지기 쉽다. 특히 미래사회는 산업화와 기술발달 과정에서 초래되는 인적 재난의 위험이 커지는 시대가 될 것이다. 또한 기후변화에 따른 자연재난의 강도와 빈도가 그동안의 예측과 대비의 범위를 크게 넘어서고 있으며, 그 피해의 정도도 예전과는 비교할 수 없을 만큼 크다는 것을 간과해서는 안 된다. 실제로 공장 하나의 침수 피해가 예전 같으면 한 개 군의 피해액 규모를 넘어서는 경우가 많다.

따라서 미래 안전전략의 핵심과제는 재난 및 안전관리 패러다임의 변화에 있다. 재난안전관리의 과정은 예방-대비-대응-복구의 단계로 구분된다. 일반적으로 '재난안전관리' 하면 대응만을 생각하고, 문제가 생기면 대응의 실패를 탓하면서 개선하는 데 중점을 두는 과거의 패러다임에서 벗어나야 한다. 어느 단계도 중요하지 않은 것이 없지만 인적재난관리의 방점은 '예방'에 있고 자연재난관리는 '대비'가 중요하다. 인적재난은 문명으로부터 발원되는데 문명은 제어control가 전제되어야 이기로 활용된다. 제어에 결함이 생기는 것은 생산과정이나 사용과정의 문제에서 기인한다. 생산과정이나 사용과정의 문제를 감시하고 해소하는 것이 예방활동이다. 사고는 대형사고일수록 일단 발생하면 아무리 대응을 잘한다고 하더라도 피해는 발생하기 때문이다. 자연재난은 발생 그 자체를 막을 수는 없다. 그렇기 때문에 '대비'가 피해의 정도를 좌우한다. 지진에 대한 대비는 건축물의 내진시공이며 홍수에 대한 대비는 하천정비와 하수도의 확보이다. 사고가 발생하고 지진으로 건물이 무너지고 홍수가 쓸고 간 뒤에 생명과 재산을 구하기 위해 할 수 있는 일은 많지 않다.

위험관리의 내재화

미래 안전전략의 키워드는 '위험생산자'와 '위험관리의 내재화'이다. 위험생산자는 돈을 벌려고 위험을 창출하는 자이며, 위험관리 내재화란 위험을 창출하는 자에게 위험을 관리하도록 하는 것이다. 위험생산자가 위험을 생산하는 이유는 경제적 이득을 얻기 위해서이다. 따라서 위험생산자에게 위험 관리를 내재화시키는 가장 효과적인 방법은 그들이 얻는 경제적 이득과 연관시키는 것이다.

산업화로 환경오염문제가 심각한 사회문제가 되자 서구에서 이 문제를 해결한 핵심원리는 '깨끗하게 하라, 그러면 돈을 벌 수 있게 해주겠다make it clean then profitable'였다. 즉 기술적 규제 강화만으로는 기업의 환경오염을 근절하기 어려웠지만 환경오염을 일으킨 기업에 대해 영업을 정지시키자 규제효과가 확연히 개선된 바 있다. 영업정지나 과징금 부과는 수익을 얻으려는 기업 활동의 목적과 배치되기 때문에 기업은 어떻게든 이를 피하려고 한다. 기업이 환경규제를 두려워하고 신경을 쓰는 이유가 여기에 있다. 안전문제를 해결하는 원리도 마찬가지이다. '안전하게 하라, 그러면 돈을 벌 수 있게 해주겠다make it safe then profitable'가 핵심원리인 것이다. 심각한 안전조치를 위반한 경우 기업은 더 이상 영업을 하지 못하게 할 뿐만 아니라 징벌적 과징금을 부과해야 한다.

이와 같이 안전문제를 해결할 방법이 없는 것이 아니다. 몰라서 못하는 것도 아니다. 그런데도 안전 문제가 해결되지 않는 것은 이와 같은 전략과 정책을 개발하고 집행할 체제가 없기 때문이다. 안전은 그 속성상 시장에 맡겨서는 확보될 수 없다. 결국 정부에 맡겨진 문제이다. 따라서 안전 관련 정부조직 체계를 제대로 정비하는 것이 주요한 과제이자 전략이다.

새로운 위험사회 예측: 만물인터넷 대비 전략

사물인터넷Internet of Things, IoT 세상이 현실화되고 있다. 사물인터넷이란 사물에 센서를 부착해 실시간으로 데이터를 인터넷으로 연결해 주는 기술로 사람과 사람 간의 소통을 넘어 사람과 사물 간의 소통을 가능하게 함으로써 사람들의 일하는 방식이나 일상생활을 보다 편리하게 해준다.

미래사회에는 사물인터넷 세상을 넘어 만물인터넷Internet of Everything, IoE 시대가 열릴 것이다. 만물인터넷이란 사물뿐만 아니라 세상에 존재하는 모든 만물이 연결되는 네트워크 기술을 말한다. 2020년에는 20억 명 이상의 사람과 370억 개 이상의 사물이 인터넷으로 연결되는 세상이 될 것이라고 한다. 사물인터넷은 주로 일대일 통신수준에 불과하지만 만물인터넷 시대에는 모든 만물끼리 연결되어 있는 상태로 늘 통신이 이루어지며, 무엇보다도 사물인터넷은 원하는 데이터를 얻기 위해서 사람의 손길이 필요하지만 만물인터넷 시대에는 상황에 따라 모든 데이터를 자동으로 알아서 분석하고 처리하는 시대가 될 것이라고 한다.

그만큼 세상이 편리해지겠지만 문제가 생기면 그에 따르는 위험이나 손실은 예측은 물론 상상하기조차 어려운 초대형 재난으로 확장될 가능성이 있다. 민간부문은 사물인터넷이나 만물인터넷의 기술개발과 상품화 전략에만 집중할 것이다. 따라서 만물인터넷 시대에 나타날 새로운 유형의 재난들을 막기 위한 것뿐만이 아니라 이 사물인터넷을 활용하여 유용한 사고예방 및 대응시스템을 개발하는 국가차원의 사회안전전략과 사회안전 인프라 구축이 필요하다.

인간요소를 고려한 안전시스템 설계
선진국은 자연재난과 인적재난의 비율이 8대 2인데 반해 우리나라는 2대 8의 비율이다. 인적재난의 예방과 대응에 더 집중해야 하는 이유이다. 그 근본적인 원인을 법질서가 지켜지는 풍토, 즉 사회기강의 차이에서 찾지만 그와는 별개로 기술적인 측면에서 보완이 필요하다. 인적 재난의 기술적 원인은 두 가지가 있다. 원인은 자연이나 기계가 제공했지만, 적절한 대응을 하지 못하여 사고를 키운 경우이다. 두 번째는 인간의 오작동에 의하여 사고를 유발한 경우이다. 인간은 완벽하지 않다. 인간은 완벽하지 못하다는 전제하에 재난방지 시스템을 설계해야 한다. 첫 번째 경우에도 인간의 게으름과 실수가 있을 수 있다는 점을 감안하여, 이를 보완할 수 있는 시스템을 만들어야 한다. 완벽한 비상대응 체계를 운영하고 있지만, 어느 한 사람의 실수로 큰 사고로 확대된 사례를 많이 본다. 인간의 실수 때문에 발생하는 두 번째 재난은 해당 기계를 설계할 때부터 인간의 실수를 예방할 수 있도록 해야 한다. 예를 들어서 교통사고가 유달리 많이 나는 도로가 있다. 이 도로는 사고를 유발하는 요소가 있기 때문이다. 이런 경우에는 도로 모양과 신호체계를 바꾸면 사고가 줄어든다. 이러한 원칙은 비행기와 자동차, 대형 시설물 설계에도 마찬가지로 적용된다.

사회안전 확보를 위한 실행 방안

집행을 전제로 하지 않은 전략은 무용지물이다. 지난 몇 십년동안 우리나라에서 비슷한 안전사고가 반복된 것은 전략이나 계획이 없었기 때문이 아니라 이를 실천하고 집행하는 데 실패했기 때문이다. 사회안전전략의 최우선 과제는 안전관련 정부조직을 바로 세우는 것부터 시작되어야 한다.

국가의 안전체계와 정부조직 체계화

대형사고는 시설물, 교통시스템, 에너지, 질병관리, 사이버보안 등의 영역에서 일어난다. 국가의 안전관리체계는 크게 시장진입 전 단계pre-market, 시장단계on-market 그리고 사고발생 이후단계post-accident의 3단계로 구분해 볼 수 있다.

시장진입 전 단계의 안전관리는 전기제품이나 자동차와 같은 제품안전, 건물·설비·교량·도로와 같은 건축물 및 시설물안전 등을 말한다. 자동차는 안전기준에 맞게 만들고, 건물도 안전기준에 맞게 지어야 한다. 이 단계에서는 각 제품이나 건물 또는 시설물을 관리하는 소관부처에서 안전기준을 제정하고 안전검사를 시행하는 등 안전관리를 맡는다. 안전을 확보하기 위한 수단으로는 안전기준 설정, 검사, 인증, 등록, 표시, 정보제공 등이 있다.

아무리 자동차가 안전하게 만들어졌다고 해도 실제 교통안전은 이 자동차를 어떻게 운전하느냐에 따라 안전수준이 달라진다. 이와 같이 사용소비단계에서의 안전이 시장단계에서의 안전이다. 국민들이 생활하면서 겪게 되는 모든 안전이 여기에 해당된다. 사용소비단계에서의 안전은 환경안전, 교통안전, 식품안전, 산업안전 그리고 생활안전의 5개 영역으로 나뉜다. 제품이나 시설안전단계(시장 전단계)에서는 안전 또는 불안전의 둘 중 하나로 명확하게 판가름할 수 있다. 그러나 사용소비단계에서는 어느 한 시점에서 안전 여부를 판정하기 어렵거니와 그렇게 판단을 해도 무의미한 경우가 많다. 상황이 수시로 바뀌므로 상시적인 감시체계가 필요한 이유이다. 대부분의 국가는 중요 안전영역을 상시적으로 관리, 감독하는 정부조직으로 환경청EPA, 교통안전청TSA, 식약청FDA, 산업안전보건청OSHA, 원자력안전위원회NSSC 및 소비자제품안전위원회CPSC 같은 책임행정기관을 두고 있다. 중요한 것은 안전을 감시하고 관리하는 조직은 별도로 조직을 분리 독립시켜 확실한 감시와 견제가 이루어질 수 있도록 해야 한다는 점이다. 인간관계와 상명하복, 더욱이 인사권으로 얽혀 있는 정부나 공기관의 체제와 풍토 속에서 같은 기관 내에서 제목소리를 내고 쓴 소리 내기를 바라는 것은 국민의 안전관리를 부처 이기주의에 함몰시키는 것에 다름 아니다.

사고발생 이후단계는 1차 대응과 2차 대응으로 구분되는데, 1차 대응은 사고의 종류를 불문하고 육상에서는 소방이, 해상에서는 해양

〈그림 3-6〉 국가의 안전체계 및 안전 관련 정부조직체계

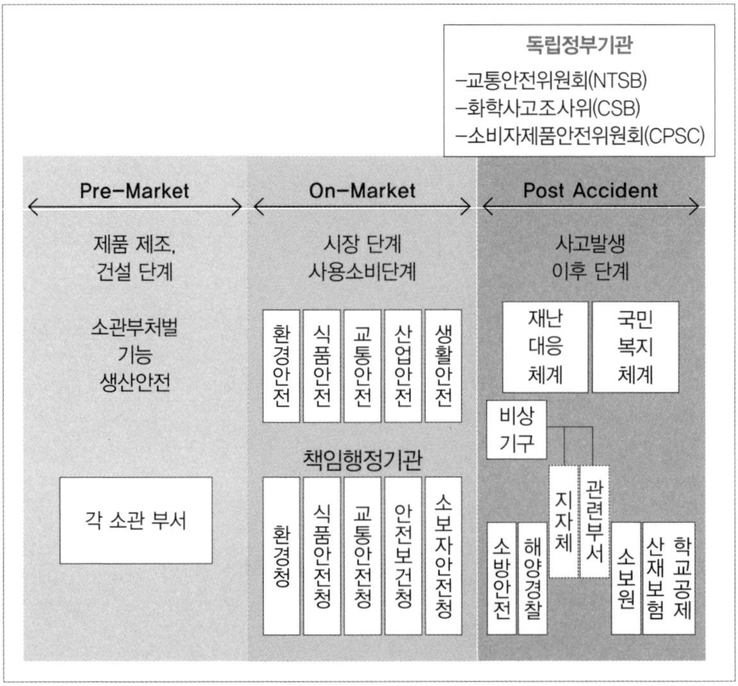

안전경찰이 맡는다. 일개 소방서나 해양경찰서의 대응범위를 넘어서는 사고가 발생하면 대응단위가 확장되며 최종적으로는 국가 최고지도자가 책임을 진다. 1차 대응으로 인명구조가 완료되고 현장의 급박한 위험이 해소되면 피해복구 및 피해자 구제 등 2차 대응으로 이어진다. 2차 대응은 기본적으로 지방자치단체의 임무이며, 중앙정부의 해당부처가 지원하게 된다.

특히 재난사고가 발생하면 초기대응이 얼마나 신속, 정확하게 이루어지느냐가 중요하다. 초기대응에 따라 사건이 경미한 단계에 머무를 수도 있고 걷잡을 수 없는 재난으로 번질 수도 있다.

국가차원의 안전산업 육성

국가안보를 다른 나라에 맡길 수 없듯이 안전 및 재난관리도 다른 나라에 맡길 수가 없다. 지금까지 국가안보나 국력을 지배하는 요소는 주로 군사력과 경제력이었다. 시스템이 초대형화되는 미래사회에서는 안전 및 재난관리 기술과 산업도 국가안보 차원에서 군사력이나 경제력 못지않게 중요한 요소가 될 것이다. 따라서 미래사회의 안전을 확보하기 위해서는 초대형 재난에 대비한 국가적 차원의 안전전략과 대응역량 개발이 필요하다.

현대사회의 대형재난은 사회시스템의 대형화에서 출발하는 것들이다. 시스템이 초대형화 되면 사소한 사고도 초대형 재난이나 참사로 이어질 가능성이 커진다. 초대형참사는 사회시스템은 물론, 국가마저 붕괴시킬 수 있다. 이러한 위험에 대응하는 안전관리나 재난관리 시스템은 첨단기술이나 산업의 뒷받침 없이는 불가능하다. 문제는 안전과 재난 관리 시스템이 산업발전이나 사회시스템에 반드시 필요하지만 기업이 개별적으로 투자하지 않는 속성이 있다는 점이다. 안전은 사회의 기반시스템인 인프라에 해당하기 때문이다. 산업화나 경제개발을 위해 도로나 산업단지가 필수적이지만 개별기업이 도로나 산업단지를 개발하지 않는 것과 비슷한 이치이다. 산업 육성을 위해 기반시설과 인프라는 국가가 나서서 전략을 수립하고 투자하듯이 국가차원에서 정부가 큰 그림을 가지고 안전산업 육성전략을 수립하고 추진해야 한다.

초대형 국가재난 대비방안

미래사회의 위험은 대형화, 고도화, 집적화, 복합화 경향과 함께 광역화와 장기화가 더해질 가능성이 높다. 경우에 따라 초대형 재난은 막대한 인명과 재산손실뿐 아니라 국가 존립을 위태롭게 하는 국가적 재앙이 될 수도 있다. 대규모 원전사고가 발생하고, 대규모 정전사고가 발생했다고 가정해보자. 메르스보다 더 강력하고 큰 규모의 전염병이 발생했다고 가정해보자. 그것은 국가의 기본 질서를 무너뜨리게 되는 위험한 상황이다. 이러한 국가적 재난의 유형과 범주들은 국가 차원에서 별도로 특단의 안전감시 및 관리체제와 유사시 재난대책을 수립하고 관리해야 한다.

초대형 재난대책도 예방과 사후대응 및 복구에서 다를 바가 없지만, 일반적으로는 상상할 수 없는 상황이 전개되기 때문에 통상적인 안전관리나 재난관리 시스템과는 다른 특별대책이 수립되어야 한다. 예방이 가능한 원전사고나 감염병 같은 경우는 이를 예방하고 관리할 특별 조직과 법제도를 갖추어 놓아야 한다.

아무리 노력해도 재난은 발생할 수 있다. 일단 재난이 발생하면 중요한 것은 사회의 회복력이다. 재난이 발생했을 때 회복력을 좌우하는 것은 크게 2가지이다. 하나는 현장의 초기대응 능력이고 다른 하나는 복구능력이다. 사고나 재해의 현장대응능력은 주로 인력이나 장비 등의 양적 확대문제로 다루어져 왔다. 그러나 초대형 재난은 단지 양적인 문제만이 아니다. 대개의 초대형 재난은 소방과 같은 대응기관도 지금까지 경험하지 못한 상황들이 대부분이다. 초대형 재난에 대해서는 주기적으로 가상 상황을 만들어 특별 훈련기회를 제공해야 한다.

초대형 재난으로부터 국가와 사회가 정상적으로 회복될 수 있는가의 여부는 복구능력에 달려 있다. 초대형 재난이란 가용할 수 있는 국가자원을 총동원해도 복구가 불가능한 상황 또는 국가경제를 위기에 빠뜨릴 수 있는 상황을 말한다. 초대형 재난이 발생하면 천문학적 비용이 불가피하며, 복구능력은 복구재원이 확보되어 있는가의 문제로 귀결된다. 따라서 미래사회의 초대형 재난을 대비하기 위해서는 안전 및 재난관리기본법상 운용되는 재난관리기금의 개념부터 적립과 운용에 이르기까지 원점에서부터 재검토해야 한다.

기술분야
미래전략

연구개발전략

'사물에 대한 새로운 지식을 얻거나, 이미 얻은 지식을 이용해 응용하는 체계적이고 창조적인 활동'이 연구개발이라고 OECD는 정의한다. 다시 말해 인간의 지적 호기심에 기초한 새로운 지식을 탐구하는 활동에서부터 경제, 사회, 문화 등 모든 영역에 대한 창조활동이라고 할 수 있다. 연구개발은 미래사회에 대한 전략을 구상하고 설계하는데 있어 가장 기본적이고 핵심적인 분야이다.

연구개발은 인간의 축적된 지식을 바탕으로 현재의 기술적 난제들을 풀어가는 과정의 연속이며, 곧 미래를 만들어가는 과정이다. 농경사회, 산업사회, 그리고 정보사회로 이어진 인류의 발전은 기술진보에 의한 것이었으며, 미래 또한 기술진보에 의해 이루어질 것이다. 혁신은 고갈되어간다는 주장도 있지만, 브라이언 아서Brian Arthur, 폴 로마Paul Romer 등 대부분의 기술경제학자들은 혁신은 기존요소들의 결합이므로 무한히 계속될 것이라는 의견이다. 경제사학자 마틴 와이츠만Martin Weitzman도 "52개의 아이디어가 있는 경우, 가능한 조합 수는 태양계의 원자 수보다 많다."며 혁신은 고갈될 수 없다고 강조한다. 연구개발은 인류가 존재하는 한 무한히 계속될 것이라는 얘기이다.

미래에 다가올 인구통계학적, 자원·환경적, 사회구조적 문제의 대부분은 과학기술을 통해 해결할 수밖에 없다. 인구감소에 따른 생산력 저하, 고령화에 따른 보건의료 수요증가, 기후변화와 환경문제의 심화, 에너지, 물, 식량 등의 자원부족, 정보통신기술 발달에서 기인하는 사회구조의 변화 등은 연구개발의 산물인 기술진보에 의해 촉발되고 해결될 것이며 가속화될 것이다.

미래의 연구개발은 어떻게 펼쳐질 것인가

우리나라 1인당 국민소득이 3만 달러대로 쉽게 올라서지 못하고 있지만, 1953년 1인당 국민소득이 67달러에 불과했던 데에서 2007년 2만 달러를 돌파하고, 2014년에는 세계 7대 무역국가로 성장했다. 압축성장이 가능했던 경제사회적 배경 중심에는 수출 주력, 중화학공업 우선, 과학기술 우대, 추격자전략 등의 정책과 전략이 있었다.

연구개발 분야에서도 이러한 전략은 유효했다. 1962년 제1차 과학기술진흥 5개년 계획이 발표될 당시, 1963년 우리나라 총 연구개발투자(정부+민간)는 12억 원에 불과했다. 이는 GDP 대비 0.25% 규모였다. 그러나 2014년 기준 연구개발비는 63조 7,341억 원이며, GDP 대비 4.29%로 연구개발비가 GDP에서 차지하는 비중이 세계 1위를 기록할 만큼 증가했다.

연구개발에 대한 집중적인 투자는 현재 우리나라의 위상을 만드는 데 매우 긍정적이고 중요한 영향을 끼쳤다. 하지만 복지수요나 경제여건 등을 고려할 때 지금까지와 같은 증가는 쉽지 않을 것이다. 따라서 그간의 투자를 통해 축적한 기술을 바탕으로 보다 혁신적이고 창의적인 방식으로 기술혁신을 이루어내는 지혜가 필요하다.

세계 유수기관들이 발표한 미래사회에 대한 다양한 전망을 종합해보면 글로벌화의 가속, 갈등의 심화, 인구구조의 변화, 문화적 다양성 증가, 에너지·자원의 고갈, 기후변화 및 환경문제 심화, 과학기술의 발달과 융복합화, 중국의 부상 등으로 요약된다. 우리나라는 여기에 추가로 남북한의 통합, 통일을 고려해야 한다. 남북한 통합이나 통일은 정치, 사회, 문화 측면에서 뿐만 아니라 과학기술 측면에서도 뒷받침돼야 가능하다.

우리나라는 저출산, 고령화, 에너지 부족, 중국의 부상, 분단 등으로 인해 세계 공통의 미래문제를 다른 국가보다 먼저 맞이하게 될 가능성이 높다. 이는 위기이지만 기회이기도 하다. 문제해결 과정에서의 경험과 기술혁신의 결과물인 글로벌 표준이 새로운 성장동력이 될 수 있을 것이다.

우리가 도달해야 할 연구개발의 목표

미래 메가트렌드 중 연구개발과 직접 관련이 있는 것은 인구구조 변화, 에너지·자원 고갈, 기후변화 및 환경문제, 과학기술의 발달과 융복합화, 통일 등이다. 연구개발을 통한 기술혁신으로 미래 메가트렌드를 얼마나 잘 준비하고 대처하느냐에 대한민국의 미래가 달려 있다.

2050년 우리나라 인구는 통일이 되지 않은 상태에서 4,200만 명으로 2016년 4월 기준 약 5,160만 명보다 감소할 것이다. 2026년에는

65세 이상 고령인구가 전체의 20%를 넘는 초고령 사회가 될 것이며, 2045년에는 약 35%에 달할 것으로 예측된다. 인구감소는 구매력 감소, 시장 감소, 일자리 감소, 경쟁력 저하로 이어진다. 고령화 사회에서는 생산성의 저하, 복지 및 의료비용 증가 등이 예상된다. 이를 해결하기 위해서는 로봇기술, 첨단제조기술, 정보통신기술, 바이오융합기술, 맞춤형 의료기술 등의 기술혁신이 필요하다.

에너지 부족문제도 심각하다. 전력수요 증가, 화석에너지 고갈, 중국의 급격한 산업화는 자원이 부족한 우리에게 에너지안보 위협으로까지 발전할 수 있다. 사회적 수용 문제를 극복하기 위해 경제성을 훼손하지 않으면서도 원자력발전의 안전성을 획기적으로 향상시킬 수 있는 연구개발이 필요하다. 대체에너지, 재생에너지 등 신에너지원이 우리나라 지리환경에는 한계가 있지만 수출산업의 신 성장 동력 차원에서 연구개발을 활발히 해야 한다.

통일은 남북한 사회구조의 통합이므로 경제, 문화, 정보, 기술 등의 불균형과 이로 인한 갈등을 해소하는 것이 중요한 이슈이다. 한편으로 통일은 우리가 중국을 중심으로 한 대륙과 미국, 일본을 통해 해양을 연결하는 허브국가로서의 위상을 갖는 계기가 될 것이다. 남북의 기술혁신체계를 통합하는 과정은 시간이 걸리겠으나 기술력의 통합을 통한 시너지효과는 클 것이다. 또한 통일은 인구의 증가, 일자리 창출, 건설산업의 부활, IT인프라 수요 확대 등 새로운 기회를 제공할 것이다. 그리고 과학기술분야의 남북협력은 통일을 앞당기는 효과를 가져 올 것이다.

우리가 기술혁신을 통해 만들어야 할 미래 대한민국의 모습은 안정적인 경제번영의 토대 위에 정치적 선진화, 평화의 제도화(통일), 과학기술과 사회문화의 균형적 발전 등을 망라한다. 과학기술의 연구개발 과제로서 지속가능한 장수사회, 신에너지 수급체계 확보를 통한 에너지 독립국가, 정보·기술의 글로벌 네트워크 중심국가 등도 제시될 수 있다.

'지속가능한 장수사회'는 저출산, 고령화, 인구감소로 수반되는 생산력 감소를 해소하고 지속가능한 지능형 제조·생산시스템을 갖춘 사회로 전체 인구의 40%에 육박하는 고령인구가 건강하고 행복한 생활을 영위할 수 있는 사회시스템을 구축하는 것이다.

'에너지 독립국가'가 되기 위해서는 신에너지원을 확보하고 이를 안정적이고 효율적으로 공급할 수 있는 에너지 네트워크를 구축해야 한다. 차세대 원자력발전을 기반으로 핵융합 발전의 실용화를 도모하고, 조력발전이나 해양, 풍력, 태양광 발전 및 스마트그리드smart grid와 같이 친환경적이고 지속가능한 에너지 비중을 확대해 나가야 한다.

지속가능한 지능형 제조생산시스템, 건강하고 행복한 장수사회, 신에너지원 및 에너지 네트워크는 '정보'와 '네트워크'의 도움으로 구현될 수 있다. 빅데이터 등 정보의 수집·분석·활용기술, 사물인터넷 등 사람, 사물, 정보를 연결하는 네트워크 기술의 혁신과 이를 실현할 수 있는 인프라도 구축해야 한다. 이 인프라는 글로벌 네트워크와 연결되며, 연결된 세계connected world의 중심이 될 것이다. 이렇게 연결된 네트워크 인프라로 글로벌 기업들은 서로 다른 업종이나 제품 협업 collaboration을 통하여 빠른 속도로 기업 융합을 이루어 나갈 것이다. 이러한 '정보·기술의 글로벌 중심국가'의 모습이 미래 대한민국을 위한 연구개발의 목표 중 하나이다.

미래를 위한 연구개발 전략 원칙

향후 기술혁신의 중심은 정부보다는 민간과 개인이 될 것이다. 민간과 개인의 혁신역량을 강화하고 체계화하는 시스템이 조기에 정착될 수 있도록, 정부는 공공분야와 기초연구분야 및 전략산업분야의 연구개발에 지속적으로 투자를 확대해야 한다. 일부 출연연구기관이 기초연구에 치중하지 않고, 실용화 연구를 하고 있는 것은 크게 잘못되었다. 연구개발은 미래의 사회상을 실현하기 위한 기술분야, 즉 기초 융합분야를 강조할 필요가 있다. 국가과학기술위원회는 제4회 과학기술예측조사에서 2035년까지 필요로 하는 652개 미래기술을 도출하고 기술별로 실현시기와 기술수준을 분석한 바 있다. 향후 10년 이내에 기술적으로 실현이 가능한 기술이 479개이고, 이중에서 344개 기술에서 우리나라 수준이 선도그룹 혹은 추격그룹에 속해 있는 것으로 발표했다.

연구개발에 대한 적절한 투자와 지원이 있어야 미래기술을 선도하거나 추격이 가능하다. 연구개발투자의 중심은 민간으로 넘어가야 한다. 민간에는 기업체와 네트워크로 연결되어 글로벌정보를 쉽게 활용할 수 있는 개인도 포함된다. 정보화, 소셜네트워크 활성화 등으로 개인의 힘은 지속적으로 확대될 것이다. 정부는 이를 촉진하고 유인할 수 있도록 시스템을 효율화하는 데 집중해야 한다.

기초 기술융합에 '선택과 집중'

'선택과 집중'은 자원이 부족한 우리나라에서는 불가결한 전략이다. 그간의 연구개발투자도 전체 60% 이상을 '산업생산 및 기술분야'에 투자할 수밖에 없었다. 기초 및 원천기술의 토대가 취약하게 되었다는 비판은 있으나, 한정된 자원을 효율적으로 활용해야 하는 한국적 상황에서는 최선의 선택이었다. 정부는 '선택과 집중'을 하되, 선택된 분야의 기초연구를 촉진시키는 역할을 해야 한다.

미래 대한민국은 지속가능한 장수사회, 에너지 독립국가, 정보·기술의 글로벌 네트워크의 중심이 돼야 한다. ICT를 중심에 놓고 대한민국의 미래상 구현에 필요한 바이오 나노 융합기초 기술, 인프라 구축에 집중해야 한다. 또한 개인과 민간의 요구 및 수요가 중심이 되며, 정부의 역할은 이를 촉진하기 위한 규제완화, 지원체계 구축 등에 초점을 둬야 한다.

도전연구, 질적평가, 자율연구

최근 10여년 동안 많은 투자에도 불구하고 큰 연구개발의 성과가 나오지 않았다는 비판이 대두되고 있다. 이러한 문제의 큰 원인을 크게 3가지로 꼽을 수 있고, 향후 연구개발 전략은 이를 개선하는 방향으로 전개되어야 한다.

첫째는 연구자들의 안일한 태도이다. 연구는 해보지 않은 것에 대한 도전이다. 그런데 한국의 연구는 90% 이상이 성공으로 기록되어 있다. 이것은 너무 쉬운 것에 도전하고 있다는 뜻이기도 하다. 90%가 성공하는 연구란 말이 안 된다. 정부는 실패해도 용인해주는 분위기를 만들고, 연구자는 과감하게 도전해야 한다.

둘째는 연구평가 제도를 바꾸어야 한다. 지나치게 논문과 특허 개수 중심의 평가는 부작용이 심하다. 연구가 실제로 어떤 결과를 창출했느냐는 것보다 논문 개수로 평가하면 연구 성공이 용이하지만, 파괴력이 있는 큰 결과는 나오지 않는다.

셋째는 정부의 간섭을 줄여야 한다. 최근 큰 연구결과가 나오지 않는다는 사회적인 압력이 있는 것이 사실이다. 이에 조급한 정부는 실적을 내 놓으라고 독촉을 한다. 대형 장기 연구도 빨리 가시적인 결과를 보여주지 않으면 중단될 위험에 노출된다. 독촉하게 되면 단기성과를 목표로 하게 되고, 단기성과를 내다보면 최종적으로 큰 결과는 나오지 않는다. 악순환인 것이다.

연구개발 전략

아무리 큰 연구개발 성과가 없다고 비판하여도, 연구개발만이 대한민국의 미래를 밝혀주는 등불이다. 연구개발 외에 달리 우리의 미래를 밝혀줄 것이 없는 실정이다. 최근 국가 연구개발비가 증가되지 않아, 상대적으로 감소되는 현상이 나타나고 있다. 일부에서는 결과가 나오지 않으니 축소는 당연하다고 말하는 사람도 있다. 이러한 시각은 위험하다. 연구제도와 환경을 개선하여 좋은 결과가 나오게 해야 한다. 연구를 축소해버리면 우리의 미래는 누가 밝혀줄 것인가.

정부와 민간의 역할 구분

과거 민간 부문의 연구개발력이 취약한데다 추격형의 사회에서는 정부가 기초기술부터 실용기술까지 지원하여 왔다. 하지만 지금은 민간 부문의 연구력이 많이 향상되었고 선도형으로 패러다임이 바뀌고 있다. 실용화 연구는 민간에 일임하고 정부는 기초연구와 거대과학에 집중하여야 한다. 북한은 거의 매달 미사일과 로켓을 발사하고 있다. 이 기술이야말로 정부가 나서서 집중 개발해야할 것이다. 북한을 비난

하고 있을 시간에 대응 기술을 개발하는 것이 진정한 대응일 것이다.

정부연구비의 상당 부분이 대기업 등 민간 부문으로 들어가고 있다. 대기업의 실용화 지원 사업은 크게 잘못된 것이다. 현재 출연연구기관들이 정체성에 큰 혼란을 겪고 있다. 이러한 패러다임 변화를 제대로 반영하지 못하여 발생한 문제이다. 정부에서도 출연연구소에 중소기업을 지원하라고 요청하기도 했다. 이러한 요구에 부응하다가 연구소들이 오늘날처럼 되어 버린 측면도 있다. 출연연구소들은 민간에서 할 수 있는 실용화 연구를 과감하게 버리고 기초로 가야한다. 그것이 출연연구소들이 사는 길이다.

연구평가 제도의 개선

연구평가를 논문 숫자 중심에서 질적 평가로 바꾸어야 한다. 논문이나 특허의 개수로 성공 여부를 판단할 경우, 개수만 채우면 성공으로 평가받을 수 있다. 바꾸어 생각하면 연구의 성공이 쉬워진 것이다. 이와 같은 기준으로 평가를 하니, 무리하게 도전적인 연구를 할 필요성도 느끼지 않게 된다. 최근 정부가 평가방식을 개선하겠다는 말을 하고 있다. 뿌리 깊은 악습은 간단히 말로 해서 바뀌지 않는다. 정부, 대학, 연구소, 연구자 모두의 노력이 필요하다.

연구의 특성과 자율성 보장

전자정부의 효과로 연구개발 과정이 과거에 비하여 효율적으로 관리되고 있다. 연구비 집행과 연구결과 관리가 상당부분 정교하게 관리된다. 국가의 세금을 사용하는 연구이기 때문에 당연히 투명하게 집행되어야 한다. 하지만 여기에 한 가지 간과되어서는 안 되는 사실이 있다. 지나치게 연구자의 자율성을 해치면 도전 연구자들이 없어져 버리고 월급 받는 직장인만 남는다는 사실이다.

　대부분의 연구자들은 연구소나 대학에 근무하는 사람들이다. 이 사람들은 어려운 연구를 기본 업무로 하지만, 한편 생각해보면 신분이 보장된 직업에 종사하는 직장인이다. 달리 생각해 보면 위험한 일을 하지 않아도 되는 사람들이다. 연구자들은 특출한 연구를 하기 위하여 위험을 감수하지 않아도 되는 사람들이라는 말이다. 그저 적당히 중간 수준만 하면 살아가는 데 지장이 없는 직장인의 자세를 가지기 쉽다. 일반적으로 큰 성과를 내는 사람은 위험을 감수하고 도전하는 소수의 사람이다. 이런 연구자는 대체로 연구과제와 연구비가 많다. 이런 사람은 실수도 가끔 한다. 직장인의 자세로 중간만 하는 사람은 실수도 하지 않는다. 여기에 연구 관리의 예술이 필요하다. 너무 강하게 관리하면 도전자들이 없어지고, 안일한 '샐러리맨'들만 남게 된다. 그렇다고 하여 너무 느슨하게 관리하면 도전자들은 늘어나겠지만 부실관리의 지탄을 받을 것이다. 균형을 이루는 연구관리가 요구된다.

군사 및 우주기술 연구 강조 필요

　미국의 기술발전사를 보면 많은 기술들이 전쟁과 인공위성을 위한 기술에서 나왔다. 컴퓨터와 레이더는 말할 것도 없고 인터넷과 GPS도 군사기술에서 나왔다. 신기술이 군사나 우주기술에서 태동되기 용이한 이유는 경제성이다. 민간 연구에서는 경제성이 없다고 생각하면 연구를 중단하는 경향이 있다. 그러나 군사와 우주 분야에서는 경제성보다 기술 자체가 중요한 경우가 많다. 경제성에 대한 제약이 약하니 과감하게 도전적으로 연구를 하여 성과를 내는 것이다.

우리나라는 군사와 우주 기술 개발에 대한 노력이 부족하다. 무기나 인공위성 발사체를 외국에서 사오는 것이 더 값싸고 품질이 좋다고 생각하는 데에서도 연유한다. 하지만 무기나 인공위성 기술을 수입해서 사용하기만 하면 그 예속에서 벗어날 수 없다. 초기에 비싸고 품질이 떨어지더라도 자체 개발을 해야 미래가 있다. 또한 군수와 우주산업을 일으켜 수출 가능성도 생긴다. 북한의 미사일과 로켓 발사에 걱정만 하지 말고, 우리도 어서 빨리 군사와 로켓기술을 개발해야 한다. 특히 미래 전쟁은 인간보다 인공지능 로봇이 싸우는 전쟁이 될 것이다. 인구 감소로 병역 자원이 줄고 있다. 기계화 자동화 연구가 시급하다. 또한 현재 정부투자를 받아 개발한 지식재산은 민간이 소유하지 못하게 되어 있다. 그러다 보니 기술개발이 되어도 특허 출원도 하지 않고 흐지부지되는 경향이 있다. 민간 소유를 인정하여 특허관리의 동기 부여가 필요하다.

연구개발의 당면 과제
제4차 산업혁명의 기초기술 개발

전 세계에 제4차 산업혁명의 바람이 불고 있다. 이 바람의 핵심은 제조공정과 데이터의 통합이다. 이러한 통합은 빅데이터, 사물인터넷, 인공지능, 로봇기술에 의하여 가능하다. 그리고 이와 같은 생산과 데이터가 통합되면 고급 서비스가 개발되어 서비스업으로 확대 발전할 가능성도 있다. 만약 한국이 제4차 산업혁명의 물결을 타지 못하고 낙오한다면, 한국의 산업은 크게 어려움에 빠질 것이다. 한국형 제조업 혁신을 위해 필요한 IT, 로봇, 엔지니어링, 융복합 등 관련 기술을 개발해야 하고, 아울러 빅데이터, 사물인터넷, 인공지능 연구가 시급하다.

건강 장수사회에 필요한 기술개발

건강한 장수사회는 고령자가 건강하고 행복한 삶을 살 수 있는 시스템을 갖춘 사회이다. 단순히 복지정책만을 의미하는 것이 아니며 생명공학과 의료기술의 융합, 수명연장과 장수과학의 혁신을 통해 만들어지는 시스템 사회이다. 원격 질병관리 및 치료, 모바일 헬스어플리케이션, 개인맞춤형 치료제 등의 기술개발이 요구된다. 건강한 장수사회를 위한 시스템은 미래의 새로운 성장동력이 될 것이다. 일본은 이미 전략시장을 창조하는 최우선 과제로 실버산업을 선정했다. 우리도 초고령사회를 새로운 성장동력으로 활용하기 위한 정책을 마련해야 한다.

에너지 자립을 넘어 에너지 허브 구축

세계는 대체에너지, 신재생에너지 등 새로운 에너지원 개발에 경쟁적으로 매달리고 있다. 특히 우리처럼 에너지 수입국에서는 대체 에너지 개발이 절실하다. 안정적인 에너지원 확보와 함께 세계 에너지시장에 진출하기 위한 전략이 필요하다.

원자력은 후쿠시마 원전사고 이후 국제적으로 높은 안전성이 요구된다. 원전의 안전과 해외 원전 수출을 동시에 추진해야 할 것이다. 태양광발전, 조력발전, 풍력발전 등의 대체에너지 개발이 전략적으로 필요하다. 또한 전력저장Energy Storage System, ESS 기술도 필수적이다. 다양한 에너지원으로부터 효율적으로 에너지를 공급받고 사용할 수 있는 스마트 그리드 개발이 우선돼야 한다. 에너지원의 확보와 함께 중요한 것은 지속가능한 에너지 네트워크의 구축이다. 에너지 네트워크는 장기적으로 중국, 러시아, 일본, 북한 등과도 망을 연결해야 한다.

제4차 산업혁명 이후를 대비하는 연구

빅데이터, 인공지능AI과 사물인터넷IoT 기반의 제4차 산업혁명의 물결이 지나간 후에는 바이오산업이 주도할 것으로 전망된다. 인간의 무병장수와 건강관리에 관한 산업이 큰 부가가치를 창출하게 될 것이다. 제4차 산업혁명이 빅데이터, 인공지능, 사물인터넷을 중심으로 산업을 재편하듯이, 미래 바이오 관련 산업은 뇌 인지공학을 중심으로 재편될 것이다. 모든 바이오제품이 인간의 신경망으로 연결되고 인지공학에 의하여 최적의 판단이 이루어질 것이다. 이 시대를 대비하여 바이오연구, 뇌연구, 인지과학연구를 게을리하지 말아야 한다. 먼 훗날에는 뇌인지 분야를 잡는 국가가 세상을 지배할 것이다.

2

산업기술전략

한 해에 쏟아지는 과학기술 논문과 특허는 각각 20만 건이 넘는다. 이를 모두 읽고 기술변화를 알아내기는 어려우므로 체계화된 기술의 핵심특징을 이해하고 이를 바탕으로 미래를 예측하는 것에는 '기술사상技術思想'을 활용하는 것이 유용하다. 기술사상은 '동양사상', '서양사상'처럼 세상을 바꾼 사상체계를 의미한다. 특허법상 발명의 개념은 '자연법칙을 이용한 기술적 사상의 창작으로서 고도한 것'이라고 정의되는데, 기술사상은 여기에서 연유한다. 이 차원에서 미래를 바꿀 두 가지 기술사상은 로봇사상과 바이오사상이다.

먼저 로봇사상은 '인간의 연장선에 로봇이 있으며, 이러한 로봇이 인간을 대신하여 세상을 바꾼다'는 사상이다. 이러한 로봇사상은 인간이 도구를 사용하기 시작한 수백만 년 전에서 연원을 찾을 수 있다. 이에 의하면 '지능화된 도구'가 로봇이기 때문에 이를 미래의 존재로 볼 필요가 없다. 중요한 것은 이미 20세기 후반에 진행된 자동화와 로봇화에 의해 산업현장은 대부분 로봇화되었다는 점이다. 앞으로 더욱 확대될 로봇시대에 대비해 로봇과 인간이 공존하게 될 미래사회를 연구하고 준비하는 것이 필요하다.

정보통신기술Information Technology에 이어 새로운 산업을 일으킬 것으로 전망되는 것은 생명기술이다. 생명기술Bio Technology에 기초한 바이오사상은 인간과 생명에 대한 본질의 탐구에 그 연원이 있다. 20세기 후반, 더이상 인간과 동물의 근본적 차별을 주장할 수 없게 되면서 생명사상이 대두되었다. 심지어 생명과 비생명 간에도 근본적 차이가 없고 그 경계가 불확실하다는 것이 현대과학에 의해 확인되면서 이조차 도전받고 있다. 이에 따라 생명과 비생명을 구분하지 않고 인간, 지구, 자연을 하나의 유기체로 보려는 것이 바이오사상이다. 나아가 로봇사상과 바이오사상을 결합하여 '인간과 로봇, 인공지능, 동식물, 자연이 하나의 유기체'라고 보는 '바이오로봇사상'이 미래사회를 주도할 것으로 전망할 때 우리가 육성해야 할 산업방향은 이러한 변화에 부응하는 형태가 돼야 할 것이다.

우리 산업의 문제점과 해결방안

우리 산업이 안고 있는 문제는 무엇인가? 먼저 우리나라 산업의 속성을 분석해보면, 우리나라는 미국, 프랑스 등과 달리 일본처럼 제조업 비중이 높다. 산업은 한 국가의 역사와 경제구조를 반영하기 때문에 쉽게 바뀔 수 있는 것은 아니다.

1960년대	경공업	섬유, 합판, 가발 등
1970년대	중화학공업	철강, 기계, 화학 등
1980년대	중공업	조선, 자동차 등
1990년대	IT산업	반도체, 휴대폰 등
2000년대	?	?

자료: 신성장동력사업단

우리나라는 지난 50년간 노동집약형 산업을 시작으로 출발해 지금은 철강, 조선, 자동차, 화학, 전자 등 현대문명을 뒷받침하는 5대 기간산업분야에서 경쟁력을 갖게 되었다. 하지만 2000년대에 들어선 후에는 이렇다 할 새로운 주력산업을 개척하지 못하고 있다. 그사이 우리를 추격해온 중국, 인도 등이 5대 기간산업에 있어서 점차 우리를 앞서가고 있다. 확실한 대안이 필요한 시점이다.

과거 산업전략에서 얻을 수 있는 교훈

최근 '우리가 살 길은 1등이 되는 것뿐'이라는 슬로건이 유행하고 있다. 디스플레이, 메모리반도체, 스마트폰, 가전 등에서 세계 1등을 차지함으로써 2등 이하일 때 써오던 추격자전략을 사용할 수 없게 되었기 때문이다. 하지만 모든 경쟁에는 2등이 있고 모든 2등이 다 도태되지는 않듯이 1등전략(개척자전략)이 반드시 모든 산업분야에 적용돼야하는 것도 아니고, 2등전략(추격자전략)이 반드시 나쁜 것도 아니다.

우리 산업은 그동안 추격자전략으로 성장해왔다. 자동차는 현대자동차가 일본으로부터 기술을 도입해 포니승용차를 만들기 시작해 현재는 세계 5대 자동차생산국이 되었다. 통신기술도 처음에는 해외기술을 도입해 생산했으나 지금은 CDMA를 SK가 세계 최초로 상용화하고 무선인터넷인 와이브로를 한국전자통신연구원ETRI이 개발하여 상용화시킬 정도로 무선통신분야에서는 세계를 선도하고 있다. 인공위성은 초창기에는 영국 서레이 대학에 가서 배워 우리별위성 시리즈를 만들었으나 지금은 아리랑위성이나 과학위성 시리즈를 우리 주도로 만드는 수준이 되었다. 원자력발전은 캐나다의 CANDU원자로와 미국에서 이전받은 기술로 시작했지만 APR-1400을 수출함으로써 세계 원자력강국의 반열에 올랐다. 국방기술도 초창기에는 소총이나 박격포 정도를 생산하거나 NIKE미사일을 미국으로부터 기술도입하여 생산하는 수준이었으나 이제는 사거리 2,000km 급의 장거리 순항미사일을 독자개발하는 수준이 되었다. 실로 추격자전략의 성공국가라고 할 만하다.

개척자전략을 펴서 성공한 사례들도 있다. 산림녹화사업은 1962년 이후 108억 그루를 심어 국토의 64%를 녹화하는 데 성공함으로써 개발도상국 중에서는 유일한 성공사례로 기록되었다. 새만금사업은 34km에 달하는 세계 최대 길이의 방조제를 쌓아 국토를 넓힌 사업이다. 인천공항의 경우, 2016년 기준 11년 연속으로 세계 공항 서비스평가ASQ에서 1위를 차지해 공공서비스는 민간서비스보다 경쟁력이 낮다는 통념을 깬 사례로도 기록되었다.

다가오는 기회를 잘 활용하면 새로운 기회를 만들 수도 있다. 지구온난화로 새롭게 열리고 있는 북극항로를 허브항구로 발전시키면 '부산항을 동아시아의 싱가포르'로 만들 수 있다. 또 한국의 지식재산 강국 특성을 살려 '한국을 특허소송의 메카'로 만들면 세계 특허 허브국가가 될 수 있다.

반대로 과거의 전략 실패에서 교훈을 얻어 이를 미래의 자산으로 바꿀 수도 있다. 예를 들어 실패했던 동북아 금융허브국가도 첨단 벤처기업 육성정책과 모바일금융이 만난다면 다시 해볼 만하다. 실패했다던 제1벤처 육성정책은 미국발 IT버블 붕괴를 한국발 벤처버블로 착각한 데서 비롯된 것임에 착안해 제2벤처 육성정책을 펼친다면 성공할 가능성이 크다. 항공산업은 중형항공기 실패를 교훈으로 삼고, 변화하는 국방, 민수시장 환경변화를 반영해 무인비행기와 항공전자를 집중육성하면 신산업으로 성장시킬 수 있다. 과거의 실패를 바탕으로 새로운 환경변화에 맞게 미래전략을 잘 수립한다면 성공의 기회로 바꿀 수도 있다는 의미이다.

육성해야 할 신성장동력 산업

앞으로 우리나라가 육성해야 할 산업분야와 관련하여, 2008년 신성장동력사업단이 분석한 자료는 시사하는 바가 크다. 다음 그림에서와 같이 현재 한국의 점유율이 큰 산업분야는 새로운 IT기술과 융합하여 경쟁력을 지속적으로 확보해나가고, 비록 지금은 시장 규모가 작지만 향후 성장가능성이 큰 바이오, 에너지·환경, 지식서비스 등의 분야는 적극투자를 해야 한다는 것이다. 즉 우리 산업의 특성을 고려하여 2개의 큰 범주로 나누고 서로 다른 전략을 적용했다는 데에 주목할 필요가 있다.

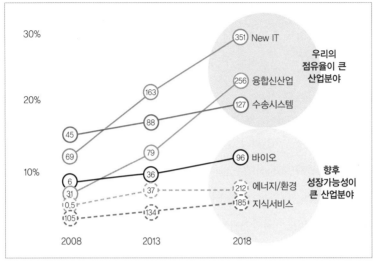

자료: 신성장동력사업단(2008)

앨빈 토플러Alvin Toffler는 2001년 6월, 한국정부에 제출한 〈21세기의 한국 비전〉 보고서에서 한국은 선택의 기로에 서 있으며, 1990년 대 말 외환위기를 겪은 것은 산업화시대 경제발전모델의 한계이기 때문에 이제 혁신적인 지식기반 경제를 만들어가야 한다고 주문했다. 그러면서 생명공학BT과 정보통신IT의 집중 육성을 제안했다. 그 결과 정보통신은 세계적인 경쟁력을 갖추게 되었으며 이제 남은 것은 생명 공학이다.

MESIA 육성 중심의 쌍두마차전략

우리나라 산업의 미래전략은 한마디로 'MESIA 육성 중심의 쌍두마차전략'으로 요약할 수 있다. 현재의 창조경제는 유행에 따른 단기필마單騎匹馬형 개척자전략에만 치우치는 것을 경계해야 한다. 한국의 모든 산업에 1등을 추구하는 개척자전략을 적용할 필요는 없다. 2009년에 신성장동력사업단이 했던 것처럼, 이미 세계적인 경쟁력을 갖고 있는 산업과 아직은 미미하지만 미래에 한국경제의 효자노릇을 할 미래산업 육성을 병행하는 쌍두마차형 전략이 되어야 한다.

구체적으로 한국이 일본, 독일과 함께 세계적 경쟁력을 갖고 있는 5대 기간산업(전자, 기계, 조선/해양, 석유/화학, 철강)은 IT융합에 의한 기술창조전략, 즉 개척자전략을 적용해야 한다. 반면 현재 미국, 일본, 프랑스 등 선진국들이 높은 기술과 규제장벽을 형성하고 있는 5대 전략산업(의료/바이오, 에너지환경, 안전, 지식서비스, 항공우주)은 IT, BT, ET, RT, NT에서 신기술로 인해 지배적인 기술패권이 변화되고 새로운 기술사상이 출현할 때 1등이 될 수 있도록 2등전략인 추격자전략을 적용할 필요가 있다.

그런데 과연 이를 우리가 해낼 수 있을 것인가? 결론적으로 말하면 가능하다. 지금 우리는 중국, 인도와 기간산업을 놓고 경쟁하는 것보다 미국, 일본과 전략산업을 놓고 경쟁하는 것이 훨씬 쉽다. 지난 50여

〈표 4-2〉 쌍두마차전략

현재 한국이 세계적 경쟁력을 갖고 있는 5대 기간산업: 개척자전략
– 전자(반도체, 통신, 가전), 기계(자동차, 정밀부품), 조선/해양, 석유/화학, 철강
* 현재 독일, 일본과 한국만이 5대 기간산업 모두 세계적 경쟁력을 보유
* 과거 미국 주도: 전자(GE), 자동차(포드, GM), 석유화학(록펠러), 철강(카네기)
→ IT융합으로 기술사상(발명, 디자인)을 창조해 중국과 인도 추격 차단

현재 선진국들이 주도하고 있는 세계적 5대 전략산업: 추격자전략
– 의료/바이오, 에너지, 안전(사회안전, 소방방재, 교통, 국방), 지식서비스(지식, SW, 금융, 교육, 문화), 항공우주
* 현재 미국을 중심으로 독일, 일본, 프랑스 등이 높은 기술, 규제장벽 형성
→ 기술사상의 변화(IT, BT, ET, RT)에 편승해 민관협동으로 선진국 추월

년간 우리는 추격자전략을 통해 선진국들을 따라잡은 경험이 있다.

지난 100년간 미국의 전자산업은 GE가, 자동차산업은 포드와 GM 이, 석유화학은 록펠러가, 철강산업은 카네기 등이 각각 리더십을 갖고 이끌어왔다. 하지만 5대 기간산업에 대한 세계적 경쟁력을 모두 보유하고 있는 국가는 이제 미국이 아니라, 일본, 독일, 한국뿐이다. 다만 중국과 인도가 부분적으로 세계시장에서 두각을 나타내고 있어서 머지않아 이들이 상당 부분 잠식해올 것이 예상된다. 따라서 이 분야에서 우리나라는 현재 경쟁력을 갖고 있는 IT기술을 바탕으로 빅데이터와 인공지능 기술을 융합하여 제4차 산업혁명 과정에서 신흥국의 추격을 최대한 차단하는 개척자전략이 필요하다.

현재 5대 기간산업은 삼성, 현대, 포스코, LG 등의 기업이 기술개발과 시장개척 등을 활발히 해오고 있어서 정부가 직접 나서서 할 역할이 거의 없다. 반면 5대 신전략산업은 정부의 공공서비스와 밀접하게 결합되어 있고, 정부가 주도적으로 육성하지 않으면 자생적으로 성장하거나 민간기업이 감당하기 어렵기 때문에 정부 주도로 육성해야 한다. 예컨대 방위산업이나 항공우주산업을 기업논리나 글로벌시장에 맡겨서 육성될 리 없다. 의료나 안전서비스, 지적서비스도 정부의 복지정책이나 사회정책, 행정규제 등에 민감하기 때문에 민간기업 주도로 성장하는 것에는 한계가 있다.

MESIA는 5대 전략산업인 의료·바이오Medical-Bio, 에너지·환경 Energy-Environment, 안전Safety, 지식서비스Intellectual Service, 항공우주 Aerospace의 영문자 앞 글자를 딴 것으로, 세부적으로는 다음 표와 같이 구분할 수 있다. 여기서 중요한 것은 그동안 정부가 육성에 실패했다고 하는 BT산업을 의료산업과 결합해서 추진하는 것이다. 즉 거대한 의료서비스와 의료장비시장을 별도로 놓고 첨단기술 중심의 BT 육성만으로는 전략산업 육성이 어렵다는 것이다. 특히 한 해 예산 100조 원이 넘는 보건복지부에 의료정책을 맡긴다고 해도, 복지와 성격이 크게 달라 보건산업 육성이 어렵다는 것을 주목해야 한다. 따라서 보건복지부를 분리하여 복지서비스 분야에는 실버산업 육성의 임무를 맡기고, 생명의료부와 같은 새로운 부처를 만들어서 의료바이오산업 육성의 임무를 맡길 필요가 있다.

〈표 4-3〉 정부가 중점 육성해야 할 5대 전략산업인 MESIA의 세부 산업분야

5대 전략산업	세부 산업분야
Medical-Bio 의료/바이오산업	수출의료: 스마트헬스(U헬스), 디지털병원/연구중심병원, 의료관광, 의료기기 내수의료: 의료서비스(병원/의원/실버), 의료정보, 소모품 생명기술: 제약/신약, 유전자치료, 농업(종묘), 식품(가공, 저장, 유통) 융합기술: 바이오칩, 바이오정보, 바이오화학, 수술/재활로봇
Energy-Environment 에너지/환경산업	에너지: 대체/재생 에너지(태양력/풍력/조력, 바이오매스), 미래형 원전(피동형, 고속증식로), 핵융합, 수소/암모니아/메탄하이드레이트, 스마트 에너지그리드 환경: 물(식수/관개/상하수도/재처리), CO_2 저감/저장, 폐기물(처리/관리), 생물다양성 관리, 바이오환경기술, 오염감지/관리, 환경호르몬
Safety 안전산업	사회보호: 사이버/건물보안, 방범/경호 장비/서비스, 호신용품, 구호체계 소방방재: 소방(로봇, 장비), 산업재해/자연재해 예방, 구조/구난체계 감시경계: 출입국/해안선 감시, 무인감시/경계로봇/자동화 사회기술: 법의학/범죄수사기술, 교통안전, SNS 기반 복지 국방: 무인/로봇(경계, 정보, 작전), 사이버/정보, 비살상/대테러
Intellectual Service 지식서비스산업	지식산업: 지재권 생산/유통, 특허소송, 엔젤투자, 벤처 M&A, 고객관리(CR) 소프트산업: 콘텐츠(3D), 모바일SW, 모바일앱, 빅데이터, 클라우드 금융/보험: 모바일금융, 창조금융, 온라인/모바일 보험 교육산업: 웹/모바일교육, 인강/사이버강의, Education 3.0 문화산업: 영화/음악, 게임/애니/오락, 관광/레포츠, SF산업(스토리, CG)
Aerospace 항공우주산업	항공: 민항기/개인항공, 군용기, 무인기(감시/관제/통신/성층권), 항공전자/정보 우주: 위성(탑재장비), 발사체, 위성정보, 위성측지, 우주감시

한편 〈표 4-4〉와 같이 MESIA를 STEPPER 관점으로 분석해본 결과, 지식서비스, 사회안전, 의료·바이오의 종합 점수가 더 높게 산출되었다. 따라서 MESIA 중에서도 특히 세 분야에 집중할 필요가 있으며, 각 분야의 유망한 미래전략을 기술하면 다음과 같다.

〈표 4-4〉 MESIA에 대한 STEPPER 분석

구분	S 사회	T 기술	E 환경	P 인구	P 정치	E 경제	R 자원	종합 점수
M 의료/바이오	○	X	○	○	○	○	○	5
E 에너지/환경	△	△	○	○	△	○	△	3
S 안전	○	△	○	○	○	○	○	6
I 지식서비스	○	△	○	○	○	○	○	6
A 항공우주	○	△	△	△	△	○	○	3

먼저 안전산업(국방)은 향후 연간 9조 원의 시장규모가 형성될 수 있다. 첫째, 무인·로봇산업은 경계자동화, 무인감시, 통신·정찰·작전 UAV, 작업·감시·작전로봇 분야가, 둘째, 사이버정보산업은 암호·보안, 전자전·정보전항공·위성정보 분야가, 셋째, 비살상·대테러산업은 음향·마비·EMP탄 분야 등이 중점 육성대상이다.

또한 의료·바이오산업은 연간 300조 원의 시장규모가 창출될 수 있다. 의료산업은 스마트헬스, 제약, 의료기기, 소모품, 의료서비스, 의료관광, 디지털병원 분야가 유망하며, 바이오산업은 바이오의약 및 유전자치료 등의 의/약학분야, 고기능작물, 기능성식품 등의 농식품분야, 바이오매스 등의 에너지환경분야, 바이오 매커닉스 등의 기계분야, 바이오 일렉트로닉스 등의 전자분야, 생물정보학 등의 정보분야가 유망하다.

마지막으로 한국전자통신연구원ETRI이 발표한 〈공공정보 민간활용시장 및 파급효과〉에 따르면, 지식정보서비스시장 규모는 2012년 5,000억 원에서 2017년 7,400억 원으로 시장규모가 확대될 전망이다. 지식서비스 산업은 콘텐츠, 모바일 SW·앱, 인공지능, 모바일금융, 웹교육, 게임 등 문화산업과 SF분야가 유망할 것으로 전망된다.

전략산업 육성을 위한 실행정책

우선 5대 전략산업인 MESIA 육성을 위해 관련 부처별 역할분담이 필요하다. 미래창조과학부가 종합기획하고 제도마련 등을 통해 공통으로 지원하되, 각 부처별로 주력산업을 담당토록 하는 것이 하나의 방법이 될 수 있다. 예를 들어, 의료바이오는 생명의료부(창설), 농림축산식품부, 해양수산부, 식품의약품안전처 등이, 안전산업은 국방부, 방위사업청, 경찰청, 행정자치부, 미래창조과학부, 국정원 등이, 지식서비스는 문화체육관광부, 산업통상자원부, 법무부, 교육부 등이 담당할 수 있다. 또한 청와대 미래전략수석을 과학기술이나 연구개발 육성 중심으로 활용하지 말고, 전략산업의 육성과 과학국정 구현을 위한 컨트롤 타워로 활용하는 것이 필요하다.

분야별로 육성해야 할 구체적인 정책은 다음과 같이 표로 정리할 수 있다.

〈표 4-5〉 지속가능한 발전을 위한 융복합형 신성장동력 발굴

정책분야	고려사항
스마트 도로	도로 IT, 스마트 그리드, 전기자동차용 등
실용형 로봇산업	소방·방재·원전·경비·국방 등 공안로봇 및 장애인/노약자용 복지로봇
플랜트·체계기술산업	석유화학 및 조선해양산업의 위축에 따른 대안으로 추진
안전·보안·경호·치안산업	기술발전으로 인한 공공 안녕질서 분야의 기업화/개인화 추세 반영
한국형 신재생 에너지원	대형 조력발전, 고공 풍력발전, 해상 태양광발전, 바이오매스 등
나노재료, 신물질·화학	기술 파급효과가 큰 재료·화학분야에서 원천기술 발굴
국방 연구개발	선진국들처럼 20%를 기초과학연구와 혁신형 기술개발에 투자

〈표 4-6〉 IT 기술혁신과 미디어/문화산업 발전

정책분야	고려사항
차세대 모바일 혁명을 위한 기반기술	5세대 무선통신, 3D 무안경 TV, 변신형 모바일기기, 사물인터넷, 웨어러블 디바이스 등
전통산업의 IT화	항공우주, 원자력/에너지, 국방과학, 조선해양/물류 등 기계전통이 강한 분야의 IT화로 무인기, 항공전자, 위성정보, 원전IT, 국방IT 육성
소셜미디어 및 콘텐츠산업	SNS 기반 서비스 및 다양한 디지털콘텐츠 육성
미디어·문화산업	과학문화, 과학저널, SF영화산업, 문화기술 등
디지털 민주주의 및 디지털 문화예술	모바일 선거, 모바일 투표 등의 시행 인터넷 검열, 실명제 등 웹 활동 제약요소 제거

〈표 4-7〉 BT 기술혁신과 생명의료산업 발전

정책분야	고려사항
차세대 생명공학 기술혁명을 위한 제도	바이오사상에 기반하여 보다 보편적이고도 새로운 생명윤리에 입각한 기술혁명 추진
기초 의학연구 및 첨단의료기술 개발	독자적인 의학 지식과 의료기술의 개발로 세계적인 바이오의료분야 리더십 확보
차세대 식품, 의약품 연구 지원	식품과 의약품분야에서 미래시장을 선점할 수 있는 새로운 제품 연구
동아시아 의료서비스 메카 성장	디지털 병원, 원격 진료, 의료관광 등을 통해 전 세계적으로 가장 앞선 의료서비스 제공
연구중심 병원 설립	100세 시대 도래에 따른 노인성질환, 불치병 연구
의료전문인력 대폭 증원	의과학, 의공학, 수의과학 연구인력, 글로벌 의료서비스산업 육성
의과학대학 설립	과학기술과 법, 의학·의료·약학분야 등을 융복합한 의료교육

한편 세계 최고 수준의 산업재해율을 선진국 수준으로 낮추어야한다. 안전사고와 공해가 없는 친환경·안전산업, 즉 명품산업을 육성하는 것도 경쟁력 있는 산업의 내실을 도모하는 측면에서 강구해야한다. MESIA 중 바이오의료 분야에서만 2018년에 300조 원의 GDP창출이 가능할 것으로 전망된다. 그렇게 향후 30년간 꾸준히 5대 전략산업을 육성할 경우, 현재의 5대 기간산업의 경쟁력이 쇠퇴하더라도 2045년경에는 현재 선진국들의 위치를 우리가 차지할 수 있을 것이다.

3 소프트웨어산업전략

과거 소프트웨어SW는 단순 전산도구로 기능하면서 하드웨어HW의 보조수단으로 여겨졌었다. 그러나 1990년대 이후 자동화와 데이터 분석 기능을 토대로 산업 간 융합의 촉매역할을 해왔으며 최근에는 사회 전반의 문제 해결책과 연관된 디지털 브레인으로 진화하면서 국가의 흥망성쇠를 결정할 핵심으로 부상하고 있다.

그동안 소프트웨어 산업정책이 IT서비스 등 소프트웨어 산업 내 문제 해결에 중점을 두고 있었다면, 제4차 산업혁명의 도래와 함께 소프트웨어는 사회혁신의 기폭제가 될 것으로 예측되고 있다. 과거 19세기 증기기관과 같은 동력기술은 육체노동을 대체하여 가내수공업이 공장형 대량생산체제로 전환되는 계기가 됐다. 또 생산기술의 진화는 효율성을 증대시켜 왔으며, 정보기술은 인간의 인지와 판단 등 정신노동까지 대체했다. 이제는 소프트웨어의 시대이다. 생산, 관리, 지배구조 등 산업과 사회 전반에서 대대적 개편과 전환이 발생하는 4차 산업혁명 과정에서 지능기술의 대표적 도구인 소프트웨어가 광범위하게 영향력을 발휘하는 '소프트웨어 중심사회'가 될 것이기 때문이다.

〈표 4-8〉 기술 패러다임과 사회변화

구분	기술 패러다임의 변화					미래사회
	17세기	18세기	19세기	20세기	2001~2020	2020~
앨빈토플러 (1980)	1차 물결 : 농업사회 (BC8000~17세기)		2차 물결 : 산업사회 (17~20세기)		3차 물결 : 정보사회 (1950)	4차 물결
조지프코츠 (1996)	농경사회 (~19세기)		신산업사회 (19~20세기)		정보화사회 (1980)	의식기술사회 (2020)
페레즈 (2009)	농경사회	산업혁명 (1771)	증기와 철도 (1829)	철과 전기 (1875) / 석유와 자동차 (1908)	정보통신 (1971)	
제레미 리프킨 (2011)	–	1차 산업혁명 (동력기술)		2차 산업혁명 (에너지기술)	3차 산업혁명 (정보기술)	4차 산업혁명 (지능기술)
		(1784) 증기기관 혁명, 생산 기계화 시동		(1870) 전기 활용한 대량생산체계 구축, 노동의 분화	(1969) 컴퓨터를 활용한 정보화 및 자동화 시스템 구축	(2010) 소프트웨어, 디지털, 바이오, 나노기술, 인공지능

자료: 앨빈 토플러 (1980), 『제3의 물결』, 조지프코츠 (1996), 『2025-미국과 글로벌 사회 시나리오』,
칼로타 페레즈 (2009), 『Technological revolutions and techno-economic paradigms』,
제레미 리프킨 (2011), 『제3차 산업혁명』

'소프트웨어 중심사회'란 소프트웨어가 개인, 기업, 정부 전반에 광범위하게 사용되어 삶의 질을 향상시키며 기업과 정부의 경쟁력이 지속적으로 제고되는 사회이다. 또 개인의 아이디어와 상상력을 소프트웨어로 실현하고 문제점은 소프트웨어로 해결하며, 구성원들의 창의·개방·협력 문화가 소프트웨어를 매개로 하여 일상화되는 사회인 것이다.

사실 소프트웨어는 '컴퓨터와 소통하며 아이디어를 실현하고 다양한 문제를 해결하는 도구'이다. 그러나 최근 디지털 패러다임이 가속화되고 있는 가운데 소프트웨어의 기능이 하드웨어의 보조적 수단에서 모든 것을 자동화, 지능화, 최적화, 그리고 유연화를 시켜주는 핵심적 기술로 확대되고 있는 것이다.

〈표 4-9〉 사회 변화와 SW역할의 진화

구분	3차 산업혁명		4차 산업혁명
	1960년대~1990년대	1990년대~현재	2020년~
시대적 요구	(전산화+계산)	(자동화+데이터분석)	(인지+의사결정)
SW의 역할	HW의 보조도구	산업간 융합의 촉매	사회혁신의 기폭제
연관 산업	HW, IT산업	지식서비스, 융합산업	전통+신산업 (드론, 자율자동차 등)

소프트웨어 중심의 국가혁신을 위한 해결과제

제4차 산업혁명과 인공지능으로 대변되는 지능사회에서 한국이 성공적인 국가 혁신을 이루기 위해서는 먼저 우리 기업도 소프트웨어를 전략적으로 활용하여 고부가가치 신산업을 창출해야 한다. 그리고 정부는 금융, 노동, 복지, 공공 등 거시적 경제 정책과 더불어 소프트웨어 친화적 제도 환경을 구축하여 우리 사회가 지능정보사회로 경쟁국보다 먼저 도약할 수 있도록 해야 한다. 이제는 부분적 정책이나 제도 몇 가지 정도로는 제4차 산업혁명의 폭풍에 대처할 수 없다.

제4차 산업혁명에 대비할 수 있는 교육혁신

세계경제포럼WEF이 발표한 국가경쟁력 지표 가운데 한국은 세부 항목인 교육시스템의 질 평가에서 2015년 기준 세계 66위를 기록했다. 또한 과도한 입시위주의 경쟁으로 국내 사교육비 지출은 세계 최고 수준에 이르고 있다. 주지하다시피 교육은 미래형 인재를 양성하는 근간이다. 따라서 교육의 질 개선을 위해 다각도의 노력이 필요하며, 특히 산업화 시대에 맞춰 만들어진 인재양성 시스템 등 현재의 교육 제도들을 과감히 바꾸어야 한다.

가령, 소프트웨어가 혁신을 주도할 사회에서는 소프트웨어 실무 중심의 인력양성이 필요하다. 2018년까지 클라우드, 사물인터넷, 빅데이터, 스마트홈 등의 분야에서 약 3만 5,000여 명의 인력수요가 발생할 것으로 예상되지만, 현실적 여건이 이러한 수요를 따라가지 못하고 있다. 국내 소프트웨어 기업의 53.4%는 여전히 인력부족을 호소하고 있는 실정이며, 소프트웨어 중심대학으로 선정된 14개 학교가 운영되고 있으나 일반대학교의 7%에 불과하다.

국내 소프트웨어 교육은 현장의 문제해결 중심으로 혁신해야 한다. 이를 위해 실전형 전공 교육과정 개설과 클라우드 기반의 프로그래밍 교육인프라 환경과 같은 실습 위주의 교육환경을 구축해야 한다. 미국 하버드대학교의 CS50과 같은 컴퓨터 프로그래밍 수업은 학부생 12%가 수강하고 있고, 이중 78%가 비전공자일 정도로 인기가 높다. 국내에서도 기초 프로그래밍 수업인 한국형 CS50을 개발할 필요가 있으며, 특히 생명과학, 자동차, 금융 등 신산업분야에서 소프트웨어 심화교육이 이루어져야 한다.

한편 소프트웨어의 생명주기는 짧다. 다시 말해 소프트웨어 산업계

재직자를 대상으로 한 소프트웨어 기술의 재교육 과정도 필요하다. 이를 위해 소프트웨어 재교육을 실시하는 소프트웨어 기업에게 인센티브를 제공하는 것과 같은 장려제도를 도입할 필요가 있다.

소프트웨어는 현행 교육방식의 개선에도 기여할 수 있는 부분이 많다. 학생이 주도하는 거꾸로 수업flipped learning은 좋은 예인데, 인터넷과 같은 소프트웨어 중심의 인프라를 활용하여 강의 위주의 기존 교육방식과 달리 학생이 주도하는 교육 및 학습방식으로 전환할 수 있다. 또한 학습자의 제한 없이 누구나Massive, 무료로Open, 인터넷Online을 통해 우수한 대학의 강의Course를 수강할 수 있는 온라인 공개강좌인 'MOOC'와 같이 소프트웨어 중심의 교육혁신이 기존 교육의 패러다임 변화를 주도할 수도 있다.

또한 선진국처럼 초등학교 때부터 정보과학적 사고를 배양하고, 소프트웨어적 문제해결 능력을 키우기 위한 교육을 강화할 필요가 있다. 미래는 기계와 소통하는 사람이 주도하는 사회가 될 것이다. 기계와 소통하지 않고서는 기계의 원리를 이해하지 못한다. 기계의 원리를 이해하지 못하면, 기계를 이용한 창의적인 구상이 떠오르지 않는다. 기계와의 소통은 프로그래밍 언어를 통해서 가능하다. 이미 세계를 선도하고 있는 마이크로소프트, 애플, 구글, 페이스북과 같은 회사들의 창업자들은 프로그래밍을 해본 사람들이다. 코딩 교육은 기계와의 소통을 통하여 기계의 원리를 이해하는 과정이다.

데이터 기반의 의료·복지 시스템 구축

국민 건강과 직결된 의료 분야에서는 개인 의료정보를 활용하여 의료 서비스의 질을 높일 수 있도록 관련 규제를 개선하고 의료 정보를 공유하는 체계를 마련해야 한다. 현재 국내 의료기관의 90% 이상이 전자의무기록을 사용하고 있다. 그러나 데이터의 비표준화 문제와 정보유출시 책임소재가 불명확하여 의료정보의 교류가 사실상 불가능한 상태이다.

또한 의료와 소프트웨어의 융합은 기존의 사후 대응 중심에서 데이터 기반의 진단과 사전 예방으로 패러다임을 전환해야 한다. 이를 위해 개인 유전체, 진료기록, 일상생활의 라이프로그와 같은 데이터를 종합적으로 활용하는 정밀의료 인프라 확충이 필요하다. 아울러 개인 의료정보의 정의 및 범위 정립과 정보의 민감도에 따른 세부 지침 등이 마련되어 의료 빅데이터의 활용을 촉진하도록 해야 한다.

〈표 4-10〉 의료ICT 패러다임의 변화

구분	과거	현재	미래
	의료ICT 1.0	의료ICT 2.0	의료ICT 3.0
범위	의료전산화 (의료+컴퓨터)	의료정보화 (의료+인터넷)	의료지능화 (의료+ICBM+AI)
주요내용	진료정보 디지털화 (EMR, OCS, PACS)	인터넷 등 네트워크를 통해 Public 의료서비스	의료데이터 수집·저장·분석·활용을 통한 개인 맞춤 서비스
목적	병원 內 의료업무 효율화	ICT를 통한 의료시스템 효율화	의료 데이터기반 진단과 사전 예방 중심

주: EMR(전자의무기록), OCS(처방전달시스템), PACS(의료영상저장전송시스템)

한편 복지 분야에서도 지능화된 시스템 마련이 시급하다. 복지예산은 2010~2015년 사이 연평균 7.3%씩 증가하여 정부 전체 예산의 30% 이상을 차지하는데, 문제는 복지 예산 증가에도 불구하고 국민의 복지 체감도가 높지 않고 사각지대 해소도 미흡하다는 점이다. 따라서 정부는 지속가능하고 선제적인 '복지 3.0' 시대를 실현할 수 있는 차세대 시스템과 각 부처 및 지자체가 산발적으로 추진하는 복지사업의 정책 효과를 시뮬레이션하고 최적화할 수 있는 데이터 기반의 의사결정 지원 시스템을 구축해야 한다.

소프트웨어의 안전관리 시스템 마련

국민 삶에 광범위한 영향을 미치는 교통, 에너지, 국방, 행정시스템 등 기간 시설에서도 소프트웨어 의존도가 높아지고 있다. 따라서 탑재되는 소프트웨어의 안전 확보를 위한 법제를 정비하고 안전관리 시스템을 마련해야 하는 것은 당연하다. 그러나 최근 글로벌 시장의 안전표준 준수가 강화되고 이를 무역장벽의 무기로 활용하는 추세임에도 불구하고 국내에서는 여전히 소프트웨어 안전 표준 적용에 대한 요구 수준이 낮은 상태이다. 특히 미국, EU 등 소프트웨어 안전 분야 선진국들은 민간이 주도하여 국제 표준을 선점하고 정부는 이를 준수하도록 제도화하는 부분에 노력을 집중하고 있다.

국내에서도 범 부처 차원의 소프트웨어 안전 실행체계 마련이 시급하고, 산업별 특성을 고려한 기존 관련 규정 및 지침에 소프트웨어 안전 관련 내용이 반영되어야 한다. 즉 하드웨어 중심의 기존 안전체계를 소프트웨어 시스템 기반의 사고예방 및 대응체계로 전환하는 것이 필요하다. 중점관리 대상인 국가 인프라에는 소프트웨어 안전 등급을 부여하고 등급별로 국제 수준에 맞는 사전 검증체계를 확립해야 한다. 또 관련 사고조사 및 대응에 소프트웨어 안전 전문 인력의 참여를 의무화함으로써 신속한 복구체계를 구축해 놓아야 한다.

소프트웨어 중심의 산업 혁신 방향

소프트웨어는 제조업 등 전통산업과 결합하여 새로운 신산업을 만들거나 기존 산업의 스마트화를 촉발시키고 있다. 지능형 소프트웨어를 기반으로 진화하고 있는 산업들과 우리의 현황을 몇 가지 소개하면 다음과 같다.

제조업의 스마트화

제조업의 서비스화, 개인맞춤화, 스마트화로 인해 제조업의 경쟁 원천이 '제품(가격, 품질)'에서 '서비스'로, 또 '단일 기업에서 제조산업 전반의 생태계 경쟁력'으로 전환되는 추세이다. 특히 지멘스는 자사의 '물리적 제품'을 '스마트한 제품'으로 변화시키고, 제품 공급자를 넘어서 SW·솔루션 제공자로의 변신을 시도하고 있다. 또 GE는 2020년까지 10대 SW회사가 되겠다는 비전을 갖고 SW센터를 설립하고 산업인터넷 생태계 확산을 위한 플랫폼을 개발하고 있다.

최근 우리 정부도 '제조업과 IT·SW 융합'을 통한 '제조혁신 3.0' 정책을 추진하고 있으며, 2020년까지 스마트공장 1만 개 확산, 제조융합 신산업 조기 창출, 스마트 제조기술 개발, 제조업 혁신을 촉진하기 위한 '스마트 제조 R&D 중장기 로드맵' 등을 발표한 바 있다. 그러나 현재 국내 제조업의 서비스화 비율은 17.7%로, 주요 국가 평균인 30.1%에 비해 절반 수준이다. 국내 기업은 제조혁신에서 소프트웨어의 중요성에 대한 인식이나 R&D 투자 수준이 높지 않다. 또 제조혁신을 위해 IT나 소프트웨어 활용을 시도하고 있지만, 가치사슬 전반의 디지털 전환 및 서비스화를 촉진하는 디지털 전환 전략은 아직 미흡하다.

이제 제조업의 지능화는 제4차 산업혁명의 흐름에 대처하는 필수적 과제이다. 또한 후발 경쟁국과의 기술력 격차 축소 등으로 경쟁력이 갈수록 약화되고 있는 제조업을 한국경제의 주요 성장 동력으로 다시 끌어올리기 위해서도 소프트웨어 기술을 융합하여 제품혁신, 공정혁신, 그리고 서비스 혁신을 이루어내야 한다.

핀테크의 확산

핀테크와 같은 신개념의 금융 서비스 분야에서 구글, 애플, 페이팔, 페이스북 등 세계적 IT기업이 혁신을 주도하고 있다. 중국도 알리바바(전자상거래), 텐센트(게임) 등 IT기업이 결제, 펀드 등 금융 분야에 진출하고 있는 상황이다. 이 분야는 혁신적 서비스가 위축되지 않도록 기존 규제의 합리화와 기존 금융 기업들과의 상생 협력을 촉진하는 정책이 필요하다.

그러나 정부의 규제완화 노력에도 불구하고 특정 핀테크 사업형태는 여전히 제외되는 문제가 있다. 예를 들어 크라우드 펀딩은 후원형, 기부형, 지분형, 대출형이 있는데 지분투자만 합법화되고 대출형은 대부업법의 규제를 받고 있다. 또한 P2P 해외송금은 송금수수료를 절감할 수도 있으나 현행 외국환거래법 및 자금세탁법 상 은행과의 제휴없이는 영업이 불가능하다. 향후 핀테크 활성화를 위해서는 네거티브 규제방식으로의 과감한 전환이 필요하다.

O2O 비즈니스 등장

최근 스마트폰을 통한 가사, 택시, 배달 등 전통시장에서 제공되던 서비스를 온라인으로 제공하는 온디맨드 서비스가 빠르게 성장하고 있다. 모바일 기반의 초연결사회로 전환되면서 오프라인과 온라인의 유통시장이 서로 확장, 융합한 O2Oonline to offline 서비스 방향으로 시장 재편이 가속화하고 있다.

그런데 이 과정에서 기존 시장 질서를 파괴하는 다양한 유통서비스의 등장으로 신구 체제 간 충돌도 발생하고 있다. 또한 위치정보보호, 개인정보보호 등의 강력한 법규제로 유통과정에서 축적된 정보 활용이 불가능한 사례도 있다. 미국, 일본, 유럽의 위치정보규제는 통신서비스에 관련한 제한적 규제이나, 국내의 경우에는 위치정보를 활용하는 모든 기업을 대상으로 기기의 위치정보까지 포함한 종합규제를 따르고 있기 때문이다. 따라서 향후에는 새로운 O2O서비스가 근거법령이 부재하여 출시가 어려운 경우, ICT 특별법 상의 '임시허가' 제도를 활용해 허가를 해주는 방안을 고려해야 한다. 또 데이터의 활용도 사용자가 동의한 개인정보 활용은 규제를 완화하고, 보안 사고에 대한 기업의 사후책임을 강화하는 방향으로 규제개선이 필요하다.

〈표 4-11〉 새로운 온라인 서비스에 적용되는 기존의 관계법령

온라인 서비스	사업 분야	기존 오프라인 사업 관계 법령
우버, 카카오택시	운수	여객 자동차 운수 사업법
로켓배송		화물자동차 운수 사업법
에어비앤비	관광	공중위생관리법, 관광진흥법, 농어촌정비법
헤이딜러	자동차	자동차관리법

소프트웨어 환경 조성을 위한 방안

이제 전통산업의 구조조정과 일자리의 혁신적 변화가 발생하는 제4차 산업혁명의 시대이다. 새로운 사회경제적 대응체계가 국가적 차원에서 요구되고 있으며, 새로운 지능사회로의 변혁을 주도할 전략마련이 시급한 상황이다. 특히 제4차 산업혁명 시대의 토대가 될 소프트웨어 친화적 환경이 조성되어야 한다.

소프트웨어 친화적 공공환경 개선

공공 부문은 혁신적 소프트웨어 기업들의 요람이 되어야 하지만 최근의 추세는 공공 소프트웨어 예산에서 경직성 비용은 증가하나 신규 소프트웨어 개발을 위한 투자비중은 지속적으로 감소하고 있어 역동성이 떨어지고 있다.

역동성을 살리려면 정부는 무엇보다 소프트웨어 사업 발주문화를 개선할 필요가 있다. 가령 구축과 설계를 일괄적으로 발주하는 현행 방식을 바꾸어야 한다. 설계와 구축을 분할하여 기술력과 가격 경쟁력을 갖춘 기업이라면 제한 없이 참여하게 함으로써 소프트웨어 혁신을 촉발시키는 토양이 되도록 해야 한다. 이를 위해 설계부분을 별도로 발주하는 제도의 입법화도 고려해야 한다. 또한 공공 소프트웨어 사업의 다단계식 하도급구조 개선을 통해서 대기업 기술 베끼기, 중소기업 기술탈취 등 불공정관행을 막을 수 있는 시스템과 가격보다는 소프트웨어 기술 혁신성을 평가받을 수 있는 제도적 환경이 필요할 것이다.

또한 재원조달 방식에서도 정부예산에만 의존하지 말고 임대형 민간투자사업이나 수익형 민간투자사업 등 다양한 모델을 검토할 필요가 있다. 더불어 공공이 생성하는 데이터는 공개를 원칙으로 하여 이를 활용한 다양한 비즈니스 모델이 가능하도록 제도적 환경을 만들어야 한다.

글로벌 기술창업 지원

창업과 일자리 측면에서도 소프트웨어는 중요하다. 그러나 각종 지원정책에도 불구하고 기술 창업은 23%, 자영업 창업은 77%로 생계형 자영업에 편중되어 있으며 기술 창업 비중은 OECD 하위권이다. 또한 신기술 기반의 창업기업이 초기 제품의 상용화를 통해 성장할 수 있는 요람 시장이 부재하여 창업 후 생존율이 낮다. 게다가 창업자금 지원 적격성 심사가 기술력보다는 사업계획서를 기준으로 하고 있어 결과적으로 아이디어 위주의 창업이 만연한 것도 부인할 수 없는 현실이다. 또한 우버와 헤이딜러의 사업 철수, 중국 대비 늦은 핀테크 사업 인가에서 알 수 있듯이 신규 소프트웨어 서비스에 대한 제도장벽으로 조속한 사업화에도 어려움이 있다.

추격경제에 최적화된 한국에서는 실패를 허용하지 않은 결과 청년들이 안전한 공무원을 지망하고 있는 것이 현실이다. 이는 창업 실패에 대한 과도한 책임 때문이다. 창업 벤처의 기술 금융시스템을 구축하여 선진국 진입을 위한 국가 역량을 구축해야 할 것이다.

창업의 활성화를 위해 '구매조건부 조달계약'과 같은 정책을 참고할 수도 있다. 구매조건부 조달정책Public Procurement for Innovation은 영국, 네덜란드 등 주요 선진국에서 추진 중인 방식으로 공공기관은 수요를 제시하고, 기업은 이에 대해 혁신적 제품 및 솔루션을 제공하는 방식이다. 또한 단순 아이디어 위주의 창업지원 비중은 줄이고, 고기술이나 고경력자를 대상으로 창업자금 지원 비중을 확대하여 창업의 질을 중시할 필요가 있다. 이를 위해서 SW 창업기업의 성장 단계별(초기〉성장〉글로벌) 투자를 위한 SW투자펀드를 활성화시켜서 기술창업을 위한 초기창업가 위주의 투자를 늘려 창업 문턱을 낮추는 정책이 필요하다. 또한 글로벌 SW 수출 협의체를 활성화하여 해외 정보와 진출 노하우를 공유함으로써 글로벌 진출을 지원하는 정책이 필요하다.

전문인력 양성

전 산업의 디지털 변환 과정 속에서 산업지식과 소프트웨어 기술역량을 고루 갖춘 인력 확보는 성패의 관건이다. 그동안 소프트웨어 인력양성 사업은 정보화인력 양성에 치중했다면, 2015년 SW중심사회 추진전략 발표 이후에는 인력의 질적 고도화 정책이 추진되고 있다. 그러나 현실은 만족스러운 상황이 아니다. 국내 대학의 전공기초과학 수업 비중은 68%로 해외 유수대학(80%)보다 낮고, 대학 IT교육의 산업수요 적합도 역시 42점으로 매우 낮다. 전반적으로 전공기초교육이 약하고 산업계와 괴리된 교육으로 현장에서 필요한 역량을 갖춘 인재를 양성하지 못하고 있는 실정이다. 기업가적 교육은 정답을 답습하는 교육이 아니라 새로운 가치를 찾고 도전하는 교육이며, 팀프로젝트 중심의 교육으로 가능해진다고 했다.

따라서 실전형 전공교육을 강화하는 차원에서 글로벌 표준 커리큘럼과 소프트웨어 기업의 최신 수요를 반영한 전공 기초 및 심화 과정을 개발하여 대학 교육과정에 적용해야 한다. 또 소프트웨어는 기술의 생명주기가 짧은 점에서 현장에서 필요한 역량에 대한 교육과정 개발 및 지원을 통해 재직자의 자기계발 기회를 확대할 필요가 있다. 특히 중소기업의 수요가 높은 소프트웨어 기술 및 최신 기술에 대한 수준별 교육과정 개발과 지속적 개선이 필요하다.

그밖에도 소프트웨어 교육 확대 차원에서 기초 프로그래밍 수업을 개발하고 캠페인을 통한 소프트웨어 인력 저변 확대가 중요하다. 특히 최근 소프트웨어의 중요성이 강조되는 생명과학, 자동차, 금융 등 신산업 분야에서 소프트웨어 특화 교육과정이나 연계 복수전공 확산이 필요하다.

소프트웨어 불법복제사용 단속강화

현재 우리나라의 산업경쟁력이 저하되고 있는 원인 중에 하나는 소프트웨어 산업의 후진성에 있다. 자동차, 조선 등의 주력산업에서 고부가가치 제품을 만들어 주는 것은 소프트웨어이다. 기존 제품에 빅데이터, 인공지능의 옷을 입히면 부가가치가 올라간다. 소프트웨어산업 후진성의 큰 원인은 불법복제 사용이 만연하다는 데 있다. 소프트웨어 제품이 보호되지 않아서, 소프트웨어산업이 황폐화된 것이다. 불법 사용에 대하여 엄격한 법집행을 하지 않은 정부의 책임이 크다. 그리고 소프트웨어를 저작권의 일부라 생각하여 문화체육관광부 산하 저작권위원회에서 관장하고 있다. 이는 잘못된 것이다. 소프트웨어는 문화적인 측면보다 산업적인 측면이 크다. 정보통신 주관 부처에서 더 적극적으로 소프트웨어 관련 법제 및 불법사용에 대한 법집행에 관여하여야 한다. 현재처럼 가다가는 생산시스템을 소프트웨어 중심으로 재편하는 제4차 산업혁명에 뒤처질 수밖에 없을 것이다.

4 지식재산전략

국내 지식재산제도와 정책, 세계적인 경제 환경, 기술발전의 양상을 종합하여 향후 예상되는 지식재산 분야의 논점들을 도출하고, 각 논점에 대한 국가정책과제와 미래전략을 제시한다. 먼저 주요 용어의 개념을 다음과 같이 정의한다.

- **지식재산(Intellectual Property, IP)**: 인간의 창조적 지적 활동 또는 경험의 산물로서 그 재산적 가치가 법적 보호를 받는 특허patents, 상표trademarks, 디자인designs, 저작권copyrights, 영업비밀trade secrets과 생물의 품종이나 유전자원遺傳資源 등 무형적인 것으로서 재산적 가치가 실현 가능한 것을 총칭하는 개념이다.
- **지식재산권(Intellectual Property Right, IPR)**: 지식재산이 법적으로 보호되는 권리임을 강조하는 용어로서 학술·실무에서 지식재산IP과 혼용되고 있다. 마찬가지로 특허와 특허권, 상표와 상표권, 디자인과 디자인권도 각각 혼용되고 있다.

• **무형자산(intangible asset)**: 기업의 경제적 가치자산이지만 전통 회계상 포착이 어려운 지식과 비결(노하우)을 총칭하는 개념이다. 문헌에 따라 이를 지식자본intellectual capital, 지식자산intellectual asset 등 다양한 용어로 부르고 있다. 무형자산의 경제적 정의는 '기업의 시장가치market value–장부가치book value'로 표현된다.

• **IP5**: 특허를 비롯한 지식재산 제도의 운영을 주도하고 있는 미국, EU, 일본, 한국, 중국 특허청을 지칭하며, '선진 5개 특허청'이라고 한다. 경우에 따라 이들 5개 국가 자체를 IP5로 칭하기도 한다. IP5는 전세계 특허출원의 80% 정도를 담당하고 있으며, 세계 특허제도와 정책을 주도하고 있다.

지식재산의 미래는 어떻게 펼쳐질 것인가

첫째, 전체적으로 친특허 정책이 강화될 것이다. 미국, EU, 일본 등 지식재산 선진국들은 지식재산을 통해 저개발국가에 대한 시장지배력을 강화하는 추세이다.

둘째, 특허제도에 대한 논의 양상이 산업분야별로 다양해지고 세분화될 것이다. 예를 들어 제약산업 등 의약품의 허가특허연계제도에 대한 비중이 더 높아지게 될 것이다. 제약산업에서는 하나의 신약 개발에 통상 10년 정도의 오랜 기간이 소요되고 1조 원 이상의 비용이 들지만, 결과적으로 소수의 특허가 창출된다. 반면 정보통신기술 분야에서 스마트폰 하나에 25만 개 이상의 특허가 덤불을 형성하고 있다. 따라서 전통적 산업재산권 또는 IT기술 중심의 특허제도가 제약분야와 같이 특수 분야에도 똑같이 적용될 수 있을지 논의가 시작될 것이다.

셋째, 공정거래법과 특허제도의 조화에 대한 논의가 지속될 것이다. 독과점을 규제하기 위한 공정거래법의 정신과, 혁신기술에 대한 독과점을 인정하는 특허제도를 충돌되지 않게 해석하고 적용하는 방안에 대한 논의가 꾸준히 지속될 것이다.

넷째, 디자인권과 트레이드 드레스 등 특허 이외의 지식재산과 관련한 논의가 더욱 중요해질 것이다. 삼성과 애플 간의 세기적인 분쟁에서 디자인, 트레이드 드레스의 가치를 확인한 만큼 관련 분야의 제도 및 법리에 관한 논의가 활발해질 것으로 예상된다.

주요국 지식재산 동향

IP5 국가들이 공통으로 추진하는 핵심 정책은 특허심사에 걸리는 기간을 단축하면서 특허심사의 품질을 확보하는 것과, 국가마다 다른 특허제도를 국제적으로 조화하려는 것이다. 특허제도의 국제적인 조화는 단기적으로는 특허심사 기간을 단축하고 특허의 품질을 높이는 방안을 모색하기 위한 것이지만, 장기적으로는 미래에 요구될 특허제도의 변화에 대비하려는 것이다. 따라서 특허심사 하이웨이 같은 느슨한 결합 수준의 공조를 넘어, 특허 공동심사·공동출원 등과 같은 직접적이고 구체적인 수준에서의 국제 공조가 강화될 전망이다. 예를 들어 IP5 회의에서는 세계특허심사정보시스템Global Dossier 추진을 적극 진행 중이다. IP5의 특허심사진행 정보를 일괄 조회할 수 있을 뿐 아니라, 출원 관리는 물론 인터넷으로 외국에 직접 출원하는 것까지 가능하게 하자는 취지이다.

특허제도 미래전망

특허제도의 미래는 크게 4가지로 전망할 수 있다. 첫째, 심사품질 개선 및 인재양성, 지식재산의 국제적 지도력 논의가 활발해질 것이다. 미국 특허청US Patent and Trademark Office, USPTO은 '2014-2018 전략 계획'에서 특허심사 품질 개선 및 국제적인 지식재산 지도력 향상을 강조하였다. 일본과 유럽 특허청도 공통으로 특허심사 품질 향상 및 국제적 인재 육성이라는 두 가지 정책을 추진하고 있다. 중국은 2000년 WTO 가입 이후 지속적으로 지식재산의 중요성을 강조하고 있고, 최근 베이징, 상하이, 광조우에 특허법원을 설치하였다. 세계는 지금 특허의 양量이 아니라 질質로 승부를 펼치고 있다. 우리나라도 풍부한 이공계 전문 인력이 지식재산 정책에 이바지할 수 있는 환경을 조성하고, 지식재산권 분야에 실력을 갖춘 민간 전문 인력을 적극 활용할 수 있는 방안을 찾아야 한다. 또 민관이 조화롭게 정책을 견인하며 서로 상승작용을 할 수 있도록 노력해야 한다.

둘째, 지식재산 집약산업의 중요성이 강조될 것이다. 2012년 미국 상무부는 미국 특허청 데이터를 기준으로 전체 313개 산업 중에서 특허와 상표 등 지식재산을 가장 집중적으로 활용하고 있는 산업 75개를 선별하고 이를 '지식재산집약 산업IP-Intensive Industries'이라 명명했다. 상무부 보고서에 따르면 2010년을 기준으로 지식재산집약 산업이 2,710만 개의 일자리를 창출하여 미국 내 고용의 18.8%를 담당했고, 5.06조 달러의 부가가치를 창출하여 GDP의 34.8%를, 7,750억 달러 수출로 공산품 수출의 60.7%를 차지했다. EU 특허청European Patent Office, EPO과 상표·디자인청Office for Harmonization in the Internal Market, OHIM이 2013년 공동으로 공표한 보고서에도 비슷한 내용이 있다. EU

총 GDP의 39%(4조 7,000억 유로)가 지식재산 집약산업에서 창출되며, EU의 5,600만 개 일자리(전체의 26%)가 지식재산 집약산업에 의해 제공된다고 한다.

셋째, 지식재산의 국가별 조화 노력이 가속화될 것이다. 미국이 1790년 특허제도를 실시한 이후 200년 이상 유지하던 선발명주의 First-to-invent Rule를 포기하고 선출원주의First-to-File Rule를 채택한 것은 국제적인 조화를 하기 위한 노력이었다. EU에서는 단일특허제도Unitary Patent System, UPS 도입을 논의하고, 유럽통합특허법원Unified Patent Court, UPC 설치를 준비 중이다. IP5 중 3국이 아시아 국가이다. 우리가 세계 3대 거대 지식재산 시장을 주도하는 방법으로 중국과 일본, 그리고 아시아 지역과의 조화를 이루고, 이 속에서 지식재산 허브가 되기 위한 노력이 필요하다,

넷째, 금융의 변화이다. 금융서비스의 수단에 지나지 않았던 IT 기술이 핀테크를 통하여 금융 패러다임을 변화시키고 있다. 여기에 창조경제 기반의 지식금융, 특허 등 무형자산의 평가를 통한 융자, 투자 활성화 촉진 방안 등이 금융권에서 금융상품으로 등장하고 있다. 앞으로는 특허권에 대한 평가(특허의 권리성, 시장에서의 안정성, 특허의 수명, 특허의 활용성 등) 요소가 금융투자(지원)의 주요 항목으로 자리매김할 것이며, 이를 위해 각 분야 전문가(변리사, 변호사, 회계사, 금융인, 기술전문가 등)들의 협업이 필수적이다.

지식재산 미래전략

우리나라는 연간 특허출원 규모로는 세계 5위의 위상을 가지고 있

지만, 지식재산의 질적 경쟁력을 키울 수 있도록 범국가적인 관심과 지원은 여전히 부족하다. 지식재산은 특허청, 그리고 일부 관련부처 담당 공무원 직렬에서의 '업무상' 관심에 불과한 것이 현실이다. 현재 우리나라 지식재산 법제도의 수준은 국제적인 기준에서 볼 때 개선해야 할 점이 상당히 많다. 아직도 지식재산 중심국가로 가기 위한 많은 제도의 수정과 선진국 수준으로의 법의식 향상이 요구된다.

지식재산국가 패러다임 구축

미래는 지식재산이 국부의 원천이 될 것이다. 이미 세계적인 기업의 자산 가치를 따져볼 때, 무형 자산의 비중이 80%를 넘어섰다. 선진국가로 나아가기 위해서는 창조적인 인재들이 도전을 해야 한다. 경제 산업 발전의 단계에 걸맞는 수준의 지식재산 보호가 이루어져야 창의국가로 나아갈 수 있다. 지식재산을 국정의 가장 중심에 두어야 한다. 우리나라는 그동안 추격자 전략으로 발전해 왔다. 그러는 가운데 지식재산을 소홀히 대하는 풍조가 만연되어 있다. 이제는 패러다임을 바꾸지 않으면 선진국가로 나아갈 수 없는 상황이다. 부존자원이 없는 우리나라가 먹고사는 길은 머릿속에 있는 지식뿐이다. 이러한 지식을 창출하고 보호하고 활용할 수 있도록 촉진하는 제도가 지식재산제도이다. 이제 한국은 '지식재산국가'를 선언해야 한다.

지재권 제도는 창작 활동을 한 사람에게 일정기간 동안 독점적인 권리를 부여하여 보상해주는 제도이다. 지재권 보호를 통해서 창조경제, 청년 일자리 창조, 벤처기업 육성, 중소기업 육성, 금융의 기술평가가 가능하다. 지재권을 소홀히 하면 밑 빠진 항아리와 같다. 지재권이 대통령의 아젠다가 되어야 한다.

국제적으로 신뢰받는 제도와 리더십 필요

지식재산 선진국에서는 이미 지식재산제도를 외국과 조화를 이루려는 노력이 이루어지고 있다. 지식재산의 특성상 국제적인 요소가 많이 있기 때문이다. 동일한 특허를 여러 나라에 출원하고 사업화하며, 분쟁 발생 시에는 소송을 진행한다. 당연히 각 나라의 제도, 관행, 실력 등이 적나라하게 드러난다. 특허를 보유한 사람은 어느 나라에 출원할 것인가 선택하게 되고, 또한 분쟁이 발생하였을 때 어느 나라 법원에서 먼저 재판을 받아볼 것인가도 선택하게 된다. 당연히 지식재산권 소유자는 보호가 잘 되고 결과예측이 가능한 나라를 선호하게 된다. 따라서 신뢰를 얻은 나라에 특허 출원이 몰리고 분쟁해결 소송이 몰리게 되어 있다.

신뢰를 얻기 위해서는 국제적인 공조와 예측 가능한 제도를 보유하고 있어야 한다. 국내 지식재산 제도를 보완해 가면서 국제적 상황도 계속 주시해야 한다. 급격한 변화가 일어나고 있는 시기에 지식재산의 제도적 보완을 제대로 이뤄내지 못한다면 변화된 국제환경 속에서 회복하기 어려운 격차로 뒤처지게 된다. 이러한 모든 것들은 국제 사회에서 리더십으로 나타날 것이다. 그래야 향후 대두될 아시아 특허청, 아시아 특허법원 설치와 유치에도 유리한 고지를 점할 수 있을 것이다. 아시아에서 '지식재산허브국가'가 되려는 꿈을 가져야 한다.

지식재산 전문인력 양성

우리나라의 지식재산 전문가는 매우 부족한 상태이다. 그동안 지식재산에 대한 사회적인 인식이 부족했던 이유도 있지만, 지식재산의 관리, 활용, 라이센싱, 분쟁해결 분야의 전문가 양성이 제대로 되지 못했다. 법학전문대학원 제도가 도입되면서 지식재산 교육에 대한 기대를 모으기도 했다. 하지만 법학전문대학원 내에서도 기대만큼 지식재산 교육이 활성화 되지 못하고 있다. 다행히 특허청이 지원하여 2010년에 KAIST와 홍익대에 지식재산대학원이 설립되어 인력을 양성하고 있는 점이 큰 다행이라 할 것이다. 앞으로 지식재산 관련 이슈들은 더욱 복잡해지고 고도화될 것이 틀림없다. 이러한 이슈들을 해결하고 국가의 부를 보호할 인력이 절대적으로 필요하다. 아울러 국제적인 소양을 갖춘 지식재산전문가 양성도 필요하다. 아시아 특허청, 아시아 특허법원 시대를 대비하여 국제적 역량을 갖춘 인력 양성을 지금부터 해나가야 한다.

지식재산 평가능력 함양

지식재산을 이용하여 사업화 하고, 돈을 빌리고, 지식재산을 거래하고, 라이센싱하고, 분쟁을 해결할 때 반드시 만나는 문제가 바로 가치 평가이다. 지식재산의 가치를 얼마로 평가하느냐에 따라서 그 다음의 일이 진행되는 것이다. 우리나라는 무형의 자산을 평가하는 분야에서 매우 후진적인 상태이다. 예를 들어 애플이나 구글이 은행에서 돈을 빌린다 할 때, 한국의 은행들은 그 회사들의 땅과 건물을 담보로 제공하라고 할 것이다. 한국 금융권은 부동산 외에는 평가할 능력이 안 되기 때문이다. 한국 금융도 하루 빨리 이러한 부끄러운 수준을 벗어나야 한다.

지식재산을 평가하는 곳은 은행뿐이 아니다. 창업투자회사, 신용보증기관, 기술보증기관 등에서도 마찬가지이다. 금융시장이 대외 환경에 더욱 유연해져야 한다. 이미 세계적 기업의 M&A 시장에서 기업자산에 대한 평가는 유형자산에서 무형자산에 대한 가치평가로 전환했다. 과거 유형자산(부동산) 중심의 평가에서 벗어나 기술금융, 지식금융으로 전환되어야 한다.

지식재산전략의 정책 추진방안

지식재산전략에 대한 정책목표를 달성하기 위해서는 정부 차원의 정책역량과 세계적 수준으로 성장한 우리 기업들의 경영역량, 실무와 학계 전문가 집단의 경험과 지식역량을 집중하고 강화할 수 있는 세부 정책들을 구상하고 실행해야 한다.

특허 심사 품질 향상과 부실 특허에 대한 책임

우리나라가 특허허브가 되려면 먼저 특허 품질이 세계 최고가 되어야 한다. 등록된 특허가 특허심판원에서 무효라고 판정된 통계를 보면 너무 높은 무효율을 보이고 있다. 2014년에 분쟁이 생긴 590건의 특허 중에 53%가 무효 처리됐다. 동일 기간 미국 26%, 일본 20%에 비하여 차이가 크다. 시중에 나도는 '특허 무용론'의 근거가 바로 여기에 있다. 또한 특허청 자료에 의하면 2014년에 미국 심사관이 70건, 일본 심사관이 173건을 심사한 데 비하여 한국 심사관은 230건을 심사했다. 특허청은 심사관 수를 늘리고 심사품질을 위한 획기적인 조치를 취해야 한다.

우리나라 심사관 인력구성은 IP5 특허청과 비교할 때 전문분야별 박사급 비중이 어느 특허청보다 높다. 특히 IT 등 주요 산업 분야에서의 한중일 선행문헌 이해와 분석능력은 최고 수준이다. 또한 영어 외에도 중국어 또는 일본어 문헌을 이해하고 분석할 수 있는 심사관이 다수 있으며, 이는 최근 마이크로소프트 등 글로벌 IT 기업들이 주요 PCT(국제특허협약) 출원국을 한국으로 삼는 중요한 이유가 되고 있다. 이러한 장점에도 불구하고 심사품질향상의 큰 장애물은 특허청 스스로 심사관을 확충할 권한이 없다는 점이다. 특허청 자체 재원은 충분하지만 행정자치부의 승인이 없이는 인력확충이 불가능하고, 기획재정부의 승인이 없이는 예산사용도 불가능하다.

한편 정부기관인 특허청이 발행한 특허등록증을 믿고 사업을 시작한 국민이 훗날 특허가 무효가 되어 당하는 손실을 생각해봐야 한다. 이것은 부실한 특허권을 등록한 특허청의 책임도 있다 할 것이다. 하지만 현실은 그렇지 않다. 부실 특허의 피해는 부실 특허를 믿었던 국민의 몫이고, 부실 특허를 등록해 준 특허청은 책임 의식이 없다. 이러한 모순 때문에 등록된 특허가 이후에 무효가 되는 비율이 개선되지 않고 있는 측면이 있다. 만일 특허청이 자신이 등록한 특허가 무효 판정을 받을 경우 어느 정도 책임을 지는 후속조치가 있다면, 특허청은 특허를 등록할 때 더욱 심사숙고할 것이고 한번 등록한 특허는 보호해주려 노력할 것이다.

법관 전문성 제고와 영어 재판 허용

전문성을 가진 판사의 양성은 절대적으로 필요하다. 2016년부터 특허재판의 법원 관할집중이 시행되고 있다. 관할집중은 판사의 전문성 향상에 도움을 줄 것이다. 하지만 아직도 특허법원의 판사 재임기간이 너무 짧다. 순환보직의 개념에서 벗어나지 못하고 있어 5년 이상 근무하는 판사가 없는 실정이다. 아무리 한국의 판사가 뛰어나다 하여도 미국 등 일부 지재 선진국의 경우처럼 10년 이상 특허 사건만 다루어 온 판사의 전문성에 비교할 수 없을 것이다. 법관의 전문성 향상을 위하여 특허전문 법관제도의 도입이 필요하다.

한편 국제적인 신뢰를 얻어 국제 분쟁 사건이 한국법원으로 오게 만들기 위해서는 영어로 재판이 가능해야 한다. 현행 제도는 법원에서 한국어만 사용하게 되어 있다. 하루 속히 이를 개선하여 고객이 원하면 영어 재판이 가능하게 해야 한다.

지식재산 전문인력 양성 고도화

지식재산 전문 인력 양성에 힘을 기울여야 한다. 국가지식재산위원회의 지식재산 인력양성 종합계획에 의하면 2012년의 지식재산 서비스 인력 3만 명(변리사 2,700명, 변호사 800명 포함)을 2017년에는 5만 명으로 늘릴 계획으로 되어 있다. 또한 지식재산 전문교수요원의 양성을 보다 확대해야 한다. 국내 대학의 지식재산 교수의 수는 70~80명 수준이며, 이 중 특허 분야의 강의를 맡은 교수는 20명 내외에 불과하다. 현재 로스쿨에서 지식재산 과목은 전혀 중시되지 않고 있고, 이공계 출신 로스쿨 학생도 오히려 줄어들고 있다. 당초 로스쿨 도입 취지와 달리 현재 우리 로스쿨은 재학생 대부분이 변호사시험에 목적을 두고 있어, 여러 분야 출신 로스쿨생의 다양성을 살릴 기회가 점차 줄어들고 있다. 각별한 인력양성 계획이 필요하다.

지식재산 교육플랫폼 설치

우리나라의 지식재산 제도가 세계적 수준으로 정비되어야 함은 물론, 체계적인 교육플랫폼을 제공하여 국제적 지도력을 확보해야 한다.

미국, 일본, 중국은 최근 국제적인 지도력 확보를 위한 정책경쟁을 하고 있다. 우리는 크게 2가지 관점에서 생각해 볼 수 있다. 먼저 지식재산 선도그룹(변리사, 변호사, 교수 등 지식재산 전문가 집단)을 위한 국제교육 플랫폼을 생각해볼 수 있다. 그리고 우리나라와 중국, 일본 학생들이 모여서 석사과정 수준의 지식재산 전문교육을 받을 수 있는 국제지식재산대학원을 설치한다면 세계적 지식재산 지도력 확립에 결정적인 도구가 될 수 있다.

지식재산 행정체제 개편

국가지식재산위원회는 지식재산 정책을 현실적으로 총괄하는 권한과 기능을 가져야 한다. 그리고 국가지식재산위원회의 정책을 실현하고 이를 통합 집행·관리하는 별도의 조직(부처)을 설치해야 한다. 현재 국가지식재산위원회의 위상으로는 지식재산 정책을 종합적, 거시적으로 주도하기 어렵다. 2011년 지식재산 기본법이 제정되고 대통령 소속으로 국가지식재산위원회가 설치되었으며 국무총리와 총리급의 민간위원장이 공동위원장으로 선임되었으나, 현 정부에서 위원회 사무국을 미래창조과학부로 옮기면서 그 위상이 낮아졌다는 지적을 받고 있다.

이를 개선하기 위해서는 첫째, 청와대에 지식재산 정책비서관을 신설하여 대통령의 지식재산 정책을 보좌하고 국가 지식재산 정책에 대한 집행 조정의 임무를 수행할 수 있게 해야 한다. 이는 오바마 행정부가 전략적으로 백악관에 지식재산 집행조정관IP Enforcement Coordinator, IPEC을 설치하고, 이를 통해 대통령이 국무부, 상무부, 법무부, 무역대표부와 직접 지식재산 정책을 기획 및 집행하게 한 이유와 같다.

둘째, 현재의 특허청 조직을 확대, 개편하여 '지식재산처'를 설치해야 한다. 조직을 크게 2등분 하여 특허청에서 도맡아 수행해오던 정책기능과 심사기능을 분리, 운영한다. 지식재산처 승격은 기존에 부처별로 분산되어 추진되던 각종 지식재산 관련 정책의 충돌과 갈등을 최소화할 수 있고 정부예산 집행의 효율화를 꾀할 수 있다.

셋째, 현재 특허청 산하 조직으로 있는 특허심판원을 특허청으로부터 독립성을 가질 수 있게 해야 한다. 특허심사관 기능과 소송을 동시에 관장한다는 것은 '선수심판론'으로부터 자유롭지 못하다.

지식재산 제도 정비

지식재산 분야의 제도 정비는 국내 창조경제 생태계 조성만을 목표로 하는 것이어서는 안 된다. 세계 여러 나라에 우리의 지식재산 제도를 수출하여 해당 국가에 우리와 친화적인 지식재산 규범이 형성되도록 유도하는 것도 중요한 정책목표가 되어야 한다. 세계적으로 통용될 수 있는 지식재산법과 제도, 정책 시스템과 행정 실무체계가 빨리 정착되어야 하고, 이에 맞지 않는 것들은 과감히 수정해야 한다. 그동안 손해배상액 현실화, 지식재산 전문판사 양성, 진보성 판단기준 정립 등 중요한 이슈에 대한 논의가 다수 진행됐으나, 아직 정책에 반영되지 못하고 표류하고 있다. 특히 미국과 같은 징벌적 손해배상제도 도입을 적극 검토해야 한다. 재판 외 중재와 조정제도를 활성화해서 분쟁해결비용의 절약을 추구해야 한다.

관련 부처 간 유기적 협력체계 구축

특허제도와 반독점anti-trust제도는 그 방법론에 있어 근본적으로 상반된다. 특허제도는 발명에 일정 기간 독점권을 부여하여 권리자를 보호하여 혁신의 동기를 제공하는 반면, 반독점제도는 자유시장경제 체제의 근간을 무너뜨리는 독과점을 통제한다. 그러나 특허제도도 기술내용 공개를 통한 사회 전체의 이익과 기술발전을 강조한다는 점, 반독점제도 역시 독과점을 제한하되 시장에 미치는 영향을 충분히 고려하도록 각종 장치를 마련하고 있는 점에 비추어 두 제도 사이의 조화로운 해석 또한 가능하다. 공정거래위원회가 지식재산 보호와 독과점 방지의 균형에 대해 관심을 가지기 시작한 것은 최근의 일이지만, 국가지식재산위원회를 중심으로 특허청, 공정거래위원회 및 기타 관련 부처 간 소통을 지속해 나가야 한다.

현재 국가의 지원을 받아 개발된 군사기술의 특허권은 국가가 갖게 되어 있다. 군사기술의 특성상 이해가 가는 면도 있다. 하지만 특허권을 회사나 개인이 가질 수 없기 때문에 개발 사업이 종료된 후에는 지식재산 관리를 게을리하고 있다. 적극적인 특허출원의 동기가 없는 것이다. 미국처럼 민간인도 소유할 수 있게 개선할 필요가 있다.

미술가 보호와 뉴스저작권 보호

프랑스, 독일, 영국, 미국 등 일부 국가에서는 미술품이 거래될 때마다 거래액의 일정비율이 원작자에게 돌아가게 되어 있다. 이를 추급권이라 부른다. 한국에서는 한번 작가의 손을 떠나면 끝이다. 훗날 미술품이 비싸게 거래되어도 원작자는 수입이 없다. 대부분의 미술가들은 초기에는 작품을 헐값에 팔아 보상을 받지 못하고 가난한 생활을 한다. 작가의 창의 활동을 지원할 수 있는 추급권 제도 도입이 필요하다.

오늘날 뉴스저작권도 거의 보호받지 못하고 있다. 많은 사람이 공짜로 뉴스를 보고 있고, 남이 쓴 기사를 복사해서 사용하는 경우가 빈번하다. 언론 시장의 붕괴를 가져오고 있다. 더 무너지기 전에 뉴스 저작권을 보호하는 정책을 펴야 한다.

지식재산 허브국가의 꿈

지식재산이 국제적인 리더십 획득의 수단으로 급격히 변화하고 있다. 지식재산 및 그 제도는 자국 산업을 일으키는 단순한 역할에서 벗어나 국제적 지도자 지위를 확보하고 자국 제도를 국제규범화하기 위한 치열한 경쟁 목표가 되고 있다. 이는 지식재산 관련 통합 움직임(유럽단일특허제도 도입, 유럽통합특허법원 설립 등)이 바로 이러한 노력의 하나이다. 우리나라도 시급히 지식재산 정책을 국정핵심과제로 승격시키고, 지식재산 전문인력의 양성과 관리에 힘써야 한다. 지식재산 정책을 보호중심으로 이동하여 국제적인 신뢰를 확보할 필요가 있다.

그러기 위해서는 특허심사 품질을 높이고, 특허무효율을 낮추는 노력을 계속하고, 손해배상액을 현실화해야 한다. 아울러 고객이 희망하면 영어로 재판을 받을 수 있게 해야 한다. 그래야 특허권자가 한국에 특허를 출원하고, 한국에서 사업을 펼치고, 한국 법원에서 분쟁을 해결하려고 하게 된다. 전 세계의 많은 지식재산 분쟁이 한국에 몰려들면 우선 법관이 더 필요하고, 변호사가 더 필요하고, 변리사도 더 필요하게 된다. 그뿐이 아니라 호텔, 항공기, 식당, 관광지도 붐비게 된다. 지금 미국의 텍사스 동부법원과 독일의 만하임 법원이 분쟁해결 허브 법원으로 떠오르면서 겪는 호황이다. 하지만 아시아에는 아직 지식재산 허브로 명성을 얻는 곳이 없다. 한국이 가장 유리한 조건을 갖추고 있다. 우리나라가 제반 법과 규정을 개선하면 세계의 발명가들에게서 신뢰를 받을 수 있을 것이다. '지식재산'이 국정핵심과제가 되는 날이 와야 한다. '특허허브국가'의 꿈은 이루어질 것이다.

기술분야 미래전략
정보통신기술전략

30년 후 미래에는 인공지능과 결합된 정보통신이 보편화될 것이다. 지구상 어디에서든 사람과 사물, 그리고 컴퓨터 간의 멀티미디어 입체 통신 및 정보 서비스가 이루어지고 우주 통신과 정보 서비스도 가능 해질 것이다. 또한 홀로그램 서비스를 통해 2차원 통신시대에서 3차 원 통신시대로 바뀔 전망이다.

정보통신 세상의 미래

지능형 컴퓨팅 시스템이 모든 사물에 내재되고, 분산 클라우드 컴 퓨팅 시스템이 상호 협력하여 수집된 빅데이터를 분석하며, 여러 다양 한 분야에서 부가가치가 있는 3차원 멀티미디어 정보통신 서비스를 제공할 것이다. 이에 따라 사람과 사람, 사람과 컴퓨터 간의 데이터 트 래픽 양보다 사물과 사물, 사물과 컴퓨터, 컴퓨터와 컴퓨터 간의 데이 터 트래픽이 폭증할 것으로 예측된다. 정보전송 속도 또한 획기적으로 개선될 것으로 보이며 이를 위해 종파 변조, 패턴, 편파, 빔, 다중 안테나 기술을 활용하여 스펙트럼 효율을 높이고, 밀리미터파를 사용하여 넓은 주파수 대역폭을 확보할 뿐만 아니라 다양한 내장형 소형 셀cell 기술[1]을 사용하게 될 것이다.

무선통신 기술이 무선 전력전송에도 본격적으로 활용되고 지능형 초저전력 센서sensor가 사물에 내장되어 센서 간 정보처리가 수행될 것이다. 이때 센서의 에너지 하베스팅energy harvesting[2]이 이루어지고 필요시 자기유도, 전자기파 및 레이저 무선충전기술이 접목되어 배터리 교환 없이도 지속적인 작동이 가능하게 된다. 사물인터넷이 무선전력의 광범위한 사용으로 비로소 활성화되는 것이다. 또한 사물인터넷을 통해 삼라만상으로부터 수집된 정보를 기반으로 분산 클라우드 컴퓨팅 시스템[3]에서 육해공 교통시스템이나 시설물의 안전에 문제가 있다고 판단되면 실시간으로 사이버 물리 시스템cyber physical system이 작동하여 신속하고 정확하게 안전문제를 해결할 것이다.

이러한 정보통신의 미래변화는 새로운 산업을 창출하는 변화로도 이어질 전망이다. 무엇보다 콘텐츠, 플랫폼, 네트워크, 디바이스 산업이 밀접하게 결합되고, 서비스를 제공하는 사업자가 플랫폼을 기반으로 영향력을 극대화할 것이다. 콘텐츠 제공사업자, 유무선 통신사업자, 시스템 제조업체 및 단말 제조업체가 공동협력하며 가정, 교육, 도시, 교통, 물류, 제조 등의 분야에 사물 지능 통신기술, 클라우드 컴퓨팅 기반의 빅데이터 처리기술, 사이버 물리시스템 기술이 활용될 것이다. 이때 종전의 각 산업별 맹주가 공급자 관점에서 상향식bottom up 방식으로 내놓는 진화적인 혁신 서비스와 새로운 정보통신기술 맹주가 하향식top down 방식으로 내놓는 혁명적인 혁신 서비스가 경쟁하면서 여러 분야가 융합된 신산업이 태어날 것으로 예측된다. 예를 들어 핀테크(금융과 인터넷), 디지털 자율주행차(자동차와 인터넷), 웰니스 케어(의료와 인터넷) 등의 신산업 활성화가 이루어질 전망이다. 또한 센싱, 이동통신, 빅데이터 분석, 클라우드 컴퓨팅, 사이버 물리 시스템, 액츄에이터actuator 제어 기술을 생활, 산업, 공공 분야의 아날로그 형태 안전 문제에 적용하여 개선함으로써 기존과는 다른 디지털 사회안전시스템을 구축하는 형태로도 이어질 것이다.

종합하면, 미래에는 모든 사물과 사람에게 지능형 센서와 컴퓨팅 시스템이 내재되고, 상호협력 통신과 빅데이터 정보처리를 통해서 개인 맞춤형 3차원 실시간 입체 서비스가 제공되며, 수집된 정보를 바탕으로 사이버 물리시스템이 사전에 위험을 인지하여 예방하거나 실시간으로 처리하여 다양한 위험피해를 최소화할 것이다. 또한 가정, 교육, 도시, 교통, 물류, 제조업 등의 분야에 첨단 정보통신기술이 접목되어 디지털 형태의 산업으로 혁신되면서 다양한 융합 신산업이 창출될 것이다.

미래변화 대비를 위한 분야별 해결과제

미래 정보통신기술 환경의 변화를 선도하고 나아가 당면한 제4차 산업혁명에 대비하기 위하여 세부적으로 해결해야 할 과제들을 통신 분야, 정보시스템 분야, 신산업 창출분야로 나누어 살펴보면 다음과 같다.

통신 분야 해결과제

첫째, 지구의 육지, 해양, 공중 전체가 서비스 대상 지역이 되기 때문에 통신 커버리지를 확장해야 한다. 우주통신까지 가능하려면, 지금의 육상에 설치된 기지국만으로는 해결이 불가능하다. 이를 위해서는 공중과 해상 및 해저에 기지국을 설치하고 관련 통신기술을 개발하는 것이 필요하다. 특히 초연결사회 인프라 구축을 위한 기가인터넷시대의 유무선 네트워크 고도화 통신기술이 필요할 것이다.

둘째, 사람, 사물, 그리고 컴퓨터 간에 폭증하는 데이터 트래픽을 능동적으로 수용할 수 있어야 한다. 현존 유무선 통신망으로는 불가능한 상황이므로 새로운 대용량의 확장가능 망 구조 및 전송기술 개발이 필요할 것이다. 특히 원활한 통신을 위해서는 대용량 데이터 트래픽을 저전력으로 처리할 수 있어야 하고, 나아가 호환성을 위한 국제표준 제정, 정보보안 대책, 전자파 처리 등의 관련 문제들도 해결해야 한다.

셋째, 무선으로 전력을 공급하는 것도 필요하다. 모든 통신장치는 전력을 필요로 하고 있어 육해공 통신서비스를 완벽하게 지원하기 위해서는 전력을 효율적으로 공급해야 한다. 각 통신장치에서 에너지 하베스팅 기법을 이용하여 자체적으로 전력을 확보하는 방안과 전자기파 또는 레이저를 이용하여 무선으로 원거리 통신장치에 효율적으로 전력을 공급하는 방안을 고려할 수 있다.

정보시스템 분야 해결과제

첫째, 에너지 하베스팅 혹은 무선전력전송 기능을 갖춘 초소형의 저비용 지능 센서가 개발되어야 한다. 현재의 센서는 크기도 크고 상당한 전력을 소모하며 지능도 없을 뿐만 아니라 가격이 비싸다. 따라서 나노기술[4]을 이용하여 하드웨어적인 혁신을 도모하고 저전력 지능형 소프트웨어를 개발하여 하드웨어와 소프트웨어의 협력 설계가 추진 되어야 한다.

둘째, 초소형의 저전력 지능형 분산 플랫폼이 지구 곳곳에 내재되 거나 분산 설치되어야 한다. 이런 환경이 구축되어야 다양한 센서로부 터 수집한 정보를 실시간으로 처리하여 유익한 부가서비스를 제공할 수 있을 것이다. 이를 위해서는 크기가 크고 전력 소모량이 많으며 정 보처리능력이 부족한 현존 플랫폼과는 달리 모듈module화 되고 확장 가능하며 전력 소모가 적으면서 고도의 지능을 갖는 분산 플랫폼을 개발하는 것이 필요하다. 또한 초소형의 저전력 지능형 멀티코어multi core 분산 플랫폼은 실시간 정보 수집과 분석을 통해 각종 시스템의 안전을 도모하고 스마트화를 이루어야 한다.

셋째, 사용자 입장에서는 저전력과 저비용의 확장가능형 오감五感 입출력 디바이스가 개발되어야 한다. 전력 소모가 크고 디스플레이 화면이 작으며 시각 및 청각 처리만 가능한 지금의 스마트폰 대신 전 력 소모가 적고 화면이 확장 가능하며 오감처리가 가능할 뿐만 아니 라 쉽게 접을 수 있는 디바이스를 필요로 할 것이다.

신산업 창출 관련 해결과제

첫째, 정보통신기술이 기존의 산업과 결합되어 신산업이 창출되는 과정에서 발생할 수 있는 이해관계자 간 충돌을 사전에 방지해야 한 다. 가령 관련 법제도 개선과 과도기에서의 이행전략 수립 등이 필요 하다.

둘째, 신산업을 체계적으로 지원하여 선도연구개발의 모형을 제시하고 이를 통해서 부품, 소프트웨어, 단말, 시스템, 인프라, 서비스의 동반성장을 도모하는 것이 필요하다. 즉 신산업을 통해서 관련 모든 산업이 국제적 경쟁력을 확보하고 상생하는 것이 중요하다. 특히 세계 최초의 융합연구 개발품일 경우, 안전 관련 다양한 분야의 인증 없이는 사업화가 불가능하므로 이를 해결하기 위해 정부 부처 간의 긴밀한 협력 체계가 갖추어져 있어야 한다. 우리나라가 사업화 관련 인증 규격을 제정하고 시범사업을 통해서 인증을 완벽하게 검증할 뿐만 아니라 국제인증규격을 주도할 수 있어야 한다. 특히 융합 시험·인증, 신속처리·임시허가 제도 도입 등을 통해 정보통신기술 융합 제품과 서비스의 빠른 시장 출시와 사업화 지원 토대를 마련하여 중소기업들도 저렴한 비용으로 편리하게 활용할 수 있도록 지원할 필요가 있다.

셋째, 미래사회에서 필요로 하는 미래 융합서비스산업의 발굴이 지속적으로 이루어져야 한다. 융합서비스산업 모델을 구상한 후에 융합서비스기술의 완성도를 높이고, 법제도 개선을 통해 사업모델과 경쟁력을 검증하며, 세계시장에 선진입하여 경쟁 우위를 유지해 나가는 전략이 필요하다.

해결과제 추진 방향

첫째, 주기적인 미래정보통신 예측을 토대로 미래정보통신상과 문제점을 찾아가야 한다. 이때 여러 분야의 전문가들이 참여하여 미래정보통신상을 결정짓는 중요한 핵심요인들을 선정하여 시나리오별로 다양하고 의미 있는 미래정보통신 모습을 제시하고 해결책을 도출해야 한다. 또한 기술, 사회, 환경 등이 계속 변화하므로 일정 주기별로 미래 사회를 예측하면서 미래정보통신분야의 문제점도 지속적으로 수정, 보완해 나가야 한다.

둘째, 산학연관이 협력하여 시장 관점, 소비자 관점, 서비스 관점에서 문제를 해결해야 한다. 즉 세계시장을 향한 사업화 관점에서 법제도 개선, 인증 및 표준규격 제정, 시범사업을 통한 시장 창출 등을 고려하면서 핵심원천기술 연구개발과 상용 연구개발이 추진되어야 한다. 서비스, 콘텐츠, 플랫폼, 네트워크, 단말 각각의 독립적인 기술 개발보다는 앞으로 고객이 필요한 미래정보통신 융합서비스에 적합하도록 나노소자기술, 무선 전력전송기술, 통신기술, 컴퓨팅기술, 보안기술 등을 융합하여 최적의 융합 정보통신 서비스를 개발해야 한다.

셋째, 미래세계에서 필요로 하는 디지털 물류, 유통, 제조, 교통, 가정, 교육, 도시 등의 신산업 분야에서 관련 부품, 소프트웨어, 단말, 시스템 및 인프라 산업이 동반 성장할 수 있는 창조적 생태계를 구축해야 한다. 이는 곧 인공지능과 결합한 제4차 산업혁명의 토대를 만들어가는 것이기도 하다.

넷째, 미래정보통신 세상에서 개인 및 기업 고객이 필요로 하는 서비스를 발굴하여 단계별 서비스 제공 계획을 세우고, 관련 인프라 구축 계획과 시장 창출 계획을 준비해야 한다. 아울러 기술 및 시장 분석을 통하여 국가가 개발해야 할 기술과 아웃소싱[5]할 기술을 선별하는 것도 필요하다. 특히 신규 융합서비스 제공시 발생할 수 있는 보안 등 모든 문제를 사전에 시뮬레이션 하여 문제 발생시 즉각 대처할 수 있도록 준비해야 한다.

다섯째, 세계시장을 선도할 수 있도록 기획, 연구개발, 평가, 상용화,

인증, 사업화 관련 체계를 혁신해야 한다. 이를 위해 무엇보다 기존의 추종형 R&D 기획, 평가, 관리, 사업화 체계에서 선도형 체계로의 전환이 필요하다. 창의적인 혁신형 R&D가 이루어지도록 창의 아이디어 기반 혁신연구를 적극 지원하는 것도 중요하다. 또한 재료, 무선전력, 보안, 통신, 컴퓨팅, 지식서비스가 융합된 미래서비스 및 제품의 기획과 상용화가 이루어질 수 있도록 여러 분야의 전문가들이 유기적으로 협력하여 핵심문제를 해결할 수 있도록 유도해야 한다.

여섯째, 디지털 신산업구조에 적합하도록 정부 부처 조직과 기능을 재정립해야 한다. 또한 융합 신산업에 적합하도록 규제정책을 완화하고 신규 융합서비스 제공시 문제가 될 수 있는 관련 법제도를 사전에 개선해야 한다.

사물인터넷전략

미래 사회에서는 모든 것이 인터넷으로 연결되는 초연결사회가 될 것으로 전망되고 있다. 바로 이 연결성을 구현할 핵심 이슈 가운데 하나가 사물인터넷Internet of Things, IoT이다. IoT는 인터넷의 발전과정에서 한 단계 진화한 것에 불과할 수도 있다. 하지만 사람과 사람, 그리고 사람과 사물의 소통은 물론 연결되는 사물의 범위가 컵, 책, 온도계 등 모든 사물로 확대되고, 인간의 명시적인 '조작'이나 '개입' 없이 사물과 사물 등 모든 것이 직접 연결되어 정보를 주고받게 됨으로써 이전과는 비교할 수 없는 새로운 의사소통의 세상이 열릴 것으로 예측되고 있다. 따라서 IoT는 사물에 부착된 센서를 통해 데이터를 수집하고 통신 기능을 활용해 물리적 객체 및 가상 객체를 연결하는 글로벌 네트워크 기반으로 발전할 미래인터넷을 포함한다. 이런 점에서 IoT는 사물지능통신Machine to Machine, M2M, 유비쿼터스 센서 네트워크Ubiquitous Sensor Network, USN, 혹은 만물인터넷Internet of Everything, IoE과 유사한 개념으로 혼용되기도 한다.

만물을 연결하는 사물인터넷

IoE는 사물, 사람, 프로세스, 데이터 등 만물을 인터넷으로 연결하여 실시간으로 상호 소통하게 함으로써 전례 없는 가치를 창출하는 IoT의 확장된 개념으로 정의하지만, 여기서는 IoE의 범위를 포함하여 IoT로 통칭하기로 한다.

IoT가 본격화된 세상에서는 시각, 청각, 촉각, 후각, 미각의 오감 감지기뿐 아니라 학습을 통해 지각 능력을 갖춘 사물들이 스스로 정보를 수집, 분석, 판단하고 서로 다른 사물 간 또는 사물과 사람 간 양방향으로 데이터를 주고받으며 새로운 가치를 창출하게 될 것이다. 또한 가상현실, 증강현실 등의 실감형 콘텐츠와 결합되면서 실세계와 가상세계의 경계가 사라지는 가상물리시스템cyber physical system의 실현으로 사물들의 소통 영역이 획기적으로 확장될 것으로 예상된다. 즉 세계적으로 500억~1,000억 개에 이르는 사물들이 서로 연결되면서 시시각각 생성되는 방대한 데이터의 전송, 저장, 분석, 활용 등의 프로세스가 보편화될 것이다. 그 결과, IoT를 통해 세상을 관찰하고, 느끼고, 이해하며, 새로운 가치를 부여하는 다양한 서비스가 등장할 것으로 예측된다.

사물인터넷 시장 전망

효율적이고 최적화된 IoT 기반 시스템을 구축하고 다양한 서비스를 통해 남다른 가치를 제공하는 개인, 기업 및 국가에 전례가 없는 다양한 기회가 창출될 것이다. 실제로 글로벌 컨설팅 기업 맥킨지McKinsey가 2015년 발표한 보고서에 따르면 2025년까지 세계 IoT 잠재시장 규모는 연간 최소 3.9조 달러에서 최대 11.1조 달러(세계 GDP의 11%)의 규모가 될 것으로 전망되고 있다. 국내 IoT 시장의 경우, 2015년 3.8조 원에서 2022년 22.9조 원까지 성장하게 되고, 서비스 관련 매출의 비중이 52.6%까지 증가하면서 성장을 주도할 것으로 보인다.

또한 2025년 세계 시장에서 IoT 기반이 차지하는 분야별 연간 경제효과 규모는 공장factories 분야(1.2~3.7조 달러)가 가장 큰 가운데 도시cities, 건강health, 소매retail, 작업장worksites, 물류logistics, 운송수단vehicles, 가정home, 오피스offices 분야 순위로 예측되고 있다.

〈그림 4-2〉 IoT 구성요소

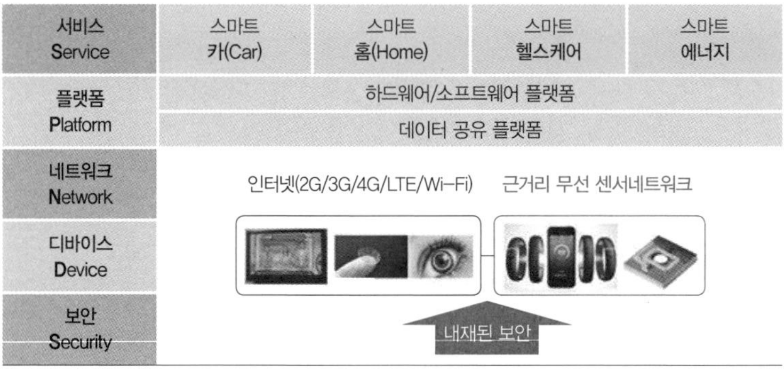

서비스 Service	스마트 카(Car)	스마트 홈(Home)	스마트 헬스케어	스마트 에너지
플랫폼 Platform	하드웨어/소프트웨어 플랫폼			
	데이터 공유 플랫폼			
네트워크 Network	인터넷(2G/3G/4G/LTE/Wi-Fi)		근거리 무선 센서네트워크	
디바이스 Device				
보안 Security		내재된 보안		

사물인터넷의 구성요소

통상적으로 IoT는 서비스service, 플랫폼platform, 네트워크network, 디바이스device, 보안security의 5가지 요소로 구성된다. IoT 보안은 디바이스, 네트워크 및 서비스에 내재되는 방식으로 구현될 것이다. 디바이스의 경우, 스마트폰과 같이 직접 인터넷에 접속이 가능한 종류와 소형 저전력의 IoT 건강 감지기처럼 인터넷에 직접 접속하는 대신 연결된 게이트웨이가 인터넷에 접속하여 중계하는 종류로 구분될 수 있다. IoT 디바이스와 서비스가 서로 연결되어 데이터를 공유하고 새로운 가치를 창출하기 위해서는 상호운용성interoperability이 매우 중요하며, 상호운용성은 IoT 데이터 공유 플랫폼 경쟁력의 핵심 요인이 될 것으로 예상된다.

플랫폼의 중요성

상호운용성을 이루는 실질적인 중심 역할을 하게 될 것은 플랫폼 platform이다. 서비스 플랫폼은 서비스 제공사의 특징에 따라 상이하기 때문에 호환이 쉽지 않은 것이 사실이다. 이에 구글과 애플 등 대규모 서비스 플랫폼을 제공하는 회사마다 운영체계부터 솔루션에 이르기까지 수직적 플랫폼 구성을 하는 특징을 가지고 있다. 따라서 산업계 표준(De facto)으로 자리잡을 것인지, 글로벌 표준화 기구를 통해 생태계 조성을 할 것인지, 아니면 오픈소스 개념으로 확산을 추진할 것인지 등을 놓고 선택과 전략이 요구된다.

사물인터넷 시장 확장을 위한 해결과제

지금까지 IoT 시장은 사물간의 단편적이고 수직적인 연결에 기반을 둔 건강관리, 가전제품, 자율주행자동차 등 B2Cbusiness to consumer 부문에 집중돼 있으나, 점차 종류가 다른 사물 간에 수평적인 연결이 확장되면서 IoT 플랫폼을 중심으로 B2Bbusiness to business 시장으로 확대될 것으로 전망된다. 이 과정에서 IoT가 거의 모든 산업과 서비스 분야에 접목되면서 가치사슬과 비즈니스 모델을 변화시키고 파괴적 혁신을 유발하는 촉매제 역할을 할 것으로 예상되고 있다.

셀 수도 없을 정도로 방대한 IoT 디바이스들이 실시간으로 생성하는 정보가 전 세계적으로 분산된 DB서버에 저장되고, 스마트한 디바이스에 구현된 인공지능이 신속하고 효율적으로 찾은 필요한 정보는 클라우드 기반으로 구성되는 빅데이터 시스템을 통해 분석될 것이다. 이를 위해 디바이스 간의 실시간 또는 준 실시간의 양방향 통신이 가능한 차세대 고속 인터넷 기술, IoT 데이터 공유 플랫폼, 상호운용성 등 당면한 기술 이슈들이 해결되어야 한다. 즉 사물 아이디ID의 정의, 식별 및 표준방식, 네트워크 주소, 사물의 탐색과 변환 기능 등이 고려되어야 할 것이다.

사물 ID의 정의

센서, 구동장치, 태그 등 다양한 객체를 식별하기 위한 ID는 기존의 산업과 국제전기통신연합ITU과 같은 국제표준화 단체에서도 연구 중이다. 그러나 세계적으로 고유한 ID 방식으로 통합하여 추진할 것인지, 아니면 다양한 수준의 상호운용성을 지원하는 여러 가지 ID를 병행하여 수용할 것인지가 아직 불분명하다. 예를 들어 IPv6와 내장형 디바이스용으로 더 간략한 6LoWPAN[6]과 같이 표준 프로토콜이 세계적으로 고유한 ID로 적용될 가능성이 있다. 하지만 IoT 사물이 특정 시간에 특정 네트워크에 접속하기도 하고 벗어나기도 하는 등 다른 네트워크로 이동하는 경우 각각의 네트워크에 따라 IPv6 주소가 변경되어야 하는데 유연성이 부족하여 네트워크 이동성을 지원하기 어려운 단점을 지니고 있다. 또한 IPv6가 할당되지 않는 IoT 사물에 대한 서비스 지원 방안이 불확실하므로 통합된 ID로 적용되기에는 한계가 있다.

사물 식별 ID

사물 식별 ID는 특정한 객체 그 자체를 고유하게 식별하는 목적으로 부여된다. 일례로 RFID 태그가 부착된 객체를 고유하게 식별하기 위한 목적으로 널리 알려진 EPCElectronic Product Code가 있다. 또 다른 방식의 사물 식별 ID로 일본의 uID 센터에서 개발되어 일본과 아시아에서 활용되는 유비쿼터스 코드uCode를 예로 들 수 있다. 한편 우리나라에서 독자적으로 개발되어 공인전자주소(또는 샵주소)로 활용되고 있는 이포지션ePosition도 사물 식별 ID의 사례에 속한다.

네트워크 주소

네트워크 주소는 사물 식별 ID와 달리 특정 사물이 실제 접속한 네트워크 위치에 따라 정해질 수 있다. 어떤 사물은 IPv4 또는 IPv6 방식의 표준 IP주소로 나타내기도 하지만, 어떤 사물은 표준 IP주소를 지원하지 않고 비표준 네트워크 주소 방식을 적용할 수도 있다. 이런 경우에는 비표준 네트워크 주소를 표준 IP주소로 변환하는 역할을 담당하는 게이트웨이가 필요하다.

탐색과 분석 기능

사물 식별 ID와 네트워크 주소를 어떤 방식으로 적용할 것인지를 선택하는 데 있어 가장 중요한 영향을 미치는 것이 탐색과 분석 기능이다. 일례로 DNSDomain Name System[7]는 TCP/IP 네트워크에서 사람이 쉽게 인지할 수 있도록 정해진 컴퓨터의 도메인 네임 서버를 탐색한 뒤 기계가 인지할 수 있는 IP주소로 분석하여 변환하는 인터넷 서비스이다. IoT 서비스를 위해 수시로 새로운 사물이 생성되고 새로운 근거리 무선 네트워크로 구축될 수 있다. 따라서 기존의 네트워크뿐 아니라 새로 구축되는 네트워크를 포함하여 사물인터넷에서 자동으로 사물 식별 ID의 탐색과 분석 서비스가 가능한 체제가 요구된다.

사물인터넷 플랫폼 정책방향

IoT 플랫폼을 둘러싼 치열한 경쟁에서 세계 시장을 선점하기 위해서는 미래 전망을 토대로 한 전략과 정책이 필요하다. 사물인터넷 플랫폼은 앞서 살펴본 것처럼 2가지로 구분할 수 있다. 하나는 모든 분야 간에 수평적 연합을 위한 데이터 공유 플랫폼이고, 다른 하나는 각각의 서비스 분야별 응용 플랫폼이다. 이러한 플랫폼 구축을 위해서는 단계적 방안이 유용할 수 있다. 우선 방대한 이종 데이터를 쉽고 효율적으로 공유하고 저장할 수 있도록 IoT 데이터 공유 플랫폼을 구축하는 것이 중요하다. 체계적이고 논리적인 방식으로 상호운용성을 충족하는 것이다. 또한 오픈 API 방식으로 참여하고 공유함으로써 다양한 산업 분야 간에 수평적인 연합이 보다 활발하게 이루어질 수 있도록 한다.

그 다음에는 IoT 데이터 공유 플랫폼 API를 활용하여 각 분야별로 응용 플랫폼을 구축한다. 제조, 유통·물류, 교육, 가전, 건강·바이오 등 각 서비스 분야별 응용 플랫폼을 만드는 것이다. 마지막으로는 다양한 시범서비스를 개발하고 제공하여 1단계와 2단계 플랫폼의 유용성과 효율성을 검증함으로써 세계 시장 경쟁력을 획기적으로 증대시킬 수 있는 범국가적인 통합전략을 완성하는 것이다.

따라서 IoT 플랫폼을 통해 많은 데이터를 수집하고 분석하는 실질적 응용이 많이 이루어져야만 한다. 공공데이터 플랫폼부터 민간에 이르기까지 다양한 정보축적을 통한 응용범위의 확대가 필요하다. 이때 빅데이터 분석 및 인공지능 등 응용범위를 확대하면서 구글이나 애플과 같은 다른 플랫폼과의 호환성도 만들어가야 한다. 앞으로 시장의 표준이 되는 기업들은 스마트폰에 이어 차량, 드론, 가정, 공장 등 다양한 영역의 사물인터넷 구현 과정에서 자신들의 표준방식을 도입할 것이다. 이에 따라 이들과 협업하거나 또는 길목을 선점하는 전략이 요구된다.

나아가 우리나라에서 개발한 기술을 세계적으로 널리 확산시키고 세계 시장을 선도하기 위해서는 세계표준화 기구들과 연대하는 노력도 병행되어야 한다. IoT 분야가 미래의 새로운 먹거리와 일자리 창출의 밑거름이 될 수 있도록 국가적 차원에서 전략을 수립하고 지속적이고 실효성 있는 정책을 추진하는 것이 필요하다.

7

자동차산업전략

　자동차산업은 바퀴가 달린 이동수단이라는 차원에서 본다면 아주 오랜 역사를 가지고 있다. 현대적 내연기관이 1800년대 후반에 출현한 것으로 보면 그 역사가 200년에 육박하고 있다. 하지만 개도국을 중심으로 자동차 신규수요가 발생하고 있어 자동차산업은 지속적으로 발전해 왔다. 시간이 지날수록 산업의 주도권이 개도국으로 넘어가는 것이 대다수 산업의 라이프 사이클이지만, 자동차산업의 양상은 다르다. 자동차산업은 장기적인 신뢰 축적이 필요하고, 다양한 첨단기술과 부품들이 복합되는 제품특성을 지니고 있을 뿐만 아니라, 포디즘이나 토요타 생산방식과 같이 생산기술을 선도해온 산업이기 때문이다. 이에 따라 세계 자동차생산에서 중국이 가장 큰 비중을 차지하나, 미국, 독일, 일본 등 주요 선진국이 자리하고 있으며 한국은 5위에 올라 있다.

　하지만 고비용 제조산업인 자동차산업도 지능화로 요약되는 기술환경의 변화 속에 패러다임의 전환기에 서 있다. 전기차, 자율주행차 등 신개념 자동차 개발 경쟁이 가속화되면서 자동차 시장을 재편하기 시작했으며, 다양한 기능이 집약된 스마트카의 등장으로 단순한 이동수단의 개념을 넘어서고 있다. 또한 전 세계적 차원에서 온실가스 감축 노력을 기울이는 등 환경문제가 심각해지는 가운데 '친환경'은 자동차 업계에도 최고의 화두가 되고 있는 것이다. 따라서 미래자동차 시장에서 한국자동차산업의 위상을 지키고 국가경쟁력을 좌우할 핵심 산업으로 도약하기 위해서는 이러한 기술환경의 변화와 시대적 요구에 대응해야만 한다.

자동차산업의 해결과제

이동수단이라는 자동차의 기본적인 기능에는 변화가 없으나 자동차의 모습은 지속적으로 변모해오고 있다. 국내 생산여건이 악화되고 국내 자동차생산 및 수출이 침체를 겪고 있는 상황에서 자동차의 고급화, 친환경화, 그리고 스마트화 등의 과제는 하나의 도전이기도 하지만 기회이기도 하다. 향후 이 기회를 어떻게 살리느냐에 따라 한국 자동차산업의 미래가 결정될 것이다.

고급화

고급화는 우리 자동차산업의 당면 문제와도 직결된다. 한국의 자동차산업계가 갖고 있는 가장 큰 문제는 고비용 구조이다. 중소형 승용차 위주의 생산 및 수출로는 한계가 있을 수밖에 없다. 우리 자동차산업은 생산의 70% 가량을 수출에 의존하고 있는데 평균 수출단가가 2016년 기준 1만 4,000달러에 불과하다. 비교적 양산차 위주의 수출

구조를 갖고 있는 일본만 하더라도 2만 3,000달러에 달하고 있다. 독일과 비교하면 3분의 1 수준이다. 고비용 구조 속에서는 수출단가를 높여야 하고, 결국 자동차의 고급화를 통해 비용구조를 개선해야만 하는 것이다.

그러나 고급화는 많은 시간이 소요되는 작업이다. 벤츠, BMW, 아우디, 포르쉐 등 세계적인 프리미엄 고급 브랜드는 대부분 독일 자동차이다. 후발주자로 이에 도전장을 낸 곳이 토요타의 렉서스, 혼다의 아큐라, 닛산의 인피니티 등이다. 양산차에서 높은 경쟁력을 지닌 이들 일본 기업들도 프리미엄 브랜드에서는 여전히 독일차 업계에 밀리는 양상이다. 결국 고급브랜드로서 이미지를 쌓는 것은 오랜 시간이 필요하다는 것을 의미한다. 무엇보다 고급브랜드에 맞는 품질, 기본 성능, 다양한 기능, 디자인 등을 갖춘 자동차를 개발하여 생산하는 것이 중요하다. 전체적인 품질이나 성능, 기능 등이 발휘되기 위해서는 관련 부품의 뒷받침이 매우 중요하다. 특히 프리미엄급 품질이 나오기 위해서는 열처리, 표면처리, 주조, 용접, 소성가공 등 뿌리산업이 매우 중요하다. 스포츠카에 준하는 성능이 필요하며, 디자인의 역할도 매우 중요하다. 기능적인 측면에서는 차량의 IT화 및 스마트화와 밀접한 관련을 가진다. 제대로 된 프리미엄 차량의 개발 및 생산에는 시간이 필요하며, 이러한 제품이 시장에서 고급브랜드로 인정을 받는 데에도 많은 시간이 소요된다. 그러니 미래 비전을 갖고 준비를 서둘러야 한다.

친환경화

이제 자동차의 친환경화는 피할 수 없는 과제이다. 2015년 말 타결된 파리기후협약에서는 세계 평균기온 상승을 산업화 이전 대비

1.5℃ 이하로 제한하는 노력을 지속하기로 했다. 이를 위해 각국이 온실가스 배출 저감을 약속했으며, 우리나라도 2030년까지 온실가스 배출량을 배출전망(BAU) 대비 37% 감축하기로 목표를 설정했다. 자동차부문에 있어서는 업체당 평균 CO_2 규제를 강화해 나가고 있다. 현재 1km 주행 당 140g에 달하는 CO_2 배출과 관련, 유럽의 경우 2021년 95g/km, 한국은 2020년 97g/km 등으로 낮추도록 규정하고 있다.

이에 따라 자동차의 친환경화는 자동차업체들이 반드시 풀어야 할 과제가 된 것이다. 기존 내연기관의 효율만을 높여 대처하는 것은 한계가 있고 무공해의 새로운 친환경자동차 개발과 생산이 전제되어야 한다. 미래자동차시장은 기업들이 비용은 저렴하고 기능은 높은 무공해자동차를 어느 수준까지 개발하고 만들어내느냐에 운명이 달린 것이다.

스마트화

자동차의 안전과 편의에 대한 욕구는 꾸준히 표출되어 왔고, 특히 안전에 관해서는 각종 규제 및 법규를 통해 강조되어 왔다. 그러나 이러한 욕구를 충족시켜 준 것은 전자 및 정보통신 기술의 발달이다. 전자 및 정보통신기술이 발전하면서 자동차의 안전과 편의 수준은 급격하게 향상되고 있다.

안전 측면에서 본다면, 과거에는 운전자가 모든 책임을 지는 단계였던 데에서 점점 차량 스스로가 안전을 관리해나가는 방향으로 바뀌고 있고, 궁극적으로는 완전 자율주행차량의 등장을 예고하고 있다. 편의장치도 단순한 오락 기능뿐만 아니라 정보통신기술을 토대로 외부와의 연결을 확장시킴으로써 제공 가능한 서비스가 점점 늘어나고 있다. 이처럼 전자 및 정보통신기술을 통해 차량이 보다 안전하고, 자율적이며, 편리한 초연결 도구로 변화해 가는 것을 차량의 스마트화로 정의할 수 있다. 한편 이러한 변화에 따라 전통적인 자동차업체뿐 아니라 구글과 같은 IT업체들도 인공지능을 활용하여 단숨에 자율주행자동차나 초연결자동차로 진화하는 것을 추구하고 있기도 하다.

친환경자동차의 시장방향

환경규제 강화에 따른 자동차산업의 새로운 과제인 친환경화는 엔진 및 변속기 등의 개선과 차량의 경량화 등을 통한 기존 내연기관 자동차의 효율화를 들 수 있겠지만 이는 단기적인 해결방안이고, 2020년 이후 적용될 파리협약의 규제를 만족시키기 위해서는 무공해자동차의 판매가 확대되어야 한다.

그러나 친환경자동차의 발전방향은 아직도 불투명한 상황이다. 하이브리드자동차hybrid electric vehicle는 엄밀히 말해 무공해자동차가 아니지만 국가에 따라 친환경자동차 범주에 포함되기도 한다. 현재 세계 친환경자동차 시장 대부분이 하이브리드자동차이다. 2014년 기준 하이브리드자동차는 세계 전체적으로 168만 대가 팔렸다. 그러나 저유가상태가 지속되면서 하이브리드자동차의 판매는 위축되고 있는 상황이다.

플러그인 하이브리드자동차plug-in hybrid electric vehicle나 순수 전기자동차의 경우, 중국에서 빠른 성장세를 기록하고 있고, 다른 국가에서는 침체국면에 있다. 중국에서 플러그인 하이브리드자동차는

2013년 9만 대에서 2015년에는 21만 대까지 늘었다. 전기자동차까지 합치면 2015년 중국의 플러그인 및 전기자동차 판매는 37만 대에 이른다. 그러나 대표적인 시장인 미국을 보면, 2015년에 플러그인 하이브리드자동차 판매는 22.1% 감소했고, 전기자동차는 4.6% 증가하는 데 그쳤다.

한편 수소연료전지자동차는 현대자동차와 토요타가 양산 모델을 내어 놓기는 했지만 아직 시장화가 이루어지지 않고 있다. 2015년 〈그린카전략포럼 보고서〉에 따르면 수요연료전지자동차는 세계적으로 2018년에 가서야 5만 대, 2030년이 되어서야 220만 대가 판매될 것으로 전망되고 있다.

반면 친환경자동차의 부상에도 불구하고 기존 내연기관 자동차도 2020년까지는 증가할 것으로 예측된다. 또 한때 온실가스저감 효과가 높은 클린디젤이 친환경자동차에 포함되었지만, 최근 배출가스 조작과 관련한 폭스바겐 사태로 인해 친환경자동차에서 제외되고 있다.

결국 향후 친환경자동차 시장의 판도는 누구도 예측하기 힘든 상황이다. 현재 세계 모든 자동차기업 및 국가들이 전기자동차 보급에 노력하고 있지만 실적은 예상보다 저조하다. 충전 후 주행거리나 충전시간 등 개선할 과제가 여전히 많기 때문이다. 수소연료전지자동차의 경우에도 차량가격이 고가인데다 수소충전소 등 인프라 건설 부분이 취약한 상태이다.

자율주행자동차의 발전 방향

자동차 자율주행은 단계적으로 이루어지고 있는데, 주로 안전과 관런된 기술에서 출발한다. 교통사고저감 기술개발이라는 차원에서 보면 과거에 사고발생시 상해를 줄이기 위한 각종 장치가 차량에 장착되도록 의무화되었고, 이후 사고예방을 위한 각종 사전 경고장치인 개별능동안전단계, 사고를 미리 감지하고 이에 대해 적절한 조치(사고회피 등)를 취하는 통합능동안전단계, 부분적 자율주행단계 및 완전 자율주행단계 등으로 발전하고 있다. 현재는 개별능동안전과 통합능동안전의 중간단계로서 차량에 각종 개별 능동안전 장치들이 장착되고 있다.

차량의 자율주행이 실현되는 것은 2030년, 그리고 통합능동제어단계는 2020년이면 가능할 것으로 전망된다. 물론 자율주행이 구현된다고 하더라도 모든 차량이 동시에 자율주행을 할 수 있는 것은 아니다. 부분적으로 능동제어장치들이 장착된 차량의 경우, 2035년이 되어서야 30% 수준에 이를 것으로 예측되고 있다. 또 자율주행차량은 2050년에 가서도 30% 수준에 머물 것으로 전망되고 있다.

최근 인공지능 기술이 빠르게 발전하면서 자율주행자동차에 대한 기대가 커지고 있는 상황이지만 자율주행에 따르는 다양한 문제점들도 지적되고 있다. 최근 구글 자율주행자동차의 사고에서 보듯이 모든 경우의 수를 인공지능이 다 판단하기가 쉽지 않은 측면도 있다. 따라서 자율운행에 필요한 각종 안전장치의 장착은 지속적으로 확대될 것으로 보이며, 이에 대한 기술개발은 꾸준히 진행될 필요가 있다. 또한 이러한 기능들이 장착될 경우 차량의 가격이 비싸질 수밖에 없어 고급차를 중심으로 자율주행기술이 활용될 가능성이 높다. 예를 들어, 현재 현대자동차의 EQ900은 차간거리 제어 및 차선유지 주행, 내비게이션 연동 제한속도 자동설정 등 고속도로 주행지원시스템을 구비하고 있고, 제너시스 자율주행자동차는 저속 정체 상황 및 고속주행 구간 자율주행, 보행자 및 장애물 회피, 교차로 및 회전 교차로 주행 등의 기능을 갖고 있다.

한편 자율주행과 함께 탑승자의 만족도를 높이는 기술도 단계적으로 발전해가고 있다. 즉 외부와의 연결을 통해 탑승자의 편의와 만족도를 높이는 기술은 단순 AVN 체계Audio, Video, Navigation System 단계에서 차량 무선인터넷 서비스인 텔레매틱스Telematics나 스마트폰 등과의 연계를 통해 외부와 소통하고 정보를 제공받는 단계인 인포테인먼트, 그리고 초연결을 통해 차량을 모바일오피스와 문화공간으로 겸비하는 단계로 발전하고 있다. 현재는 인포테인먼트에 진입하는 단계이다.

미래자동차산업 환경에 대응하는 전략

현재 한국 자동차산업이 직면한 생산 및 수출 부진의 단기적 해결책은 국내 생산여건의 개선에 있다. 생산성과 연계한 임금체계나 노동의 유연성 제고 등이 필요하며, 중소부품업체와 대기업과의 임금 격차 축소 등이 이뤄져야 자동차 및 부품산업이 고루 발전할 수 있을 것이다. 자동차의 고급화를 위해서는 자동차업체의 노력뿐만 아니라 뿌리산업을 영위하고 있는 중소기업들의 체질 개선이 필요하다. 또한 자동차 기술 선진국보다 뒤처진 전기자동차 기술이나 한국이 세계 최초로 상용화에 성공했지만 대중적 보급 단계에는 미치지 못한 수소연료전지자동차, 그리고 인간의 편의성을 확장시키는 자율주행자동차 등 미래자동차산업 경쟁에서 앞서나가기 위해서는 연구개발 지원 등 국가적 역량을 집중해야만 한다.

친환경자동차 산업생태계 확산

친환경기술은 당분간 두 가지 트랙으로 발전되어야 한다. 우선 기존 내연기관 자동차의 효율성과 친환경성을 높이는 기술 부분이며 다른 하나는 하이브리드자동차, 전기자동차, 수소연료전지자동차 등 친환경자동차 및 관련 부품 기술을 발전시키는 부분이다. 전기자동차에 있어서는 보급이나 생산보다 차량의 성능을 획기적으로 개선할 수 있는 핵심부품 기술 개발에 주력해야 한다. 2015년 발표된 그린카전략포럼에서는 배터리의 용량을 지금의 2배 가량 향상시키고, 모터의 출력밀도도 10% 이상 향상시킨다는 목표를 설정하고 있다. 이밖에 냉난방시스템의 에너지사용효율을 높이고, 차량의 경량화 등에 대해서도 개발 목표를 제시한 바 있다. 이들 분야는 완성차업체보다 전지업체, 기타 전기관련 부품업체 등에서 추진해야 할 과제들인 만큼 친환경자동차 개발과 보급을 위해서는 이를 아우르는 산업생태계가 조성되고 확산되어야 한다.

미래자동차 개발에 대한 명확한 방향과 목표 설정

전기자동차의 생산 및 보급은 정부나 기업 차원에서 모두 많은 비용이 드는 분야이기 때문에 신중하게 계획을 세울 필요가 있다. 가장 중요한 것은 세계시장 동향이고, 특히 중국 시장의 변화가 매우 중요하다. 따라서 중국의 정책 및 보급 동향과 더불어 시장에서의 수용정도 등을 고려하여 우리의 본격적인 대규모 양산시점 등을 설정해야 할 것이다.

수소연료전지자동차의 핵심과제는 가격경쟁력을 확보하는 부분이다. 따라서 차량가격을 인하할 수 있도록 각종 부품의 개선이 필요하다. 그린카전략포럼에서 수소차 가격의 40% 인하를 목표로 스택 등 핵심부품을 중심으로 기술개발과제를 채택하고 있다. 수소연료전지자동차 단가에서 가장 높은 비중을 차지하고 있는 것이 연료전지 스택stack이고, 40% 단가 인하 목표에서 스택이 차지하는 부분이 20%에 달하고 있다. 결국 단가인하를 위해 스택의 단가를 낮추는 것이 관건인 것이다.

특히 산업발전이라는 차원에서 본다면 전기자동차보다 수소연료전지자동차의 보급에 보다 주안점을 둘 필요가 있다. 보급에 대한 지원만 제대로 이뤄지면 전기자동차와는 달리 차량 사용의 불편함이 덜하기 때문에 소비자들의 수용성이 비교적 좋을 것으로 예측된다. 물론 수소차 및 충전소 보급 로드맵이 나와 있기는 하지만 전기차에 비해서는 미미한 수준이다. 수소연료전지자동차의 개발 및 보급은 단순히 자동차산업부문뿐 아니라 중장기적으로 에너지 정책과도 연계시켜 고려해야 할 것이다. 수소는 각종 루트를 통해 획득할 수 있다. 일본은 태양광, 풍력 등 신재생에너지를 통해 얻어진 전력을 갖고 물로 전기분해하여 수소를 얻는 방안을 고려하고 있다.

자동차산업과 IT분야 협력을 위한 융합플랫폼 구축

자동차의 스마트화는 우리 자동차산업의 당면 과제이다. 가까운 시일 내에 완전 자율주행이 이뤄지지 않더라도 지속적으로 자율주행 관련 시스템들이 차량에 적용될 것이다. 이뿐만 아니라 운전자 및 탑승자의 편의 및 안전을 위한 각종 스마트 장치들이 차량에 부가될 것이다. 이러한 분야는 다양한 영역에서 자동차산업에 진입하는 계기가 될 수 있다. 이러한 자동차산업과 IT분야의 융합이 잘 이뤄질 수 있도록 정부차원에서 융합 플랫폼을 마련하는 것이 매우 중요하다. 끊임없이 자동차분야에서 필요한 과제를 제시할 뿐만 아니라 IT분야에서도 자동차분야에 관심을 갖고 참여할 수 있는 교류의 장이 필요한 것이다. 그리고 IT기업과 자동차기업 간 전략적 제휴가 활발히 이뤄질 수 있도록 노력해야 한다.

한국이 IT부문에서 강국이지만 자동차분야의 IT에 있어서는 전혀 그렇지 못하다. 최근 자동차에 장착되는 반도체 수가 크게 늘고 있지만 이의 대부분을 해외에서 수입하고 있는 것이 우리의 현실이다. 이 밖에도 스마트 자동차의 센싱과 관련한 레이더, 라이더 등도 수입비중이 매우 높은 자동차용 IT 기초부품이다. 반면 세계적 추세는 구글, 애플 등 글로벌 IT기업들이 직접 미래자동차 개발에 관심을 보이고 있는 것은 물론 세계 자동차부품업체들도 다양한 IT기술을 융합하여 IT부품업체로 변모하고 있는 중이다.

미래자동차 환경에 부합하는 제도 개선

자율주행자동차나 전기자동차 및 수소연료전지자동차 등은 기존의 자동차 관련 인프라나 제도에서는 제약이 많을 것이다. 사회적 여건을 미래자동차에 맞추기 위한 규제 및 제도 등을 개선하는 것이 필요하다. 특히 자율주행자동차가 상용화되려면 현재의 교통체계나 자동차면허 등의 법규, 자동차 사고 발생 시의 책임소재와 사고배상책임 문제, 자동차 손해보험제도, 그리고 도로기반시설 등 전반적인 제도와 인프라가 새롭게 갖춰져 있어야 한다. 현재 정부는 2020년 자율주행자동차 상용화를 목표로 하고 있다. 따라서 관련 법규와 제도를 정비하고 지원 인프라를 확충하는 것은 기술 외적인 부분의 핵심 사항이 될 것이다.

3

로봇산업전략

2016년 3월 인공지능 컴퓨터 알파고와 프로기사 이세돌과의 바둑 대결 이후 딥러닝으로 대표되는 인공지능에 대한 관심이 뜨거워졌다. 관심은 특히 앞으로 인공지능이 본격적으로 개발 보급될 경우 인간의 일자리를 상당수 대체할 것이며 종국에 가서는 인간의 능력을 능가하는 상황이 올 수도 있다는 등 미래상황에 대한 우려와 걱정이 대다수였다. 알파고가 이세돌 9단을 5전4승으로 이기면서 우려가 커졌던 것도 사실이다. 그러나 여러 전문가들도 지적했듯이 인공지능 컴퓨터가 모든 면에서 인간을 능가하여 인간 세상을 지배하고 종국에는 파멸로 이끄는, 이른바 공상과학영화 속 '상상적 현실'은 적어도 한두 세기 내에는 일어나지 않을 것이다.

하지만 상상의 나래를 좀 더 펼쳐보자. 만약 이세돌 9단 앞에서 알파고가 알려주는 위치에 마치 기계처럼 아무런 감정 없이 바둑돌을 올려놓던 구글 딥마인드Google DeepMind 직원 대신 로봇이 앉아 있었다면 어떠했을까? 아마도 그렇게 했다면 반응이 훨씬 더 폭발적이지 않았을까? 로봇이 인간을 이겼다, 로봇이 인간의 모든 일자리를 대체할 것이다, 이제 곧 로봇이 인간을 지배하는 시대가 올 것이다 등등.

인공지능은 여러 가지 기능이나 성능 면에서 인간의 지능을 모방하고 있지만 그 형태는 소프트웨어이다. 이러한 소프트웨어 형태의 인공지능을 보다 다양한 서비스로 만들어 인간에게 제공하기 위해서는 물리적 공간에서의 액션action이 필요하다. 이러한 물리적 액션을 제공하는 것이 바로 로봇이다.

로봇의 개념과 로봇산업 현황

로봇에 대하여 대부분의 사람들이 갖는 첫 번째 질문은 "로봇이 무엇인가요?"라는 질문이고 바로 이어서 "그런데 로봇이 무엇을 할 수 있나요?"라는 질문이 이어지게 마련이다. 아마도 어려서부터 보아온 공상과학 만화나 영화에서처럼 인간의 모습을 한 기계가 대부분의 사람들이 갖고 있는 로봇에 대한 개념일 것이다.

로봇이라는 용어의 등장

로봇이라는 용어는 1921년 체코의 극작가인 카렐 차페크Karel Capek가 쓴 희곡 『로섬의 만능 로봇Rossum's Universal Robots(R.U.R)』에서 처음 사용한 말이다. R.U.R에서는 발명가 로섬Rossum이 생명체의 여러 조각들biological parts을 이용해 노동자 그룹을 만들고 인간의 다양한universal 일을 대신 하도록 하는 내용이다. 로봇robot이라는 단어는 체코어로 '힘든 노동'을 뜻하는 '로보타robota'에서 유래했다. 차페크는 처음 로봇이라는 의미를 만들 때 인간을 대신하여 힘든 노동을 하는 객체로 창조했고 이는 훗날 로봇을 '인간 대신 힘든 일을 하는 기계'로 개념화하는 데 많은 영향을 주었다.

다양한 용도의 로봇 개발

상상 속의 로봇이 구체적인 모습을 보인 것은 희곡 속의 상상으로부터 40년 후인 1961년이다. 미국의 GM사가 자동차 제조과정에 처음으로 선을 보인 산업용 로봇이다. 겉모습은 인간의 모습을 전혀 닮지 않았지만, 인간 대신 힘들고 위험한 일을 수행했다. 그러나 인간이 할 수 있는 정교한 작업과는 거리가 멀었다.

이를 효시로 자동차산업을 포함한 여러 제조 산업에 다양한 형태의 로봇이 응용되어 왔다. 주로 인간이 하는 일 가운데 단순반복적인 작업이나 더럽고 위험한 작업에 인간 대신 투입되어 자동화를 통한 생산성 향상이 주목적이었다. 인간 대신 작업을 하지만 주어진 일을 프로그래밍이 된 대로 반복하는 방식으로, 로봇 스스로 생각을 하고 판단을 하는 기능은 보유하지 못한 것이 대부분이었다. 그러나 이러한 산업용 로봇도 응용이 확장되고 작업환경에서의 변화에 지능적으로 대처할 수 있는 기능이 요구되기 시작했다. 단순반복 작업만 하던 산업용 로봇도 다양한 센서와 알고리즘을 탑재한 고성능 컴퓨터를 갖추기 시작했고 '보다 똑똑한' 산업용 로봇에 대한 요구가 커져 왔다. 초창기 산업용 로봇에 요구된 '보다 똑똑한' 기능은 크게 두 가지였다. 첫 번째는 같은 일을 반복하는 산업용 로봇이지만 반복하다가 작업환경에 변화가 생기면 스스로 인식해서 이에 대처하는 기능이었고, 두 번째는 한 번 가르쳐 준 작업(작업교시)과 비슷한 작업에 적용할 때는 로봇이 스스로 이에 대처하는 기능이었다.

산업용 로봇의 시장 확대 및 기술 발전에 따라 제조 공장에서 사용하는 로봇이 인간과 같은 공간에서 생활하는 로봇으로 범위가 확대되기 시작한 것은 1990년대 말이다. 주로 일본 기업에서 선보인 서비스 로봇들이 이에 해당된다. 인간의 신체와 유사한 모습을 갖춘 휴머노이드humanoid 로봇과 강아지를 닮은 장난감 로봇들이 인간과 같이 생활하면서 인간의 무료함을 달래준다거나 인간과 상호작용하면서 여러 가지 서비스를 제공하는 형태의 로봇들이다.

서비스 로봇에서도 여러 형태로 디자인된 다양한 로봇들이 개발되었다. 하지만 소비자들의 구매 욕구를 자극하여, 소위 대박을 터뜨린 서비스 로봇은 청소로봇과 일부 장난감로봇을 제외하고는 없는 것이 현실이다. 기술의 부족, 로봇제품의 가치 불명확, 마케팅 전략의 부재, 구입비용 등 여러 가지 문제가 있을 수 있지만, 한 가지 분명한 것은 소비자의 기대욕구를 충족시켜주는 로봇이 등장하지 않았기 때문이다.

앞서 언급한 산업용 로봇의 경우에는 작업 환경이나 작업 목표가 사전에 정확하게 설정되고 이에 따라 프로그램이 입력되면 성공적으로 작업을 완수할 수 있었다. 하지만 초기 청소로봇은 장애물이 있으면 적응하지 못하고 제대로 작동을 하지 못하는 일이 있었다. 비교적 단순한 기능을 수행하는 청소로봇의 수준에서 나타나듯이 로봇의 수준과 소비자의 욕구 사이에는 격차가 있었던 것이다. 로봇은 전혀 지능적이지 못했던 것이다.

로봇에 대한 시장의 기대와 한계

로봇은 전문가나 기관에 따라 다양하게 정의되고 있지만 공통적으로 다음의 3가지 기능을 갖춘 경우 로봇이라고 정의한다. 첫 번째는 감지sense 기능이다. 인간의 오감에 해당하는 기능으로서 다양한 센서들을 이용하여 외부로부터의 정보를 받아들이는 기능이다. 두 번째는 연산 혹은 계획compute, process, plan, think 기능이다. 인간의 뇌에 해당하는 기능으로서 감지 기능을 통해 받아들인 외부의 정보를 이용하여 로봇이 무엇을 해야 하는지에 대한 목표를 정하고 계획하는 기능이다. 세 번째는 행동act, motion, manipulate, move 기능이다. 인간의 팔, 다리, 손 등에 해당하는 기능으로서 감지된 정보를 계산하여 설정된 목표를 행동에 옮기는 물리적 운동 기능이다.

즉 감지-계획-행동, 이 3가지 기능을 갖는 시스템을 로봇이라고 정의하기 때문에, 기능적으로 이 3가지 기능을 갖추고 있다면 외형적인 모습이 인간형인지 동물형인지, 혹은 크기가 큰지 작은지에 상관없이 로봇이라고 정의할 수 있다. 당연히 산업용 로봇이나 서비스 로봇도 모두 이 3가지 기능을 기본으로 갖고 있다. 산업용 로봇의 경우 작업자가 미리 정해놓은 환경에서 정해진 작업을 반복하여 수행하므로 매번 같은 센서로부터 같은 정보가 감지되고, 같은 목표를 계획하며, 같은 행동을 반복하게 된다. 즉 작업 환경을 미리 정해놓기 때문에 두 번째 기능인 계획plan 기능은 항상 같은 목표를 계산하도록 되어 있다. 따라서 이러한 형태의 산업용 로봇에는 비교적 낮은 수준의 지능이 요구된다고 할 수 있다.

반면 서비스 로봇의 경우 외부의 정보는 로봇에 설치된 다양한 센서를 통해 감지되어 들어오지만 작업action을 수행하기 위해 계획plan하는 것은 그때그때 상황에 따라 다를 수밖에 없다. 청소로봇을 예로 들면, 청소하는 공간에 대한 정보가 매번 다를 수밖에 없다. 바닥 상황이나 의자나 침대 등의 장애물에 대한 정보를 센서에 의존하여 파악한 뒤 다음 청소영역을 설정하고 이동하는, 이른바 환경변화에 대한 적응 능력이 필요하다. 이 지능은 산업용 로봇보다 높은 수준의 지능이 필요하고 이를 얼마나 갖추었는가가 청소로봇에 대한 소비자의 만족도를 결정하는 것이다.

이렇듯 인간과 같이 생활하면서 다양한 서비스를 제공하는 것이 목표인 서비스 로봇은 미리 작업 환경을 일일이 입력해놓는 것이 어렵고, 작업 환경을 인간과 공유하기 때문에 항상 변화가 있게 마련이다. 따라서 서비스 로봇은 이러한 환경변화를 인식하고 판단하는 지능이 필요하며 시장에서의 성공여부는 로봇의 지능 수준에 달려있다고 할 수 있다. 현재까지 서비스 로봇이 시장에서 대박을 거둔 제품이 거의 없는 것은 환경변화에 대한 대처 능력, 즉 지능에 해당하는 기능을 구현하는 데 한계가 있기 때문이다.

로봇에 대한 기대와 한계는 시장 상황에서도 그대로 드러난다. IT시장조사업체 IDC는 세계로봇시장이 2004년 1조 원 규모에서 2010년 23조 원 규모로 성장할 것으로 전망했었다. 그러나 2013년 기준으로 실제 시장에서는 산업용 로봇시장이 약 8조 원, 그리고 서비스 로봇시장이 약 4조 원 대에 그쳤다.

인공지능과의 융합을 통한 로봇의 미래 방향

1970~1980년대 붐을 이루었던 산업용 로봇은 큰 성공을 이루어 대규모의 시장이 형성되고 관련된 산업 또한 큰 규모를 차지하고 있다. 그러나 더 큰 시장을 기대하는 서비스 로봇은 청소로봇을 제외하고는 시장에서 성공한 예를 찾아보기 힘들다. 인공지능과 로봇을 융합

하여 사람의 기대치를 만족할 만한 지능로봇을 개발하는 데 집중해야 하는 이유인 것이다.

인식·판단·학습하는 인공지능

인공지능에 대한 보다 구체적이고 실질적인 정의는 전문가마다 조금씩 다르지만 크게 다음의 2가지 기능으로 설명할 수 있다. 첫 번째는 인식 및 판단perception and decision making 기능이고 두 번째는 학습learning 기능이다. 인식 및 판단 기능은 입력된 다양한 데이터나 정보로부터 주어진 상황이 무엇인지를 알아내고 목표 완수를 위해 무엇을 해야 할지 결정하는 것을 의미한다. 인간을 예로 들면, 눈으로 들어오는 정보 혹은 귀로 들리는 정보로, 보고 있는 것이 무엇인지 상대방이 말하는 것이 무슨 뜻인지를 알아내는 것이 인식기능이다. 인간은 이를 통해 상대방과 대화를 하고 옆방에서 무슨 일이 일어나고 있는지 알아내기도 한다. 알파고와 이세돌 9단의 바둑대결을 예로 들면, 알파고와 이세돌 9단 모두 상대방이 한 수를 두면 이를 인식하고 다음 수를 두기 위해 바둑돌을 놓을 최적의 위치를 판단하는 것이 인식 및 판단 기능이다.

한편 학습기능은 새로운 지식을 입력하는 지식획득 성격의 학습기능과 반복적인 훈련을 통해 목표에 다가서는 반복학습 성격의 학습기능을 말한다. 알파고는 이세돌 9단의 기보를 포함해서 다량의 기보 정보를 입력하는 지식 획득을 통한 학습 기능뿐 아니라, 바둑을 두면서 승리를 위해 상대방의 수에 따라 다음 수를 어디에 두어야 하는 지를 반복적으로 학습하는 기능 2가지를 모두 갖고 있다.

인공지능과 로봇의 결합

이세돌 9단과의 바둑 대결에서 알파고의 결정을 물리적 행동으로 옮기는 역할을 담당한 직원 대신 로봇을 투입했다고 가정해보자. 이 경우 로봇의 역할은 상대방이 바둑돌을 어디에 두는지 시각센서를 통해 감지sense하고, 주어진 국면에서 다음 바둑돌을 어디에 두어야 하는지를 계획plan한 뒤, 로봇의 팔과 손을 이용하여 바둑돌을 계획된 위치에 놓는 것act이다. 실제로 대국에서는 이세돌 9단이 바둑돌을 두면 카메라를 통해 바둑판에서의 위치를 알파고에 입력하고 직원은 알파고가 계산한 위치에 바둑돌을 두었다. 따라서 알파고를 시각센서는 물론 손과 팔이 달린 로봇에 연결하였다면 지능로봇과 인간의 바둑대결을 볼 수 있었을 것이다.

로봇의 3가지 기능 중 한 가지 기능은 바로 연산 혹은 계획plan 기능인데, 이 기능이 바로 인공지능 기능이다. 로봇의 감지기능을 통하여 다양한 외부의 정보를 입력하면 인공지능의 인식 기능을 통하여 정보가 무엇인지 인식하고, 인식된 정보로부터 로봇이 작업을 완성하기 위하여 무엇을 해야 하는지 판단한 뒤, 로봇의 팔과 손을 통하여 실행하면 된다. 로봇을 지능로봇으로 만들기 위해서는 로봇의 3대 기능 중 연산 혹은 계획plan 기능을 인공지능과 융합하면 가능해지는 것이다.

주어진 환경에서 반복된 작업을 하는 산업용 로봇의 경우에는 인공지능의 요구정도가 낮아도, 즉 지능적인 대처능력이 부족해도 공장 자동화를 위한 로봇의 적용에는 크게 무리가 없었다. 그러나 최근에는 산업용 로봇 분야에서도 인간과 같이 협업하는 작업이나 여러 대의 로봇과 협동하여 작업을 하는 등 높은 지능을 요구하는 경우가 증가하고 있다. 서비스 로봇의 경우에는 인간과 같이 생활하면서 여러 가지 서비스를 제공하는 것이 목표이다. 작업 환경의 불확실성 및 작업 중 발생할 수 있는 변화를 인식하고, 판단 능력 및 같은 실수를 반복하지 않도록 하는 학습기능 등이 필수적일 수밖에 없다. 다시 말하면 서비스 로봇의 경우 높은 정도의 인공지능을 보유하지 않으면 성공적인 대박 상품을 시장에서 보기가 쉽지 않을 것이다.

일관성 있는 장기전략

한국 최초의 인간형 로봇 휴보HUBO가 2015년 미국에서 열린 세계 재난로봇대회에서 1위를 차지하며 많은 관심을 받은 바 있다. 한국은 중국에 이어 세계 2위의 산업용 로봇 강국이기도 하다. 그러나 인공지능 로봇 분야에서는 아직 갈 길이 멀다. 세계 최대 산업용 로봇 국가인 중국은 2020년까지 판매대수를 증가시키는 것은 물론 이중 50%는 중국 자체 제작 로봇으로 보급하겠다는 목표를 갖고 투자 및 선진기술 도입에 적극적이다. 또 교육용로봇, 커뮤니케이션로봇, 안내로봇, 간호보조로봇 등 서비스 로봇의 일상화에도 힘을 쏟고 있다. 그런가 하면 일본의 자동차회사 토요타는 최근 미국 실리콘밸리에 인공지능과 로봇기술 연구개발의 새 거점인 토요타 리서치 인스티튜트Toyota Research Institute를 설립하고 향후 5년 간 약 1조 원 규모의 연구비를 투자하겠다고 발표했다.

반면 우리나라는 산업용 로봇과 서비스 로봇 투자 및 기술개발 전략에서 일관성 없는 태도를 보이기도 했다. 따라서 산업용 로봇에서 어느 정도 갖춘 경쟁력을 인공지능 로봇 분야에서도 얻으려면, 과감한 투자는 물론 장기적 로드맵을 갖고 일관성 있는 정책을 추진할 필요가 있다. 이 과정에서 선택과 집중은 주요한 전략일 수밖에 없다. 지능형 로봇 분야에서 앞서기 위해서는 인공지능(컴퓨터공학)과 물리적 실체인 로봇(기계공학)의 통합적 연구는 물론 취약한 상태인 소프트웨어에 해당하는 인공지능 기술 개발에 역량을 모아야 한다.

가상현실·증강현실 기술전략

9

미디어는 인간의 감각기능을 확장하는 도구이다. 기술의 발전에 따라 미디어도 함께 발전해 왔다. 움직이면서 컴퓨팅 자원을 활용하는 시대의 새로운 미디어로 가상현실Virtual Reality, VR과 증강현실Augmented Reality, AR이 국내외에서 다시 주목 받고 있다. 가상현실은 VR기기를 통해 이용자가 3차원 가상공간에서 실제 상황처럼 느끼게 해준다. 증강현실은 현실정보에 가상의 정보를 합성해 사물이나 이미지의 정보를 증가시키는 기술로서 현실과 가상이 융합된 개념으로 가상현실과 차별화된 기술이다.

가상현실, 그리고 증강현실은 사물인터넷, 빅데이터, 인공지능 등 관련 기술과 함께 초연결, 초지능, 초실감 미래 사회에서 제4차 산업혁명을 주도할 핵심 기술이자 새로운 미디어로 떠오르고 있는 것이다. 앞으로 가상현실과 증강현실은 콘텐츠-플랫폼-네트워크-디바이스CPND; Content, Platform, Network, Device 전반에 걸쳐 신시장을 창출하며, 차세대 비즈니스이자 컴퓨팅 플랫폼으로서 거대한 애플리케이션 및 콘텐츠 생태계를 창출할 전망이다. 특히 게임, 영화, 의료, 제조, 교육, 문화유산, 관광, 전시, 공연, 스포츠, 행정, 국방, 재난안전 등 전 분야에서 새로운 체험 산업 등장의 동력 역할을 할 것으로 기대를 모으고 있다.

가상현실과 증강현실 기술 현황

가상현실 그리고 증강현실의 미래와 영향을 전망하기 위해서는 용어의 명확한 정의와 어디에서 출발해서 현재 어디까지 와 있는지를 먼저 파악해야 한다. 1980년대 중반 재론 래니어Jaron Lanier에 의해 사용되기 시작한 가상현실의 3가지 핵심 요소는 첫째, 컴퓨터로 '상상imagination의 공간이나 콘텐츠'를 실감나게 만들고, 둘째 사용자에게 '몰입감immersion'을 느끼게 하며, 셋째 가상의 감각(시각, 청각, 촉각, 후각, 미각, 운동감 등)을 통해 '상호작용interaction'하도록 하는 것이다. 한편 1990년대 초반 보잉사의 토마스 코델Thomas Caudell은 현실공간에 가상공간을 유기적으로 연동하고 3차원적으로 결합하여 현실을 시공간적으로 확장할 수 있게 한다는 차원에서 증강현실을 소개했다. 이후 1997년 로날드 아주마Ronald Azuma 등이 가상과 현실의 연동, 실시간 상호작용, 3차원 결합 등을 증강현실의 필수 요소로 정의한 바 있다.

가상현실과 증강현실이 1990년대에 미국을 중심으로 집중적인 투자와 연구가 이뤄졌지만, 기대 수준에 도달하지 못한 채, 관심에서 멀어진 과거가 있다. 하지만 앞으로는 미래 먹거리로 자리 잡을 것이라는 기대가 더 높아지고 있는데, 이런 주장을 뒷받침하는 몇가지 이유는 다음과 같다. 우선 구글, 마이크로소프트, 애플, 인텔, 아마존, 소니, HTC, 삼성, LG, SKT, KT 등 선진 ICT기업들이 적극적인 투자에 나서고 있다는 점이다. 또한 적절한 가격에 필요한 성능을 갖춘 안경형 디스플레이 장치Head Mounted Display의 개발과 함께 관련 하드웨어와 소프트웨어 기술이 성숙되고 있기 때문이다.

세계적인 컨설팅 기관 가트너Gartner가 2015년 발표한 '주목받는 기술 하이프 사이클Hype Cycle'에 따르면, 가상현실과 증강현실은 기술이 안정기로 접어들어 상용화되는 시점을 향후 5~10년 사이로 예상하고 있다. 사물인터넷, 빅데이터, 인공지능, 실감콘텐츠, 실감 상호작용 등 관련 기반기술의 동반 활용이 예상되는 2020년경에는 군사, 의료, 교육, 훈련 외에도 광고, 커머스, 게임, 놀이, 전시, 관광, 제조 등 일상생활 속으로 확산될 것으로 예측된다. 특히 가상현실 기술은 게임, 영화, 테마 파크, 군사, 의료, 교육 등 몰입용 콘텐츠를 중심으로 초기 시장을 형성하고, 증강현실 기술은 새로운 하드웨어, 전자상거래, 데이터 비즈니스 등 관련 정보의 일상 활용 중심으로 시장을 형성할 것으로 전망되고 있다.

가상현실과 증강현실 기반의 미래변화 전망

페이스북의 최고경영자 마크 저커버그Mark Zuckerberg는 개발자회의인 F8의 2016년 기조연설에서 페이스북의 10년 로드맵에 대해 설명하면서 앞으로 10년 이내에 인공지능, 가상현실, 증강현실 등이 연계된 새로운 SNS 서비스를 경험하게 될 것이라고 발표하기도 했다. 페이스북 콘텐츠가 오감 정보를 포함한 가상현실로 진화할 것으로 예상하는 것이 더 이상 어색하지 않다.

가상현실과 증강현실의 활용

현실과 가상이 공존하고 인공지능과 연결된 현실의 모든 것(사물인터넷 또는 만물인터넷)이 스마트폰뿐 아니라 스마트 안경이나 의복 또는 신체에 부착되거나 내장된 스마트 기기와 결합하면, 시공간의 한계가 사라지고 사람들의 능력 확장이 가능하게 된다. 예를 들면, 안경을 착용함으로써 시력을 높일 수 있듯이, 가상현실용 또는 증강현실용 안경을 쓰면 다양한 공간과 중첩할 수 있게 되고, 관련 정보나 콘텐츠를 부가적으로 활용하면서 인간의 육체적, 지적 능력을 극대화할 수 있다.

또한 물리적으로 멀리 떨어져 있는 가족, 친구, 동료 등을 내 눈 앞으로 직접 불러와 보다 실감나고 현장감 넘치는 놀이, 교육, 회의, 교류, 협력 등을 가능하게 할 것이다. 의료 분야에서는 가상현실과 증강현실 기술을 통해 고소공포증이나 비행공포증 같은 불안장애 및 외상후 스트레스 장애Post-Traumatic Stress Disorder, PTSD를 치료할 수도 있고, 다양한 수술과정을 교육할 수도 있다. 우주 등 직접 갈 수 없는 곳을 가거나 할 수 없는 일을 하는 다양한 응용도 새로 생길 것이다.

뿐만 아니라 환경이나 방재 등에도 활용이 가능하다. 대기 오염이나 방사능 오염의 농도, 지진이나 수해의 피해 상황을 현실 세계에 가상적으로 펼쳐 보임으로써 관련자들이 최적의 판단을 할 수 있도록 지원하고, 동시에 결정된 내용을 일반 사용자들이 직관적으로 이해할 수 있도록 제공할 수 있다. 지진이나 화재의 경우 가상의 화염이나 연기, 사람들의 피난 행동 등 예측 시뮬레이션 결과를 현실세계와 연관지어 소방관의 활동이나 일반인 피난유도 훈련에 활용할 수 있다. 태풍이나 홍수 등 풍수해의 경우에도 침수, 단전, 정전 등을 예측하여 피난을 유도할 수 있다. 그 외에도 신종 인플루엔자 등 전염병 발병 같은 재난 상황에서 확산 경로를 현실세계에 직접 재현할 수도 있고, 대응책을 직접 제시하거나 마련하여 대피 유도에 유용하게 활용할 수도 있다. 실제로 재난이 발생한 경우에도 현지에서 감지하고 분석한 정보와 함께 SNS 정보를 통합적으로 활용하여 사용자의 대응능력을 확장할 수 있다.

가상증강현실 시대의 인간의 모습

수십 억 개의 지능을 가진 스마트 디바이스가 초당 페타비트로 서로 연결되고, 사실감 높은 가상현실과 증강현실이 일상화된 미래에 인간은 어떤 모습일까. 2가지의 전망을 해볼 수 있다. 하나는 모든 기능을 컴퓨터에 의존하는 무기력한 중독자의 모습이다. 또 하나는 가상현실과 증강현실 기술을 활용하여 육체적, 지적, 사회적 능력을 강화하거나 확장하여 정보, 지식, 경험 등을 공유하고 사회적으로 교류하는 '아이언 맨' 같은 새로운 증강휴먼augmented human의 모습일 수도 있을 것이다.

이처럼 가상현실과 증강현실 시대의 도래는 낙관적인 전망과 함께 현실세계와 가상세계의 공존에 따른 혼동, 과몰입이나 중독, 사회관계 단절로 나타나는 인간 소외 등의 부작용에 대한 우려도 낳고 있다. 인간이 기술을 통제하고 활용할 수 있는 능력을 갖추지 않으면 영화에 등장하는 우려들이 현실화될 수도 있는 것이다.

따라서 영화 속 우려가 미래의 현실이 되지 않게 하려면 인간-가상객체-인공물 등이 공존하고 시공간 한계가 사라지는 미래를 사용자 차원에서 대비할 필요가 있다. 다시 말해 사용자 주도의 맥락인지context-aware 가상현실 및 증강현실 기술을 활용하여 사회적으로 경험

을 공유하면서 인간이 지닌 능력을 확장할 수 있는 증강휴먼의 시대
가 되도록 준비하는 것이 매우 중요하다.

가상·증강현실 시대에 대비한 미래전략 방향

최근 IT 선진 기업들은 가상현실과 증강현실 시대를 앞두고 적극
적으로 미래를 준비하고 있다. 해외에서는 페이스북, 마이크로소프트,
구글, 애플 등을 중심으로 가상현실과 증강현실 시장의 생태계 구축
을 위한 다양한 협업이 이뤄지고 있는 중이다. 한국에서는 주로 한국
전자통신연구원ETRI, 한국과학기술연구원KIST 등의 정부출연연구소와
KAIST를 포함한 대학 연구실을 중심으로 산발적으로 대응하고 있는
상황이다.

산학연 협력 대응체계 구축

미래시장을 선점할 발판을 만들기 위해서는 국가적 차원의 지원과
좀 더 체계적인 산학연과의 공동대응이 필요하다. 특히 전자, 전산, 기
계, 인간공학, 디자인, 문화기술, 심리, 정보과학 등 다양한 분야를 아
우르는 융합연구를 위해서는 상대적으로 인적, 물적 교류가 자유로운
대학이나 제3의 지역에 가칭 증강휴먼연구소를 설립하고, 이를 산학
연 연구 교류의 구심점이자 국제적인 공동연구의 허브로 삼아 공동
대응할 필요가 있다. 공동연구소에서는 맥락인지 가상현실 및 증강현
실 분야의 국내외 우수한 산학연 연구 인력을 유치하고 교육하고 유
지하여, 원천기술 및 특허를 확보하고 향후 공동으로 활용할 수 있도
록 해야 한다. 가상현실과 증강현실의 일상적인 활용과 증강휴먼 지원

을 위해서는 현실세계 인지 및 모델링, 실감콘텐츠 저작, 실감 상호작용 및 협업, 혼합현실 체험, 맥락인지기반 지능형 에이전트 등을 위한 소프트웨어와 하드웨어 핵심 기술의 통합적 연구가 우선 필요하다.

가상·증강현실 산업생태계 기반 마련

서비스 플랫폼, 네트워크, 인공지능, 사물인터넷, 빅데이터, 로봇, 자율 주행 등의 관련 기술을 증강휴먼 플랫폼의 관점에서 연계 활용하는 것도 필요하다. 가상현실과 증강현실 산업 생태계가 만들어지고 활성화되기 위해서는 CPND의 통합적인 표준화, 서비스 비즈니스 모델 개발, 서비스 기반 구축 등도 필요하다.

가상·증강현실 시장 활성화를 위한 구체적 실행방안

장기적인 측면에서 가상현실 시장의 전망이 밝은 것은 사실이지만 여러 장애요인들도 존재하고 있다. 2016년초 글로벌 게임 미디어 게이머네트워크Gamer Network가 여러 게이머 웹사이트의 사용자 1만 4,000여 명을 대상으로 가상현실 시장에 대해 조사한 바에 따르면, 단지 15%의 사용자만이 가상현실VR 헤드셋을 구매할 의향이 있는 것으로 나타났다. 왜 많은 사용자들이 가상현실 이용에 대한 비용지불을 꺼리는 것일까. 사용자들의 기술 채택과 이용에 대한 맥락을 이해하면 결국 시장 활성화를 위해 나아가야 할 방향을 제시하는 것이기도 하다.

플랫폼의 통합 필요

가상현실 플랫폼을 디바이스에 따라 분류하면 크게 나눠 PC VR, 모바일 VR, 콘솔 VR의 세 가지가 있다. 첫째, PC VR은 고성능의 PC를 필수적으로 요구한다. 오큘러스 리프트Oculus Rift 바이브Vive 등이 이에 해당된다. 이를 통해 고품질의 VR 체험이 가능하지만, 사용자는 VR헤드셋 외에 값비싼 CPU와 GPU를 탑재한 PC를 갖고 있어야만 한다.

둘째, 모바일 VR은 두 가지 세부 유형으로 나뉘는데, 하나는 스마트폰을 장착해 사용하는 형태로, 이를 위해서는 고성능 고가의 스마트폰이 필요하다. 삼성전자의 기어Gear VR, 듀로비스 다이브Durovis Dive 등이 이에 해당된다. 모바일 VR의 다른 유형은 VR을 처리하는 컴퓨터가 VR헤드셋에 일체화된 형태로서 PC, 스마트폰 등의 추가 장치 없이 독자적으로 이용할 수 있다. 게임페이스GameFace 같은 기기가 이에 해당된다. 이러한 모바일 VR은 무선으로 사용할 수 있어 접근성 및 활용도가 높은 편이지만, 고가의 스마트폰 또는 고가의 독자 기기가 필요하고 PC VR에 비해 저성능이다.

셋째, 콘솔 VR의 대표적인 사례는 소니의 플레이스테이션 VR이다. 콘솔 게임기의 주변기기로 연결되는 VR헤드셋을 이용하는 방식으로, 콘텐츠 품질 및 게임성에 유리한 측면이 있으나 콘솔이 필요하고 PC VR에 비해 저성능이다. 앞으로 마이크로소프트, 닌텐도 등도 게임기를 기반으로 한 VR헤드셋을 출시할 것으로 전망된다.

이러한 PC VR, 모바일 VR, 콘솔 VR에서 사용되는 가상현실 플랫폼들은 모두 제각각이다. 독자적인 운영체제를 사용하는 경우도 있고 기존 운영체제 위에서 구동된다고 하더라도 개발 및 구동 환경에 필

요한 프레임워크framework가 다 다르다. 플랫폼 통합이 중요한 과제가
된다.

기술이용 비용의 현실화

단순히 360도 동영상 감상이나 간단한 콘텐츠 경험이 아니라 본격
적인 고품질의 가상현실을 체험하기에는 소비자의 구매 부담이 매우
큰 것이 사실이다. 오큘러스 리프트는 예상과는 달리 599달러라는 높
은 가격으로 정식 출시됐으며, 바이브는 리프트보다도 비싼 799달러
로 정식 출시됐다. 더군다나 리프트나 바이브는 고성능의 PC를 필요
로 한다. 리프트 인증을 받은 PC의 최저가는 949달러이다. 여기에 VR
헤드셋 구매 비용을 더할 경우 집에서 가상현실을 제대로 즐기기 위
해서는 최소 1,500달러가 필요한 상황이다.

대중적인 콘텐츠 다양화

게임 등은 이미 일부 사용자들의 대대적인 관심을 불러일으키고 있
고 실제 구매로도 이어지고 있지만, 보다 다양한 분야에서 가상현실
콘텐츠가 등장하고 활성화될 필요가 있다.

장기적인 관점에서 가상현실은 e커머스, 교육, 라이프스타일, SNS,
기업용 솔루션 등의 여러 분야에서 성과를 내야 한다. 앞서 살펴본 플
랫폼의 파편화와 높은 구매비용이라는 문제점이 다양한 분야에서 콘
텐츠가 활성화되는 걸 막고 있기 때문이다. 양이 질을 만든다는 관점
에서 볼 때, 양적으로 너무나 부족하기에 질적인 킬러앱이 나오지 못
하고 있는 것이다.

가상현실과 증강현실로 본 미래 전망

가상현실, 증강현실 기술의 급격한 발전으로 현실과 가상이 분간이 안 되는 하이브리드hybrid 공간에 살아갈 사람들도 많아질 것이다. 가상공간에서 마주치는 사람들이 진짜 사람도 있겠지만, 인공지능 아바타를 비롯해 사람과 기계가 혼재된 세상이 미래 인류가 살아갈 공간일 것이다. VR과 AR이 만드는 미래 세상에서는 영화, 드라마, 게임 및 온라인 개체와 오프라인 실체가 하나의 영역으로 융합되어 4차원 공간에서 지속적인 상호작용이 이루어질 것이다. 이처럼 융합된 세상은 인간들이 스스로 주인공으로 착각하면서 행복감을 느끼게 하고 현실에서 불가능한 심리적 만족감을 줄 수도 있을 것이다. 한편 스마트폰보다도 더 큰 몰입성 때문에 사회적 소통 부재에 따른 정신적 피폐와 실제가 아닌 세상에서 나타날 수 있는 폭력성을 경계해야 한다.

10 보건의료전략

오늘날 우리는 저출산과 고령화, 경제적 저성장의 장기화 등 각종 문제에 직면해 있다. 미래 보건의료전략은 이러한 문제들을 고려하여 보건의료시스템의 지속가능성을 높일 수 있는 정책들을 선정하고 우선순위를 정해야 한다. 세계보건기구WHO와 많은 연구자들도 국가의 지속가능성 측면에서 국민 건강권 실현을 보장하는 보건시스템health system 구축을 강조하고 있으며, 미래 환경 변화에 대비한 시스템의 지속가능성을 높일 전략 수립에 전념하고 있다.

'healthcare system'과 'health system'은 국문으로 번역되는 과정에서 '보건시스템', '보건의료시스템', '의료시스템'이라는 용어로 혼재되어 사용되고 있다. 그러나 엄밀히 따지면, 전자는 개인에게 의료서비스를 제공하는 시스템에 한정되고 후자는 전자의 의료시스템 외에 사회에서 건강에 직간접적으로 영향을 미치는 구성요소들까지 포함한 의미이다.

최근 소개되는 미래예측서들을 살펴보면, 미래의료를 첨단기술의 발전과 산업적 관점에서 다루고 있다. 이는 독립된 영역과 경계가 해체되는 융복합의 시대에서 의료 역시 미래형 산업의 핵심으로 주목받고 있기 때문이다. 이러한 흐름에는 의료 디바이스를 시작으로, 관광과 예방 컨설팅까지 광범위한 응용산업의 영역을 만들어 낼 수 있는 바이오–생명 산업에 대한 기대가 반영되어 있다. 정보통신, 첨단의료기술, 빅데이터, 인공지능이 결합된 디지털 헬스케어와 개인 맞춤형 의료personalized care 또한 미래의 메가트렌드로 자주 언급되며 이러한 시류를 뒷받침한다.

보건의료산업은 시장의 순기능이 발휘되려면 국가의 개입이 최소화되어야 하는 분야이기도 하다. 하지만 산업의 발전을 위해서는, 보편적 건강보장universal health care을 위해 공적 영역에서 설정된 법적·제도적 규제에 대해 완화 또는 예외 적용이 요구되는 경우가 많다. 이에 정부는 공적영역과 민간영역의 관계를 지속적으로 조율해야 한다. 다른 시장과 달리, 보건의료 분야에서 정부의 개입이 다소 정당화되는 것은 의료서비스에서는 소비자가 공급자와 동일한 정보를 갖지 못하고, 공급자 결정에 의존해야만 하는 경우가 많기 때문이다.

우리나라는 전 국민을 대상으로 공적 건강보장시스템인 국민건강보험제도와 의료급여제도를 운영하고 있다. 이렇듯 우리나라 보건의료 시스템은 공적제도를 기반으로 운영되지만, 의료시설과 장비의 90% 이상이 민간이 개설하거나 투자한 것으로 공적 개입의 실효성이 높지 않다. 그러므로 보건의료전략 범위를 설정함에 앞서, 국가가 국민의 미래 행복을 위해 정책적으로 개입하고 관리해야 하는 우선 영역이 어디인지 생각해보아야 한다.

사회적 환경변화에 따른 문제점과 현황 과제

저출산과 고령화, 그리고 지속되고 있는 저성장의 기조는 보건의료에도 직접적으로 영향을 끼칠 수밖에 없다. 이에 따른 변화를 짚어보고 보건의료체계의 문제점들을 살펴본다.

재원조달 기반 약화, 의료수요 급증

저성장 기조는 장기화되고 민간소비의 둔화 역시 지속되고 있다. 한국개발연구원KDI은 저출산·고령화로 인한 인구구조의 변화가 한국의 경제성장률을 지속적으로 하락시킬 것으로 전망했다. 저성장과 소비위축은 실업을 증가시키고 조세수입을 감소시킴으로써 국가 재정여건을 악화시킬 것이다. 이러한 상황에서 국민의 보건의료에 대한 국가 재정 투입 요구는 증가하겠지만 문제는 국가 재정여건의 악화로 공적 제도에 대한 정부 지출이 오히려 감소될 가능성이 있다는 것이다.

인구추이를 살펴보면 문제는 더 심각해진다. 통계청 인구추계(2013~2040)에 따르면, 2025년에는 우리나라 인구 가운데 65세 이상이 1,000만 명을 넘어서고, 반면 신생아수는 40만 명 이하로 떨어질 것으로 전망되며, 특히 생산가능인구(15~64세)는 2017년부터 감소할 것으로 예측되고 있다. 한국보건사회연구원이 2016년 발표한 보고서에서도 생산가능인구는 2015년 73.0%에서 2030년에는 63.1%로 낮아지고 2060년에는 49.7%로까지 떨어질 것으로 내다봤다. 건강보험제도의 주요 재원이 보험료 수입이므로 생산가능인구의 감소는 직접적으로 보험료 수입을 감소시킬 것이라는 얘기이다.

반면 노인인구의 증가와 평균수명 증가는 국가의 보건복지지출을 증가시킬 것이다. 여기에 국민의 의료 보장성에 대한 요구가 증가하고 고령화, 질병구조 변화 등 의료비 증가요인이 나타나고 있다. 최근 한국의 국민의료비 증가속도는 OECD 국가 평균의 2배 수준이다. 국민건강보험공단 통계연보에 의하면, 2014년 노인진료비는 19조 9,687억 원으로 전년도 대비 10.4%나 증가했다. 한국보건사회연구원 보고서(2016)에서도 노인의료비는 2015년 21조 7,342억 원으로 증가한 데 이어 2030년에는 91조 9,000억 원 가까이 증가할 것으로 전망했다. 결국 이러한 추세가 가속화되면 보험료 수입을 재원으로 하는 공적 건강보장 시스템에서 의료비 지출을 감당하기 어려울 수밖에 없다.

여기에 더하여 고령화 사회의 도래는 만성질환자의 증가도 가져올 것이다. 우리나라 성인의 만성질환 유병률은 50대 68.7%, 60대 83.7%, 70대 이상 91.3%로 고령일수록 증가하고 있다. 아일랜드에서는 만성질환이 사망률의 86%, 전체 질병부담의 77%와 관련되며 현재 만성질환자가 보건자원의 약 70%를 사용하는 것으로 평가되었다. 만성질환 발생률의 증가 또한 의료비 지출 급증에 대응하는 미래 전략 수립의 중요한 요인임을 의미한다.

실제로 한국보건사회연구원의 발표(2014)에 의하면, 건강보험에서 외래 환자의 45%, 입원환자의 11%가 복합만성질환을 앓고 있다. 복합성 질환은 발병이후 전 생애동안 관리가 필요한 만성 질환을 3개 이상 갖고 있음을 말한다. 65세 이상 고령자에서 복합만성질환자 그룹은 비복합 만성질환자 그룹에 비해 비급여를 제외한 외래이용 의료비가 1.6배 높았다. 이러한 복합만성질환의 증가는 의료비 지출의 급증을 초래할 수 있다. 만성질환의 증가는 고령화 추세와 더불어 공적 시스템의 재정난을 악화시킬 수 있다.

의료체계의 문제들

첫 번째는 의료서비스 공급체계의 공공성이 취약하다는 점이다. 전체 의료서비스 공급의 90% 이상이 민간 소유이다. 공적제도를 기반으로 국가가 보건의료시스템을 운영하고 있지만, 민간자본이 더 중심이 되고 있다. 이는 자본을 투자한 의료기관과 공익적 제도 운영이 수익 창출과 보건의료산업 발전과 관련하여 언제든지 충돌할 가능성이 있다는 것을 시사한다. 현재에도 거대 자본을 바탕으로 최첨단 장비와 기술력을 보유한 수도권 초대형 병원에 환자들이 집중되고 있다. 이는 공적 의료시스템의 한계와 과제가 무엇인지 보여주는 단적인 예이다.

두 번째는 의료시스템의 비효율적인 구조이다. 보건복지부의 〈국민의료비 및 국민보건계정(2014)〉 따르면 2012년 기준 1인당 국민의료비는 2,291달러로 OECD 평균인 3,484달러보다 낮다. 하지만 실질증가율은 전년도 대비 4.9%를 기록하며 OECD 평균 1.6%의 3배 이상이된다. 장기적 경제침체로 대부분 국가들의 의료비가 감소세로 전환되었는데도 우리나라만 증가세가 유지되는 이유는 의료시스템의 비효율때문이다. 건강보험제도는 의료공급자에게 서비스 행위 단위로 가격을보상받게 하고, 이는 의료기관이 수익증대를 위해 환자에게 가능한 많은 서비스를 이용하도록 유도하는 환경을 만들었다. 또 의료전달체계의 불안정성은 가벼운 질환의 환자를 지방의 3차 병원 혹은 수도권의대형병원으로 쏠리게 하고 있다. 의료의 질과 결과에 대한 객관적 평가 정보가 상대적으로 부족한 환자들이 중복적 의료비 지출을 줄이는 대안으로 무조건 크고 유명한 병원을 찾게 만든 것이다. 그 결과외래진료에서 빅5에 속하는 상급종합병원의 점유율은 매년 증가하는 반면, 1차 의료를 담당하는 의원의 점유율은 감소하고 있다.

세 번째는 보건의료분야 데이터 활용의 경직성을 들 수 있다. 미래 의료는 데이터에 기반을 둔 개인 맞춤형 스마트 의료라고 할 수 있다. 의료기술의 발전과 시스템 혁신은 데이터 분석을 통한 통찰을 통해 이루어진다. 개인 수준에서의 맞춤형 의료도 개인의 의료이용과 건강관리 데이터를 기반으로 확장될 수 있다. 하지만 현재 보건의료 데이터는 강력한 개인정보보호 정책으로 인해 시스템 효율화와 산업 발전의 동력으로 활용되지 못하고 있다. 공공과 민간 영역 간 연계는 물론 공적 시스템 내부에서도 데이터 생산과 데이터 연계가 단절되어 공적 시스템의 혁신에 필요한 데이터 활용을 기대하지 못하고 있다.

네 번째는 소비자 중심의 의료정책이 부족하다는 점이다. 많은 의료제도가 공급자 중심으로 되어서, 실수요자인 환자의 요구는 고려되지 않는 경향이 있다. 논란을 거듭하고 있는 원격진료도 사실상 소비자의 목소리는 반영되지 않고 있다. 먼 거리에서 간편하게 건강관리 차원의 상태 체크는 많은 편의를 제공해줄 수 있다. 그리고 산업화를 생각하는 구글과 애플이 원격건강관리에 엄청난 돈을 투자하고 있다. 일부에서는 국내에서 법으로 막으면 막을 수 있을 것으로 생각한다. 그러나 진료가 아닌 건강관리는 국내 의료법으로 막을 방법이 없다. 휴대폰으로 데이터를 주고받고, 직구를 통해서 건강보조 약품을 사 먹게 될 것이다. 우리 회사가 하지 않으면 외국회사가 장악하게 될 것이다.

다섯 번째는 투자병원에 대한 논란이다. 전세계에서 일본과 한국을 제외한 선진 나라에서는 병원에 투자하여 이익을 내고 있다. 병원이 수익을 내니까 투자자도 생기고 재투자도 이루어진다. 현재처럼 가면 한국 의료시스템은 경쟁력을 유지하기 어려울 것이다. 현대 의료시스템은 고도화, 복잡화되어 더 많은 투자가 필요한 부분이 있다. 경제력이 있는 상당수의 환자들이 이미 해외에서 치료받고 돌아오는 것을 볼 수 있다.

보건의료의 미래전략 방향

환자, 정부, 의료기관 모두 양volume이 아닌 가치value에 기반을 두고 각자의 환경에서 의사결정을 할 수 있도록 보건의료시스템을 개편해야 한다. 즉 환자들의 의료비 부담은 낮추고 의료기관은 질quality과 결과outcome가 높아질수록 이익이 증대되도록 하며, 이 모든 과정이 가치에 기반을 두도록 정부의 개편 노력이 필요하다는 말이다. 보건의료시스템의 효율이 좋아진다면, 개인의 가치 향상과 국민의 건강 증진에 크게 기여할 것이며 보건의료 시스템의 지속 가능성 역시 높아질 것이 분명하다.

보건의료전략의 추진기조

미래 보건의료전략 추진기조는 4가지로 정리할 수 있다. 첫째, 공적 보건의료시스템의 유지를 최우선으로 둔다. 둘째, 이해당사자들이 의사결정에 참여하고 투명하게 과정을 공유한다. 셋째 모든 전략은 의료서비스의 질과 가치 향상에 목표를 둔다. 넷째, 의료의 질과 건강의 결과 측면의 격차를 줄여 형평성을 제고함으로써 보다 견고한 시스템 발전을 유도한다.

저출산과 고령화를 일찍 경험하고 있는 북유럽 국가들과 비효율적 시스템의 장기적 실패를 우려하는 많은 국가들이 미래 보건의료 전략을 수립하고 추진하고 있다. 아일랜드의 경우, 건강과 복지, 서비스 개혁, 구조 개혁, 재정 개혁 측면에서 전략의 틀을 잡고 만성질환 관리 향상, 재가 의료 확대, 질과 안전의 향상, 국민의 비용-부담 적정화, 1차 진료전담의general physician, GP 무료제공과 병원 이용에 대한 적시성과 형평성 제고 정책들을 포함하고 있다. 영국의 로디언 주는 미래건강과 의료를 위한 향후 10년간의 보건의료전략에서 재정적으로 건전한 의료시스템 유지를 목표로 하며 핵심요소로 효율성과 혁신을 설정하였다. 아울러 의료혁신을 위해 선택과 통제를 위한 기술활용을 장려하고 있다.

2040년 네덜란드 보건의료시스템의 비전에도 건강 편익에 대한 보상, 성과 평가의 투명한 절차와 공개, 소비자의 인식과 독립성 권장, 치료와 돌봄의 대안적 모델 제시, 의료의 범주 재설정, 예방 서비스와 활동 강화, 이해관계자들의 조정과 장기비전의 추진력을 포함하고 있다. 그밖에 일본 등 대부분의 국가들에서 지속가능한 보건의료시스템 구축을 위해 의료전달체계를 효율화하여 현재 시스템을 비용 대비 질과 결과 모두를 향상시키려 하고 있다. 또한 환자의 이용 경로를 효율화하는 서비스를 제공하는 모델을 찾거나 지불 방식에 변화를 주려는 노력도 하고 있다.

그런가하면 세계경제포럼은 2040년 미래 보건시스템의 전략 방향을 3가지로 요약하여 제시한 바 있다. 즉 건강과 의료를 개혁하기 위한 데이터와 정보의 활용, 혁신적 의료전달체계, 미래의 건강도시 및 국가 구축이 그것이다. 국내에서도 2011년 보건의료미래위원회가 〈2020 한국의료의 비전과 정책방향〉을 발표한 바 있다. 여기에서는 지속가능한 의료체계, 소비자 중심 정책 지향, 적정부담·적정급여·적정보상, 이용의 적정화 및 공정한 규정 정립의 4가지 정책방향을 설정하였다. 이러한 방향성 아래 건강보험 보장성 강화, 의료의 질 제고, 의료체계의 효율성 제고를 위한 10대 정책을 제언하였다.

결국 우리나라의 보건의료체계의 미래전망과 주요 국가들의 전략방향을 고려할 때, 우리의 미래 보건의료전략은 개인의 가치와 국민건강 향상을 위해 통찰과 혁신을 위한 보건의료 데이터의 활용, 혁신적의료전달체계 구축, 의료기술과 산업 발전을 제때에 반영하는 보장성강화 체계 구축 등으로 정리해볼 수 있을 것이다.

미래전략 추진방안

과학기술과 의료의 결합으로 질병과 장애를 치료하는 의료혁명은 재료공학, 마이크로봇microbot, 생명공학이 융합됨으로써 급물살을 타고 있다. 가까운 미래에 나노기술은 단 한 번에 암을 진단하고, 고통스러운 치료과정이나 부작용 없이 암환자를 치료하는 방법을 제공할 것이다. 빠른 진단과 정확한 치료는 환자의 비용부담도 줄여줄 것으로 기대되고 있어 나노기술을 이용한 의료기기 개발 시장은 활황을 이룰 것이다. 아울러 정보통신기술과 스마트 기기의 보급은 의료이용에 있어서 시간과 공간의 제약을 없앨 것이다. 이러한 의료환경 변화 속에서 앞서 정리한 가치 기반의 미래 보건의료 전략을 달성하기 위한 몇 가지 추진방안을 살펴본다.

보건의료시스템에 대한 측정과 보상
국민의 건강생활 유도와 건강한 고령화는 미래 의료수요 급증과 지출 증가를 예방하는 가장 효율적인 방법이다. 이를 위해서 바람직한 변화를 측정하고 이를 바탕으로 금전적 보상을 받는 연계체계의 구축이 필요하다. 다시 말해 환자 입장에서 질병이 발생하기 전 건강이 향상되는 최적의 의료경로를 유도하도록 의료공급자들이 서로 협력하게 하고, 이에 대한 좋은 평가를 받도록 가치기반의 의료체계를 설계하는 것이다. 가치에 기반을 둔 보건의료시스템의 혁신은 시스템을 효율화시켜 지속가능성을 높일 것이다. 공적 시스템의 혁신은 보건의료산업분야에도 긍정적인 파급효과를 미칠 것이며, 무엇보다 이러한 변화과정은 국가 주도의 관리체계 구축에 크게 기여할 것이다. 그러기 위해서는 의료공급자들에 대한 금전적 보상을 확대하는 것도 중요하다.

측정체계 설정을 위해선 먼저 측정 기반을 견고히 하고 지불 보상과 연계하는 단계적 접근이 필요하다. 정확한 측정체계를 구축하려면 행정의 여러 수준(국가, 지역, 지방)과 단위(국가 정책, 의료기관)에서 수시로 의료체계를 측정하고 통합하는 장치가 마련돼야 한다. 다른 국가에서도 건강보험 적정성 평가와 의료기관 인증 등 여러 가지 목적으로 이 같은 평가를 확대하고 있는 상황이다.

개별적 평가 목적을 초월하여 의료시스템의 비용 대비 질과 결과의 향상을 국가 수준에서 시계열적으로 평가한다면, 보건의료시스템의 균형적 성과를 지속적으로 진단하고 발전을 유도할 수 있을 것이다.

의료의 질과 건강결과에 대한 격차 측정

빅데이터와 첨단 의료기술의 결합은 질병의 사전예측 및 예방, 개인 질병에 특화된 맞춤치료 시대를 열고 있다. 또한 사물인터넷, 웨어러블 컴퓨터의 보편화는 건강관리와 질병치료에 대해 장소와 시간의 제약

없이 개인에게 최적화된 의료서비스 이용을 가능하게 한다. 개인별 유전자 데이터를 활용한 맞춤형 실시간 치료의 보편화는 의료의 개인화를 더욱 조장할 것이다. 하지만 보편적 보장을 원칙으로 운영되는 공적 건강보험제도는 융복합된 최첨단 의료기술의 출현 속도에 맞추어 급여범위를 빠르게 확대하기 어려울 것이다. 공적영역과 민간영역 간 서비스 기술의 격차가 확대될수록 민간시장에서 최첨단 의료서비스를 개인부담으로 이용하려는 수요가 증가할 것이다.

환자의 권한 강화 및 소비자주의patient empowerment and consumerism는 발전된 의료기술의 편익을 누릴 수 있도록 공적 보장시스템의 보장성 강화를 더욱 요구하겠지만, 공적제도 밖에서의 선택적 의료 이용이 더 많이 증가함으로써 결과적으로 고도로 발전된 의료서비스의 편익이 고소득층에게만 집중되는 불평등 문제를 악화시킬 수 있다. 이는 부담능력에 따라 의료의 접근과 건강결과에서 격차를 확대시킬 것이다.

따라서 지속적으로 이 차이를 측정하고 결과를 공개함으로써 보다 공평한 보건의료시스템의 발전을 유도해야 한다.

환자중심 통합의료체계 구축

저출산·고령화 사회에서는 보건과 복지를 연계하는 새로운 서비스 모델이 필요하다. 특히 공급자 간 경계 없이 임상적으로 관련된 의료이용에 대해 환자의 의료경로를 최적화(비용 절감, 결과 향상)시키는 통합의료 제공 모델의 개발이 절실하다. 이를 위해서는 시범사업의 운영과 평가를 통해 시스템 전반으로의 확산을 유도할 수 있는 혁신 체계가 있어야 한다. 미국의 경우 의료전달체계의 혁신을 주도하기 위하여 보건부 산하에 혁신센터를 설치하여 다양한 시범사업을 운영하고 평가하고 있다.

수요자 중심의 의료서비스 실현

모든 것이 그렇듯이 원격진료 문제도 고객 중심에서 생각하면 답이 보인다. 건강관리 수준의 가벼운 처방은 원격으로 처리하게 해야 한다. 그렇게 하면 소비자도 편해지고, 건강관리 산업이 발전하여 많은 일자리가 창출된다. 우리 기업(병원)을 키우지 않으면 결국 외국 기업이 득을 보게 된다. 투자병원 논란도 미래전략의 관점에서 봐야 한다. 의료 시스템은 갈수록 첨단 고급화하고 있다. 국제적인 경쟁력을 가지기 위해서는 투자가 이루어져야 하고 기술개발을 해야 한다.

11

2016년 1월 스위스의 작은 도시 다보스Davos에서 열린 세계경제포럼WEF에서는 중국의 경제침체, 신재생 에너지 등 수많은 의제가 오갔으나, 가장 강조된 키워드는 '제4차 산업혁명'이었다. 클라우스 슈밥Klaus Schwab 세계경제포럼 회장은 사물 인터넷과 인공지능의 등장으로 일어나는 과학 기술의 대전환을 제4차 산업혁명이라 일컬었다. 이러한 변화는 비단 기술혁신에 그치지 않고 사회 전반에 걸쳐 생태계 변화를 가져올 것으로 전망됐다. 또한 2016년 3월 대한민국의 서울에서는 세계의 이목을 집중시켰던 인공지능 로봇 알파고와 이세돌 9단과의 바둑대결이 있었다. 이를 통해 인간의 능력을 초월하는 단계까지 이른 인공지능의 수준을 가늠하게 되었다. 이런 배경 속에서 많은 전문가들은 제4차 산업혁명의 본질을 '융합과 연결'로 파악하고 있으며 빅데이터, 인공지능, 사물인터넷 등 정보통신기술과의 융합으로 가속화될 제4차 산업혁명은 기존의 어느 혁명과도 비교되지 않을 정도로 빠르고 광범위할 것으로 전망하고 있다.

제4차 산업혁명으로 지칭되는 새로운 흐름은 보건의료서비스에도 새로운 변화를 일으키고 있다. 전염병의 확산 방지를 위해 국가가 적극적으로 개입했던 헬스케어healthcare 1.0 시대(공중보건 시대)로부터, 페니실린과 같은 항생제의 발견으로 질병 치료와 기대수명 연장이 가능했던 헬스케어 2.0 시대(질병치료 시대)를 거쳐, 질병의 조기진단과 예방이 가능한 헬스케어 3.0 시대(건강수명 시대)로 보건의료 패러다임이 변화하고 있는 것이다.

헬스케어 3.0 시대에는 빅데이터 기반의 스마트 의료기술과 환자 중심형 맞춤형 치료, 미세화된 진단과 정밀치료가 가능해질 것으로 보이며, 훨씬 다양한 의료서비스가 보급될 전망이다. 의료서비스의 주체도 의료제공자(의사)에서 소비자(환자) 중심으로 바뀌게 되고, 환자 스스로가 의료 서비스의 질을 평가하며, 의사의 치료결정에도 적극 참여할 것이다. 소비자의 권익이 신장됨에 따라 질병의 예방과 치료를 넘어 건강증진, 웰니스wellness 등 보다 높은 수준의 서비스를 요구하게 될 것이다. 즉 미래의 보건의료는 질병치료cure에서 건강관리care로 전환되고, 소비행태는 자발적이고 능동적으로 변모해 갈 것으로 보인다.

보건의료의 주요 과제 및 해결방향

다가올 환경변화에 유연히 대처하고 당면 이슈를 선제적으로 대응하고자 각 분야에서 미래 사회의 예측을 활발히 시도하고 있다. 과학기술기본법(제13조)에서도 정부는 과학기술의 발전 추세와 그에 따른 미래사회의 변화를 예측하여 그 결과를 국가 과학기술정책에 반영하도록 규정하고 있다. 선행 조사된 다양한 기술예측 보고서를 토대로 보건의료 분야에서 해결해야 할 주요 과제를 살펴보면 인구 고령화와 저출산에 따른 문제, 신종 질병(전염병 및 환경성 질환), 만성·난치성 질환, 의료비 부담 등을 꼽아볼 수 있다.

고령화와 저출산 관련 문제

고령화가 그 어느 국가보다도 빠르게 진행되고 있는 한국은 2018년에 65세 이상 인구 비중이 14%가 넘게 되는 고령사회가 되고, 2026년에는 65세 이상 인구 비중이 20%가 넘는 초고령사회가 될 전망이다. 이 과정에서 기대수명과 건강수명의 격차로 노동생산성이 저하되고, 노년층 삶의 질도 저하될 수 있다. 또한 노인의 의료비와 부양비 증가로 생산가능 인구의 경제적 부담도 가중될 것이다.

그런가하면 저출산 현상은 지속되고 있다. 여성 1명이 평생 낳을 수 있는 평균 자녀수를 뜻하는 합계출산율의 경우 2015년 기준 1.24명으로 나타났다. 이는 OECD 회원국 가운데 최하위 기록이다. 저출산 현상이 지속되는 데에는 사회경제적 측면에서 다양한 원인이 있다. 그러나 의학적 측면에 한정하여 본다면, 난임 문제 등과 직결된다. 실제로 난임 부부의 수는 2007년 17만 8,000명에서 2014년 20만 8,000명으로 지속적인 증가세에 있다.

신종 질병

2015년 사망자가 38명에 이른 중동호흡기증후군MERS 사태는 대한민국 전체를 혼란에 빠뜨린 바 있다. 최근에는 지카바이러스가 세계 전역으로 확산되면서 세계보건기구WHO가 국제보건 비상상태를 선포한 상태이며 한국도 예외 상황이 아니다. 교통의 발달 등에 힘입어 생활권의 경계가 무너지고 있어 새로운 감염병의 경로 또한 국가 간 경계 없이 확산되고 있는 것이다.

이처럼 새로운 감염병이 출현하는 가운데 1980년에서 2010년 사이 219개 국가에서 4,400만 명의 전염성 환자가 발생했다. 국제교류 및 해외여행의 증가로 감염병 유입의 가능성이 확대되고 있으며 항생제 내성을 갖는 감염원 출현으로 치료에도 어려움을 겪고 있다.

또한 급격한 산업화와 도시화로 환경오염 문제가 심각해지고 일상생활에서 유해물질이 과다하게 노출되면서 아토피, 천식, 알레르기 등의 환경성 질환environmental disease도 꾸준히 증가하고 있다. 특히 최근 심각한 문제로 대두된 미세먼지와 황사는 호흡기 질환 발병에 직접적인 악영향을 미쳐, 만성폐쇄성질환COPD, 기관지염 등의 질환을 유발하고 있다. 2007~2015년 사이 국내에서 환경성 질환으로 인한 사망자 수는 917명에 달한다는 조사도 있었다.

만성·난치성 질환

현대인의 주요 사망원인이 만성질환에서 기인한다. 전체 사망 원인의 47.7%가 3대 만성질환인 암, 심장질환, 뇌혈관질환에 있다. 인구의 노령화, 생활 및 식습관의 변화, 환경오염의 증가로 만성질환의 유병률과 사망률은 계속 증가할 것으로 보인다. 현재 65세 이상 인구의 5명 중 1명은 당뇨환자이며 절반이상은 고혈압 환자이다. 30세 이상 성인들 가운데에도 4명 중 1명은 고혈압환자, 10명 중 1명은 당뇨환자로 집계되고 있다. 오랜 기간 발병하고 계속 재발하는 만성질환뿐 아니라 난치성 질환은 의료비 문제를 포함해 생활 전반에 영향을 미치고 있어 예방, 원인규명, 치료에 대한 연구와 개발이 더욱 중요해지고 있다.

의료비 부담

2005년부터 2013년까지 우리나라 국민 1인당 의료비 연평균 증가율(7.2%)은 OECD평균(2.0%)의 3배 이상이다. 특히 고령화로 인한 노인인구의 의료비 부담이 심화되고 있다. 국민건강보험공단이 발간한 〈2015년 건강보험 주요통계〉에 따르면 2015년 국민 1인당 의료비는 연간 114만 9,204원이었다. 그러나 65세 이상 고령자의 경우에는 1인당 의료비가 연간 356만 8,416원에 달했다. 평균치보다 3배 이상 높은 수준이다. 이러한 재정적 부담 때문에 국민들은 보건의료정책의 최우선과제로 의료비 부담 해소를 절실히 요구하고 있는 상황이다.

과제해결 방향

앞서 짚어본 주요 과제를 해결하기 위한 방안은 정책적, 경제적, 사회적, 기술적 차원에서 통합적으로 모색되어야 한다. 해결방향은 〈표 4-12〉와 같이 정리해볼 수 있다. 예를 들어, 고령화와 저출산 등 인구구조 변화로 인한 문제에 대해 정책적으로는 가족친화정책을 확대하거나, 노후생활 보장대책을 강화할 수 있다. 경제적 측면에서는 노인빈곤율 감소를 위해 사회지출을 확대하거나, 임신과 출산에 대한 건강보험 지원을 강화할 수 있다. 또 사회적 측면에서는 결혼관, 가족관 등에 대한 가치관 변화를 유도하거나, 동거가족, 미혼모 등의 가정에 대한 편견을 완화하도록 유도할 수 있을 것이다. 나아가 기술적으로는 무엇보다 노인성 질환 또는 불임 및 난임에 대한 예방과 치료기술을 개발하여 근원적인 문제 해결에 초점을 둘 수 있다.

〈표 4-12〉 보건의료 과제 해결방향

과제	정책적	경제적	사회적	기술적
고령화·저출산	•가족친화정책 확대 •노후생활보장 대책 강화 •장기요양보험제도 도입 •저출산 및 고령화 문제 심각성 대국민 홍보	•노인 빈곤율 감소를 위한 사회지출 확대 •임신·출산에 대한 건강보험 지원 강화	•결혼관, 가족관 등의 가치관 변화 유도 •동거가족, 미혼모 가정 보호	•노인성질환 예방·치료 기술 개발 •난임·불임 원인해결을 통한 출산율 제고
신종 전염병	•전염병 발생 감시체계 구축·운영 •정기예방접종 및 임시예방접종사업 시행	•예방백신 접종 경제적 부담 완화	•방역, 격리, 차단 조치 •위험지역 방문자 보호	•병원체 및 감염원의 고감도 확인 기술 및 제어기술 개발 •감염병 대응 기술 개발
만성·난치성 질환	•취약계층 환자지원 강화 •고혈압, 당뇨병, 고지혈증 관리사업 확대 •국가 주요 만성질환 감시체계 활성화	•만성·난치성 질환 치료를 위한 사회보장 재정지원 확대	•질환예방 교육 및 건강관리 프로그램 참여 •음주, 흡연 등의 생활습관 개선을 통해 위험요인 절감	•만성·난치성 질환 진단기기 및 치료기술 개발
환경성 질환	•환경성 질환 예방·관리 정책 강화 •기후변화 감시 강화	•아토피, 라돈, 소음, 석면 등 생활주변 환경보건 이슈 해결을 위한 정부투자 확대	•친환경적 생활환경 조성 – 새집중후군 등 생활 밀착형 오염원 접촉 최소화	•환경 유해인자에 따른 질환 발생의 상관성 규명 •환경성질환 대응 기술 개발
의료비 부담	•급여범위 확대, 보험료 체납가구 지원 •본인부담 상한제 시행 •취약계층의 의료비 부담완화 (복지사각지대 해소)	•국민건강보험의 재정건전성 확보 •의료비 재원 확보	•소득계층별 의료비, 약제비 적정 부담 •건강보험료 성실 납부 •과잉진료 근절	•비급여 항목 급여화 대상 전환 범위 및 타당성 규명 •의료보장 확대를 위한 지불제도 개선 연구 등

한편 기술적 해결 방향의 경우, 한의학적 접근방법korean medicine approaches과 서양의학적 접근방법western medicine approaches으로 구분 할 수 있다. 가령 고령화에 따른 문제를 해결하기 위해서 한의학에서

는 미병未病, 양생養生(기공요법, 약선 등) 등으로 노인건강을 증진시킨다. 미병은 질병상태는 아니지만 몸이 건강하지 않다고 느끼는 불편한 상태를 뜻한다. 한의학에서는 이와 같은 미병 상태에서 생활습관 개선 등을 통해 스스로 면역력을 높여 질병을 예방하고 건강의 균형을 되찾는 자연치유력을 강조한다. 이와 비교하여 서양의학에서는 노인성 질환(치매, 뇌혈관 질환 등)을 치료하기 위해 대증요법對症療法을 적용한다. 난임 등 저출산 문제에 대해서도 한의학에서는 생식기관(장부)의 조화 또는 기능항진으로 치료하거나, 자궁쇠약, 정혈부족, 자궁 한랭寒冷, 담과 습濕, 간울肝鬱 등 주요 원인과 증證을 찾아 해결한다. 반면에 서양의학에서는 약물치료 또는 침습식invasive 치료(체외수정, 인공수정) 방식으로 난임 문제를 해결한다. 이와 같이 한의학과 서양의학 간에 병증을 이해하고 치료하는 방식에는 차이가 있다.

헬스케어 3.0 시대의 한의학 전략과 실행방안

이제 의료 분야도 새로운 패러다임의 시대를 맞이하고 있다. 즉 치료에서 예방으로의 전환이다. 의학적 상담과 생활습관 교정을 통해 질병을 예방하고 건강을 관리하고 증진시키며 병이 걸린 경우에도 자연치유력을 강화하여 환자 스스로 병을 치료할 수 있게 하는 방향으로 바뀌고 있다. 이러한 관점은 한의학의 의료이념에 내포된 최고의 강점이기도 하다. 한의학은 의술, 의학, 의료의 틀을 넘어 새로운 삶의 양식이자 일상 문화로 제시될 필요가 있는 것이다.

한의학적 가치 확산

치료에서 예방으로의 패러다임 전환을 상징하는 헬스케어 3.0 시대에서 한의학적 가치가 주는 의미는 크다. 한의학은 질병뿐 아니라 질병위험이 있는 환자를 식별하고 식습관, 생활변화 등에 초점을 두어 조기 예방을 도모하기 때문에 예방의학적 패러다임에 적합하다고 볼 수 있다. 이러한 흐름에서 보면, 자연 속의 친환경소재를 이용하여 오랜 시간 임상경험을 통해 축적해 놓은 한의학은 분명 우리의 자랑스러운 유산이며, 우리가 지켜가야 할 소중한 자산이기도 하다. 한의학은 그 자체가 본질적으로 헬스케어 3.0 패러다임에 부합하는 의학인 것이다.

이런 측면에서 한의학은 헬스케어, 즉 질병의 위험을 사전에 관리하고 예방하는 건강관리 산업과 헬스케어 산업에 대한 창의적인 사업모델의 개발을 통해 새로운 웰니스 패러다임을 창출함으로써 헬스케어 산업의 중심축이 되어야 하는 것이다. 한의학은 단순히 질병sickness에 대한 관심이 아니라 몸과 마음의 균형을 통해 조화로운 삶을 추구하는 건강관리wellness까지 포함하는 의료이념을 갖고 있기 때문이다.

맞춤형 예방관리시스템 구축

현재 한국한의학연구원Korea Institute of Oriental Medicine, KIOM을 중심으로 의료 사각지대인 미병 상태에 관심을 갖고 맞춤형 예방 및 치료에 필요한 원천기술을 확보하고 맞춤형 예방의료 서비스를 상용화하기 위한 연구가 진행 중이다. 미병은 질병과 건강의 중간 영역인 반건강sub-healthy에 해당한다. 즉 신체적 또는 정신적으로 건강한 상태는 아니지만, 그렇다고 뚜렷한 질병도 아닌 상태라고 할 수 있다. 이처럼 질환뿐 아니라 미병까지 포함하여 맞춤형 예방관리시스템을 구축하기 위해서는 일상적인 건강 모니터링 및 인구학적 특성(성별, 연령 등), 체질, 생활습관 등을 고려한 예방관리 기술이 개발되고 축적되어야 한다. 더 나아가 개인 건강 데이터를 이용한 통합 예방관리 플랫폼을 마련할 필요가 있다.

사회문제 해결형 치료기술 개발

고령화사회로의 진입은 질병의 구조변화도 가져오고 있다. 즉 노인성 질환의 비중이 더 커지고 있는 것이다. 초고령화 시대를 대비하여 삶의 질을 향상시키고 건강한 사회를 구현하기 위하여 노인성 및 난치성 질환의 치료제 개발에 더 큰 관심을 기울여야 하는 이유인 것이다. 당뇨합병증, 노인성 인지장애, 항암 및 항암보조제, 노인성 간·피부 손상, 갱년기 장애 등을 개선하고 치료하는 후보소재를 획득하고, 동시에 유효성과 안전성에 대한 임상적 근거를 마련해야 한다. 또한 만성 질환을 진단하기 위한 한방 및 양방 융합형 진단 지표 발굴 및 정밀 측정기술 개발도 시급하다. 노인성 질환은 특히 대부분 만성적 퇴행성 질환인 점에서 발병 이전부터 평상시 예방과 생활 습관을 강조하는 한의학적 진단과 치료 이념이 새로운 대안이 될 수 있는 점에 주목하여 그 대안적 가치를 확대해갈 필요가 있다.

국제 표준 획득 및 국제협력을 통한 세계 진출 기반 확보

한의학이 보편화, 세계화되기 위해서는 표준화가 필수적으로 전제되어야 한다. 보건복지부의 한의약 세계화 추진사업에도 국제 표준 대응체계 구축이 자리하고 있다. 한국한의학연구원 중심으로 이뤄지고 있는 대외 활동을 통해 국제표준을 확보하고 국제협력 사업을 통해 세계진출 기반을 마련함으로써 세계 속에 K-Medicine 브랜드를 확산시켜야 한다.

이를 위해 한국형 치미병治未病 관리프로그램을 개발하고 사상체질을 객관적으로 진단하는 생체계측 진단기기의 응용이 요구된다. 또 '질병관리'보다는 '건강관리' 관련 한의학 의료서비스 프로그램을 개발하는 것도 필요할 것이다. 아울러 청정한약재 재배와 GAP 인증을 통한 한약의 안전성 입증, 복용편의를 위한 제형변화, 품질 표준화 등이 선결되어야 한다.

한의학은 전형적인 정밀의학과 맞춤의학으로서 환자의 변증 및 체질에 따라 의료현장에서 개인 맞춤형 의료서비스를 제공하고 있다. 한의학은 환자의 내외부 요인을 총체적으로 이해하고 생화학적, 생리학적 변화와 연계하여 질환요인을 분석하는 시스템 의학을 추구하기 때

〈그림 4-4〉 선진의학으로의 미래 한의학 모델

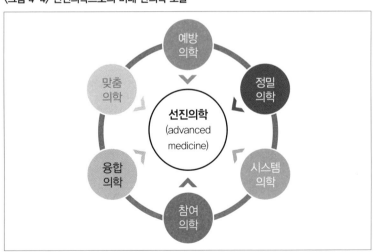

문이다. 한의학의 이론과 지식을 과학적으로 규명하고, 글로벌 수준의 원천기술을 개발하여 K-Medicine이 세계 전통의학 시장에 진출할 수 있도록 선진의학으로 발돋움해야 하는 것이다.

통합의학적 차원에서 동서 협진 활성화

최근에는 서양의학과의 협진을 통하거나, 통합의학적 치료를 통해 만성·난치성 질환의 치료효과를 극대화하고 있다. 서양의학에서도 건강증진과 삶의 질, 명상, 심리치료, 이완요법 등의 영역이 확대되고 웰빙well-being뿐 아니라 웰다잉well-dying의 중요성이 대두되어 완화의료, 호스피스 등에 대한 관심이 커지고 있는 상황이다. 따라서 미래 한의학은 서양의학과 단절이 아닌, 통합의학적인 차원에서 그 자체가 갖는 특수성 및 장점을 발전시켜가야 한다. 이를 위해 현재 축적되어 있는 경험과 인프라를 적극 활용하여 새로운 아이템을 발굴하고, 의료현장에서 적용 가능한 신규 치료기술을 개발할 필요가 있다.

12

군사기술전략

일반적으로 국가가 국민을 위해 해야 할 일은 크게 2가지로 분류할 수 있다. 하나는 국민의 안전을 보장하는 일이고 다른 하나는 국민생활을 보장하는 일이다. 국민안전은 각종 재난과 국내외 군사적·비군사적인 물리적 위협으로부터 보호하는 것으로서 안보라고 총칭할수 있고, 국민생활 보장은 국민 개개인이 행복한 삶을 영위할 수 있는토대를 마련하는 경제성장 문제와 직결된다. 안보와 경제는 국가 존립과 국민의 생존권 보장을 위해 매우 중요하다. 따라서 안보가 먼저인지, 경제와 성장이 먼저인지를 따지는 것은 무의미하다. 다만, 한국을둘러싸고 있는 주변정세의 불확실성과 국제환경 변화에서 오는 직접적인 위협 속에서 우선 국가와 국민이 생존해야 한다는 의미에서 보면 안보가 먼저일 수도 있다. 특히 외침, 즉 외부의 군사적 위협을 막는 일은 국가의 독립과 생존이 걸려 있는 문제인 만큼 그 무엇보다 중요하다.

국가이익 수호, 외부침략에 대한 방위, 재난대응 등 국가의 안보를 위해 모든 국가는 독자적인 국방력을 구축하고 있다. 이러한 국방력 발전의 초석이 되는 것이 군사 과학기술이며, 이를 현실화하여 군사력을 육성하고 운용하는 개념과 방법 및 수단 그리고 자원을 배분하는 방향 등을 군사정책이라고 한다. 군사 과학기술의 발전과 군사전략의 적용 등은 지금까지 주로 군 관련 종사자들이 독점하고 있었다. 그러나 한반도를 둘러싼 국제안보 환경의 급속한 변화 속에서 국방정책과 전략적 운용 환경 역시 과학 및 정보기술의 획기적인 발전을 토대로 역동적이고, 때로는 복잡하며 가파르게 변화하고 있다. 이러한 불확실한 환경에서 군사 과학기술의 전략적 운용과 구현은 국가 총체적인 관점에서 군뿐 아니라 산업, 학계, 그리고 민간 전문집단의 창의적이고 전문적인 지혜와 지식이 함께 모아져야 할뿐더러 이를 실천적으로 구현할 수 있는 노력이 뒤따라야 한다.

미래의 전장 환경

급변하는 세계적 환경 속에서 개인적·사회적 가치관의 변화와 과학기술의 발전은 사회체계의 변화를 일으켜온 주요 중심축 가운데에 있다. 특히 생명의 존엄성을 무시한 어떠한 정책이나 사회규범도 용납되지 않는 방향으로 사회구조와 제도는 진화해왔다. 이러한 인간 생명의 존엄성을 유지하기 위해서는 무엇보다 국민 개개인의 안전이 담보되어야 한다. 천재지변이 아닌 정부나 책임조직의 몰이해와 미흡한 대비태세로 국민의 안전이 무너져서는 절대 안 된다. 미래의 전장 환경은 바로 이러한 인간 존중의 가치를 더욱 보장할 수 있도록 사상을 정립하고 과학적 뒷받침이 마련되어야 한다. 미래세계에 대한 관점이 인간의 가치관과 과학기술 변화의 결과물이 되듯이 미래의 전장은 인간의 생존성을 최대한 보장하는 동시에 최첨단 기술 환경에서 수행되는 모습을 띠게 될 것이다. 정치는 구성원의 이익 및 욕구를 만족시키는 것이 목표이고, 전쟁은 정치행위에서 목표를 달성하는 하나의 수단이므로, 수단이 목표에 부응하기 위해서는 수단으로서의 전쟁은 인간 생존의 의미와 가치 구현에 부합하는 것이 가장 바람직하며 이 문제가 가장 중요한 이슈로 부각될 것이다. 미래의 전장 역시 발전하는 과학기술의 영향을 받아 육·해·공 및 우주 등 4차원 공간에 사이버 공간을 추가한 5차원의 전장 환경에서 수행될 것이며, 인간의 생존성 최대 보장이라는 가치개념에 부합하는 환경으로 발전될 것이다. 앨빈 토플러Alvin Toffler가 21세기 정보사회에서 지식 및 정보가 경제적인 부를 창출하는데 가장 큰 역할을 수행할 것이라고 예견했던 것처럼, 21세기의 전쟁도 지식과 정보가 핵심이 되는 양상으로 전개될 것이다.

우선 플랫폼 중심의 전쟁 양상에서 네트워크 중심의 전쟁으로 전개될 것이고, 접적接敵, 선형線形, 근거리 중심의 전투에서 비접적, 비선형, 원거리 전투가 함께 진행될 것이다. 또 일련의 순차적 연속작전에서 병렬적, 동시적, 통합적인 전쟁양상으로 바뀌고 물리적 공간 중심의 전장에서 정보 우위, 정치적 의지 붕괴, 심리적 마비를 도모하는 정보 및 심리적 전장공간의 확장과 같은 전쟁양상으로 진화할 것이다. 이처럼 미래 전장은 군사력 사용을 수반하는 물리적 전쟁과 사이버전 등 비물리적 전쟁양상이 혼재된 모습으로 전개될 것이기 때문에 사물인터넷, 인공지능, 무인체계, 로봇, 우주자동화체계, 그리고 사이버 및 우주 공간을 활용하기 위한 기술개발 및 실용화 경쟁은 가속화 될 것이다 또한 전쟁의 유형이 더 복잡해지고, 소규모전쟁, 국지전, 테러 형태의 전쟁이 증가되며 전쟁의 개념, 방법, 수단들이 혼합 혹은 융합되어 일어나는 하이브리드전hybrid warfare이 증가할 것이다. 특히 유비쿼터스 센서 네트워크Ubiquitous Sensor Network, USN 관련 정보기술, 전파식별기술, 그리고 스텔스 기술, 정밀유도무기PGM, Precision Guided Munition, 바이오 기술, 무인로봇 및 비행 기술, 레이저 기술, 인공지능, 등은 전쟁양상의 하이브리드화와 함께 전장의 모습을 근본적으로 진화시킬 것이다.

하지만 첨단의 기술 능력을 보유하는 것만으로는 충분치 않다. 새로운 기술의 잠재력을 활용하기 위해서는 이에 부합하는 군사력이 건설되고 합리적 군사력 운용 개념이 마련되는 등 실천적으로 적용되어야 한다.

미래 군의 기술전략 전망

첫째, 미래의 전장 환경은 네트워크화로 특징 지울 수 있을 것이다. 전장의 여러 기능들과 구성 조직들이 서로 연계되어 동시적이고 협동적으로 작동되어야 하므로, 복합체계system of systems와 같은 융합과 수렴이란 거대한 흐름 속에서 발전될 것이다.

이런 측면에서 미래군의 군사력 발전은 완전한 디지털화 방향으로 나아가게 될 것이다. 미래군의 완전한 디지털화란 무기체계나 전력구조의 하드웨어나 소프트웨어가 통합되고 상호연동체계가 완비되어 로봇, 무인항공기 운용의 자동화 및 무인화가 가능한 상태를 말한다. 이와 같은 개념의 대표적인 현대 전쟁수행 이론이 네트워크중심전NCW, Network-Centric Warfare이다. 이는 정보 네트워크기술을 기반으로 모든 전장요소를 연결하여 실시간 동시 통합석으로 수행되는 전쟁 양상과 관련된 전장戰場 운용 개념을 말한다. 탐지체계sensor, 지휘통제체계command & control, 타격체계shooter를 모두 네트워크를 통해 실시간 연동하여 전장 인식 공유, 지휘 속도 향상, 작전 속도 증가, 치명성 증대, 생존성 향상을 도모함으로써 전쟁의 목적을 달성하기 위한 개념이다.

완전한 NCW를 구축하기 위해서는 미래지향적인 군사지휘통제 플랫폼이 필요하고, 이 플랫폼은 사물인터넷 혹은 USN 기반에서 모든 정보와 무기체계, 로봇 및 군 장비들이 통합적으로 연결될 것이다. 모든 센서가 연결되어 중앙통제 전산시스템으로 전송되고 빅데이터와 인공지능이 이를 관장하게 되며, 사전에 설정된 프로그램들이 전장을 자율적으로 통제할 수 있는 NCW체계가 되어야 할 것이다. NCW체계 구축을 위해서는 빅데이터 기술, 체계 M&S 기술, 인공지능, 첨단 센서, 로봇 등 핵심 기술의 응용 및 융합 또한 필수일 것이다.

둘째, 미래 전장은 기존의 물리적 전장 공간 외에도 정보적, 인지적 전장 공간의 중요성이 증대될 것이라는 점이다. 최근 민족, 종교, 영토 등 혼합된 동인動因으로 인한 저강도·국지분쟁의 증가와 극단적 테러리즘의 확산에 비추어볼 때, 새로운 전쟁양상은 국가 대 국가의 전투원 중심에서 탈피하여, 비국가행위자가 전쟁의 주요행위자로 등장하고 전투원·비전투원 구별이 모호한 전쟁의 탈군사화가 특징일 것이다. 특히 게릴라전, 사이버전 등 비대칭전, 테러리즘 및 범죄가 혼합된 하이브리드 형태의 전쟁 양상이 뚜렷하게 나타나고 있다.

또한 전쟁의 장기화 추세 속에 군사력 외에 정치, 경제, 외교, 정보 및 심리적 요인이 전쟁의 주요 수단으로 등장하면서 사이버 공간에서의 분쟁이 증대되고 있다. 정보통신기술의 발전이 기회인 동시에 위협도 되는 역설인 것이다. 이에 따라 사이버 공격 및 방어 기술, SNS를 활용한 정치심리전과 사이버심리전, 그리고 정보 및 인식 전장 영역에 대한 군사정보작전IO, Information Operations 등 정보적 전장공간과 관련된 기술 역시 발전될 것이다.

셋째, 인간의 생존성이 중시된다는 점이다. 전장에서 인간의 생존성을 최대한 확보하려면 인간(군인)의 직접적인 전장 노출을 줄여야 한다. 이를 위해서는 모든 무기와 장비의 무인화 및 자동화가 전제가 된다. 모든 장비와 무기체계의 무인화를 통해 미래군은 인간의 생존성을 최대한 확보해야 하며, 이것은 모든 국가의 군사력 발전의 지향점 중하나로 발전될 것이다. 미래군은 군인이 직접 나서서 적을 격멸하거나 제압하는 것 이외에도, 로봇 등 장비나 무기가 적을 제압하는 일을 수행하는 방식으로 발현될 것이다. 대신 인간은 방호된 안전한 곳에서이들 체계나 개별 무기의 운용을 기획하고 이를 구현하기 위한 운영을 담당하게 될 것이다.

넷째, 향후 레이저 무기[8]는 군사력 분야뿐만이 아니라 국가 위상에도 막대한 영향을 미치게 될 것이다. 이는 우선적으로 군사력 발전과 군사전략과 전술의 근본적인 패러다임을 바꿀 수도 있을 것이다. 레이저 무기를 탑재한 무인비행체, 레이저 무기를 탑재한 인공위성 등이 전쟁을 주도하게 될 수도 있을 것이다. 또한 레이저 무기는 그간의 핵무기의 위상을 최대로 약화 혹은 무력화시킬 수 있을 것이다. 핵무기는 운반수단(항공기, 로켓 등)이 없으면 기능을 발휘할 수가 없다. 그러나 이러한 운반 수단은 레이저 무기가 등장하면 핵무기 발사 이전 및 이후에 제어(파괴)가 가능하게 되어 비용 대 효과 면에서 활용성이 미약해 질 수 있기 때문이다. 다만 더티밤dirty bomb과 같은 인간을 운반 매개체로 하는 방사능 무기를 이용한 핵 테러 위협에 대한 대비책은 별도로 수립해야만 한다.

더욱이 레이저 무기는 가장 주도적이고 경제적인 무기체계가 될 수 있다는 것이다. 한 대에 수천 억 원이 넘는 전투기 대신에 레이저 무기를 탑재한 헬기나 저가의 저속 항공기가 공중을 제어하게 될 것이고, 기술이 발전함에 따라 레이저 무기의 생산단가가 저렴하게 될 수 있기 때문이다. 그러므로 고효율의 레이저 무기는 민간 피해를 최소화하고 적의 핵심시설을 동시 무력화하여 전쟁수행 시간을 단축할 수 있는 효과기반작전EBO, Effect Based Operation 개념에 입각한 신속한 전쟁 수행을 가능하게 할 것이다. 특히 중요한 것은 향후 레이저 무기가 외교적으로 핵무기 보유보다 더 우월한 위치 확보를 가능하게 할 수 있다는 것이다. 핵무기 제어가 가능하고 원격으로 적의 지휘시설, 핵미사일 기지 등 핵심 군사시설을 제거할 수 있는 기능 보유는 국제정치에서 상상을 초월하는 힘의 배경이 될 수 있기 때문이다.

군사 과학기술 발전에 따른 군 구조의 변화 방향 전망

무기체계와 군 구조는 상호 밀접한 관계 속에서 연계되어 발전된다. 즉 무기체계의 변화는 군의 구조 변화를 강요하게 되며, 반대로 군 구조의 발전은 관련 무기체계의 발전을 요구할 수도 있다. 예를 들어, 지금의 군 구조 및 작전술operational art, 전술tactics은 기존의 무기체계를 기반으로 하여 이루어져 있기 때문에 미래의 불확실하고 복잡한 전쟁 환경에는 적절하지 않을 수 있으며, 특히 첨단 IT환경에서는 더욱 그러할 수 있다. 실시간으로 연결되어 있는 IT 환경에서는 모든 지휘 및 절차가 명확하고 간결해야 하며, 서로 연결되어 있으면서도 분권화된 유연한 구조여야 한다. 지금과 같은 일방적 의사소통 중심의 거대 연통형 구조 및 조직은 현대, 미래전에서 필요로 하는 동시적, 통합적 전쟁수행에 적합한 유기적인 조직이라고 보기 어렵다.

미래의 IT 환경에 부합하는 무기체계 및 군 구조 등 군사력 발전을 효과적으로 도모하기 위해서는 몇 가지 사항이 고려되어야 한다. 첫째는 군 조직 구성원의 사회적, 지리적, 인구적 특성과 변화추세를 고려해야 한다. 우리나라는 OECD 국가 중 출산율이 가장 낮은 나라이다. 이로 인한 인력의 감소로 군이 요구하는 인력을 충분히 지원받을 수가 없는 상황이 예측되고 있으며 이에 대한 대비책이 마련되어야 한다. 한 자녀 또는 두 자녀 가정의 증가로 자녀들이 위험에 처하는 상황을 더욱 기피하게 되고 자연히 군을 기피하는 경향이 나타날수도 있을 것이다. 따라서 군이 안전하다는 인식을 갖도록 군의 구조와 무기체계 등 군사력 발전을 혁신적으로 도모하여 유연하게 대비할 필요가 있다. 특히 이와 같은 이유로 인해 우리 군의 무인화, 자동화 무기체계의 개발이 다른 국가에 비해 시급한 실정이다.

또한 무기체계는 방호 및 안전을 최우선하여 설계되어야 하고, 조직은 팀의 기능과 구성원의 단합과 의사소통을 충분히 고려하여 발전시켜야 한다. 이를 위해서는 전문화된 유연하고 통합적인 구조와 조직으로 전환할 필요가 있다. 가령 미래의 군 구조와 조직을 모듈화 운용 개념에서 한 발 더 나아가 레고lego형으로 상정해 볼 수도 있다. 기능이 서로 다른 레고 방식으로 조직되고 훈련된 다원적인 기능의 단위들을 조립하여 작전 목적에 맞는 단위 부대를 적시, 적소에서 맞춤형으로 융합하여 다목적으로 유연하게 적용할 수 있도록 하는 것이다. 이러한 부대의 규모는 대대 단위로부터 여단 등의 규모가 될 수도 있으나, 부대의 크기를 제한할 필요 없이 작전 상황이나 작진 목적에 부합되도록 운용하면 된다. 레고 형 군 구조를 구축하기 위해서는 고도로 전문화된 주특기 기능을 발전시키는 것이 전제되어야 할 것이다. 그리고 육해공, 각 군의 독자적인 전문성도 강화되어야 하지만, 무엇보다도 협동성 관점에서 통합 기능을 강조하는 조직 개념으로 변모시킬 필요가 있다.

두 번째로 고려해야 할 사항은 군 구조 등 군사력 발전의 효과성에 초점을 맞추어야 한다는 것이다. 앞서 언급한 바와 같이 미래의 전쟁은 첨단 IT환경을 배경으로 5차원적인 공간에서 동시적, 복합적, 그리고 통합적으로 이루어질 것으로 예상되고 있다. 이러한 전장 환경에서는 무엇보다 불확실성에 대응해야 하며, 미래의 비선형적이고 비가시적인 전장 특성으로 인해 군사력으로만 대응하는 것은 한계를 가질 수밖에 없다. 따라서 국력의 총체적인 사용은 당연히 고려되어야 한다.

군사력 발전 전략과 방안

장기적인 군사력 발전을 도모하기 위해서는 중단기적 전략과 실행 방안을 마련해야 한다. 상황 적합적 관점에서 외부적으로는 국제정세 및 관계의 변화 가능성과 내부적으로는 전작권 전환, 통일, 북한의 급변사태 등과 같은 상황적 변화 가능성에도 적절하고 유연하게 적용할 수 있는 단계적 방향 설정이 필요하다.

독자적인 정보체계 구축

우리나라는 미국과 중국이라는 두 강대국과 협력과 갈등이라는 복잡한 국제관계 속에 놓여 있다. 지리적 및 경제적으로 중국과는 밀접하게 연결되어 관계를 유지하고 있으며, 안보동맹 및 경제적인 교류 측면에서 미국과도 뗄 수 없는 관계이다. 그러나 미국과 중국은 경제적 협력과 별개로 외교 및 안보적인 측면에서는 두 개의 국제관계 헤게모니를 형성하며 대립적 관계도 점차 가시화하고 있다. 지정학적으로 이 두 강대국의 중간에 자리 잡은 우리는 고래싸움에 끼인 새우와 같은 존재가 아니라, 고래싸움 속에서도 생존과 국가이익을 수호하는 실리적인 외교 및 안보 관계를 형성해 나가야 한다. 또 우리는 가장 크고 현실적인 북한의 위협에도 대응해 나가야 한다.

지금까지 우리나라의 군사력 유지 방향은 전력지수 비교에 기반을 둔 과학적인 전력 비교가 아닌 북한을 상대로 한 1대 1식의 위협에 기반 한 전력 증강을 중심으로 한 모습이었다. 예를 들어, 북한의 군 병력이 000만 이상이면 우리는 최소 000만 정도는 유지해야하고, 북한이 0,000대의 탱크 및 전차를 보유하고 있으면 우리도 0,000대 정도는 있어야 한다는 식이었다. 밀도 높은 두 적대 세력 간 대량살상 전과 소모전적인 전쟁양상으로 몰고 간다면 과연 승자가 있을까 자문해 보아야 할 것이다.

이를 고려한 중단기적 군사력 운용 및 건설 방향은 우선적으로 전쟁 억제와 방지이며, 둘째는 전쟁 가능성 판단 시 사전 제압일 것이다. 전쟁억제와 방지는 물론 합리적인 전쟁 가능성 판단을 위해 한국군에게 가장 시급한 사안은 독자적인 정보체계 구축이다. 차세대 전투기 확보보다 더 시급한 것이 독자적인 정보체계와 사이버전 및 정보작전 체제 마련인 것이다. 따라서 모든 가용 예산을 이 분야의 구축에 적극 투입할 필요가 있다. 중장기적으로 우리 군이 독자적으로 컨트롤

할 수 있는 정보체계 구축은 미·중·일·러의 영향력을 감소시키는 수단이 될 수 있을 뿐 아니라 주권국가로서 거듭날 수 있는 수단이기도 하다.

스핀온spin-on적 교류 활성화

기술전략 측면에서 미래 군사력 발전을 위해서는, 우선적으로 민수民需의 첨단기술이 군사기술로 전환, 사용되는 스핀온spin-on적 교류가 활성화되어야 한다. 지금까지는 미국 등 선진국을 중심으로 군용 과학기술이 민간으로 전환, 확대되는 스핀오프spin-off가 주요 흐름이었다. 군사용 목적으로 개발한 웹web 기술이 일상으로 확대된 것이 스핀오프의 좋은 예이다. 하지만 앞으로는 민간의 첨단기술이 군사기술로 사용되는 스핀온spin-on이 중요시 될 것이다.

물론 군용이냐 민수용이냐의 과학기술 분류는 그리 큰 의미가 없다. 동일한 기술을 일부 스펙spec의 차이를 가지고 군에서 사용할 수 있으면 군수용 기술이 되고, 민수용으로 사용될 수 있으면 이 또한 민수용 기술이기 때문이다. 중요한 것은 군용이든 민수용이든 첨단과학기술은 국가발전의 초석이고 국방의 핵심이라는 점이다. 국회에서도 1998년 민군겸용기술 사업촉진법을 제정하여 과학기술분야 관련 정부 부서가 공동 출자 형태로 민수나 군용으로 사용가능한 기술개발을 하도록 독려하였고, 2013년에는 민군기술협력 사업촉진법을 의결하고 민군기술협력사업 전담기구를 법정기구화한 바 있다. 민군기술협력 사업촉진법과 전담기구는 과학기술의 스핀 온오프의 창구가 될 수 있기 때문에, 미래창조과학부와 국방부에서는 기술적인 교류 협력과 효과적인 운영에 심혈을 기울여야 한다.

국방기술 연구인력 확충

현재 우리나라의 국방기술 연구 인력은 매우 부족한 것이 현실이다. 인구 600만 명의 이스라엘은 우리의 국방과학연구소ADD와 유사한 라파엘Rafael(2002년에 국영기업 형태로 전환됨) 연구소에 1만여 명의 연구 인력을 보유하고 있다. 이스라엘의 대표적인 방산업체 이스라엘우주항공산업IAI과 이스라엘 군사산업IMI은 라파엘보다 더 많은 과학기술 연구 인력을 보유하고 있으며, 이들은 이스라엘의 국방기술뿐 아니라 국가기술에 기여하는 방향으로 지속적인 노력을 투입하고 있다. 충분한 연구인력 없이 국방기술 자립은 불가능하다. 국방과학연구소의 연구 인력과 우리나라 방산업체의 연구 인력을 다 합쳐도 이스라엘의 라파엘 연구 인력보다 적다는 것은 우리나라가 국방과학기술 연구에 어떻게 대처하고 있는가를 보여주는 하나의 지표이기도 하다.

이러한 문제점을 해결하기 위한 하나의 방안으로 민간 연구인력 활용을 고려해야 한다. 예를 들어, 국방과학연구소에 위탁하여 운영하고 있는 민군협력진흥원의 운영인력을 확충하여 민간연구팀 관리를 전담토록 검토해 볼 필요도 있다. 민간연구팀 관리 전담기구를 통해 국방과학연구소가 인원부족으로 감당하지 못하는 기초 및 응용연구와 민·군 겸용 기술 시험제작 연구까지 수행하는 것이 가능할 것이다. 이는 민간(대학 등)의 기술을 군 전력화하는 데에, 그리고 동시에 군 기술을 민수용으로 전환하는 데에 좋은 창구가 될 것이다.

산학연 기술교류 확대

산학연 연구인력의 연계와 적극적 기술 교류 방안도 강구할 필요가 있다. 과학기술의 연구 실적이 뚜렷한 몇 개 대학에는 국방과학기술을 전담할 수 있는 기구를 신설하고 국가가 지원해주는 정책도 필요하다. 인공지능, 빅데이터, 사물인터넷, 자율자동차, 무인항공기, 로봇, 정보보안 등 미래기술은 민간 연구기관 및 대학과 연계하는 것이 효율적이다. 최근 KAIST는 국방과학기술 연구를 전담할 수 있는 연구센터를 설립하고 미국 MIT의 링컨랩Lincoln Lab과 같은 모델을 추구하고 있다. 다른 많은 대학들 역시 산업계와의 연계에 관심을 쏟고 있으나, 현재의 법 테두리 안에서는 어려움과 제한점이 많다. 국회와 정부가 이러한 어려움을 해결해주고 국방과학기술 개발에 전 국가적 역량을 동원할 수 있는 구조로 만들어야 할 것이다.

또한 국방기술과 민수용 기술로 사용이 가능한 이중용도기술dual use technology을 개발할 수 있도록 국책, 민간 연구기관 간 정보교류도 더 활성화시켜야 한다. 상호간에 상승효과를 가져올 기술을 조기에 발굴하고 공동으로 개발하는 정보교류의 장이 필요한 것이다. 국방아키텍처Ministry of National Defense-Enterprise Architecture 등을 통한 국방정보화 방향과 방식을 공유하면서 상호 시너지 효과를 높여가는 것도 하나의 방법이 될 것이다.

환경/인구/자원 분야
미래전략

환경/인구/자원 분야 미래전략
환경생태전략

지구가 생성된 46억 년 전 이래, 공룡의 멸종까지 5번의 멸종이 있었다. 이제 인류는 제6의 멸종 위기에 놓여있다. 다만 이전의 멸종이 자연현상으로 인한 것이었다면, 지금은 인간이 스스로 삶의 터전을 파괴하는 것이 가장 큰 원인이라는 점에서 차이가 있다. 세계 인구는 1970년 40억 명에서, 2015년 72억 명, 2050년에는 96억 명에 달할 것으로 전망된다. 인구 증가는 도시화로 인한 환경오염, 식량 확보를 위한 산림훼손, 자원고갈 등 다양한 문제를 양산한다. 이미 지구는 자정할 수 있는 임계점을 넘어서고 있다. 점차 빈번해지고 있는 자연재해, 급속도로 빨라지는 생물종의 감소가 이를 증명한다.

인류문명의 지속가능성을 위해서는 에너지 자원, 생물자원, 생태계의 생활터전이 필수요건이다. 지속가능한 소비와 생산이라는 새로운 패러다임으로 전환하지 못한다면, 생존의 기반인 생태계가 파괴되고 인류 자체의 존속에도 위협이 될 것이라는 의미이다.

환경생태문제는 오염 물질의 배출에 따른 환경오염과 생태자원의 무분별한 사용에 따른 생태파괴, 두 가지 방향에서 나타난다. 지구는 한정된 생활공간이므로 이 안에서 지속가능한 발전을 이루기 위해서는 자원의 사용을 줄이고 사용되는 자원의 효율성을 증대시키는 방향의 정책 추진이 필요하다. 이러한 노력을 통해 생태계를 보전하고 생물자원을 균형 있게 이용하여 지속가능성을 확보해야 한다.

환경생태계의 현황

세계 각국은 20세기 후반 지구가 처한 상황에 대해 직시하고 협력을 통해 해결하기 위해 적극적인 움직임을 시작했다. 1992년 브라질에서 열렸던 리우 회의Rio Summit는 그러한 움직임의 하나이다. 이 회의에서 세계 175개국 정상들은 환경과 개발의 조화를 모색하기 위해 지속가능한 개발이라는 공동의 합의를 바탕으로 기후변화협약과 생물다양성협약, 사막화방지협약을 체결했다. 단편적으로 진행되던 온난화 등 환경문제에 대한 대응이 전 지구적 차원에서 통합적으로 이루어질 때 성과를 거둘 수 있다는 인식에 기초한 것이었다. 여기서 주목할 것은 '생물다양성'이 지속가능발전과 인간생존의 필수조건으로 부각되었다는 사실이다.

생물다양성 감소 위기

생물다양성이 중요한 이유는 생태계가 에너지와 자원을 공급해 주는 것은 물론 환경을 정화하고 조절해주고 과학적 연구와 산업의 근간이 되기 때문이다. 인간은 생물종 다양성을 이용하여 생산품을 만들고 생태계 서비스를 받고 있다. 인간이 받고 있는 생태계 서비스는 유지, 조정, 공급, 문화의 4가지 서비스가 있다. 유지서비스는 광합성에 의한 산소의 생산, 토양형성, 영양순환, 물순환 등 모든 생물종이 존재하기 위한 환경을 형성하고 유지시키는 것을 말한다. 조정서비스는 오염과 기후변화, 해충의 급격한 발생 등 변화를 완화하거나, 홍수가 발생하기 어렵게 만드는 것, 물이 정화되는 것 등으로 인간사회에 대한 환경의 영향을 완화시키는 효과를 말한다. 공급서비스는 식량, 목재, 연료, 의복 및 의약품 등 인간이 일상생활을 살아가기 위해서 생태계에서 얻는 다양한 서비스를 의미한다. 문화서비스는 정신적인 충족, 미적인 즐거움, 사회제도의 기반, 레크리에이션, 환경학습의 기회 제공 등 생태계가 만들어내는 문화 및 정신적인 면에서의 생활의 윤택함을 의미한다.

지구상에는 열대에서 북극연안, 해양, 산악까지 다양한 생태계가 존재하고 약 175만여 종의 다양한 생물이 존재한다. 그런데 1970년부터 2006년까지 지구상에 살고 있는 생물종의 31%가 사라져버렸다. 이런 추세라면 해마다 2만 5,000~5만 종의 생물종이 사라지게 된다. 그리고 20~30년 내에 지구 전체 생물종의 25%가 멸종하게 된다.

우리나라의 경우, 약 10만여 종의 생물종이 있는 것으로 추산되며 이 중 4만 2,756종(2014년 12월 기준)을 발굴, 관리하고 있다. 그런데 지난 30년간 1인당 녹지면적이 25.2ha에서 17.3ha로 감소했다. 또 전국 산림의 0.8%(1991~2010년), 갯벌의 22.6%(1987~2008년)가 줄어들었다. 생물종의 서식지가 빠르게 사라지고 있는 것이다. 산림면적은 2003~2010년 사이에 여의도 면적의 44배인 375㎢가 줄었다. 생물이 살아가면서 이동하는 경로인 생태축이 단절된 곳도 987개소이다. 생물의 이동이 원활하지 못하게 되면 생물종 보존은 어려워진다. 멸종위기 야생동식물로 지정된 것도 2005년 221종에서 2012년 246종으로 늘어났다. 이렇듯 우리나라 생물다양성은 확연히 감소세를 보이고 있다. 개발에 따른 서식지 감소, 야생 동식물 남획, 외래종 침입 등의 요인과 환경오염과 기후변화 등으로 생물종 개체 수는 더욱 급격히 감소될 것으로 우려된다. 매년 국내에서만 500종의 생물이 멸종할 것으로 추정되고 있다.

생물다양성 감소는 특히 생물종의 하나가 사라지는 것이 아쉽다는 단순한 문제가 아니다. 국가적 측면에서는 생물자원의 손실이자 인류 문명으로서는 생존 기반의 약화를 의미한다. 생물다양성이 훼손되는 것은 생태계 서비스와 같은 복합적인 기능의 훼손을 뜻한다. 그리고 생물자원을 이용하여 다양한 가치를 창출하는 경제산업 활동이 심각한 지장을 받게 될 수 있는 것이다.

기후변화에 따른 생태계 변화 심각

지금까지 육상 생물의 다양성 손실의 원인으로 산림훼손이나 토지이용 변경 등이 지목되었으나, 앞으로 2050년까지 추가적인 생물다양성 손실의 40% 이상이 기후변화에서 기인할 것으로 전망되고 있다.

영국의 과학저술가 마크 리너스Mark Lynas는 지구 연평균 기온이 1.5~2.5℃ 상승한다고 가정할 경우, 그린란드의 얼음층이 녹고 생물종은 최대 30%까지 멸종위기에 처할 것이라고 예상했다. 연평균 기온이 3℃ 이상 오르면 전 세계 해안지역 습지대의 30%가 소실될 것으로 추정된다. 만약 5℃가 상승하는 경우에는 해저의 메탄가스가 유출되어 온난화가 더욱 가속되고 남북극의 빙하가 사라지며 지구 도처의 생태계 파괴로 멸종이 심각해질 것이다. 지구 평균기온이 6℃ 상승하는 경우에는 핵폭발에 버금가는 황화수소 가스와 메탄 불덩어리가 지구를 덮쳐 산소 농도가 현재 21%에서 15%로 급감하게 될 것이다. 그렇게 되면 지구 생명체는 거의 다 멸종되고 곰팡이 종류만 살아남아 생물체가 살수 없는 태초의 지구 상태로 돌아가게 된다.

지구 온난화로 인한 평균기온 상승은 생물 서식지의 북상을 초래한다. 현재 우리나라의 남해지역도 아열대로 바뀌면서 어류와 해조류의 분포가 달라지고 있다. 제주지역에서 잡히던 자리돔은 이미 독도지역에서도 볼 수 있게 됐다. 한편 남해에서는 볼 수 없던 아열대 어종인 청새치, 귀상어, 노랑가오리를 볼 수 있게 된 것은 온도 상승에 의한 서식지 북상의 예로 들 수 있다. 기후변화는 그 속도가 빨라서 생태계가 적응할 시간적 여유가 부족하기 때문에 생물다양성 감소로 이어지게 된다.

반면 생물다양성을 유지하면서 생태계의 복원력을 높이는 경우에는 기후변화의 속도를 완화시킬 수도 있다. 지구온난화의 원인물질로는 이산화탄소가 56%, 메탄이 18%, 프레온가스가 13%, 오존이 7%, 질소산화물이 6% 비중을 차지하고 있다. 만일 산림생태계를 충분히 복원시켜 이산화탄소를 광합성에 많이 쓰이도록 한다면 기후변화 물질을 줄이는 결과가 된다. 그리고 산업체 등에서 배출하는 이산화탄소의 양을 줄일 수 있도록 녹색기술을 개발, 보급하는 것도 효과적인 대응방안이 될 것이다.

각국의 추진 전략

생물다양성 감소에 대한 국제적 노력으로 생물다양성협약이 있다.

생물다양성협약은 생물다양성의 보전, 생물다양성 구성요소의 지속가능한 이용, 유전자원 이용 이익의 공정하고 공평한 공유를 목표로 하며 194개 회원국이 가입되어 있다. 이에 기반한 '유전자원의 접근 및 이익 공유에 관한 나고야 의정서'가 2014년 발효되었다. 이에 따라 생물유전자원 이용을 위해서 자원 제공국으로부터 사전통보승인을 얻어야 하며 상호합의조건에 따라 이익을 공유해야 한다. 이는 생명자원을 기반으로 이익이 발생하는 경우 개발국과 자원 제공국이 공유하여 경제적 격차를 완화하고 자원 이용의 투명성을 높여 생물다양성 보전과 지속가능한 이용을 촉진하는 데 목적을 두고 있다.

세계 각국은 생물다양성에 대한 보호와 생명연구자원의 확보 및 관리를 위해 적극적으로 전략을 추진하고 있다. 미국의 경우 국가 바이오경제 청사진 실현을 위한 생명연구자원 분야별 연구개발을 강화하고 있다. 국가과학기술위원회는 2014년 식물게놈National Plant Genome Initiative, NPGI 5개년 계획을 발표했다. 이 계획은 1998년 이후 5년마다 수립되고 있는 것으로, 식물게놈의 체계와 기능에 대한 기초 지식을 배양하고, 이러한 지식을 잠재적으로 경제적 가치가 있는 중요한 식물 및 식물공정의 광범위한 이해로 전환시키기 위한 것이다. 즉 기초연구개발과 식물성과를 연계해 실제 농업을 향상시키고 환경적인 자원의 수요를 감소시키며 환경문제를 해결하기 위한 것이다.

EU는 2011년 생물다양성전략을 수립하여 2050년까지 생태계와 생물다양성이 인간에게 제공하는 생태계 서비스를 보존, 평가, 회복한다는 비전을 제시했다. EU의 생물다양성 전략은 생물다양성 보호를 위한 자연 관련 법안의 총체적 실현, 생태계 보호 및 녹색 인프라 사용 증대, 지속가능한 농업 및 임업, 어류에 대한 체계적 관리, 외래종에 대한 엄격한 통제, 생물다양성 보전을 위한 국제활동 강화 등의 내용을 포함하고 있다. 더불어 영국은 나고야 의정서 이행을 위한 규칙을 의회에 상정하여 조사관에게 출입, 검색, 압류 권한을 부여하고 의정서를 불이행할 경우 처벌을 가할 수 있도록 했다. 또 프랑스는 EU 규정에 따라 생물자원탐사와 유전자원 및 전통지식의 특허에 관한 국가 법안을 구성하기로 결정했다. 이 법안에는 유전자원과 관련된 전통지식의 접근 및 이용에 관한 규정, 이익 공유, 나고야 의정서 및 관련 법안 이행 등이 담길 예정이다.

일본의 경우, 국가생물자원프로젝트와 생물다양성국가전략(2012~2020)을 추진하고 있다. 국가생물자원프로젝트는 세계적인 생명과학 연구기반 정비, 국제 주도권 확보를 목표로 생물자원의 수집, 보존, 제공과 기술개발을 위한 프로그램 간 연계를 도모하고 있다. 생물다양성 국가전략은 2020년까지 생물다양성 유지를 위해 국제사회가 이행하기로 한 목표 달성을 위한 일본의 로드맵과 2011년 일본 대지진 이후 자연과 공생하는 사회를 만들기 위한 내용을 담고 있다. 2020년까지 중점적으로 추진해야 할 시책으로 생물다양성의 주류화, 사람과 자연 관계 재구축, 숲·마을·강·바다의 연계 확보, 과학기반 정책강화 등의 방안을 설정하였다.

또한 세계 각국에서는 생물다양성에 경제적 개념을 접목한 프로그램도 운영하고 있는데 대표적인 예로 '생물다양성 오프셋offsets'과 '생태계서비스 지불제도'를 들 수 있다. 생물다양성 오프셋이란 어쩔 수 없이 생태계 파괴가 발생할 경우 훼손정도를 정량화하여 이를 다른 곳에서 회복, 창출, 개선, 보전하는 방식으로 파괴를 상쇄offsets시켜 생물다양성(서식지, 종, 생태학적 상태, 서비스 등)의 손실을 제로로 만드는 것이다. 생물다양성 오프셋의 대상은 생물의 서식지와 생태계 기능 뿐 아니라 사람들의 이용에 의한 가치와 문화적인 가치까지 포함한다. 오프셋의 방법은 새로운 생태계를 창출, 이전 생태계의 복원, 기존 생태계의 기능 강화, 이전에 존재한 생태계의 보전이 있다. 이 제도는 습지 보전을 위해 1970년대 미국에서 처음 만들어졌으며, 오늘날 약 56개 국가에서 법과 정책이 정비되어 97개 프로그램이 운영되고 있다. 예를 들어 미국의 습지손실 완화보상, 보존은행, 캐나다의 물고기 서식지 관리정책 등이 있다.

생태계서비스 지불제도는 자발적인 계약에 근거하여 특정 생태계 서비스의 수혜자가 공급자에게 서비스 이용에 대해 일정액의 대가를 지불하는 다양한 형태의 계약을 총칭하는 말이다. 보이지 않는 자연의 가치를 시장경제에서 시각화시켰다는 점에서 중요한 의미를 지닌다. 생태계 서비스가 지불되기 위해서는 서비스 수혜자와 공급자의 자발적인 매매, 서비스의 명확한 정의, 서비스 구매자의 존재, 서비스 공급자의 존재, 지속적인 서비스 공급의 보장이 필요하다. 이 제도는 1990년대 중반부터 도입되어 세계적으로 300개 이상의 프로그램이 운영되고 있다. 생태계서비스 지불제도를 정착시킨 대표적인 국가로 코스타리카가 있다. 코스타리카는 토지 소유자들에게 그들이 숲을 보호함으로써 제공하는 야생종 보호, 탄소 저장, 홍수 방지 등의 혜택에 대해 대가를 지불하기 시작했다. 1997년 이후 100만ha에 달하는 숲이 코스타리카의 생태계서비스 지불제도의 일부로 포함되었으며, 이를 통해 1980년대 국토의 20%에 불과하던 산림이 50%대로 증가한 바 있다.

환경정책 수립의 원칙

유엔 세계환경개발위원회는 1987년 브룬트란트 보고서Brundtland Report 〈우리 공통의 미래Our Common Future〉를 통해 인류가 재앙을 피하고 책임 있는 생활양식으로 돌아갈 수 있는 길을 모색하면서 유용한 개념을 제시했다. 바로 '지속가능발전'이다. 지속가능발전의 핵심원칙은 지속성, 형평성, 효율성이다. 생물다양성 보존 정책의 추진에서도 유의해야 할 개념이자 원칙이다.

즉 환경생태분야의 정책을 수립하는 데 있어서도 사전예방, 통합적 접근, 국제적 공조, 창조적 자세, 공생적 사고관이 중요하다. 우선 환경생태분야의 문제는 일단 발생하게 되면 그 영향이 크고 되돌리기 어려운 비가역성의 특성이 있다. 따라서 예방 정책이 더욱 중요하다. 둘째, 그동안 생물다양성을 비롯한 환경정책이 단기적 현안 해결 위주로 부처별로 분산되어 추진되는 과정에서 시너지 효과를 거두지 못하고 있는 점은 개선될 필요가 있다. 셋째, 생물다양성 관련 이슈의 근본적 접근에서는 국내와 더불어 국제적 관점과 동향을 고려하는 정책 수립과 추진이 필요하다. 넷째, 생물자원 다양성의 관점에서 새로운 생물의 출현은 새로운 기회가 될 수도 있다는 관점에서 이를 적극 활용하는 창조적 자세도 필요하다. 마지막으로 인간은 환경을 지배하는 존재가 아니라 생명과 함께 살아가는 생태계의 일원이라는 것을 잊지 말아야 한다. 공생적 존재로 환경을 바라볼 때 미래적 가능성도 동반될 수 있을 것이다.

환경생태 미래전략 방안

생물다양성 복원 문제는 단일한 정책으로 해결되기에는 매우 복합적인 사안이다. 전 지구적 기후변화로 인해 전반적으로 생물다양성이 위협받는 측면이 있고, 생물다양성 감소에 따른 온실가스 증가로 기후변화가 가속화되는 측면도 있기 때문이다. 따라서 정책 수립에 있어서도 이들 양방향의 상관관계에 대한 통찰을 통해 실효성 있는 접근을 해야 한다.

생물다양성 모니터 및 관리시스템 구축

한반도의 자생 생물종을 적극 발굴하여 국가생물종 DB를 구축하고 체계적으로 관리를 강화해야 한다. 생물종에 대한 DB를 제대로 갖추지 못해 자생종이 외국에 반출되고 거꾸로 고가로 역수입[1]되는 경우가 더 이상 없어야 할 것이다. 더불어 생물다양성과 국가 생명연구 자원정보에 대한 통합 DB를 구축하고 국내 DB뿐 아니라 해외 생물자원 DB와의 연계를 통해 유전자원 접근 및 이익 공유에 적극적으로 대처해야 한다. 구체적으로 한국생명공학연구원의 국가생명연구자원통합정보시스템KOBIS과 국가적 차원에서의 생물다양성 정보공유체계를 연계하여 통합시스템으로 확장해야 한다. 체계적인 관리와 모니터링 시스템은 ICT 분야와 생물다양성 분야를 접목하는 것이다. 세계 각국이 게놈, 생물자원 등 생명연구자원과 관련된 데이터를 구축하는 데 힘을 기울이고 있다는 점에 주목해야 한다. 향후 산업은 얼마나 많은 연구자원의 정보를 확보했느냐와 그것을 얼마나 빠른 시간 안에 처리할 수 있느냐가 국가 경쟁력으로 이어질 것이다.

또한 생태발자국ecological footprint 작성으로 생물다양성 훼손을 모니터해야 한다. '생태발자국'은 인간의 생산, 소비, 여가 활동이 생태계에 미치는 영향을 구체적인 수치로 환산한 지표이다. 이 지수를 통해 자연자원의 이용 강도를 사전에 파악할 수 있다면 무분별한 자원 남용을 방지하고 지속가능한 자원이용계획을 수립할 수 있다. 우리 사회의 생태발자국은 계속 증가하고 있는데, 여기에 제일 큰 부분을 차지하는 것이 바로 도시인구이다. 세계 총인구의 절반 정도가 도시에 살고 있으며 이들이 자원의 4분의 3을 소비하고 있다. 2050년까지 도시인구가 2배로 늘어날 것이며, 새로운 도시 기반시설을 위한 자원 수요도 막대하게 증가할 전망이다. 따라서 적극적인 모니터링과 관리 강화를 통해 생태계를 훼손시키지 않고 자원이 순환하는 공생형 도시를 만들어 가야 한다.

생물자원 보전과 생물자원 다양성 활용정책 강화

백두대간, 비무장지대와 접경지역, 도서 연안지역 등 자연환경이 우수한 지역은 생태계 보전지역으로 지정되어 별도의 정책으로 보전 관리하고 있다. 그러나 국토면적 대비 보호지역 비율이 10.3%에 그치고 있어 OECD 평균치인 16.4%에 못 미친다. 국제적인 환경성과지수EPI 평가에서도 우리나라는 132개국 가운데 43위인데 그중 생물군보호 부문은 96위이다. 인구과밀, 열악한 생태용량의 조건에서 산업화와 개발위주의 경제발전을 추진한 결과이다. 자연환경 보호지역을 더 확대하고 규정을 강화하는 등 보다 적극적인 보호정책을 펴야 한다. 특히 지금까지의 정부 정책은 멸종위기 종에 대한 복원사업에 주력하여 생물다양성 증진을 위한 서식처 복원 사업은 본격화되지 못했다. 생물종과 생태계를 모두 포함하는 생물다양성 사업을 강화해야 한다.

생물다양성 보전을 위해서는 멸종위기 종에 대한 보호 강화, 외래종 유입에 대한 인식 전환도 필요하다. 기후변화에 따라 유입되는 외래종은 궁극적으로 변화된 한반도 환경에 적응하여 주인이 될 것이다. 이를 다양성 측면에서 긍정적인 태도로 접근하여 새로운 활용방안을 찾는 노력도 병행해야 한다.

생물자원 이용 관련 과학기술 개발과 안전성 강화

환경생태분야는 바이오산업의 발전과 함께 미래 전략산업 분야이다. OECD는 2030년쯤에는 바이오기술이 세계경제를 선도하는 바이오경제시대bio-economy가 열릴 것으로 전망하고 있는데, 바이오경제에서는 생물자원의 확보가 매우 중요하다. 2002~2003년 새로 발견된 의약물질의 80%는 생물자원에서 유래한 것이다. 대표적 사례로서 주목朱木에서 항암제인 탁솔(Bristol-Myers Squib사, 1992년 미국 FDA 승인)을 개발하여 연간 1조 4,000억 원 이상의 매출을 올리고 있으며, 미생물에서 추출한 물질로 고지혈증을 치료하는 크레스토(AstraZeneca사, 2003년 미국 FDA 승인)도 연간 2조 2,000억 원 이상의 매출을 실현하고 있다. 신종플루를 치료할 수 있는 타미플루(Roche사, 1999년 미국FDA 승인)도 중국의 팔각열매에서 추출한 성분으로 만든 약품으로 연간 3조 원 이상의 매출을 달성했다. 생물다양성을 기반으로 하는 바이오기술산업biotechnology의 세계 시장규모는 2013년 330조 원에서 2020년에는 635조 원이 될 것으로 전망된다. 이는 연평균 성장률 9.8%를 뜻한다. 우리나라의 바이오시장 규모는 2013년 7.9조 원에서 연평균 11%씩 성장하여 2020년 16조 원 규모로 성장할 것으로 예측된다. 따라서 생물자원 이용에 대한 연구개발과 다양한 생산품 제조,

고부가가치화를 위한 기술 개발이 절실하다.

　나아가 유전자변형생물체Living Modified Organism, LMO 관련 기술개발은 바이오경제시대의 핵심 영역으로 경쟁이 치열해지고 있다. 예를 들어 추운 지방에서 자라는 감자를 온대 지방에서도 자랄 수 있게 유전자 변형을 시도하는 연구가 진행되고 있다. 온도가 높은 지역에서 키울 수 있는 감자가 나온다면 생산량의 획기적인 변화가 나타날 것이다. 한국생명공학연구원은 건조한 사막지대에서 경작이 가능한 고구마 개발에 성공하여 내몽골 쿠부치 사막에서 시범재배를 하고 있다. 개량된 고구마는 사막화 방지 및 황사 피해 감소는 물론 식량 문제까지 해결할 수 있을 것으로 기대된다. 또 의약품의 기능을 할 수 있는 식품에 대한 연구도 진행되고 있다. 이미 골든라이스golden rice의 경우 비타민A를 함유시키는 데 성공했다. 다양한 기능성 작물의 개발은 먹거리를 이용한 건강증진 및 질병치유 효과를 볼 수 있을 것으로 예측된다.

　생물다양성은 기술의 원천이 되기도 한다. 생물체의 특정 기능에 집중한 생체모방biomimics을 통해 새로운 기술을 만들어 낼 수 있는데 거미줄의 원리를 이용하여 만든 섬유로 탱크를 들어 올릴 정도로 강도가 우수한 방탄복을 만들어 내는 것이 그 예이다.

　더불어 바이오 기술에서 발생할 수 있는 잠재적 위험에 대한 대응체제도 갖추어야 한다. 우리나라는 LMO 생산을 하지 않지만 세계적으로 생산이 추진되고 있으며, 특히 미국이 많은 양을 생산하고 있다. 따라서 유전자변형생물체 관련 제품의 생산, 유통, 소비에 대해서는 안전성에 대한 과학적 입증을 통해 소비자들의 이해를 도모하는 노력도 필요하다.

통합적 정책 추진과 규제의 적절한 활용

사회를 환경과 생태자원을 고려하는 방향으로 바꾸기 위해서는 지속가능발전을 가능하게 하는 사회시스템으로의 전환이 전제되어야 한다. 생태계는 농업생태계, 해양생물계, 산림생태계 등으로 다양하여 여러 부처가 관리하고 있다. 미래창조과학부, 농림축산식품부, 산업통상자원부, 환경부, 해양수산부, 국토교통부, 식품의약품안전처 등 부처별 역할에 따라 정책을 수립하여 추진하고 있지만 종합적인 조정기능이 부족한 상황이다. 따라서 각 부처의 생물자원 보전 관리와 활용 정책을 통합조정하는 제도적 장치가 필요하다. 중앙과 지방정부간의 업무 분담 등을 포함한 효율적인 거버넌스 체제도 구축해야 한다.

국가 생물자원 관리를 위해서도 생물자원 확보, 보존, 관리, 이용을 일관성 있게 체계화하고 통합적인 생물자원 정책과 계획을 마련해야 한다.

또한 환경과 생태에 대한 문제는 각계각층과 긴밀하게 연결되어 있는 만큼, 이해관계자들의 참여를 촉구해야 한다. 지방정부뿐 아니라 NGO, 민간기업, 대학 등이 협력하여 관련된 정보를 공유해야 할 것이다. 경제적인 배상이나 인센티브를 적절하게 활용하여 시민참여를 확대하는 것도 좋은 방법이다. 예를 들어 우리나라에는 신용카드의 포인트 제도를 이용하여 친환경제품 구매, 에너지 절약, 대중교통 이용 등 친환경 생활을 실천하면 정부와 기업에서 포인트를 지급하는 그린카드 제도가 있다. 직접적인 포인트 혜택을 주면서 국민들이 실제 생활 속에서 환경을 생각하게 만드는 좋은 예라 할 수 있다. 다만 대국민 홍보나 포인트 적립 제품 수의 부족으로 확산에 한계가 있어 제도적 보완이 필요하다.

공감대 형성을 통한 인간과 자연의 관계 재정립

생태계 보전과 환경문제 해결을 위해서는 무엇보다 사회적 공감대 형성이 필요하다. 사람들이 생물다양성의 가치를 인식하고 보전과 지속가능한 이용을 위해 자발적으로 참여한다면 근본적인 해결방안이 될 수 있다. 예를 들어 벨기에의 경우 '나의 지구는 내가 살린다'는 캠페인을 통해 개인들로 하여금 긍정적인 영향을 미치는 작은 행동을 하도록 촉구하고 있고, 일본에서도 '나의 선언'이라는 프로그램을 통해 자신과 생물다양성의 관계를 인식하고 일상에서 개선할 수 있는 활동을 하도록 추진하고 있다. 인간이 생태계에 미치는 영향력에 대해 인식하고 이를 최소화하기 위해 노력할 때 생물다양성은 자연스럽게 보전될 수 있다.

국제협력 및 협약 대응체제 구축

생물다양성 손실을 줄이고 복원하는 방안에서는 생태네트워크의 개념이 중요하다. 이 개념은 유럽에서 시작되어 2001년부터 유럽지역의 생태네트워크 이니셔티브 42개가 활동을 시작했다. 국제생태네트워크는 국가별로 진행되던 개별 서식처와 생물종의 보전, 복원 방식에서 탈피하여 인접국가간의 연결 측면에서 생물종과 서식처를 어떻게 보전할 것인가를 다루고 있다. 따라서 국제사회의 과학기술 협력을 위한 노력도 중요하다. 생물다양성협약의 핵심 내용인 국가생물다양성전략 수립과 집행에 필요한 과학기술정보를 구축해야 하고, 나아가 선진국과 개도국 사이의 과학기술 네트워크 구축도 이루어져야 한다. 개도국들은 생명연구자원을 풍부하게 보유하고 있는 만큼 현지 생명연구자원 관리, 보전시설 구축과 인력양성 지원, 기술교류, 노하우 이전 등

공적개발원조 사업 추진을 통해 개도국 자원의 공동발굴과 확보를 위한 발판을 마련해야 한다.

특히 국토분단이라는 특수 안보상황으로 만들어진 한반도의 DMZ는 개발의 손길이 미치지 않아 천연 생태자원 보존공간이 되었다. 이러한 미개발의 자연적 공간을 이용하여 생물다양성 증진과 한반도 평화정착을 위한 협력사업을 창출하는 것은 환경적 측면을 넘어 여러 가지 의미가 있다. 생태계 보전을 주제로 대화하고 협력한다면 환경을 주제로 하는 남북협력의 새로운 가능성을 열 수 있을 것이다.

2 온난화기후전략

2015년 12월 제21차 유엔기후변화협약UNFCCC 당사국 총회에서 타결된 파리협정은 기후변화를 방치할 경우 국제사회가 공멸할 수 있다는 위기의식의 산물이다. 기후변화는 지역 분쟁과 난민 증가의 원인으로 지목되는 등 지구촌의 안녕과 평화를 위협하는 '가장 두려운 대량살상무기'에 비유되기도 한다.[2] 2016년 1월 세계경제포럼WEF이 작성한 〈세계위험보고서 2016the Global Risks Report 2016〉는 세계경제를 위협하는 최대 위험요인으로 '기후변화 대응 실패'를 제시하기도 했다.[3] 기후변화는 물 부족이나 식량난, 경기둔화, 사회통합의 약화, 치안 불안과 같은 사안보다 훨씬 큰 위험요인이라는 것이다. 세계경제포럼 연차총회에 앞서 매년 작성되는 세계위험보고서에서 '기후변화 대응 실패'가 위험도 1위로 평가된 것은 이번이 처음이다. 이처럼 기후변화야말로 세계가 직면한 최대 위험이라는 인식이 없었더라면 파리협정은 탄생할 수 없었을 것이다.

신기후체제의 의미

2020년 만료되는 교토의정서를 대체할 파리협정은 새로운 국제협약으로서 이제 전 세계가 신기후체제에 돌입해야 함을 의미한다. 기존의 합의문인 교토의정서가 선진국에만 적용되었다면 2020년 이후의 기후변화 대응을 담은 파리협정은 선진국뿐 아니라 개도국에도 온실가스 감축 의무가 보편화되는 국제적 합의라는 점에서 차이가 있다.

파리협정 타결은 '시장의 승리'

파리협정 타결의 원동력으로 거론되는 요인은 또 있다. 그것은 바로 세계 자본주의의 변화된 현실이다. 많은 전문가들은 파리협정을 '시장의 승리'로 평가한다. 저탄소경제 쪽으로 방향을 튼 기술, 금융, 시장의 흐름이 파리총회를 성공적으로 이끌었다는 것이다. 철강, 석유화학 등 탄소를 많이 배출하는 일부 업종들을 제외하면 세계의 주요 기업들은 오래 전부터 보다 강력한 탄소 배출 규제를 요구해왔다. 미국에서 223개 대기업들이 오바마 행정부의 강력한 탄소규제정책인 청정전력계획Clean Power Plan에 지지의사를 표명한 것이 대표적인 예이다.[4] 구글, 마이크로소프트, 지멘스 등 500여 개 기업들과 11조 달러 이상의 재원을 움직이는 170여 개 투자기관들은 파리총회 직후 '파리 서약the Paris Pledge for Action'에 서명함으로써, '지구 기온 상승폭을 산업화 이전 대비 2℃ 이내로 억제'한다는 국제사회의 목표 달성에 적극 참여하겠다고 선언했다.[5] 2016년 6월 현재 제품 생산과 유통 등에 필요한 에너지의 100%를 재생에너지로 공급하겠다고 선언한 글로벌 기업 수는 68개에 이른다.[6]

이와 같은 기업들의 움직임은 재생에너지를 비롯한 저탄소기술이 시장을 움직이는 강자로 등극했음을 보여주는 것이다. 실제로 파리총회에서 스포트라이트를 가장 많이 받은 스타는 재생에너지였다. 이른바 '재생에너지 트랙renewable energy track'의 일환으로 촘촘하게 배치된 세미나와 포럼에서 참석자들은 가격 경쟁력, 기후변화 대응, 일자리 창출, 공동체 발전 등 모든 면에서 재생에너지가 가장 유리한 에너지원임을 증언했다. 금융시장에서 저탄소 투자에 드는 자본비용이 크게 낮아지면서 '한계비용 제로 시대'가 열릴 것이라는 기대감도 커지고 있다. 한계비용이란 제품이나 서비스를 하나 더 생산할 때마다 들어가는 추가 비용을 말한다. 태양광, 풍력, 지열 등 재생에너지는 초기 시설비만 들이면 에너지원 공급 비용은 제로에 가깝다. 브라질, 남아공, 미국, 중국, 유럽의 많은 국가들에서 풍력은 이미 가장 값싼 에너지원이라는 평가를 받고 있다.

화석연료 시대에서 재생에너지 시대로

파리협정문은 2020년 이후 출범 예정인 신新기후체제에서 국제사회가 지켜야할 제반 규범을 담고 있다. 2020년 말까지는 선진국들의 의무감축을 규정한 교토의정서의 제2차 공약기간(2013~2020년) 설정이 그대로 유지된다. 파리협정이 신기후체제에 대한 195개 국가의 협상 결과물이라면, 교토의정서는 구舊기후체제를 대변하는 법적 문서이다.

교토의정서와 파리협정 사이에는 근본적인 차이가 존재한다. 교토의정서는 온실가스 감축에 초점을 맞추고 37개 선진국들의 감축목표를 하향식으로 설정했다. 한국, 중국, 인도 등 유엔기후변화협약에서 개발도상국으로 분류된 국가군에는 적용되지 않는다. 반면 신기후체제는 선진국과 개도국 모두에게 적용되는 포괄적인 체제이다. 신기후체제에서는 감축, 적응, 재정, 기술, 역량배양, 투명성 등 주요 과제를 각 국가가 제출하는 '국가 기여Nationally Determined Contributions, NDCs'에 기초해 다루게 된다.[7]

파리협정문은 이번 세기 말까지 산업화시대 이전 대비 지구 평균기온 상승폭을 2℃보다 훨씬 아래로 유지하며, 1.5℃ 상승 억제를 위해서 노력한다는 목표를 제시하고 있다. 지구 기온 상승폭을 2℃ 이내로 제한하는 것과 1.5℃ 이내로 억제하는 것의 차이는 크다. 무엇보다도 화석연료 퇴출 시점이 달라진다. '기후변화에 관한 정부간 협의체IPCC'의 제5차 보고서에 따르면, 지구 기온상승 폭을 2℃ 이내로 억제하려면 세계 온실가스 배출량을 2050년까지 2010년 대비 40~70% 범위에서 줄여야 한다. 또한 2070~2080년경에는 화석연료 이용을 전면 중단해야 한다. 1.5℃ 상승 억제를 위한 감축경로에 대해서는 아직 연구가 충분히 이루어지지 않았다.[8] 일부 과학자들은 1.5℃ 목표를 달성하기 위해서는 전 세계가 늦어도 2050년경에는 화석연료 이용을 중단해야할 것으로 전망하고 있다.

파리협정에 담긴 내용에서 가장 주목해야할 것은 5년 주기의 '래칫latchet' 메커니즘이다. 주기적인 갱신을 통해 온실가스 감축목표를 강화해가는 방식으로서 전진만 가능할 뿐 후퇴는 허용되지 않는다. 기업들이 투자계획을 세울 때 중요한 것은 시장이 어떤 방향으로 움직일 것인가에 대한 판단이다. 래칫 메커니즘은 기업들에게 저탄소산업에 투자하라는 강력한 신호를 보낸 것으로 해석될 수 있다.

파리협정 이전과 이후의 세계는 분명히 다를 것이다. 문명사적으로 볼 때 파리협정은 화석연료시대에서 재생에너지 시대로의 이행을 서둘러야 한다는 신호를 보낸 것으로 풀이된다.[9] 벌써부터 전문가들은 엑슨 모빌, 셸, BP 등 글로벌 기업들이 파리협정 타결 가능성과 재생에너지의 부상 속도를 과소평가해 화석연료를 과잉생산하고 있다는 분석을 내놓고 있다. 분석에 따르면 2025년까지 화석연료 산업에서 약 2조 달러 규모의 좌초 자산stranded assets이 발생할 가능성이 크다.

파리협정은 '끝'이 아니라 '새로운 시작'으로 보아야 한다. 파리협정을 통해 '저탄소경제로의 전환'이라는 방향이 결정된 이상 이제부터는 세부이행방안 마련이 관건이라는 의미이다. 지난해 당사국들이 유엔에 제출한 감축목표를 종합하면, 모든 국가가 감축목표를 차질 없이 달성할 경우에도 지구 평균기온은 산업화 이전 대비 2.7~3℃ 상승할 것으로 분석된다. 이는 1.5℃는 물론 2℃ 목표와도 괴리가 크다. 이처럼 '목표'와 '현실' 사이에 존재하는 간극은 당사국들이 5년마다 '국가기여NDCs'를 갱신하는 과정에서 감축목표 상향조정 압력이 거세질 것이라는 사실을 암시하고 있다.

국내외 기후변화 대응 동향

파리협정 타결로 화석연료 퇴출이 가시화하면서 주요 국가들의 움직임도 빨라지고 있다. 미국은 2030년까지 발전부문에서 2005년 배출량 대비 32% 감축한다는 목표를 담은 '청정전력계획Clean Power Plan'을 수립해 추진하고 있다. 유엔에는 2025년까지 2005년 배출량 대비 26~28% 줄인다는 국가감축목표를 제출했다. 미국 에너지정보청Energy Information Administration, EIA에 따르면, 2015년 미국 내에서 건설된 신규 발전설비의 3분의 2는 태양광과 풍력이었으며 석탄발전에 대한 투자는 전무했다. 최근 공화당 소속을 포함해 17개 주 지사들이

'재생에너지 확대 공동선언'에 서명하는 등 미국의 주 정부들은 석탄 사용을 줄이고 천연가스와 재생에너지 이용을 늘리는 쪽으로 빠르게 방향을 선회하고 있다.

중국에서는 2014년부터 2년째 석탄소비량이 감소하고 있다. 국가발전개혁위원회NDRC와 국가에너지청NEA은 대기오염을 줄이기 위해 약 200기의 석탄발전소 건설계획 허가를 취소하거나 유보할 예정이다. 2015년 중국에서 이루어진 청정에너지 투자액은 1,110억 달러로 최고치를 기록했다.[10] 중국 정부가 2016년 3월 발표한 제3차 경제발전 5개년계획은 국가 온실가스 감축목표를 탄소집약도 기준으로 2020년까지 2005년 대비 40~45% 감축에서 48% 감축으로 상향조정했다. 전문가들의 분석에 따르면, 중국은 지난해 발표했던 2030년 감축목표(탄소집약도 기준 2005년 대비 60~65% 감축)도 조기 달성할 가능성이 크다.

유럽연합EU의 경우, '2030년 기후에너지 패키지Triple 2030'를 통해 1990년 대비 40% 감축계획을 발표하며 기후변화 대응 선도지역의 위상을 유지하고 있다. 2013년 유럽연합 28개 회원국들은 1990년 배출량 대비 21.2% 감축함으로써, 2020년 감축목표(1990년 배출량 대비 20% 감축)를 7년 앞당겨 달성하는 성과를 거두었다. 최근 영국의 유럽연합 탈퇴Brexit 결정이 유럽연합의 기후정책에 어떤 영향을 미칠지는 미지수이지만, 국제사회의 기후변화 대응을 선도해왔던 유럽연합의 위상에는 변화가 없을 것이라는 전망이 지배적이다.

파리협정 타결로 신기후체제 출범이 가시화하면서 우리나라는 과거의 패러다임으로는 해결할 수 없는 새로운 도전에 직면하게 됐다. 우리나라는 OECD 회원국이자 G20 회원국이며 2015년 GDP 규모는 세계 11위이다. 국제통화기금IMF은 한국을 선진경제국advanced economies으로, 경제협력개발기구OECD는 고소득회원국high-income OECD members으로, 세계은행World Bank은 고소득경제국high-income economies으로 분류하고 있다. 2013년 한국의 온실가스 배출량은 세계 8위, 연료 연소에 의한 이산화탄소 배출량은 세계 7위이다. 1990년부터 2013년까지 온실가스 배출량 증가율은 137.6%로 OECD 국가 중 2위로 추정된다.[11] 2013년 1인당 온실가스 배출량은 13.9톤CO2eq.이며, 연료연소에 의한 1인당 CO2 배출량은 11.9톤CO2/명으로 전 세계 국가 중 17위, OECD 회원국 중에서는 6위를 차지한다. GDP당 연료연소에 의한 CO2 배출량은 0.50kg CO2/US달러로 분석이 가능한 150개 국가 가운데 66위이다. 배출량이 가장 많은 에너지 분야의 배출량은 국가 총배출량의 87.3%를 차지하고 있다.

온실가스 배출량 증가추세가 지속되면서 국제사회의 평가는 나빠지고 있다. 저먼워치Germanwatch와 유럽기후행동네트워크CAN Europe가 매년 58개국을 대상으로 분석해 발표하는 국가별 기후변화대응지수 CCPI에 따르면, 2011년 31위였던 한국의 순위는 매년 하락을 거듭해 2016년에는 최하위권인 54위로 평가되었다.[12]

2009년 우리나라는 2020년까지 배출전망치BAU 대비 30% 감축한다는 내용의 국가 중기 온실가스 감축목표를 발표했으며, 2015년 6월에는 2030년 감축목표를 배출전망치 대비 37% 감축하는 것으로 최종 결정했다.[13] 이는 국내 감축목표 25.7%에 국제 탄소시장 메커니즘 IMM을 활용한 온실가스 감축분 11.3%를 추가한 결과이다. 하지만 산업부문 감축률은 12% 수준을 초과하지 않도록 했다.[14]

한편 2016년 5월 열린 국무회의에서는 국가 온실가스 감축목표 등이 명시되어 있는 '저탄소 녹색성장 기본법' 시행령과 '온실가스 배출권의 할당 및 거래에 관한 법률' 시행령 개정안을 심의·의결했다.[15] 이로써 국무조정실이 기후변화 정책의 컨트롤 타워로서 부처별 온실가스 감축 목표를 총괄하고 4개 부처가 온실가스 감축을 위한 집행 업무를 담당하게 되었다. 또한 환경부가 담당해왔던 온실가스 배출권거래제 운영은 기획재정부와 4개 소관부처로 전환하고, '저탄소 녹색성장 기본법' 시행령 제25조는 2020년 온실가스 감축목표를 2030년 목표로 대체하는 방향으로 개정되었다.[16]

신기후체제에 대비하는 국가 미래전략과 실행방안

2020년 이후 신기후체제의 출범을 앞두고 각국은 경제성장정책을 새롭게 짜야 하고, 산업구조와 생산방식의 틀을 완전히 바꿔야 할 것으로 예상된다. 관건은 경제성장과 온실가스 감축이라는 2가지 과제를 동시에 충족시키는 탈동조화decoupling의 실현 여부이다. 그런 점에서 기후변화 대응의 핵심은 온실가스 감축과 경제성장을 동시에 달성할 수 있는 경제경로economic pathway에 주목할 필요가 있다. 탈동조화를 실현하는 경제경로를 유지하기 위해서는 기후변화 대응이 성장률과 고용 등 주요 거시경제지표에 미치는 영향에 대한 분석이 선행되어야 한다. 기술혁신과 생산구조 재편에 대한 현실적 가능성을 기업들이 확신할 수 있어야 하며, 이에 수반되는 비용을 부담으로 여기지 않고 투자로 받아들일 수 있도록 유도해야 한다.

정책 일관성 유지와 혁신적인 정책조합 추진

경제 주체들의 입장에서 가장 중요한 것은 정책의 일관성을 유지하는 것이다. 기업의 저탄소 경영과 기술혁신을 유도하기 위해서는 탄소가격신호와 같은 장기적이며 지속적인 정책 시그널이 제공되어야 한다. 조세 및 보조금 제도 개혁을 통한 에너지 상대가격 교정, 탄소세, 배출권거래제 등 혁신적인 정책조합policy mix을 통해 "시장가격이 생태적 진실을 반영하도록(market prices must tell the ecological truth)" 해야 한다. 궁극적으로는 경제, 사회, 정치, 기술, 문화 전반을 재설계하는 '국가 리셋' 수준의 변화가 필요하다.

법·제도적 기반강화 및 기후에너지부 신설

신기후체제를 준비하기 위해서는 '저탄소 녹색성장 기본법' 등 기후변화 및 에너지 관련 법과 제도를 가다듬고 기후에너지부 신설을 검토해야 한다. 우리나라의 대표적인 기후변화 법령인 '저탄소 녹색성장 기본법'에서는 파리협정 타결 이후 변화된 현실이 충분히 반영되어 있지 않으며, 관련 계획의 이행상황 점검, 평가, 보고 규정이 결여되어 있고 기후변화 '완화'와 '적응' 사이에 심각한 불균형이 존재한다. 따라서 '저탄소 녹색성장 기본법'이 신기후체제 대응에 걸맞은 내용을 담고 있는지 면밀하게 검토해 개정 또는 신규 법령 제정을 추진할 필요가 있다.

이와 함께 기후에너지부 신설도 적극적으로 고려되어야 한다. 기후변화정책과 에너지정책의 통합 필요성과 에너지정책이 산업정책의 하위요소로 되어있는 현실을 고려했을 때, 국무조정실이 기후변화 정책의 컨트롤 타워를 맡게 되었다 해도 기후변화 대응에 대한 통합적인 접근과 일관성 있는 정책 추진이 가능할 지는 미지수이다. 국무조정실의 실질적 영향력이 극히 제한적임을 감안할 때 현재 환경부와 산업통상자원부의 업무를 재조정해 기후, 환경 및 에너지 부문을 총괄하는 부처를 마련할 때가 되었다. 특히 기후, 환경과 에너지 등 일견 상충하는 업무를 한 부서에서 담당함으로써 부처 간 갈등과 마찰을 줄이고 신기후체제 대응이 국가의 핵심전략으로 자리잡을 수 있도록 미래지향적인 정부의 준비 작업을 서둘러야 할 것이다.

사회적 공론화와 기후 거버넌스 확대

기후변화에 제대로 대응하기 위해서는 모든 경제 주체, 다시 말해 모든 이해당사자 집단의 적극적인 참여가 필요하다. 파리협정 타결을 전후로 국제사회는 '기후행동을 위한 비국가행위자 플랫폼Non-State Actor Zone for Climate Action, NAZCA'을 구축하는 등 지방자치단체, 기업, 시민사회의 역할을 강조하고 있다.[17] 이해당사자들의 적극적인 참여를 이끌어내기 위해서는 기후변화 대응의 실질적인 주체는 중앙정부가 아니라 지방자치단체, 기업, 시민들이라는 사실을 명확하게 인식해야 한다. 기후변화 관련 정보를 투명하게 제공하고 주요 정책결정이 거버넌스 구조에서 개방적이고 숙의적인 과정을 통해 이뤄져야 한다.

절대량에 기초한 감축목표 설정

우리나라의 2030년 국가 온실가스 감축목표(배출전망치 대비 37% 감축)는 상대적인 수치에 기초하고 있다. 하지만 배출전망치는 전망 시점에 따라 다를 수밖에 없고 그에 따라 절대적인 감축목표량도 변화하기 때문에 상대적인 감축목표는 배출권거래제를 운영하는 국가의 감축목표로는 부적절하다는 지적이 꾸준하게 제기되어 왔다. 산업계의 기후변화 대응에 있어서도 가장 큰 걸림돌이 '정책 불확실성'이라는 점을 생각하면, 배출전망치에 기초한 상대적인 감축목표는 절대량에 기초한 목표로 전환하는 것이 바람직하다.

에너지 수요관리의 획기적 강화

수요관리는 목표의 적정성 외에도 목표 달성을 위한 이행수단의 실제 적용 여부와 적용 시기가 중요하다. 따라서 에너지 수요관리 목표량에 대한 성과계량 및 이행감시 체계가 마련되어야 하며, 제2차 에너지기본계획이 나아가야 할 방향으로 제시하고 있는 전기·비非전기간 소비왜곡 개선을 위한 에너지 세제 개편, 환경·사회적 비용 반영, 계절별·시간대별 차등요금제, 최대피크 요금제 등 수요관리형 요금제 확대 등을 실현할 수 있는 로드맵이 작성되어야 한다.[18]

전력수급정책의 혁신

전력생산에서는 연료전환을 통해 온실가스 배출이 적은 발전원 확대가 중요하다. 석탄 사용을 줄이고 천연가스와 신재생에너지 비중을 높이는 것이 대안이 될 수 있다. 국내에서는 총 53기의 석탄화력발전소가 운영되고 있다. 또 11기가 건설 중이며, 추가로 9기의 석탄화력발전소 건설 계획이 세워져 있다. 높은 전력예비율로 인해 천연가스발전소의 가동률이 20%대로 떨어져 있는 현실을 고려할 때 석탄화력발전소 신규 건설을 중단하고 가동 중 석탄화력발전소의 발전 총량한도 설정 등에 대한 적극적인 검토가 이루어져야 한다. 신재생에너지 지원예산을 증액하고 신재생에너지공급의무화제도RPS와 발전차액지원제도FIT의 병행을 검토하는 등 신재생에너지 보급 및 지원제도를 획기적으로 개선해야 한다.

배출권거래제 개선

2015년 배출권거래제 운영 결과를 바탕으로 시장 원리와 온실가스 감축에 부합하는 방향으로 제도를 개선해야 한다.[19] 시장 원리에 어긋나는 배출권 가격 상한기준은 철회되어야 하며, 배출권 공급과잉 시 대책도 마련되어야 한다. 또한 유상할당 비율을 점진적으로 높일 필요가 있다. 유상할당은 '원인자부담원칙'에 부합하며, 과잉할당 및 우발이익의 발생 가능성을 최소화할 수 있고 수익을 녹색기술 개발 및 투자에 활용할 수 있다는 이점이 있다.

비산업부문 온실가스 감축 방안 마련

비산업부문은 국가 온실가스 총배출량 가운데 44.8% 가량을 차지하고 있어 비산업부문의 감축 없이는 국가 감축목표 달성이 불가능하다. 또한 국민의 삶과 직결된 분야로서 정책 체감도가 높고 참여 의지가 중요한 분야로 평가된다. 비산업부문의 온실가스 감축은 일회성이거나 단속적인 것이 아니라 내재화 또는 제도화를 통해 인식과 행동이 지속되는 실천방안 마련이 중요하다. 저탄소 생활은 강요된 의무가 아니라 삶의 질을 높이는 수단이라는 인식을 확산할 필요가 있다.

저탄소 기술 및 산업 투자와 지원 확대

온실가스 감축정책 못지않게 중요한 것은 감축기술을 확보하는 것이다. 파리협정 타결 이후 저탄소 기술에 대한 투자는 지속적으로 증가할 것으로 전망된다. 국제에너지기구IEA에 따르면, 기후변화를 막기 위해서는 2030년까지 에너지 분야 대책과 저탄소 기술개발에 총 13조 5,000억 달러의 투자가 필요하다. 에너지신산업을 포함하여 저탄소기술의 국내 실용화 수준에 대한 객관적인 평가 및 개발 로드맵 작성이 중요하다.

사회적 공론화 기구 구성

신기후체제를 준비하기 위해서는 사회적 논의기구를 구성해 국민적 공감대를 넓혀가야 한다. 그동안 정부가 정책을 하향식으로 추진하면서 드러난 한계를 극복하기 위해서는 신기후체제에서 우리나라에 주어진 책임과 기회, 온실가스 감축목표 달성 및 기후변화 적응방안, 에너지 및 전력 믹스 등을 숙의할 수 있는 논의기구 구성이 필요하다. 특히 석탄화력, 원자력 등 중앙집중형 전력시스템에서 태양광, 풍력, 바이오매스 발전과 같은 분산형 전력시스템으로 전환하는 과정에서 기업과 국민들이 감당할 부담 등에 대한 논의가 선결적으로 이루어져야 한다.

이같은 논의기구에는 앞서 제시한 기후에너지부의 역할과 마찬가지로 기후, 환경 및 에너지 부문의 상충 가능성이 높은 다양한 분야의 전문가들과 시민단체 및 기업 대표들이 참여해야 할 것이다.

3

환경/인구/자원 분야 미래전략
저출산대응전략

인구변천이론demographic transition theory에 따르면 인구동태율은 고高사망-고高출산에서 고高출산-저低사망, 그리고 저低출산-저低사망으로 변화한다. 보건수준 향상과 의료기술 발달에 따라 사망률은 감소하는데 출산율이 여전히 높았던 시기에는 필연적으로 인구가 급격하게 증가했다. 인위적인 피임법이 일반적으로 이용되기 시작한 19세기 후반부터는 유럽 국가들을 중심으로 출산율이 낮아지기 시작했으며, 20세기 중반에는 유럽국가 대부분 합계출산율(15~49세 가임기 여성의 평균 예상 자녀수)이 인구대체수준(합계출산율 2.1명) 이하로 낮아지는, 이른바 제2차 인구전환the second demographic transition을 겪었다. 20세기 후반부터는 대부분의 선진국에서 사망률이 계속 감소하는 동시에 합계출산율이 인구대체수준 이하에서 지속되는 저출산 현상이 이어지고 있다.

한국도 시작은 늦었지만 급격한 인구변천을 겪었다. 한국전쟁 이후 베이비붐 현상이 나타나고 보건의료수준의 향상으로 사망률이 빠르게 감소하면서 1950년대 후반과 1960년대 초에 인구가 매우 빠르게 증가했다. 당시 인구증가율은 거의 연평균 3% 수준에 육박했다. 1960년대 초 경제 발전을 도모하기 위해 인구 증가를 억제할 필요가 있었으므로, 제1차 경제개발5개년계획부터 가족계획사업을 강력히 실시한 바 있다. 그 결과, 경제사회 발전과 더불어 정책의 효과로 출산율이 급격하게 낮아지기 시작했다. 1960년 당시 6.0명에 이르렀던 합계출산율은 1983년에 인구대체수준 이하로 낮아졌으며, 1998년에는 처음으로 1.5명 미만으로 낮아졌다. 21세기에 들어서도 합계출산율은 계속 낮아져 2001년에 처음으로 1.3명 미만으로 낮아졌고, 2005년에는 1.08명으로까지 떨어졌다. 이후 합계출산율은 다소 높아졌으나 여전히 1.3명 미만(2014년 1.21명, 2015년 1.24명) 수준으로 초저출산(1.3명 이하) 현상이 지속되고 있다.

저출산 현상은 필연적으로 인구규모 감소와 인구구조의 고령화로 이어지게 마련이다. 특히 저출산 현상이 장기적으로 지속되는 경우 인구 감소와 인구 고령화가 동반된다. 통계청(2011)에서 실시한 인구추계에 따르면, 우리나라 인구는 2015년 5,062만 명에서 2030년 5,216만 명까지 증가하며, 이후 감소세로 전환하여 2060년에는 4,396만 명으로 줄어들 전망이다. 인구는 가속적으로 감소하여 2083년에는 약 3,400만 명에 이를 전망이다.[20] 총인구 중 노인인구(65세 이상)의 비율은 2015년 13.1%에서 2018년 14%(고령사회)를 지나 2026년 20%(초고령사회), 2060년 40.1%로 높아질 것으로 예측된다. 특히 노인인구 중에서도 85세 이상 후기 고령인구가 빠르게 증가하여 노인인구의 고령화는 더욱 심화될 것이다.

이와 같은 저출산과 고령화 현상은 경제사회적으로 부정적인 영향을 미칠 것이다. 우선 생산가능인구 감소로 노동력이 부족해지고, 노동력 고령화로 노동생산성도 낮아질 것이다. 구매력이 큰 노동계층이 줄어들면서 내수시장이 위축되고, 그로 인해 확대 재생산이 이루어지지 않아 경제 성장이 둔화될 수밖에 없다. 반면 노인인구가 급격하게 증가하면서 연금, 건강보험 등 사회보장 지출이 빠르게 늘어나지만, 이들을 부양해야 할 노동가능인구는 급격하게 줄어들어 사회보장부담이 높아진다. 학령인구 감소로 학교인프라(인적, 물적)의 수급 불균형이 발생하고, 병력자원 역시 부족해져 국가안보에도 위협 요인이 된다. 결국 저출산과 고령화는 미래 사회의 지속가능한 발전과 개인 삶의 질에 위협이 될 것이다.

저출산 현상에 대응하는 단계별 인구전략

장기적으로 지속되는 저출산 현상은 일차적으로는 인구학적인 측면에 영향을 주지만, 이는 결국 사회경제적으로 노동력 부족과 사회보장 부담을 촉발하게 될 것이다. 노동력 부족과 사회보장 부담은 상호 긴밀하게 연계되어 있다. 다시 말해, 노동력 부족 문제가 해소되면 내수시장도 원활하게 작동하고 경제도 지속적으로 성장할 수 있으며, 그 경우 사회보장 부담의 문제도 어느 정도 완화될 것을 기대할 수 있다. 이러한 맥락에서 저출산 현상에 따른 문제에 체계적으로 대응하기 위해서는 인구학적 접근과 경제사회문화적 접근이 통합적이고 체계적으로 이뤄져야 한다.

우리나라의 노동력 공급 부족은 2030년대에 본격화되고, 2040년대에 들어서면 더욱 심화될 것으로 추정되고 있다. 이에 근거해보면,

저출산과 고령화 현상에도 불구하고 우리가 당장 노동력 부족 문제를 겪지는 않을 것이다. 그러나 문제는 약 20년 후부터 본격적으로 시작될 미래 노동력 부족은 과거, 현재뿐 아니라 미래의 출산수준과 직접적으로 연관되어 있다는 것이다. 인간은 적어도 20년 간 성장한 후에야 노동시장에 진입하고 본격적인 사회활동을 할 수 있기 때문이다.

노동력 부족과 그로 인한 내수시장 위축, 경제성장 둔화, 노동계층의 사회보장 부담 증가, 사회 갈등 등을 방지하거나 완화하기 위해 현시점에서, 그리고 중장기적으로 실천해야 할 과제들과 이행전략을 살펴본다.

단기 전략

단기적인 관점에서의 인구전략은 지금부터 본격적으로 수립 및 이행해야 한다는 의미이지만 실질적으로는 미래에도 계속 노력해야 한다는 점에서 중장기적인 관점도 내포하고 있다. 이러한 인구전략은 출산력을 회복하여 적정인구나 안정인구를 유지할 수 있는 합계출산율 수준(인구대체수준)을 지속시켜야 하는 것이다. 왜냐하면 한국사회가 존속하는 한(또는 미래에 로봇 등 기술이 발전하더라도) 필요한 노동력을 항시적으로 유지하기 위해서는 적정 수준의 출산율이 유지되어야 하기 때문이다. 관련 연구들은 적정인구 유지를 위해 2045년까지 합계출산율을 1.8명으로 회복시켜야 하며, 궁극적으로 인구감소와 인구고령화를 방지하기 위해서 인구대체출산율인 합계출산율을 2.1명으로까지 높여야 한다고 제시하고 있다. 이러한 전략의 사례는 일본에서도 찾아볼 수 있다. 2015년 아베 신조 일본 총리는 2050년까지 일본 인구를 1억 명 수준으로 유지하기 위해 합계출산율 목표를 1.8명으로 설정한 바 있다. 그러나 합계출산율이 단기간에 급격하게 높아진 사례는 세계적으로 거의 찾아볼 수 없다. 결국 지금부터 합계출산율을 높이기 시작하여 장기적으로 일정한 목표출산율에 도달하도록 노력해야 한다는 것을 뜻한다.

중기 전략

중기적 관점에서의 인구전략은 앞서 살펴본 합계출산율 회복 수준을 조건으로 하는 전략이라고 할 수 있다. 합계출산율을 높이기 위한 노력에도 불구하고 미래에 요구되는 수준까지 달성하지 못할 경우 채택할 수 있는 보충 전략인 셈이다. 즉 우리 사회가 보유한 유휴 잠재 인력을 적극적으로 활용하는 것인데, 여성 고용률과 고령자 고용률을 높이는 것이 대표적인 방법이다.

우리나라 여성의 고용률은 50% 수준으로 OECD 국가들에 비해 낮으며, 스웨덴(70% 이상) 등 일부 국가들과 비교하면 아주 낮은 수준이다. 한국 여성의 경제활동참가율이 향후 20~30% 포인트 정도 높아질 가능성이 있다는 점을 고려하면 여성 고용률 제고 노력은 역설적이게도 출산율 회복이 더딜 경우 오히려 효과를 거두게 되는 결과를 도출하게 될 것이다.

또 다른 유사한 전략은 고령자를 보다 오랫동안 노동시장에서 활동할 수 있도록 하는 것이다. 인구사회학적으로 현재 노인세대를 바로 이어갈 미래 노인세대인 베이비붐 세대(1차적으로 1955~1963년생에 해당되며, 보다 넓은 의미로는 2차 베이비붐 세대인 1974년생까지 포함)는 학력, 직업력, 건강 등의 측면에서 상대적으로 월등한 것으로 평가되고 있다. 현재는 대규모(약 1,700만 명)인 베이비붐 세대 대다수가 노동세대로 남아 있는 가운데 청년세대의 실업 상황과 맞물리면서 문제가 발생하고 있으나, 이들 베이비붐 세대가 일을 그만두기 시작하면 노동력이 급격하게 줄어들게 된다. 따라서 향후에도 출산율이 크게 개선되지 못하거나 더디게 높아질 경우에는 노동력 부족 대응을 위해 경제활동 의지가 높은 미래 고령자 세대들을 노동시장에 더 오래 남아 있도록 하는 전략이 유효할 수 있다. 고령자들이 연금, 건강보험 등 사회보장 부담을 가중시키지 않고 대신에 노동활동을 계속 유지함으로써 노동력 부족을 완화시킬 뿐 아니라 세금과 보험료를 납부하고, 개인적으로 육체적·정신적 건강을 유지할 수 있다는 점에서 매우 중요한 의미를 가진다.

여성, 고령자 등 국내 유휴 잠재인력을 적극적으로 활용하는 전략은 저출산 현상과 무관하게 사회 변화에 따라 반드시 추구해야 할 일이기도 하다. 다만 유휴 잠재인력의 활용은 노동력 부족 시기에 더욱 중요한 역할을 할 것이며, 이를 위해서는 경제사회적 기반 구축과 지원체계가 전제되어야 할 것이다.

장기 전략

보다 장기적 관점에서 저출산 현상으로 인한 노동력 부족에 대응하기 위한 인구전략으로 이민정책을 들 수 있다. 이 전략은 이민자 유입의 사회문화적 파급효과를 고려하면서 다른 조건들과 결부하여 채택 여부를 신중하게 결정해야 할 것이다. 중소기업의 인력난을 고려하면 지금부터라도(이미 과거부터 산업연수제도, 고용허가제 등을 통해 단기적으로 유입) 외국인 근로자 유입을 추진할 필요가 있다. 그러나 이민자의 대규모 유입정책은 당장 필요한 현실적인 문제라기보다는 미래 출산율 회복 수준과 국내 유휴잠재인력 활용도 등의 상황을 면밀히 관찰하면서 결정해야 할 사안이다.

또 하나 장기적으로 고려해야 할 사안은 통일시대의 인구예측과 인구전략이다. 통일로 가는 과정 및 통일한국에서 시기별, 단계별로 모든 가능한 시나리오에 따른 인구전략을 지금부터 논의할 필요가 있다. 이와 관련하여 한국사회를 구성하고 있는 '인구의 질'에 대한 관심도 병행되어야 한다. 한국 및 통일한국에서의 적정 인구에 대한 예측은 인구전략의 기초가 될 것인 바, 현재 한국이 경험하고 있는 초저출산 현상의 심각성에 대한 우려는 있지만 이를 단기간에 극복하기란 쉽지 않다는 점을 감안할 때, 출생 인구의 질을 높여 다방면으로 생산성과 창의성을 제고하는 노력도 병행 추진되어야 할 것이다. 인구의 질은 인구의 규모 못지않게 한 나라의 국가경쟁력을 결정하는 중요한 요소이기 때문이다.

단계별 실행방안

앞서 살펴본 단계별 인구전략을 실현하기 위해서는 구체적인 실행방안이 뒤따라야 한다. 각 단계별로 추진해야 할 작업들을 살펴보면 다음과 같다.

출산율 제고: 양성평등문화의 정착

적정인구 혹은 안정인구를 유지할 수 있는 수준까지 출산율을 높이기 위해서는 지금부터 적극적인 투자(예산 투입)가 이뤄져야 한다. 무엇보다 다른 국가들에서와 같이 출산율 제고를 위한 재정부담은 복지 차원의 비용 지출이 아닌 미래를 위한 투자로 인식되어야 할 것이다. 출산율 제고를 통해 인구가 안정적으로 유지되는 것이 사회의 지속적인 발전과 개인 삶의 질 향상에 매우 중요할 것이기 때문이다. 구체적으로 일정한 예산을 장기적으로 투자하여 출산율이 회복된다면, 장기적으로 노동력 부족문제가 해소되고, 경제 성장이 지속되며, 연금 등 사회보장재정의 지속가능성이 담보되는 등 투입 이상으로 편익이 발생할 것이기 때문이다.

최근의 연구에 따르면, 기혼여성의 출산율(유배우 출산율)은 높아졌지만 만혼에 따른 유배우율의 감소로 출산율이 본격적인 반등세로 전환하는 데에는 한계가 있다. 혼외출산율이 거의 무시할 수준으로 낮은 한국의 상황에서는 지속적으로 증가하고 있는 초혼연령을 안정화시키거나 낮추는 과제가 매우 긴요하다. 즉 만혼화 문제를 극복하지 않고서는 출산율의 실질적인 회복이 곤란하다. 미혼남녀들이 30세가 넘어서도 결혼을 하지 않는 주요 이유 가운데에는 결혼비용 및 주택 마련 문제, 가정과 일의 양립 문제, 소득과 고용 불안정 등이 차지하고 있다. 즉 가치관의 변화로 인해 자발적으로 결혼을 늦추거나 비혼을 선택하는 경우를 제외하면, 대체적으로 정책을 통해 해결이 가능한 원인들이 대다수라는 것을 시사한다.

우선 청년층의 학교 졸업 후 취업준비기간을 단축시키고 신혼집을 포함한 결혼 준비 비용을 마련하는 부담을 줄여주기 위한 대책이 중요하다. 청년층의 교육-취업 연계 프로그램은 대졸자-대기업 위주에서 벗어나 고졸자를 대상으로도 강화할 필요가 있다. 구체적으로 학력차별금지법을 제정하고, 초중등 단계에서부터 진로교육을 강화해야 한다. 또 일과 학습을 병행할 수 있는 후진학체제(사내대학, 전문계고 우선 고용제 등)를 활성화하고 고졸자 취업 할당제 도입을 고려할 필요가 있다. 대졸자의 경우에도 전공-직무 일치 정도 및 대학교육-직업 업무 간 상관성을 높여야 한다. 대학교육을 산업계 현장의 요구와 연계시키고 학교-노동시장 간 원활한 이행을 촉진하기 위해 대학교육에서 도제제도를 강화하며, 직무능력개발형 인턴제 정착을 위한 코업Co—op 프로그램을 운용할 필요가 있다. 무엇보다도 공공서비스 직업job을 확충하고, 대기업과 중견기업 등에서 직무공유job sharing를 도입하여 청년층에게 충분한 일자리를 제공해주는 노력이 매우 중요하다.

청년층의 취업 후, 결혼이 가능하기 위해서는 주택문제에도 관심을 기울여야 한다. 주택 매입가격과 전월세 금액이 계속 상승하고 있는 현상을 고려하여, 현행 주택 구입 및 전세자금 대출제도를 계속 개선해나가는 동시에 신혼부부용 공공임대주택을 획기적으로 확대할 필요가 있다. 공공기관이나 대기업에서 입사 초년생을 대상으로 관사 등을 제공하는 것도 하나의 방안이 될 것이다.

그동안 보육인프라가 확산되어온 것도 사실이지만, 질적 측면에서 해결해야 할 과제는 여전히 많다. 특히 앞으로 저출산 대책은 자녀양육의 경제적 부담과 어린 자녀를 두고 있는 부모의 일-가정 양립에 보다 큰 역점을 두어야 한다. 자녀양육 비용cost은 부모에게 전가되나 그 자녀들이 성장한 후에 발생하는 노동력 제공, 세금 및 사회보장료 지불, 국방의무 등 사회적 편익benefit은 국가와 모든 국민에게 환원되는 속성을 가진다. 그러나 우리나라는 지금까지 주로 보육교육비 지원에 중점을 두었을 뿐, 서구사회와 같이 본격적으로 자녀양육비용을 보편적으로 지원하지는 않았다. 따라서 부모의 집중된 희생과 편익의 사회적 환원 간의 형평성 문제를 해소해야 한다. 부모들이 비용 부담 없이 자녀를 출산하고 양육할 수 있도록 필수적인 자녀 양육비용, 즉 보건의료비, 공교육비, 교통비, 기초적인 생필품비 등을 본격적으로 지원하는 방안을 강구해야 한다. 이를 위해 자녀양육 관련 공공서비스 이용비용을 무료화 또는 최소화하고, 이외의 비용은 생애주기별 제 수당(아동수당, 가족수당, 교육수당 등)과 세제 등을 통해 지원할 필요가 있다. 다만, 이러한 지원체계는 재정적 부담과 사회적 형평성을 고려해야 하며, 소득수준과 자녀수를 토대로 기준을 설정해야 할 것이다.

한편 출산전후휴가, 육아휴직(단시간 육아휴직 포함) 등 대표적인 일-가정 양립 제도들은 공무원과 대기업 등 일부 고용보험가입자만 이용이 가능하도록 제한되어 있다. 또한 육아휴직 기간 동안 받은 휴직 급여는 직전 임금의 40%(최대 100만 원)로 임금대체수준이 낮아 남성과 고임금 여성들이 사용하는 데 제약이 되고 있다. 결국 일-가정 양립 제도들은 적잖게 도입되어 있으나 실제로 이용할 수 있는 대상에서는 광범위한 사각지대가 존재하고 있다. 따라서 일-가정 양립 제도가 저출산 대책으로서 효과를 거두기 위해서는 제도의 충분성과 함께 보편성이 확보되어야 한다. 보육지원체계와 일-가정 양립 제도 간 연계를 강화해야 하고 무엇보다도 결혼, 출산 및 양육과 일이 양립할 수 있는 사회문화와 고용문화가 조성되어야 할 것이다.

이는 여성만이 아니라 남성에게도 해당되며 남성이 여성과 함께 가사와 양육을 공동분담한다는 사회적 가치관의 획기적인 변화가 있어야 한다. '출산반란'이라고 할 수 있는 우리사회의 초저출산 현상은 가부장적 전통과 현대적 상황의 부조화 산물이기도 하다. 진정한 의미에서의 양성평등사회가 되어야 저출산 현상의 근본적인 해결의 실마리를 찾을 수 있을 것이다. 또한 양성평등문화를 정착, 확산하기 위해 정규 교육과정의 매단계마다 적절한 프로그램을 개발하여 국민의식의 점진적 변화를 도모하는 작업도 절실하다.

국내 유휴잠재인력 활용 극대화

최근과 같은 출산수준이 장기적으로 지속될 경우 베이비붐 세대 (1955~1974년생)의 일부가 아직 노동시장에 남아 있는 2030년 전까지 총량적으로 노동력은 부족하지 않을 전망이다. 물론 이 시기까지 청년층의 구조적 실업mis-matching이 여전히 발생하여 부분적인 노동력 수급문제는 지속될 것이다. 그러나 2030년대에 들어 본격화될 노동력 부족에 대응하기 위해 잠재적 노동력으로서 여성들과 고령자들이 노동시장에서 보다 활발하게 경제활동을 할 수 있도록 기반을 구축하고 사회문화를 조성할 필요가 있다.

특히 여성 고용률을 높이기 위해서는 일-가정 양립 지원을 강화하여 노동시장에서 여성인력의 비자발적 이탈(경력단절)을 방지해야 한다. 그리고 양성평등 고용환경을 구축하고 여성인력 활용을 다원화할 필요가 있다. 구체적으로 시간제에 대한 차별 해소 및 남녀 동일노동 동일임금의 원칙이 적용되는 동등처우 보장을 위한 법제 정비, 단시간·기간제와 통상근로자 전환제도, 안정된 상용직 시간제 일자리 활성화를 위한 법제도 마련 등이 필요하다.

미래에 고령자들이 보다 오랜 기간 노동시장에서 활동할 수 있게 하려면 고령인력을 사회국가적 부담burden 및 대체 수단으로 보는 시각에서 사회적 자원resource과 재출발의 주체로 보는 인식으로의 전환이 선행되어야 한다. 실천 전략으로는 기업의 고비용 연공서열 체계를 성과중심으로 개선하는 것을 비롯해 청년-고령자 세대 간 공생 발전

여건 조성, 시간제 근로전환 지원 등 점진적 퇴직 활성화, 퇴직(예정) 근로자에 대한 전직 교육 강화, 공공 전직지원 서비스 활성화, 개별 경력을 고려한 재교육, 사회기여 및 재능 나눔 활성화 등을 제시해볼 수 있다.

해외동포 등을 포함한 외국인 인력 활용

장기적으로 적정수준의 출산율 회복에 실패하고, 국내 인력이 여전히 부족할 경우에는 이민 확대 등의 방법이 적극적으로 검토되어야 할 것이다. 이 부분은 해외동포 인력과 외국인 인력으로 구분해서 고려할 필요가 있다. 우선 재외동포 문제를 노동력 수급차원이 아닌 국가 전략 차원에서 다루어야 한다. 미래의 노동력 부족량에 연동하여 방문 취업 체류기간을 연장할 필요가 있다. 외국인 인력 활용과 관련해서는 이중적Two-Track 접근이 중요하다. 현재 외국인력 정책은 중장기적 인구변동의 관점보다 인력부족에 따른 필요인력의 충원이라는 관점에서 단기적 대응방식을 취하고 있다. 그러나 미래에 노동력 부족이 장기적으로 심화될 경우에는 외국인 유입의 사회경제적 편익을 고려하면서 노동시장의 불일치를 해소하는 것과 동시에 우수인재 유치를 통한 경쟁력 강화라는 이중적 접근을 해야 한다. 인력수급의 질적 불일치에 대한 내국인 노동시장을 보완하는 차원에서 외국인 인력을 유입하되, 국가경쟁력 강화를 위해 보다 우수한 외국인재를 적극적으로 유치하는 노력도 필요하기 때문이다.

환경/인구/자원 분야 미래전략
고령화사회전략

우리나라의 65세 이상 고령인구는 2008년 500만 명을 돌파한 후 2015년 기준으로 660만 명을 넘어 700만 명에 육박하고 있다. 전체 인구에서 차지하는 비율로 보면 약 13% 수준이지만 문제는 세계에서 유례없이 빠른 속도로 인구 고령화가 진행되고 있다는 점이다. 다른 국가의 추세를 보면, 미국의 경우 노인인구 비율이 전체 인구의 7% 수준(고령화 사회)에서 14% 수준(고령사회)으로 증가하기까지 73년이 걸렸고, 14%에서 20% 수준(초고령화 사회)으로 증가하는 데 21년이 소요되었다. 대표적인 고령국가인 일본의 경우에도 7%에서 14%로 증가하는 데에 24년이, 14%에서 20%로 증가하는 데에 12년이 소요되었다. 반면 우리나라는 7%에서 14%로 증가하기까지 18년이 소요되며 세계 최고속의 고령화 현상을 보이고 있다.

그러나 고령사회로의 순조로운 변화는 쉽게 달성할 수 없다. 무엇보다 개인이 자신의 노년에 대해 미리 생각하고 준비하지 않으면 고령사회에서의 밝은 미래는 소원하다. 당장의 오늘과 내일만을 바라보는 삶에 대한 근시안적인 관점을 넘어 긴 호흡으로 자신을 성장시켜 갈 때 나의 노년이 행복해 질 수 있음을 사회구성원이 모두 인식해야 한다. 뿐만 아니라 정부와 기업을 포함한 사회 각 주체 역시 고령사회에 성공적으로 대비하기 위해 반드시 함께 협력해 나가야 한다. 정부는 국민들의 건강, 교육, 여가, 일자리, 노후준비 등 다양한 영역에서 고령사회에 필요한 인프라를 구축하고 과감한 제도적 개선을 감행해야 한다. 기업에서도 당장의 양적 성과에 치중하지 말고, 함께 공생할 수 있는 고령사회를 맞이하기 위해 고령 인력 고용 및 관리, 퇴직 대비 근로자 교육, 여가 등에 대한 협조와 지지체계를 구축해야 한다. 이처럼 사회 각 주체의 협조와 노력이 수반된다면 개인적 차원에서는 삶의 보람과 의미가 높아지고, 국가적 차원에서는 지속가능성과 경쟁력이 담보된 행복한 고령사회의 미래를 실현할 수 있을 것이다.

고령화 사회의 현황과 의미

인구 고령화는 수치를 넘어 생활 전반에 훨씬 더 큰 파급효과를 갖는 현상이자 우리 사회운용 패러다임의 대전환을 의미한다. 이러한 패러다임 전환은 인류의 오랜 역사를 통해 거듭되어 왔으며 넓고 길게 보면 고령화도 그중 하나일 뿐이다. 따라서 고령자가 많아지는 인구구조로의 변화가 세계 다른 나라들과 같이 100여 년에 걸쳐 서서히 진행된다면 고령화 그 자체가 크게 문제될 리 없으며 사회는 새로운 패러다임에 맞추어 서서히 적응하고 변모할 것이다. 문제는 고령화의 속도이다. 새로운 패러다임으로의 전환에 대비하기에는 우리나라는 그 속도가 지나치게 빠르다. OECD 국가 중 노인빈곤율 1위, 노인자살율

1위라는 우리 사회의 부끄러운 지표는 새로운 패러다임에 미처 대비하지 못한 필연적인 결과일 수도 있다. 한국보건사회연구원에 따르면 2015년 우리나라 노인의 절반에 가까운 49.7%가 빈곤상태에 처해 있다. 국제적 차원에서 노인의 생활수준을 비교해보았을 때 이는 OECD 국가 중 가장 높은 수준이다.

또한 우리나라 노인들의 삶의 질도 낮은 것으로 나타나고 있다. OECD 회원국과 삶의 질 수준을 비교하면, 2013년 기준으로 우리나라 노인들의 삶의 질 수준은 OECD 평균에 미치지 못하고 있으며 슬로바키아, 체코 등의 나라보다 낮은 수준이다.

가난과 낙후된 삶의 질은 결국 세계 1위의 노인 자살 국가라는 참담한 사회지표로 이어지며 심각한 사회문제로 대두되고 있다. 2013년 현재 65세 이상 노인의 인구십만명당 자살률은 64.2명이며 75세에서 79세 사이는 77.7명, 그리고 80세 이상 초고령층의 경우 94.7명으로 나타나고 있다. 특히 75세 이상의 소위 후기고령층의 자살률이 높음을 알 수 있다. 이러한 노인자살률은 OECD 국가 중 가장 높을 뿐만 아니라 2위인 국가와도 수치에서 2배 가까이 차이가 난다.

일부 전문가들은 고령사회가 우리사회에 미칠 부정적 효과는 이제 겨우 시작일 뿐이라고 예측한다. 우리나라는 2050년에 이르면 노인인구 비율이 38.2%로 세계 최고령국이 될 전망인데, 앞으로 고령화가 심화됨에 따라 새로운 문제들이 등장할 것이라는 주장이다. 가령 생산가능인구(15~64세)의 감소에 따라 우리 경제의 성장잠재력이 악화될 수 있다는 예측이 그러하다. 2015년 기준으로 3,695만 명인 생산가능인구는 인구 고령화로 인해 꾸준히 감소해 2060년에 이르면 2,186만 명 수준에 머물 것으로 예측되는데, 전문가들은 소위 베이비붐 세대의 은퇴와 이에 따른 내수 위축이 이러한 경향에 한 몫을 할 것으로 보고 있다. 이로 인해 2040년에서 2050년 사이 우리나라의 잠재성장률은 1.4% 수준으로 하락할 것으로 예측하고 있다.

또한 고령화로 인해 노인 인구가 늘어나게 되면 의료비 지출을 비롯한 각종 복지 지출과 사회보험 급여지출이 늘어나는 반면 근로인구의 감소로 세입기반이 위축되어 국가재정 부담이 가중될 것이라는 전망도 나오고 있다. 이는 자연스럽게 국민연금, 건강보험 등 주요 제도의 지속가능성에 위협을 가하게 되며 이로 인한 세대 간 갈등도 본격화될 것으로 예상된다. 즉 늘어나는 노인인구에 대한 젊은 세대의 부양부담 가중과 사회보장 재정 악화로 젊은 세대가 노년이 되었을 때 제대로 보장받을 수 없을지 모른다는 불안감은 서구사회에서 볼 수 있었던 세대 간 갈등의 촉발요인으로 이제 한국 사회에서도 대두될 가능성을 시사한다. 이러한 세대 간 갈등은 장유유서와 노인공경의 유교적 전통을 가지고 있는 우리 사회의 가치관과 문화적 기반을 흔들어 놓을 것이며 궁극적으로 사회안정과 사회통합을 저해하게 될 것이라는 전망이다.

성공적인 고령사회 대응을 위한 미래전략

고령화는 좋거나 나쁜 것이 아니라 우리 사회가 경험하는 하나의 대변환일 뿐이다. 다만 고령사회의 온갖 어두운 면모가 부각되는 이유는 고령화와 함께 우리의 생활양식과 사회 구조에도 변화가 수반되어야 하는데 빠른 고령화 속도에 비해 우리 사회의 체질 개선이 빠르게 진행되지 못하고 있는 불일치 때문이다. 노인이 직면하는 문제들은 크게 4가지 고통으로 나눌 수 있다. 빈고, 병고, 고독고, 그리고 무위고이다. 이 4가지 문제들을 시의 적절하게 해결할 수 있다면 많은 부분에서 원만한 대응이 가능할 것이다. 따라서 노인인구가 직면하는 고통에 대한 이해를 바탕으로 고령화에 따른 사회 구조 개선이 잘 이루어진다면 오히려 고령화로 인해 새로운 기회와 삶의 양식이 열릴 수 있으며 우리에게 주는 발전적 가치를 발견할 수도 있다.

무엇보다 고령화로 인해 필연적으로 삶의 질에 대한 관심이 증대될 것이며 양적 성장보다 질적인 가치를 중심으로 화두가 이동할 것이다. 가령 현재와 비교했을 때 고령사회에서는 건강, 여가, 배움 등 삶의 질을 높이는 분야가 더 중요해질 것으로 보인다. 개인에게 있어 고령화는 오랫동안 건강을 유지할 수 있을 때 축복이 되지만 그렇지 못할 때는 오히려 재앙이 될 수 있다. 발전된 의학기술과 의료기기에 의존하며 자율적이지 못한 연명치료로 수명을 연장한다면 결코 축복이 될 수 없기 때문이다. 요즘 웰빙well-being, 슬로우 라이프slow life에 대한 화두와 더불어 건강에 대한 사회적 관심이 증가하고 있지만 아직도 다수의 직장인들과 양육 및 가사돌봄을 전담해야 하는 주부들은 여유 없이 바쁜 일과 속에서 살고 있는 것이 현실이다.

반면 고령사회에서는 삶에서 여가생활이 차지하는 의미와 비중이 크게 달라질 것이다. 지금까지 여가는 그저 소일거리에 불과했지만 고령화 시대의 여가는 삶의 질과 성공을 좌우하는 요인이 될 것이다. 우리나라 노인의 삶의 만족도가 OECD 국가 평균 이하로 낮게 나타나는 이유는 노인 빈곤과 여가 경험 미비라는 2가지 측면에서 찾을 수 있다.

교육에 대한 관점 역시 필연적으로 변화할 것이다. 지금까지 교육이 진학과 취업 중심의 의미를 가졌다면 고령사회의 교육은 평생을 두고 배워 나가야 할 삶의 수단으로서 그 의미가 변화될 것이다. 즉 우리의 생애주기가 길어지면서 개인의 직무경력이 평생 한 가지 직업에 국한되는 것이 아니라 다수의 직업을 가지는 사람들도 등장할 것이다. 이것이 가능하려면 학령기 동안의 교육으로는 한계가 있으며 생애주기에 걸쳐 지속적인 배움이 뒷받침되어야 할 것이다.

앞서 고령화로 인해 우리의 성장잠재력이 악화될 것이라는 우려에 대해 언급했는데, 고령화는 새로운 성장의 동력을 함축하고 있기도 하다. 예를 들어 실버산업이라고 불리는 고령친화 산업 부문이 성장하게 된다면 그동안 수요 부족으로 활성화되지 못했던 고령친화 산업 부문의 성장을 기대해 볼 수 있을 것이다. 아직까지 우리나라의 노인은 소비의 주체가 되지 못하고 있다. 그러나 앞으로 노년에 대한 준비도가 높아진다면 노인들은 새로운 소비주체로 등장할 수 있을 것이다. 뿐만 아니라 고령화에 따른 라이프스타일의 변화에 맞춰 고령사회형 신규 일자리도 창출될 것으로 전망할 수 있다. 실버문화 콘텐츠 개발자, 노후설계 상담사 등 지금까지 부각되지 못했거나 존재하지 않았던 새로운 형태의 직업들이 그러한 예이다.

우리나라가 성공적으로 고령사회에 대응해 나가기 위한 전략을 단기, 중기, 그리고 장기적 관점으로 구분하여 살펴보면 다음과 같다.

단기적 대응전략

단기적인 차원에서는 무엇보다 노후 소득과 고용 영역의 기초적인 사회토대 확충에 주력해야 한다. 앞서 언급한 것처럼 우리나라는 세계에서 가장 높은 노인빈곤율 및 노인자살률이라는 참담한 지표를 기록하고 있는데 자살의 원인 가운데 가장 큰 부분을 차지하는 것이 경제적 어려움이다. 경제적인 안정이 선결되지 않는다면 여가, 삶의 질 등 노후생활을 윤택하게 만들기 위한 다른 노력들은 무용지물이 될 것이다. 노후의 경제상황을 개선하기 위해서는 3가지 차원의 노력이 필요하다. 먼저 안정된 공적 노후소득보장체계를 구축해야 하며 두 번째로는 연금수급 이전까지 안정된 경제활동을 보장할 수 있도록 중고령자 고용관련 제도를 정비해야 한다. 또 세 번째로는 개인 차원에서 노후를 대비할 수 있도록 노후준비제도를 활성화해야 한다.

우리나라의 공적 노후소득보장 제도인 국민연금제도의 소득대체율은 45.2%인데 이는 OECD 평균 48.7%보다 낮은 수준이다. OECD의 가장 최근 통계치인 2012년도를 기준으로 보았을 때 우리나라 국민연금의 소득대체율은 복지국가로 알려진 북유럽국가 중 스웨덴(33.7%)이나 덴마크(30.1%)보다 높은 수준이지만 이들 국가들도 한때는 연금 소득대체율이 80~90%에 달했으며 소득을 비롯한 제반 복지여건이 튼튼히 갖추어진 상황에서 연금개혁을 통해 소득대체율을 낮춘 것이다. 아직도 다수의 유럽 국가들은 안정된 고령사회를 유지하기 위해 연금의 높은 소득대체율 수준을 유지하고 있다(독일 55.3%, 프랑스 71.4%, 핀란드 62.8% 등).

우리나라는 2008년 기초노령연금 도입을 비롯해 퇴직연금, 개인연금, 주택연금, 농지연금 등 다양한 노후대비 수단을 마련해 왔으나 포괄하는 대상층이 낮아 안정적인 노후소득보장 제도로 기능하는 데 한계가 있다. 연금제도가 미성숙 단계에 있는 우리나라가 약 45%의 연금 소득대체율로 노인빈곤 문제를 해결하기에는 역부족인 것이다. 실질적인 노후생활 안정화에 기여할 수 있는 방향으로 노후소득보장

제도를 개편하고 세부 정책과제를 도출해야 한다. 또 이와 연동해 현재 우리나라 노인들의 평균 퇴직연령과 연금수급 개시연령 사이의 간극을 채우고 직장에서 근로활동을 하는 동안 충분히 경제적 노후준비를 할 수 있도록 고용관련 제도를 정비해야 한다.

이를 위해 60세 정년을 법제화하고 2016년부터 공공기관 및 300인 이상 사업장 적용을 시작으로 2017년부터는 300인 이하 사업장으로 확대시키는 방안을 도입하였다. 그러나 현실에서 이러한 대응책은 형식적일 뿐이다. 법정 정년제가 제대로 이행된다고 하더라도 국민연금 수급시기와 정년 사이에는 여전히 괴리가 있어 소득공백기가 존재하게 된다. 따라서 중고령자들이 퇴직에 가까워진 나이에 보다 안정적으로 경제활동을 할 수 있게 만드는 제도적 장치에 대한 고민이 필요하다.

국가 차원에서 노후소득보장을 비롯해 중고령자 고용안정을 위해 본격적인 제도적 개입을 하는 것은 불가피하게 노인복지와 관련된 지출의 증가를 수반하게 될 것이며, 이는 조세 증가에 대한 국민적 저항을 불러일으킬 수 있다. 그러나 우리나라는 선진국에 비해 GDP 대비 복지지출 수준이 높지 않으며 노인복지에 대한 지출 역시 마찬가지이다. OECD 회원국의 GDP 대비 노인에 대한 지출old age social spending 비율(2013년)을 보면, 한국은 2.1%로 OECD 평균인 7.3%에 한참 못 미치며 일본(10.4%), 스웨덴(10.2%), 미국(6.1%), 영국(6.7%) 등에 한참 뒤지고 있다. 국제적인 관점에서 보아도 성공적인 고령사회 진입을 위한 국가적 지원과 투자가 일정정도 증가할 필요가 있으며 이에 대한 사회적 논의와 합의의 과정이 필요하다.

한편 노인빈곤율과 노인자살률 완화와 같이 눈에 보이는 지표 중심의 '급한 불끄기'가 아니라 보다 근본적으로 노년기에도 안정된 경제

상태로 높은 수준의 삶의 질을 구가하는 사회가 되기 위해서는 노인이 되고 난 후의 사후적인 대처만으로는 가능하지 않다. 그와 같은 방식으로 목표를 달성하게 된다면 남유럽 경제위기 사태에서 보았듯이 심각한 국가재정 위기를 초래할 수 있다. 따라서 고령사회로의 진입이 일시적인 현상이 아니라 앞으로 지속될 우리 사회의 구조적 변화임을 고려할 때 국민 개개인을 비롯해 사회 각 주체가 노년에 대비하는 사회적 토대를 구축해나가야 한다.

우리나라 국민들은 자신에게 닥쳐올 노년기의 위기에 대해 잘 인지하고 있음에도 불구하고 제대로 준비를 하지 못한 채 노년기를 맞이하고 있다. 여기에는 한국인의 문화적, 관습적 습성에서 기인하는 바도 적잖다. 한국사회의 오랜 관습 안에 노후는 자녀를 통해 보장받는다는 사고가 강하게 자리하고 있다. 전통적 가족부양의 관습이 산업화, 개인화, 현대화, 탈가족화, 핵가족화의 진전으로 무너졌음에도 불구하고 사회·경제구조의 급속한 변화를 문화적 관습이 따라가지 못하는 일종의 문화지체현상이라고도 할 수 있다. 이로 인해 현세대 상당수의 청·장년층은 아직도 자신의 노후에 대한 대비보다는 자녀의 교육과 결혼에 더 많은 자원을 투자하고 있는 것이다. 그러나 1990년대 말 외환위기 이후 대학진학이 성공을 보장하는 길이 되지 못하게 되면서 '자녀교육=노후준비'라는 등식에 균열이 발생하기 시작했다. 즉 한국사회의 대학진학률은 OECD 회원국 중 최고이지만, 대졸자의 취업률은 매우 낮은 수준이다. 20대 노동인구의 감소와 신입사원 고령화 현상은 청년 당사자의 노후준비시기를 늦출 뿐만 아니라, 자녀의 경제적 독립 시점이 늦춰지면서 장년기 부모의 노후준비 또한 늦춰지고 있음을 의미한다. 뿐만 아니라 노동시장의 유연화로 '종신고용'이나

'평생직장' 개념이 사라지면서 40~50대 명예퇴직자가 급속히 늘어나게 되어 개인적 차원에서 노후에 대한 대비를 더욱 어렵게 하는 원인으로 작용하고 있다. 종합해보면, 한국인은 과도한 교육열풍과 결혼풍습 때문에 30대에서 50대 후반까지 상당한 자원을 자녀에게 투자하지만, 기대와 달리 자녀의 취업과 독립은 늦어지고, 자신의 은퇴 시기는 예상보다 앞당겨지면서 노후에 대한 준비 없이 노년기를 맞이하게 되는 현상이 나타나는 것이다. 또한 사회적 차원의 조치가 진행되지 않는 한 이러한 현상은 현 노인세대뿐만 아니라 앞으로 노인세대가 될 베이비붐 세대, 그리고 그 후속세대에서도 지속될 것으로 보인다.

이처럼 우리나라 국민이 노후준비에 특히 취약한 사회구조적, 관습적 환경을 고려해 정부에서는 2015년 12월부터 국민의 노후준비를 국가차원에서 지원하기 위한 '노후준비지원법' 시행에 들어갔다. 그러나 아직 법의 제정 및 시행에 대해 알고 있는 국민은 많지 않으며, 그 결과 노후준비 지원서비스가 제대로 제공되고 있지 않다. 따라서 형식적인 입법으로 끝낼 것이 아니라 국민에게 실효성 있는 서비스로 전달될 수 있도록 내실을 기해야 할 것이다.

중기적 대응전략

중기적 차원에서는 '복지'에서 '시장'으로 무게중심을 이동해야 한다. 즉 고령화를 부담에서 기회로 전환시키기 위해 본격적인 노력을 경주해야 한다. 이를 위해서는 국가 중심의 복지적 대응만으로는 한계가 있으며, 고령화를 적극적인 성장동력으로 활용하기 위해 고령사회의 특성을 반영한 새로운 시장을 형성하고 그 구조변화를 적극적으로 추진해야 한다.

향후 '노년 서비스 시장'은 새로운 성장동력이 될 수 있을 것으로 전망되며, 특히 고령자 적합형 주택시장, 금융시장, 여가관련 시장 등이 경제력을 갖춘 새로운 노인세대의 소비를 진작시킴으로써 경제 활성화에 기여할 수 있는 영역으로 기대되고 있다.

또한 복지 차원에서는 그동안 확립된 복지정책을 정비하는 작업이 중기 과제로 진행되어야 한다. 즉 지난 2000년대 중반 이후 노인과 관련된 복지 정책 및 인프라는 빠른 속도로 확대되어 왔는데 이처럼 급속한 팽창은 필연적으로 역할과 기능의 측면에서 중첩되거나 사각지대를 발생시킨다. 따라서 중기적 과제로 노인복지 분야의 공공 인프라 기능과 역할을 종합해 새롭게 재편성하는 체계개편 작업이 진행되어야 한다.

장기적 대응전략

장기적 차원에서는 보다 근본적인 사회시스템의 조정과 변화가 필요하다. 고령화는 개인의 생애주기에서 노년기가 차지하는 비중이 근본적으로 달라졌음을 의미하며, 따라서 고령화에 대응한다는 것은 생애주기의 역할과 의미의 조정을 함축한다. 개인의 일생에서 노년기가 차지하는 의미가 부차적이거나 주변적이었던 것에서 보다 중심적이고 중요한 위치를 차지하게 됨에 따라 생애주기 전반의 조정이 불가피한 것이다.

여기에 해당하는 대표적인 영역이 교육이다. 초등학교부터 시작되는 교육기간은 짧으면 9년간, 길면 대학까지 16년간 진행되는데, 이 시기의 교육은 평생의 기반이 되어 왔다. 그러나 은퇴이후의 노년기가 짧고 부차적이었던 과거와 달리 노년기가 차지하는 비중이 변화함에 따라 은퇴이후 평생을 살아가는 데 도움이 되는 새로운 교육의 중요성이 대두될 수밖에 없다. 아직까지 우리나라의 노년 교육시장은 평생교육, 복지관 등을 중심으로 진행되지만 이러한 교육에 접근성을 가지고 있는 국민은 소수에 불과하다. 따라서 보다 구체적으로 의무 교육기간이 과연 고령사회 생애주기에 적합한 교육시스템인지에 관한 재검토와 조정이 필요하다.

근본적인 사회시스템의 조정과 변화가 필요한 또 다른 영역이 대안적 가족공동체에 대한 고민이다. 가족의 형태는 산업화를 거치면서 대가족에서 핵가족의 형태로 변화해 왔는데 고령사회의 진전과 함께 예측되는 새로운 가구형태가 1인가구이다. 특히 수명이 길어지면서 노인부부 단독가구 가운데 사별 등의 이유로 노인 1인가구는 더욱 증가할 것으로 예측된다. 이러한 가족 형태가 보편화될 경우 가족의 개념에 대한 새로운 정의와 대안적인 가족형태에 대한 범사회적 고민이 필요할 것으로 보인다. 다시 말해 기존의 혈연중심 가족관계를 대체할수 있는 새로운 형태의 공동체에 대한 고민이 진행되어야 한다.

우리 사회를 '연령분절' 사회에서 '연령통합' 사회로 전환시키기 위한 구조적 고민도 필요하다. 노인 연령기준에 대한 논의, 정년에 대한 논의, 고령화를 위해 특화된 모든 대책들은 사실상 연령분절적이다. 그러나 노인인구가 전체 인구의 20%가 넘는 초고령 사회에서 노인은 더 이상 특별한 집단이 될 수 없다. 그러한 분절성이 유지될 경우 서구 사회에서 목도한 바와 같이 피할 수 없는 세대 간 갈등과 사회분열이 예견된다. 따라서 고령사회에 적응해 가는 과정에서는 노인과 고령화에 특화된 대책들이 필요하지만, 장기적 관점에서는 모든 연령 구분을 없애고 연령에 관계없이 자율적이고 지속가능한 사회적 환경 조성에 관한 구상이 마련되어야 한다. 우선 노령연령 기준을 65세에서 상향 조정하는 것이 필요하다.

단계별 실행방안

노후의 경제적 안정화에 초점을 맞추어야 하는 단기적 전략을 위해서는 몇 가지 구체적 실행방안이 요구된다. 먼저 공적연금의 사각지대를 줄여 개개인이 공적연금 혜택을 충분히 누릴 수 있도록 1인 1국민연금 체제를 확립해야 한다. 특히 연금제도가 노후 생활에 실질적인 도움이 되고 노후 빈곤 해소에 기여할 수 있도록 기초연금의 내실화를 비롯해 국민연금 소득대체율과 연금보험료 상향조정에 대한 논의가 필요하다. 또한 우리 정부는 공적연금 뿐만 아니라 다층적 노후소득보장을 표방하고 있는 바, 공적연금 이외의 다양한 노후준비 수단을 확충하고 노후생활에 도움이 될 수 있도록 수익성과 안정성이 강화된, 내실 있는 금융상품의 개발이 필요하다. 고령자의 안전자산 편중으로 인한 장수 리스크에 대비하고 고령자의 현금 흐름을 개선할 수 있도록 주택·농지연금 등도 활성화시켜야 한다. 정년과 연금수급 연령을 일치시키기 위해 정년제도의 실효성을 높여야 하며, 정년을 규정대로 시행하지 않는 업체 및 단체들에 대한 '페널티' 방식을 통해서라도 고령인력에 대한 시장의 대응력을 강제해야 한다.

물론 정부뿐만 아니라 국민 개개인도 노후에 대한 대비를 강화할 수 있도록 노후준비지원 인프라를 확충해야 한다. 현재는 법에 의해 국민연금공단을 중심으로 대국민 노후준비지원서비스가 제공되고 있으나 연금에 가입한 사람들만 주로 대상이 되고 있다는 점, 국민연금공단의 약 100여 개 지사의 행복노후설계센터가 전 국민을 포괄하기에는 턱없이 부족하다는 점 등이 문제점으로 지적되고 있다. 국민이 노후준비를 성공적으로 하게 될 경우 궁극적으로는 국가 차원의 재정 지출을 줄일 수 있다는 점을 고려할 때 정부는 노후준비 지원서비스가 안착될 수 있도록 지원을 아끼지 말아야 한다.

중기적 차원에서는 노인복지 관련 인프라 정비를 위해 현존하는 공기관을 통합해 노인복지청과 같은 새로운 통합적 전달체계로 흡수하는 등 중복과 공백이 공존하는 현재의 노인복지 전달체계의 문제점을 개혁하고 보다 통합적이고 일관된 서비스 전달을 위해 노력해야 한다. 또한 노인서비스 분야 시장 육성을 위해 정부 차원의 실버산업 지원 체계를 강화해야 한다. 특히 관광, 식품산업 등 현존하고 있는 시장 가운데 노인의 일상생활에 밀착되어 있지만 아직은 노인에 특화된 서비스 제공에 한계를 보이고 있는 시장 영역을 발전시켜 나가야 한다.

장기적 차원에서는 고령사회를 포함한 생애 전체를 고려한 교육 시스템이 될 수 있도록 초등입학연령과 의무교육 과정에 대해 재구조화하고 은퇴 이후 교육의 기회를 다양하게 제공함으로써, 누구나 교육을 통해 활기찬 노년기를 보낼 수 있는 탄력성 회복의 장치를 마련할 필요도 있다. 또한 1인가구를 위한 각종 법제도의 정비를 비롯해 비혈연 가구끼리 모여 사는 공동체를 실질적으로 지원하는 정책도 강구해야 한다. 아울러 누구나 맞이하는 '죽음'에 대한 준비와 대응에 대하여 사전 교육이 필요하다. 우리는 현재 죽음에 대한 언급을 금기시 하는 경향이 있는데, 이는 미래지향적이라 볼 수 없다.

다문화사회전략

5

오랫동안 동질적 구성을 유지해온 한국사회가 최근 들어 종족 다양성을 특징으로 한 다문화사회로 바뀌고 있다. 동질적 사회에서 다양한 문화가 공존하는 사회로 바뀌게 된 직접적 원인은 이민자의 유입에서 찾을 수 있다. 1980년대 후반부터 외국인 근로자가 유입되기 시작했고, 1990년대 초부터는 결혼이민자가 그 대열에 합류했으며, 2000년 무렵부터는 외국인 유학생의 수가 증가해왔다. 외국인 주민이라고는 19세기 말부터 일제강점기에 이르는 시기에 들어와 정착한 화교가 유일했던 이 나라에 새로운 이민자 집단이 등장하면서 한국사회의 성격이 근본적으로 변화하고 있는 것이다.

법무부의 〈출입국외국인정책 통계연보〉에 따르면 국내 체류 외국인 수는 2007년 100만 명을 돌파하였고, 2015년에는 189만 9,519명을 기록해 200만 명 돌파를 눈앞에 두고 있는 것으로 나타났다. 이러한 규모는 총인구의 3.7%에 해당하는 비율이다. 과거 한반도에 들어온 이민자는 거의 전원이 중국과 일본 등 국경을 맞댄 이웃나라에서 온 사람들이었지만, 1980년대 말 이후 한국에 들어온 이민자의 출신국은 가까운 중국이나 일본뿐 아니라 동남아시아, 서남 및 중앙아시아, 유럽 각국과 북미, 중남미 등 전 세계를 망라한다.

특히 한국인과 국제결혼을 한 이민자들이 정착하면서 한국사회는 급격히 다문화사회로 변모하고 있다. 배우자 쌍방의 국적, 민족, 종족, 인종이 다른 종족외혼 또는 인종 간 결혼이 활발하게 진행되고 있는 것이다. 최고 수준을 기록한 2005년의 경우, 국내 전체 결혼 건수의 13.6%인 4만 3,121건이 국제결혼이었다. 그 이후 국제결혼 건수 자체는 줄어들었다. 2013년 국제결혼 건수는 2만 5,963건으로 전체 결혼 건수의 8.0%였다. 그렇지만 국제결혼은 이미 10년 이상 총 결혼 건수의 5%를 웃도는 수준을 유지해왔고, 앞으로도 그 정도 추세는 지속될 전망이다.

일반적으로 한국의 문화다양성 수준을 높이는 경우가 모두 국제결혼을 통한 이민자인 것으로 여기지만, 이들의 인구 비율이 그다지 높지 않다는 점에 주목할 필요가 있다. 물론 결혼이민이나 유학이민이 문화다양성 증대와 밀접하게 연관되어 있는 것도 사실이고, 결혼이민자들은 한국 내 정착이민자라는 점에서 이민자 통합 정책의 대상 집단이 되는 것은 타당하다. 하지만 문화다양성의 주역은 오히려 다른 데에 있다. 한국에 거주하는 외국인들 가운데 그 수가 상대적으로 많고 또 지역적으로 밀집하여 거주하는 집단이 한국의 문화다양성을 높이는 데 기여한다고 본다면, 외국인 근로자와 같은 소위 경제이민자들과 기타 외국인에도 관심을 기울여야 한다는 것을 뜻한다.

한 나라가 단일문화인 것은 생각의 획일화 등 다양성 차원에서 창조적 발전에 저해가 될 수 있다. 따라서 타문화권의 이민자를 수용한

다는 것은 단순히 인구결손을 보충하거나 경제이민을 받아들이는 것
만이 아니라 문화의 도약을 위하여 필요한 것이다. 여기서 말하는 다
문화정책에는 북한에서 온 동포도 포함된다.

인구고령화와 이민 수요

현재 한국사회가 직면하고 있는 저출산·고령화와 관련지어 보면, 이
민 유입은 앞으로도 지속될 것으로 전망된다. 통계청이 2010년 인구
주택총조사 자료를 토대로 작성한 장래인구 추계에 따르면, 한국의 총
인구는 2010년 4,941만 명에서 2030년 5,216만 명까지 성장하다가
그 이후 감소할 전망이다. 인구변동 요인의 양상에 따라 총인구가 정
점에 이르는 시기는 그보다 더 빨라질 수도 있고, 더 늦어질 수도 있
지만, 총인구가 일정 기간 후 감소하는 것은 확실하다. 한국의 생산가
능인구(15~64세)는 2016년 3,704만 명(72.9%)으로 정점에 도달하고,
그 후 급속히 감소하게 된다. 생산가능인구, 즉 노동력은 전체 인구보
다 훨씬 먼저 감소하기 시작한다.

65세 이상의 고령인구가 늘고, 생산가능인구가 줄어들면, 가정과 사
회의 부담이 커진다. 소비가 감소하고 경제의 활력이 떨어진다. 인구
구조가 경제에 '짐'이 된다는 뜻이다. 지금은 흑자를 기록하고 있는 국
민연금과 국민건강보험 등 사회복지 재정도 어느 순간 적자로 바뀔 것
이고, 그 후에는 누적적자 규모가 갈수록 커질 것이다.

정부에서는 인구고령화의 재앙을 피하기 위한 정책을 추진해왔지
만 그 성과는 미미하다. 김대중 정부 때부터 인구고령화 대책 마련을
위한 정부위원회를 설치하여 운영하였고, 2006년부터는 '저출산·고

령사회 기본계획'을 수립하여 추진해오고 있다. 제1단계 5년간 42조 2,000억 원의 예산을 투입했고, 2011년부터 시작된 제2단계 3년간 56조 5,000억 원을 투입했지만, 출산율은 여전히 매우 낮다. 정부에서 보육기반 구축, 기업에 대한 인센티브 강화, 육아휴직 장려 등 저출산 극복을 위한 다각적 노력을 기울였음에도 불구하고, 2015년 기준 한국의 합계출산율은 1.24명으로 OECD 회원국 중 최하위를 기록했다.

현재의 출산율과 사망률을 고려할 때, 한국의 고령화 추세를 몇 년 안에 반전시키기는 매우 어려울 것으로 보인다. 결국 생산가능 인구 가운데 여성 노동력을 적극적으로 수용하고 활용함과 동시에 이민 수용이 인구고령화 추세를 늦추고 인구 구조조정 시간을 벌 수 있는 현실적 대안 가운데 하나라고 여겨진다.

장래 이민정책의 방향을 구체적으로 설정하기 위해서는 한국에서 어느 정도의 이민 수요가 존재하는가를 먼저 파악해야 한다. 인구고령화에 따른 노동력 부족 대책 가운데 이민은 우선순위에서 가장 밀려나 있다. 국내 노동력 활용과 질적 개선을 통해 노동력 부족에 대처하는 게 우선이고, 그래도 부족한 부분이 있으면 이민 수용을 통해 그 부족분을 보충하려 한다. 한국의 이민 수요는 한국 노동시장에서 노동력 부족 해결의 최후 수단으로 이민자를 수용한다고 했을 때, 어떤 규모로 받아들여야 할는지를 측정함으로써 가늠할 수 있다.

2000년 유엔 인구국에서는 향후 50년 동안 각 나라에서 얼마나 많은 이민자를 받아들여야 인구고령화 충격을 상쇄할 수 있는지를 연구하여 발표한 바 있다. 여기서 각 국가들의 이민 수요를 총인구 감소 억지, 생산가능인구 감소 저지, 인구고령화 진전 저지, 소비주도계층 인구 감소 억지 등 목적에 따라 여러 시나리오로 세분하여 예측치를 발표했는데, 한국의 경우에는 개방적 이민정책이 필요하다고 제언한 바 있다.

미래 이민정책의 방향

이민정책을 통해 교육수준과 기술수준이 높은 노동력을 다수 확보하고, 이민으로 인한 긍정적 효과를 극대화하는 동시에 부정적 효과를 최소화하기 위해서는 정부가 장기적 그림을 갖고 능동적 역할을 담당해야 한다. 정부의 이민정책 설계와 운용에 대한 검토가 첫 작업이 될 것이다. 이민정책이라 하여 순수히 외국인만을 유입시키는 것을 고집할 필요는 없다. 해외 거주 한국인과 그에 관련된 가족의 국내 유입을 고려할 수 있으며, 이 경우 한국의 국적법을 수정하여 국내이주를 활성화시킬 수 있어야 한다. 또한 북한 거주민들을 수용할 정책을 병행하여 입안할 필요가 있다.

두뇌유출 방지 대책 필요

한국정부는 우선 '나가는 이민'의 중요성을 인정하고 이를 적극적으로 관리해야 한다. 청년층과 전문기술직 종사자의 해외취업은 언제든지 정주형 이민이나 가족이민으로 발전할 가능성을 갖고 있다. 따라서 해외취업 기간에 파생되는 송금효과 또한 가족형 정주이민으로 전환될 경우, 인재를 잃어버리고 인구도 감소한다. 정부에서 적극적으로 재외동포 정책을 추진하고, 해외인재와 기업가를 한국으로 유치하려는 정책을 펴지 않는다면, '두뇌유출'에서 '두뇌순환'으로 전환되는 현상을 기대하기 어려울 것이다. 그러한 점에서 한국인의 해외진출을 장려하되 두뇌유출을 방지하기 위한 다각적 정책을 개발하여 추진해야 한다.

다각적 이민정책 추진

다음으로 '들어오는 이민'이 국내 사회와 경제에 미치는 효과를 고려하여 이민정책을 정비해야 한다. 정책 논의의 초점을 이민자의 숙련 수준과 국내 노동시장 상황 등을 고려하여 어느 분야에서 얼마만큼 어떤 방식으로 이민자를 받아들여야 하는지를 설정해야 한다. 저숙련 이주노동자와 전문기술인력 및 결혼이민자 등을 받아들이는 방식은 당연히 달라야 하고, 그렇게 하기 위해서는 어떤 정책을 펴야 하는지를 고민해야 한다.

일반적으로 이민자 유입은 국내시장을 확대시킨다. 국내시장 확대는 R&D 수익률을 높이고 R&D 투자를 확대하여, 장기적으로 생산성과 1인당 GDP를 높이는 효과가 있다. 이민자들이 장기 거주하는 경우, 노동자로서 뿐만 아니라 소비자로서의 역할도 확대됨으로 이민자들 수입의 일부분을 소비한다면 노동에 대한 파생효과가 나타나게 되는 셈이다. 또 이민자들의 낮은 노동비용으로 인해 제품 공급이 증가하고, 그로 인해 제품의 가격이 하락하면, 내국인들은 저렴한 비용으로 제품을 소비할 수 있게 된다. 그뿐 아니라 이민자 유입이 사회의 문화적 다양성을 고취시키는 효과도 크다.

그렇지만 이민자의 노동생산성이 지나치게 낮아 노동생산성 수준이 전반적으로 낮아지거나 이민자에 대한 공적이전지출이 급격히 증가할 경우에는, 이민자 유입에 따른 1인당 GDP의 상승효과는 기대할 수 없다. 이민자들은 보통 단신으로 이동하는 것이 아니라 가족을 동반하므로, 국가는 이민자 가족에게 사회복지 혜택을 제공해야 한다. 이민자도 은퇴하면 사회복지 혜택을 받아야 하므로, 늘어난 기대수명을 고려할 때 정부는 이민자들이 경제활동을 하며 유입국 사회에 기여한 것보다 더 많은 비용을 그들의 사회보장비로 지출할 수도 있다. 더구나 현재 이민자들이 얻는 일자리가 대부분 저임금 직종이라는 점을 고려하면 그들의 유입국 사회 기여도는 더욱 낮을 것이다. 이런 점에서 한국이 이민자 유입 효과를 극대화하기 위해서는 이주노동자와 같은 '교체 순환형'과 영구 정착이 가능한 '정주형' 이민을 병행하여야 한다.

이민자 유입에 따른 지원과 대처

정주형 이민자의 경우 사회통합정책을 통해 국내에서 성공적으로 정착하도록 지원하여야 한다. 국가는 이민자들이 사회적, 경제적, 정치적 권리를 공정하게 누리고 의무를 이행할 수 있도록 그들의 시민권 제도부터 정비해야 한다. 아울러 정부는 이민자 유입으로 초래된 사회적 갈등과 비용을 줄이기 위해 노력해야 한다. 정주형 이민자는 내국인 노동자들의 임금감소 및 실업, 주택, 취학인구, 범죄, 문화와 공동체 해체, 복지 지출, 공공서비스, 공공재정 등의 문제에 이르기까지 광범위한 분야에서 수용국 사회에 영향을 미친다는 의미이다. 이민자 수가 많아지면서 이민자들은 다양한 형태의 사회집단을 형성하게 된다. 이들 중 일부는 개방적 정체성을 갖고 주류사회 속으로 편입되지만, 다른 일부는 순수성과 배타성을 유지하며 자신들의 공동체에 폐쇄적으로 집착하기도 한다. 후자의 경우 공동체나 민족 또는 종교 안에 고립

됨으로써 출신국 사회의 독특한 문화를 간직한 게토, 즉 '문화적 게토'를 형성하게 된다. 문화적 게토 중 일부는 장기간 지속되지만, 또 어떤 집단은 일시적으로 존속하다 사라진다. 외국출신 주민이 문화적 게토를 형성하여 주류사회의 문화를 풍요롭게 할 수도 있지만, 때로는 위험에 빠뜨리기도 한다. 특히 극단적이고 폐쇄적인 게토는 사회의 위험요인으로 간주된다. 한국사회에서는 아직 문화적 게토가 만들어지지는 않았지만 그럴 조짐이 없는 것도 아니다.

한국정부는 이민자가 유입됨으로써 발생할 수 있는 부정적 측면을 진단하고 그것을 예방하고 해소하려 노력해야 한다. 인종적, 종족적 다양성을 문화적 다양성으로 승화시키고, 조화를 이루게 하려는 노력이 절실하다. 정부가 그러한 노력을 게을리 하거나 이민자 사회통합에 실패할 경우, 이민자와 내국인 간의 갈등이 사회문제로 대두될 가능성이 높다는 점을 경계해야 한다.

다문화사회의 사회통합

한국사회의 종족적 다양성을 문화다양성으로 승화시키고, 이를 조화롭게 만들기 위한 노력이 시급하게 요구된다. 서로 다른 문화를 이해하는 다문화 사회에 적응하기 위해서는 이민자 및 외국인과 한국인 모두가 함께 노력해야 한다. 어느 한 쪽이 일방적으로 적응하는 것이 아니라 쌍방이 서로 상대방에게 적응하여야 한다. 이질적인 문화를 가진 사람들이 상생하기 위해서는 이해와 관용의 정신으로 상대방을 존중하는 자세가 필수적이다.

적응의 부담은 외국인 또는 이민자에게 더욱 가중된다. 낯선 한국어를 익혀야 하고, 한국문화와 관습을 이해하고 적응하려 노력해야 한다. 정부는 이민자들이 한국사회에서 생활하는 데 필요한 정보와 기술을 습득하여 자국의 문화적 정체성을 유지하면서도 한국사회에 적응할 수 있도록 지원하는 것이 바람직할 뿐만 아니라 마찰과 갈등이 최소화된 원만한 사회운영을 위해 필수적인 과제이다. 한국인들의 부담은 이민자만큼 크지는 않으나, 외국인과 외국문화를 인정하고 이해하여야 하는 과제를 안게 된다. 한 연구에 의하면 현지 인구에 비하여 한 문화권의 이민자 비율이 7%가 넘으면 현지인과 마찰이 발생한다고 한다. 이 연구가 정확하다면 이민자의 분포를 조절함으로써 현지인과의 동화를 촉진시킬 수 있다고 볼 수 있다.

종족적, 문화적 다양성을 존중하는 사회를 이루기 위해 정부, 기업, 시민사회가 해야 할 역할을 제시하면 다음과 같다.

외국인 근로자의 인권보호 강화

한국사회에 거주하는 외국인의 절반에 해당하는 생산기능직 외국인 근로자에 대한 인권침해가 빈번한 현실을 바로잡아야 한다. 외국인 근로자가 이 땅에서 살면서 차별대우와 인권침해로 삶이 망가지도록 방치해서는 안 된다. 제도와 문화 측면에서 전지구적 표준global standards을 준수하려는 노력이 필요하다. 한국 정부는 외국인 근로자의 권리를 보호, 신장하는 데 주력하고 이들의 인권 침해를 예방할 수 있도록 제도를 보완하고 운영상의 문제점을 시정해야 한다. 외국인 주민들의 권리를 보호·신장하는 데 초점을 맞추어야 한다. 한국인에게도 충분한 권리가 보장되어 있지 않은데 외국인을 배려할 수 없다는 주장이나, 외국 정부가 한국 교민에게 그러한 권리를 보장하지 않는

데, 우리가 너무 앞서 나간다는 주장은 결코 미래지향적 사고라 할 수
없다.

지방정부 차원의 다문화사회 지원책

지방자치단체가 해야 할 역할은 매우 많다. 지방정부는 한국에서
생활하고 있는 외국인들의 자발적인 문화행사를 지원하는 프로그램
을 운영하여야 한다. 지방정부가 앞장서서 문화 행사를 기획하는 것도
의미가 있지만, 아래로부터 조직된 문화행사를 적극적으로 지원하려
는 자세를 먼저 갖추어야 한다. 예컨대, 지방정부가 가칭 '다문화주의
기금multi-culturalist fund'을 조성하여 사업계획서와 행사계획을 제출하
는 외국인 단체에 장소와 자금 및 행정서비스 등을 지원하는 프로그
램을 만든다면 좋은 성과가 있을 것이다. 외국인들이 원하는 문화적
수요가 무엇인지를 파악하여, 지방정부가 이를 충족시켜주려 노력하
는 적극적 자세로의 전환이 요구된다. 또한 지방정부에 외국인 업무를
전담하는 부서를 설립하여, 한국인과 외국인 사이의 이해 증진을 도
모하여야 한다. 한 걸음 더 나아가 외국인 주민 대표가 '외국인대표자
회의'를 통해 지방행정에 직접 참여하는 기회도 부여할 필요가 있다.

다문화 수용에 걸맞은 기업문화 조성

기업이 수행하여야 할 역할은 외국인 근로자에 대한 차별대우를 하
지 못하도록 상호 감시운동을 벌이는 일이다. 우리는 1960~1970년대
해외로 일자리를 찾아 떠났던 경험을 가지고 있다. 외국인 근로자들
의 전통문화와 생활관습을 존중하는 기업문화를 조성하는 것도 필수
적이다. 예컨대, 종업원 중에 이슬람교도가 있다면 식단메뉴로 돼지고

기 요리 대신 닭고기 요리를 준비하는 식으로 고용한 외국인 근로자의 문화를 배려해야 한다. 이는 기업의 생산성 향상에도 도움이 될 것이다. 아울러 동일한 노동, 동일한 임금의 평등정책이 필요하지만, 근본적으로 인격존중의 문화가 이민자들을 산업현장에 더욱 쉽게 동화되도록 도울 것이다.

시민사회 차원의 상생프로그램 활성화

한국의 시민사회는 외국인에 대해 무관심한 태도나 차별적인 태도를 과감히 탈피하려고 노력해야 한다. 전지구화 시대를 살아가는 한국인들은 외국인과도 상생을 도모해야 하며, 인류의 보편적 가치인 '인권'과 '민주주의'를 존중하여야 한다. 그 방법은 바로 '더불어 사는 삶'을 실천하는 데 있다.

한국인들 중에는 외국인과 친하게 지내고 싶더라도, 자신의 외국어 실력 부족을 이유로 말조차 건네지 못하는 경우가 적지 않다. 이 점을 극복하기 위해 시민사회단체에서 가칭 '친구 맺기 프로그램friendship program'을 만들어 한국인 친구를 사귀기 원하는 외국인과 외국인 친구를 사귀기 원하는 한국인을 맺어주는 방안을 추진할 필요가 있다. 이 프로그램은 시민사회단체뿐 아니라 지방정부, 학교와 기업 등 다양한 조직에서도 운영할 수 있다. 요컨대, 한국인과 외국인이 서로 이해할 수 있는 문화적 토양을 만들어야 하고, 같이 참여하여 어우러지는 화합의 장을 마련하려는 노력이 절실하다. 이것은 한국인과 외국인이 동일한 시민으로서 '더불어 사는' 시민의식을 고양하는 길이기도 하다. 이러한 노력이 충분히 경주되어야만 '다양성 속의 조화'가 이루어지는 격조 높은 문화를 간직한 한국사회를 새롭게 건설할 수 있을 것이다.

국제결혼 이주여성과 자녀에 대한 관심

다문화 가정의 구성은 대다수가 외국 여성과 한국 남성의 결합이다. 국제결혼을 통해 한국으로 이주해온 외국 여성들이 성폭력과 가정폭력에 시달리고 있어 행복감이 높지 않다는 뉴스보도가 적잖다. 한국 사회가 다문화 사회를 이루어가면서 모든 구성원들이 행복한 사회통합을 지향한다면 외국 여성들에 대한 각별한 관심이 요구된다. 이와 함께 이들 가정에서 태어난 한국 국적을 가진 2세들의 교육과 사회 적응 문제 역시 중요하다. 언어 장벽과 문화 충격으로 인해 다문화 가정의 2세들이 학교에서의 학업 수준이나 일상생활 행복도에서 국민들의 평균 수준보다 크게 뒤떨어짐에 따라 향후 사회의 불안요소로 대두될 가능성을 상정하고 이에 대한 대비책을 마련해 실행해야 한다.

에너지전략

6

한국은 에너지 부존자원 규모에서 최빈국 수준에 해당하지만 에너지 소비는 세계 8위의 고소비국이다. 수출주도형의 국가산업구조로 에너지 집약 산업이 차지하는 비중도 매우 크다. 동시에 온실가스 배출량은 세계 7위권으로 지구온난화 방지에도 적지 않은 책임을 져야 한다.

미래를 위해서는 에너지 수요가 계속 늘어나는 상황에 대비해 대체에너지, 친환경에너지 사용과 함께 에너지 사용을 최소화하고 온실가스를 줄이면서 지속가능성을 생각해야 한다. 동시에 안정적인 에너지 공급을 통한 에너지안보 확보가 더욱 중요해질 것이다. 따라서 에너지 절약, 수요추종 방식의 에너지 정책에서 수요관리 중심으로의 전환, 에너지 공급기반 확충, 에너지산업 국제경쟁력 제고, 기후변화 대응 등 다양한 각도에서 에너지 전략을 마련해야 한다.

에너지사용 현황

우리나라의 에너지 수요는 지속적으로 증가하고 있다. 에너지 공급에서 각 에너지원이 차지하는 비율은 2013년 기준으로 석유 38%, 석탄 29%, LNG 19%, 원자력 10%, 수력 0.6%, 신재생 3.2%이다. 화석연료가 총 에너지 공급의 약 86%를 차지하고 있는 셈이다.

〈표 5-1〉은 1983년부터 2013년까지 10년 단위로 에너지원의 비율을 보여준다. 이 표에서 알 수 있듯이 석유의 비중은 줄고 있고 석탄은 다소 증가하고 있다. 또 LNG의 경우는 지속적으로 증가 추세이다. 원자력은 2003년까지 계속 증가하다가 2013년 약간 하락한 것을 알 수 있다. 신재생에너지는 최근 들어 조금씩 증가하는 추세를 보이고 있다.

〈표 5-1〉 에너지원의 비율

(단위: %)

	1983	1993	2003	2013
석유	55.9	61.9	47.6	37.8
석탄	33.4	20.4	23.8	29.2
LNG	0	4.5	11.2	18.7
원자력	4.5	11.5	15.1	10.4
신재생에너지	4.8	0.6	1.5	3.2

부문별 에너지소비 비중을 보면 2013년 기준 산업분야 62.3%, 가정 및 상업분야 17.7%, 수송분야 17.8%, 공공분야 2.2%로 나타난다. 부문별 소비 비중의 변화를 살펴보면 산업분야는 1993년 53.5%, 2003년 55.4%, 2013년 62.3%로 증가 추세이고, 가정 및 상업분야는

1993년 24.1%, 2003년 21.3%, 2013년 17.7%로 감소하고 있다. 수송분야는 1993년 20.4%, 2003년 21.1%, 2013년 17.8%로 최근 경기둔화로 소비가 정체되는 상황이다. 공공 및 기타분야는 모두 2.2%로 비중 변화가 없으나 에너지소비는 약간씩 줄어들고 있다.

한편 2012년 국가 총 전력생산량은 530.6TWh로 국가 총 에너지소비의 24.5%에 해당한다. 부문별 전력소비율은 산업 53.4%, 가정 및 상업 40.0%, 공공 6.1%, 수송 0.5%를 차지하고 있다. 총 발전량에 대한 에너지원별 공급비율은 석탄 39.1%, 천연가스 26.5%, 원자력 27.0%, 석유 2.8%, 수력 1.6%, 신재생 3.0%이다. 선진국의 경우 전력소비량 증가율이 GDP 성장률보다 낮았으나 우리나라는 증가세를 유지하고 있다. 현재 우리나라의 총 에너지소비량은 세계 8위, 총 전기소비량은 세계 9위, 총 유류 및 석탄소비량은 세계 10위, 이산화탄소 배출량은 세계 7위, 그리고 1인당 이산화탄소 배출량은 세계 3위에 해당한다.

에너지 위기와 문제점

우리나라는 매우 취약한 에너지안보 구조를 가지고 있다. 2012년 기준으로 에너지 해외의존도는 96.4%이다. 2014년의 국가 총 에너지 수입액은 1,741억 달러로 전체 수입액의 36.7%에 달한다. 이는 전체 국가수출액 중 선박(394억 달러), 자동차(422억 달러), 반도체(510억 달러) 수출 총액을 합한 것(1,326억 달러)보다도 훨씬 많은 액수이다. 특히 원유수입의 중동의존도는 85.1%에 달해 취약한 에너지안보 구조를 드러낸다. 미상공회의소의 2015년도 보고서에 따르면 2010년대 세계 경제규모 25위권 국가의 에너지안보 리스크 순위에서 한국은 두 번째로 취약한 것으로 나타났다.

두 번째 문제점은 에너지 고소비 측면이다. 우리나라는 산업구조가 에너지 고소비 업종의 비중이 높고 에너지 사용대비 효율은 낮다. 과거 한국의 에너지정책 주요 목적이 경제성장 및 국민생활과 산업생산에 필요한 에너지를 안정적으로 저렴하게 공급하는 것이었기 때문에 현재도 다른 나라에 비해 에너지가격이 매우 싸다. 지난 2001년 이후 원유 가격은 5배 가까이 오른 반면 전기요금은 16% 올랐을 뿐이다. 산업용의 경우 2003~2010년 사이 미국, 이탈리아, 영국, 프랑스 등이 2~3배 올리는 동안 우리는 14% 인상했다. 2011년 우리나라의 주택용 전기요금은 kWh 당 0.083달러로 가장 비싼 독일의 0.325달러에 비해 4분의 1 수준에 불과하다. 산업용은 0.058달러로 0.169달러인 슬로바키아의 3분의 1 정도에 그친다. 우리나라의 전기요금은 미국, 영국, 프랑스, 독일, 일본 등 주요 국가 평균요금의 61%이고 1인당 전력소비량은 미국 다음으로 높다. 2012년 전력생산 총괄원가는 kWh 당 113.9원인데 평균판매단가는 kWh 당 100.7원으로 전기요금이 생산원가에 못 미치고 원가회수율이 88.4%였다. 이 때문에 전기 과소비 문화가 생기고 전력소비 증가를 가져왔다. 결국 우리나라는 경제규모에 비해 상대적으로 큰 세계 8위의 에너지 고소비국이 되었다.

세 번째는 에너지 과소비에 따른 온실가스 배출문제이다. 현재 우리나라의 이산화탄소 배출량은 세계 7위에 달한다. 전력생산에서는 석탄 발전의 비중이 아직도 가장 크다. 최근에는 천연가스 발전 위주로 설비를 확충하고 있지만, 생산단가 비용 경쟁력에서 밀려 실제로는 발전에 투입되지 못하고 있는 상황이다. 에너지원별로 볼 때 온실가스의 배출량(kWh 당 그램)은 석탄의 경우 790~1,182, 석유 800, 천연가스 390~510, 바이오매스 15~101, 태양열 13~730, 풍력 7~124, 원자력 2~59, 수력 2~48 등으로 온실가스의 배출 감축을 위해서는 신재생에너지와 원자력의 비중이 높아져야 함을 알 수 있다.

에너지미래 전망

우리나라의 총 에너지소비는 1980년대에 연평균 8.5% 증가하였고 1990년대에는 6.7%, 그리고 2000년대에는 3.1% 증가하였다. 즉 총 에너지소비 증가율은 계속 감소하고 있는 상황이다. 제2차 에너지기본계획에 따르면 2035년까지 총 에너지수요는 연평균 1.3% 증가할 것으로 예상된다. 총 에너지 중 전력의 비중은 2011년 19.0%에서 2035년 27.6%로 증가될 것으로 보인다. 부문별로 볼 때 상업 부문이 에너지 수요 증가세를 주도할 것으로 보이는데 서비스 산업의 빠른 성장세 속에 2035년까지 연평균 2.4%의 수요 증가가 예상된다.

정부가 2015년 발표한 제7차 전력수급기본계획에 따르면 2029년 대비 정격용량 기준으로 전원 구성 비율이 석탄(26.7%), 원전(23.7%), LNG(20.5%), 신재생(20.0%) 순으로 예상되고, 피크 기여도 반영 기준으로는 석탄(32.2%), 원전(28.5%), LNG(24.7%), 신재생(4.6%)일 것으로 보인다. 따라서 원전, LNG 등 온실가스 배출량이 적은 전원의 비중이 증가하고, 석탄 발전설비의 비중은 감소할 전망이다.

특히 우리나라는 신기후변화체제에 대응해 2015년말 타결된 세계 각국의 온실가스 감축 합의문인 파리협정에 따라 2030년까지 온실가스를 배출전망치BAU 대비 37% 줄이기로 했다. 온실가스 배출량의 상당 부분을 차지하는 화석에너지를 더 줄여나갈 수밖에 없는 것이다. 또한 장기적으로 보면 미래사회는 정보통신기술의 발전으로 에너지 인터넷을 구축하여 에너지를 주고받으면서 사회적 이윤을 나눠가지는 공유경제사회가 형성될 것이다. 무선기기와 유선기기를 연계하는 통신기술과 사물인터넷 등의 발전으로 인간과 기계, 기계와 기계 등 연결범위가 확대되는 초연결사회가 되면서 전기에너지 사용이 더욱 늘어나게 될 것이다. 따라서 에너지 사용의 효율은 극대화하고 동시에 온실가스를 줄여나가는 지속적 전략이 매우 중요하다. 이런 면에서 향후 에너지 시스템은 화석연료기반 중앙집중형 에너지 공급시스템에서 점차 청정에너지 기반의 분산형 에너지공급이 중요해지는 변화가 예상된다.

에너지 미래전략

국가의 지속적인 발전과 환경에 대한 높아진 국민의식, 그리고 환경파괴적인 대규모 발전설비에 대한 거부감으로 인해 안전하고 지속적인 에너지 공급체계에 대한 관심과 필요성이 증가하고 있다. 이러한 상황에서 에너지 과소비국인 우리나라는 에너지 수요관리체제를 갖추면서 동시에 지속 가능한 에너지안보를 확립해야 한다. 더불어 국가 위상에 걸맞은 온실가스 감축을 통한 기후변화 대응에 적극 참여해 국제사회에 기여해야 한다. 미래 국가 에너지 시스템의 목표를 달성하기 위해 단기적으로는 에너지소비 절감과 수요관리, 온실가스 배출 저감을 고려한 전력생산과 에너지안보 전략을 추구하고 중장기적으로는 에너지 시스템의 변화를 통해 미래형 에너지 사회를 구축하는 전략이 필요하다.

에너지소비 절감

과거 우리나라는 GDP 증가에 비해 높은 전력소비 증가율을 유지해 왔는데 2011년 순환단전 이후 강제 수요관리, 전기요금 상승, 날씨 등의 영향으로 전력소비 증가율이 과거에 비해 낮게 나타나고 있다. 전기요금의 경우, 원가회수를 넘어 이윤을 포함하여 부과한다면 절전과 전기소비 효율화로 이어져서 2035년에는 약 7GW 이상의 수요를 줄이는 효과가 있을 것으로 예상된다.

에너지소비 설비의 에너지사용 효율을 높이는 것도 중요하다. 에너지를 많이 소비하는 대표적인 설비로 조명설비와 냉방기기를 들 수 있는데 조명의 경우 우리나라 전력 사용량의 약 17%를 차지하는 것으로 나타나고 있다. 만일 전체 조명설비의 90%를 에너지 사용효율이 좋은 LED 조명으로 대체하면 2035년에는 약 6GW 정도의 전력수요 절감효과를 기대할 수 있다. 냉방기기의 경우 열구동 냉방시스템이 개발되면 하절기 피크전력을 줄일 수 있을 것으로 전망된다. 에너지 다소비 기기인 전동기의 경우에도 고효율화 기술을 통해 에너지 절감을 추구해야 한다. 특히 산업계의 에너지소비가 가장 크다는 점을 고려해 산업군별 에너지 분석을 기반으로 정보통신기술을 활용해 에너지 다소비 설비의 운용 최적화와 효율 향상을 꾀하는 솔루션 개발이 이루어져야 한다.

온실가스 감축을 위한 전력생산

에너지 생산에서 화석연료가 차지하는 비중은 85%가 넘는다. 기후변화 대응을 위해 온실가스 배출량이 높은 화석연료의 사용을 줄여야 한다는 당위성이 존재하지만 당장 화석연료에 대한 의존을 완전히 배제하기는 어렵다. 그러나 대부분의 석탄화력 설비는 오래된 발전소이기 때문에 설비개선 또는 대체가 시급하다. 이와 함께 온실가스의 주범인 이산화탄소CO_2 포집 및 저장과 재활용 기술들을 적극적으로 개발하고 상용화를 추진해야 한다.

장기적으로는 온실가스 감축 목표달성을 위해 온실가스를 직접적으로 배출하지 않는 전력원의 사용이 늘어나야만 한다. 즉 원자력과 신재생에너지의 비중을 늘려나가야 한다. 원자력은 현재까지 엄청난 국가예산을 투입하여 기술자립을 이룬 분야이며 대체에너지가 상용화되기까지 온실가스 배출을 줄이면서 에너지안보를 확보할 수 있는 효과적인 방법이다. 신재생에너지는 미래기술로 지속 발전할 수 있는 가능성이 매우 크고 분산형 전원으로 효과적으로 전력을 공급할 수 있는 장점이 있다. 그러나 원자력은 확실한 안전성을 담보로 국민수용성을 개선해야 한다. 신재생에너지는 전력공급의 안정성이 미흡하고 부지확보 문제도 존재하며 에너지 생산의 간헐성을 극복하기 위한 에너지 저장기술 또는 백업 기술이 필요하다. 따라서 단기적으로는 화석연료와 원자력 및 신재생에너지의 상호보완적 운영을 해나가면서 점차 재생가능 에너지 생산 전략을 추구해야 할 것이다.

연료전지에 의한 전력생산도 꾸준히 증가하는 추세이다. 경제성 확보 어려움과 풍력, 태양광 등의 부상에 밀려 아직까지 대규모로 사용되고 있지는 않으나 향후 자동차용과 분산발전용 수요가 커지면 연료전지 수요가 늘어날 것으로 예상된다. 지금까지의 연료전지 개발이 순수한 수소 에너지의 전환에 집중하는 것이었다면, 향후 연료전지 개발은 연료로부터 수소를 추출하는 수소 인프라 구축을 지원하는 것이어야 한다. 이와 관련하여 원자력시스템을 이용한 수소생산 기술과 석탄가스화 연료전지 복합발전Integrated Gasification Fuel Cell Combined Cycle이 고려될 수 있다. 특히 IGFC 기술은 열효율이 높을 뿐 아니라 이산화탄소 포집 및 저장CCS 기술을 접목할 경우 석탄을 활용한 고효율 청정 복합발전을 실현할 수 있어 더욱 주목받고 있다.

전력의 공급과 수요를 조절하는 에너지시스템

전력사용의 효율을 극대화하기 위해서는 전력의 공급과 수요를 지능적으로 조절하는 에너지시스템을 갖춰야 한다. 이를 위해 스마트 그리드가 현실화되어야 한다. 현재의 전력망은 발전소에서 생산된 전기가 공급자에서 소비자로 흐르는 일방향 시스템이지만 스마트 그리드를 사용하게 되면 대규모 발전소 및 여러 작은 규모의 분산된 발전설비들과 전기저장설비들이 연결되고, 공급자와 소비자 간 정보 교환을 통해 전기가 효율적으로 활용될 것이다. 그 결과 전력수요의 분산 및 제어가 가능해지고 소비자의 전력수요에 빠르게 대처할 수 있으며 전력 절감도 가능해질 것이다.

또 정보통신기술을 기반으로 스마트 그리드와 연계하는 에너지관리시스템EMS을 도입하여 에너지효율 증진을 꾀할 수 있다. 에너지관리시스템은 건물, 공장, 가정의 에너지관리시스템을 포함하는데, 이러한 시스템은 건물 또는 가정 내 에너지 사용기기(조명, 냉난방설비, 환기설비, 가스, 급탕 등)에 센서와 계측장비를 설치하고 통신망을 연계하여 에너지원별 사용량을 실시간으로 모니터링하고 분석하는 것이 가능하다. 실내 환경의 쾌적도를 유지하고 동시에 에너지를 효율적으로 관리하도록 자동제어하는 것이다. 특히 전력사용량의 52.3%를 차지하는 산업계에 이 기술이 적용되면 공장 내 에너지 사용에 대한 분석과 평가가 자동으로 이루어지면서 산업설비와 공정의 에너지효율이 높아지고 개방형 에너지관리 기술을 통한 공장 부하관리가 가능해진다. 또 공장 내, 그리고 공장 간 에너지 교환으로 산업단지 에너지관리의 최적화가 이루어 질 수 있고, 전력수요관리 시장 참여로 수익도 창출할 수 있다.

신재생에너지 확산으로 분산형 공급체계가 증가하게 되면 마이크로 그리드에 대한 수요가 증가할 것이다. 에너지 자립섬인 가파도에서는 마이크로 그리드가 운영되고 있으며, 한전은 국내 여러 도서지역에서의 상업운전 실적을 바탕으로 북미지역 마이크로 그리드 시장에 진출하고 있다. 향후 자동발전제어, 배전망 감시 등의 역할을 수행하는 능동형 배전망관리시스템DMS에 빅데이터 분석과 지능형 검침 인프라 Advanced Metering Infrastructure, AMI 등이 연계되면 다양한 부가서비스를 창출할 수 있을 것이다.

스마트 그리드와 마이크로 그리드의 활용과 더불어 필요한 것은 전력저장시스템 기술 개발이다. 전력저장은 저비용으로 생산된 전력을 시스템에 저장했다가 전력이 부족하거나 전력의 품질이 불안정한 경우 전력계통에 공급하여 전력사용의 저비용, 고효율, 안정화를 증진시키는 기술이다. 이와 관련하여 고효율 에너지 변환 및 저장 기술도 개발되고 있는데, 열에너지 저장기술과 이차전지기술이 이에 포함된다. 열에너지 저장은 상업용 건물의 냉각기능을 높이는 데 있어 매우 효과적으로 사용될 수 있는 기술이다.

에너지 네가와트negawatt 시장의 활성화도 적극 추진할 수 있는 중요한 방안이다. 네가와트는 발전량을 늘리지 않고도 절전이나 에너지 효율 향상 등을 통해 얻어지는 잉여 에너지를 의미한다. 즉 에너지 네가와트 시장은 이렇게 아껴 모은 전기를 되파는 전력거래시장이다. 전력 수요관리를 통한 에너지정책이라고 할 수 있다. 국내에서도 2014년 네가와트 시장이 개설된 바 있다.

수송시스템 혁신

온실가스 감축 및 대기환경 보존을 위해 현재의 화석연료를 기반으로 한 내연기관 자동차를 전기자동차 또는 연료전지 자동차로 대체하는 것이 필요하다. 현재는 연료전지보다 이온전지를 이용한 전기자동차가 대세를 이루고 있는데, 고객요구를 만족시키기 위해서는 내연기관 자동차 수준의 장거리 주행성능을 제공할 수 있어야 한다. 이를 위해 차세대 고출력밀도, 고에너지밀도, 장기 내구성, 고안전성 전지시스템의 개발이 이루어져야 한다. 또한 전기자동차 충전을 위한 인프라가 구축되어야 하는데, 신재생에너지 기반 또는 원자력발전에 의한 충전 인프라 요소 및 무선전력에 의한 최적 충전기술이 이를 뒷받침할 수 있을 것이다.

융복합 비즈니스 기반의 기술혁신

미래사회에서는 다른 산업의 혁신 기술과 에너지산업의 융합이 활성화될 것이다. 에너지의 공급과 전달 및 수요를 결합하여 에너지효율을 향상시키면서 비용을 낮추고 사용자의 편의성을 높이는 새로운 시장 개척이 이루어질 것이다. 따라서 이러한 미래 동향을 따르는 비즈니스 모델 창출이 필요하다.

에너지안보 제고

현재 우리나라는 에너지 수입 비중이 매우 높아 안정적인 에너지원을 확보하기 위한 대책이 필요하고, 국가 에너지안보를 위한 다양한 국제협력도 필요하다. 미래 지향적인 관점에서는 남북한과 러시아를 연결하는 천연가스 도입, 북한과 중국을 연결하는 동북아 전력그리드 시스템 구축, 북한 에너지 시스템 개발 참여 등을 고려할 수 있을 것이다. 또 원자력발전의 비중이 적지 않음에도 불구하고 자력으로 우라늄 공급과 농축을 할 수 없기 때문에 핵연료를 장기적이고 안정적으로 공급할 수 있는 방안도 마련해야 한다.

에너지에 대한 이해와 국민적 합의 도출

에너지정책은 부존자원 상태, 국가가 처한 지정학적 상황, 에너지안보 환경, 국민들의 인식수준에 따른 사회적 수용성과 정치적 상황논리에 따라 영향을 받는다. 즉 국민들의 정치사회적 인식의 수준과 상황에 따라 에너지전략과 정책이 달라질 수 있다. 예를 들어, 온실가스 배출량이 적은 원자력의 경우 원전의 추가 건설이 점점 어려워지고 있는 상황이다. 안전성에 대한 국민들의 우려와 사용후 핵연료의 관리 및 처분에 대한 어려움으로 국민 수용성이 낮아지면서 추가적인 부지확보가 쉽지 않기 때문이다. 송배전 설비 문제도 마찬가지이다. 이는 에너지에 대한 국민들의 이해와 인식의 수준을 높이고 국민적 합의를 이루어나가는 것도 에너지정책 수립에서 매우 중요하다는 것을 의미한다.

환경/인구/자원 분야 미래전략

자원전략

　한국은 세계적 자원소비 국가이지만 부존자원이 적어 대부분을 해외에 의존하고 있으며, 수입국 역시 특정 국가에 집중되어 있어 세계 자원시장의 영향을 많이 받는 취약한 구조를 갖고 있다. 세계에너지위원회WEC가 발표한 2015년 국가별 에너지안보 평가에 따르면 우리나라는 124개국 중 98위를 기록하며 공급관리의 심각성을 보여주고 있다. 자원을 안정적으로 확보하는 것은 순조로운 경제활동을 위한 전제조건이다. 하지만 자원개발환경악화, 자원시장 변동성 심화, 환경 및 사회적 관리요인 강화 등 잠재적 리스크가 다양해지고 있어 이에 대응하기 위한 다각적 노력이 필요하다.

　자원개발은 또한 그 자체 개발만이 아니라 자원개발서비스, 엔지니어링, 건설, 정유 등 주변산업에 미치는 파급효과도 크고 도로와 같은 인프라 건설이 동반되며, 자원개발 이후에는 제품화 단계로 이어지는 등 추가적 부가가치를 창출하는 복합사업이다. 따라서 자원수급 안정과 더불어 새로운 미래의 성장동력으로 발전시키겠다는 기조와 전략을 설정해야만 한다.

자원소비 및 개발 미래전망

세계 경제성장에서 개도국이 차지하는 비율이 2030년에는 70%, 2050년에는 79%까지 이를 것이다. 특히 아시아 개도국의 비율은 2050년 49%를 차지할 것으로 전망되고 있다. 자원 소비는 경제활동과 직결되는데, 경제가 성장할수록 1인당 자원소비는 증가한다. 현재 구리, 아연 등 비철금속의 수요 약 40%를 중국이 차지하고 있는데, 앞으로 중국과 인도의 경제성장 속도를 고려하면 이들 국가의 자원수요는 빠르게 증가할 것으로 전망된다. 그리고 IEA(2014)의 전망에 따르면 세계 에너지수요에서 석유, 석탄, 천연가스가 차지하는 비중이 2012년 80%에서 2035년 76%로 약간 감소할 것으로 예측되지만, 여전히 화석연료시대는 지속될 것으로 보인다. 또한 셰일가스와 셰일오일 생산으로 화석에너지 공급력은 증대되었으나, 아시아의 자원소비 집중은 더욱 커질 전망이어서, 아시아 지역의 수급 불균형은 더욱 심화될 것으로 예상된다.

한편 자원보유국에 대한 투자여건이 악화되고 불확실성은 더욱 커지고 있다. 자원보유 개도국들은 자원을 기반으로 자국의 산업화를 견인하려는 시도[21]를 강화하고 있어, 신규사업 진입장벽이 갈수록 높아질 것이다. 북미, 북해 등을 제외한 중동, 아프리카, 남미 등 자원보유국은 이라크 종파·종족갈등, 시리아 내전, 리비아·이집트 유혈사태 등과 같은 정정불안 위험을 안고 있다. 또한 과거에는 매장량, 가격, 인프라 현황, 정치적 불안정성 등과 같은 경제적, 정책적 이슈가 자원개발의 선제적 요건이었다면, 앞으로는 환경문제는 물론 지역주민과의 조화와 같은 사회적 요인까지 고려해야 하는 상황이 되고 있다.

자원개발의 여건도 점차 악화되고 있다. 예전에는 접근성이 좋은 지역을 중심으로 자원개발이 진행되었다면, 최근에는 '높은 곳으로 가거나, 깊은 곳으로 가거나'라는 말이 있을 정도로 고산지대나 심부지역 개발이 증가하고 있으며, 자원의 품위도 낮아지고 있다. 이러한 채굴조건 악화는 광산·인프라 건설, 채광, 광석처리, 운송·판매비용 등의 연쇄 상승으로 이어지고 있다.[22] 즉 낮은 생산단가로 쉽게 개발, 생산하던 육상유전easy oil의 고갈로 대규모 자본과 첨단기술이 필요한 고위험 지역으로 사업영역이 이동하고 있는 것이다.

자원개발 사업은 또한 환경을 훼손하는 대표적인 산업으로 취급되며, 개발 단계마다 다양한 이슈가 발생하고 이해관계도 복잡하다. 최근 미국을 비롯 OECD 국가들은 자원개발 자금이 반군활동 자금으로 연결되는 것을 방지하기 위해 '분쟁광물'을 지정하여 이의 사용을 금지하는 법제도[23]까지 시행하고 있다. 이에 따라 자원을 사용하는 기업에 자원의 공급망 관리까지 요구하고 있으며 자금투명성 확보를 요구하는 등 관리구조가 복잡해지고 있다. 오염방지 중심이던 환경관리도 생태계 및 사회적 약자에 대한 배려와 노동환경에 대한 배려, 투명한 정보공개 등을 포함하는 복합적 관리로 확대되고 있다.

미래를 대비하는 자원전략

산업화 과정을 거치면서 2000년대 초반까지는 노동과 자본에 비해 자원은 상대적으로 낮은 가격에 확보할 수 있었다. 이에 따라 생산관리의 핵심은 자본생산성과 노동생산성을 제고하는 것이었다. 그러나 자원은 무한하지 않다. 자원의 고갈 가능성과 일부 자원의 과점 심화로 자원소비에 대한 제약은 국가 간 충돌 가능성까지 높였다. 센카쿠 분쟁, 신자원민족주의 등 자원전쟁이라고 불릴 만큼 치열한 사건들도 실제로 발생하고 있다.

자원으로 인한 제약에서 벗어나기 위해 유럽을 비롯한 세계 각국에서는 자원생산성을 높여 경제성장과 자원소비간의 연결고리를 끊자는 기조가 생겼고, '자원순환, 지속가능성, 녹색성장' 등이 새로운 패러다임이 되었다.

이러한 변화 속에서 우리는 자원안보 실현과 새로운 가치 창출의 기회를 찾아야 할 것이다. 이를 위해서는 안정적으로 자원을 공급할 수 있는 체계를 마련하고, 자원순환형 사회를 만들어 원천적으로 자원소비를 줄이며, 수익성과 시장확대 가능성이 높은 분야에 투자해 새로운 가치를 창출하는 것이 필요하다.

해외자원개발사업 활성화

안정적 자원 확보의 관점에서 가장 우선적으로 그리고 가장 효과적으로 시행할 수 있는 전략은 해외자원개발이다. 우리나라 해외자원개발사업법에 따른 해외자원개발의 목표는 국가 경제성장을 위해 자원의 안정적 확보이며 가격 불안정성에 대응하고 공급중단에 대비할 수 있는, 일종의 '헤징hedging 전략'이다.

해외자원개발 사업은 안정적인 자원 확보뿐만 아니라 고부가가치를 산출하는 계기가 된다. 우리나라의 업종별 부가가치율을 산정해보면 다른 산업들은 10%대 수준인데 비해, 광업은 70%로 가장 높다. 세계

M&A시장에서도 OIL&GAS 부문은 4위를 차지하고 있으며 그 규모는 연간 3,000억 달러에 달한다. 또한 해외자원개발은 광산개발에 그치는 것이 아니라 대규모 플랜트, 전력, 도로 등의 인프라 건설 등과 연계될 수 있다.

자원개발 사업은 초기 자원탐사에서 개발, 생산, 회수까지 최소 10~15년이 소요되는 사업이며, 자금뿐 아니라 기술, 정보 등의 인프라가 뒷받침되어야 하기 때문에 해외자원개발 활성화를 위한 전략은 종합적인 시각에서 장기적인 계획을 세워야 한다.

세계적 기준에서 볼 때, 한국은 아직 제대로 된 해외 자원개발 체계를 가지고 있지 않다. 자원개발의 역량을 키우기 위해서는 관련 서비스산업 발전과 산업생태계 조성, 효율적인 민간서비스기업 등 관련 요소들이 유기적으로 연계되어야 한다. 그러나 우리나라는 그동안 공기업을 자원전문기업화하겠다는 취지로 공기업 중심의 지원책을 펼쳐왔다. 따라서 투자기업, 서비스산업, 지원기관, 기술 및 인력 등 자원산업 생태계를 구성하는 다양한 주체의 역량을 키울 수 있는 지원정책 및 제도를 마련하는 것이 필요하다.

한국의 자원개발 투자규모도 낮다. 2011년 기준 해외자원개발 투자규모는 92억 달러였는데, 이는 프랑스의 대표적 자원개발기업 토탈 TOTAL의 2011년 투자 대비 3분의 1 수준이다. 따라서 자금력으로 세계의 자원개발 시장에서 경쟁우위를 확보하기는 어렵다. 우리의 자금력과 기술력에 맞는 자원개발프로젝트를 발굴하는 것이 필요하다. 한 예로 선광 후 버려지는 광물찌꺼기나 제련과정에서 발생되는 슬래그 등에서 자원을 회수하는 것 역시 사업 대상이 될 수 있어 투자대상에 대한 시각을 넓힐 필요가 있다.[24]

해외자원개발 사업에 대한 전문적이고 투명한 검토 체계도 필요하다. 해외자원개발 사업 수립 과정에서 투자 자체에 대한 의사결정은 매우 중요하다. 의사결정은 사업의 수익성, 투자대상 광종의 시장구조, 파트너사에 대한 신뢰성 등을 비롯해 경제, 사회, 기술, 정치 등 다양한 전문지식이 복합적으로 작용해 이루어진다. 자원가격 변동, 해당국의 정치적 안정성, 재해 문제 등과 같이 외생적 요소는 제어하기 힘들지만, 매장량 평가, 광산설계, 대상광종의 시장성 등에 대한 전망, 기술적 요소 등은 충분히 검토와 관리가 가능하다. 최근 해외자원개발사업 부실투자 논란이 된 사업들은 대부분 전문가의 충분한 검토가 이루어지지 않았거나, 전문가의 의견이 아닌 다른 논리로 의사결정이 이루어진 경우가 많았다.

자원기술력 강화를 통한 신성장동력 마련

불과 몇 년 전만 해도 기술적 제약으로 미래자원의 범주에 속하던 셰일가스 및 셰일오일은 수평시추와 수압파쇄라는 혁신적 기술 개발로 현재는 미국을 세계 최대의 원유 생산국으로 탈바꿈시켰다. 환경이나 경제적 문제로 활용하지 않았던 저품위나 복합광 광물자원의 개발도 시도되고 있으며, 폐기물로 여겨지던 폐제품, 선광찌꺼기, 슬래그 등도 재처리하여 자원을 회수하고 있어 환경문제도 해결하고 경제적 가치도 산출하고 있다.

자원기술은 자원개발을 위한 기반요소일 뿐만 아니라 기술 그 자체로 큰 시장을 형성하고 있다. 자원기술을 보유하고 있느냐가 사업권을 확보하고 사업의 지속성을 결정하는 핵심요인으로 작용할 뿐 아니라, 수많은 자원 관련 서비스기술들은 다른 분야와의 융합을 통해 높은 수익성을 창출할 수 있는 분야이기 때문이다.

이렇듯 자원 관련 기술의 중요성이 커지고 있지만, 우리의 자원기술 R&D는 매우 열악하다. 하지만 우리가 경쟁력을 갖고 있는 ICT, 조선, 플랜트 산업 기술들과 연계한다면 빠르게 기술 발전을 이뤄낼 수 있을 것이다. 특히 땅속에 있는 불확실한 자원에 대해 '추정'하는 데 필요한 빅데이터 관리기술이나 유전 정보를 통합적으로 관리하는 시스템 개발이 시급하다. 이들 기술에 대한 수요 또한 점점 확대되고 있다.[25]

환경 및 안전기술에 대한 시장이 확대되고 있는 것도 새로운 기회이다. 대표적인 기술로는 CO_2-EOR기술과 셰일가스 안전 및 환경관리 기술, 노후화 해상플랜트 해체 기술 등이 있다. 온실가스 감축은 세계적 이슈인데, 온실가스의 주범인 이산화탄소를 주입하여 석유를 회수하는 CO_2-EOR 기술은 생산성 증진을 이루는 기술인 동시에 이산화탄소 저장 및 처리를 통해 온실가스를 줄일 수 있는 기술이다. 셰일가스 개발에 대한 안전성 문제와 수압파쇄에 사용한 물의 처리 문제도 논란이 지속되고 있으며 이에 대비한 셰일가스 환경 및 안전 기술 연구도 필요하다. 여러 가지 이유로 더 이상 사용할 수 없는 해상플랜트를 해체하는 기술은 우리의 우수한 플랜트 기술을 기반으로 충분히 선점할 수 있는 영역일 것이다. 아태지역에만 2011년 기준으로 해체가 필요한 해양플랜트가 600여 개나 되며 최대 320억 달러에 달하는 시장이 형성될 전망이다.

나아가 미래세대를 위한 미래 자원 확보 기술개발도 수반되어야 할 것이다. 우리나라의 유일한 에너지자원인 일명 불타는 얼음덩어리인 가스하이드레이트 관련 기술, 수심 1,500m 이하에서 석유가스자원을 개발하는 극심해개발 기술, 해수에서 리튬 등 광물자원을 확보하는 기술 등이 대표적이다. 이런 미래에너지자원 개발기술들은 도전적이고 선도적인 기술로 단기적인 성과를 기대하기 어려우며 기술적 시행착오도 많을 것이다. 현재 상용되어 주요 자원으로 자리매김한 셰일오일 및 셰일가스 역시 20여 년간 누적된 기술개발의 성과라 할 수 있다. 미래자원에 대해서는 단기적인 성과에 치중하지 않는 지속적인 R&D 수행이 더 중요하다.

남북지하자원 개발 및 활용

북한에 대한 정보 접근성에 한계가 있어 북한자원에 대한 평가가 평가기관에 따라 큰 편차를 보이고 있으나, 북한에는 철광, 마그네사이트, 흑연 등 다양한 광종의 광물자원이 부존하고 매장량도 상당한 것으로 추정되고 있다. 북한 자원의 남북 공동개발은 자원 확보 등 경제적 편익 외에 남북 간 정치적 긴장 해소, 경제개방 유도, 경제협력 활성화, 기술 및 인력 교류 확대, 남북 균형발전 등과 같은 통일 정책적 측면에서 공공적 편익 확대 기회로 활용될 수 있다.

이러한 이유로 1990년대에 남북 간 정치, 사회적 교류 및 경제협력이 시작되었으며, 그 중에서도 자원교역과 자원개발투자 확대를 위한 민간 및 공공 부문의 노력이 컸다. 자원개발 과정에서 유발되는 연계 인프라 투자, 연관산업 진출 가능성, 투자 규모 및 사업 기간의 장대성, 그리고 사업 성공 시 발생 될 수 있는 막대한 경제적 파급효과 등을 생각하면 남북 모두에게 중요한 사업이다.

그러나 2010년 5.24조치 이후 자원교역 및 공동사업은 모두 중단된 상태이다. 5.24조치 이후 중국의 북한 자원개발 투자 진출, 그리고 러시아의 북한 인프라 투자확대에 따른 자원개발 사업 참여 등 최근

북한지역 자원개발 투자 환경은 큰 변화가 있었으며, 세계 경기침체에 따른 국제 자원가격의 하락 등 북한 자원개발에 영향을 미칠 수 있는 여건 변화도 있었다. 또한 북한이 많은 광물자원 개발권을 외국에 팔아버렸다는 정보도 있다.

따라서 다양한 여건 변화에 맞춘 진출 전략을 수립해야 한다. 이 과정에서 리스크 분산 전략도 필요하다. 자원개발 자체보다 인프라 구축 비용이 더 많이 소요될 수 있어 러시아나 중국과 인프라 구축을 연계하는 것도 하나의 방법이 될 수 있다. 동북아 평화협력구상, 유라시아 이니셔티브 등과 한반도 신뢰프로세스를 연계하는 등 동북아 외교안보 정책과 남북자원협력 전략을 연계하는 것 역시 필요하다.

지속가능한 자원 관리 체계 구축

다른 일반적인 재화와 달리 자원은 한정되어 있으며, 자원은 채굴, 생산, 소비, 폐기에 이르는 전주기 동안에도 다른 자원을 소비하고 환경문제를 유발한다. 따라서 전주기동안 발생하는 문제와 그에 대한 해결을 경제적, 환경적, 사회적 요소로 인식하고 통합하여 관리함으로써, 지속성장을 가능하게 하는 자원관리Sustainable Resource Management, SRM[26] 체계가 필요하다. 즉 경제적으로는 효율성과 경제성장을, 환경적으로는 생태계 유지 및 환경보존을, 사회적으로는 세대 간·지역 간 공정성과 형평성, 안전성을 유지할 수 있도록 해야 한다. 지속가능한 자원관리는 자원순환뿐만 아니라 폐기물 정책 등의 환경관리전략, 산업 및 제품정책, 나아가 빈곤과 복지 문제와도 연계되는 것이다.

자원순환[27]은 특히 수요와 공급 측면에서 중요한데, 자원순환을 통해 자원공급원을 다양화하고 경제활동을 위한 자원소비량을 감소시켜 경제와 자원소비 간의 탈동조화de-coupling를 이뤄야 할 것이다. 자연에서 채취되는 원광석(1차 자원)뿐만 아니라 재활용을 통해 회수된 자원(2차 자원) 역시 공급원이 될 수 있다. UNEP의 자료에 따르면 철, 구리 등과 같은 베이스메탈은 50% 이상 회수되어 재활용되고 있으며, 수요대비 2차 자원의 공급비중이 20%대에 이르는 정도로 주요 공급원으로서 역할을 하고 있다.

그러나 우리나라의 자원순환산업은 폐제품 확보와 순환자원 판매에 있어 모두 불안정한 상태이며, 경제적, 제도적 한계로 큰 시장이 형성되어 있지 않다. 따라서 규제로 인한 제약이 자원순환과 충돌하지 않도록 법을 정비해 주고 시장을 확대할 수 있는 제도 마련이 필요하다. 가령 재활용에 있어서 내구연한을 다한 폐제품은 일명 '도시광석'이라 부르는 원료가 되는데 환경적 차원에서 여전히 폐기물이다. 폐제품에서 유용한 금속을 추출하여 가치를 창출하기 위해서는 환경관리와 자원순환이 충돌하지 않도록 제도적으로 정비해주는 것이 필요하다. 또한 2차자원은 1차자원보다 품질이 낮을 것이라는 인식 때문에 회수된 자원의 판매처를 찾지 못하는 경우가 많다. 국가가 2차자원에 대한 품질을 인증해 주는 방식을 통해 안정적 수요처를 마련해 주는 것이 필요하다. 자원순환업체에 자금 및 인력을 지원해주는 정책들은 일시적인 것으로 자원순환업체의 자생력을 키워줄 수 없다. 이들에게는 자원순환 시장을 열어주는 제도 및 정책이 필요한 것이다.

지속가능한 자원 소비와 공급을 위해서는 본질적으로 수요행태 변화가 필요하다. 수요행태의 변화는 단기간에 이루어질 수 없다. 그래서 지속가능성, 자원순환 등의 개념을 정립해야 한다. 가장 앞서 실시하고 있는 국가인 독일에서는 어린이들을 대상으로 환경배낭의 개념에서 기초한 교육을 실시하는데, 본인의 제품 선택에 따라서 환경부담이 달라지는 것을 몸소 체험하여 제품소비와 환경부담을 연결하는 것을 체화시키고 있다. 장기적인 관점에서 교육과 홍보를 통해 소비자들이 자원을 절약하고, 자원순환 제품을 선호하도록 하는 것이 중요하다.

마지막으로 현재뿐만 아니라 미래의 기술 및 산업을 대비하기 위한 중요한 자원을 관리할 필요가 있다. 이러한 관점에서 유럽 및 미국 등지에서는 미래기술 전망에 따라 주기적으로 해당 광종을 선정하고 있다. 선정된 광종에 대해서는 매장량조사, 국제협력을 통한 확보전략 수립, 대체 및 재활용 기술 개발 등을 통해 중장기적으로 확보할 전략을 수립하고 있다. 우리나라와 같이 대부분을 해외에서 자원을 충당해야 하는 국가일수록 미래산업구조 및 공급리스크 등을 반영하여 국가적으로 필요한 자원을 선정하여 관리하는 체계를 마련할 필요가 있다.

정치분야 미래전략

1 국가거버넌스전략

21세기 초반, 선진국들의 모임인 경제협력개발기구OECD가 〈21세기 거버넌스〉라는 제목의 보고서를 펴낸 바 있다. 이 보고서에서 정치학자 탈쉬스Tarschys는 국가발전에서 거버넌스가 얼마나 중요한가에 대해 다음과 같이 압축적으로 표현하고 있다.

"거버넌스는 [한 나라의] 경제사회 발전에서 중심적인 설명 변수가 돼왔다. … '좋은 거버넌스good governance'는 다양한 성장의 필수요건으로 남아 있다. 반면에 '나쁜 거버넌스bad governance'의 여러 특성들(예로서, 부패, 낭비, 권력남용, 사적 목적을 위한 공적 수단의 착취 등)은 나라의 쇠퇴, 분열, 파멸의 악순환을 초래해 결국 [국민의] 불행으로 이어진다."

이로부터 10년 쯤 후인 2012년 경제학자 아세모글루Acemoglu와 정치학자 로빈슨Robinson은 『국가흥망의 원인』이라는 제목의 공동저서를 펴냈는데, 흥미롭게도 한반도를 국가흥망의 사례 가운데 하나로 들면서 국가제도의 중요성을 다음과 같이 요약하고 있다.

"남·북한이 [왜] 이처럼 전혀 다른 운명의 길을 걸었는지는 문화나 지리적 요인 혹은 무지 등에 의해서는 설명할 수 없[고] … 제도에서 답을 찾을 수 있다. … 포용적 경제제도는 사유재산권, 법, 공공서비스, 계약 및 교환의 자유 등을 보장[함으로써] … 경제 활성화, 생산성 증대, 경제적 번영을 촉진시킨다. … [그런데 이들은] 모두 국가the state에 의존한다. … 포용적 경제제도는 국가를 필요로 하고 활용도 하는 것이다."

이들의 주장처럼, 국가 거버넌스는 한 나라의 흥망을 결정짓는 핵심 요소들이다. 한국의 국가 거버넌스 장점과 단점은 무엇이고, 그것을 어떻게 보완하고 개혁할 것인가에 대해 논의가 필요한 이유이다.

국가 거버넌스의 의미

국가 거버넌스 개념은 추상성이 높기 때문에 이해가 쉽지 않다. '거버넌스governance'라는 용어는 '지휘하다steer'라는 의미의 그리스어 (kubernao)에서 유래했다. 영어권에서는 중세시대에 관리의 의미로 쓰이기도 했다. 그러나 이 용어가 국정운영 차원에서 본격적으로 쓰이기 시작한 것은 20세기에서 21세기로 넘어오는 시점에서부터였다. 근대 국가와 관료제 행정 패러다임에 대한 대안으로 거버넌스가 제시되기 시작한 것이다. 또한 21세기 들어 사회 각 부문에서 다양한 의미로 사용되고 있으며, 일반적으로 일련의 공공서비스를 제공하는 정부조직, 혹은 조직체계의 공공경영을 일컫는다.

기존의 정부나 통치를 의미하는 government가 정부를 우위에 놓고 위계적 통제와 지배의 의미를 내포하고 있기 때문에 이와 차별화하기 위해 생긴 용어가 '거버넌스'이기도 하다. 언론 등에서 '협치協治'나 '공치共治'로 부르기도 하고 최근에는 '거버넌스' 그대로 사용하는 경우도 많아졌다.

'거버넌스'의 가장 주요한 특징은 중앙정부, 지방정부, 정치적·사회적 단체, NGO, 민간 조직 등의 다양한 구성원들로 이루어진 네트워크를 강조하며, 구성원들이 상호독립적인 기능을 수행하고 정부는 네트워크의 관리자로서 역할을 한다는 점이다.

〈표 6-1〉 정부와 거버넌스의 차이

government	governance
계층제	수평적 조정
국가의 절대적 권위	시민사회와 시장 영향력 증대
엄정한 법집행	갈등과 협력
평등을 통한 동질성	네트워크와 참여 강조

자료: 김정렬(2000), 〈정부의 미래와 거버넌스〉

한편 '국가 거버넌스'의 개념은 범주에 따라 구분해서 이해할 필요도 있다. 첫째, 사회와 대칭되는 개념인 국가the state의 운영 방식, 즉 국정관리 혹은 국정운영the state governance이다. 여기서는 국가를 구성하는 입법-행정-사법, 중앙-지방, 핵심 행정부core executive-행정관료제 등 다양한 제도들과 이들 간의 관계가 논의의 초점이 된다. 둘째, 좀 더 광의의 개념으로서 나라 혹은 국민 전체의 문제를 해결하기 위한 방식 차원의 국가 거버넌스national governance 개념이다. 이와 같은 의미의 국가 거버넌스에는 국가, 시민사회 공동체, 그리고 시장 간의 역할 배분, 협력, 견제 등이 중요한 논의 대상이 될 수 있다. 셋째, 세계world 혹은 권역regional 수준에서 나라 혹은 국민들 간의 문제를 해결하기 위한 방식으로서의 거버넌스, 즉 국제 혹은 전 지구적 거버넌스가 있다. 유럽연합EU은 대표적인 권역 수준의 거버넌스이다.

국가거버넌스의 중요성

국가와 정치의 본래 목적은 외부의 도전(군사적 침략, 환경재앙 등)으로부터 공동체를 방어하고 좋은 질서를 확립해 공동체의 물질적, 문화적 생산력을 지속적으로 발전시키는 것이다. 이 질서는 곧 정의正義라고도 할 수 있는데, 핵심은 유한한 자원을 둘러싼 인간들 간의 경쟁과 협력을 합리적으로 처리하는 경쟁(게임)의 규칙이다.

지난 30년간 한국을 비롯한 유럽, 미국, 일본, 중국, 인도, 남미 등 대부분의 국가에서 그 전 수십 년과는 확연히 다른 변화를 바라는 대중적 열망이 넘쳐났다. 이는 민주주의, 시장경제, 개혁·개방이 핵심 기조였다. 지난 30년간 한국사회를 관통해 온 정치사회적 화두 역시 개혁(민주주의, 시장경제), 개방, 통일로 집약된다. 역대 대통령들은 '새 시대'(전두환), '위대한 보통사람들의 시대'(노태우), '신한국'(김영삼), '제2건국'(김대중), '새로운 대한민국'(노무현), '선진화 원년'(이명박), '희망의 새 시대'(박근혜) 등 이전과는 차별화된 개념을 강조하는 방식으로 새로운 국가거버넌스의 기조를 제시하며 국가적 과제에 대응해왔다.

그러나 최근 우리 사회의 안전과 안보를 위협하는 환경은 급변하고 있다. 중국의 정치경제적 부상으로 상징되는 동아시아 국제정치 질서의 변화와 북한의 총체적 파탄과 상존하는 군사위협, 그리고 기후변화와 환경생태계 파괴, 에너지와 자원 위기 등으로 인해 안보와 안전의 개념이 바뀌고 있다. 또한 역내 경제공동체의 재규합, 중국과 미국 간의 통상마찰 등 국제 통상 및 산업질서의 변화도 일어나고 있다. 2008년 세계적 금융위기에서 보았듯이 전 세계 금융시장이 긴밀하게 연결되어 국지적 위기는 연쇄반응을 거쳐 크게 증폭되거나 확산된다.

이 모든 위기와 변화는 인류의 생활양식과 국가발전 방식 전반에 대해 재검토를 요구하고 있다. 또한 직업·직장 수명의 단축, 시장의 격심한 변화와 부침, 지식정보화, 저출산, 고령화, 양극화 등으로 인해 국가의 책임 수준과 내용에 대한 사회적 요구도 바뀌고 있는 것이다.

사회역사적 예측과 통찰의 토대를 만들기 위해서는 생각과 고민의 시간을 확장하여 미래세대, 청년세대, 노인세대의 기회와 행복을 고민하고, 사고의 공간을 확장하여 미국, 일본, 중국, 북한 등 주변국가와 기후변화, 에너지위기 등 거대한 외생변수의 다양한 영향력을 살피는 노력이 필요하다. 또한 한국사회의 수많은 고통과 갈등은 어디에서 오는지, 대한민국은 어디쯤 와 있고 어디로 가야하는지, 한국사회의 발전을 가로막는 핵심 걸림돌은 무엇인지, 정치가 할 일 혹은 바꿀 수 있는 것과 하지 말아야 할 일 혹은 바꿀 수 없는 것이 무엇인지, 정치인과 정치집단이 중심적으로 대변해야 할 계층과 집단(계층, 지역, 산업, 직능, 세대 등)은 누구인지, 원인과 결과, 주된 원인과 부차적 원인이 난마처럼 얽히고설킨 데서 문제 해결의 중심고리는 무엇인지를 파악할 수 있어야 한다. 즉 복잡성과 불확실성이 점점 더 증가하고 있는 환경 속에서는 공통의 문제 해결을 위해 각 이해관계 주체들이 적극적으로 머리를 맞대고 조정하고 협력하는 문화가 갈수록 중요해지고 있다.

공익 실현을 위한 국가 거버넌스 전략

인류는 삶의 질을 증진하기 위해 발전을 추구해 왔다. 그러나 그것은 득과 함께 폐해를 남겼다. 나치즘과 일제의 가공할 침략과 반인류적 만행은 국가 간에 혹은 민족 간에 저질러진 전형적인 악행의 예로 들 수 있다. 압축 경제성장의 이면에서 저질러진 기본인권 유린, 정치·경제·사회·문화적 불평등, 그리고 자연환경의 파괴 등은 국가 내부적 역기능의 예이다. 발전의 긍정적 측면은 극대화하고 부정적 측면은 최소화하기 위한 바람직한 국가 거버넌스를 제도화해야 하는 이유이다.

국가가 바람직한 발전을 도모하기 위한 가치 판단 기준은 공익public interest이다. 문제는 공익에 대한 합의된 기준이 없는 점이다. 또한 한 나라의 구성원들에 의해 수용되는 합의된 공익 개념이 존재한다고 해도 그것의 원만한 실현까지 보장하는 것은 아니다. 특정의 공익 관념이 실현되려면 그것을 뒷받침할 적절한 국가 거버넌스의 제도화가 필요하다. 또한 역사적으로 배태된 일반이익으로서의 공익관 및 목적국가 거버넌스로서의 제도적 특성, 그리고 최근 새롭게 대두되고 있는 개인이익의 합으로서의 공익관 및 시민국가 거버넌스로서의 제도적 특성 간에 조화로운 절충이 이루어질 수 있는 제도화 방안을 동시에 모색해야 한다.

국가 내부 거버넌스 역량 증진을 위한 전략

한국은 역사적으로 공동체주의와 국가주의 전통이 강하게 배태된 나라이다. 대한민국 정부수립 이후 목적국가 행정을 지향하는 제도화를 지향해 왔다. 근대화 선진국들을 '따라잡기catch-up' 위해 국가 주도의 산업화를 추진했던 시기에 특히 그러했다. 다만 1987년 민주주의 이행 이후 개인주의적 자유주의의 대두로 인해 개인이익의 합으로서의 공익관이 급속히 심화되고 있는 중이다. 또한 1997년 외환위기를 극복하는 과정에서 국가 역할의 축소 및 탈관료제화를 지향하는 정부개혁 프로그램이 지속적으로 추진되고 있다.

한국에서의 행정부 주도, 제왕적 대통령, 핵심행정부 집중, 피라미드 조직, 계급제 인사체계, 강력한 상하관계, 집권적 중앙-지방 관계 등은 국가형성 및 산업화 시대에 강력한 국가 자율성과 능력을 뒷받침한 공헌이 있다. 반면에 극도로 취약한 다양성, 창의성, 합법성, 탈脫사인성Impersoanality 문제의 원인을 제공하기도 했다. 관료제 행정의 강한 응집력과 전문성이 국가정책의 효율성과 효과성, 그리고 기획합리성plan rationality 증진에 기여해 온 것은 사실이다. 그러나 행정에서 탈사인성 정신 및 법치주의 강화도 이루어져야 한다. 국제투명성기구TI가 매년 발표하는 부패인식지수CPI에서 한국은 40위 수준에 머물러 있다. 대의정치의 견제 능력 강화, 그리고 행정의 자체적 개혁 노력이 필요함을 역설하는 부분인 것이다.

또한 1987년 이후 대의정치의 활성화는 한국의 민주주의 공고화에 크게 기여하고 있다. 국회 역할 강화 및 행정부 견제 장치가 현저하게 강화되었다. 사법부의 독립성도 증대되고 있으며, 특히 헌법재판소는 국정에 의미있는 영향력을 미치고 있다. 더욱이 '5년 단임제' 대통령의 후반기 권력누수 현상, 정-관 관계에서의 유대nexus는 크게 이완되고 있다. 외환위기 이후 신공공관리NPM 도입도 공무원 사회 내부 공동체주의의 이완을 촉진시키는 요인이다. 1991년 지방자치의 부활도 이루어졌다. 이와 같은 일련의 제도적 변화는 시민국가 특성의 제도화를 의미한다. 그러나 취약한 정당 민주주의와 성숙하지 못한 국회 의사결정 기제로 인해 국민 개개인의 선호를 조화롭게 결집해 내는 합의 형성 기구로서의 역할 수행에 일정한 한계를 보이고 있다. 한국 국회에 대한 국민 신뢰도가 아시아 최하위인 현실을 통해 이 주장을 뒷받침할 수 있다. 정당 및 국회 내부 의사결정 기제mechanism의 개혁이 필요한 이유이기도 하다.

국가-사회관계 거버넌스 역량 증진을 위한 전략

국가와 사회는 두 영역을 매개하는 다양한 형태의 조직 혹은 기제를 필요로 한다. 이들 매개 조직 혹은 기제의 특성에 따라 다양한 유형의 거버넌스를 구분할 수 있다. 대표적으로 국가주의 거버넌스, 국가중심주의 거버넌스, 정부 없는 거버넌스governance without government를 들 수 있다.

국가-사회관계에서 국가주의 특성이 강할수록 국가권위 능력은 높아지고, 정책정보 능력은 감소된다. 공권력을 바탕으로 한 높은 국가권위 능력에도 불구하고, 낮은 정책정보 능력으로 인해 국가실패를 초래한 과거 동구권 공산주의 나라들이 이같은 범주에 들어간다. 정반대 경우인 정부 없는 거버넌스 모형에 가까워질수록 국가권위 능력은 낮아지지만, 정책정보 능력은 높아진다. 결국 국가 거버넌스 역량은 이 두 구성 요소 간의 역학관계trade-offs와 긴장을 최소화하기 위한 절충주의 전략에 의해 증대될 수 있다. 국가중심주의 거버넌스state-centric governance가 여기에 가장 부합하는 모형인 이유이다. 국가는 중심에 위치하면서 국정운영에서 궁극적 책임을 유지하지만, 사회로부터 정확한 정책정보를 확보하기 위해 시민사회와 긴밀하게 그리고 지속적으로 상호작용하는 거버넌스 전략이 그것이다.

국가중심주의 거버넌스 전략이 실현되려면 국가와 사회를 매개하는 다양한 제도들이 필요하다. 유럽에서 활성화 되고 있는 거시 및 미시 코포라티즘corporatism 매개조직들이 좋은 예이다. 외환위기 극복 과정에서 구성된 '노사정협의회'(1998)는 일종의 거시 코포라티즘의 사례이다. 그러나 2015년에 9·15대타협을 가까스로 이루어냈으나 이내 파기됨으로써 성과나 제도화 가능성에 대한 기대에 찬물을 끼얹고 있는 상태이다. 한국에서 '미시 코포라티즘'의 경우에는 좀 더 긴 시간을 거치면서 조직화되었다. 직능별로 구성된 협회, 협의회, 연맹, 조합 등이 그것이다. 그러나 대개 국가 주도에 의해 조직되고 국가로부터의 각종 지원에 의존하면서 국가 자원 의존성, 하향식 의사결정 등의 문제가 드러나고 있다. 농민들의 협동조합으로 1961년에 구성된 농협의 경우도 거의 전적으로 국가 기구의 연장선 혹은 산하기관으로서의 역할을 수행했다. 1988년 이후 직선제(2009부터 간선제) 선출직으로 바뀐 중앙회장 4명 가운데 3명이 비리 혐의로 구속된 바 있다. 따라서 조직 및 단체 내부의 민주주의 및 운영 합리화를 강화해야만 거버넌스 역량 증진에 기여할 수 있을 것이다.

실행방안

국가 거버넌스는 20세기 산업화 과정에서 형성된 국가, 시장 및 시민사회가 낳은 국가실패, 시장실패 및 시민사회 실패를 극복할 새로운 21세기 국정운영의 대안으로 등장했다. 이처럼 다양한 협력 체제를 기반으로 하는 국가 거버넌스 전략을 성공적으로 이끌기 위한 실행방안을 정리해보면 다음과 같다.

정부 신뢰의 회복

거버넌스의 가장 기본적인 요소는 행위 주체들 간의 신뢰가 바탕이 된 결정 과정이어야 한다는 점이다. 거버넌스의 구성원은 서로에게 종속적이지 않으며, 권력과 권한은 여러 조직이 공유한다. 따라서 이러한 협력적 거버넌스 체제가 원활하게 작동하기 위해서는 지식과 권력, 신뢰의 공유가 선결적 요건인 것이다.

그런데 OECD의 〈한눈에 보는 정부 2015Government at a Glance 2015〉 보고서에 따르면 2014년 기준 한국 정부에 대한 국민의 신뢰도는 34%로 조사 대상 41개국 가운데 중하위권인 26위에 머물렀다. 우리나라는 OECD 평균 정부 신뢰도 41.8%보다 낮은 수준이며, 개발도상국인 인도네시아(5위, 65%), 터키(10위, 53%), 에스토니아(22위, 41%), 브라질(24위, 36%)보다 정부 신뢰도가 낮은 것으로 평가됐다.

정부신뢰 수준은 정부의 성과와 깊은 상관관계를 갖는다. 정부의 성과는 경제적 성과, 사회적 성과, 정치적 성과, 그리고 절차적 성과로 분류할 수 있다. 우선 경제 성장, 물가 안정, 실업률 등의 거시적 경제 지표를 잘 관리하지 못해 경제적 성과를 내지 못하면 정부가 신뢰받지 못한다. 두 번째는 사회적 불평등(남녀간·지역간·계층간) 해소와 사회적 계층의 이동성 유지, 건강과 행복을 위한 권리 확대 부분이다. 즉 사회적, 문화적 권리가 확대되지 못하여 사회적 역동성이 나타나지 않으면 정부는 불신을 받을 수밖에 없다. 세 번째는 개인의 자유와 참여 측면에서, 정부가 시민적 권리와 정치적 권한을 보장하지 못하면 정부의 신뢰도는 떨어지게 된다. 네 번째는 절차상의 문제이다. 만약 정부가 정책결정 과정에서 합리적이고 민주적인 절차를 통해 정부정책을 만들어가지 않고, 자의적인 잣대로 결정을 할 경우에 정부에 대한 불신은 증폭된다.

공공서비스와 공무원들의 질이 높고, 공무원들이 정치적 압력으로부터 독립성을 가지고 근무할 수 있으며, 민주적이고 합리적인 정책결정 과정이 확보된다면 정부의 신뢰는 높아질 것이다. 또한 부패가 없는 깨끗한 정부일수록 정부에 대한 국민들의 신뢰도는 상승한다. 따라서 효율적인 국가거버넌스 운영을 위해 정부는 정부 정책의 실효성을 높이고 부패를 근절하는 노력을 강화해야 한다.

상호작용적·수평적·협력적 정치체계의 구축

거버넌스는 대의민주주의 틀에서 대표와 국민의 수직적, 위계적, 계통적 권력관계를 배격하고 수평적인 권력관계, 나아가서는 상향식 bottom-up 구조를 고민하는 것이라고 할 수 있다. 이를 위해 이분법적인 사고방식을 지양하고 다양한 행위주체들의 협력을 추구해야만 거버넌스 체계의 성공을 기대할 수 있다. 즉 거버넌스는 조직 또는 집단의 의사결정 구조 및 의사전달 과정이 한 사람 또는 소수에 의해 집중적이고 하향적top-down으로 이루어지지 않고, 여러 행위자들이 분권적이고 수평적 방법으로 참여하여 이루어지는 방식이어야 한다. 이런 점에서 거버넌스는 대의민주주의 피로감을 극복할 대안이라고도 할 수 있다. 또한 여러 문제를 직접적으로 해결하는 것이 전통적인 정부의 역할이었다면, 거버넌스 체제에서의 정부의 역할은 효과적인 거버넌스 형성이라고 할 수 있다.

정치 참여 및 시민사회를 통한 사회적 자본의 축적

대중의 정치참여를 바탕으로 한 시민사회의 성숙은 민주적 거버넌스 발전의 토대가 될 수 있다. 정치학자 퍼트남Putnam은 네트워크, 규범, 그리고 사회적 신뢰 등으로 정의할 수 있는 사회적 자본social capital이 증가할수록 범죄율은 낮아지고 사회경제적 안정과 성장이 촉진되면서 결과적으로 효율적인 거버넌스가 형성된다고 보았다. 즉 민주적 거버넌스의 성패는 시민사회의 발전 수준에 달려 있는 것이다. 또 사회의 발전 수준은 물리적 형태만이 아니라 사회구성원들의 협력이 가능하도록 서로 공유하고 있는 신뢰와 규범 수준과 직결되는 문제인 것이다.

새로운 헌법질서의 마련

1987년 개정된 현행 헌법은 민주화를 염원하는 우리 국민의 숭고한 희생의 산물로 탄생했다. 그 결과 우리는 대통령 직선제와 경제민주화라는 시대정신을 헌법에 담는 역사적인 성과를 이루어낼 수 있었다. 하지만 30년이란 세월이 흐르면서 국가 최고규범인 헌법을 개정하여 국가시스템을 혁신해야 한다는 공감대가 커지고 있다. 지난 20여 년간 국내외 정치적, 경제적, 그리고 사회적 환경이 급변하면서 기존의 패러다임으로는 해결할 수 없는 문제들이 나타나고 있다. 이같은 환경의 변화에 부응할 수 있는 헌법적 차원의 검토가 필요하다.

한 여론조사 전문기관이 2016년 6월 발표한 여론조사에 따르면 개헌이 필요하다는 의견이 46%, 개헌이 필요 없다는 의견이 34%로 나타났다. 특히 대통령 임기와 관련한 질문에서 '4년 중임제' 선호가 55%로 나타나 '현행 5년 단임제' 선호(38%)를 크게 앞섰다. 권력구조의 경우에도 '현행 대통령 중심제' 선호는 29%, '분권형 대통령제' 선호는 49%로 조사됐다. 또 다른 여론조사에서도 개헌에 대해 33.7%가 매우 공감, 36.1%가 공감하는 편이라는 응답결과가 나왔다. 개헌 방향과 관련한 질문에는 41%가 '4년 중임 대통령제', 19.8%가 '분권형 대통령제', 12.8%가 '의원내각제'를 선호한다고 응답했다. 이러한 여론조사를 통해 볼 때, 개헌에 대한 국민적 관심이나 필요성 인식이 결코 낮지 않다는 것을 확인할 수 있다.

국가미래전략기구National Foresight Unit 설립

국가의 중장기 미래전략을 수립하고 이행의 거점 역할을 담당할 전문기관을 설립하는 방안도 검토할 필요가 있다. 과도하게 분산되어 있는 미래연구 관련 조직들을 재점검하고, 상호 간의 장점을 살릴 수 있는 협력체계와 시너지 효과를 극대화 할 수 있는 방안을 모색하는 것이다. 특히 단기 현안 해결 중심의 정부나 기업의 한계를 보완하여 범국가적 중장기 전략에 대한 역량을 집중할 필요가 있다. 인문사회와 과학기술 간의 융합연구를 촉진하고, 민·관·학·연의 협력을 통해 창조적 시너지 효과를 모색하는 시도 또한 필요하다.

국가거버넌스의 일환인 국가미래전략기구는 미래예측 및 전략기능을 수렴하는 허브hub로서의 기능을 수행하고, 정부부처 및 국내외 미래전략기관들과 네트워크를 구축하여 운영할 필요가 있다. 이 과정에서 민간기업 및 학계의 참여와 일반시민들과의 소통체계도 함께 정립해야 할 과제이다.

2 공공 인사혁신전략

대한민국은 현재 다양한 분야에서 중대한 전환기에 직면해 있다. 급변하는 미래 환경은 우리 정부에게 혁신적인 대응과 전략적인 준비를 요구하고 있다. 이는 미래 환경변화에 선제적이면서도 유연하게 대응할 수 있는 정부의 기능과 역할을 재정립함과 동시에 국정운영 방식 전반의 방향성 전환을 의미한다.

조직의 구성은 미래 전략을 시행하는 데 있어 중요한 작동의 틀이고 조직을 구성하는 인력은 미래 전략의 핵심 자원이라 할 수 있다. 선진 글로벌 기업에서는 이미 급변하는 시장 환경에서 생존하기 위해 조직의 생성·폐지·재구성이 상시적으로 일어나는 등 인사혁신에 대한 심도 있는 고민이 이루어지고 있다. 이 변화와 혁신은 비단 기업들뿐만 아니라 국정운영의 핵심 역할을 담당하는 공무원 조직에서도 마찬가지이다. 미래 환경변화에 부응할 수 있는, 공공부분에서의 바람직한 인재상이 어떤 것인지 이들의 새로운 역할과 기능에 대해 고민해야 한다. 그리고 이를 추진할 수 있는 인사제도 전반에 걸친 혁신의 필요성이 대두되고 있다. 과거에도 정부혁신을 위한 다양한 시도가 있었다. 그러나 이러한 노력들은 단기적 처방에 머물러 개혁의 성과에는 한계가 있었다. 미래변화를 예측하고 선제적으로 대응할 수 있도록 중장기적 관점에서 인적자본을 개발하고 관리하려는 노력 또한 부족했던 것이 사실이다. 무엇보다도 예측되는 미래의 환경변화와 지금의 현실과는 여러 측면에서 커다란 간극이 존재하고 있으나, 이러한 간극을 메울 수 있는 명확한 진단과 방향성은 보이지 않는다.

이러한 맥락에서 이 글에서는 급변하는 미래 환경에 대응할 수 있는 인사혁신의 새로운 방향성과 전략을 제시하고자 한다. 이를 위해 먼저 향후 30년이라는 중장기적 관점에서 미래 환경변화를 전망하고, 이러한 변화에 유연하게 대응할 수 있는 정부의 역할과 기능을 살펴볼 것이다. 다음으로 미래에 경쟁력 있는 정부가 필요로 하는 바람직한 공무원 인재상과 인사정책의 방향성을 제시하고, 실행방안들을 도출하고자 한다.

미래 환경변화가 정부의 인사혁신에 끼칠 영향

오늘날 지구촌은 상호 밀접하게 연계되어 있으며, 이러한 경향은 더욱 가속화되고 있다. 대한민국의 운명과 삶의 조건들은 우리 국가 내부의 조건뿐만 아니라, 글로벌 사회의 여러 흐름 속에서 결정될 것이라는 의미이다. 따라서 글로벌 미래 환경변화를 면밀히 관찰하면서 우리의 미래를 설계해 나갈 필요가 있다.

현재 우리나라를 포함한 글로벌 사회는 지난 반세기 동안 겪어왔던 패러다임의 변화 그 이상의 기술적, 경제적, 사회적, 환경적 특이점에 직면해 있다. 글로벌 경제위기의 반복, 저성장 기조의 고착화, 기후변화, 기상이변, 자원부족화, 고령화, 과학기술의 융복합적 발전 등이 거시적 트렌드로 주목받고 있다. 이러한 트렌드들은 그 자체로도 강력한 영향력을 가지고 있으며, 상호작용을 통해 미래의 새로운 도전과 기회를 만들어 내고 있다. 여기서는 KAIST 문술미래전략대학원이 개발한 '스테퍼STEPPER' 분류법[1]을 통해 정부의 미래 인사제도에 영향을 미칠 요인들을 도출하였다. 스테퍼 분류법을 적용해 미래 인사제도에 영향을 미칠 수 있는 28개 동인을 정리해 보면 〈표 6-2〉와 같다.

〈표 6-2〉 STEPPER별 미래 환경변화에 영향을 미치는 요인

분야	미래 환경변화
사회(S)	• 지역, 계층, 세대 간 갈등 • 경제적·신체적·정신적 양극화 심화 • 사회적 역동성(계층 간 이동) 상실 가속화 • 전 지구적 (대중)문화의 동기화
기술(T)	• 클라우드, 빅데이터, IoT, 가상현실(VR)/증강현실(AR) • 인공지능(AI), 로봇, 드론(Drone), 무인자율주행차 • 바이오기술(BT), 나노기술(NT), 유전자, 융합기술 • 에너지저장장치(ESS), 양자 컴퓨팅, 3D프린터
환경(E)	• 기후변화로 인한 기상이변과 자연재해 증가 • 환경오염과 생물 다양성 감소 • 판데믹(Pandemic) 취약성 증가
인구(P)	• 저출산 고령화의 급속한 진전 • 외국인구의 국내유입 증가 및 다문화사회로의 진전 • 삶과 죽음의 질에 대한 관심 증가 • 1인가족 등 다양한 가족 형태의 등장
정치(P)	• 대통령 5년 단임제의 한계와 구조적 모순 증폭 • 다양한 이해집단의 정치참여 확대 • Silvercracy (Silver + Democracy) 노령민주주의 • 국제사회로부터의 역할 확대 요구 증가 • 통일을 대비한 행정 기반 구축 수요

경제(E)	• 글로벌 저성장 경제 환경 고착화 (뉴노멀 시대 도래) • 복지수요의 확대와 재정건전성 악화 • 부동산 거품 및 가계부채 증가 • 실업률(청년) 증가 및 고령빈곤층 증가 • 공유경제의 부상
자원(R)	• 에너지·식량·수자원 부족 심화 • 원자력발전의 지속가능성 및 위험성 증대 • 북한을 포함한 한반도 자원 개발의 필요성 증대

미래 환경변화가 주는 시사점

미래 환경변화 전망을 통해 얻을 수 있는 시사점은 미래 환경이 빠르고 복잡하게 변화하고 있다는 것이다. 급변하는 변화에 대해서 기존의 정부 형태나 조직, 사람(공무원)으로는 대응하기가 점점 더 어려워지고 있다. 특히 저출산·고령화, 복지수요의 확대, 지능형 기술의 급속한 발전, 자원부족 심화, 기후변화와 기상이변과 같은 과제들은 개별 국가 또는 정부 혼자서 해결하기 어려운 난제들이고 향후 미래정부의 경쟁력은 시장, 시민, 국제사회, 기계와 어떻게 협업하고 협력을 이끌어내느냐에 성패가 달려있다고 할 수 있다.

미래의 여러 환경변화 가운데 주목되는 부분은 인공지능, 드론, 로봇, 자율주행차량 등으로 대표되는 지능화·무인화 기술의 급속한 부상이 가져올 새로운 미래의 혁명이다. 특히 지능형 기술발전이 가져올 인공지능혁명은 인류의 미래모습을 근본부터 흔들어 놓을 수 있는 중대한 변화이자 새로운 특이점singularity으로 간주되고 있다. 인류는 현재 농업혁명, 산업혁명, 정보통신혁명에 이은 제4의 기술혁명인 인공지능혁명을 눈앞에 두고 있는 것이다.

기술혁명과 정부 형태 및 조직의 변화

정부와 공직사회는 지능형·무인형 기술과 같은 파괴적 기술발전과 무관하게 존재할 수 있을까. 하와이대학의 미래학자 짐 데이터Jim Dator 교수는 이 세상의 모든 것이 변해왔고 변하고 있지만, 정부와 공직사회만큼은 이러한 변화에서 비껴서 있다고 주장한다.

인류의 역사를 되돌아보면, 기술적 혁명과 함께 정부의 형태와 정부조직을 운영하는 시스템도 함께 변해왔음을 알 수 있다. 먼저 기원전 8000년경 제1차 기술혁명인 농업혁명이 시작되었고 잉여 생산물과 사유재산이 발생하면서 계층과 계급이 출현했다. 이후 지배층의 분화와 위계서열이 생기면서 국왕을 정점으로 한 중앙집권적 '왕조'라는 정부형태가 출현했으며, 왕조를 운영하기 위해 '관등제'와 '신분제'라는 조직운영 시스템이 나타났다.

18세기 중반 제2차 기술혁명인 산업혁명은 시민혁명과 맞물리면서 근대 정부의 탄생을 가져왔고, 급속한 생산성 증대는 능률과 효과성 증대에 대한 인식을 고조시켰다. 막스 베버Max Weber는 관료제가 산업화시대에 있어서 조직의 효율을 최대로 높일 수 있는 조직형태라고 보았다.

20세기 중반 이후 시작된 제3차 기술혁명인 정보통신혁명은 네트워크를 통한 정치참여 확대로 민주주의를 더욱 심화, 발전시켰다. 빠른 의사결정을 위한 정보 수집이나 가공과 판단이 중요 업무가 되면서 조직 시스템도 위계적인 수직적 조직에서 수평적 조직으로 전환되기 시작했다. 정부와 행정 분야에서도 전자정부라는 새로운 정부형태가 나타났으나, 아직까지 기존 관료제와 계층제가 갖고 있던 한계를 극복하지는 못하고 있다. 이는 정부조직에 대한 근본적인 변화 없이 기존의 행정체제에 기술만 덧칠을 하려했기 때문일 것이다. 짐 데이터의 표현을 빌리자면 "말이 끄는 마차에 내비게이션을 설치한 것"과 같은 형국인 것이다.

〈표 6-3〉 기술혁명이 가져온 정부형태와 정부운영시스템

기술혁명	시작시점	정부형태	정부운영시스템
1차 농업혁명	BC 8000년	왕조	귀족 신분제
2차 산업혁명	18세기 중반	근대정부	관료제
3차 정보통신혁명	20세기 중반	전자정부	관료제 + Adhocracy
4차 인공지능혁명	21세기 초반	지능형정부	관료제 + AI

과거 기술혁명에 따른 정부형태와 정부운영시스템의 진화에서 얻을 수 있는 시사점은 기술발전에 따라 먼저 경제와 사회가 변하였고, 이러한 변화에 부응하기 위한 새로운 사회적 발명품들이 나타났다는 것이다. 농경시대의 왕조와 신분제, 산업시대의 근대정부와 관료제, 정보시대의 전자정부 및 다양한 의사결정 구조의 출현이 그것이다. 그렇다면 제4차 기술혁명인 인공지능혁명은 미래의 정부를 어떠한 형태로 진화시킬 것인가? 그리고 그러한 정부를 운영하는 조직운영시스템은 어떻게 달라질 것인가?

일례로 현재 운영 중인 글로벌 가상국가 비트네이션Bit-Nation은 다가올 미래정부 형태에 중요한 단서를 제공하고 있다. 비트네이션은 현재 오프라인 정부가 수행하고 있는 일부 기능을 '블록체인Block-chain'이란 국가 운영체제operating system, OS를 통해 수행하고 있다. 블록체인은 디지털 화폐 비트코인bit-coin의 근간을 이루는 기술로, 행정서비스,

법률, 교육, 안전 등 국가운영을 위한 기본 운영체제이다. 컴퓨터, 스마트폰, 무인자동차 운영을 위한 운영체제가 존재하듯이, 정부운영을 위한 운영체제가 실제로 활용되고 있는 것이다. 여기서 주목할 것은 비트네이션의 정부운영체제는 기존 OS에 인공지능 기술이 접목된 형태로 활용되고 있다는 것이다. 실시간으로 시민들의 의견을 수렴하고, 정책의 결과를 가상으로 시뮬레이션해서 최적의 의사결정을 추구하고 있다. 비트네이션 정부에도 물론 공무원들이 존재한다. 그러나 이들은 일반적인 공무원들이 하는 일과는 다른 일을 수행한다. 비트네이션 공무원들의 주요 업무는 비트네이션 운영을 위한 시스템 개발, 유지, 보수, 관리 등이다.

미래의 조직운영 시스템: 인공지능과 관료제의 결합

만약 미래의 정부가 비트네이션과 같이 인공지능이 가미된 형태로 진화한다면 지난 200년간 존속해 왔던 관료제와 공무원들은 어떠한 변화를 맞이하게 될 것인가?

당분간은 관료제가 완전히 붕괴되지는 않을 것이다. 관료제가 없어진다면 공직의 존재 의미가 사라지기 때문이다. 베버가 관료제를 이상적 모형으로 제시한 이유는 그것이 가진 불변의 장점이 있기 때문이었다. 관료제에서는 법을 통해 업무를 맡고, 권위를 부여받으며, 법에 정해진 대로 절차를 준수한다. 합리성뿐만 아니라 공식성, 안정성, 예측가능성, 형평성의 장점을 통해 서구사회는 발전하였고, 높은 성과를 보이는 조직들은 대체로 관료제를 선택했다는 연구결과도 충분히 많다. 따라서 관료제가 사라지지는 않을 것이나 지금과는 다른 형태로 진화하게 될 것이다.

베버의 근대관료제는 법적 합리성뿐만 아니라 계층제, 문서소통 등의 다른 특성도 포함하고 있다. 따라서 인공지능과 관료제가 결합된 'AI관료제'의 출현이 예상되며, 이는 기존 관료제가 갖고 있던 법적 합리성을 살려 관료제의 장점을 극대화하는 방향으로 진화할 것이다. 바로 인공지능시스템이 관료제의 역할을 대신하는 상황을 말한다. 인공지능 안에는 문서화된 규정뿐만 아니라 문서화되지 않은 관행이나 문화에 대한 정보까지도 모두 축적될 수 있다. 알고리즘이 이를 분석, 종합하여 최적의 의사결정을 내린다. 담당자가 바뀌어도, 고객이 바뀌어도 한결같은 의사결정의 틀과 기준으로 공평무사하게 업무를 수행할 수 있는 것이다.

결국 인공지능 기술이 보편화되면 '근대관료제'는 해체되고 'AI관료제'로 대체될 것이다. AI관료제는 막스 베버 등이 창안한 근대관료제와는 전혀 다른 패러다임에서 탄생했기 때문에 관료제와 인간 간의 관계를 전혀 다른 성격으로 규정하게 될 것이다. 인공지능 기술을 통해 인간과 상호작용하는 지능형 컴퓨터가 단순반복 업무는 물론이고 기존 관료제 하에서의 불필요한 관행 혹은 비합리적인 틀을 개선할 여지가 크다고 할 수 있다.

〈그림 6-1〉과 같이 베버의 근대관료제의 패러다임 하에서는 인간이 관료제의 부속품처럼 움직였다. 그러나 인공지능이 관료제의 기능을 맡게 되면서 인간은 AI관료제와 동등한 지위에서 일하는 가운데, 서로 상호작용을 하게 되며 더 이상 관료제에 종속될 필요가 없다. 즉 인간은 더 이상 관료제에 종속되어 기계부속처럼 일하는 '영혼 없는 존재'가 아닌 것이다. 관료제에서 탈피함으로써 '진정한 자아'로서 스스로 느끼고 생각하는 존재로 등극하게 되는 것이다.

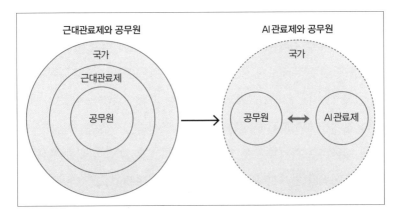

근대관료제의 패러다임 하에서 국가는 주로 관료제와 상호작용하며 공생해 왔다. 그리고 서로의 경계선을 명확히 설정했다. 국가가 관료제를 탄생시켰고, 관료제는 국가발전에 기여했다. 공무원은 관료제에 종속된 상태에서 관료제를 통해 국가와 관계를 맺을 수 있었다. 국가가 나아갈 방향을 정하면 관료제가 그것을 법제화하고, 그 집행을 위해 조직화하고, 규칙과 절차에 따라 운영하면 되었다.

그러나 AI관료제가 기존의 관료제를 대체하게 되면 공무원이 맺는 관료제 혹은 국가와의 관계에도 변화가 일어날 것이다. 공무원은 AI관료제와 대등한 지위에서 국가의 국정방향에 따라 자유롭게 상호교류하게 될 것이다. 공생관계는 공무원과 관료제 간의 관계로 이동하게 될 것이며, 공무원은 관료제에 종속된 부품이 아니라 한 국가에 고용된 '공적 자아'라는 개념이 명확해질 것이다. 또한 활동 영역이 반드시 한 국가의 국경 내에 머물지 않게 될 것이다. 글로벌화와 지능화가 동시에 진행되면서 결국 세계공동정부가 수립되거나, 비트네이션과 같은 가상영토가 확보되면 공무원의 활동 무대는 국가 차원에 한정되지 않을 수도 있다.

미래 인사혁신의 비전과 전략방안

과거의 정부는 개인이 아닌 공중 또는 공중을 이루는 시민에 대한 서비스를 제공해왔다. 그러나 미래정부는 개인맞춤형 서비스의 완성인 '나만의 정부'로서, 정부가 행정서비스를 스스로 찾아서 개인에게 제공하는 '지능형 정부'로 진화할 것이다. 지능형 정부가 추구해야 할 첫 번째 목표는 여러 주체들과의 협업이다. 단순히 정부부처 간, 정부와 시민과의 협업을 넘어 국가 간 협업과 기계와의 협업을 목표로 해야 한다. 특히 스마트 기계를 통한 협업으로 급변하는 변화에 유연하게 대응하고 국민이 원하는 서비스를 신속하게 제공할 수 있어야 한다. 두 번째 목표는 변화와 수요에 유연한 감각 지능적 정부로의 전환이다. 즉 공무원의 감성지능을 향상시킴으로써 정부가 추구하는 목표를 정책 대상자들에게 명확하게 전달하고 이해시키고 공조를 도모할 수 있도록 하는 것이다.

인사혁신의 비전과 목표

앞서 언급한 미래정부의 비전과 목표를 달성하기 위해서는 전통적 관료제를 창조적으로 해체하고 'AI관료제'와 새로운 인사시스템을 마련해야 한다. 관료제의 창조적 해체를 위해서는 먼저 지속적인 변화와 혁신을 추구하는 조직문화 및 기반 구축이 필요하다. 둘째, 미래 환경변화와 미래 정부형태에 부합하는 공공 인재상을 정립하고 이를 양성해 가야 한다. 인재상은 미래 환경변화에 필요한 인재의 역량조건을 의미한다. 셋째, 개인의 창의성과 혁신성을 제고할 수 있는 인사제도를 마련해야 한다.

인사혁신을 위한 전략방안

인사혁신의 비전과 목표를 달성하기 위해서는 크게 5가지의 전략적 추진 방향을 제시할 수 있다. 즉 어떠한 인재를 선발하고 양성할 것인가, 어떻게 인재를 평가하고 이에 대해 보상할 것인가, 이를 통해 어떻게 인재들이 긍지와 보람을 느끼게 할 것인가, 어떻게 인재의 활용도를 높일 것인가 등이 그것이다.

어떠한 인재를 고를 것인가?

첫 번째는 급변하는 환경에 유연하게 대응하고 비전을 제시하며 모험과 변화를 선도해 나가는 '길라잡이형Pathfinder Type' 인재이다. 길라잡이형 인재는 불확실성이 강한 미래 환경변화에 대해 도전하고 개척하려는 의지가 강하며, 빠르고 정확한 상황판단 능력을 지닌 인재이다. 또한 예상 밖의 환경변화에도 뛰어난 직관과 대응력으로 시의 적절하게 정책을 구현, 집행할 수 있는 인재라고 할 수 있다. 두 번째로 '융합협업형H-Letter Type' 인재를 꼽을 수 있다. 융합협업형 인재는 고유의 전문영역을 갖고 있으면서, 동시에 다른 전문영역과 혹은 다른 전문가와 H자처럼 연결 막대를 통해 연결할 수 있는 지식체계나 사고력을 갖춘 인재를 말한다. 세 번째로는 '창조적 정보조합형Lego Type' 인재를 고려할 수 있다. 이 인재상은 여러 정보와 지식을 조합, 편집, 결합함으로써 지금까지 없었던 새로운 것을 만들어내거나 해결할 수 있는 인재를 말한다. 그밖에도 '감성교감형Renaissance Type' 인재상을 제시해볼 수 있다. 감성교감형 인재는 기계가 대체할 수 없는 창의력, 감수성, 사색능력 등 인간본연의 능력과 공직자로서의 소명과 책무를 정책과 행정서비스에 담아낼 수 있는 인재의 모습을 함축한다.

어떻게 인재를 선발하고 양성할 것인가?

미래의 공직자는 더 이상 관료제에 종속된 관료가 아니라 'AI관료제'로부터 독립한 자율적 공직자가 될 것이다. 현재의 선발제도는 암기식 필기시험 중심으로 관료제의 틀에 잘 적응할 수 있는 순응형 관료를 뽑는 것에 목적이 있었다. 반면 미래에는 앞서 제시한 인재상에 맞는 역량, 즉 길라잡이, 융합·협업, 창조적 정보조합, 감성적 교감에서 높은 능력을 보이는 인재를 선발해야 한다.

그런데 기존의 선발제도로는 이러한 미래 수요를 충족시키기 힘들 것이다. 결국 현행 공채제도의 총체적이고 근원적인 혁신을 위해서는 미래에 요구되는 역량에 걸맞는 원칙을 지향해야 한다. 이를 위해서는 먼저, 단순한 IQ와 암기력보다는 EQ, 창의성, 문제해결능력, 인성 등을 종합적으로 평가할 수 있는 융합형 직무중심 시험제도가 필요하다. 둘째, 일회성 시험이 아니라 적정 기간에 걸쳐 공직자로서의 인성과 적성을 훈련받고 검증받은 사람 위주로 선발해야 한다. 셋째, 공직지망생이 사교육시장에 의존하지 않아도 공교육을 최대한 활용할 수 있는 토대가 마련돼 있어야 한다. 넷째, AI를 활용하여 비용과 공정성의 문제를 획기적으로 해소할 필요가 있다. 다섯째, 처음부터 입직계급을 구분하여 시험보지 말고 추가 검증 및 훈련결과를 통해 부처별로 입직계급을 결정해 나가야 한다.

현행 공무원 교육훈련의 주된 방식은 집체식과 강의식 교육훈련이지만, 미래에는 가상현실 혹은 증강현실을 활용할 수 있을 것이다. 일방적 지식전달이 아니라 지식공유와 공감을 통해 방향을 제시해 주는 교육이 가능해지는 것이다. 특히 사례연구, 역할연기, 현장실습 등과 접목하면 획기적인 효과가 있을 것이다. 또한 인공지능, 로봇, 드론 등 첨단기술이 업무의 상당부분을 대체하는 상황이 도래하고 있는 시점에서 이들이 실제 현장에서 활용할 수 있는 능력을 평가하거나 배양할 필요도 있다.

어떻게 인재를 평가하고 보상할 것인가?

현재 근무형태 및 평정 기준은 근무시간을 기준으로 설정되어 있다. 이로 인해 근무상황에 대한 감독이 곤란한 원격근무와 재택근무는 활성화되지 못하고 있다. 근무상황보다는 결과물에, 감독보다는 자율에 평가의 방향을 설정할 필요가 있다. 다시 말해 '가치창출에 근거한 평가'가 필요한데, 이는 사무공간이 축소, 해체됨에 따라 언제 어디에서나 소신 있게 근무할 수 있도록 근무시간보다 창출가치를 기준으로 평가하는 시스템을 말한다. '9 to 6'와 같은 획일적 근무형태가 아니라 원격근무나 재택근무와 같은 유연한 근무형태가 토대가 될 수 있다.

아울러, 현재 공직사회의 가장 고질적인 문제 중 하나는 형식적 경쟁과 과도한 경쟁이 혼재되어 있다는 점이다. 형식적 경쟁이란 겉으로는 경쟁을 지향하지만 실제로는 연공서열 혹은 '나눠먹기' 식으로 경쟁을 회피하고 있는 상황을 뜻한다. 반면 과도한 경쟁은 신자유주의식 행정으로 정의되는 신공공관리를 토대로 확산된 경쟁이 협업을 방해하는 상황에 해당된다. 따라서 앞으로는 '쿠피티션COOPETITION(coopera tion+competition)'이라는 신개념이 도입되어야 한다. 이를 기준으로 성과 평가가 이뤄진다면, 경쟁과 협업 모두에서 긍정적인 상승효과가 있을 것이다. 경쟁은 물론 협업과 공생이 필요한 공직생태계에 대한 기여도 평가이기 때문이다. 여기서 중요한 것은 공직을 생태계에 비유한 점이다. 생태계에는 약육강식과 적자생존이 존재하기는 하지만, 동시에 협업과 공생이 공존하는 상생의 장인 것이다.

어떻게 인재들이 긍지와 보람을 느끼게 할 것인가?

현재 공무원의 수요에 맞춘 선택적 복지제도 혹은 복지카페테리아는 실시 중이다. 그러나 민간부문에 비해 상대적으로 적은 보수를 받는 부분을 보충하여 줄만큼 다양한 복지수요는 충족시키지 못하고 있다. 미래에는 업무시간의 단축이 예상되고 여가와 오락을 즐길 시간이 늘어나면서 다양한 복지수요가 팽창할 것으로 예상된다.

또한 현재 공무원복지 향상에 대한 꾸준한 노력에도 불구하고 실제로 복지프로그램을 활용할 시간 자체가 부족하거나 눈치를 보아야 하는 경우도 종종 있다. 파편화된 단위업무별 마감시간을 정해 놓는 것이 아니라 단위업무를 포괄적으로 묶고 그 안에서 시간조절을 자율적으로 하는 것은 업무의 생산성뿐 아니라 공무원의 삶의 질도 높이는 한 방법이 될 것이다. 특히 온라인과 오프라인의 경계가 더욱 미미해질 미래의 작업환경에서는 접속 피난처를 만들어 일시적으로라도 사이버 상시접속 환경을 차단함으로써 진정한 휴식을 취할 수 있는 장소를 제공할 필요가 있을 것이다.

어떻게 인재를 활용할 것인가?

현재 계급제를 기반으로 하는 한국 공직사회에서 승진은 최고의 희망사항이다. 그러나 지나친 승진경쟁은 조직문화를 피폐하게 할 뿐만 아니라 패자는 조직몰입도를 상실하게 된다. 미래 공직사회에서는 서로 가치나 문화가 다른 '패스트 트래커fast-tracker'와 '포스트 트래커post-tracker'가 등장할 것이다.

포스트 트래커는 궤도rack를 초월post한 직원들을 말한다. 승진에 연연하지 않고 중하위직에 머무르면서 여유시간을 갖거나 여가생활을 즐기는 데에 가치를 두는 집단이다. 이들에게는 승진이나 보상이 아닌 여가 확대를 통해 각자가 바라는 가치를 추구할 수 있도록 해주어야 한다. 반면 패스트 트래커처럼 성취욕이 강하고 우수한 역량을 갖춘 핵심인재에게는 보다 많은 권한과 책임을 주고 자율권을 부여해야 한다. 도전적 직무로 이동 배치하여 도전기회를 제공하고 그에 상응하는 보상을 제공해야 한다. 그리고 포스트 트래커와는 차별화되는 역량평가와 역량교육, 그리고 경력관리를 제공해야 한다. 즉 현재 한국의 고위공무원단이 받아야 하는 다양한 교육 프로그램을 승진 단계별 궤도에 따라 배치하는 것이다. 다만 패스트 트래커에게 요구되는 책임성과 투명성의 수준은 이전과 비교하면 현격하게 증대될 것이란 점을 전제로 해야 한다.

미래 국가의 경쟁력은 여성 인력과 경륜을 갖춘 (조기)은퇴자 활용에 따라 크게 차별화될 것이다. 한국사회의 초저출산 현상이 단기간에 해결될 가능성이 높지 않다는 점을 감안한다면 기존 경쟁력 있고 경험 있는 제한된 인력 풀을 십분 활용할 수밖에 없다. 한국사회의 또 다른 현상인 고령화를 염두에 둘 때, 조기은퇴 추세가 대세를 이루는 현재 한국사회의 모습은 경륜있는 인력수급에 차질을 초래할 것이 분명하다. 더욱이 국제사회와 시장을 상대로 무한경쟁을 벌여야 하는 한국은 현장경험을 통해 축적된 조기은퇴 인력을 재활용할 수 있는 체계적, 제도적 장치를 강구해야 할 것이다. 특히 해외 경험을 통해 현장에서 지식과 경험을 축적한 외교관, 기업인들을 일정 기간 국가 및 기업이나 단체의 해외업무에 투입함으로써 정부 및 기업들이 투자하여 양성한 우수인력의 역량 낭비를 차단하는 노력이 병행되어야 할 것이다.

3 통일전략

통일은 대한민국의 밝고 행복한 미래를 위해 반드시 이루어야 하는 과업이다. 지난 70여 년의 분단으로 많은 갈등과 긴장이 존재하면서 국민 누구나 온전하지 못한 비정상적 삶을 강요받아왔다. 역사적으로 하나였던 국가와 민족의 단위가 강대국들의 국제정치적 이해관계에 의해 분단되었으므로 통일은 비정상적인 국가형태를 온전하게 되돌리는 과정이며 통일이 수반할 한국 사회 전반의 충격과 영향을 감안할 때 국가 미래의 가장 중요한 전략 목표이다.

특히 많은 미래학자들 사이에 아시아 지역이 세계 경제, 정치, 과학기술 및 문화융성의 중심으로 성장할 것이라는 전망이 이어지는 상황에서 통일한국의 위상과 역할도 크게 높아질 것이다. 남북한이 주도하여 이루게 될 한반도의 평화와 통일은 동북아의 평화와 안정을 가져올 것이며 세계평화와 공동번영에도 기여하게 될 것이다. 따라서 한반도 통일전략은 행복한 대한민국을 만들기 위한 전략일 뿐 아니라 통일된 대한민국이 향후 아시아 평화를 넘어서 세계평화와 번영에 견인 역할을 하는 국가로 자리 잡는 책략이 될 것이다.

분단체제의 문제점과 통일이 가져다 줄 미래

우리 사회의 많은 문제들의 근원이 분단에 있다고 해도 과언이 아닐 만큼, 분단상황은 한국사회 혼란과 불행의 원인과 배경이다. 분단은 국토의 물리적 분단을 넘어 체제로서 구조가 되었고 제도가 되었다. 분단은 또 사회적 문화가 되었고 생활양식과 사고방식, 가치관, 이념이 되었다. 분단구조, 분단제도, 분단문화, 분단이념들이 횡행하며 분단의 자기완결성이 고착되는 상황에까지 이르렀다. 이에 따라 분단은 국가발전과 국민행복을 가로막는 근본적인 장애요인으로 작용하고, 국가적 사회병리현상들을 확산시키는 핵심기제로 작동한다. 이는 민족적, 국가적, 국민적 차원의 비극을 넘어서 동아시아와 세계 평화와 안정에도 심각한 불안요인으로 작동하고 있다.

통일한국은 분단시대 남북한의 위상과는 비교할 수 없을 정도로 커다란 시너지 효과를 창출하면서 국제사회에 큰 영향을 미칠 것이다. 다만 우리가 원하는 방향으로 통일이 되지 않는다면, 분단 상황보다도 못한 통일이 될 가능성도 존재한다. 과거 통일의 목표와 방향에 대한 심각한 논의와 준비 없이 통일했다가 갈등만을 초래한 남북예멘의 사례에서 보듯이, 준비되지 않은 성급한 통일은 오히려 분단 상태보다 못한 결과를 초래할 수 있다.

우리가 지향하는 통일국가는 7,500만 하나의 민족이 주체가 되어 자유와 정의, 평등, 민주주의, 법치주의, 세계평화주의를 실천하는 국가여야 한다. 통일은 단순히 분단된 남북이 하나가 되는 것을 넘어 통일한국 구성원들의 행복을 보장하고 변화하는 국제무대에서 통일한 국의 위상을 강화하는 계기가 되어야 한다. 또한 동아시아 및 세계의 평화와 발전을 위해 기여할 수 있어야 한다.

통일은 분단시대의 상시적인 군사적 위협으로부터 국민 생존권을 구조적으로 보장하며 구성원들의 권리 신장과 민주주의 확대를 기대 할 수 있는 여건을 제공할 것이다. 하지만 분단해소와 통일을 준비하 는 이들에게는 통일한국이 차지할 국제사회에서의 위상과 역할 및 경 제적 번영 가능성이 주된 관심사가 될 것이다.

국제적 위상 강화

분단은 국제정치 무대에서 남북한 모두에게 상당한 외교적 손실과 국제적 위상 추락을 초래했으며 정치군사적 자율성과 자주권에도 손 상을 입혔다. 남북이 국제정치의 외교무대에서 상호비방하고 경쟁하 는 동안 한반도와 동북아의 외교적 편익들은 주변 국가들이 누려왔 다. 군사적 자주권과 외교적 자율성의 제약은 국가 및 국민 존엄성의 가치를 훼손하고 왜곡한다.

통일한국의 인구수를 7,500만 명으로 예측할 때, 통일 이후 우리 보다 많은 인구를 가진 선진국은 미국(약 3억 2,000만 명), 일본(약 1억 3,000만 명), 독일(약 8,100만 명)밖에 없다. 프랑스(약 6,700만 명), 영국(약 6,400만 명)보다 더 많은 인구를 가진 국가로 부상하여 국제사회에서 의 발언권과 위상이 높아진다.

통일은 불안정한 동북아의 정치안보지형의 안정화를 수반할 수 있 다. 분단해소 과정에서 동북아 안보의 중대한 위협요인인 북핵문제가 해결됨으로써, 통일한국은 비핵·평화국가의 위상을 갖추며 협력적인 국제질서를 선도할 수 있다. 아울러 인류의 평화와 보편적 발전에 기여하는 국가로서 국가의 품격(국격)이 제고되고 국제사회에서 존경받는 국가로 발돋움하는 계기를 마련할 수 있다.

경제적 번영의 기틀 마련

통일논의 과정에서 제기되는 통일비용 문제는 무엇보다 분단상황에서 지불해야 하는 비용과의 대비 속에 이뤄져야 한다. 다시 말해 분단이 유발하는 직간접적인 분단비용은 수치화할 수 있는 규모와 범주의 수준을 넘어선다. 통일비용은 산정방법의 적실성을 떠나 분단상황 내내 지불해야 할 분단비용에 비하면 결코 크다고 할 수 없다.

반면 통일은 장기적으로 상당한 경제적 번영을 수반할 여지가 있다. 대한민국 경제가 구조적 저성장과 불황에 시달리는 상황에서 평화를 기반으로 한 남북한간의 경제협력은 우리에게만 주어진 기회가 될 수 있기 때문이다.

세계 최대 투자금융기관인 골드만 삭스는 2009년도에 남과 북이 점진적, 평화적 통일을 이룬 후의 경제규모를 예측한 바 있다. 보고서는 장기적 관점에서 통일한국의 잠재적 규모를 매우 높게 평가했다. 북한의 성장잠재력이 실현된다면, 미 달러화 기준으로 통일한국의 GDP가 30년에서 40년 후 프랑스와 독일을 추월하고 일본까지도 앞지를 수 있을 것으로 전망하고 있다. 이러한 예측에 따르면 2050년 통일한국의 규모는 미국을 제외한 대부분의 G-7 국가와 동등하거나 넘어설 것이라는 전망이 가능하다.

통일한국의 경제상황은 기존의 남북한간 협력과는 질적, 양적으로 차원이 다른 번영과 발전을 예견하게 한다. 가령, 북한 전 지역에 장기간에 걸쳐 전개될 거대규모의 국가급 SOC와 대규모 산업인프라 건설시장은 1980년대 우리경제의 호재였던 중동특수의 수십 배에 달할 것이다. 또한 이미 오래전에 경쟁력을 잃은 섬유, 전자 등의 노동집약산업만 하더라도 남과 북이 만나면 다시 세계최고의 경쟁력을 가질 수 있다.[2] 더 나아가 우리의 고급기술과 자본이 북한의 고급노동력, 싼 임금, 국가소유의 토지와 상당한 지하자원과 결합하면 지금까지 어느 나라도 경험하지 못한 경제 대도약의 동력이 될 가능성이 있다.

그밖에도 한반도 평화정착의 과정은 '코리아 리스크' 해소로 국가브랜드 가치 상승과 한반도에 대한 해외투자를 증대시키는 요인으로 작용할 것이다. 더불어 남과 북을 연계한 관광자원 개발, 비무장지대의 생태·평화공원 조성 등으로 한반도는 세계적 관광 명소로 발돋움할 가능성도 배제할 수 없다. 또한 남북한의 경제교류 및 통합 과정은 대한민국이 직면한 다양한 경제문제들을 해소해 가는 기회가 될 수 있다. 경제민주화의 과제, 양극화, 비정규직, 청년실업, 일자리 문제 등은 소위 통일경제의 활성화 과정에서 상당 부분 해소될 수 있는 과제들이다.

통일한국을 위한 전략 방향

통일한국으로 가기 위해서는 바람직한 통일의 모습과 과정이 무엇인지에 대한 정의와 이를 위해 어떤 노력과 작업이 필요한지에 대한 전략적 검토가 필요하다.

통일 개념: 평화의 연장선상에서의 통일

통일은 평화를 바탕으로 한다. 평화는 남과 북의 적대관계와 군사적 긴장이 구조적, 제도적으로 사라진 상황을 의미한다. 국민들이 통일문제 논의 자체를 부담스러워하는 이유는 가능하지도, 가능할 수도, 가능해서도 안 되는 통일을 그리고 있기 때문이다. 북한의 급격한 붕괴로 휴전선이 허물어지고 단일한 경제체제와 법제도 속에서 한 사람의 대통령을 뽑고 그야말로 완벽한 하나가 되는 그런 통일은 현실적으로 가능하지 않다. 나아가 미래에 가능할 수도 없고, 통일의 목적과 가치 측면에서 추구할 수도 없다.[3]

평화의 정착과정과 절차 없이 갑작스럽게 찾아오는 통일은 바람직하지 않다. 그것은 남북 모두에게 감당할 수 없는 재앙이다. 그것은 우리가 통일하고자 하는 목적인 국가발전과 국민 행복의 가치에도 크게 반하는 모습이다. 그것은 첫째, 현재의 남한과 북한이 처한 상황과 구조상 어느 일방이 일방을 극복할 수도, 해서도 안 된다는 것이고, 둘째, 북한이 자연스럽게 스스로 붕괴될 수 있는 상황도 아니며, 셋째, 분단체제 70여년의 남북관계 구조상, 그리고 현재의 남북한이 처한 상황을 감안할 때, 급격한 통일은 남북 모두 감당할 수 없는 정치, 경제, 사회문화적인 총체적 문제들을 야기한다. 결국 통일하지 않는 상황보다 못한, 남북 공멸의 대재앙으로 발전할 가능성마저 있다. 현실적인 통일은 평화의 연장선상에서의 통일이다.

통일 방법: 합의에 의한 통일

통일의 목적은 국민의 행복이다. 그런데 남과 북이 현재 처한 구조상 상호 합의에 의한 통일 말고 가능한 통일은 없다. 합의에 의하지 않은 통일은 결국 전쟁 밖에 없다. 남과 북의 전쟁은 철저한 공멸이므로 전쟁에 의한 통일은 통일전략이 될 수 없다.

독일 통일을 흡수통일로 설명하지만, 흡수통일 이전에 독일 통일은 적어도 형식적으로는 상호합의에 의한 통일이었다. 동독의 몰락으로 서독이 흡수한 통일이 아니라 동독 의회가 통일을 합의, 승인하고 이후 동서독 양 국가가 동등한 자격으로 합의하여 이룩한 평화적 합의 통일이다. 역대 한국정부 역시 공식적으로는 남북한 간의 합의에 의한 단계적이고 평화적인 통일방안을 공식 입장으로 표명해 오고 있다.

통일 원칙: 상호존중

남과 북이 서로의 체제와 제도를 있는 그대로 존중할 경우 상호 적대적 관계 해소의 기회가 생기고 점차적으로 평화가 제도화되고 구조화되면 분단해소의 길이 열린다. 상호존중에 입각한 평화와 통일 과정은 '다름'이 상당 기간 공존하는 가운데 분단상황이 해소되는 과정을 뜻한다.

박근혜 정부에서 2015년 민간교류활성화 등을 담은 8·25남북합의문을 이끌어낸 바 있으나, 역사적으로 남북 간 통일과 관련한 가장 중요한 4개의 합의는 박정희 대통령의 1972년 7·4남북공동성명, 노태우 대통령의 1991년 남북기본합의서, 김대중 대통령의 2000년 6·15공동선언, 노무현 대통령의 2007년 10·4선언이라 할 수 있다. 평화의 길을 모색했던 과거 4차례의 합의에 공통적으로 담긴 핵심적인 정신은 '상호존중'이다.

통일 단계: 평화와 통일의 과정

대한민국의 공식통일방안은 '민족공동체 통일방안'이다. 1989년 9월 노태우 정부에 의해 '한민족공동체통일방안'으로 처음 제시되었다가 이후 1994년 8월 김영삼 정부가 한민족공동체 건설을 위한 3단계 통일방안인 민족공동체 통일방안으로 보완, 발전시켰다. 민족공동체 통일방안은 '자주, 평화, 민주'(민족대단결)를 통일의 3원칙[4]으로 하여 통일과정을 '화해협력→남북연합→통일국가' 3단계로 상정한다.

여기에서 핵심은 남과 북이 상호 체제와 제도를 인정하고, 적대·대립관계를 공존·공영의 관계로 발전시키기 위해 다각적인 교류협력을 전개해가면서 남북연합의 실질적인 단계로 나아가자는 것이다. 3단계 통일과정 가운데 '화해협력'에서 '남북연합'으로 가는 사이에 정치군사

〈표 6-4〉 평화와 통일의 과정

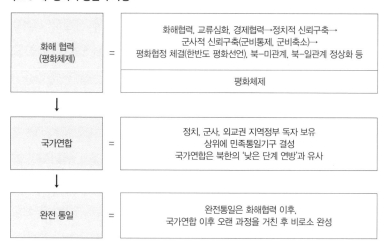

* 민족공동체 통일방안: 화해협력→남북연합(남북정상회의, 각료회의)→완전통일
  자유, 복지, 인간존엄이 구현되는 자유민주주의국가
* 고려민주연방공화국: 자주, 평화, 민족대단결 원칙으로 연방정부 수립, 낮은 단계 연방은 국가연합, 모든 권한 지역정부 보유, 자주/중립/평화민주국가

적 신뢰구축을 거쳐 정전협정을 평화협정으로 대체하는 등의 과정을 통칭하여 '평화체제'로 상정할 수 있다. 북한의 통일방안인 '연방제' 방안은 단계를 달리 할 뿐, 우리의 국가연합제와 유사하다. 그래서 '낮은 단계의 연방' 개념과 '국가연합제'가 유사하게 수렴한다고 보고 그 방향에서 통일을 추구해가기로 합의한 것이다.[5]

통일한국을 향한 구체적 실행 방안

통일을 추구하는 과정에서는 철저하게 현실주의적인 접근이 필요하다. 통일을 장기적 차원의 과제라 설정하고(물론 우리의 의사와 무관하게 북한 자체 내의 문제로 촉발된 통일의 기회를 배제해서는 안 된다.) 통일 지상주의에서 탈피, 화해와 협력의 구도 아래에서 여러 단계와 조정을 거쳐 통일여건을 조성해간다는, 적어도 정부의 공식 통일방안에 충실한 자세가 필요하다. 통일은 한반도가 처한 지정학적·전략적 여건을 감안할 때 주변국가의 지지를 확보하는 외교적 역량과 국내적으로 국민의 지지를 통합하는 정치력이 있을 때 가능하다.

국민 공감대 형성

과거 통일운동 혹은 통일논의가 일부 계층의 전유물로 인식되던 분위기는 1993년 북한의 핵문제가 야기된 이후 통일 자체에 대한 대다수 국민들의 무관심과 비관으로 변화했다. 박근혜 정부 출범이후 천명한 '통일대박론'은 국민들의 통일에 대한 관심을 되살리려는 노력이었다고 할 수 있다. 그러나 이 또한 북한의 계속된 핵실험과 미사일 발사실험 등 도발이 계속되고 이에 대한 UN 주도의 국제사회 대북제재가 진행되면서 추동력을 상실했다. 이같은 국면이 계속되는 한 통일에 대한 국민적 공감대 형성을 위한 어떤 노력도 일반 국민들의 호응을 얻어내기는 힘들 것이다. 하지만 분단해소와 통일이란 민족적 과제를 결코 소홀히 할 수 없다는 점에서 통일의 의미, 과정에서의 문제점 등을 국민들에게 소상하게 알리고 통일에 대한 관심을 이끌어내면서 통일 논의의 불씨는 살려두어야 한다.

이를 위해서는 정부와 민간차원의 통일운동 역할분담 및 협조 등이 필요하다. 초당적 협력을 바탕으로 대북문제와 관련한 국민들의 다양한 욕구를 구체적으로 파악할 수 있는 여론조사, 공청회 및 설명회 개최 등을 통해 의견을 수렴하고 이를 정책에 반영해야 한다. 본격적인 통일 논의에 앞서 이를 체계적으로 추진할 역량강화를 위해 조직체계를 재점검하고 재정비하는 작업도 병행해야 한다.

아울러 통일에 대한 국민적 관심 확대와 공감대 형성을 위해 올바른 통일교육과 홍보의 중요성도 인식해야 한다. 통일교육은 북한의 정치경제 및 사회전반에 대한 정확하고 균형된 이해를 축적하는 데에서 시작해야 한다. 통일 담론을 각급 학교에서 정규 프로그램으로 편입시키고 단계별 교재를 개발하여 지속적으로 통일교육을 시행해야 한다. 또 각 지역단체, 종교단체, 공익단체, 사회단체와 연계해서 통일의 편익과 혜택에 관한 공감대를 점차 확산시켜야 할 것이다.

통일을 준비하는 국민통합이란 관점에서 탈북자와 해외동포 전략도 새로 정립해야 한다. 현재 3만 명 가까운 국내정착 탈북자에 대한 관리 및 한국사회 적응여부는 향후 남북통합의 시금석이 될 것이다. 이들이 우리사회에 성공적으로 정착할 수 있도록 적극 지원하고 문제점을 해결하는 노력은 분단해소 과정에서 초래될 혼란을 최소화하는 필수적 작업이 될 것이다.

통일외교역량 강화

동서독 통일 사례에서 보듯이 통일에는 국제사회의 지지와 협력이 절대적으로 필요하다. 특히 한반도는 북한의 도발로 언제든지 긴장국면이 조성될 수 있는 지역이므로 한반도에서의 안보저해 요인을 제거하고 통일대비 국제적 역량을 강화해야 한다. 안보저해 요인을 제거하기 위해서는 한미동맹 강화와 대중외교 강화가 필수이다. 특히 급성장하는 동아시아의 평화와 협력안보를 정착하는 데 우리의 역할을 확대해야 한다. 동아시아의 평화와 협력은 우리의 경제번영을 위해서도 필요하지만, 우리의 평화통일을 위한 국제적 환경의 조성을 위해서도 긴요한 부분이다. 과거 냉전 시기에 유럽의 유럽안보협력기구가 독일통일에 유리한 터전을 제공했던 사실을 유념하며 우리의 통일외교는 동아시아에서 국가간 신뢰와 협력을 촉진하는 데 기여해야 한다.

통일재원 조달

통일재원 조달도 중요하다. 통일을 위한 세금은 찬반논쟁이 많고 국민들의 비용부담이 많아 향후 통일대비 재정을 지금부터 준비해서 확보해야 한다. 현재 남북협력기금이 1조 원에 이르고 있으나, 통일대비를 위해 더 많은 재원이 필요하다. 통일재원 조성방안으로는 통일세 등 세금분야에서의 재원조성, 남북협력기금과 연계한 통일재원 조성, 채권발행을 통한 방법, 해외자본의 차입, 공공기금 중 대북지원 관련 기금의 활용을 들 수 있다. 통일복권을 발행하거나 통일마일리지를 채택하는 방안도 있다. 하지만 국내경제 여건이 개선되지 않는 한 정부의 이런 노력이 단기간에 국민적 지지를 얻기는 쉽지 않을 것이다. 따라서 대통령을 비롯한 사회 지도층 인사들이 국가의 장래에 대한 확고한 철학을 갖고 합리적이고 현실적인 통일과정에 대해 국민들을 설득해 가는 노력이 그 무엇보다 중요하다.

남북 협력 분야의 확대

통일로 가기 위해서는 다양한 분야에서 협력 체계를 확대해가야 한다. 특히 미래사회 변화의 주요 동인인 과학기술, 자원, 환경 분야에서의 협력은 남과 북에게 상당한 기회와 발전 가능성까지 제공하고 있다.

과학기술 측면에서의 남북협력은 상호 보완과 발전의 시너지효과를 기대할 수 있다. 북한의 과학기술은 기초과학분야, 줄기세포[6] 등의 생명과학분야, 군사분야,[7] 위성분야에서 상당한 역량을 보유하고 있는 것으로 평가된다. 이러한 기초과학과 줄기세포, 위성, 로켓과 군사분야의 기술력을 산업기술로 변환시키는 것을 남북이 과학기술협력을 통해 진행한다면 그 효과는 상당할 것이다. 자원분야의 협력은 남북경제의 대도약을 위해 가장 기대되는 분야이다. 북한은 석유,[8] 희토류,[9] 우라늄, 마그네사이트, 텅스텐, 흑연 등 희귀 광물자원이 매우 풍부한 것으로 알려져 있다.[10] 특히 석유와 희토류 문제는 미국의 대북정책 등 국제정치적으로 북한문제가 새로운 차원에서 주목받을 수 있는 게임체인저game-changer로 작용할 수도 있다. 이렇듯 단기적 통일달성에 앞서 평화정착에 초점을 맞춘 점진적이고 단계적인 통일노력과 남북협력의 확대는 실질적인 남북 공동체 형성에 기여할 것이다. 이같은 작업이 통일을 실질적으로 앞당기는 결과를 가져다 줄 수 있다는 판단이 통일대비 전략의 요체라고 할 수 있다.

4

정치분야 미래전략

외교전략

외교전략을 구상하는 과정에서 우선적으로 점검해야 할 것은 자체적으로 동원할 수 있는 자원과 역량에 대한 엄격한 검토라고 할 수 있다. 한국의 경우 역시 우리가 원하는 미래를 그릴 수는 있지만, 객관적으로 볼 때 국제정치의 영역에서 미래를 우리 뜻대로 만들어 나갈 독자적 능력에는 분명 한계가 있다. 국제정치라는 장은 과거에는 제국들이, 현재에는 소수의 강대국들이 미래를 만들어 간다. 그리고 선진국에서 만들어진 경제적, 군사적, 기술적, 문화적, 제도적 추세가 국제정치의 흐름을 이끌어 간다. 그래서 비록 한국이 미래를 만들어가는 데 주도적인 역할을 하는 데 한계가 있다고 하더라도 강대국들 간의 상호작용과 세계의 중요한 추세들을 파악하면 주어진 한계 내에서 가능한 몇 가지의 미래 진로를 추출해 낼 수 있고, 또 그 가능한 미래의 선택지 가운데에서 가장 현실성이 있는 한국만의 미래상을 다시 추려낼수 있다. 이러한 의미에서 이 글은 30년 후 한반도와 국제정치의 미래를 예측하여, 우리의 미래를 준비하는 작업이다.

미래전망 : 세 가지 시나리오

30년 후 한반도와 우리의 미래에 직접적으로 영향을 미칠 동북아시아 질서와 관련하여 세 가지 정도의 시나리오를 생각해 볼 수 있다. 이 시나리오는 우리의 선택에 의해서 부분적으로 좌우되지만 주변 강대국의 선택이 큰 영향을 미칠 것이다.

갈등과 협력의 혼재: 불안한 현상유지

향후 30년간 한반도의 상황은 지금과 같은 갈등과 협력의 혼재상태가 지속될 가능성을 배제할 수 없다. 즉 전면적인 전쟁은 일어나지 않지만 그렇다고 한반도의 분단상황이 완전히 해결되지도 않는 현 상태의 지속이다. 남북한 분단이 지속되는 가운데 남북관계는 협력과 대립을 반복할 것이며 때에 따라서는 국지적인 간헐적 군사충돌이 발생할 수도 있다. 남북한 간에는 신뢰 수준이 미약하여 협력도 신뢰에 기초한 지속가능한 협력이라기보다는 정치적 필요에 의한 일시적이고 부분적인 협력이 될 것이며, 반면 남북 간에 작동하는 군사적 억지력에 의하여 갈등 역시 전면전으로 비화되지 않는 간헐적이고 국지적인 갈등의 연속이 될 가능성이 크다. 이런 상태가 지속되면 평화와 위기의 구분은 불분명해지고 '불안정한 평화unstable peace' 또는 상호 불신 가운데 공존이 상당 기간 지속될 수 있다. 이렇게 신뢰가 형성되어 있지 않고, 언제 협력이 갈등으로 전환될지 모르는 상황에서는 한반도에서 평화와 번영을 보장하기 어렵다. 또한 한반도 민족경제공동체 형성은 불투명해지고 유라시아 대륙이라는 새로운 번영공간을 향한 우리의 염원은 요원해질 것이다. 통일은 고사하고 평화공존과 상생의 가능성도 위협받는 상황이 지속되는 시나리오이다.

한반도의 '불안한 현상유지 시나리오'는 다음 상황에서 가능해진다. 김정은 체제는 '경제발전과 핵 보유'라는 병진정책을 유지하는 가운데 권력기반을 공고히 하고, 선군정치 기조 하에 북한 군부 역시 우월적 지위를 강화해나가는 것을 전제로 한다. 북의 군사적 도발과 이에 대한 남한과 국제사회의 제재와 응징, 그리고 다시 북한의 군사적 도발이라는 악순환은 되풀이된다. 그리고 이처럼 불안한 분단체제 유지는 한국사회의 양극화와 남남갈등을 심화시키면서 정권이 바뀔 때마다 대북정책이 변하는 파행성을 수반하게 된다. 북한의 핵 야망과 지속적인 군사적 긴장은 한미동맹과 미일동맹의 강화를 가져오고 이는 한중관계에 있어서 지속적인 걸림돌로 작용하게 된다. 물론 미중관계와 한중관계, 그리고 일중관계 등 한반도 주변의 강대국 관계는 자신들의 이해관계에 따라 움직이겠지만, 항상 북한이라는 악재로 인하여 관계 개선과 강화의 기회가 생겨나도 북한의 군사적 위협을 빌미로 강경파의 입장이 우선하게 되는 결과를 가져올 수 있다. 결국 고질적 남북갈등이 미중관계와 한중관계를 악화시키면서 한반도 및 동북아의 평화와 안보정착을 구조적으로 어렵게 만들 개연성이 크다. 물론 미국과 중국 간에는 핵 억지력이 작동하고 있으며 상호 무시할 수 없는 경제적 의존관계로 인하여 대화와 협력이 가능하리라 보기 때문에 이 시나리오에서 동북아시아 지역 내 전면적인 전쟁이 일어날 가능성은 크지 않다. 남북한 간에도 국지적 충돌을 넘어서 전면전으로 발전할 가능성 역시 크지 않다. 그러나 한반도 분단과 남북대립은 더욱 고착화될 수 있으며 동북아시아 안보 상황도 항구적인 평화와 번영을 보장하기 힘든 갈등과 협력이 혼재하는 상황이 연출된다.

전쟁과 파국의 길: 악몽의 시나리오

미래 안보상황에 있어 최악의 시나리오는 전쟁과 파국의 상황이다. 이 시나리오는 19세기 말의 상황 재현 혹은 제1차 세계대전 발발 상황의 재현이라고 할 수 있다. 현재의 추세대로 북한이 핵 개발을 포기하지 않고 중장거리 미사일 개발에 진전을 이루어 내면 북한은 다수의 핵탄두와 탄도미사일을 보유한 핵무기 보유국가로 자리 잡게 된다. 이 경우 북한의 실제적인 핵위협에 대처하기 위하여 한국은 보다 강력한 안보조치를 취하게 되는데 미국의 전술핵 재배치나 적극적인 핵우산 공여 요구, 미국의 미사일 방어망 무기체계 적극 도입, 이로 인한 미중관계 및 한중 관계 악화, 독자적 핵무기 개발, 보유 가능성 등 다양한 선택에 직면하게 될 것이다. 이에 상응하여 일본의 핵개발을 촉발하면 동북아는 '핵 도미노의 덫'에 빠질 가능성이 높아진다. 또한 미일 동맹의 확대에 따른 글로벌 동맹화 및 자위대 역할의 확대로 인하여 한일 간에, 그리고 중일 간에도 긴장의 수준이 높아질 가능성이 충분히 있다.

북한의 핵무기 보유는 남북한 군사적 대결을 보다 첨예하게 만들 것이다. 물론 향후 30년 동안 북한이 급변할 가능성도 배제할 수는 없다. 그러나 급변사태가 남측에 대한 투항과 흡수통일로 이어질 가능성은 여전히 높지 않다. 군부, 군부와 노동당 집단지도체제 또는 그 누가 정권을 잡든 북한이 주권을 쉽게 포기하지는 않을 것이기 때문이다. 또한 북한 내 기초적인 수준이나마 시장의 확대로 인하여 배급체계가 붕괴되어도 주민들은 시장을 통하여 생존을 유지하는 생활방식을 택할 것이기 때문에 급변사태가 북한 사회전체의 총체적인 붕괴로 이어지지는 않을 것이다. 다만 한미 연합전력이 북한의 안정화를 위해 북한 내 군사개입을 선택하게 되면 한반도 상황은 더욱 혼란에 빠질 가능성이 높다. 중동 사례에서 보듯이 북한에 대한 통제와 안정화를 단기간에 구축하지 못할 경우, 내전양상이 장기화되면서 한반도 전체가 전쟁터로 변할 수도 있으며, 중국과 러시아, 일본 등의 관여로 이어져 국제전 양상으로 발전할 수도 있다.

한편 동북아시아 안보상황과 관련하여 문제시되는 것은 동북아 역내질서의 불확실성이다. 미중관계가 상호 군사적 불신이 쌓이면서 적대적 관계로 변모한 가운데 중국은 한반도를 자신의 세력권으로 편입하려 하고, 미국은 기존 동맹관계를 지키려는 경합을 벌이거나, 또는 센카쿠(댜오위다오) 등 영토 문제를 둘러싼 중일분쟁이 군사적 충돌로 번질 경우, 한국은 심각한 선택의 기로에 서게 될 것이다. 북한과의 적대적 관계가 지속되는 한, 한국은 동맹의 틀 안에서 미국과 공조하여 대중견제를 할 수밖에 없고, 군사적 충돌이 일어나면 불가피하게 미국과 일본의 편에서 분쟁에 연루될 것이기 때문이다. 이러한 지역 전체의 지정학적 소용돌이는 강대국의 경합 속에 한반도가 희생되는 19세기 말을 연상케 하는 상황이 연출될 수 있으며, 지정학적 혼돈 상황에 민족주의적 열기가 가세하게 되면 제1차 세계대전 발발 당시의 상황이 30년 후 한반도 미래의 모습이 될 수도 있다. 이는 전쟁과 파국의 공포가 한반도를 엄습하는 최악의 시나리오이다.

평화와 번영의 새 질서: 다자주의 시장질서와 아시아 평화중심 국가

앞서 논의한 현상유지 시나리오와 파국 시나리오는 안보를 중심으로 한 국가 간의 상호작용 속에서 발생하는 시나리오이다. 반면 이러한 안보 갈등과 파국 상태를 시장이 극복해 나가는 보다 안정적인 평화와 번영의 시나리오를 생각할 수 있다. 물론 자본주의 시장이 제대로 작동하기 위해서는 군사적 충돌이 자제되는 억지력의 균형이 있어야 하고, 또 자국만의 이익을 추구하는 보호주의, 중상주의 정책에 제동을 가하는 다자주의 제도가 시장에서 작동하여야 한다. 이러한 상황은 소위 '역逆아시아 패러독스' 상황이라고 할 수 있는데, 동북아시아 국가들이 정치, 안보적으로 갈등관계에 있더라도 무역과 통상활동, 그리고 그에 따르는 교류 협력을 통하여 평화와 번영의 길로 진화하는 긍정적 질서를 의미한다.

이러한 질서는 1945년 이후 미국이 중심이 되어 구축한 자유주의 세계질서의 세계적 확산 속에서 공고화 과정을 밟게 된다. 다시 말해 제1차 세계대전 및 제2차 세계대전이라는 참화를 가져온 중상주의, 보호주의, 근린궁핍정책beggar thy neighbor policy 등을 원천적으로 봉쇄하는 다자주의 시장질서와 국제협력 제도를 정착시킨 질서이다. 이 질서가 안정적으로 진화하고 있는 증거는 1997년 아시아 금융위기와 2008년 글로벌 금융위기를 포함하여 여러 차례의 경제위기와 금융위기를 겪었지만 단 한 번도 중상주의나 보호무역주의를 통하여 다자주의 시장질서가 무너진 적이 없다는 사실이다. 국제협력 체제는 G-7, G-8, 그리고 G-20 등으로 진화, 강화되었고, 개방무역 질서도 WTO 체제를 포기하지 않은 채 다양한 양자간 FTA의 확산으로 이어지고 있다. 이러한 추세가 동북아시아를 비껴가지 않았는데, 한중일 간의 무역, 통상 및 투자의 확대, 금융위기에 대처하는 과정에서의 협조체제, 다양한 FTA 등으로 인하여 정치, 안보적 갈등에도 불구하고 지속적인 통상활동과 협력을 이끌어 내고 있다.

한편 동북아시아 질서에 안정요소로 작용하고 있는 핵 억지력의 균형은 미중 간에 계속 작동하고 있으며 한국과 일본도 이른바 미국의 확장억지를 제공받아 국지적 갈등이 전면전으로 발전하지 않는 안보적 안정을 이루어내고 있다. 북한 문제를 잘 관리해 가면서 궁극적으로는 한반도 평화를 이루어낸다면 동북아시아의 갈등과 파국이라는 시나리오를 피하고, '아시아의 패러독스'가 아닌 시장과 안보 협력이 함께 굴러가는 '아시아의 미러클'을 만들어낼 수 있다. 이러한 동북아시아의 평화와 번영을 한국이 이끌어내는 데 있어 중심 기조가 되는 것이 '아시아 평화중심국가'라는 비전이다.

이러한 아시아 평화중심국가라는 비전을 실현하기 위한 선결과제가 바로 남북한 주도의 북핵문제 타결이다. 왜냐하면 동북아시아의 갈등구조를 악화시키고 심화시키는 빌미를 제공하는 것이 북핵문제이기 때문이다. 따라서 남북한은 상호존중의 정신을 바탕으로 평화공존, 교류협력 강화, 협력과 통합의 제도화를 통해 남북연합과 같은 사실상의 통일을 달성하는 데 동참해야 한다. 남북한 간에 사람과 물자가 자유로이 오갈 수 있으며 정상회담, 각료회담, 국회회담 등이 제도화되면 군사적 대립은 사실상 사라지게 된다. 남과 북이 하나가 되면 '전쟁 위험성'은 소멸할 수밖에 없다. 한반도에 안정되고 지속적인 평화가 오면 이미 진화된 동북아시아내 다자주의 시장질서 안에서 한반도의 공동번영을 위한 기틀이 마련될 것이다. 그리고 그 공동번영이 '아시아 패러독스'로부터의 구조적 탈피를 수반하게 된다.

시장경제와 민주주의가 작동하는 남북한과 동아시아 지역 국가들이 안보공동체를 구축하고 다자안보협력 체제를 구체화한다면 동아시아 지역의 공동번영을 위한 군사안보적 틀 또한 마련된다. 사실 공동의 위협과 적을 상정하는 집단방위체제collective defense나 동맹 개념으로는 안보딜레마를 해소하기 어렵다. 이 지역의 모든 국가들이 하나의 안보공동체 구성원으로 '공동안보, 포괄안보, 협력안보'에 기초한 집단안보체제collective security를 추진할 때, 영속성 있는 평화 비전이 가능해질 수 있다. 이는 미중간 대립구도가 완화되고 미국 중심의 동맹체제가 다자안보협력체제와 공존하는 것을 전제로 하거나, 아니면 미국의 군사력이 이 지역에서 점차 철수하는 과정에서 역내 국가들끼리 다자간 안보구상을 만들어 나가는 상황을 예상할 수도 있을 것이다.

미래전략: 평화전략, 열린 지역주의, 국제공헌국가

대전략grand strategy이란 원래 대규모 전쟁에서 승리하기 위한 전략, 전술, 군사배치 등을 총괄하는 것을 의미해 왔다. 특히 세계패권이나 지역패권을 꿈꾸는 강대국의 전략을 대전략이라고도 한다. 그러나 최근에는 한 국가의 생존, 번영, 존엄, 가치를 확보하기 위한 지도자의 비전, 이론, 담론을 지칭한다. 따라서 외교정책, 군사전략 그리고 대외경제정책 모두를 포함하는 포괄적 외교안보정책이라 정의해도 무방하다. 비스마르크의 '균형외교,' 히틀러의 '생존공간Lebensraum', 조지 케넌이 제안하고 트루먼 대통령이 채택했던 대소련 '봉쇄Containment', 그리고 닉슨과 키신저가 추진했던 '데탕트détente(긴장완화, 화해)' 정책 등이 대전략의 대표적 사례라 할 수 있다.

그러면 30년 후 아시아 평화중심국가로서의 대한민국을 구현하기 위해서는 어떠한 대전략이 필요한가? 화해, 협력, 공진화에 기반을 둔 한반도 평화전략, 협력과 통합에 기초한 열린 지역주의전략, 그리고 국제사회에 공헌하고 존경받을 수 있는 세계전략을 모두 아우르는 미래

지향적 구상이 필요하다.

한반도전략: 평화전략(화해, 협력, 공진화)

무엇보다 한반도의 현실과 향후 30년을 바라보는 냉철한 현실인식이 필요하다. 한반도의 평화는 '세력균형론'에 의거해 주변 4강이 일방적으로 결정하는 것이 아니라 남과 북이 주도적으로 만들어 나가야 한다는 역사적 인식이 중요하다. 남북한이 안정적인 평화공존으로 들어가면 한미동맹의 전략적 중요성은 그만큼 줄어들게 마련이다. 한국의 대미 군사의존도가 감소하면 자연히 한중관계는 개선의 여지가 확보되고 북중관계도 보다 균형감있게 건설적으로 전환될 수 있다. 요컨대 남북관계 개선과 그에 따른 평화공존은 한반도와 동북아에 평화와 상생의 선순환 구조를 가져올 수 있다

그러면 남북한 평화공존체제를 어떻게 만들어 갈 것인가? 가장 바람직한 것은 기존의 남북한 합의에 기초하여 화해와 협력을 심화시켜 나가는 길이다. 그러기 위해서는 대북압박과 봉쇄, 또는 대립과 적대의 틀에서 북한 정권과 체제의 붕괴를 도모하고 궁극적으로 흡수통일하겠다는 유혹에서 벗어나야 한다. 한국이 북한에 대한 적대적 의도를 갖고 정책을 개진하는 한 북한의 내적 단결은 더욱 공고해지고 북한 체제의 변화 가능성은 줄어들고 현 체제의 존속가능성은 더욱 높아진다. 남과 북이 최고위급에서 합의한 7·4 남북공동성명과 1991년 남북기본합의서, 6·15, 10·4선언이 명시적으로 밝히고 있듯이 남북한 간에 체제와 제도의 차이를 인정하고 상호존중의 바탕 위에서 화해협력을 강화해 나가는 방도가 바람직하다. 그렇게 되면 두 개의 주권을 가진 남과 북이 유럽연합과 같은 하나의 공동체를 만들 수 있고, 이는

사람과 물자가 자유로이 오갈 수 있는 사실상의 통일로 이어질 수 있는 것이다. 결국 남과 북이 서로의 정체성을 인정하고 화해협력의 기조 위에 공동진화co-evolution, 공동번영의 길을 갈 때 주변국들의 반발과 반대를 최소화하면서 통일과 평화의 새로운 지평을 열 수 있을 것이다.

이 모든 과정에서 가장 중요한 전기는 북미관계 개선이 될 것이다. 그러나 이는 북핵문제 선결 없이는 어렵다. 또한 북핵문제는 한반도 평화체제 구축과 분리시켜 생각할 수 없다. 이렇게 얽혀 있는 안보 딜레마의 실타래를 풀기 위해서는 한국 정부가 적극적으로 나서야 한다. '북한의 핵포기=미국의 대북적대정책 포기 및 관계정상화' 등식이 성립될 수 있도록 외교적 노력을 전개해야 한다. 북미관계가 정상화되면 이제까지 논의되어 왔던 바, 휴전협정을 대체할 별도의 평화협정을 고집할 필요가 없게 될 것이다. 휴전협정의 법적, 실질적 당사국인 남북한과 미중 4개국 정상(혹은 대표들)이 자리를 같이 해 종전에 합의하고 선언을 하면 그것으로 휴전협정의 수명은 다하게 된다. 평화는 문서로 보장되는 것이 아니라 행동으로 입증되어야 한다. 형식상으로는 남북 기본합의서와 북미간의 평화적 관계정상화가 보장되는 북미수교에 관한 기본조약, 이 두 가지만으로도 한반도 평화의 법적 보장은 가능하다. 문제는 행동으로 이러한 합의가 실천에 옮겨져야 한다는 점이다. 따라서 한국 정부의 외교적 노력은 미국과 북한을 상대로 양측간의 합의가 성실하게 이행될 수 있도록 촉구하고 감독하는 동시에 문제가 발생할 경우 이를 중재하는 작업에 집중되어야 한다. 북미간 이같은 합의에 이르기까지 한국 정부는 국민들을 상대로 북미관계 정상화의 의미와 한반도의 평화와 안정 및 분단해소에 미칠 긍정적 파급효과를 체계적으로 설명하고 지지를 얻어내는 노력을 게을리해서는 안 된다.

동북아전략: 열린 지역주의

한반도의 미래는 동북아 정치, 경제 지형과 불가분의 관계를 맺고 있다. 주변정세가 한반도의 미래 그 자체를 결정하지는 않지만 지대한 영향을 끼칠 수 있다. 예를 들어 미중, 중일 간의 관계가 악화되면 한반도의 평화는 쉽게 보장할 수 없다. 특히 미중, 중일 양자 대립구도에서 어느 한 쪽에 극단적으로 치우치거나 핵무기를 가진 중간세력 국가가 된다고 해서 평화가 오는 것은 아니다.

가장 바람직한 경우는 이미 진행되고 있는 동북아시아의 다자주의 시장질서를 확대·강화하는 것이다. 이는 동북아 지역에서 이른바 '열린 지역주의'로 한국이 지역협력과 통합에 주도적으로 나서는 작업이다. 경제부분에서는 한중일 3국 FTA를 시작으로 북한, 러시아, 몽골까지 참여하는 동북아경제공동체를 만들어 나가야 한다. 그리고 이러한 공동체 노력은 외교안보분야에도 긍정적 파급효과를 가져올 수 있다. 특히 6자회담이 성공적으로 재가동되어 9·19 공동성명의 합의가 구체적으로 이행되면 동북아안보평화 메커니즘, 즉 동북아 다자안보협력체의 출범도 가능할 것이다. 미국을 포함하여 남북한, 중, 러, 일이 참여하는 지역안보협의체는 배타적 지역주의를 전제로 한 동맹체제에 대한 새로운 대안이 될 수 있다.

한국 또는 통일된 한반도는 대륙과 해양을 연계하는 시장, 문화, 안보, 인적 교류의 네트워크 국가로서의 위상을 굳건히 할 수 있으며, 동북아 평화와 번영을 위한 네트워크형 거점국가로서 자리매김할 수도 있다. 과거 역대 정부가 제주도를 동북아 평화거점으로 구축하고 이를 중심으로 지역 내 지식공동체 구성을 도모했으며 (아직 그 효과가 미미한 점을 인정하더라도) 한반도의 미래상과 관련하여 그러한 노력의 중요성을 간과할 수 없다고 한다면, 동아시아 속에서 한국의 위상 재정립 노력은 계속되어야 마땅하다.

세계전략: 글로벌 공공재 제공에 기여하는 국제공헌국가

한반도와 동북아시아 수준의 전략뿐만 아니라 세계전략이 필요한 이유는 오일쇼크나 글로벌 금융위기, 9·11 테러 등과 같은 세계적 위험과 분쟁이 한반도와 동북아시아로 파급될 수 있기 때문이다. 또 아시아 평화중심 국가로서 대한민국의 위상을 국제사회가 인정해 주어야 우리가 한반도와 동북아 전략을 효과적으로 추진할 수 있기 때문이다. 이는 글로벌 거버넌스에 적극적으로 참여하여야 가능한 것인데, 이러한 글로벌 거버넌스와 관련하여 우리의 입장은 분명해야 한다. 미국 혹은 중국 등 특정 국가 중심의 일방주의적unilateral 글로벌 거버넌스 질서는 바람직하지 않으며, 유엔과 다자주의 제도 중심의 다자질서 Pax Universalitas 구축에 선도적 역할을 해야 할 것이다.

그러기 위해서는 '국제공헌국가'로서의 위상을 명확히 해야 한다. 미국과의 전략적 동맹에 따른 제한적, 도구적 국제공헌이 아니라 세계의 안정과 평화유지, 공적개발원조ODA를 통한 개도국의 안정적 발전 도모, 빈곤퇴치, 기후변화 해결, 국제 금융시스템의 개선, 해양안보 확보 등 글로벌 공공재global public goods 제공에 기여함으로써 이루어내는 국제공헌이어야 한다. 이를 위해서는 유엔을 포함한 국제기구에서 중추적, 주도적 역할을 자임해야 한다. 그리고 국제사회의 주요 핵심영역에서 새로운 규범과 원칙, 규칙을 만드는 데 적극적으로 참여해야 한다. '규칙의 추종자rule follower'가 아니라 '규칙을 만드는 국가rule maker'로서의 역할 모색에 적극 나서야 한다. 아울러 국민들을 대상으로 세계시민의식을 교육, 확산시켜 나가는 것도 국제공헌국가로 발돋움하기 위해 병행되어야 할 준비 작업이 될 것이다.

미래전략 실현을 위한 추진방안

앞서 제시한 미래전략을 실현하기 위해서는 무엇보다 이에 걸맞은 국가 역량이 바탕이 되어야 한다. 국력을 갖추지 못하면 결국 불안정한 한반도 정세가 지속될 수밖에 없고 미국이나 중국 등에 기운 편승전략을 불가피하게 택할 수밖에 없는 상황에 직면할 것이다. 따라서 국가 역량 강화를 위한 몇 가지 노력이 선행되어야 한다.

경성권력hard power

전통적 의미의 국력은 영토, 인구, 경제력, 군사력, 과학기술력 등의 종합으로서의 국력, 즉 경성국력을 뜻한다. 영토는 제한되어 있고 저출산, 고령화 사회를 피해갈 수 없는 현실을 고려하면 경제력, 과학기술력, 그리고 군사력의 증강이 더욱 중요해진다. 특히 군사력은 주요 변수이다. 향후 30년을 지내는 과정에서 전쟁재발을 억제하고 평화통일을 뒷받침하며, 나아가 동북아 평화와 안정에 기여하기 위해 이는 필수적이다. 이때 한미동맹은 한국의 독자적인 군사적 억지능력에 한계가 있는 한 상당 기간 지속적인 유지가 필요하다. 다만 동맹에 대한 의존도를 점진적으로 축소해 가면서 자주적인 군사력 건설에 역점을 두어야 한다. 전쟁 억제능력을 조기 확충하고 머지않은 미래에 환수

될 전시작전통제권을 고려하여 전력구조의 균형발전과 지휘통제체계의 효율화를 준비해야 한다.

연성권력soft power

연성권력은 국제사회 또는 다른 나라로부터 받는 존경과 사랑을 외교적 영향력으로 전환할 수 있는 능력으로 정의할 수 있다. 어떤 조건 하에서 존경과 사랑을 받을 수 있는가? 가장 중요한 것은 국제관계에서의 신뢰성이다. 국제사회의 규범과 원칙을 잘 지키고 약속을 제대로 이행할 때 신뢰성이 생긴다. 두 번째 요소는 정통성을 들 수 있다. 국제사회에 공공재를 제공하고 많이 베풀 뿐만 아니라 지도력을 발휘함으로써 그 국가를 신뢰하고 추종하는 협력국가의 수가 많아질수록 정통성의 정도는 높아진다. 세 번째로는 매력국가가 되는 것이다. 문화적인 호소력, 지적인 우월성, 그리고 국민 전체가 가지는 세계시민으로서의 품격과 자질이 갖춰질 때 매력국가가 가능해진다. 마지막으로 설득력이다. 한국 내부의 지적 자산을 조직적으로 배양하고 활용하여 한국이 추진하고자 하는 비전을 국민과 국제사회에 효과적으로 설득하는 힘이 필요하다. 신뢰성과 정통성, 그리고 매력이라는 기반 위에 설득력 있는 논리와 담론을 만들어 적극적인 '공공외교public diplomacy'를 펼쳐야 한다. 오늘날 노르웨이, 스웨덴, 핀란드와 같은 북유럽 국가들이 국제사회에서 신뢰와 존경을 받는 것처럼 대한민국도 아시아 평화중심 국가로 나아가기 위해서는 이러한 연성권력을 적극 배양해야 한다.

네트워크 파워network power

국제사회는 주권국가들이 무수한 연계망으로 얽혀진 '거미줄cobweb'과 같다. 정부만이 그런 거미줄을 치는 것이 아니다. 기업, NGO, 심지어 개인에 이르기까지 다양한 행위자들이 연계망을 구축하고 있다. 그러한 그물망의 외연과 강도가 클수록 그 나라의 국력은 기하급수적으로 증가하게 된다. 한국이 인적연계망, 지적연계망, 아이디어 연계망의 거점국가가 될 경우, 우리는 더 큰 영향력을 행사할 수 있는 것이다. 최근 싱가포르가 동남아의 네트워크 거점국가가 되고 있고 유럽에서는 벨기에, 네덜란드가 그런 역할을 하고 있다. 대한민국도 아시아 평화중심 국가가 되기 위해서는 국가적, 사회적 차원에서 고도화 된 IT역량을 바탕으로 네트워크 역량을 증대해야 한다.

사안별 연합issue-based coalition

냉전 종식 이후 각국의 국가 이익이 사안별로 차별화되는 시대로 진입해 왔다. 어떤 의미에서는 이러한 사안별 국가 이익의 차별화가 미중 간의 대립이라는 단순한 구도를 넘어서고 있다는 점에서 우리에게 기회의 창을 넓히는 계기가 되고 있다. 국가이익이 사안별로 차별화된다는 의미는, 예를 들어 기후변화라는 사안에서는 한국과 같이 화석연료 의존적 경제구조를 가진 국가들끼리 이익이 일치하고, 대체에너지나 에너지 효율이 좋은 독일이나 일본 등의 이익이 일치하는 반면, 일본의 과거사 문제에 있어서는 한국, 중국, 북한의 이익이 일치하고, 일본과 미국이 일치하는 사안별 차별화가 일어난다. 마찬가지로 북한 핵문제는 과거 6자회담 당시 중국, 한국, 러시아 입장이 비슷했던 적이 있고, 또 정권에 따라서 한국, 미국, 일본 입장이 비슷했던 적이 있다.

따라서 이러한 경우에는 사안별 연합 전략도 중요하지만, 한국이 선도하여 5개국의 선호도를 수렴시키는 외교를 해야 한다. 앞으로의 외교는 미중 한 쪽에만 편승하는 외교가 아니라 사안별로 국익을 계산하여 국가 간 연합을 결정하는 전략을 취해야 한다.

내적 단결력internal cohesiveness

과거 이승만 대통령이 즐겨 인용하던 서양의 고사가 있다. "뭉치면 살고, 흩어지면 죽는다." 이처럼 내적 응집력은 무형의 국력을 규정하는 매우 중요한 지표라 할 수 있다. 정치, 사회적 통합의 정도가 높을수록 국가의지는 강고해지고 대외정책에 있어서의 안정성과 예측가능성도 높아지는 반면, 그 반대도 성립한다. 5개의 종파로 나뉘어져 내분을 거듭하고 있는 레바논의 현실이나 시아, 수니, 쿠르드로 분열되어 있는 이라크를 보자. 안정적이면서도 지속가능한 정책을 수행하기가 여간 어렵지 않다. 한국도 크게 다를 바 없다. 북한 문제를 둘러싼 한국 사회내 보수, 진보 간의 오랜 갈등이 그 대표적 경우이다. 한국이 아시아 평화중심국가로 자리 잡으려면 평화와 통일에 대한 정치, 사회적 합의를 구하고 수준 높은 통합을 이뤄내는 노력이 필요하다. 이 과정에서 국가 지도자의 철학과 정치력이 중요하다는 것은 과거 경험에 비춰볼 때 더욱 명확해진다.

스마트 파워와 정책수립 및 이행능력

스마트 파워smart power라는 개념을 제시한 하버드대학의 조지프 나이Joseph Nye 교수는 스마트 파워를 "외교, 국방, 개발원조 등 소위 하드 파워와 소프트파워의 모든 수단들을 현명하게 통합하고 연계시키는 능력"으로 정의한다. 바꾸어 말하면 국가의 목표를 달성하기 위해 판세를 정확히 분석, 판단하고 가용한 자원들을 효과적으로 동원하여 유연성과 시의성 있는 정책을 만들어 내는 능력으로 해석할 수 있다. 즉, 정책수립과 이행능력을 뜻한다.

국가안보 관리에 핵심적인 것은 지도자의 비전과 통찰력, 그리고 정책 우선순위에 대한 명확한 인식이다. 판세를 정확히 읽기 위해서는 상당한 수준의 국가정보능력이 요구된다. 또한 국가정보능력과 더불어 정치적인 시류에서 독립되어 정보를 정확하고 객관적으로 분석하고, 정책에 우선순위를 부여하는 뛰어난 정책분석력 역시 필요하다. 이는 한국의 제한된 지적자원을 어떻게 체계적으로 활용하는가의 문제인데, 이를 위해 국가의 중장기적 과제정리와 이행전략을 연구, 제시하는 국가 및 민간의 싱크탱크를 육성하고 활용하는 시스템을 구축해야 한다. 한편 능률적이면서도 유연한 정책을 수립하고 이를 효과적으로 이행하기 위해서는 체계적인 국가안보 시스템과 지도자의 정치적 조정능력 및 설득력이 필요하다. 하드파워가 되는 데 근원적인 한계를 갖고 있는 한국이 아시아 평화중심국가를 구현하는 데 있어 가장 합당한 지향점이 바로 '스마트 파워'라 해도 과언이 아닐 것이다.

국방전략

한 국가의 국방력은 외부 세력의 공격 및 침략으로부터 국가의 독립을 유지하고, 영토와 주권을 보전함과 동시에 국민들의 생명과 재산을 보호할 수 있는 능력을 말한다. 이는 전통적 안보 개념의 핵심이면서도 포괄적 안보 개념으로 확대 변화된 현대에 와서도 가장 중심적인 요체이기도 하다.

향후 30년 한반도를 둘러싼 국가안보 환경의 변화 폭은 그동안 경험했던 것보다 훨씬 클 것으로 보인다. 이러한 점에서 우리는 예측 가능한 다양한 안보환경 변화에 대해 여러 형태의 시나리오를 고려하고 대비책을 마련해야 한다. 이미 현재에도 표면화되고 있는 영해와 영공, 국경선을 둘러싼 영토분쟁이 한반도 주변의 동북아 정세에서 핵심문제로 진전되고 있는 현실은 주목해야 할 변화이다. 그리고 일본의 평화헌법 개정을 통한 '보통 국가화'와 군사 대국화, 중국의 우주, 핵, 해양 군사력의 확대, 러시아의 자원무기화 전략, 그리고 미국의 아시아 강조전략 등이 맞물려 동북아 안보지형의 지속적 변화요인으로 동장할 것이다. 또한 미래전은 무인화, 로봇화, 정보화 추세가 강화되고 군사와 비군사, 정부와 민간, 전투와 치안의 구분과 경계가 사라지는 방향으로 변하고 있다. 이에 따라 대테러전과 비살상무기의 중요성이 강조되고, 정보통신기술 등으로 스마트하게 변화된 미래 군의 모습이 요구되고 있다.

국방전략의 미래 발전방향과 실행방안

변화하는 국제안보 환경을 정확히 분석하고 미래 지향적인 전략적 선택을 해야 한다. 고착화되어 있는 국방 분야에도 우수 민간기업의 경영 원리를 과감하게 도입하고, 외교부, 미래창조과학부 등 다른 유관 부처들과의 협력을 확대하는 한편 투명성과 경쟁 원리를 통해 군과 민이 더 융합, 발전할 수 있도록 해야 한다.

미래전에 대비한 군 구조 개편

미국은 2001년 9·11 테러 이후로 국토안보부를 만들어 비군사적 위협에 적극 대비하고 있다. 군도 상부 지휘계선을 단순화시킨 신속대응군으로 편제를 개편하고 이라크전, 아프간전 등을 계기로 무인기와 로봇, 해공군력의 활용도를 높이는 등 미래전에 대한 대비를 강화해가고 있다. 중국도 2004년부터 '새로운 역사적 임무'라는 '전쟁 이외의 군사작전Military operations other than war' 참여를 확대하기 위한 지침을 마련하여 시행해오고 있다.

반면 우리는 북한의 재래전 위협에 대비하는 전략을 변함없이 유지하고 있다. 이로 인하여 주변국의 군사전략 변화에 적시 대응하지 못하게 될 뿐만 아니라 미래전 대응 능력이 부족해지는 것을 초래할 수밖에 없다. 물론 우리 군은 이러한 문제점을 충분히 인식하면서도 북한의 과도한 전방배치 병력과 화력 때문에 경계 작전 위주의 방식에 머무르고 있다. 결국 지상군 중심의 군 구조가 고착화되고 현대전에 맞는 해공군의 육성과 미래전에 대한 대비가 지체되고 있다. 현대전에 맞는 군구조 개편이 조속히 진행되어야 하며, 특히 출산율 저하로 인한 입대자원 부족 등의 현실을 고려하여 광범위한 국방개혁을 적극 추진해야 한다.

상부 군 구조는 전통적인 군정권과 군령권의 문제로 지나치게 국한되어 논의되는 측면이 있는데, 현대전의 특성에 맞게 육해공군의 합동성을 강화하기 위한 다각도의 노력이 필요하다. 예컨대 합동참모본부(합참)는 육해공군의 합동교리와 무기체계를 잘 알고 있는 전문가들이 지휘해야 한다. 나아가 각 군 사관학교와 일반 장교 양성과정에서도 합동교리 교육을 강화하고 합동근무 특기를 지정하여 우대하는 제도도 필요하다. 또한 재래전에서 중요했던 병과 중심의 운영도 현대전에 맞게 기술병과와 연계해 운영되어야 한다. 보병과 포병, 그리고 경계병력 중심으로 운영되고 있는 지상군도 스마트화된 고효율 저비용의 신속대응군 형태로 재편해야 한다.

국방의 문민통제

국민의 대표인 대통령과 국회가 전문 공무원 집단인 관료, 군인, 경찰 등을 감독·통제하는 것은 민주주의 국가체제 유지를 위해 필수불가결한 원칙이다. 특히 군의 문민통제는 군의 정체성 회복과 민주주의 수호를 위해 역사적으로도 해결해야 할 중요한 문제였다. 일본이 군국

주의로 제2차 세계대전에 앞장서게 된 배경은 군 집단이 일왕을 앞세워 문민통치를 거부하면서 발단이 되었다. 우리나라도 두 번의 쿠데타에 의한 군사정권 수립의 역사를 갖고 있고, 지금도 전 세계적으로 수십 개의 국가에서 군부가 민주주의를 위협하는 경우를 발견할 수 있다.

미국의 경우 전역 후 10년이 경과되지 않은 군 출신을 국방장관에 임명하지 않는 전통을 갖고 있다. 대부분의 경우 국방장관은 군인 출신이 아닌 민간인을 임명하고 있다. 이는 구조화된 상명하복 문화에 젖어 있고, 자기 군에 대한 소속의식이 강한 군인의 특성 때문에 전체 군에 대한 균형적 시각과 변화하는 대외환경에 능동적으로 대응하기가 힘들다는 판단 때문이다. 또한 소장급 이상으로 진급하려면 의회에 출석하여 청문회를 통해 인사검증을 받아야 하며, 전역 시에는 계급의 적절성에 대해 재심사를 받도록 규정하고 있다. 국방성은 물론 각 군 본부가 각 군 장관과 민간인 출신의 국방공무원으로 구성된 것도 문민통제를 위한 제도적 장치이다.

하지만 그동안 우리나라에서는 단 한 번도 군인 출신이 아닌 민간인을 국방장관으로 임명한 적이 없다. 그것도 두 번을 제외하고는 모두 육군출신 국방장관이었다. 국방부의 차관과 차관보급 실장도 대부분 예비역 육군 출신이었다. 보다 다양한 출신과 배경의 전문성을 가진 참모진으로 국방부를 구성할 필요가 있다.

병영문화 개선과 국방개혁

국민 개병제를 채택하는 국가로서 '군복 입은 시민'을 어떻게 관리할 것인가는 중요한 국방과제이다. 개병제가 '국민에 의한 군대'라는 헌법상의 국방의무를 실현하는 제도로서 가치가 있고, 현실적으로 상당기간 유지될 것인 만큼, 이를 전제로 한 병영문화 개선이 필요하다.

병영문화 개선은 오랜 시간을 가지고 전체 국민, 정부, 지휘관, 병사들의 협력에 의해서 가능하다. 군과 경찰 등의 구타와 가혹행위 근절은 지휘관들의 관심이나 군 자체의 노력만으로는 한계가 있다. 피해자들이 신고를 기피하게 되는 주된 이유는 보복인 만큼 신고자를 즉시 국방부가 관리하는 별도 시설에 보호하고, 피해가 사실로 확인되면 가해자에 대한 강력한 처벌과 함께 피해자를 다른 부대로 전속해주는 제도도 고려할 수 있다. 미군이나 이스라엘처럼 일과 후 병영생활의 자유를 보장하고 스마트폰이나 인터넷 등을 사용할 수 있게 허용하는 것도 폐쇄된 병영을 제한적으로나마 개방하는 효과가 있다.

그리고 일선 지휘관에게 과다한 재량권을 주고 있는 군 사법체계도 개선해야 한다. 원천적으로 군의 사법은 행정부의 통제를 받고 있는 군이 아니라 사법부의 일부로서 기능해야 한다. 이를 위해 일반 부대가 아닌 국방부에 1심을 두고 2심 이상은 사법부에 귀속하여 헌법이 보장하는 3심 제도의 공정한 적용을 받도록 해야 한다. 그리고 선진국형 군 사법 시스템이 정착되기 전까지 1심의 군 판사나 군 검사를 총리 산하 특별 군검찰위원회(가칭) 등에 두어 군부대로부터 독립시킬 필요가 있다.

또한 군사력 저하의 원인인 병영 내 각종 차별도 사라져야 한다. 그중 하나는 출신과 종교 차별이다. 모든 군인의 계급은 '동일계급 동일권위'의 원칙이 지켜져야 강한 군대이며 출신에 따라 실질적 가치가 달라져서는 안 된다. 그리고 병영 내 특정 종교시설의 건립과 특정 종교 강요 행위, 일과 중 종교적 의식이나 행사를 하는 행위 등은 금지해야 한다. 그리고 인사에까지 영향을 주는 상관의 종교적 편향성을 시정할 수 있는 제도적 장치도 필요하다. 미국의 경우 모든 계급과 종교, 지역, 인종 등을 대표하는 인사위원회 제도를 부대마다 두어 각종 차별행위를 예방하고 지휘권의 남용을 견제할 수 있도록 하고 있는데 우리도 도입을 검토할 필요가 있다.

병역의무가 반드시 군복무일 필요는 없다. 사회복지시설이나 공공시설의 유지 관리 등의 형태로 사회적 복무가 가능하므로, 여성과 일부 종교적 신념에 의한 군복무 거부자들을 포함하여 중증 장애인을 제외한 모든 국민이 공평하게 병역의무를 분담하게 하는 것이 '국민에 의한 안보' 차원에서 필요하다.

한편 군 지휘관들의 다양성도 필요하다. 미국의 경우, 사관학교 출신 장교와 일반대학 출신 장교인 ROTC나 학사장교의 장성 진출 비율을 4대 6으로 하여 특정 학교 출신이 과반수를 넘지 못하도록 제도로 정하고 있다. 하지만 우리나라는 육해공군 장성의 80% 이상이 사관학교 출신으로 채워져 있다. 이는 사고의 다양성 부족과 일반 장교들의 불만으로 군의 단결과 통합에 저해요인으로 작용하고 있다. 물론 현재 우리 군 장교의 학력 수준이 군 검찰, 군의관 등 일부 병종을 제외하곤 사관학교 출신들이 상대적으로 높은 만큼 상위권 대학의 우수 인력들이 군 장교로 장기간 안정적으로 근무할 수 있는 기회를 마련해야 한다. 현재와 같이 군 고위층의 인적 구성이 사관학교 출신들로 획일화 되면 인사와 예산에서 집단 이기주의가 나타나고, 진정한 문민통제에 장애가 될 수 있다. 또한 첨단화되어 가는 현대전의 양상과 사이버테러전 등에서 여성 군병력이 발휘할 효율성과 경쟁력을 긍정적으로 검토해야 한다.

국방 연구개발 및 무기체계 획득

지난 50여 년의 국방 연구개발 역사를 통해 이제는 정밀 장거리 순항 미사일과 인공위성, 무인항공기, 군사용 로봇 등을 자체 개발할 수 있는 수준으로 발전을 거듭해왔다. 무기도입과 개발을 통해 군의 전력화를 추진하는 무기체계 획득분야에서도 방위사업청(2006년 개청)의 신설 이후 보다 체계화되고 전문화된 모습으로 변모하고 있다.

군사 기술은 기술이전을 받기가 극히 어려워 자체 연구개발이 불가피하므로, 적극적인 국방 연구개발 투자를 통한 자체적인 무기체계 획득은 앞으로도 계속 필요하다. 국방 연구개발은 이스라엘의 경우와 유사하게 전차나 항공기, 함정 등 기계식 플랫폼 중심에서 정밀 전자식 탑재체payload 중심으로 전환할 필요가 있다. 특히 국방과학연구소ADD와 대형 방산업체 중심에서 국방벤처와 연구중심 대학 및 정부출연 연구기관 등으로 연구개발 주체를 다양화할 필요도 있다. 과도하고 불필요한 국방 연구개발 관련 군사보안체계도 대폭 정비하여 민군겸용기술과 국가과학기술 발전을 견인하고 기초과학을 육성하는 전초기지가 되어야 하며 군사혁신을 주도해야 한다.

무기 도입선은 한미 연합작전과 무기체계의 상호 운용성, 미국산 무기의 성능 때문에 미국산이 70~80% 수준을 차지하고 있는데, 이로 인해 무기 도입시 협상력을 상실할 수밖에 없다. 따라서 무기 도입의 다변화를 적극 검토할 필요가 있다. 또 과도하게 무기 도입가격 및 운용 유지비가 오르거나, 성능이 현저하게 떨어지는 구세대 무기를 사야할 경우 등을 대비하여 시간이 걸리고 비용이 많이 들더라도 이를 극복해 가면서 국내 개발을 추진하는 전략이 필요하다.

한편 미래 전쟁은 인간보다 인공지능 로봇이 싸우는 전쟁이 될 것으로 예상된다. 변화하는 미래 전장 환경의 특성과 인명손실을 극복하려는 인도주의적 전투 추세에 부합하도록 무인화, 로봇화, 정보화된 무기체계의 개발과 양산을 적극 고려해야 한다. 예를 들어 무인화, 자동화된 경항공모함은 기존 대형항공모함의 승선 인원이 5,000여 명에 달했던 데 비해 1,000여 명 수준으로도 그 이상의 전력발휘와 높은 기동성을 가질 수 있다. 현재 진행중인 성층권 무인기나 초장시간 정점체공 무인기, 전자기 펄스탄EMP탄 등과 같이 고위험 고수익high risk-high return의 군사혁신형 무기체계의 개발도 조기에 완료해야 한다. 전체 무기 획득비의 30%는 미국의 방위고등연구계획국DARPA과 같이 연구개발에 사용하도록 체제를 개편해야 한다.

국방특허와 국방산업 활성화

내수만으로는 방산업체의 가동률이 낮을 수밖에 없다. 이를 극복하기 위해 국내 방산업체의 수출을 지속 확대해야 한다. 이를 위해서는 무엇보다도 국방 지식재산권의 융통성 있는 관리가 필요하다. 21세기 지식기반 사회에서의 국가 간 경쟁은 각 국가별로 얼마나 많은 창의적 지식재산을 생산하고, 이를 통해 산업 경쟁력을 확보하느냐에 따라 그 성패가 좌우된다고 볼 수 있다. 특히 국방과학기술은 한 국가의 안보역량 강화는 물론 무기체계 수출로 막대한 경제적 이익을 가져오는 매우 중요한 분야이기도 하다. 그런데 한국에서는 국가연구개발 후에 나온 특허를 민간인이 소유하기 어렵게 되어 있어서, 지식재산을 출원하고 관리하려는 의욕이 저하되어 있다. 특허가 없으니 기술축적과 산업화가 안 되는 것이다. 한편 미국, 영국, 프랑스 등 선진국들은 국방연구개발 시 실제 지식재산권 창출자의 권익을 최대한 보장하고 있다.

특히 창조경제의 모태로 삼는 이스라엘의 경우 많은 군사과학기술 전문인력, 즉 탈피오트Talpiot 출신의 우수한 인재들이 대거 포진한 '국방 벤처기업'들이 국가 경제발전에 큰 영향을 끼치며 명실상부한 국가 과학기술 발전의 원동력으로 자리매김하고 있다. 반면 우리나라는 최근에서야 탈피오트 제도를 준용해 KAIST 등 공과대학 학생들을 대상으로 한 국방기술사관 제도를 마련하였으나, 그 성과를 보기에는 상당 기간이 소요될 것으로 보인다. 무엇보다도 아직까지 우리나라는 선진국들의 무기체계 외형 및 기술을 불편법 모방하거나, 값비싼 무기를 외국에서 구매하면서 일부 기술을 이전받아 로열티를 지불하면서 시스템을 개발하는 수준에 머물러 있다. 박정희 정부 시절부터 유지되어 온 정부 주도형 국방연구개발 정책은 이미 한계에 봉착해 있다는 점에서 가능한 빠른 시일내에 '업체 주도형 연구개발' 및 '국방벤처 육성 정책'으로 변화가 필요하다.

현재 관련 법규정에 따라 '국방연구개발 결과물에 대한 소유권'이 과도하게 국가 및 국방과학연구소ADD에 귀속되다보니, 실제로 무기를 개발, 생산하는 방위산업체 및 창의적 아이디어를 가진 벤처기업의 연구개발 의욕을 저하시키고 있다. 이는 독창적 무기체계 개발을 저해하고, 외국에 기술료를 납부하여 생산원가가 올라가 수출여건을 약화시키는 요인으로도 작용하고 있다. 이를 해결하기 위해서는 과도한 보안과 규제보다는 발명과 특허의 본질에 대한 인식을 재정립해야 한다. 국방 지식재산권의 소유권에 대한 합리적 대안 및 금융 지원확대 방안이 나와야 한다. 그리고 무기체계의 디자인 및 트레이드 드레스trade dress 적용 방안도 마련함으로써 미래지향적인 국방벤처기업을 활성화해야 한다.

북한 핵문제와 통일

통일로 가는 길에서 북한의 핵은 단연코 해결해야 할 첫 번째 문제이다. 분단한국의 통일과정에서 북한지역 내 대량살상무기의 안전한 수거와 비핵화 유지를 위한 우리 정부의 적극적 의지 표명이 중요하다. 과도하게 팽창된 북한의 군부대 및 병력의 축소와 통일 한국군으로의 전환, 각종 재래식 무기의 수거와 폐기 등의 과제가 통일한국의 중요한 국방과제가 될 것이다. 통일한국을 위해 적절한 군사력을 유지해야 한다.

통일이 된다면 모병제로의 전환도 검토해야 하겠지만, 통일독일처럼 시행 시기는 신중하게 결정해야 할 것이다. 일반적으로 모병제를 하게 되면 경제적으로 어려운 사람들이 군에 지원하는 경향이 있다. 그러면 결국 군은 경제적으로 어려운 사람들이 많이 모인 집단이 될 수 있다. 통일 후에 모병제를 하면 북한 출신이 군에 많이 있을 가능성이 있다는 말이 된다. 이 문제는 통일 이전에도 마찬가지이다. 일부에서는 병역자원의 감소를 모병제로 해결하자고 주장한다. 그러나 한국과 같이 빈부갈등, 이념갈등이 심한 나라에서는 군대가 경제적인 약자들의 집단이 되는 것은 피해야할 사항이다.

평화체제 구축과 군사외교 확대

남북통일 과정에서 상호 군사적 신뢰를 증진하고 한반도 평화를 구축해나가는 데 있어서 군사력의 상호 감시와 군비통제를 원활히 해나가는 것이 중요하다. 무엇보다 60년 이상 지속되고 있는 정전체제를 평화체제로 전환하는 일이 필요하다. 이는 북핵문제와 연결되어 있기 때문에 관련국들의 협조가 중요하다. 정전체제 당사국 회담을 개최하고 동시에 고위급 군 인사교류와 군사훈련 참관 등 군사적 신뢰구축을 위한 노력을 더욱 확대해 나가야 한다. 이를 위해서는 무엇보다도 우리의 문제는 우리 스스로 해결한다는 자주적 의사결정체계를 정착하여야 한다.

동북아 주변국에 대한 군사외교를 확대하는 것도 시급하다. 지역안보를 확대한다는 차원에서 신뢰구축을 위한 합동군사훈련은 물론 한중, 한일, 남북 국방장관회담의 정례화도 필요하다. 이는 평화적인 남북통일을 뒷받침할 뿐만 아니라, 동북아의 평화와 번영을 보장하기 위한 다자간 안보협의구도에서 주도권을 확보할 수 있는 기회로 작용할 수 있을 것이다.

정치분야 미래전략
정보전략

한 국가가 주권을 제대로 행사하기 위해서는 정치적 독립과 경제적 자유, 일정 수준의 군사력, 그리고 국가 차원의 해외 정보력이 필수적이다. 이런 관점에서 볼 때 우리나라는 상당한 수준의 경제적 발전과 민주주의 정치를 정착시켰으나, 국방과 해외 정보 수집, 분석력의 수준은 다소 미흡한 실정이다. 그동안 국방과 정보는 전통적으로 전문성을 가진 특정직 공무원(군, 국방부, 군 정보기관, 국가정보원), 그리고 국가 핵심연구개발사업 참여자, 일부 방산업체와 정보산업체 인력 등에 의해 관리되어 왔다. 게다가 대부분의 업무가 비밀로 분류되어 일반인은 물론 국회와 언론인들의 접근이 극히 제한되어 왔다. 이로 인해 국방, 정보와 관련하여 우리의 현재 능력이 어느 정도인지, 문제는 무엇인지가 거의 공개되어 있지 않고 논의 자체에 한계가 있는 것이 사실이다.

그러나 국가 정보력은 주권 행사뿐 아니라 국방, 외교, 통일과 더불어 국가안보의 4대 요소 중 하나일 만큼 근원적 중요성을 지니고 있다. 여기에 대테러, 치안, 식량, 에너지 안보 등 전통적인 국가안보와 뚜렷이 구분되지 않는 영역들이 늘고 있어, 포괄적 안보 보장 차원에서도 정보력의 중요성은 커진다. 특히 안보 영역 면에서 민과 군의 구분이 점차 얇어지고 있다.

한편 정보분야 산업의 발전을 통한 경제적인 효과도 기대할 수 있다. 정보능력 강화 과정에서 무인감시와 대테러 안전산업을 육성한다면 연간 10조 원대 규모의 시장을 확보할 수 있을 것으로 전망된다. 이는 연간 700조 원을 상회하는 세계 국방·항공우주산업에서 정보·전자전의 비중이 160조 원에 달하는 사례를 보더라도 가능성을 확인할 수 있다. 현대사회에 있어서 한 국가의 정보능력은 그 국가의 과학 기술력과 경제력에 비례한다고 볼 수 있다. 우리는 세계적 수준의 IT 능력을 가지고 있으며 수출 규모면에서도 중국의 4분의 1, 미국과 독일의 3분의 1, 일본의 3분의 2에 달하는 무역대국이다. 이러한 산업능력을 정보 분야에 접목하여 부족한 정보 자산 확충은 물론 세계 방산, 정보시장에도 적극 진출해야 한다. 이를 통해 국가 정보 능력 향상과 함께 경제적 측면의 실익 등 두 마리 토끼를 잡을 수 있을 것이다.

정보 분야의 미래

중국의 경제, 군사적 부상에 따른 미국과의 대립 등 국제관계의 변화에 적응하며 정보를 효율적으로 운영할 필요가 있다. 국제정치와 주변국 외교 영역, 그리고 군사적인 잠재적 갈등 관계를 고려할 때 향후 우리의 관리 영역은 한반도뿐 아니라, 서울 중심으로 반경 2,000km 정도로는 확대되어야 할 것이다. 왜냐하면 이 영역에 동북아 6개국 주요도시와 산업시설이 밀집해 있기 때문이다. 한미 간 정보 협력을 고려하더라도 정치외교적으로 국익을 보호하고 군사적으로 최소한의 방위역량을 갖추기 위해서는 독자적 정보, 감시 및 정찰intelligence, surveillance, and reconnaissance, 조기경보 능력을 적극 확보해야 한다.

현재 미국은 지속적인 무역적자와 재정적자에 따른 군사비와 정보비의 감축으로 동북아에서 과거와 같은 군사력과 정보력을 유지하기 어렵다. 경제력과 정치력, 군사력을 지속 강화하고 있는 중국의 해양 진출을 억제하는 데 한계를 느끼고 있어서 일본, 한국 등 우방국의 역할 강화를 더욱 요구하게 될 수도 있다.

하지만 지난 150여 년 동북아에서의 역사적 교훈은 한반도가 동북아 강대국들의 세력 각축장이나 화약고가 되어서는 안 되며, 오히려 우리나라가 중국으로 대표되는 대륙세력과 미국으로 대표되는 해양세력의 정치, 군사적 균형자 역할을 해야 한다는 점이다. 이를 위해서는 6자회담 등 다자간 회담에서 발언권을 확보할 수 있는 국제정치적 외교역량 확보가 필요하며, 이를 뒷받침할 적절한 군사력과 강력한 해외 정보 역량이 필요하다. 또한 미국의 동맹국으로서의 역할 강화 요구에 효과적으로 대응하는 길은 우리의 해외, 대북 정보수집, 분석 역량을 강화하여 아시아 태평양 지역에서 일정한 역할을 하는 것이다. 정보는 군사력과 마찬가지로 전쟁을 수행하는 수단이기도 하지만, 전쟁을 예방하고 평화를 지키는 역할이 더욱 중요하므로, 우리만의 독보적 정보 역량 확보는 선결조건이자 필수불가결한 요소이다.

21세기 국가안보는 국방과 민간, 정치와 경제, 사회 영역 등에 걸쳐 포괄적 안보의 성격이 강화될 것이므로 이에 걸맞게 국내 정보기관을 전문화시켜야 한다. 그렇지 않으면 국민들의 불신감 증폭, 정보기관 간 업무 중복과 이로 인한 장비와 인력, 기술의 중복투자가 발생한다. 현재 우리나라의 국가정보원과 국방정보본부 등 군 정보기관, 경찰 정보 부서 등이 이러한 대내외적 변화 요구에 봉착해 있다.

정보전략 수립을 위한 과제들

대한민국의 정보능력 발전을 위해서는 현재 정보능력 실태에 대한 올바른 인식은 물론 정보환경 변화에 대비하고 정보기관 간 업무의 체계화 등의 문제들이 선결되어야 한다. 정보 분야의 발전을 위해 해결해야 할 과제들은 다음과 같다.

정보자주화에 대한 정확한 현황 인식

정보 분야의 발전을 위해서는 현상 진단을 정확히 해야 한다. 정보 업무 대부분이 비밀로 분류되어 있고, 정보 분석관의 판단 오류 및 청와대와 일부 실세 정치인 등의 외압에 의해 진실이 왜곡될 소지가 있는 영역이기 때문에, 그동안 이 문제가 부정확하게 인용되거나 국민들의 정부 및 정보기관에 대한 불신감으로 변질되는 경우가 종종 있었다.

현대 정보의 주류인 기술정보 분야에서 우리가 미국에 상당부분 의존하고 최근 들어 미국도 우리에게 일정부분 의존하고 있다. 현재도 상당 수준의 정보교류가 이뤄지고 있다. 한국은 정보수집항공기(금강, 백두), 고해상도 전자광학Electro-Optical 위성, 합성개구 레이더Synthetic Aperture Radar 위성인 아리랑 5호, 공중조기경보통제기(E-X), 이지스 구축함(SPY-1F 레이더) 등을 통해 일정 수준의 정보를 자체 확보하고 있다. 여기에 고고도 무인정찰기(글로벌 호크)가 전력화되면 대북 억제에 필요한 영상, 신호 정보 수집능력이 향상될 것으로 예상된다. 이러한 한국의 정보능력 향상은 그동안의 선례에 비춰볼 때 한미 정보 교류와 협력을 더욱 촉진할 것이다. 한국이 미국에 관련 정보를 제공하면서 미국의 U-2기 운행부담을 줄여 주었고, 이는 한미 상호 이익에 부합하는 것이다. 독자적인 정보수집역량의 확충은 한미동맹의 변화 혹은 발전방향과 무관하게 지속적으로 추진, 확대되어야 할 국가과제이다. 영국, 일본, 호주의 사례를 볼 때도 각국의 정보능력이 확충될수록 미국을 비롯한 우방국들과의 정보교류 수준도 향상되는 것을 알 수 있다.

정보기관의 효율적인 운영

국가정보원법이 국가정보원(이하 '국정원')의 정치적 독립을 규정하고 있지만, 종종 국정원의 국내정치 개입이 논란이 되고 있다. 이와 같은 문제발생 원인을 근원적으로 제거하고 국정원이 본연의 국가정보 임무에 전념하게 만들기 위해서는 보다 정교한 대책이 필요하다. 예컨대 미국 중앙정보국인 CIA의 경우에는 신호정보나 영상정보를 직접 수집할 수 있는 기능이 없으며, 이는 별도의 독립 정보기관인 국가안보국NSA과 국가지구공간정보국NGA을 통해 지원 받도록 되어 있다. 원하는 정보가 있으면 상호 서면으로 요구하도록 시스템이 구축되어 있고 이는 의회에도 통보되기 때문에 대내정보든 대외정보든 불법이나 부정한 방법으로 정보를 얻는 것은 원천적으로 봉쇄되어 있다. 현재 우리나라의 국가정보원이 국내, 해외 정보수집 기능을 독점하고 있는 한, 외부의 통제 없이도 정치적 실세를 등에 업은 비선라인을 통해 임의로 정보를 수집하고 사용할 수 있게 될 가능성이 있다.

나아가 정치적으로 악용된다고 오해받을 수 있기 때문에 국정원을 대통령 직속기관으로 두지 말아야 하며, 미국의 FBI, CIA와 같이 국내부서, 해외부서를 분리해 국가 정보의 독점을 막고 국가정보 융합체에서 국정원, 군, 경찰 정보기관의 정보를 종합 평가하여 객관성을 확보할 필요가 있다. 대통령이 필요할 경우에 헌법에 규정된 대로 서면으로 국정원에 정보를 요구하거나 임무를 주고, 이를 국회(정보위원회)에도 자동 통보되도록 한다면, 더 이상 오해를 받지 않을 것이다.

예산 편성 자체가 비밀인 국정원의 운용예산도 국회 상임위의 세부통제를 받도록 해야 한다. 현재 국회 정보위원회는 겸임, 특별상임위로되어 있어 의회의 전문성이 다른 상임위와 달리 떨어지고, 국정원 보고사항의 기밀유지도 잘 지켜지지 않고 있다. 따라서 국회 정보위원회를 전임화, 상설화할 필요가 있다. 또한 상설 전임화되면 정보위원회는정보기관에 대한 예산 및 운영에 대한 세밀하고 정확한 자료를 요구하고, 국정원은 이를 성실히 보고해 과거의 정치적 오명으로부터 자유로워져야 한다.

기술정보기관의 전문성 강화

미국의 경우 가장 큰 정보 수요기관은 CIA와 국방성, 그리고 국무부, FBI 등이다. 그런데 이들 정보기관이나 정부부처보다 몇 배의 전문인력과 예산을 사용하는 곳이 기술정보기관인 NSA, NGA, NRO(국가정찰국) 등이다. 통상 기술정보 생산에는 비기술정보 생산시보다10배 이상의 고비용이 소요된다. NSA도 CIA보다 5~10배 규모의 인력과 예산을 사용한다. 미국의 기술정보기관에는 수만 명의 수학, 전자, 소프트웨어, 정보, 보안 관련 전문요원과 초고가의 슈퍼컴퓨터, 신호분석·암호분석·교신분석·영상분석 장비, 방대한 통신·네트워크 장비 등이 있다. 이를 각 정보 수요기관이나 정부부처별로 갖고 있다면 중복 투자와 예산 남용, 업무 충돌과 비협조가 만연할 수밖에 없다. 제2차 세계대전을 거치면서 이러한 비효율과 낭비를 경험한 미국에서는 관련법을 제정하고 수차례 개선을 거친 끝에 오늘날과 같이 전문화된 기술정보기관을 두는 형태로 발전해왔다.

여기서 한 가지 참고할 점은 NSA나 NGA의 인력과 예산은 국방성이 통제하고, CIA는 정보정책을 각각 통제한다는 것이다. 전통적으로 가장 큰 정보 수요부처인 CIA와 국방성이 기술정보기관을 적절히 분권해 통제하도록 함으로써, 국방성이 원하는 적시적절한 정보제공과 CIA가 원하는 수준 높은 정보제공 목적을 각기 달성할 수 있도록 보장해주고 있다.

전략정보는 정보의 수집범위가 공간적으로 넓고 정보의 수준이 높아서 세계적으로도 국가가 통합 관리하는 추세이다. 이의 수집에는 많은 인원과 최첨단 기술이 동원되므로 군사, 비군사를 구분하지 않고 통합 관리하는 것이다. 이러한 차원에서 볼 때, 우리는 국정원과 국방부가 각각 신호정보와 영상정보를 운영하고 산하기관을 두고 있어서 중복투자와 비효율이 발생할 가능성이 높으므로 긴밀한 통제와 협력체계에 대한 전반적인 검토가 필요하다. 그리고 정보분야 전문인력 양성에도 각별한 노력이 필요하다.

정보분야별 체계적 전문화

기존의 정보·보안기관을 기술 정보·보안Science&Technical Intelligence &Security 기관과 일반 정보·보안General Intelligence&Security기관으로 재편하여 각각 체계적으로 전문화할 필요가 있다. 정보·보안기관의 업무

성격은 크게 이공학적으로 정보출처원intelligence source으로부터 직접 정보를 수집하고 보안업무를 수행하는 경우와, 이를 분석·융합하고 운용하는 경우로 구분할 수 있다. 기술 정보·보안기관은 미국의 NSA, NGA, NRO와 같이 컴퓨터 및 전자장비 등을 사용하여 감청, 암호해독·생산, 교신분석, 신호분석, 영상수집·분석, 첩보위성 획득·운용을 하는 이공계 중심의 과학기술집단으로 구성된다.

한편 미 CIA, DIA(국방정보국), FBI와 같은 일반 정보·보안기관은 NSA, NGA, NRO 등에서 제공받은 기술정보를 토대로 정세판단, 정보공작, 정책가공, 범죄수사 등을 하는 인문사회계 중심의 비기술집단으로 구성된다. 우리도 미국의 경우와 같이 기술 정보·보안기관은 단일화하고, 일반 정보·보안기관은 다양하게 운영할 필요가 있다. 우리의 경우 현대 정보·보안의 중추를 담당해야 할 과학기술 정보전문가들이 그동안 각 정보기관에 분산되어 있어서 제 역할과 기능을 할 수 없었다. 신호정보, 영상정보 등의 정보기능과 통신보안, 컴퓨터 보안 등의 보안기능을 통합운영하면 정보융합, 기술교류 등 통합운영에 따른 전력 시너지효과가 상당하다. 예컨대 미국도 NSA의 경우 신호정보와 기술보안(INFOSEC) 기능을 통합하여 운영하고 있다.

기술능력과 제도적 장치 보완

국가 정보력 강화의 필요성 증대, 한반도 주변 안보상황의 변화, 포괄적 안보의 대두와 전쟁개념의 변화 등으로 인해 우리의 정보능력은 지속적으로 확대, 발전할 필요가 있다. 이는 정보기관 구조조정과 기술정보기관의 발족 등과 함께 적극 추진되어야 한다. 정보 전문인력의 확충, 정보능력 확대를 위한 예산의 증액, 요구되는 정보장비와 기술의 획득, 그리고 연구개발 노력 등이 수반되어야 한다. 정보 분야는 우방국이라고 해도 장비나 기술, 인력교류나 판매를 극히 제한하며 특히 보안과 관련된 분야는 사실상 전혀 공유가 이뤄지지 않는다. 따라서 정보와 보안 분야의 장비, 기술, 인력은 독자적인 노력으로 확보해야 하며, 이 능력이 곧 그 국가의 정보 관련 국가안보를 좌우한다. 예컨대 어느 한 국가의 디지털 암호해독 능력은 그보다 못한 수준의 국가에 대한 감청이 가능함은 물론, 그보다 앞선 국가에 의한 정치외교, 군사 영역에서의 무장해제나 침투를 뜻한다. 아울러 비전통적 안보위협 가운데 사이버테러에 대한 각별한 관심과 대응능력 확충이 절실하다. 특히 북한의 해킹기술이 상당한 수준에 도달했다는 점을 국제사회가 인정하고 있는 바, 우선적으로 이에 대한 대응역량 확보 노력이 필요하다.

한편 국내 정보기관의 문제는 정보습득, 활용을 위한 기술영역의 발전도 매우 중요하지만 이것을 판단, 종합하는 통합적 기관이 없는 것이 큰 문제이다. 예를 들어 여러 정보기관들이 습득한 중요정보가 그 기관 내에서만 공유되어 국가 전체적인 종합적 정보 분석이나 대응, 예측자료로 활용되지 못하는 경우가 허다하다. 다양한 정보에 대한 종합적이고 체계적인 분석을 위한 제도적 장치가 필요하다.

정보분야 미래전략

'정보 선진국'인 미국의 사례를 참고하되, 대한민국의 지정학적 특수성과 우리의 한계와 제약사항을 고려하여 정보 분야 미래전략을 수립해야 한다.

첫째, 기술정보기관의 신설을 포함하여 전속담당기관을 전문화한다. 특히 기술적 속성이 매우 다른 신호정보기관Korea Intelligence &Security Agency, KISA, 영상정보기관Korea Imaging&Mapping Agency, KIMA을 독립적으로 발족시키되, 현재 국정원과 국방부에 분산되어 있는 기능을 통합해야 한다. 또한 정보가 창이라면 방패인 보안기능을 전문화하는 것도 중요하다. 이는 기술보안과 일반보안을 구분하여 미국의 NSA 경우처럼 신호정보기관에 이 기능을 부여해야 한다. 정보와 보안은 동전의 양면과 같기 때문에 한 기관이 창과 방패를 공유하는 것이 적절하다.

둘째, 국정원과 국방부가 신호정보 및 영상정보기관(가칭 KISA및 KIMA)을 기능적으로 분할하여 통제하면서 통합 운영한다. 국정원이 정보목표 설정과 분석업무를 맡고 국방부가 세부 인사와 예산을 통제하는 것이 신속하고 긴밀한 군사정보 지원이 필요한 한반도 상황에 적합하다. 인사와 예산이 기관의 운영에 보다 강한 영향력을 갖기 때문에 국방부가 그 권한을 갖는 것이 적절하다는 것이다. 다만 미국의 경우처럼 현역 장성(통상 중장급)을 기술정보기관장에 보임할 수는 있지만, 반드시 해당 분야의 기술전문성을 가진 인사를 선임하여 정보기관이 '행정기관화'되거나 '관료화'되는 것을 사전에 차단해야 한다.

셋째, 정보기관 구조조정과 기술정보기관의 발족, 국정원의 정치개입 금지를 실질적으로 보장할 수 있도록 국가정보 관련법과 제도를 정비해야 한다. 여기에는 기술정보기관장에 대한 국회 차원의 청문회도 포함될 수 있다. 이는 국가정보를 수집하는 기관장에 대해 국민의 대표인 국회가 문민통제하는 상징적 의미가 있다.

넷째, 변화된 동북아 정치환경과 우리의 국력 신장에 걸맞게 부족한 정보능력을 확충해나가야 한다. 특히 신호정보 관련 전문인력과 연구개발, 장비의 확충이 필요하고 영상정보 관련 고성능 첨단 영상기술의 확보가 필요하다. 또한 기술보안 관련 전문인력 양성과 연구개발 확대가 중요하다. 정보전, 전자전 능력 확충도 국방부를 중심으로 강화되어야 한다. 정보능력 확충은 한국적 실정에 맞게 민간의 앞선 IT 기술력을 도입(Spin on)하는 것과 함께 정부가 확보한 기술을 민간이 활용할 수 있게 제공(Spin off)하고, 민간표준을 최대한 정부가 채택하는 등의 형태로 효율적인 정보능력 확충을 추진한다.

정보 분야 미래전략 실현을 위한 실행 방안

선진국 수준의 정보능력 확충을 기반으로 국방력 강화와 평화통일, 그리고 국제외교 역량을 강화하기 위한 구체적인 실행방안들을 제시한다.

정보기관 구조조정 및 기술정보기관 발족

현재 상대국 정보수집에 있어 군과 민간으로 나뉘어 있는 국방부와 국정원의 정보수집기능은 실질적으로 구분이 어렵고 기술적으로 유사하기 때문에 통합해야 한다. 현재 국방부와 국정원이 각각 보유하고 있는 신호정보와 영상정보 관련 정보수집기능도 통합하여 독립된 기술정보기관으로 발족시킨다. 방첩기능과 보안기능도 기술 중심으로 전문화하여 구조조정한다.

국정원, 국방부 기술정보기관 통합

대통령 직속의 국가안보회의를 지도부로 두고 그 산하에 국방부, 국정원, 통일부, 외교부, 경찰청 등 정보 수요기관에 기술정보기관이 정보를 제공하는 구조로 한다. 그리고 앞서 언급한 대로 국방부와 국정원이 각각 기술정보기관을 통제하되, 조정이 필요한 것은 부처 간 실무 협의체를 통해 하고 이것이 여의치 않을 경우에는 국가안보회의에 상정하여 조정한다.

〈그림 6-2〉 현재의 국가정보체계

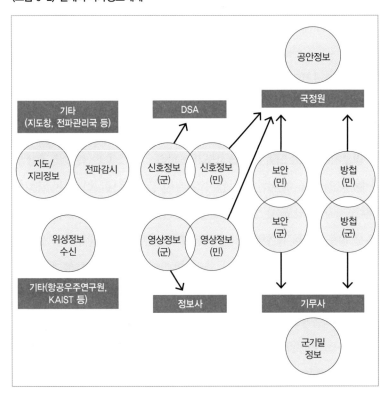

기술정보 중심 정보능력 확충

양대 정보 수요부처인 국방부와 국정원이 필요로 하는 미래 기술정보 중에서도 위성정보의 경우 전략정보이기 때문에 국방부는 물론 국정원의 수요가 잘 반영되어야 한다. 다른 정보의 경우에도 대북위주의 정보수집을 넘어 동북아 주요 관심지역 전체를 대상으로 정보수집이 가능하도록 정보장비와 기술이 뒷받침되어야 한다.

국가전략급 정보능력에 있어서는 대외국 신호정보체계, 지상과 우주에서의 우주감시체계, 고해상도 영상정보체계, 사이버 보안, 그리고 이를 뒷받침할 고급정보 전문인력과 기술력 확보가 필요하다. 전술급 정보능력에 있어서는 정보전과 전자전 수행능력, 휴전선과 해안선에 대한 경계자동화와 무인감시, 정찰체계 등을 보강해야 할 것이다.

보다 구체적으로 분야별 육성전략은 다음과 같다.

동북아 다자안보체제 출범과 우리 군의 평화유지군PKO 역할 확대에 대비하여, 대외국에 대한 신호정보와 원정 정보작전능력을 보강해야 한다. 이를 위해 불특정 위협에 대한 신호정보능력(지상·해상 신호장비 및 언어분석요원)과 무인기와 로봇 그리고 중형 조기경보기(예 E-2C) 등을 탑재할 수 있는, 현재 보유중인 대형상륙함(LPH) 이외의 경항공모함급 함정 확보도 필요하다.

우주공간에 대한 위협감시를 위해서는 지상우주감시센터의 설치가 필요하다. 중국의 위성요격실험으로 필요성이 높아진 우주감시능력은 북한도 이미 보유하고 있는 능력으로, 한반도 주변에서의 우주실험과 분쟁에 효과적으로 대응하기 위해 우리도 독자적인 지상우주감시센터를 보유해야 한다.

한편 휴전선·해안선에 대한 경계능력 보강과 실질적인 병력감축을 위해 지상 자동화 경계장비와 고가의 인공위성을 대체할 수 있는 저고도 성층권 공중감시장비 확보도 고려해야 한다. 예컨대 함정용 무인정찰헬기(무소음 전기식)나 지상작전 및 함정용 무인헬기, 성층권 감시정찰무인기와 정찰로봇 등 군사혁신형 장비를 개발, 배치하는 것을 추진해야 한다.

고해상도 영상정보와 암호화 신호정보 관련 기술개발에도 박차를 가해야 한다. 2025년 이전에 1,000억 원 이상이 소요될 것으로 예상되는 금강·백두체계의 성능개량에 대비하고 정보기술 확보를 통해 세계적 수준인 3~10cm급 해상도의 합성개구레이더Synthetic Aperture Radar 기술개발이 필요하다. 또한 데이터통신 암호화 추세에 따른 독자적인 신호정보 분석기술 개발도 지속적으로 필요하다.

〈그림 6-3〉 미래의 국가정보체계

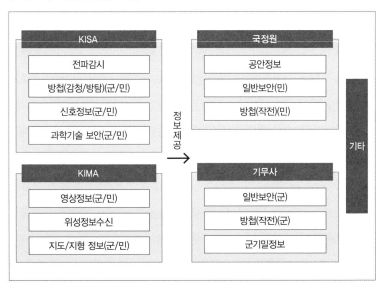

마지막으로 정보전자기술과 특수지역 언어, 신호분석기술 관련 정보 전문인력을 육성해야 한다. 전체 장교양성 교육과정에 정보전, 전자전을 필수로 포함하고 정보 전문인력을 정책적으로 우대하고 육성할 제도를 마련해야 한다.

다른 기관 및 민간부문과의 공조

정보기관 구조조정과 정보능력 확충을 위해서는 행정부와 입법부의 공동노력이 필요하다. 우선 해외 정보기관 운용 사례를 면밀히 분석, 외부 전문가의 도움을 받아 국민들이 납득할 수 있는 선진화된 국가안보전략지침을 개정하고, 국가안보장관회의를 중심으로 실행계획을 마련할 필요가 있다. 법 개정과 예산 조정 및 지원이 필요한 부분은 국회와 법무부, 헌법재판소, 기획재정부 등 관련 부처의 협조가 필요하다. 한편 이 과정에서 미국과의 정책 협의도 필요한데, 국방, 정보, 외교 채널 등 다각도의 협조가 중요하므로 국가정보원, 국방부, 외교부 등 유관기관 간 협의를 거쳐 의견을 통일시킨 후 법적 절차에 따라 체계적으로 추진되어야 할 것이다. 이 같은 작업을 효율적으로 이행하면서 국내의 전반적인 정보관련 연구개발 역량 강화를 위한 관련 연구기관(KIDA, ADD, ETRI 등 국책연구기관 및 연구중심대학)과 기업의 적극적인 참여를 끌어내야 한다.

정치분야 미래전략
지방분권전략

지방자치가 본격적으로 시행된 지가 벌써 25년을 경과하여 민선 6기에 접어들었다. 그간 지방자치의 공과에 대해서는 양비론적 입장이 팽팽히 맞서고 있는 상황이지만, 보다 성숙되고 내실 있는 지방자치를 실현하기 위해서는 사회적 여건조성과 함께 다양한 법적, 제도적 개선이 이뤄져야 한다는 데에 별반 이견이 없다.

지방자치란 본래 지역주민 스스로가 지역의 문제를 자기책임 하에 결정하고 그 위험을 감수하는 정치행정시스템을 의미한다. 국가라는 거대조직 속에서 파편화되고 무력화된 주민을 지역문제 해결을 위해 소규모 단위의 지역공동체 안에 직접 참여하게 하고 스스로 결정하게 함으로써 존재감을 갖게 하는 것이 지방자치의 본질이다. 즉 주민 개개인이 존중받고 자신의 의사로 지역공동체를 바꾸도록 영향을 미칠 수 있는 자유를 확대함으로써 구체적인 인간으로 존재하고 행동하도록 만드는 정치적, 제도적 메커니즘이라고 할 수 있다.

특히 다원성과 복잡성이 그 특성인 오늘날의 시대환경에서 중앙집권적 국가운영체제의 비효율성과 한계가 드러날수록 지방자치와 지방분권은 그 대안적 국가운영 방식으로 논의되어 왔다. 지방분권을 채택한 국가의 경제적 상황과 경쟁력은 지방분권에 역행한 국가들의 경제적 기반에 비해 상대적 우위를 보여주고 있는 것도 사실이다. 이런 측면에서 보면 우리나라도 예외가 아니다. 지방정부의 자치권이 미약하고 여전히 중앙집권형 행정체제가 주도하고 있는 우리의 경우에도 정치, 행정, 사회, 문화적 측면에서 많은 부작용과 퇴행적 양상이 나타나고 있기 때문이다. 지방자치, 보다 구체적으로 이의 핵심적 수단이 되는 지방분권이 제대로 되어야 국가발전은 물론 지역발전이 가능하다는 점을 강력하게 시사하고 있는 것이다.

지방자치 현황과 과제

분권적 국가운영의 이점에도 불구하고 이에 대한 사회적 공감대 형성은 물론 정치적 노력이 부족한 실정이다. 특히 역대정부들의 분권화 정책은 매번 용두사미형 수사修辭에 지나지 않아 그 추진실적이 매우 저조할 뿐만 아니라 입법적 노력도 미미한 수준이다. 새로운 시대환경 변화에 대응하고 국가경쟁력과 지역주민의 삶의 질 향상을 선도하기 위해 지방분권을 통한 지방자치의 강화가 절실하다는 것은 재차 강조할 필요가 없다. 국가발전의 원동력을 중앙의 획일성과 하향성에서 탈피하여 지방의 창의성과 다양성, 그리고 상향성에서 찾아야 하며, 이를 위해 그동안 지지부진하게 운영되어온 지방자치제도의 내실과 실질적 지방분권강화 전략이 요구되고 있다.

지방자치에 대한 낮은 체감도와 부정적 인식

정부가 실시한 한 여론조사에 따르면 우리나라 국민은 지방자치의 필요성에 대해 10점 만점에 평균 4.5점이라고 응답했다. 지방자치가 실시되고 있지만 국민들이 느끼는 지방자치의 필요성은 그리 높지 않다는 것을 보여준다. 조사결과에는 주민들이 피부로 느끼는 지방자치 체감도뿐 아니라 평소의 인식수준도 직간접적으로 반영되어 있다고 볼 수 있다.

지방자치 체감도는 행정서비스 공급, 지자체 업무수행, 주민참여기회 제공 등 지방자치의 운영적 측면과 직결되어 있어 현실적으로 미흡한 수준을 제대로 반영하고 있다고 판단할 수 있다. 반면 인식의 문제는 개인의 가치관이나 고정관념과 관련된 문제로 후천적 학습이 그 형성에 크게 영향을 미친다고 볼 수 있다. 다시 말해 지방자치가 시행되는 동안 누적된 부정적 측면이 인식의 방향을 좌우했을 가능성이 있다. 예를 들어 단체장이나 의회와 주민의 낮은 전문성, 단체장 견제 부족, 의회의원 선출방식 등과 관련된 지방자치제도의 결함, 단체장 및 의원의 부정부패, 의원폭행이나 절도 등 선정적으로 치우친 언론보도, 중앙정치의 단체장 선거 개입 폐해 등 다수의 부정적 측면이 복합적으로 작용하여 주민들의 인식수준을 저하시키는 데 결정적인 역할을 했다고 볼 수 있다. 국민들의 이런 낮은 인식은 결국 분권적 국정운영으로의 전환에 필요한 사회적 지지나 여건 조성을 가로막는 요인이 된다. 향후 지방자치를 내실화하고 지방분권을 실질적으로 견인하기 위해서는 다양한 노력을 통해 이러한 한계를 반드시 극복해야만 할 것이다.

주민직접참여 미흡

지방자치의 내실 있는 운영과 성공적인 정착을 위해서는 주민대표성의 확보와 주민들의 적극적인 참여를 보장하는 제도적 장치가 반드시 필요하다. 어떤 측면에서는 이들은 주민의 자기결정권을 보장하기 위한 선결조건으로서 정치적 분권과 유사한 측면이 많다.

우선 지역대표성의 확보와 관련해서는 지방선거에서 정당공천을 배제하는 것이 급선무이다. 정당공천의 가장 큰 폐단은 지방정치인의 정당 소속이 주민을 위한 정치가 아니라 정당과 지역구 국회의원을 위한 지방정치로 전락하게 만들어 지방자치가 주민의 자치가 아닌 정당의 자치로 변질되게 한다는 것이다. 이 경우에 주민은 정당대표를 선출하게 되어 주민의 자기결정이 어렵게 되고, 지역실정에 부합하는 서비스도 제공받기 어려워져 지역주민의 존재감은 비대한 정당에 의해 다시 무력화되고 위축되는 것이다.

정당공천을 시정하기 위해 지난 20여 년간의 치열한 논쟁에서 그 폐단이 심각하다는 데에는 의견의 일치를 보았으나, 이의 법제화는 수차에 걸친 대선공약에도 불구하고 여야 국회의원이 개인기득권 방어 차원에서 반대하여 각 정부마다 성공하지 못했다. 따라서 앞으로 국회의원들이 부당한 기득권을 포기하고 정당공천제 폐지를 입법화한다면 지방정치도 살고 중앙정치도 사는 상생의 길이 될 수 있을 것이다.

지방자치는 근본적으로 주민자치이기 때문에 주민들의 직접 참여를 보장해야 한다. 지역문제는 우리가 결정하고 우리가 책임진다는 의식에 부합하는 주민참여제도가 실질적으로 제도화되고 운영되어야 하는 것이다. 주민투표제, 주민감사청구제, 주민소환제, 조례제정 청구 및 개폐청구제 등 다양한 직접참여제도의 도입이 여기에 해당된다고 볼 수 있다.

주민의 직접참여는 지방행정과 지방정치에 대한 통제장치로 브레이크 역할을 하고 비리와 부패를 방지하는 기능을 할 수 있다. 현재 우리는 주민의 직접참여에 관한 제도들이 상당부분 도입되어 있는 상황이다. 그럼에도 불구하고 주민의 직접참여제도가 활성화되지 못하고 참여가 저조한 이유는 무엇보다도 직접참여로 결정할 사안이 주민생활과 직결되지 않거나, 과다한 비용이 소요되든지 아니면 참여절차와 요건이 까다롭기 때문이다. 주민직접참여제도를 활성화시키기 위해서는 각 제도별로 저해 요인을 면밀히 검토하여 이를 적극 개선함으로써 주민들이 지역문제의 해결주체라는 자긍심과 정체성을 갖도록 해야 할 것이다.

지방분권적 국가운영체제의 효과

지방분권은 중앙의 권한과 책임을 지방으로 분산시켜 지방자치를 실질적으로 구현하도록 하는 핵심적 도구이자 수단이다. 지역주민이 공동의 문제를 주민의 참여에 기반한 의사결정에 따라 처리할 수 있도록 중앙정부의 정치적, 행정적, 재정적 권한을 지방으로 이양하고자 하는 것이 지방분권이다. 이러한 지방분권적 국가운영체제의 효과는 정치, 경제, 사회 등 다양한 측면에서 면밀하게 검토해 볼 필요가 있다. 그래야만 지방분권의 강화를 위한 논리적 근거를 확보하고 실질적 추동력을 확보할 수 있는 토대를 마련할 수 있기 때문이다.

정치적 효과

정치적 측면에서 지방분권은 지역 소외를 극복하는 대안이 될 수 있다. 다원적pluralistic 사회에서는 다양한 갈등이 나타나게 마련인데, 중앙정부의 통일적 처리방식에서 소외될 수 있는 지역이슈와 관련된 갈등을 소규모 정부가 적절하고 효과적으로 관리할 수 있기 때문이다. 특히 대부분의 지역갈등은 지역적 특수성을 강조하는 경우가 많다. 따라서 지역갈등을 관리 또는 해결하는 과정에서 주민의 가치관을 반영하고 지방의 창의성과 다양성을 존중할 수 있는 기제로 지방분권이 기능할 수 있을 것이다. 지역의 갈등해결과 정책결정 과정에서 지금과 같은 중앙의 예산 및 감사 등을 통한 정책통제, 지방정치에 공천권행사 개입, 자치법령의 법률적 위계의 한계 등은 부정적 요소로 작용하고, 오히려 지역주민의 가치관과 다양한 의견의 반영을 저해할 수 있다.

경제적 효과

경제적 측면에서 보면 과거 압축성장시대의 중앙 주도적 경제발전 방식은 이제 급속한 경제환경 변화 속에서는 뚜렷한 한계를 보이고 있다는 점이다. 경제성장률의 지속적 하락, 국가채무의 증가, 기간산업의 경쟁력 잠식, 공사의 재무건전성 악화 등 전반적인 경제발전의 정체 상황에서 예전과 같은 중앙정부 주도형의 수직적 조직체계와 상의하달의 경제운용방식으로 대처하기에는 한계에 이른 것이다. 특히 오늘날 전 세계의 도시들이 국경을 넘어 기업과 자본, 그리고 인력을 두고 치열한 경쟁을 하고 있는 세계화 시대에는 지방정부가 직접 경쟁의 주체가 되어야 한다. 지방정부가 지역의 생존을 걸고 끊임없이 혁신을 해야 하는 것이다. 이를 위해 지역이 스스로 결정하고 필요한 재원을 조달하고 책임지는, 이른바 분권적 국가운영체제로 재편할 수밖에 없는 시대적 요청에 직면해 있다고 할 수 있다.

지금까지 추진해온 중앙주도의 거점개발방식에 따라 국가경제발전은 괄목할만한 총량성장을 이뤄냈음에도 불구하고 지역 간 불균형을 점차 고착화, 심화시키고 있으며 국가경쟁력을 점점 잠식하고 있는 점도 상기해야 한다. 모든 정치적, 행정적, 재정적 권한이 중앙에 집중된 집권적 경제운영 체제에서는 특정지역에 과도하게 집중되어 야기되는 부작용, 이른바 '집적의 불경제agglomeration diseconomies'로 인하여 국가경쟁력을 떨어뜨리고 동시에 지방의 경제발전기반을 희생시키는 결과를 초래하게 된다. 수도권 분산정책을 지속적으로 추진한 OECD국가들은 지방의 경제발전을 통해 국가의 전반적 경제력을 올린 바 있다.

사회문화적 효과

지방분권은 사회문화적 측면에서도 필요하며 그로 인한 긍정적 효과를 기대할 수 있다. 지방정부에 공공서비스 제공과 관련하여 필요한 권한을 부여함으로써 지역수요의 특성에 부합하는 서비스를 제공할 수 있도록 할 수 있다. 지역의 서비스선호에 따라 공급의 수준을 스스로 결정함으로써 효율성을 확보하고 지역 간 경쟁을 촉발하여 서비스의 전반적인 수준을 향상시킴으로써 결과적으로 해당분야의 국가경쟁력을 강화시키는 기제로 작용할 수도 있다.

지역발전 패러다임의 변화

지역발전 측면에서 지방분권은 그 추진방식에 있어서나 효과창출에 있어 심대한 변화를 초래할 수 있다. 최근 변화하고 있는 지역발전의 패러다임이 이를 방증한다. 즉 중앙이나 외부의존적인 '장소의 번영place's prosperity'에서 지역 또는 주민자율의 '주민의 번영people's prosperity'으로 전환되고 있다. 이러한 변화는 공업단지, 주택단지, 공항 등 중앙의 지원을 토대로 외형에 치중하던 과거의 발전전략으로는 삶의 질이나 행복감 등 지역주민이 필요로 하는 질적 수요를 충족할 수 없어 주민들의 만족감과는 연관이 없다는 인식에서 출발했다. 새로운 패러다임의 지역발전은 전국 평준화 실현이나 전략거점지역의 집중투자 방식이 아니라 지역이 주체가 되는 관점에서 접근하게 된다. 따라서 지역 스스로 지도자를 세우고, 지역여건에 맞는 발전전략을 수립하고, 필요한 재원을 조달하는 등 창의적 발전을 실현할 수 있도록 자율적 권한을 강화하는 과정에서 지방분권은 선결적 조건이 된다. 결국 지방분권은 지역발전에 대한 발상을 전환하고 자율성과 창의성을 발휘할 수 있는 발전전략을 추구하는데 있어 필수불가결한 기반인 것이다.

지방분권은 이와 같이 국정 전 분야에 미치는 긍정적 영향이 매우 크지만, 그동안 이를 실현하기 위한 분권화 노력은 미흡했다고 평가할 수 있다. 역대정부들은 지방분권정책의 추진 기구를 매번 운영했으나 형식적 수준을 벗지 못했다. 그 결과 지방자치를 시작한 지 25년이 지난 지금도 국가사무와 지방사무가 8대 2의 수준으로 지방정부의 자치권은 미약하다. 자치조직권 역시 기존 총액인건비제도와 유사한 산정 방식과 중앙의 간여를 답습하고 있으며, 자치계획이나 개발권도 중앙 편중이 여전히 심하다.

특히 지방분권의 현실적 실현을 위해 반드시 필요한 것이 재정자립을 통해 주민 스스로 재정적 책임을 확보하는 재정분권이다. 그러나 자체재원이라 할 수 있는 지방세의 비중이 총 세수의 20% 수준으로 미약한데다 재정지출은 오히려 중앙과 지방이 4대 6이라는 기형적 재정구조를 지니고 있다. 조세법률주의를 준수하고 있는 상황에서 지방정부가 나름대로 세목과 세율을 결정할 수 있는 권한이 취약하기 때문이다. 재정적 분권수준이 낮은 지방정부의 입장에서는 중앙정부에 대한 재정의존성이 심화될 수밖에 없고, 지방정부의 각종 정책결정에 중앙이 간여하는 정당성을 부여하게 됨으로써 지역문제의 자율적 결정이라는 지방자치의 근본취지를 퇴색시키게 되는 것이다.

지방분권 강화를 위한 실행방안

미래학자들은 21세기를 지방분권이 국가경쟁력과 지역주민의 삶의 질 향상을 선도하는 시대로 규정하고 있다.[11] 세계화와 정보화로 요약되는 새로운 환경에서는 중앙집권이 아닌 지방분권에 의한 국가발전 전략을 수립해야 한다는 것을 시사한다. 그러나 분권형 국정운영방식을 도입하기 위해서는 극복해야 할 과제들이 적지 않다. 지방자치와 지방분권 강화에 대한 사회적 공론화와 인식 제고가 전제되어야 하고, 이를 기반으로 세부적인 법적, 제도적 기제들이 도입되거나 개선되어야 지방분권의 실질적 강화가 가능해질 수 있다.

정치적 분권 강화 방안

지방분권 가운데 먼저 정치적 분권을 강화하기 위한 실천적 방안으로는 주민대표성 회복을 위한 정당추천제 폐지와 주민직접참여제도의 현실화를 제시할 수 있다. 이들 방안들은 지방자치의 근본취지에 부합하는 제도적 개선이자 주민자치를 실현하기 위한 핵심적 수단이 되는 것이다.

정당공천제 폐지는 주민이 지역의 중요한 의사결정 과정에서 정치적으로 독립하여 결정권을 행사하고 존재감을 확인할 수 있게 함으로써 주민대표성을 회복할 수 있는 장치이다. 정당대표가 아니라 주민대표를 선출하고 정당자치가 아니라 주민자치를 구현할 수 있도록 입법적 조치가 반드시 이뤄져야 할 것이다.

주민직접참여제도는 지역의 중요한 정책결정, 권한수행의 통제, 책임성 확보 장치 등의 기능을 제대로 수행하기 위해 활성화되어야 한다. 이를 위해 주민들의 참여저해 요인을 적극 개선할 필요가 있다. 예를 들어 주민투표제의 경우에는 주민생활과 긴밀한 사항인 투표비용 절감 등을 우선적으로 개선하고, 주민소환제는 까다로운 청구 또는 제약요건을 완화하여 주민참여를 활성화시킴으로써 지방자치의 근본취지가 발휘될 수 있도록 해야 한다.

행정적 분권 강화 방안

행정적 분권의 강화는 자치행정권, 자치입법권, 자치계획 및 개발권으로 구분하여 살펴볼 수 있다. 지방정부가 국가발전의 새로운 동력과 경쟁단위로 등장하고 있는 시대적 상황에 맞추어 기존 중앙정부가 관장하던 사무의 일부를 지방정부에 이양하여 보다 자주적으로 해당

지역의 행정사무를 수행할 수 있도록 해야 한다. 이를 위해 현재와 같이 중앙, 광역 편향적 사무배분과 구분체계를 재검토하여 중앙-광역-기초 간 명확하고 합리적인 사무재배분과 기능배분을 도모해야 할 것이다.[12] 지나친 행정사무의 집중으로 과부하가 걸린 중앙정부의 사무와 기능을 '지방일괄이양법'을 제정하여 이양함으로써 분권자치를 확립할 필요가 있다. 특히 기초자치단체는 현지성이 높고 주민생활과 밀접한 사무의 이양을 통해 그 기능과 역할을 강화하여야 한다.[13]

지역의 창의성을 살리고 지역실정에 맞는 정책으로 지역을 발전시키고 나아가 국가를 아래로부터 혁신하기 위해서는 원칙적으로 지방이 입법권을 행사할 수 있도록 하는 것이 바람직하다. 이를 위해 현행 헌법의 테두리 안에서 지방의회의 조례제정권을 확대할 수 있도록 지방자치법 제22조 단서를 개정하여 '법령을 위반하지 않는 범위 내에서' 권리제한이나 의무위반에 대한 조례를 제정할 수 있도록 개방하여야 한다.

그리고 지역발전의 새로운 패러다임이 되고 있는 '주민의 번영people's prosperity'의 실현은 지역이 주체가 되는 독자적인 지역발전전략을 채택함으로써 가능할 것이다. 지역이 주민과 자치의식에 기반하여 지역여건에 맞는 창의적 발전전략을 실현할 수 있도록 자율적 권한, 특히 계획고(高)권의 분권화와 개발권의 지방화가 요구된다. 이는 지방이 중앙의 관여 없이 독자적으로 발전계획을 수립, 결정하여 현지에서 자율적으로 추진할 수 있도록 토지개발 및 이용의 재량권을 지방으로 과감하게 이양하는 것을 주요 골자로 한다.

재정적 분권 강화 방안

지방분권의 경제적 토대이자 현실적 실현수단인 재정분권을 확대하기 위해서는 가장 절실한 방안이 바로 자체 재원의 확충이다. 현재 일관성이 결여된 지방세입과 지출의 역전적 구조를 근본적으로 시정할 필요가 있다. 자체 재원 가운데 가장 중요한 지방세를 세율인상, 세원이양, 세목교환을 통해 그 비중을 현재 총 세입의 20% 수준에서 적어도 OECD가 권장하는 수준(40%)을 목표로 향상시켜야 한다. 이렇게 함으로써 중앙정부에 대한 지방정부의 재정의존성을 탈피하고 각종 정책결정에 중앙이 개입하는 정당성 기반을 퇴색시킴으로써 지역문제의 자율적 결정이라는 지방자치의 근본취지를 실현하게 될 것이다.

지방재정의 자율성 확보를 위한 지방세 비율의 확대와 함께 간과되어서는 안 될 문제가 바로 지방재정의 건전성 확보이다. 지방의 권한과 재원 이양에 따른 지방재정의 책임성이 확보되어야 하고 투명한 재정관리 즉, 채무 및 지출관리가 강화되어야 할 것이다. 최근 일부 지자체의 방만한 재정운영과 과도한 채무로 인하여 재정건전성이 심하게 훼손되어 사회적 지탄의 대상이 된 바 있다. 경상경비 절감, 선심성·전시성 사업, 과잉투자 개선 등 세출구조 조정과 지방세 체납징수율 제고를 통한 자구노력 강화, 지방공기업 부채감축 관리, 엄격한 재정위기관리제도 운영 등이 지방재정의 건전성을 강화하기 위한 수단으로 제시될 수 있다.

3

정치분야 미래전략
부패방지전략

국회를 통과하고 1년 6개월의 유예 기간을 거쳐 2016년 9월28일 시행에 들어간, 일명 '김영란법'은 '부정청탁 및 금품등 수수의 금지에 관한 법률'(이하 청탁금지법)이다. 공직사회 기강 확립을 위해 발의됐던 이 법안은 우리 사회에 내재된 부패문제를 단적으로 보여주는 것이기도 하다. 이처럼 부패문제는 대한민국 정부가 수립 된 이후부터 지금까지 우리 사회의 가장 고질적인 병폐라고 할 수 있다. 이러한 부패문제를 해결하고자 역대 정권에서 다양한 '부패와의 전쟁'을 선언해 왔지만, 기대만큼 해소되지 않고 여전히 지속되고 있는 실정이다. 부패문제는 현실적으로 가장 해결하기 어려운 뿌리 깊은 사회문제 가운데 하나이다.

부패문제는 다른 사회적 범죄나 불법행위와 비교하여 매우 다루기 어려운 다음과 같은 특성을 지니고 있다.

첫째, 부패문제는 우리사회의 오래된 관습이나 전통적 맥락에서의 활동과 매우 밀접하게 연계되어 발생하고 있다는 것이다. 사회적 관습이나 전통에서 사회적 활동을 영위하는 우리는 이와 연계된 부패행위를 문제적 행위로 인식하는 데 한계가 있다. 따라서 이러한 맥락에서 발생하는 부패문제의 해소를 위해서는 이와 연관된 우리 사회의 일부 관습과의 단절이 요구되지만, 이는 현실적으로 매우 어렵고 또한 많은 시간이 소요되는 문제이다.

둘째, 부패문제는 사회적 문제의식에도 불구하고 다른 범죄나 불법행위와 달리 가해자와 피해자 개념을 적용하기 어렵고 나아가 외부적으로 전혀 노출되지 않은 상태에서 행해지고 있다. 금품을 제공하는 공여자도 금품 제공을 통해 비정상적인 특혜를 기대하고 있고, 경우에 따라서는 금품제공 행위 등을 오히려 주도하기 때문이다. 이러한 특성을 지닌 부패행위는 현실적으로 자발적으로 신고 되기 어렵고, 파악되기도 어렵다. 즉 객관적인 상태나 수준이 파악되지 않기 때문에 그에 대한 대응은 더욱 어렵다고 할 수 있다. 부패 관련 실태는 많은 경우 설문조사에 기초하여 파악되고 있는데, 응답자의 성향에 따라 상당한 차이가 발생하는 경우도 있다.[14]

이러한 부패문제는 사회적으로 매우 치명적인 부작용을 초래하고 있는 주범으로 반드시 해결되어야 할 사회문제이다. 특히 1990년대 이후 OECD 가입과 함께 우리의 경제적 발전 상황은 선진국 수준으로 인식되고 있지만, 각종 다양한 국내외 지표에서 제시되고 있는 우리의 부패문제 상태는 여전히 후진적인 수준에서 지속되고 있다. 결과적으로 우리의 국민소득수준 또한 같은 자리를 맴돌고 있는 상황이다. 이러한 정체를 타개하고 사회 및 경제적 여건을 새로운 단계로 도약하기 위해서는 우리사회의 저변에서 행해지고 있는 부패문제를 해소하는 것이 반드시 필요하다.

부패문제의 심각성과 부패행위 발생 메커니즘

역대 정부는 대통령 취임사에서도 빠지지 않고 등장하듯이 부패문제를 가장 심각한 사회문제로 규정하고 이를 해결하기 위해 '부패와의 전쟁'을 선포해 왔다. 이러한 지속적인 정부 차원의 노력을 바탕으로 우리사회에서 부패문제는 상당히 개선되어 온 것도 사실이다. 하지만 국내외적으로 제시되고 있는 다양한 지표들은 부패문제가 여전히 심각하며 우선적이고 강력한 대응이 요구되는 사회문제라는 것을 보여주고 있다.

부패문제의 심각성

가장 널리 인용되고 있는 국제투명성기구Transparency International, TI의 투명성 지수Corruption Perception Index, CPI에 따르면 한국의 투명성 수준은 2000년대 초반 4.0~4.5에서 약 15년이 지난 최근에는 5.5 수준으로 평가되고 있고, 조사대상 국가 순위에서도 여전히 40위권 초반으로 평가되고 있다.[15] 우리나라의 CPI 수준은 2000년대 초에 비해 약간의 개선이 이루어지고 있지만, 현재의 수준은 2005년 5점대로 진입한 이후 비슷한 수준으로 유지되고 있다. 결과적으로 볼 때, CPI를 통해 본 우리나라의 부패관련 실태는 지난 15년간 뚜렷하게 개선되기보다는 비슷한 수준으로 유지되고 있다고 볼 수 있으며, 특히 우리나라의 경제발전 수준에 미치지 못하고 있다는 점에서 더 심각하다. 다시 말해 우리가 당면하고 있는 부패문제는 우리의 경제사회적 발전수준에 부응하지 못하고 있기 때문에 새로운 도약을 위해서는 부패문제를 보다 적극적이고 효과적으로 대응할 필요성이 제기되고 있다.

국내에서는 국민권익위원회를 비롯하여 다양한 기관에서 부패문제의 실태를 파악하여 제시하고 있다. 우선 국민권익위원회가 주관하고 있는 '공공기관 청렴지수'가 있다. 기관 단위로 평가되는 청렴지수는 국제투명성기구와 유사하게 2000년대 초반 약 8점대에서 현재도 거의 동일한 수준으로 결과가 나타나고 있다.[16] 한편 한국행정연구원과 국민권익위원회가 조사한 〈공직사회를 중심으로 한 우리사회의 부패문제의 심각성에 대한 인식〉에 따르면 몇몇 예외 연도를 제외하고는 일반국민의 50% 이상, 즉 절반 이상의 국민이 부패문제를 심각하다고 인식하고 있는 것으로 조사됐다.[17] 1970~1980년대에 비해 상당히 개선되었다고 해도 국민들의 체감 수준은 크게 개선되지 않은 셈이다.

부패문제는 특히 우리나라가 새로운 단계로 도약하기 위해 반드시 해결해야 할 사회문제라고 할 수 있다. 현재의 세계경제질서는 더욱 개방적으로 변화하고 국가 간 경쟁이 치열해지고 있는데 반해, 우리의 여건은 노동력이나 자본의 동원과 투입에 있어 한계가 드러나고 있다. 이러한 조건에서 국가경쟁력을 높이고 성장을 도모하기 위해서는 경제활동 과정에서 생산성을 훼손하는 부패문제를 해소하는 것이 시급하다고 볼 수 있다.

부패행위 발생 메커니즘

부패문제를 해소하기 위한 효과적인 정책수단을 개발하고 실현하기 위해서는 먼저 부패행위 유발요인을 포함하여 부패행위가 발생하는 메커니즘을 종합적으로 파악해야 한다. 부패행위를 유발하는 요인은 매우 다양하게 제시되고 있는데, 크게 4가지 차원으로 요약할 수 있다. 첫째는 부패적 행위와 연계되어 이를 조장하는 사회적 관습이나 전통 요인이다. 둘째는 공직자의 독점적이고 임의적 권한행사를 조장하는 행정제도에서 기인하는 요인이다. 셋째는 공직자들이 지니고 있는 잘못된 인식과 행태 요인이다. 그리고 넷째는 불법행위로서의 부패행위를 제어하는 통제활동이 부적절한 데서 기인하는 부분이다.

이러한 요인들이 작용하는 상황은 부패행위가 행해지는 메커니즘을 통해 이해할 수 있다. 부패행위 메커니즘은 부패행위에 수반되는 '비용-효과 간 관계'에 의해 설명되기도 하지만, '기회와 의도'의 상호작용 측면에서도 바라볼 수 있다. 여기서 '기회'는 금품이 수수될 수 있는 가능성 또는 상태를 의미한다. 즉 본인의 의지와 무관하게 공직자가 업무를 수행하는 과정에서 금품이 제공되거나 부적절한 접근이 행해질 수 있는 상황이 만들어지는 것이다. 공직자들은 공무를 수행하는 과정에서 각자의 지위와 역할은 물론 사회적 여건으로 인해 서로 다른 정도의 기회에 노출된다. 하지만 이러한 기회가 부패행위로 연결되기 위해서는 업무를 담당하고 있는 공직자의 의도 작용이 전제된다. 다시 말해 '의도'는 공직자가 자신에게 발생하는 부패기회를 통해 사익을 실현하고자 하는 의지인 것이다. 사익을 실현하고자 하는 의지는 공직자 개인의 윤리나 가치관을 비롯한 본질적인 측면과 더불어 개인이 당면하고 있는 경제적 상태, 그리고 처벌이라는 제어의 효과 강도에 따라 다르게 구현될 수 있다. 결국 이러한 기회와 의도가 널리 작용할수록 부패행위가 만연되기 때문에, 부패행위의 방지를 위한 대책 또한 기회와 의도에 개입되는 요소들을 제거하는 데 초점을 맞추어야 한다.

우리나라 반부패 정책 활동과 한계

역대 정부에서 부패문제를 해소하기 위해 시도한 가장 대표적인 전략은 부패행위의 사후적 통제 접근방식이다. 이는 '일벌백계' 혹은 '엄벌'이라는 표현이 상징하는 것처럼 비리 행위자를 적발하여 엄정하게 처벌하는 것이다. 이러한 방식은 부패행위자를 강력하게 처벌함으로써 비리 행위자 자신은 물론 비리 행위 가능성이 있는 공직자들의 잠재적 비리행위 의사를 저지하는 데 있다.

하지만 사후적이고 통제적인 수단에 제한된 접근은 부패문제를 근원적으로 해소하지는 못했다. 그 결과, 소규모 비리의 만연과 함께 정치인 등 고위공직자에 의한 대형 비리사건의 지속적 발생으로 이어졌고, 고위공직자에 대한 처벌이 사면 등의 형식을 통해 상당부분 정치적으로 이용되는 결과를 초래하기도 했다. 특히 사회전반에서 행해지는 소규모 비리는 부패유발의 배경이 되는 관련 제도나 업무 환경의 변화 없이 처벌에만 의존하여 대응함으로써 그 한계를 여실히 드러냈다.

사후적이고 통제적 수단에 의존한 반부패 접근전략은 1990년대 이후 문민정부가 들어서면서 커다란 방향전환이 이루어졌다. 즉 부패문제의 해소를 위해 처벌에 의존한 방식을 벗어나 부패행위가 행해질 수 없도록 사전에 유발요인을 발굴하고 차단하는 간접적이고 예방적 접근이 강조된 것이다. 이러한 접근은 '공직자윤리법' 개정을 통한 재산신고 및 취업제한 제도의 도입, 금융 및 토지거래 실명제, '부패방지 기본법' 제정을 통한 전담기구 중심의 부패취약분야 제도개선, 각종 평가제도, 청렴관련 교육훈련, '공익신고제' 도입 등을 통해 활성화되었고, 최근에는 이른바 '김영란법'의 제정을 통해 예방적 기능을 강화하고 있다.

예방 차원의 반부패 전략은 기본적으로 부패행위를 유발시키는 메커니즘 차원의 '기회' 요소들을 찾아내 사전에 차단하고, 나아가 비리행위 의지가 발생하지 않도록 관련자들이 정신적인 무장을 하도록 접근하는 것이다. 이러한 접근에서 가장 핵심적인 활동은 부패실태를 조사하여 각 기관의 상황을 인식하고, 아울러 부패취약분야를 파악하여 부패유발의 원인이 되는 행정제도를 개선하며, 공직자를 대상으로 부패문제 관련 교육훈련을 활성화하는 것이다. 이 전략은 각 기관으로 하여금 부패문제의 해소와 방지를 위한 자발적인 접근과 노력을 이끌어 내고, 부패문제에 대한 인식과 의식을 전환시킴으로써 일상적인 생활비리 차원의 행위를 해소하고 개선하는 데 크게 기여한 것으로 평가되고 있다.

그러나 예방적이고 간접적인 수단을 통한 반부패 전략의 효과에도 불구하고 정부의 반부패 전략에는 한계점도 뚜렷하다. 우선 국민권익위원회가 부패문제와 관련한 권한행사 기능을 갖고 있지 않은, 즉 전담기관으로서의 독보적 위상을 확보하고 있지 못한 점이다. 부패행위는 그 특성상 실체를 파악하기 매우 어려워, 이를 규명하기 위해서는 보다 전문적이고 특수한 접근이 요구된다. 하지만 현재로서는 기존의 사정기관인 검찰과 경찰 등에서 다른 일반 불법행위와 동일하게 취급되고 있을 뿐 국민권익위원회에 특화되고 전문적인 수사기능 등은 부여되지 않고 있는 실정이다. 또한 간접적이고 예방적인 수단인 청렴도 조사 등 평가제도나 부패취약분야 제도개선 등이 뚜렷한 효과를 내지 못하면서 공공기관이나 공직자들로부터 지속적인 관심을 받는 데에도 실패하고 있는 것이다.

효과적 대응을 위한 반부패 전략

1990년대 이후 예방차원을 중심으로 한 반부패 전략의 수정에도 불구하고 부패문제가 여전히 가장 심각한 사회문제로 간주되고 있다. 또한 이러한 상황을 벗어나 국가경쟁력을 확보하기 위해서는 보다 획기적이고 강력한 반부패 전략을 모색해야 한다. 이러한 전략은 기본적으로 보다 용이한 단기적 접근과 반부패 시스템을 근원적으로 마련하는 중장기적 접근으로 나누어 고려해볼 수 있다.

단기적 접근전략

단기적 접근전략은 정부가 부패문제를 효과적으로 해소하기 위해 가장 우선적으로 추진해야 할 사항이자 상대적으로 용이한 측면의 전략들이다.

첫째, 정부는 부패행위가 만연되어 있다고 생각하는, 왜곡된 인식부터 바로잡아야 한다. 실질적으로 발생하는 부패의 정도보다 훨씬 높게 인식하는 왜곡된 인식은 다양한 설문조사에서 나타나고 있는데, 이러한 왜곡된 인식은 국가이미지를 훼손할 수 있을 뿐 아니라 부패행위를 조장할 수 있는 계기로 작용할 수 있다. 즉 부패행위가 빈번하게 발생하고 있다고 인식하는 경우에는 공직자와의 업무 관계에서 잘못되지 않기 위해 관행적으로 금품제공에 의존하도록 유혹될 수 있기 때문이다.

둘째, 부패행위를 유발하는 취약분야의 행정제도 개선이 보다 실질적이고 광범위하게 이루어질 수 있도록 범 정부차원에서 시스템을 구축해야 한다. 취약분야에서의 제도개선은 불법행위를 조장하는 비현실적인 제도의 개선도 포함한다. 부패를 유발하는 제도를 효과적으로 개선하기 위해서는 취약분야나 제도를 파악해야 하고, 이의 개선을 위한 시스템 구축과 운영에 관한 국민권익위원회 차원의 종합적인 가이드라인 제시와 점검 등이 필요하다.

셋째, 부패행위로 이어질 수 있는 부적절한 관행과 관습을 개선하는 것이다. 우리사회에서 오랜 관습과 관행에서 비롯되는 부패행위도 적잖다. 따라서 정부는 개별적 부패행위만이 아니라 그 바탕이 되는 관습이나 관행이 선결적으로 해소될 수 있도록 사회전반에서의 변화를 유도하는 정책을 펼쳐나가야 한다. 이를 위해서는 특히 개별 기관이나 기관 내 일선 업무단위에서 행동강령 등을 구체적으로 마련하여 시행하는 것이 필요하다.

중장기적 접근전략

중장기적 접근전략은 정부가 부패문제를 근절하기 위해 상당한 준비와 기간을 통해 근본적인 전환을 도모하고 지속적으로 추진해야 할 사항이다.

첫째, 국민권익위원회가 반부패 정책 및 운영에 있어 정부의 대표적인 기관으로서 역할을 실효성 있게 수행할 수 있도록 위상을 강화, 전환해야할 필요가 있다. 정부 내 모든 반부패 관련 정책을 종합하고 주도하는 지위와 역할이 국민권익위원회에 부여되어야 하며, 이러한 과정에서 반부패 관계기관의 활동을 통합하고 조정하는 기능도 부여되어야 한다.

둘째, 반부패 전담기관이자 주도기관인 국민권익위원회가 간접적이고 예비적 기능과 역할의 수행에서 비롯되는 한계를 탈피하여 통제차원에서의 역할, 즉 조사 및 수사와 관련된 활동을 수행하여 부패행위의 특성에 근거한 전문적인 조사를 집행할 수 있도록 해야 한다. 특히 청탁금지법이 시행에 들어간 만큼 법령에서 규정된 부정행위가 전문적으로 조사되고 관리될 수 있도록 국민권익위원회의 역할이 강화되어야 한다.

셋째, 공직자의 비리성 행위를 효과적으로 방지하고 지도·감독하기 위해서는 부패방지 차원에서 제정된 관련 법령을 보다 체계적으로 정비할 필요가 있다. 비리적 행위의 방지를 위해 공직자의 활동을 가이드하는 관련 법률인 '부패방지기본법'을 포함하여 '공직자윤리법' 및 새로 제정된 '부정청탁 및 금품 등 수수의 금지에 관한 법률' 등이 그 내용과 주관 부처 등에 있어 상호 적절하게 연계되도록 종합적인 관점에서 재조정될 필요가 있다. 또한 부패문제와 관련된 법령들이 시행령을 통해 구체화 될 때, 법령 제정의 기본 취지들이 효과적으로 구현될 수 있도록 관련 정부 부처와 기관(대통령 직속 규제개혁위원회 등)의 각별한 주의와 노력이 필요하다. 이 과정에서 다양한 공청회 개최 등을 통해 사회적 목소리를 심도 깊게 담을 수 있는 절차적 공정성의 확립에도 노력을 기울여야 할 것이다.

정치분야 미래전략
치안전략

앞으로 다가 올 미래에는 이전과는 상상할 수 없을 정도로 큰 변화
가 이어질 것이다. 우선 국가 간 교류가 더욱 활발해지고 개인 간에도
보다 빠르게 상호 연결되면서 초국가적인 네트워크가 온라인과 오프
라인의 경계 없이 거대하게 형성될 것이다. 보다 지능화되고 정보화된
단말기와 인공지능이 개인들을 뒷받침하고 시민 중심의 글로벌 거버
넌스 사회가 도래할 것으로 전망된다. 이에 따라 범죄와 사회변화 양
상도 더욱 지능화되고 과학화되며 현실세계와 가상세계를 구분하기도
모호한 형태의 변화가 예측된다. 현재의 경찰능력이나 임시방편적 대
응으로는 이러한 변화에 조응할 수 없는 이유이다.

특히 중국과 인도가 주요 경제국으로 부상하면서 세계 3대 경제축
가운데 하나인 아시아가 2050년경에는 세계 경제의 절반 정도를 차
지하게 될 전망이다. 한국은 물류, 관광, 교육, 문화, 지식재산 등에 있
어서 중요한 허브 국가로 떠오를 가능성이 높으며, 이로 인한 각종 범
죄 또한 증가할 수 있다. 급속한 고령화와 함께 노인관련 범죄의 증가,

생활 전반으로 확대되는 인공지능, 자율주행, 로봇, 바이오, 나노, 무인화 등 신기술에 따른 신종 범죄와 사고의 증가에도 대비해야 한다. 즉 이러한 사회환경의 변화는 치안환경에도 그대로 반영되며 궁극적으로 시민안전과 사회질서에 직간접적으로 영향을 미치게 되는 것이다.

따라서 이러한 변화를 미리 예측하고 대응체제를 마련하지 않으면 안 된다. 경찰은 이미 1990년대부터 10년 단위로 미래치안을 예측하고 대응책을 수립해온 바 있다.[18] 그러나 앞으로는 빠르게 변화하는 다양한 분야의 흐름을 감지하고 예측하면서 단기뿐 아니라 중장기 미래전략을 치밀하게 수립해야 한다. 이러한 변화의 대응에는 많은 인원과 비용이 소요되고, 전문성 있는 인력의 선발과 장기간의 교육 등이 이뤄져야 하기 때문이다.

미래전망에 따른 치안의 미래전략 방향

약 30년 후인 2045년은 우리나라에 경찰이 창설된 지 100년이 되는 해이다. 시대에 따라 경찰의 역할이 바뀌어왔지만, 이제는 미래의 빠른 변화 속도를 고려하면서 미래세대의 안전을 위해 치안환경과 대응체제가 어떻게 변화해야 하는가를 더 고민하지 않으면 안 되는 시점이다. 치안의 미래전략은 미래의 환경이 어떻게 변화해갈 것인가를 면밀히 분석하는 데에서 시작해야 한다. 물리적 공간 속의 질서와 안전뿐 아니라 보이지 않는 가상공간 속의 질서와 안전이 더 큰 문제로 다가오는 등 치안환경의 패러다임도 완전히 바뀌고 있다.

미래환경의 변화

시대를 관통하는 경찰의 핵심임무는 사회의 안전과 질서 유지이다. 그러나 사회는 끊임없이 변화하는 동적인 존재이므로, 경찰 본연의 임무를 완수하려면 미래 사회의 변화양상을 세심하게 파악하고 선제적으로 대응하는 것이 필요하다. 향후 30년간 우리나라의 미래변화 양상을 7개의 범주(STEPPER: 사회, 기술, 환경, 인구, 정치, 경제, 자원) 측면에서 살펴보면 사회적으로는 초연결사회와 다문화사회로의 이동, 기술적으로는 정보통신기술 고도화, 환경적으로는 오염 가속화, 인구 측면에서는 저출산과 고령화, 정치적으로는 개인화와 글로벌 거버넌스의 등장, 경제적으로는 지식경제의 부상, 그리고 자원 측면에서는 화석자원 의존과 신에너지 개발 등으로 요약해 볼 수 있다.

보다 구체적으로 살펴보면, 세계적인 미래변화 양상은 다음과 같이 예측된다. 우선 경제권과 문화권이 글로벌화하면서 초국가적인 범죄, 질병, 테러, 여행, 거주가 증가할 것이다. 세계 인구는 증가하겠지만 선진국의 경우 저출산과 고령화 문제에 직면할 것이다. 지금도 심각해지고 있는 환경오염에 따른 기후변화와 생태계 문제는 더욱 심화될 것이며, 에너지 자원 부족으로 인한 갈등과 대안 모색도 활발해질 것이다. 재난, 재해, 사고는 점점 대형화, 다각화, 복합화, 전문화, 신속화할 것이며, 첨단 기술사회의 도래로 인해 개인화를 비롯해 도시화, 정보화, 지식화는 더욱 가속화할 것이다. 또한 생활 전반에 걸쳐 인공지능, 로봇, 바이오, 나노, 무인화 추세가 확산될 것이다. 그 결과, 오프라인과 온라인의 경계는 더욱 흐려지고 온라인, 즉 사이버와 모바일로 경제, 사회, 정치, 교육, 문화 등의 중심이 이동할 것이다.

미래사회 범죄의 특성과 대응 방향

미래 예측을 토대로 미래사회에 등장할 범죄의 주요 특성을 추론해보면, 크게 4가지로 정리해볼 수 있다. 첫 번째는 첨단화이다. 첨단기술의 발전은 범죄 행태에도 영향을 끼쳐 전통적 개념으로 접근하기에는 한계가 있을 것이다. 두 번째는 지능화이다. 지식공유를 특징으로 하는 네트워크 사회에서는 범죄의 수단과 방법의 공유도 쉬워지면서 지능범죄가 증가할 것으로 보인다. 세 번째는 광역화를 꼽을 수 있다. 물리적 공간 그리고 비물리적 공간의 네트워크가 확대되면서 범죄의 피해범위도 확장될 수 있음을 의미한다. 네 번째는 범죄의 비가시화이다. 온라인 네트워크의 확장은 인간 대면적 범죄보다는 비가시적 범죄를 증가시킬 것이다. 이에 따라 경찰의 '관할구역'이나 '국내치안'과 같은 종전의 지리적 개념으로 대응하는 것을 무의미하게 만들 것이다.

〈표 6-5〉 미래범죄의 4대 특성

	특성	내용 요약
1	첨단화	미래사회 첨단기술의 비약적인 발전과 범죄자의 학력수준 향상 등이 범죄수단의 첨단화로 연결됨
2	지능화	네트워크의 발달과 지식공유사회의 특성으로 인해 범죄수단과 방법의 공유가 쉬워지고, 지능범죄가 증가함
3	광역화	물리적·비물리적 네트워크의 발달이 가속화 되어 범죄의 피해범위가 확장됨
4	비가시화	물리적·비물리적 네트워크의 발달로 인해 범죄의 결심과 실행, 피해 장소가 점점 지리적으로 이격됨 이로 인해 경찰의 '관할구역', '국내 치안' 등 종전의 지리적 개념으로는 미래범죄에 대한 대응이 힘들어짐

이러한 미래범죄의 특성과 세계적인 미래변화 추세를 고려해보면, 경찰이 미래에 추구해야 할 방향을 제시해볼 수 있다. 첫째, 복지서비

스 개념을 치안과 융합하는 것이 필요하다. 고령화로 노인범죄가 증가하고 환경생태 문제가 새로운 사회문제로 떠오르며 사고나 재난에 대한 예방적 대응의 중요성이 커지고 있는 점에서 치안복지서비스가 더 중요해지기 때문이다. 둘째, 첨단기술의 발달을 토대로 진화하고 있는 지능형 범죄의 증가에 대응하기 위해 경찰의 시스템이나 인력의 전문성이 강화되어야 한다. 셋째, 개인화뿐 아니라 생활 전반으로 확산될 지능화, 무인화 등은 개별 방범과 경호의 중요성을 부각시키고 있

〈표 6-6〉 세계적인 미래변화와 경찰관련 미래변화 예측

향후 30년간 세계적인 미래변화 양상	향후 30년간 경찰관련 미래변화 양상
초국가적인 범죄, 질병, 테러, 여행, 거주의 증가	고령화로 인한 노인 범죄와 사회적 문제 및 '치안복지 서비스' 중요성 증가
세계적인 인구증가와 선진국의 저출산 고령화 추세	환경, 생태 관련 범죄의 증가와 감시의 중요성 강조
기후변화, 환경오염, 생태계 문제 심각	재난, 재해, 사고의 예방과 처리의 전문성과 신속 대응 필요성 증가
에너지, 자원 부족으로 인한 갈등과 대안 모색 활발	새로운 기술(정보, 바이오, 인공지능, 로봇, 나노, 빅데이터, IoT 등)의 활용과 대응 중요
재난, 재해, 사고의 대형화, 다각화, 복합화, 전문화, 신속화	새로운 영역(온라인, 사이버 공간 등)에서의 범죄예방, 수사, 질서유지가 중요
첨단 기술사회 도래로 인한 개인화, 도시화 및 정보화, 지식화 가속	지능형 범죄(경제, 금융, 정보, 지식, 기술, 법률 등) 증가와 대응능력 필요
생활 전반으로 인공지능, 로봇, 바이오, 나노, 무인화 확산	방범, 경호, 수사, 질서유지 등 경찰기능의 민영화(기업화), 개인화 추세
온라인, 사이버, 모바일로 경제, 사회, 정치, 교육, 문화 중심 이동	재난구조, 대테러, 방첩, 수사, 지역치안 등의 영역에서 유관기관과 협조, 갈등 가능성
빈부격차와 차별문제(지역, 종교, 인종, 국적, 성별 등) 표면화	시민들의 경찰에 대한 자원봉사와 참여확대 및 경찰의 민간 전문가 활용 증대
중국, 인도의 부상과 아시아 시대의 도래	중국을 비롯한 동아시아 지역 관련 초국가적 범죄, 질병, 여행과 외국인 문제 증가

어 경찰기능의 일부를 민영화할 필요성을 제기한다. 넷째, 경찰이 추구하는 패러다임은 과거 '효율성과 전문성'을 강조하던 시대에서 '정통성과 민주성'을 핵심가치로 삼는 시대를 거쳐 이제 '참여와 공유'를 중시하는 시대로 진입할 전망이다. 다시 말해 시민들의 치안행정 자원봉사와 경찰의 민간전문가 활용을 검토할 단계에 와 있다. 다섯째, 초국가적 범죄행위, 국경이 없는 질병의 확산, 다문화사회가 가져올 인종, 종교 등의 문제에 대응할 수 있는 초국가적 대응체계 마련이 필요하다.

치안의 미래비전과 추진전략

미래의 환경변화와 미래 범죄의 특성을 고려하면, 치안 분야의 미래 비전은 과학경찰, 정예경찰, 시민경찰 등 3대 비전으로 제시해볼 수 있다.[19] 그 이유는 미래사회변화가 과학기술에 크게 영향을 받고, 지능범죄에 대한 대응과 지식재산에 대한 보호가 중요해질 것이기 때문이다. 아울러 치안서비스 과정에서 시민들의 참여가 필요하며, 시민에 대한 보호가 더욱 중요한 임무로 다가올 것이기 때문이다. 이러한 3대 비전을 중심으로 각각의 추진전략이 수립되어야 한다.

경찰시스템의 과학화

사물인터넷과 인공지능, 로봇, 나노 등 첨단 과학기술과 기법을 치안 분야에 광범위하게 적용함으로써 과학경찰을 실현해야 한다. 첨단화, 광역화, 흉포화 되고 있는 전통 범죄와 사회변화에 따라 발생하는 새로운 범죄, 가령 가상증강현실을 이용한 사이버범죄 등에 선제적으로 대응하는 것을 의미한다. 빅데이터를 활용한 실시간 범죄 예측과 예방

시스템을 고도화하여 가시적이고 물리력 위주의 전통적 경찰활동을 비가시적이고 비물리력 위주로 전환하여 치안활동의 효율화를 도모해야 한다.

이를 실현하기 위해서는 치안행정 전 분야에 걸쳐 인공지능, 데이터, 영상 등을 활용한 과학적 치안기술 개발 등 첨단과학 치안시스템이 마련되어야 하고 생체정보 활용 등을 통한 첨단 과학수사 기법을 확산시켜야 한다. 또 편의와 효율성 증대를 위해 사물인터넷, 인지과학(CS) 등이 융복합된 경찰장비를 치안활동에 활용하는 스마트 치안활동을 추진할 필요가 있다. 나아가 치안과학기술 연구개발을 통해 글로벌 경쟁력을 선도하는 한국형 치안시스템을 구축하고, 민간 치안산업을 활성화하여 한국경찰의 역량을 국제적으로 전파하는, 이른바 치안한류를 통해 한국경찰의 글로벌 브랜드화를 추진하는 것도 하나의 전략이 될 수 있다.

경찰인력 및 조직의 전문화

지능화되고 불확실성이 심화되는 미래 치안수요에 효율적으로 대처하기 위해서는 분야별로 전문화되고 특화된 역량을 갖춘 스마트 경찰을 육성하는 것이 필요하다. 이러한 정예경찰을 육성하기 위해서는 조직적 인프라가 갖춰져야 하고 우수한 인적자원을 체계적으로 확보하고 조직화하는 관리체계가 바탕이 되어야 한다.

조직적 인프라를 갖추기 위한 전략을 몇 가지 꼽아보면, 우선 미래사회에서 범죄의 진화와 과학기술의 발전, 지식사회로의 급속한 진전에 대비하기 위해 조직 경쟁력의 원천인 창의적이고 우수한 인재를 확보하고 능력을 개발하는 전략적 인적자원관리시스템이 구축되어야 한다. 아울러 과학기술 발달과 글로벌화에 따라 첨단화, 광역화, 지능화되고 있는 초국가적 사이버 지능범죄에 대응하는 선제적 미래치안 전담체계를 신설해야 한다. 그밖에도 경찰이 변화된 미래치안환경 속에서 효율적으로 업무를 수행하며 자부심을 느낄 수 있도록 경찰조직과 예산집행 구조를 개선하고 법집행력 기반을 강화하는 등 치안인프라를 미래지향적으로 조성하는 것도 시급하다.

시민참여형 치안시스템 구축

시민이 경찰활동에 수동적 조력자로 참여하는 '협력치안'을 넘어 치안의 공동주체로서 나서는 능동적 개념 전환이 필요하다. 즉 경찰과 공유가치를 창출하는 '참여치안'을 통해 사회안전망을 구축해야 한다. 치안사각지대에 있는 사회적 약자를 배려하고 미래사회의 복합형 갈등을 조정하기 위해서는 시민의 자발적 참여가 더욱 절실해질 것이기 때문이다.

이른바 시민경찰을 구현하려면, 시민이 직접 경찰활동에 참여하여 치안문제를 주체적으로 해결할 수 있는 치안 거버넌스를 활성화해야 하고, 민간 주도적인 자치경찰제도와 예방치안 시스템의 확립이 필요하다. 또 사회적 약자인 여성, 아동, 노인, 장애인 보호를 강화하고 범죄피해자와 탈북자 등 치안사각지대에 놓일 수 있는 국민을 우선적으로 배려하는 복지행정적 치안활동이 전개되어야 한다. 이 과정에서 점점 더 다양하고 복잡해지는 갈등을 관리하고 조정하는 역할로 시민경찰의 참여를 기대해볼 수도 있다. 이를 위해서는 일방적인 정보전달 위주의 홍보방식에서 벗어나 국민과 함께 치안콘텐츠를 생산하고 쌍방향의 홍보활동을 늘려감으로써 궁극적으로 경찰에 대한 시민의 신뢰도를 높여야 한다.

미래전략 실현을 위한 주요 정책과제

경찰의 미래 비전과 주요 추진전략을 토대로 미래 경찰이 수행해야 할 주요 정책과제를 정리하면 〈표 6-7〉과 같다. 특히 수사권 독립, 우수인재 확보, 과학기술의 적극적 도입은 다른 치안정책의 효율적 추진을 위해 선결적으로 이루어져야 한다.

첫째, 수사권 독립과 관련한 정책에 있어서는 수사는 경찰, 기소는 검찰이 담당하도록 수사와 기소 권한을 완전히 분리하는 것을 고려해야 한다. 그리고 일반 사건에 대한 수사를 경찰이 모두 담당하되, 특수한 사건에 대한 수사나 경찰 수사가 이뤄진 이후 공소유지를 위한 수사 및 수사지휘는 검찰이 행사하도록 수사권을 배분하는 등 명확한 기준과 구분이 필요하다. 영장 발부에 있어서도 검찰의 독점에서 벗어나 경찰이 확보할 수 있도록 하는 내용도 관련 정책에 담겨야 한다. 경찰청을 부部로 승격하여 경찰청장직을 장관급으로 격상시키는 방안도 체계구축 차원에서 논의할 사항이다.

둘째, 우수인재 확보를 위한 정책과제로는 '경찰고시' 도입을 시도해 볼 수 있다. 일반직 공무원 5급에 해당하는 '경정' 채용을 정례화하고, 군무원 제도처럼 경찰행정직을 신설해 경찰청 일반직 공무원의 사기를 진작하는 방안이다. 또한 경사 이하 인재를 경찰대나 간부후보생 과정에 편입시켜 교육한 후, 초급간부인 경위로 승진시키는 '고속승진 제도'와 정년에 거의 도달한 총경이나 경정에 대해서는 2년 근무 후 명예퇴직을 조건으로 승진시키는 '임기제 승진제도' 도입도 장기 추진과

〈표 6-7〉 치안 미래전략 구현을 위한 주요 정책과제

비전	추진전략	주요 정책과제와의 연계 방향
과학경찰	첨단과학 치안시스템 구축	인공지능·데이터·영상 등을 활용한 과학적 치안기술 개발 및 시스템 구축
		생체정보(DNA, 지문, 족흔적 등)를 활용한 감정기법 고도화 등 법과학기반의 과학수사 기술·기법 첨단화
	스마트 치안활동 전개	IoT·5T, 인지과학(CS) 등이 융·복합된 경찰장비를 치안활동에 활용하는 등 스마트 치안활동을 전개
		로봇과 인공지능, 무인기 등을 활용한 방범 활동의 자동화
	글로벌 과학치안 구현	치안과학기술 연구개발을 통해 글로벌 스탠더드를 선도하는 한국형 치안시스템 구축
		치안한류를 확산시켜 한국 경찰의 글로벌 브랜드화
정예경찰	전략적 인적자원관리 시스템 구축	미래사회에서 범죄의 진화와 과학기술의 발전, 지식사회로의 급속한 진전 등에 대비하여 창의적이고 우수한 인재를 확보하고 능력 개발
		전략적 인적자원 관리 개념을 도입, 교육을 전문화하고 민영화하여 미래 치안환경에 특화된 경찰관 양성
	미래치안수요에 대한 선제적 대응체제 구축	첨단화·광역화·지능화되고 있는 초국가적·사이버·지능범죄에 대응할 수 있는 체제 구축
		재해·재난·테러·대간첩작전 등의 위기관리에 있어서 국민안전 확보와 질서유지 차원에서 경찰의 역할과 임무를 새롭게 정립
	미래지향적 치안인프라 조성	현장경찰관들의 당당한 법집행을 뒷받침하고 권한과 책임에 걸맞게 법·제도적 기반 마련 (경찰관직무집행법, 치안활동기본법 제·개정)
		미래사회 변화에 대응할 수 있도록 수사범죄청, 과학수사/지능범죄 조직 등을 강화
		경찰들이 직업에 대한 명예와 자긍심을 배양할 수 있도록 복지기반을 마련
시민경찰	시민주체 참여치안 활성화	시민이 직접 경찰활동에 참여하여 치안문제를 주체적으로 해결하게 지원
		치안정보를 적극적으로 국민에게 공개하고 국민이 참여할 수 있는 채널을 다양화하여 치안 파트너십 형성
		아웃소싱이 필요한 분야는 민영화하는 등 민관 공동치안활동 전개
	복지·중재경찰 역할 강화	전통적 사회적 약자와 치안사각지대에 있는 국민을 우선적으로 배려하는 복지행정적 치안활동 전개
		복합적 갈등사회에서 공평무사한 국가기관의 상징으로 갈등 조정과 타협의 절차에 적극 개입하여 신뢰와 조정의 프로세스 구축
	시민참여 경찰홍보 추진	일방적 정보전달식의 홍보방식에서 탈피, 국민과 함께 콘텐츠를 생산하고 대화하는 쌍방향 온·오프라인 홍보활동 전개
		언론사 상대 보도자료 배포 방식에서 벗어나, 새로운 미디어 플랫폼을 적극적으로 활용하여 언론을 주도하는 홍보활동 전개

제로 검토할 필요가 있다.

셋째, 과학기술을 이용한 치안 정책과 관련해 먼저, 불법 폭력 집회나 시위에 대응할 수 있는 '저주파 음향기', '초음파 위상배열 음향기' 등의 도입을 중기과제(2021~2030년) 로 상정해볼 수 있다. 이 장비는 $20Hz$ 이하 주파수를 가지는 음향을 발산하여 특정 불법시위자에 국한하여 매스꺼움이나 심리적 불안을 느끼게 하는 선별적 시위진압장치이다. 아울러 오남용 방지를 위한 통제장치 마련도 과제 추진 내용에 포함하도록 하여 시민의 불편과 우려를 없애도록 하는 것도 필수적이다. 이외에도 첨단 범죄예방 및 검거시스템 구축, 빅데이터를 활용한 치안활동 강화, 사물인터넷을 이용한 치안기능 첨단화, 자율주행 차량 및 무인비행장치 관리방안 마련, 범죄 피해자 보호 강화 등 다양한 분야에서 과학기술을 이용하여 미래치안을 구현하는 정책들이 함께 추진되어야 한다.

경제분야
미래전략

1 경제전략

한국은 요소투입 중심의 기술혁신을 통한 추격형 경제성장 전략을 추구하여 성공했다. 요소투입형 성장은 선택과 집중을 통해 미래전략산업을 육성하는 것이 핵심인데, 한국의 경우 그 대표적 산업이 자동차, 철강, 석유화학, 조선산업 등이었다. 이 전략을 바탕으로 한국은 1960년대 이후 1990년대까지 적극적인 산업정책으로 세계적 경쟁력을 갖는 주요산업을 성공적으로 육성하였다. 여기서 적극적 산업정책이란 조세, 금융, 관세 등의 자원을 특정산업에 유리하게 배분하고 지원하는 것을 말한다. 이러한 산업정책은 민간기업의 적극적인 호응과 국민들의 참여를 바탕으로 매우 효과적이었다. 산업정책 지원에 힘입어 안정적으로 생산기반을 구축하고 수직계열화를 통해 원자재 확보와 기술노하우를 습득했으며, 자본 조달에도 도움을 얻어 여러 기업이 글로벌 기업으로 성장하였다. 그러나 지난 20년간 중국, 인도, 러시아 등 저임금 국가들의 개방 확대로 인한 공급과잉의 문제 등은 한국을 포함한 글로벌 경제에 저성장이라는 새로운 패러다임을 제시하고 있다. 새로운 상항은 한국경제로 하여금 패러다임의 구조적인 변화에 적응해야 하는 과제를 안겨주고 있다.

한국 경제에 대한 첫 번째 질문: 대기업 비중

대기업 비중이 너무 높지 않느냐는 지적이 나오고 있다. 압축성장과 추격형 성장과정에서는 장점으로 작용하던 대기업중심의 장점들이 패러다임의 변화에 따라 단점으로 나타나기 시작했다. 국가 GDP의 20% 이상을 점유하는 대기업그룹도 나타났다. 만약 이러한 회사가 잘못되는 날이 오면, 국가 경제는 심대한 영향을 받게 될 것이다. 핀란드의 노키아가 그 예이다. 국가의 관점에서는 위험관리 포트폴리오에 신경을 써야 한다. 대기업 외에 많은 중소·중견기업들도 국가 경제의 몫을 담당하게 해야 위험요인이 분산된다. 그런데 기업 생태계는 정글과 비슷한 면이 있어서 약육강식이 지배한다. 강자는 경쟁자의 출현을 허용하지 않는다. 시장은 방치하면 소수의 강자들만 남게 된다. 이때 필요한 것이 정부의 역할이다. 정부가 공정한 심판자의 역할을 하여 신생 중소기업을 보호하고 육성해야 한다. 하지만 주의할 점이 있다. 대기업이 담당하는 몫을 줄여서 비중을 낮추면 안 된다. 중소기업의 역할을 늘려서 대기업의 상대적 비중을 낮춰야 한다.

한국 경제에 대한 두 번째 질문: 수출 비중

두 번째 질문은 지나치게 수출 중심의 경제가 아닌가 하는 것이다. 미국의 금리, 중국의 성장률 등 외부 환경에 지나치게 영향을 받기 때문이다. 여기서 우리가 잊지 말아야 할 것이 한국은 에너지의 96%를 수입하는 나라라는 점이다. 매년 약 1,800억 달러를 에너지 사오는 데

쓰고 있다. 우리가 자랑으로 생각하는 반도체, 휴대폰, 자동차의 연간 수출액이 각각 약 500억 달러 내외라는 점을 보면, 이 돈이 얼마나 큰 규모인지 알 수 있다. 우리는 어떻게 해서든지 이 달러를 벌어 와야 한다. 그러니 수출을 소홀히 할 수 없는 처지이다.

한국 경제에 대한 세 번째 질문: 제조업 비중

세 번째 질문은 제조업 비중이 너무 크다는 문제이다. 전 세계에서 제조업이 30% 내외를 차지하는 나라는 독일, 일본, 한국, 중국 정도가 있다. 우리나라의 제조업 비중을 낮추어 서비스업으로 전환할 필요가 있다. 그러나 섣불리 제조업을 소홀히 대해서는 안 된다. 서비스업이 하루아침에 이루어지는 것이 아니다. 우리는 노무현 정부 시절에 금융 허브를 만들려고 노력했지만 성공하지 못한 경험을 갖고 있다. 일부에서는 한류와 같은 문화산업을 예로 든다. 문화산업은 그야말로 '문화'이다. 문화는 국가와 사회의 모든 요소들이 결합하여 이루어낸 '구름'과 같은 것이다. 국력이 뒷받침되지 않으면 문화산업이란 것이 형성이 안 되고, 혹시 형성되었다 하더라도, 내외부 환경에 따라서 순식간에 사라져버릴 수 있다. 급변하는 남북문제와 국제관계 속에 위치한 우리나라는 문화산업에 취약한 위치에 있다. 이미 잘하고 있는 제조업에 제4차 산업혁명의 개념을 적용하여, 데이터 중심의 생산-소비 결합 형태의 산업구조로 가야할 것이다. 그리고 서비스도 달러를 벌어오는 글로벌서비스산업으로 가야 한다.

경제환경 미래전망

미래 경제환경에서는 무엇보다 글로벌 경제 통합 현상이 두드러질 전망이다. 환태평양경제동반자협정TPP 등과 같이 자유무역협정이 확산되면서 세계적 차원의 시장 단일화가 가속화되고, 기업의 경쟁은 그만큼 심화될 것이다. 이러한 변화는 산업구조의 양극화를 확대할 것이다. 즉 미래경제는 글로벌 경쟁력이 있는 대기업과 중견기업이 더욱 확대되는 반면에 경쟁력이 약한 중소기업이나 영세기업 부문은 축소되는, 산업구조의 양분화 현상이 더욱 심화될 것으로 보인다. 글로벌 시장 단일화는 한국의 대기업에도 중요한 도전이다. 글로벌 기업 간의 경쟁도 확대되고, 선두그룹 내에서도 차별화, 양극화가 확대될 것이다. 승자독식 현상이 거세지고, 혁신에 앞장 선 기업의 시장점유율이 확대될 수밖에 없다. 한국의 대기업도 혁신을 거듭하여 경쟁력 확보에 집중해야 한다. 글로벌 거시환경 변화에 보다 유연하게 대응하기 위한 경영혁신 또한 중요한 과제이다. 이러한 경쟁의 심화는 개방형 혁신을 더욱 가속화하고 대학의 연구개발에 더 큰 역할분담을 요구할 것이다.

둘째, 저성장 시대가 지속될 전망이다. 글로벌 금융위기 이후 유럽의 재정위기 장기화, 중국의 성장둔화 등 주요 국가들의 경기가 침체되면서 구조적인 저성장 기조는 전 세계적으로 확산되고 있다. 한국의 경우, 잠재성장률이 1980년대까지만 해도 9%대였으나 2012년에는 2%로 급락했으며, 2020~2040년에는 1~2%대에 머무를 것으로 예측된다. 특별한 구조적 계기가 없는 한 이 기조는 계속될 것이며, 이미 각국에 소득 양극화, 가계 및 국가 부채의 확대, 높은 실업률, 부동산시장 침체와 같은 문제를 일으키고 있다.

저성장은 국가재정에 큰 부담을 초래한다. 소득하락에 따른 세수

감소, 실업률 증가에 따른 복지지출 추가부담은 물론이고 고용소득 감소로 인해 사회보장제도 관련 각종 기금에 대한 국민 기여도가 낮아지기 때문이다. 한국도 높은 청년 실업과 전반적인 고용사정 악화, 소득 양극화, 가계부채 증대와 하우스푸어, 저소득층의 생계 곤란, 자영업자의 생계형 창업 증대와 높은 부도율, 부동산시장의 침체 등 많은 문제가 일어나고 있다. 이러한 문제는 경제성장률, 수출증가율, 물가상승률과 같은 전통적인 경제지표만으로는 잘 드러나지 않아 그 심각성이 체감되지 않는 것이 더 큰 문제이다.

저성장의 구조적인 문제는 한국경제로 하여금 과거의 틀에서 벗어나 전혀 새로운 정책적 인식과 기조, 새로운 미래경제전략을 요구하고 있다. 지난 30~40년 동안 한국은 세계경제의 안정화 시대와 함께 추격자 전략을 통해 빠르게 성장했다. 그러나 이러한 전략의 기반이 되었던 고출산, 고성장, 고물가의 경제기반이 완전히 바뀌었고, 반대로 고령화, 저성장, 저물가의 새로운 패러다임이 이미 시작되었다. 따라서 수출중심의 경제정책에서 내수기반, 서비스 제조융합, 혁신기반 전략 등 새로운 전략을 수립할 필요가 있다.

셋째, 저성장과 자동화 영향으로 일자리 부족현상이 계속될 전망이다. 자동화와 기술혁신으로 생산성이 향상되면서 노동력 수요가 줄어들고 있다. 인간의 가장 기본적인 경제활동인 일자리가 부족해지면 심각한 사회경제적 문제들을 야기한다. 실업자가 많아진다는 것은 소비 인구가 그만큼 줄어든다는 것을 의미한다. 소비인구 감소는 경제인구 감소를 가져오고 그만큼 경제 활력이 저하된다. 실업의 확대는 고비용저효율의 경제구조를 심화시킨다. 이렇게 되면 사회 불평등과 사회불안에 대한 상당한 배려가 필요하고, 실업자에 대한 사회보장이 마련되어야 한다. 경제활동인구 감소가 저성장을 심화시키고, 사회보장 비용의 증대는 또 다시 저성장을 심화시키는 악순환을 구조화할 위험이 높다. 이와 같이 '저성장-자동화-실업-경제침체-저성장'의 악순환을 극복하기 위한 가장 확실한 정책은 일자리 창출이다. 모든 경제전략과 정책에 일자리 창출과 일자리 보전이라는 기조와 태도를 반영해야 한다.

넷째, 기술혁신과 신산업 창출이 가속화될 전망이다. 1980년대 이후 중국, 러시아, 인도의 경제적 개방으로 지난 20~30년 동안 약 30억 명에 가까운 유례없는 대규모 저임금 노동인력이 글로벌경제에 투입되어 노동력의 공급과잉 현상을 가져왔다. 여기에 IT기술의 급격한 혁신으로 이들 저임금 노동인력들이 선진국의 노동인력과 직접적인 경쟁을 하게 됐다. 대규모 저임금 노동인력의 글로벌경제 참여는 대규모 투자자본의 확대를 가져왔고, 이로 인한 자본가치 하락으로 저가 자본이 대규모로 글로벌경제에 투입되었다.

선진국 일부 기업들의 경우, 신흥국의 저임금 노동을 바탕으로 다국적 기업으로 빠르게 성장함과 동시에 대규모 자본축적에 성공했다. 덕분에 기술혁신에 대한 자본투자를 늘려 기술혁신의 패러다임 변화를 선도하고 있다. 예를 들어 전화가 미국 가정의 50%까지 확산되는데 약 50년이 걸렸으나, 휴대전화는 전 세계 인구의 67%가 사용하는데 겨우 20년이 걸렸고, 2006년 600만 명이던 페이스북 사용자는 2015년 14억 명에 이른다.

그런가하면 무선 인터넷과 스마트 기기는 벤처창업 기업들에게 기존 기업들과 경쟁할 수 있는 새로운 비즈니스 플랫폼을 제공함으로써 산업생태계 환경을 근본적으로 변화시키고 있다. 국경을 넘나드는 물자, 자본, 사람, 정보가 급격하게 확대되면서 세계의 상호 연결성 interconnectedness은 더욱 커져 국제적인 생산·혁신 네트워크가 더욱 촘촘하게 확대되었다. 이로 인해 10년 전과 비교해 신흥국으로 흘러가는 자본의 규모가 2배가 되었다. 2009년에 10억 명이 넘는 사람이 국경을 이동했는데, 이는 1908년과 비교해 5배 늘어난 수치이다.

이처럼 저임금 노동력과 자본의 공급과잉은 기술혁신과 산업의 패러다임을 변화시키고 있으며, 이는 결과적으로 산업의 융합과 신산업의 창출을 가속화할 전망이다.

한편 글로벌 저성장이라는 새로운 경제 위기 패러다임에서 한국경제가 모색할 수 있는 기회는 바로 남북의 평화경제, '통일경제'에 있다. 남북의 평화와 통일은 한국경제가 글로벌 경제 환경 기조와 다른 새로운 기회의 경제패러다임을 열 수 있는 중요한 계기가 될 수 있을 것이다. 이는 북한의 지하자원과 값싼 노동력을 바탕으로 다시 요소투입에 기반 한 글로벌 경쟁력을 활용할 수 있기 때문이다. 특히 기계, 전자, 철강, 화학 등 노동과 기술집약산업에 있어서 노동비용감소의 효과는 이들 산업의 글로벌 경쟁력을 크게 높여줄 것으로 예상된다. 또한 북한 내 기간산업의 확충에 의한 투자확대는 또 다른 경제적 기회를 가져올 수 있다. 남북평화경제의 결정적 계기가 될 남북통합의 과정-평화의 제도화 과정, 즉 통일-은 결과적으로 한국경제가 글로벌 저성장의 구조적 환경을 극복할 수 있는 매우 중요한 기회가 될 것이다.

우리가 해결해야 할 과제

앞에서 전망한 것처럼 국가적 차원에서, 그리고 세계적 차원에서 급변하는 경제 환경은 새로운 성장 패러다임을 요구하고 있다. 핵심은 내수기반의 새로운 경제적 패러다임 혁신이다. 특히 경제제도의 구조적 유연성을 확대하여 산업생태계의 유연성을 제고하고 가속화되고 있는 글로벌 산업의 부가가치 구조에 대응해야 한다. 저성장을 돌파할 신규 기업의 창출과 성장을 도모하는 것도 중요하다. 나아가 기존 산업간 시너지를 확대할 수 있도록 산업간 융합을 촉진하여 국가 산업의 포트폴리오를 신속하게 재구성하고, 글로벌 거시환경 변화에 대처할 수 있어야 한다. 또한 남북경제협력을 통해 실질적 경제공동체를 추구해가는 과정은 이러한 글로벌 저성장의 문제를 극복할 수 있는 중요한 기회와 계기를 제공할 것이다. 이러한 변화에 대처하기 위한 주요 경제과제들을 정리해보면 다음과 같다.

글로벌 경쟁력 확보

글로벌 경제의 확대로 인한 산업구조의 양극화는 대기업의 규모를 키우는 반면 중소·중견기업의 분포를 더욱 축소하여 산업구조적 불균형을 가져온다. 대기업의 경우에도 승자독식 현상이 확대되면서 기업 분포의 롱테일long-tail 현상이 확대될 것이다. 한국은 여러 가지 제약과 규제 환경으로 국내 자본의 해외투자가 국외자본의 국내투자보다 많은 상황이다. 반면 중국은 적극적인 서비스산업 투자유치와 상하이 경제자유구역 설치 등으로 해외투자를 적극 유치하고 있다. 또한 국내 진출한 외국계 금융회사가 철수 움직임을 보이는 등 한국의 동북아 비즈니스 센터 및 금융 중심에 대한 구상도 어려운 상황이다.

이에 따라 기업의 글로벌 경쟁력을 확보하기 위해 기업혁신 지원정책을 확대할 필요가 있다. 아울러 미래 전략산업에 대해 대기업과 중소기업 간의 협력을 유도하여 혁신을 이끌 수 있도록 상생의 혁신 생태계를 구축해야 한다. 또한 기업의 체질을 혁신중심의 도전적 기업전략을 추구할 수 있는 비즈니스 모델로 바꾸고 한국적 혁신 패러다임을 제시하는 것도 중요한 목표로 설정할 수 있다. 한계점을 보이는 대기업 중심의 경제체제를 보완하기 위해서, 신생기업의 창업을 적극 지원한다. 그리고 신생 기업들이 잘 성장할 수 있도록 정부는 적극 지원해야 한다. 제조업 중심에서 서비스업으로 전환을 추진하되, 글로벌 서비스업으로 가야 한다. 우리는 수출을 해서 에너지를 수입할 수 있는 달러를 벌어와야 하기 때문이다.

저성장 패러다임에 따른 전략 개발

저성장, 저출산, 저물가의 구조적 경제패러다임 변화에도 불구하고 고성장, 고출산, 고물가의 기존 경제패러다임에 기반 한 경제정책을 추진한 것도 저성장이 더욱 심화된 원인이라고 할 수 있다. 저성장 기조의 경제패러다임 변화에 맞는 근본적인 경제정책 변화가 필요하다. 특히 제4차 산업혁명의 물결을 이용하여 생산 시스템의 고도화, 데이터 중심의 재구성, 인공지능을 활용하여 생산과 소비의 혁명을 이루어야 한다.

고품질의 서비스 공급을 통해 의료, 관광, 교육, 금융 등의 내수를 확대해야 한다. 또 다양한 서비스 산업의 해외시장 개척을 목표로 정책 전환이 필요하다. FTA를 통해 상대국 서비스 개방을 적극 요구하고, 중국의 서비스 산업에 적극 투자, 진입할 필요가 있다. 서비스의 고급화를 허용하여 서비스 산업에 대한 내수를 확충하고, 양적인 포화 상태를 극복하여야 한다. 이를 위해 서비스 산업의 고급화에 대한 정서적 거부감을 완화하도록 대국민 홍보와 교육도 요구되며, 소비자단체가 수요자의 입장을 대변할 수 있도록 해야 한다. 고부가가치 서비스 산업의 경우, 적극적인 해외투자를 유치하여 제조업 성장전략에서 구사했던 '모방과 혁신'전략을 구사하고, 이러한 투자유치가 해외수요 확대로 연결될 수 있도록 해야 한다. 서비스 산업의 성장을 위해서는 규제완화가 필요하다. 나아가 서비스와 제조업 융합을 가속화하여 높은 질의 서비스와 결합된 제조업의 부가가치를 제고하는 것도 중요한 전략이다.

일자리 창출

소득 양극화, 실업률 증가, 부동산 시장 침체 등 전반적인 저성장은 구조적인 경제문제를 확대하고 있다. 이러한 저성장은 투자부진과 고용부진을 가져온다. 저성장과 산업의 자동화는 일자리 부족 현상을 심화시키며, 높은 실업률은 다시 사회불안과 경제 침체를 야기한다. 일자리 창출이 한국 경제의 가장 기본적인 목표가 된다. 일자리 제공이 갈등 해결의 기본이고, 복지이고, 행복이다.

개방과 혁신으로 부족한 생산요소를 외부에서 유입하고, 협력을 확대하여 일자리를 창출하는 방향으로 전개되어야 한다. 필요한 분야에 대해서는 수입과 개방을 적극 확대하여 국내에서부터 경쟁력 제고를 꾀해야 한다. 그리고 서비스 산업 투자개방으로 자유경쟁의 시장환경을 조성하고 국내 기업의 경쟁력 제고 지원을 통해 글로벌 시장에서 경쟁력을 확보하는 것이 시급하다.

또한 기업가정신을 바탕으로 창업생태계 환경을 확장하여 신산업 창출과 고용확대를 추구하고, 노동시장의 유연성과 안정성 확보를 위한 사회안전망 정책을 지속 확대해야 한다.

일자리 창출 문제는 '사회적 경제' 활성화를 통해 구조적이고 제도적으로 풀어가는 전략도 구사해야 한다. 이미 사회적 경제는 획일화된 자본중심의 시장경제주의에 상당한 보완제적 역할을 할 수 있음을 보여주고 있다.

공익을 추구하는 협동조합, 사회적 기업, 마을기업, 자활기업 등은 노인일자리를 비롯하여 사회적 취약계층의 일자리 창출을 도모함과 동시에 복지의 문제까지 해소할 수 있는 대안경제의 한 축으로 충분히 활용할 수 있다.

기술혁신과 산업생태계 개선

공급과잉으로 인한 저성장과 기술혁신의 가속화는 산업의 융합과 신산업의 창출을 확대하여 미래성장동력의 산업 포트폴리오를 변화시키고 있다. 기존 자본투입 중심의 자동차, 철강, 조선 등의 산업들보다 서비스-제조 융합 또는 서비스-비즈니스 융합의 새로운 산업들이 보다 높은 부가가치를 만들어내고 있다.

요소투입중심의 산업은 중국과 개발도상국들이 매우 빠르게 추격하여 한국의 경쟁력이 지속 하락하고 있다. 그럼에도 한국의 산업 포트폴리오는 큰 변화가 없으며, 새로운 글로벌 산업 포트폴리오의 변화에 너무 느리게 반응하고 있다. 따라서 글로벌 산업구조 변화에 맞는 미래산업전략이 필요하다. 초기 창업과 중소기업의 성장을 보호하고, 대기업과의 상생적인 산업생태계 조성을 통한 산업구조변화를 지원할 수 있는 제도 혁신도 중요하다.

통일경제 위한 평화의 제도화

남북의 평화정착과 실질적 통일 상황이 가져올 경제적 가치가 매우 높은 반면, 예상되는 노동인력의 역량 문제와 서로 다른 가치관과 삶의 양식에 따른 갈등 등 사회적 비용도 예상된다. 실질적 통일의 과정에 대비하여 사회적 비용을 최소화하기 위해서 범국가적 차원에서 남북의 평화정착 과정에 대한 교육을 체계적으로 꾸려나가야 한다. 준비되지 않은 통일은 재앙이 될 수도 있다. 반면 제대로 준비된 점진적인 평화정착의 과정은 그 자체가 평화대박을 가져다 줄 것이 분명하다.

새로운 경제전략 목표

다가오는 미래는 지나간 과거의 시간과는 그 경제적 환경과 변화 속도가 판이하게 다를 것이다. 지나간 경제전략의 패러다임 효과가 소진된 지금, 다가올 미래를 위한 새로운 미래경제전략을 준비하는 것이 그 어느 때보다 시급하다. '개방과 혁신'을 중심으로 상생적 생태계 조성과 내수경제 확대를 통한 새로운 성장의 패러다임 혁신이 앞으로 다가올 미래에 핵심적인 경제전략으로 요구된다.

서비스 산업 육성

요소투입 중심, 제조업 중심의 기존 경제성장 패러다임에서 제조+서비스 융합으로 가야한다. 이것이 바로 제4차 산업혁명이다. 서비스 산업의 고급화와 개방 및 해외 진출 확대를 추진해야 한다. 경쟁력 있는 서비스 산업의 육성은 내수시장 활성화와 해외시장 개척을 위하여 매우 중요하다.

융합을 통한 신산업 발굴

글로벌 경제환경의 패러다임 변화에 대응하여 융합산업(제조업-서비스업 융합 중심) 전략을 확대해야 한다. 새로운 산업을 적극 포용하고 주도해 갈 수 있는 산업혁신 전략이 요구된다. 기존의 전통적 주력 산업 외에 다른 신산업의 발굴과 육성에 각별한 노력이 필요하다.

일자리 지수 고안

일자리 창출 중심의 경제 전략을 펼쳐야 한다. 일자리는 가장 중요한 복지이고 가장 핵심적인 경제 요소이다. 실업은 저성장과 경제 침체의 늪에 빠지게 하는 검은 손이다. 어느 정책이 일자리를 얼마나 창출하는지 보여주는 '일자리 지수'를 고안할 필요가 있다. 어느 정책이나 사업을 시행할 때, 환경지수를 적용하여 검토하듯이, 일자리 지수를 적용하여 검토하는 것도 필요하다.

사회적 경제 육성

상생을 도모할 수 있는 사회적 경제를 육성하고 활성화해야 한다. 사회적 경제(협동조합, 사회적기업, 마을기업, 자활기업, 공정무역 등)는 기존의 자본과 이윤 추구 중심의 획일화된 배타적 시장경제질서가 양산해 온 비인간적 물질중심의 경제, 양극화 등의 제반 문제들을 풀어갈 수 있는 보완제적, 대안적 경제가 될 수 있다. 이러한 사회적 경제는 비단 경제 문제뿐만 아니라 복지와 노동, 나아가 공동체 복원이라는 사회의 문제까지 아우를 수 있는 경제 제도로서 접근할 필요가 있다.

통일 대비 경제성장 전략 마련

통일에 대비하는 통일 기반 경제성장 전략을 마련하여 체계적으로 통일경제에 대한 준비를 해야 한다. 남과 북의 평화의 제도화 과정과 통일은 우리 민족의 숙명적 과제이다. 분단경제가 엄청난 마이너스 경제의 환경이었다면 평화경제는 우리가 제대로 준비하고 실천만 한다면 경제번영의 기회가 될 수 있을 것이다.

경제분야 미래전략
금융전략

우리나라 금융부문은 1960년대 이래 실물부문의 성장을 견인하는 중대한 역할을 충실히 담당하였다. 그 결과 세계에서 유례를 찾기 어려운 고도성장을 달성할 수 있었으며, 금융의 주역은 은행부문이었다. 그러나 국내외 환경이 변화하면서 추격형 성장전략에서 선도형 성장전략으로 변화해야 하는 상황에 직면하고 있다.

향후 30년간 우리가 맞이하게 될 저성장, 고령화, 지식기반 사회, 정보기술 혁신은 금융부문의 역할에 많은 변화를 요구하고 있다. 우리 금융부문이 다가올 환경에 효과적으로 대처하지 못한다면 금융 스스로의 쇠퇴는 물론, 우리나라가 당면하게 될 많은 구조적 문제 또한 해결되지 못하는 상황을 맞이하게 될 것이다. 2015년 세계경제포럼WEF 국가경쟁력 금융분야 평가에서 140개국 중 한국이 87위, 우간다 81위라는 자료는, 이미 한국 금융이 새로운 변화에 적응하지 못하고 있다는 증거라 할 수 있다. 금융의 낙후성은 금융만의 문제가 아니라, 우리 경제 및 사회의 문제와 밀접히 관련되어 있음을 인식하고 금융부문

혁신에 범국가적인 역량을 결집해야 한다.

금융환경의 미래전망

첫째, 우선 자산보유자들의 자금운용이 예금에서 투자로 전환되고, 무형자산 평가가 중요해질 전망이다. 향후 겪게 될 저성장과 고령화는 산업활동 위축 및 경제활동인구 감소를 가져오고, 이는 경제활동에 필요한 자금수요 감소로 이어져 저금리 현상이 고착화된다. 이 구조적 저금리 현상은 자금공급자의 자산운용에 상당한 변화를 야기한다. 무엇보다 저금리 기조 하에서는 원본이 보전되는 안전자산에 대한 매력도가 반감될 수밖에 없으며, 그 결과 자금보유자들은 원본손실 위험은 있지만 기대수익률이 높은 자산을 물색하게 될 것이다. 그리고 투자 중심으로 변하기 위해서는 무형자산 평가가 중요하게 된다. 특허나 기술 등의 미래가치를 평가할 능력이 없으면 부동산 담보를 요구하게 된다.

둘째, 표준화된 대출 등 단순금융이 퇴조하고 맞춤형 금융이 활성화될 전망이다. 다가올 30년간 실물경제는 지식기반 체제로 변화될 것이다. 인공지능, 사물인터넷 등에 기반을 둔 경제구조 변화는 이미 시작되었으며, 시간이 갈수록 이러한 변화는 더욱 가속화될 것이다. 지식기반 사회가 도래할 경우, 자금공급자들은 유형자산이 아닌 무형자산을 기초로 하여 우량기업과 불량기업을 식별한 후 자금을 제공해야 한다. 그러나 지식과 같은 무형자산은 유형자산에 비해 식별이 한결 까다롭고, 이로 인해 자금공급자가 부담할 위험이 한층 커질 수밖에 없다. 따라서 이러한 문제를 회피하는 과정에서 자금수요자와 자금공급자 간에 위험분담을 위한 다양한 구조의 금융이 발전할 것이다.

셋째, 해외주식이나 해외부동산 등 해외투자가 급속도로 팽창할 전망이다. 그동안 우리나라에서 축적된 금융자산은 대부분 국내에서 투자되었으나, 앞으로는 지금까지와는 전혀 다른 양태가 될 것이다. 저성장으로 경제활동이 위축된다는 것은 자금수요가 감소한다는 것을 의미한다. 반면 고령화에 대비한 연금자산 등으로 금융자산 축적은 심화될 수밖에 없으며, 그 결과 국내에서 축적된 금융자산은 국내 자금수요를 충당하고도 넘치게 될 것이다. 이처럼 국내수요를 충당하고 남은 대규모 자금은 결국 해외에 투자될 것이다.

넷째, 기관화현상institutionalization의 가속화 전망이다. 인구고령화로 인해 노후대비를 위한 은퇴자산 마련이 중요해지는데, 이로 인해 연금기금pension fund의 자산이 급속히 증가할 것이다. 국민연금, 퇴직연금, 사학연금 등 이들 연금기금은 막대한 운용자산을 보유한 소위 '기관투자자institutional investor'이다. 연금기금 외에 개인투자자들의 자금을 모아 운용하는 펀드 역시 대표적인 기관투자자에 해당한다. 이처럼 금융자산을 개인들이 직접 운용하는 것이 아니라 기관투자자들이 대부분의 금융자산을 운용하게 되면서 소위 기관화현상이 우리나라에서도 심화될 것이고, 기관투자자의 운용자산 규모가 커지면서 대형 기관투자자의 영향력은 확대될 것이다. 그리고 기관투자자들이 많은 기업의 주요주주로 등극하면서 기업내부 경영에 개입하는 등 기업 지배구조에도 상당한 변화를 가져오게 될 것이다.

다섯째, IT와 융합된 금융이 보편화될 전망이다. 최근 IT와 금융이 결합된 핀테크 산업에 대한 관심이 뜨겁다. 지금까지 금융업에서 자금을 필요로 하는 기업, 프로젝트, 개인 등을 선별하는 작업은 사람에 의존해 왔다. 또한 예금을 받고 투자를 유치하거나, 투자자별로 투자 포트폴리오를 구성해주는 작업 역시 금융회사의 담당자가 고객과 직접 접촉하면서 이루어졌다. 그러나 IT기술과 융합된 핀테크가 보편화되면 금융서비스 제공 양태가 극적인 변화를 맞이할 것이다. 현재까지는 핀테크 영역이 단순 결제, 송금 등에 머물고 있으나, 빅데이터 활용이 보편화되면 대출심사, 보험인수, 자산관리 등의 핵심 금융업무까지도 핀테크 영역으로 빠르게 편입될 것이다.

〈그림 7-1〉 금융부문의 미래전망

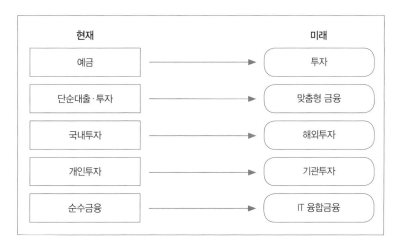

금융산업의 문제점

금융산업은 국가경제를 구성하는 한 부분이므로 본업을 통해 국가경제에 기여할 때 존재의의를 찾을 수 있다. 향후 30년간 우리나라는 저성장, 고령화라는 경제·사회적 문제에 직면하게 되는데, 이를 해결하는 데 금융산업이 일정부분 역할을 담당해야 한다. 더불어 지식기반 사회로의 전환, 정보기술 진전이라는 큰 흐름에 대해서도 스스로를 적응시키고 변모시켜 나가야 한다. 그러나 우리 금융산업은 다가올 거대한 환경변화에 효과적으로 대응할 준비를 갖추지 못하고 있다.

사전적 자금공급과 사후적 구조조정의 유연성 취약

대부분의 기업이 성숙기에 접어든 우리 경제의 현 상황에서는 혁신산업과 모험산업에 속하는 기업을 효과적으로 발굴하여 성장동력을 회복해야 한다. 그러나 우리나라 금융산업은 담보중심의 단순 대출 혹은 중개업무에 치중하고 있어, 지식에 기반을 둔 모험산업과 혁신산업에 자금을 공급할 역량을 갖추고 있지 못하다. 기술이나 특허 등 모험산업의 미래가치를 평가할 능력이 매우 취약하기 때문이다. 금융산업이 전통산업 중심, 단순 대출·중개업무에서 탈피하지 않는 한, 더이상 부가가치를 창출하지 못하고 우리경제가 직면한 저성장 문제를 해소하는데도 기여하기 어렵다는 것이다.

저성장 국면을 극복하는 데에는 금융산업의 기업구조조정 역할 또한 중요하다. 모험산업과 혁신산업은 성공 시 보상이 크지만 실패확률 또한 높다. 따라서 전통산업 중심의 경제체제를 모험산업과 혁신산업 중심으로 효과적으로 전환하려면, 실패한 기업의 신속하고도 효율적인 구조조정이 중요하다. 더불어 전통산업이 쇠퇴하는 과정에서 이들 부문에 속한 기업의 구조조정 또한 불가피하다. 그러나 우리나라 금융산업은 기업의 출구전략, 즉 구조조정 역량 측면에서 매우 취약하다.

고령화 추세에 맞춘 자산운용 미흡

고령화 문제 해결 측면에서도 금융산업은 효과적인 변화를 꾀하지 못하고 있다. 효과적인 자산관리 서비스를 제공함으로써 국민의 은퇴자산을 마련하는 것은 금융부문에 맡겨진 중차대한 과제이다. 은퇴자산 마련을 위한 자산운용은 30년에 달하는 장기간에 걸쳐 이루어지기 때문에 약간의 수익률 차이에도 은퇴시점에서 투자자가 손에 쥐는 금액에 엄청난 차이를 가져온다. 따라서 금융부문은 위험을 적절히 분산시키는 가운데, 수익률을 극대화시키는 것에 총력을 기울여야 한다. 이를 위해서는 협소한 국내시장에서만 자산을 운영해서는 안 되며, 해외 각지의 다양한 투자자산을 효과적으로 발굴하여 투자자에게 연결해주어야 한다. 그러나 우리 금융산업의 해외네트워크는 매우 취약하며, 이로 인해 효과적인 해외자산 발굴 역량이 부족하다.

또한 은퇴자산을 위한 자산운용은 매우 장기에 걸쳐 이루어지는데, 운용기간의 장점을 활용하려면 유동성은 낮지만 수익률은 높은 자산들까지 적극적으로 편입시켜야 한다. 그러나 연금기금 등 은퇴자산의 주요 운용주체들은 만기가 짧은 안전자산에 대부분의 자금을 집중하고 있다. 이러한 단기 편향, 안전자산 편향의 운용은 돈을 맡긴 투자자의 이익에 배치되는 것으로서, 향후 은퇴자산 증식에 심각한 장애요인으로 작용하게 될 것이다.

기술변화 수용 부족

우리 금융산업은 기술적인 변화를 적극적으로 수용할 준비가 부족하다. IT 및 빅데이터로 상징되는 최근의 흐름은 전 산업에 걸쳐 엄청난 영향을 가져올 것으로 보이며, 특히 실물이 개입되지 않은 금융산업에 더욱 큰 파장을 불러 오게 될 것이다. IT 및 빅데이터 분석에 기반하고 있는 핀테크 혁명은 금융산업의 지형도를 전혀 새로운 것으로 변모시킬 가능성이 크다. 이처럼 핀테크 혁명이 진행되는 과정에서 우리가 원치 않는 다양한 문제들이 불거지겠지만, 금융산업이 핀테크를 수용하는 것은 피할 수 없는 일이다. 기존의 방식을 고수하는 금융회사들은 핀테크를 수용한 해외 금융회사와의 경쟁에서 도태되고 말 것이기 때문이다.

특히 우리의 경우 제도적으로도 핀테크가 활성화되기 어려운 상황이다. 핀테크 발전의 기반은 빅데이터와 인공지능 활용 여부이다. 따라서 고객 정보를 경제적으로 적절히 활용할 수 없다면 핀테크는 애초에 불가능하다. 그러나 국내 환경에서는 상이한 기업 간 고객정보의 상업적인 공유가 상당부분 제한되어 있고, 심지어 금융지주회사 계열사 간에도 고객정보 공유가 크게 제약되어 있는 실정이다. 고객정보 보호와 상업적 활용 간의 균형점을 찾지 못하는 가운데 새로운 기술의 수용가능성을 제도적으로 차단하고 있는 것이다.

금융산업의 미래전략

우리나라가 직면한 저성장과 고령화, 그리고 급격한 기술진전에 대응하여 금융산업에 대한 국가 차원의 전략 수립이 절실하다. 국가전략은 금융산업으로 하여금 모험자본을 공급하고, 국민 은퇴자산 마련을 지원하며, 아울러 새로운 기술환경에 대한 수용성을 높일 수 있도록 유인하는 것이어야 한다.

자본시장 중심의 금융구조 구축

우리나라는 전통적으로 은행 중심의 금융시스템bank-based financial

system을 갖고 있었으며, 따라서 가계의 자금을 기업에게 공급하는 기능 역시 주로 은행의 몫이었다. 그러나 은행은 본질적으로 안전 단기자산에 편향된 자산운용패턴을 지닐 수밖에 없으며, 위험자본risk capital을 공급하기에는 부적합하다. 실제로 지식에 기반 한 혁신산업과 모험산업은 은행 중심의 금융구조를 가진 국가에서는 제대로 성장하기 어렵다는 증거가 이미 제시된 바 있다. 따라서 모험자본 공급을 통해 저성장 문제를 극복하고 지식기반 사회로의 전환을 촉진하려면, 지금의 은행중심 금융구조를 자본시장 중심으로 변모시켜야 한다.

자본시장으로의 무게중심 이동은 고령화 문제 극복과도 긴밀히 관련되어 있다. 고령화 사회에 대비한 국민의 은퇴자산 마련은 은행예금에 치우친 자산운용으로는 불가능하다. 다양한 유형의 자산을 포함한 포트폴리오를 구성함으로써 위험을 낮추는 한편, 수익률을 극대화하는 자산운용이 필수적이라는 것이다. 그런데 여기서 말하는 다양한 유형의 자산이란 다름 아닌 자본시장에서 공급된다. 또한 은퇴자산 마련을 위한 자산운용이 갖는 특성, 즉 초장기 운용을 위해서는 만기가 길거나 유동성이 낮은 자산을 적극적으로 유치해야 한다. 그런데 이처럼 만기가 길고 유동성이 낮은 자산이 공급되는 곳 또한 자본시장이다. 결국 자본시장 중심 금융구조로의 대전환을 통해 저성장과 고령화 문제의 해결을 도모할 수 있고, 바로 이 때문에 자본시장 발전이 첫 번째 미래전략이 되어야 하는 것이다.

금융회사 지배구조 혁신

단순하고 표준화된 자산운용에서 탈피하여 위험자본을 중개하고 인수해나갈 때 혁신산업과 모험산업 성장을 이끌 수 있다. 그러나 금융회사가 위험자본을 공급하는 것은 안정적이고 장기적인 지배구조가 확립될 때에만 비로소 가능하다. 금융회사 CEO 임기가 지금처럼 2년 남짓한 상황에서는 장기적인 안목을 갖기 어렵고, 위험투자를 단행하는 일은 애초부터 어렵다. 뿐만 아니라 위험투자를 위해서는 효과적인 리스크 관리 체제가 정착되어야 하는데, 여기에는 상당한 시간과 노력이 수반된다는 점에서 이 또한 단명의 CEO에게는 버거운 일이다.

다가올 미래에는 금융자산 축적이 심화되면서 해외투자 수요가 급격히 늘어날 전망인데, 여기에 적절히 대응하기 위해서도 안정적 지배구조는 매우 중요하다. 해외투자수요에 대응하는 데 필요한 해외네트워크 구축의 경우, 투자회임기간이 장기일 뿐 아니라 투자회수 여부에 대한 불확실성도 높다. 이러한 상황에서는 안정적 지배구조 확립 없이는 해외투자수요에 대한 대비 자체가 불가능하다. 핀테크 등 신기술 수용에 수반되는 높은 불확실성과 내부저항 등을 극복하기 위해서도 안정적 지배구조의 중요성은 매우 크다.

지배구조와 관련하여 경영진의 전문성 또한 중요하다. 미래의 금융은 고도의 전문성을 바탕으로 극심한 환경변화를 헤치고 나가야 한다. 이를 위해서는 주주에 의한 경영진 임명이 정착되어야 한다. 그러나 우리나라의 경우 은행권은 물론, 혁신이 필수적인 자본시장 영역에서조차 경영진 선임에 정치가 개입하는 현상이 이어지고 있다. 이와 같은 낙후된 지배구조에 혁신적인 변화가 수반되지 않는다면 자본시장 중심의 금융구조 대전환은 요원한 일이다. 한국 금융이 글로벌 경쟁력을 가질 수 있는 규모의 확대 또한 필요하다.

금융, 기술, 조세 정책의 조화 필요

미래에 금융이 직면하는 환경은 지금보다 훨씬 더 복잡하고 복합적인 성격을 띠게 될 것이다. 국내시장과 해외시장이 통합되고, 복지와 금융이 결합되며, 금융과 IT가 융합될 것이다. 이러한 환경에서 금융정책은 더 이상 금융부문 만의 문제가 아니며, 다른 부문의 정책과 함께 통합적으로 검토되어야 한다.

우선 금융자산 축적으로 해외투자가 급격히 늘면서 국내시장과 해외시장 간의 구분이 약해지는 상황에서는, 외환정책을 고려하지 않는 금융정책은 효과를 내기 어렵다. 또한 고령화 진전으로 공적연금과 퇴직연금의 규모가 급격히 팽창하게 되는데, 연금자산의 효율적인 운용은 금융부문의 이슈임과 동시에, 국민의 노후소득 안정화라는 복지이슈이기도 하다. 금융정책과 복지정책의 통합적 시각이 필요한 것이다.

다가올 저금리 시대에는 금융상품에 대한 세제 차이가 상품별 수익률 차이를 결정짓는 핵심요소가 될 가능성이 크다. 급속히 축적되는 금융자산이 어디로 흘러갈지를 사실상 세제가 결정짓게 된다는 것이다. 이런 점에서 금융정책은 조세정책과 불가분의 관계에 놓이게 된다. 금융과 IT의 통합도 이미 우리 앞에 성큼 다가와 있다. 금융과 IT의 효과적인 통합은 빅데이터의 활용여부에 달려 있는데, 이를 위해서는 고객정보 공유가 핵심과제로 떠오른다. 금융부처와 개인정보 보호 관할 부처 간에 통합적 시각이 필요한 이유이다. 결국 금융부문이 환경변화와 기술발전에 대한 수용성을 높일 수 있도록 금융정책을 비금융부문의 정책과 융합하는 것이다.

미래전략 달성을 위한 정책방향

자본시장 중심의 금융구조 구축, 금융회사 지배구조 혁신, 정책융합이라는 금융부문의 3가지 국가미래전략을 달성하기 위해서는 다음과 같은 정책이 요구된다.

첫째, 자본시장 부문의 규제완화가 필요하다. 자본시장 중심의 금융구조 전환은 지금과 같은 경직된 규제환경 하에서는 불가능하다. 자본시장이 지식에 기반을 둔 혁신산업과 모험산업에 대한 자금제공에 적합한 이유는 자본시장 스스로가 경쟁에 기반 한 혁신을 이루는 곳이기 때문이다. 은행의 파산은 시스템 리스크를 야기한다. 따라서 은행파산을 방지하기 위해 사전적으로 강력한 규제가 필수적이다. 이 때문에 은행에 대해서는 엄격한 진입규제, 건전성규제, 업무범위규제가 부과되는 것이다. 그러나 자본시장은 기업과 투자자가 원하는 맞춤형 상품을 제공하는 과정에서 다양한 혁신을 이루는 곳이며 이러한 혁신에 힘입어 시장의 외연이 끊임없이 확장된다. 문제는 엄격한 규제가 가해질 경우 자본시장 본연의 혁신은 달성되지 못한다는 것이다. 이러한 점을 반영하여 외국에서는 자본시장에 대한 규제를 매우 낮은 수준으로 유지하고 있다. 진입규제와 건전성규제가 우리나라 대비 극히 완화된 수준이며, 업무범위 규제는 사실상 네거티브 규제를 채택하고 있어 업무확장성이 매우 높다. 우리 역시 자본시장 관련 규제에 대한 혁신적인 변화가 따라야 할 것이다.

둘째, 기관투자자 의결권 행사를 적극적으로 유인해야 한다. 향후 축적되는 금융자산의 많은 부분은 개인이 아닌, 연금기금, 펀드 등과 같은 기관투자자에 의해 운용될 것이다. 기업 주식의 상당부분이 기관투자자의 손에 들어감을 의미한다. 이러한 상태에서 기관투자자들이 자신들이 보유한 주식의 의결권을 적극적으로 행사하지 않을 경우, 지배구조의 개선을 꾀하기 어렵고 그 결과 보유주식의 수익률 제고도 쉽지 않다. 뿐만 아니라 금융회사의 지배구조 혁신 또한 기관투자자의 의결권 행사와 무관하지 않다. 기관투자자의 적극적 의결권 행사는 명실상부한 주주에 의한 경영을 확립하는 것이며, 이는 만연한 금융회사에 대한 암묵적, 명시적 경영 간여를 배제하는 계기가 될 것이다. 기관투자자의 의결권 행사가 촉진되려면, 특히 공적연금기금 등의 지배구조가 정부 혹은 정치권으로부터 독립적이어야 한다. 기관투자자의 의결권 행사에 의한 기업 및 금융회사 지배구조 개선을 위해서는 기관투자자 자체의 지배구조 개선이 선행되어야 한다는 것이다.

셋째, 정책수립 및 집행체계를 혁신해야 한다. 향후 금융부문에서 다루어야 할 주요 사안들은 대부분 금융정책 당국만의 노력으로는 해결하기 어려운, 여러 권역에 걸친 것들이 될 가능성이 크다. 이러한 복합적 사안에 대한 효과적인 해결은 당연히 복합적 이슈를 다룰 수 있는 체제 하에서만 가능하다. 이를 위해 세제부문과 금융부문을 시급히 통합해야 한다. 과거 특정 부서가 비대해질 것을 염려하여 세제와 금융을 분리하였으나, 이는 명백한 판단오류임이 드러나고 있다. 더불어 국내금융과 국제금융을 반드시 통합해야 한다. 세계 금융시장이 갈수록 통합되고 해외투자가 급속히 늘어나는 상황에서 국내금융정책과 국제금융정책을 분리하여 논하는 것은 시대착오적인 것이다. 이처럼 분리된 정책당국을 통합하고 물리적인 통합이 어려운 이슈에 대해서는 원활한 정책조율을 위한 컨트롤타워 마련이 필요하다. 이 때 정책조율의 목적은 특정 부문의 이해나 목표가 아닌, 국가의 미래비전 달성이 되어야 한다. 예를 들어 국민의 은퇴자산 마련, 성장동력 회복 등의 목적을 염두에 둔 초장기 프로젝트성 컨트롤타워를 구성해야 할 것이다. 그리고 이러한 컨트롤타워는 정권변화와 무관하게 지속될 수 있도록 법제화해야 한다.

넷째, 정책금융의 효율화를 꾀할 필요가 있다. 그동안 재정에 의한 모험자본 공급이 지속적으로 확대되어 왔으나, 이에 대한 반작용으로 순수 민간에 의한 모험자본 공급이 위축되는 현상이 이어지고 있다. 향후 민간 주도의 모험자본 공급을 정착시키기 위해서는 민간출자에 대한 인센티브를 강화하고, 정책금융의 역할 또한 재조정해야 한다. 즉 현재 여러 부문에 흩어져 공급되고 있는 공공 모험자본 전체의 출자예산을 협의하고 조정할 필요가 있다. 또한 공공 모험자본 간 출자영역을 다시 정하고, 아울러 개별 모험자본에 대한 통합적이고도 체계적인 사후평가를 해 나가야 할 것이다.

다섯째, 벤처기업 등 모험산업에 투자하기 위해서는 미래가치를 평가할 수 있는 능력이 있어야 한다. 한국 금융의 무형가치 평가 능력은 낮은 수준이다. 만약 미국의 구글이나 애플을 평가해보라고 하면, 한국 금융은 부동산을 평가할 것이다. 투자 중심으로 변모하여 선진 금융으로 발전하기 위해서는 평가능력을 함양해야 한다. 평가능력 함양 없이는 높은 수익을 창출할 수도 없고, 후진국 수준이라는 국제평가를 면하기 어렵다.

경제분야 미래전략

국가재정전략

국가(및 기타 공공단체)가 공공욕구를 충족하기 위해 필요한 수단을 조달하고 관리·사용하는 경제활동을 의미하며, 정부의 경제라고도 정의할 수 있는 재정은 국가경제를 지탱해 주는 최후의 버팀목이다. 국가는 권력적 통치단체로서 일정한 정치조직을 갖고 주요 기능(국방·치안유지, 교육, 국토보존 및 개발, 경제 질서유지 및 성장 촉진 등)을 수행하고 있다. 한국의 경우 그동안 국가재정이 건전했기 때문에 1997년 외환위기와 2008년 글로벌 금융위기를 극복할 수 있었다. 재정은 현재뿐 아니라 미래에도 중요하다. 재정을 장기적으로 전망하는 주요 이유는 인구와 사회구조의 변화가 재정에 미치는 영향을 예측하여, 경제사회적 여건 변화에 적극적으로 대응하는 국가정책을 수립하기 위해서이다. OECD와 IMF 등에서도 전망의 유용성을 고려하여 각국 정부로 하여금 장기재정전망보고서를 발간할 것을 지침으로 권고하고 있다.

예산결산·기금 및 재정운용과 관련된 연구와 의정활동을 지원하는 국회예산정책처에서는 재정 전망에 관하여 다음과 같이 크게 2가지 방식을 제시하고 있다. 첫째는 장기 기준선 전망으로 당시의 법과 제도가 그대로 유지되고 추가적인 조세체계 변화나 지출관련 제도의 변화가 없다고 가정하는 중립적인 방법이다. 이러한 방식은 향후에 있을 법과 제도의 변화가 재정에 미치는 영향을 파악하는 기준선_{baseline}으로 활용할 수 있다. 둘째는 정책 시나리오 분석 방법이다. 이는 정부의 재정관리에 관한 정책의지를 반영하여 전망하는 것으로, 현재의 제도 유지보다는 정책 변화에 따른 장기재정의 변화 측면을 살펴볼 수 있는 장점이 있다.

그동안 한국개발연구원, 조세재정연구원에서 국가재정을 전망한 적이 있었고, 기획재정부도 2015년 말 장기재정전망을 발표한 바 있다. 기획재정부의 장기전망은 정부차원에서 한 최초의 전망이라는 점에서 높이 평가할 수 있지만 정부의 정책적 의지가 강하게 반영되어 있다는 특징이 있다. 국회예산정책처의 경우, 2012년부터 2년마다 국가재정 장기 전망서를 내놓고 있다.

국회예산정책처가 2060년까지 내다보며 2016년 발표한 장기재정전망에 따르면, 장기 기준선 측면에서는 총수입(3.3%)보다 총지출(4.4%)이 빠르게 증가하여 재정건전성이 나빠지는 것으로 나타났다. 총수입은 고령화 등에 따라 악화되고, 총지출은 공적연금 등 의무지출로 인하여 지속적으로 증가하기 때문이다. 이에 따라 국가채무는 2060년 151.8%로 확대되고 2030년대 중반이 되면 재정여력이 더 이상 지속 가능하지 않는 것으로 나타났다. 이는 정부가 현재의 재정구조를 그대로 유지한다면 잠재적 재정부담을 감당하지 못한다는 것을 의미한다.

하지만 경제성장률 제고, 세입 확충, 지출절감정책과 엄격한 재정준칙을 적용한다면, 2060년 GDP 대비 국가채무수준은 통제가능한 수준으로 관리가 가능한 것으로 나타났다.

이러한 국가재정에 영향을 미치는 요인들은 다양하다. 특히 최근 한국사회의 구조적 변화를 가져오고 있는 저출산과 고령화, 잠재성장률의 추세적 하락, 경제양극화 심화, 그리고 한반도 통일과제 등은 국가재정운용에 큰 영향을 미치는 현안과제로 떠오르고 있다. 그러나 이들 요인들은 재정지출에 큰 부담을 주기도 하지만, 잘 관리한다면 오히려 세수기반을 확대하고 심화시켜 주는 역할도 기대할 수 있다. 즉, 재정과 이들 정책현안들은 상호 영향을 주고받는 관계이다. 재정과 이들의 관계가 선순환이 될 수 있는 방안을 찾아야 하는 이유이다.

한국사회의 주요 현안과 과제

인구구조의 변화, 지속적인 저성장 기조에 따른 제반 문제 등은 최근 우리 사회의 변화를 가속화시키고 있다. 이들 요인들이 국가재정정책에 주는 영향을 다음과 같이 살펴본다.

저출산과 고령화

통계청의 인구추계에 따르면 한국의 인구는 2030년 5,216만 명으로 정점에 도달한 후 지속적으로 낮아져 2060년에는 4,396만 명으로 감소한다. 인구수로 표현되는 국가 체력이 낮아진다는 의미이다.

더불어 더 큰 우려를 낳고 있는 것은 인구구조의 변화이다. 유소년인구(0~14세)와 생산가능인구(15~64세)는 줄고 노년인구(65세 이상)는 크게 증가한다는 점이다. 국민들을 부양해야 하는 생산가능인구는

2010년 3,598만 명으로 전체인구의 72.8%, 2030년에는 3,289만 명으로 63.1%, 2060년 2,187만 명으로 49.7%로 낮아진다.

반면 65세 이상 노인인구는 2010년 545만 명, 2030년 1,269만 명, 2060년 1,762만 명으로 전체인구에서 차지하는 비율이 각각 11.0%, 24.3%, 40.1%로 급증한다. 이에 따라 생산가능인구 100명당 노인을 부양해야 할 노년인구수는 2010년 15.2명, 2030년 38.6명, 2060년 80.6명으로 급증할 것으로 예측된다. 이러한 인구구조의 고령화[1]와 부양인 수의 증가는 경제 활력을 떨어뜨리고, 연금과 보험을 비롯한 사회복지비의 지출을 급속하게 늘릴 것이다.

〈표 7-1〉 중위가정에 따른 연령계층별 인구 및 구성비

(단위: 천명, %)

지표	연령	2010년	2030년	2060년
인구 수 (%)	0-14세	7,975 (16.2)	6,575 (12.6)	4,473 (10.2)
	15-64세	35,983 (72.8)	32,893 (63.1)	21,865 (49.7)
	65세이상	5,452 (11.0)	12,691 (24.3)	17,622 (40.1)
	전체	49,410 (100.0)	52,160 (100.0)	43,959 (100.0)

자료: 통계청

한편 한국의 출산율은 1990년대 이후 계속 낮아져 2010년 합계출산율[2]은 1.23명에 불과하다. 이는 OECD 회원국 평균 1.8명보다 낮은 수치이다. 유엔에 따르면 인구 1,000만 명 이상의 국가이면서 2050년까지 생산가능인구가 감소하는 국가는 198개국 중에서 19개국이다.

이 중에서 우리나라는 생산가능인구 감소율이 세계 6위 수준을 기록할 것으로 전망된다. 낮은 출산율과 생산가능인구의 감소는 한국경제의 크기를 축소시키고 성장동력도 떨어뜨려 국력을 쇠약하게 만들 것이다. 이에 따라 국가적 재난이 될 저출산 현상을 막기 위해 출산율을 높일 수 있는 각종 정책수단이 동원되고 있으며, 보육정책에 소요되는 재정부담도 이에 비례하여 커지게 될 것이다.

성장동력 약화: 잠재성장률의 추세적 하락

한국경제의 실질경제성장률을 1970년 이후 10년 단위로 살펴보면, 1971~1980년 9.3%, 1981~1990년 9.9%, 1991~2000년 7.0%, 2001~2010년 4.4% 2011~2015년 3.0%로 낮아지고 있다. 이러한 추세적 하락세는 경제가 점차 성숙단계로 진입함에 따라 나타나는 현상이기도 하지만, 경제위기로 인한 충격도 상당부분 영향을 미친 것으로 보인다.

국회예산정책처는 2016~2020년 연평균 실질경제성장률[3]을 2.9%로 전망하고 있다. 경제가 추가적인 물가상승을 유발하지 않고 가용자원을 최대한 사용하여 성장할 수 있는 지표인 잠재성장률도 하향세를 보이고 있다. 1991~2000년 평균 6.7%, 2001~2010년 평균 4.5%, 2011~2015년 평균 3.0%로 추세적으로 하락하고 있다.

[표 7-2] 실질경제성장률 및 잠재성장률(평균) 추이

(단위: %)

기간	1971~1980	1981~1990	1991~2000	2001~2010	2011~2015
실질경제성장률	9.3	9.9	7.0	4.4	3.0
잠재성장률	–	–	6.4	4.4	3.0

자료: 국회예산정책처, 〈2017년 및 중기 경제전망〉

경제성장률은 재정에 직접적인 영향을 미친다. 성장률의 하락 추세는 지속적으로 세수기반을 잠식하여 재정수입의 증가를 저해하는 요인이 된다. 반면 재정 지출은 증가되는데, 대표적으로 근로소득자의 실질소득 하락과 빈곤가계의 증가는 실업대책비와 복지지출 등 각종 이전지출이 증가된다. 즉 낮은 경제성장률로 인해 재정건전성은 크게 악화될 수밖에 없는 것이다.

경제양극화 심화

경제적으로 양극화가 심화되는 현상은 첫째, 가계와 기업이 각각 국민총소득GNI에서 차지하고 있는 소득의 비중에서 찾아볼 수 있다. 1995년부터 2012년까지 지난 18년 동안 한국의 국민총소득에서 가계부문이 차지하는 비중은 하락하는 반면에 기업부문의 비중은 상승해 왔다. 가계와 기업 간 소득격차는 OECD 회원국 평균에 비해 상대적으로 그 격차가 빠르게 확대되고 있다. 이 기간 가계소득이 차지하는 비중은 70.6%에서 62.3%로 8.3%포인트 하락했다. 같은 기간 OECD 회원국 평균 하락폭은 4.2%포인트로 한국의 하락폭이 2배 가까이 높았다. 반대로 기업소득은 16.6%에서 23.3%로 6.6%포인트 상승하면서 OECD 평균 증가폭 1.6%포인트에 비해 4배 이상 높았다.

가계로 흘러들어가는 소득 비중의 감소는 국민들의 내수를 축소시키고 가계부채를 증가시키며 정부의 세수기반을 약화시킬 수 있다. 즉 국가의 재정수입에 부정적인 영향을 미친다. 반면 기업의 영업이익은 증가하였지만, 정부의 법인세율은 김대중 정부 27%, 노무현 정무 23%, 이명박 정부 20%, 박근혜 정부 18%로 지속적으로 하락하면서 법인세수는 상대적으로 덜 걷히게 되었다.

둘째, 성장과 분배의 단절화 현상이다. 1990년대 초반까지는 경제성장이 빈곤 감소에 긍정적인 영향을 미쳤다. 하지만 현재 경제성장이 빈곤감소로 이어지지 않고 있다. 성장과 분배 사이의 선순환을 만드는 연결고리가 약화되고, 경제의 낙수효과trickling down effect가 사라지고 있음을 의미한다. 성장과 분배의 단절화에 따른 시장실패는 빈곤과 경제적 불평등의 증가로 나타난다. 이러한 현상은 고용 없는 성장, 비정규직 및 저임금 근로자의 증가, 실업률 증가, 빈곤율의 증가, 빈곤의 대물림 현상으로 이어진다.

잠재성장률 하락과 함께 고용 없는 성장으로 우리 사회는 2020년 초반까지 일자리 부족 현상이 유지될 것으로 예측된다. 정부는 시장이 해결하지 못하는 빈곤과 경제적 불평등을 완화시키기 위해 부득이하게 재정적 개입, 즉 2차 소득분배를 하게 된다. 정부가 지원하는 중소기업정책, 재래시장 활성화 대책, 고용정책 등이 그것이다. 결국 재정지출을 증가시키게 되는 것이다.

〈표 7-3〉 국민총소득(GNI) 대비 가계 및 기업부문 소득 비중 추이

(단위:%,%p)

		1995	2000	2005	2010	2011	2012	2012~1995
가계/GNI	한국	70.6	68.7	65.9	62.0	62.0	62.3	-8.3
	OECD평균	71.9	70.0	67.9	67.8	67.5	67.7	-4.2
기업/GNI	한국	16.6	16.5	19.8	23.5	23.7	23.3	6.6
	OECD평균	16.6	17.2	18.2	18.4	18.6	18.2	1.6

주: OECD에 1995년부터 2012년까지 모든 자료가 있는 20개 국가(오스트리아, 벨기에, 체코, 덴마크, 에스토니아, 핀란드, 프랑스, 독일, 헝가리, 이탈리아, 일본, 한국, 네덜란드, 노르웨이, 폴란드, 포르투갈, 슬로바키아, 슬로베니아, 스웨덴, 영국) 평균
자료: 국회예산정책처(2014), 〈NABO 경제동향&이슈〉

통일비용

앞으로 다가올 통일은 편익뿐 아니라 비용 측면에서도 준비가 필요하다. 그동안 통일비용에 관한 추계는 국내외 여러 전문기관에서 실시하였고, 금액도 차이가 많다. 국회예산정책처가 2014년 발표한 〈한반도 통일의 경제적 효과〉에 대한 연구결과를 보면, 남북한의 경제적 통합을 가정했을 때, 2016년부터 2060년까지 통일비용은 연평균 103조 원으로 총 4,657조 원이 소요되는 것으로 추계되었다. 가장 최근에는 영국 이코노미스트에서 추계한 것으로 남북한이 통일할 경우에 보수적으로 계산하더라도 1조 달러(약 1,172조 원)가 드는 것으로 나타났다. 지금 현재로서는 미래의 불확실한 정치 변동으로 인해 발생할 수 있는 통일 상황의 비용을 정확히 추산하기는 어렵지만, 국가재정에 부담을 줄 수밖에 없는 것은 분명하다고 볼 수 있다.

현안대처를 위한 재정의 원칙

첫째, 재정의 지속가능성 확보 원칙이다. 재정의 지속가능성은 현세대뿐만 아니라 미래세대를 위해서도 꼭 확보되어야 할 중요과제이다. 재정수입 측면에서 세수기반은 현재보다 심화되고 확대되어야 한다. 이를 위해 국내총생산을 증대시키고 성장친화적인 기술의 진보, 노동의 양적확대와 질적 고도화, 자본투자의 지속과 확대가 이루어져야 한다. 아울러 국내외 기존 시장의 심화와 새로운 시장도 지속적으로 개척하여야 한다.

둘째, 세대 간 및 세대 내 공평성 확보 원칙이다. 재정지출의 혜택과 재정수입의 확보를 위한 부담은 세대 간과 세대 내에서 공평하게 이루어져야 한다. 예컨대, 경제성장률보다 높은 GDP 대비 국가채무비율의 증가는 현 세대의 부담을 미래세대에 전가시키게 된다. 때문에 일시적인 경기침체의 회복을 위한 예외적인 상황을 제외하고는 무분별한 국가채무 증가는 지양해야 한다. 또한 불가피한 채무지출도 제한적이고 한시적으로만 허용해야 한다. 이른바 세대 간 혜택과 부담이 조화롭게 이루어져야 한다. 재정지출의 혜택과 조세부담은 세대 내에서도 공평하게 이루어져야 한다. 공평의 원칙은 과세방식에 있어서 혜택에 상응하는 부담이 이루어져야 한다는 응익원칙benefit principle과 보다 여유있는 계층이 더 부담해야 한다는 응능원칙ability-to-pay principle이 함께 고려되어야 한다.

셋째, 사회보장적 지출에서 고용친화적인 투자적 복지와 보호적 복지의 우선순위가 고려되어야 한다. 긴급한 보호를 위한 보호성 복지지출과 같은 불가피한 상황을 제외하고는 일반적으로 고용, 투자, 성장이 선순환 될 수 있는 복지지출이 우선되어야 재정의 지속가능성이 담보된다.

넷째, 최소비용으로 최대효과를 얻는 지출이 되어야 한다. 이를 위해서는 세부전략이 필요한데, 우선 재정투입의 보충성 원칙이 필요하다. 정부의 재정적 개입은 시장의 기능으로 기대할 수 없을 때 이루어져야 한다. 정부의 개입이 이루어지더라도 제도개선, 규제완화 등을 먼저 고려하고 필요하다면 재정정책도 감안한 정책조합policy mix이 이루어져야 한다. 다음으로는 예방적, 선제적 지출과 사후적 지출의 조화가 필요하다. 통상 예방적 지출은 사후적 지출보다 재정이 덜 소요되는 반면에 시급성은 떨어진다. 나중에 큰 재정지출이 예견되지만 현재의 적은 지출로 예방할 수 있다면 선제적 지출이 우선되어야 한다. 또 막대한 재원이 소요되는 조세감면과 재정지출사업에는 반드시 예비타당성과 재정효과분석이 선행되어야 하고, 집행과정 모니터링과 사후평가를 통해 재정정책수립에 환류feedback를 이뤄가야 한다. 마지막으로 재정수입과 지출은 법률에 따라 적법한 절차로 투명하게 이루어져야 한다. 투명성의 확보는 재정낭비를 막고 시민들의 지지를 받을 수 있는 중요한 요소이다.

현안별 장단기 전략

국가재정의 미래전략은 지금 우리 사회가 안고 있는 현안들의 해결과 무관하지 않다. 각 현안들의 해결 방안을 통해 국가재정 문제의 미래 전략방향을 모색할 필요가 있다.

저출산 문제 전략

출산율을 높이기 위해서는 막대한 재정이 소요된다. 예를 들어 전라남도 강진군은 2008년 출산율이 2.2명으로 우리나라 최고를 기록했다. 강진군은 신생아 양육비로 첫째아이에게는 연간 120만 원, 둘째아이에게는 연간 240만 원, 그리고 셋째아이 이상은 30개월까지 720만 원을 지원해준다. 또 임산부의 초음파 검진비용 6만 원, 출산준비금 20만 원, 15만 원 수준의 출산용품 지원 등 2005년부터 강력한 출산장려 정책을 시행하고 있다.

해외 성공사례로는 프랑스를 살펴볼 수 있다. 프랑스는 1994년 기준 평균 출산율 1.6명을 기록할 만큼 대표적인 저출산 국가였다. 그러나 인구쇼크를 받은 프랑스는 출산율 증가를 위해 엄청난 재정을 투입하면서 2014년 기준 평균 출산율 2.1명을 회복했다. 유럽연합 가운데 출산율 1위 국가가 된 것이다. 출산율을 높이기 위해서 프랑스는 그동안 매년 44조 5,000억 원씩을 투자해왔다. 프랑스는 태아 때부터 아이가 성인이 될 때까지 각종 보조금과 임산부 특별수당 지급뿐 아니라 출산 여성이 휴직하면 3년간 매달 500유로(약 76만 원) 안팎의 보조금을 통해 출산을 장려한다. 또한 2명 이상의 자녀를 두면 별도의 수당을 주며 편부모 수당, 개학수당 등 다양한 보조금 제도를 운영하고 있다. 2009년 기준 프랑스 인구는 약 6,400만 명이고 1인당 GDP는 4만 2,747달러인데도 세 자녀를 둔 가정은 매달 100만 원 이상을 지원받는다.

앞의 사례에서 살펴본 바와 같이, 출산율 상승을 도모하기 위해서는 막대한 재정이 소요된다. 출산율을 높이기 위해서는 젊은이들에게 안정적인 일자리가 마련되어야 하고, 일과 양육이 양립할 수 있는 제도적, 재정적 지원이 이루어져야 한다. 자식이 있는 부모에 대해서는 육아혜택이 주어져야 한다. 양육비, 교육비 지원, 임대주택과 자가주택 마련 혜택 등과 더불어 가족을 보호하는 다양한 정책 마련이 필요하다.

고령화 문제 전략

노후보장의 핵심은 소득보장과 건강보호이다. 은퇴 후 소득보장을 위한 연금은 4대 공적연금(국민연금, 공무원연금, 사립학교 교직원연금, 군인연금)과 기초연금이 있다. 4대 공적연금의 88.3%를 차지하고 있는 국민연금은 적립금이 2043년 2,561조 원으로 정점을 찍은 후 2060년부터는 적자로 돌아설 것으로 예측된다. 소득 하위 70%를 차지하고 있는 65세 이상 노인을 대상으로 매월 최대 20만 2,600원(2016년 기준)까지 지급하는 기초연금은 2014년에 도입되었다.

국민건강 보장을 위한 보험으로는 전 국민을 대상으로 하는 건강보험과 노인장기요양보험이 있다. 정부는 건강보험과 노인장기요양보험을 위해서도 매년 막대한 재정지원을 하고 있다. 노인장기요양보험은 고령이나 노인성 질병 등으로 일상생활을 혼자서 수행하기 어려운 이들에게 신체활동, 가사지원 등의 서비스를 제공하여 노후생활을 안정화하기 위한 사회보험제도로 2008년에 도입되었다. 향후 고령화가 급속도로 진행되면서 이들 연금과 보험은 국가재정에 큰 부담이 될 것으로 보인다.

이러한 4대 연금과 국민건강보험 관련 재정을 담보하기 위한 전략적 원칙으로 세대 간 공평과 세대 내 공평이 제시되어야 한다. 정부는 미래세대에 과도한 부담을 지우고 연금재정 건전화를 위해 2015년 공무원연금법과 사립학교교직원 연금법을 덜 받고 더 내는 방식으로 부분적으로 개편한 바 있다. 동일한 세대 내에서 공평한 부담을 위해서는 상위 고소득 계층이 더 부담하여야 한다는 것이다. 비록 외국의 사례이지만 인간의 기대수명은 고소득 전문직인 사람이 그렇지 않은 육체노동자보다 더 길다. 인간의 건강은 소득과 상당한 상관관계가 있기 때문이다. 만일 부유한 사람들이 미래의 연금, 건강, 장기요양과 같은 고비용의 혜택을 더 누리게 된다면, 정부는 국민들에게 기대수명 혹은 소득에 따라서 누진적인 과세를 부과할 수도 있다.

연금재정을 안정화시키기 위한 전략적인 방안 중의 하나로 퇴직연령 시기를 늦추는 방안도 생각할 수 있다. 이는 최근 젊은 층의 고용시장 진입시기가 점점 늦어지고 평균수명이 크게 늘어난 점을 감안하면 합리적이다. 덴마크 정부의 복지위원회는 앞으로 30년 동안 매년 1개월씩 은퇴시기를 늦춘다면(총량은 3년 이하), 현재의 복지수준을 유지하면서 재정의 지속가능성을 보장할 수 있을 것으로 추정하였다. 직업 활동 기간을 연장하는 방식은 연금의 지속가능성을 보장하는 효과적인 수단이다. 연금수급 연수를 축소시키면서 동시에 기여기간을 늘리는 두 가지 효과가 있기 때문이다. 개인 측면에서는 불만일 수도 있지만, 이제는 종전보다 더 건강해졌고 직업 활동을 통해 자아실현을 하는 경우도 많아졌기 때문에 충분히 검토해 볼만한 정책이다. 하지만 이러한 정책에는 단기적으로 젊은 층이 고용시장에 진입하는 데 불이익이 주어지지 않고 늦게 퇴직함으로써 경제적인 불이익을 받지 않도록 하는 세심한 제도설계와 시행이 필요하다.

중장기적으로는 세대 간 돌봄이 정부나 사회의 개입보다는 가족 안에서 이루어지도록 하는 변화가 필요하다. 전통사회에서 노인의 1차적 보호는 가정에서 이루어졌다. 부모가 자식을 양육하고 나중에 자식세대가 부모를 부양하는, 이른바 세대 간 돌봄 형태였다. 하지만 급속한 산업화로 대가족이 해체되고 핵가족화 되면서 가정 내 세대 간 돌봄도 해체되기 시작했다. 사적연금과 사적보험도 있으나 이를 위해서는 직업 활동이 안정적이어야 한다. 여유 있는 고소득층의 경우에나 이러한 보장이 가능하다. 따라서 가정 안에서 세대 간 돌봄이 이루어지면 노년행복도 보장되고 정부의 재정부담도 완화될 수 있다. 결국 이러한 돌봄 형태가 이루어질 수 있는 정책이 필요하다는 의미이다.

성장동력 회복 전략

2000년 이후 잠재성장률의 추세적 하락[4]은 인구고령화 등 사회구조적 변화와 투자부진 및 서비스업 부문의 생산성 정체 등 경제구조적 문제에서 복합적으로 기인하는 것으로 보인다.

단기적인 현안으로는 조선업 등 경쟁력을 상실한 산업에 대한 구조개선과 체질강화와 가계부채 대책이 필요하다. 산업구조개편은 원칙적으로 시장원리에 따라야 하며 정부개입은 한시적으로 성장동력을 회복하기 위한 방향에서 이루어져야 한다. 정부개입은 국민부담을 전제로 하기 때문에 국민적인 동의절차가 필요하며, 경영책임이 있는 부분에 대해서는 책임을 지도록 해야 한다. 가계부채 문제의 완화도 생활안정과 내수회복을 위해 시급히 해결해야 할 과제이다.

중장기적 효과를 보기 위해서 경제의 체질강화와 성장동력 확보를 위한 신성장 부문 R&D 투자와 벤처창업 지원 등 기반확보를 위한 재정적 투자가 필요하다. 또한 경쟁을 제한하고 있는 규제개선, 고부가가치 서비스산업 지원, 여성과 청년층의 고용확대를 위한 지원, 고령층의 전문성 활용방안 마련 등이 추진되어야 한다.

경제양극화 해소 전략

가계와 기업 간, 그리고 소득계층 간 소득불균형은 경제 전반적으로 역동성을 떨어뜨리고 자원배분의 효율성을 제약한다. 또 계층 간 소득의 고착화는 중위와 저소득 계층 노동력의 활용도를 떨어뜨려서 경제적 자원의 낭비와 사회 불안을 초래하는 요인이 된다. 덴마크, 미국, 영국, 스웨덴의 사회적 비이동성immobility을 비교한 연구에 따르면, 낮은 소득수준이 아버지에게서 자녀로 대물림되는 현상은 영국과 미국에서 훨씬 강하게 나타났다. 덴마크와 스웨덴의 경우도 부의 대물림은 나타났지만 영국이나 미국에 비해 소득하층에서 상향이동의 가능성이 더 높게 나타났다. 덴마크와 스웨덴에서는 저소득층에 대한 재정적 지원이 더 컸기 때문이다.

고용은 소득의 양극화를 해소하는 가장 기본적인 토대이다. 하지만 최근 경제성장이 고용증가에 미치는 효과는 추세적으로 하락하고 있다. 즉 한국에서 경제성장에 따른 고용창출능력이 점차 약화되고 있다. 따라서 고용창출능력을 높이기 위해 성장잠재력을 높일 수 있는 제조업의 원천기술 개발, 부품소재의 국산화, 취업유발 효과가 높은 사회복지 등 서비스산업의 육성이 필요하다.

또한 최근 고용증가가 서비스산업, 전문직, 대졸이상, 여성취업자가 주도한 점을 고려하여 체계적인 직업교육 및 산학연계시스템 마련, 고학력인력을 흡수할 수 있는 산업분야의 경쟁력 강화, 여성인력의 사회진출을 지원하는 보육시설의 확충 노력도 필요하다.

그밖에 저소득층이나 일시적 실업자를 위한 사회부조사업을 시행함에 있어서도 스웨덴의 사례에서와 같이 본인이 구직활동을 해야 하고, 정부고용 프로그램에 참여해야 하며, 어떠한 일이라도 해야 한다는 원칙이 지켜져야 한다.

평화통일을 위한 전략적 접근

통일은 단기적으로는 막대한 비용이 들겠지만, 장기적으로는 한국경제의 축복이 될 것이다. 재정의 건전성과 지속가능성 측면에서도 도움이 될 것이다. 국회예산정책처가 2014년 발표한 자료에 따르면 통일의 경제적 편익은 연평균 321조 원으로 통일비용의 3.1배가 된다. 이러한 혜택에는 군사적 갈등완화, 청년노동력 활용, 국가위험 해소로 인한 국제신뢰도 제고, 한반도 종단철도 활용에 따른 물류비용 감소와 같은 편익도 포함된 개념이다. 통일은 한국경제에 단기적으로 부담을 초래하지만 장기적으로는 더 큰 편익을 가져다주는 것이다.

한편 통일이 재정에 미치는 영향을 보면 통일한국의 GDP대비 국가채무는 2016년 38.7%에서 2060년 163.9%로 증가하지만, 이는 통일하지 않았을 경우 남한만의 국가채무비중 예상치인 168.9%보다도 낮다. 통일로 인하여 세수가 더 들어와 국가채무가 감소하는 효과를 보게 되는 것이다. 이러한 결과는 2013년 조세부담률 19.4%가 2060년까지 유지된다는 전제하에 이루어진 것이다. 만약 조세부담률을 1%포인트 높이면 GDP대비 국가채무비중은 122.4%로 낮아지고, 3%포인트 높이면 39.5%로 충분히 관리가 가능한 수준에 이르게 된다.

사회적 대타협 필요

현재의 조세부담 수준으로 국민들에게 적정한 복지를 제공하면서도 재정을 지속가능하게 하는 데에는 어려움이 많다. 2015년 한국의 조세부담률은 18.1%, 조세부담률에 사회보장부담률을 합한 국민부담률은 24.7%였다. 이것은 OECD 평균인 25.1%와 34.4%보다 각각 낮다.

이제 정부와 정치권은 국민들에게 중복지를 하려면 중부담이 필요한 때라고 밝히고 재원의 조달방식에 대해 국민적 동의를 얻어야 할 시점이다. 국가의 미래를 위해 복지와 증세, 재정을 장기적으로 지속하게 하는 방법에 대한 사회적 논의와 합의가 절실한 상황이다.

경제분야 미래전략
조세전략

최근 들어 조세정책의 위상은 보다 강화되고 있다고 볼 수 있다. 그러나 조세 이슈는 정치적으로 가장 휘발성이 높은 문제 가운데 하나로 '연말정산 파동'이나 '담배세 인상' 등에서 보듯이 국가 전체적으로 매우 민감한 주제를 다루고 있으며, '법인세 증세론' 갈등에서 나타나듯이 대립이 격화되고 있는 분야이다.

조세정책은 국민의 경제행위에 매우 큰 영향을 주기 때문에 일관성이 결여된 정책변화는 경제의 효율성을 매우 저해하게 된다. 특히 경제 주체가 조세정책의 변화에 반응하여 행태를 변화시키고 새로운 균형을 찾는 데 상당한 기간이 소요되며, 또한 그 사이에 다른 정책 변화가 발생하면 기존의 조세정책 목표를 이루기 어려워지는 구조적 문제에 빠지게 된다.

이러한 특성을 토대로 최근 조세정책 논의의 변화를 살펴보고, 이와 더불어 미래 환경 변화에 따른 조세정책의 중장기적 방안을 제시하고자 한다.

조세정책 변화와 진단

우리나라의 조세부담률, 즉 GDP에서 국세와 지방세 등 세금이 차지하는 비율은 2000년대 들어 17~19%대에서 안정세를 보였으나 2012년 18.7%, 2015년 17.8%로 감소 추세에 있다. 또 국민부담률, 즉 경상GDP에서 조세와 사회보장기여금이 차지하는 비중은 2012년 24.8%에서 2013년 24.3%로 0.5%포인트 하락했다가 2015년에는 24.7%로 소폭 상승했다. 이를 주요 선진국들과 비교해보면 우리나라 조세부담률은 2012년 기준 18.7%이고, 국민부담률은 24.8%로서 OECD 회원국 34개국의 평균 조세부담률(24.7%) 및 국민부담률(33.7%)에 비해 상당히 낮은 수준이라고 할 수 있다.

〈표 7-4〉 조세·국민부담률 및 조세수입구조 국제비교

집단 구분 (국민부담률)	한국 (25.%)	집단 I (27% 미만)	집단 II (28~33%)	집단 III (34~40%)	집단 IV (42% 이상)	전체
소득세	3.6	6.0*	7.0	7.8	12.6	8.7
법인세	3.5	3.1*	2.8	2.4	3.5	2.8
사회보장	5.7	4.8	7.8	11.7	11.7	9.2
일반소비세	4.4	4.4	6.7	7.9	8.1	6.7
개별소비세	2.7	2.1	2.5	3.5	2.8	2.7
재산과세	2.9	1.9	1.9	1.6	1.8	1.8
국민부담	25.1	24.0	30.7	36.3	43.8	33.8
조세부담	19.3	19.1	22.8	24.6	32.1	24.6
1인당 GDP	21,529	29,353	32,964	38,706	49,863	37,709
해당국가		멕시코 칠레 미국 한국 호주 터키 일본	아일랜드 슬로바키아 스위스 그리스 캐나다 뉴질랜드 포르투갈 스페인 폴란드 이스라엘	에스토니아 체코 영국 독일 아이슬란드 룩셈부르크 헝가리 슬로베니아 네덜란드	오스트리아 핀란드 노르웨이 프랑스 이탈리아 벨기에 스웨덴 덴마크	OECD 회원국

주: 칠레와 멕시코 제외(소득세와 법인세 구분 통계 無)
자료: 안종석 (2013) 〈중장기 조세정책 방향에 대한 제언〉

OECD 회원국의 국민부담률을 4개의 집단으로 구분해서 분석해보면(앞의 표), 한국은 국민부담률이 27% 미만인 집단에 속하는 것으로 나타난다. 집단은 비유럽 국가들로 구성되고 유럽 국가들은 대부분 집단 II, III, IV에 속한다. 집단 IV는 주로 북유럽의 경제선진국들로 구성되며 국민부담률은 42~48.2%, 1인당 GDP가 4만 달러 이상이다.

또한 국제비교를 통해 국민부담률이 높은 국가일수록 조세수입구조에서 소득세, 사회보장기여금, 일반소비세의 비중이 큰 것을 알 수 있다. 법인세의 경우 집단 I에서 III까지는 비중이 낮아지는 경향이 있으나 집단 IV에서는 높은 수준을 보이고 있다.

조세정책 당면 문제

현재 다양한 조세 지원 제도들이 정책목표를 달성하기 위한 차원에서 마련되어 운영되고 있다. 2015년 현재 120여 개의 다양한 비과세·감면 제도가 있다. 예를 들어 (근로)소득공제, 대기업 위주의 투자 및 연구개발세액공제, 중소기업에 대한 다양한 지원제도 등을 꼽을 수 있다. 그러나 이 중 대부분은 감면제도의 방만한 운영으로 실효성은 낮은 것으로 밝혀지고 있다.

정부가 손쉬운 정책수단으로 조세정책 및 제도를 활용하는 경향이 크기 때문에 이 과정에서 일관성 부족 문제와 과잉 활용 현상이 나타난다고 볼 수 있다. 이러한 상황 속에서 단편적이고 새로운 조세 감면 제도가 끝없이 등장하고 소멸하기를 반복하는 악순환이 벌어지고 있는 것이다.

또한 조세형평성 강화, 소득세 정상화, 세제 간소화, 국세-지방세 균형 배분 이슈도 주요 당면문제라고 할 수 있다. 조세형평성 강화를 위해서는 우선 현재의 편법 상속증여 행태들을 방지하고, 소득세 정상화를 위해서는 소득세 포괄주의의 실현, 금융 및 임대소득 과세 강화, 개인소득 과세 정상화(감면 축소 등) 방안이 수립되어야 한다. 세제 간 소화를 위해서는 목적세 폐지 및 개별소비세 정비를 통해 현재 세제의 복잡성을 단순화하는 시도가 이뤄져야 한다. 그리고 국세-지방세 균형 배분이 이뤄지게 하기 위해서 지방소비세 재원 이양 확대, 독립화 된 지방소득세 활용, 지자체 간 재정불균형 완화 등과 관련한 조치들이 마련되어야 할 것이다.

미래 환경 변화와 조세정책 이슈

인구구조 변화: 저출산·고령화

세계 최고 수준의 낮은 출산율(2015년 기준 합계출산율 1.24명)과 급격한 고령화 추세가 미래 조세정책 수립에 구조적으로 반영되어야 할 것이다.

고령화에 따른 인구구조 변화가 조세정책에 미치는 가장 큰 영향은 재정수요의 증가이다. 현재의 복지제도 정도만 유지한다는 가정 하에서도 2050년에는 GDP 대비 사회복지지출social expenditure 규모가 21.6%로 2014년 10.4% 대비 11.2%포인트 증가하는 것으로 나타난다. 그러나 사실 이 수준은 2014년 OECD 28개국 평균인 21.6%와 동일한 규모에 불과한 것이다.[5]

복지확대를 위한 증세

심각한 저출산·고령화 문제가 확산되면서 정부의 재정지출 확대가 필요해지고, 이를 충당하기 위해 증세 압력이 더욱 강화될 것으로 보인다. 이와 같은 복지 수요의 확대, 사회안전망 강화 필요성, 그리고 장기적인 경제침체 극복을 위한 재정확대와 세입기반 약화 등으로 재정건전성은 빠르게 악화될 수밖에 없는 상황에 이르게 될 것이다.

따라서 세입 확대가 불가피한 흐름이라고 볼 때, 관련한 증세 규모와 방법에 대해 사회적으로 건설적인 합의가 필요하다. 하지만 현재의 증세 논의들은 법인세 증세로 매몰되는 경향이 있다. 법인세 인상(전체 과표 구간 3%포인트 인상 시 세수 약 66조 원 증가 예상)만으로는 여전히 보편적 복지를 위한 재원 조달에는 한계가 있다.

저성장 기조 고착화

저출산·고령화로 인해 경제활동인구의 감소(2016년부터 노인인구의 유년인구 추월)로 노동력 투입에 한계가 나타나고 있다. 더불어 저축률이 하락함에 따라 투자가 감소하고 잠재성장률이 하락하는 저성장 기조가 확산될 것이다. 이러한 저성장 추세는 구조적 장기침체와 디플레이션을 가져올 가능성이 높다는 것이 큰 문제이다.

한국개발연구원KDI의 전망에 따르면 이러한 구조적 환경의 영향으로 잠재성장률이 2011~2020년 3.8%에서 2021~2030년 2.9%, 2031~2040년 1.9%로 하락할 것으로 나타났다. 그러나 실제로는 이보다 하락세가 더 뚜렷하여 2012년에 이미 경제성장률 2.3%를 기록했으며, 2015년에는 2.6%로 나타나 한국 경제가 당면한 냉정한 현실을 그대로 보여주고 있다.

이와 같은 장기적인 저성장 시대로의 돌입 추세는 조세정책 수립에 있어 성장잠재력 확충을 더욱 중요하게 고려해야 함을 시사한다. 또한 전통적인 조세정책 판단 기준인 효율성과 형평성 중에서 효율성이 이전 시대보다 더 중요한 의미를 갖게 될 것을 뜻한다.

소득불평등 심화

조세정책은 소득 분배 및 불평등 해소에 중요한 영향을 주는 정책수단이기 때문에, 중장기 조세정책 방향을 설정할 때 소득격차 확대 문제를 매우 신중하게 고려해야 한다. 통계상으로 소득불평등 정도를 나타내는 지니계수를 보면, 전국가구(1인가구 포함)의 지니계수가 2006년 0.360, 2008년 0.359, 2014년 0.370으로 계속 증가하여 불평등 정도가 심화되고 있음을 보여주고 있다. 특히 고령화 및 청년실업 증가 등으로 인한 단독가구비중 확대가 소득 불평등도를 확대시키고 있는 것이 최근에 나타난 또 다른 변화이다.

소득 재분배의 문제는 궁극적으로 사회적 합의와 선택의 문제라고 볼 수 있다. 국가 조세정책 전반의 목표를 소득분배 및 불평등 개선에 둘 것인지, 또는 빈곤 해소에 초점을 맞출 것인지 등에 대한 사회적 합의를 도출할 필요가 있다. 이에 기초하여 주요 정책수단으로서의 미래 조세정책의 세부 내용들, 즉 조세형평성 강화, 소득세 정상화 등을 발전적으로 조율해나가야 할 것이다.

기후변화와 환경

전 세계적인 기후변화와 환경에 대한 국제협력이 크게 증가하고 있으며, 2015년 파리협정Paris Agreement에 의한 신기후체제가 추진되기에 이르렀다. 기후변화·환경·에너지 문제와 관련하여 조세정책은 오염물질(온실가스 등) 배출원 억제를 위한 직간접적인 정책수단이라고 할 수 있다. 국내 및 국제적인 배출권 거래제 등과 연계하여 오염물질 배출 방지·억제를 위한 정책조합 도출의 필요성이 더욱 크게 증가할 것이다. 또한 지속적인 전력 에너지 수요 증가에 직면한 상황에서 에너지 수요 억제를 위한 구체적이고 실질적인 조세정책 수단이 필요한 상황이다.

이와 같은 조세 정책수단을 수립하고 집행하는 과정에서 역진적 소득재분배가 발생할 수 있는 가능성을 줄이고 효율성과 형평성을 동시에 달성할 수 있는 대응방안을 모색하는 것이 관련 과제이다.

제4차 산업혁명과 기술 환경의 변화

제조업을 비롯한 전통적인 산업들이 퇴조하고 있으며, 상품차원의 혁신이 아닌 새로운 산업이 예측불가능하게 출현하고 있다. 이러한 상황에서 ICT와 제조업의 융합 및 온라인과 오프라인의 연결online to offline로 상징되는 제4차 산업혁명이 본격 부상하고 있다.

이러한 시대에서 기업은 새로운 환경에 대한 부적응으로 국제경쟁력을 상실할 위험성을 안고 있으며, 개인 차원에서는 개인 간의 기술 격차, 즉 기존의 정보격차informational divide에서 종합적 기술 격차 technological divide로 확대되는 양태가 전반적으로 나타날 것이다. 특히 인공지능의 출현은 경제와 산업의 변화와 더불어 노동의 대체 등에도 영향을 끼칠 것으로 전망되고 있어 조세정책에도 커다란 구조적 변화들이 초래될 것이다.

통일시대 대비

한반도 통일이 언제 어떻게 이뤄질지 아직 예측할 수는 없으나, 통일에 대비하여 막대한 재정 소요에 대한 재정 여력을 확보하는 준비들은 분명 필요할 것이다. 통일 후 소요재원은 크게 위기관리비용, 제도통합비용, 경제적 투자비용 등으로 이뤄진다고 볼 수 있다. 이와 관련해서 세금 징수를 통해 필요 재원을 적립하는 것보다는 재정의 건전성을 유지하여 유사시에 자금 차입이 용이하도록 대비하는 것이 바람직하다.

지속가능한 조세 정책의 관점에서는 세부담을 비교적 낮은 수준으로 유지하되, 통일과 같은 대규모 재원 조달이 필요한 상황에서 큰 무리 없이 재원을 조달할 수 있는 여력을 가지는 것이 중요하다고 할 수 있다.

중장기 조세정책 방향

중장기 재정수요 예측 방법은 추가적인 조세체계 변화나 지출관련 제도의 변화가 없다고 가정하는 장기 기준선baseline 전망 방법과 정부의 재정관리에 관한 정책의지를 반영하여 전망하는 정책 시나리오 분석 방법으로 대별된다. 2050년의 재정수요를 대략적으로 예측해 본다면, 기존 복지제도 유지 및 저출산·고령화 추세 지속, 그리고 통일비용 가정(독일의 경우 대입, GDP 4~7% 소요) 아래, 복지와 통일비용으로 GDP의 18.2~21.6% 규모의 재정지출 증대가 예상된다. 이러한 경우에 조세부담과 사회보장기여금을 더한 국민부담은 GDP의 24.7%(2015년)에서 43.8~47.1%로 거의 2배 가까이 대폭 상승하게 된다고 볼 수 있다.

결국 이러한 재정수요전망 결과에 따라 조세 부담을 2배 수준으로 늘리는 것이 과연 가능할 것인지에 대한 의문이 따르게 된다. 이와 같은 막대한 재정수요에 대응하기 위해 세목을 불문하고 전방위적인 세수입 증대를 모색하는 방안을 고려할 수는 있을 것이다. 이를 위해 우선순위를 설정하고 지출수요의 특성에 맞는 재원 연계가 필요할 것인데, 예를 들어 형평성 관점에서는 소득세, 사회보장기여금의 세입 증대를 모색할 수 있을 것이고, 효율성 관점에서는 경제활동을 왜곡시키는 효과가 적은 보편적 과세인 부가가치세, 그리고 노동소득 과세에 대한 부분에 우선순위를 둘 수 있을 것이다.

미래형 과세 개혁 및 '미래세' 확충

과세 개혁을 위해 첫째, 개발이익에 대한 과세를 강화하는 것이 필요하다. 개발이익은 공공투자로 인한 편익증진, 개발사업 인허가에서 초래된 이익, 토지개발 및 건축행위에서 발생한 이익, 기타 경제사회적 여건변동으로 얻은 우발이익 등을 총괄하는 개념이라고 볼 수 있다. 이러한 개발이익의 환수는 공공의 직간접적 투자 및 용도변경 등의 인허가로 해당 토지의 가치가 증진될 경우 이러한 토지가치 증진분의 사유화를 지양하는 방편으로 그 일부를 공공이 환수하는 것이 필요하다는 측면에서 중요하다. 특히 현재 지속되고 있으며 중장기적 미래에도 더욱 확대될 가능성이 높은 고밀도 개발과 도시화의 가속화 추세(2015년 현재 도시화율 약 83%) 속에서 이러한 개발 행위로 발생되는 이익에 과세는 더욱 강화되어야 할 것이다. 이를 위해 광의의 개발이익이 최종적으로 실현되는 시점에서 양도소득세를 통해 환수하고, 관련 제도를 단순화, 투명화, 체계화, 실효화해야 한다. 또한 재개발 및 재건축에서 발생한 개발이익에 다양한 개발부담금제(수익환수형 및 시설정비형 포함) 등을 확대, 시행해나가야 할 것이다.

둘째, 생산요소에 대한 과세를 확대할 필요가 있다. 이러한 측면에서 노동과 자본의 소득에 대한 과세보다는 토지에 대한 과세를 강화하고, 가까운 미래에 노동을 부분적 또는 완전히 대체할 것으로 예상되는 인공지능에 대한 과세 방법을 모색해야 한다(제3의 생산요소에 대한 독립과세 방법의 개발). 실제로 현재 유럽의회는 일종의 근로대체세라고 할 수 있는 '로봇세' 도입을 검토하고 있다. 제4차 산업혁명 시대의 화두를 천명한 2016년 세계경제포럼WEF의 연차총회에서 로봇과 인공지능 등의 발달로 연간 200만 개 일자리가 생기는 대신 700만 개가 사라져 결국 500만 개의 일자리가 없어질 것이라는 전망이 대두되었다. 또한 인공지능으로 인해 향후 30년 뒤에는 인간이 할 수 있는 일의 매우 중요한 부분을 기계가 직접 수행할 것이라는 전망이 주를 이루고 있다. 이렇듯 제조업이나 다른 여러 분야에서 로봇이 확산되면 인간의 근로를 대체함으로써 대규모 실직이 발생할 수 있다는 우려가 커지고 있다. 이에 따라 로봇을 '전자 인간electronic persons'으로 간주, 소유자에게 세금을 부과한다는 것으로 로봇 소유자들이 세금을 내거나 사회보장에 기여하는 방안을 모색하고 있다.

셋째, 과세 투명성 제고를 위하여 빅데이터와 인공지능을 활용한 과세 인프라를 구축해야 할 것이다. 빅데이터와 인공지능을 통한 새로운 과세 시스템과 인프라를 수립하고 이를 적극 활용한다면 현재는 불가능한 혁신적인 세무행정, 즉 투자, 생산, 거래, 소비 등 모든 경제적 정보의 수집과 분류 및 분석 등이 가능해질 것이고 추가적인 과세도 급격히 확대시킬 수 있을 것이다. 더불어 온라인 가상화폐 비트 코인과 같은 새로운 전자거래 수단을 활성화함으로써 과세 투명성을 획기적으로 증진할 수 있을 것이다.

창업전략

지속적으로 국부를 창출하기 위해서는 인력, 자원, 자본, 기술 등의 생산요소도 필요하지만 효율적이면서도 공정한 시스템과 역동성이 더욱 중요하다. 신기술을 사업화하고 새로운 산업을 일으키려면 새로운 기업이 탄생하고 성장해야 하는데 이를 위해서는 공정한 환경과 공평한 기회가 필수적이기 때문이다. 현재 우리나라는 선진국 수준의 경제발전을 이룩했지만 추격형 성장전략은 이미 한계에 다다랐고 압축성장을 주도했던 대기업 중심 구조도 한계점을 보이고 있다.

우리나라가 지속적으로 성장하기 위해서는 미국 실리콘밸리와 같이 세계적인 벤처기업이 탄생하고 성장할 수 있는 창업생태계가 구축돼야 한다. 이를 위해서는 국민의식의 변화, 기업가정신교육, 공정사회와 같은 환경이 필요하고, 고급인력 유치, 국가과학기술정책의 개혁, 자금시장 여건 개선, 법률서비스 인프라 확충 등이 필요하다. 여기서 말하는 창업은 고부가가치를 창출하는 혁신형 창업을 의미한다. 대기업 중심의 경제체제에서 혁신기업가정신과 강소기업 중심의 창조경제로 패러다임을 전환하는 것은 한국의 지속성장, 경제민주화, 복지사회, 행복국가를 이룰 수 있는 중요한 계기를 제공할 것이다.

물론 성공적인 창업생태계를 조성하는 것은 간단한 일이 아니다. 몇 개의 단편적인 정책이나 자금지원만으로는 결코 이루어질 수 없다. 우리사회가 전반적으로 선진화되어야 하고 공정한 환경이 만들어져야 한다. 미국에서는 약 100년 전부터 스탠다드 오일 등 40개의 독점기업을 해체하여, 대기업의 독점을 막아왔다. 근래에도 AT&T를 분할하고 마이크로소프트의 끼워 팔기를 제재한 것도 경제권력의 집중이 얼마나 해로운지를 확실히 인식했기 때문이다.

창업가 사회로의 전환

우리나라는 한국전쟁의 잿더미를 딛고 불과 50년 만에 경이로운 경제발전을 이룩했다. 우수한 민족적 잠재력과 열망의 토대 위에 정부주도의 경제계획은 성공적이었다. 선진국 산업을 벤치마킹하고 선진기술을 습득하여 모방제품을 저렴하게 생산하고 개량해나가는 전략이 주효했다. 그러나 이러한 추격형 성장전략은 더 이상 우리에게 유효하지 않으며 오히려 중국이 우리나라를 따라잡는 전략이 되고 있다.

아직은 중국과 인도의 경쟁력이 주로 저렴한 노동력이지만 머지않아 창의성, 혁신성이 그들의 경쟁력이 될 것이다. 미국에서 유학한 고급 두뇌들 그리고 미국 첨단산업에서 일하고 있는 수많은 중국인, 인도인들이 자국 내에서 기회가 생기는 대로 속속 귀국하여 그들의 역량을 십분 발휘하고 있다. 이미 알리바바, 바이두, 텐센트와 같은 신생 거대기업이 출현하고 있으며 이들은 다시 신생기업에 적극적으로 투자하고 있다. 영어 문화권인 인도는 우수한 두뇌를 바탕으로 소프트웨어, IT산업에서 더욱 두각을 나타낼 것이다.

산업화의 선두주자로 풍요를 누리던 미국과 유럽의 선진국들은 아시아의 추격에 덜미를 잡히면서 예전과 같은 여유를 누릴 수 없게 됐다. 그래서 기존 선진국들은 다시 기업가정신을 강조하며 새로운 기업을 창업하고 새로운 산업을 개척할 것을 독려하고 있다. 자본주의사회가 창업가 사회로 전환되고 있는 것이다. 정보와 기술의 확산 속도가 빠르고 국가 간 자본과 자원의 이동이 원활한 세계화 시대에는 아무도 선두자리에 안주할 수 없다. 기업의 성패는 얼마나 더 새로운 경지, 더 높은 경지를 더 빨리 개척해 나가는가에 달려 있고 국가의 경쟁력은 어떻게 좋은 환경을 조성하여 창조적 기업이 더 성장하고 활성화될 수 있을 것인가에 좌우될 것이다.

신기술을 사업화하고 새로운 산업을 일으키는 주역은 벤처기업이다. 잘 알려진 세계적 대기업들도 초기에는 벤처기업이었다가 시장이 커지면서 외형이 커진 사례들이다. 최근 혜성처럼 나타난 애플, 구글, 아마존 등은 물론, 전기전자산업을 일으킨 지멘스, 화학산업을 일으킨 BASF, 자동차산업을 일으킨 포드, 항공기산업을 일으킨 보잉, 복사기산업의 제록스, 정밀세라믹의 교세라 등이 그러한 예이다. 이들은 이름만 들어도 주력업종이 무엇인지, 어떤 경쟁력을 가지고 세계적 대기업이 되었는지 바로 알 수 있다.

반면 우리나라의 대기업은 어느 특정분야에 고유의 경쟁력이 있어서가 아니라 정부의 지원 하에 도입된 기술과 보장된 내수시장을 배경으로 다양한 사업을 복합적으로 수행해 왔다. 수입된 원자재를 수입된 에너지와 도입된 기술로 가공하여 다시 수출하는 중화학공업 등

중후장대형 장치산업은 세계화 시대에 지속적으로 경쟁력을 가지기 어렵다. 특히 이들 산업은 전 세계적 에너지 문제, 환경문제에 그대로 노출되어 갈수록 여건이 악화되고 있다. 또한 앞으로 다가오는 고령화 사회에 대처하기 위해서는 1인당 생산성이 현격히 높아져야만 한다.

따라서 대한민국의 미래를 창조하고 성장을 지속하기 위해서는 소수의 대기업, 특히 에너지와 자원을 해외에 의존하는 산업구조에서 탈피하여 저에너지, 자원절약형 강소기업위주로 고부가가치를 창출하는 산업구조로 전환시켜야 한다. 독일의 히든챔피언Hidden champion과 같이 글로벌 경쟁력을 가진 과학기술집약형 강소기업이 국가경제의 중심이 되어야 한다. 이러한 글로벌 강소기업이 출현하고 성장하면 고부가가치를 창출할 수 있고 고용효과가 높아 경제민주화에도 큰 기여를 할 것이다.

창업생태계 조성

1996년 코스닥 설립, 1997년 벤처기업특별법 제정 등 창업을 장려하는 여러 정책이 우리나라에서도 시행되어 왔다. 벤처기업 붐이 일면서 대학을 갓 졸업한 사람들, 그리고 대기업에서 근무하던 고급 인재들이 대거 창업대열에 합류했다. NHN, 넥슨, 아이디스 등 성공적인 벤처기업들이 탄생했고 휴맥스, 주성엔지니어링, 안랩 등 초기벤처기업이 코스닥에 상장하며 성장에 탄력을 받았다. 그러나 일부 부도덕한 사이비 벤처기업가들이 횡령, 주가조작 등으로 물의를 일으키자 정부는 2002년 벤처기업 건전화 방안을 만들어 부작용을 방지하는 정책을 폈는데, 그것이 결국 벤처기업의 성장을 억누르는 결과를 가져왔다.

코스닥이 거래소와 통합되었고 스톡옵션제도도 그 기능을 상실하게
되었다.

우수 벤처기업의 지속적 출현과 성장 필요

2000년대 초반 벤처거품이 꺼진 이후 한국의 벤처생태계는 어려
운 환경을 겪어 왔으며, 이후 10여 년간 이렇다 할 벤처기업이 등장하
지 못하고 있다. 이는 미국에서 IT버블이 꺼진 후에도 지속적으로 우
량 벤처기업이 탄생하고 성장하여, 다시 나스닥 지수를 끌어올린 것과
크게 대조된다. 한국과 미국의 50대 대기업을 비교해보면 미국의 경우
1970년 이후 등장한 신생기업(애플, 마이크로소프트, 월마트, 구글, 인텔,
오라클, 버라이즌, 아마존, 퀼컴, 시스코, 홈디포, 페이스북 등)이 대거 포진
해 있는 반면 한국은 거의 모든 기업이 1960년대 이전에 설립된 기업
들이거나 이들로부터 파생된 기업들이다.

지속적으로 글로벌 강소기업이 태어나고 성장하려면 사회적 여건이
조성되고 창업생태계가 개선되어야 한다. 도전적 기업가정신으로 무장
한 기업가들이 창업전선에 뛰어들고, 유능한 인재들이 기존 대기업보
다 신생 벤처기업에 가담하여 자신의 역량을 마음껏 발휘하고, 투자
자들이 앞다투어 이러한 벤처기업에 투자하는 환경이 조성되어야 한
다. 그러기 위해서는 여러 가지 제도개선과 교육정책의 개혁과 함께
국민의식이 전환되어야 한다.

신생 벤처가 자랄 수 있는 토대 필요

무형자산이 기업가치의 90% 이상을 차지할 미래에 선도적 성장전
략의 핵심적인 요소는 지식재산이다. 지식재산의 뿌리에 해당하는 기

초과학과 원천기술의 중요성을 인지하고 연구개발을 강화할 수 있는 과학기술 정책의 개혁이 필요하다. 또한 대기업에 비해 혁신역량이 우수한 과학기술 기반 벤처기업의 지식재산 창출은 물론, 보호와 육성에 힘을 쏟아야 한다.

우리나라는 지난 50여 년간 국가가 정책적으로 대기업을 육성하면서 압축 성장을 이룩하였고, 이로 인해 대기업이 국가경제에서 차지하는 비중이 압도적으로 커지게 되었다. 이러한 대기업 중심의 경제성장은 한국의 경제를 빠르게 성장시키는 데 일조한 반면, 대기업의 시장, 정보, 기회의 독점으로 중소기업의 성장을 저해하는 부작용을 초래했다. 따라서 공정한 경쟁 환경을 만드는 것이 시급하다. 시장을 감시하고 견제하며, 대기업과 중소기업이 수직적 갑을관계가 아니라 대등한 지위에서 공정한 경쟁을 펼칠 수 있는 경제민주화를 추진하여 창업국가의 토대를 마련해야 한다.

창업국가를 만들기 위한 전략

첫째, 우수한 인재들이 창업에 도전하고 합류할 수 있는 사회적 분위기와 여건을 조성해야 한다. 둘째, 신생기업의 성장을 방해하는 불공정 행위를 제대로 단속할 수 있도록 관련법규를 개선해야 한다. 셋째, 글로벌 경쟁력을 가진 강소기업이 태어날 수 있도록 과학기술정책과 교육정책을 개혁해야 한다. 넷째, 벤처기업인들의 경영역량, 마케팅 역량을 선진국 수준으로 끌어올려 독자적인 세계시장 개척이 가능하도록 해야 한다. 다섯째, 정부의 벤처창업 지원정책도 민간의 성공경험, 창의성, 회수자금을 통한 투자를 끌어낼 수 있도록 민관협업구조로 보완되어야 한다.

대학이념을 교육·연구·창업으로

먼저 대학교육 개혁이 필요하다. 현재 우리나라의 이공계 대학교와 교수들은 논문, 특허 등 연구실적으로 평가받는다. 논문을 위한 논문, 사장되는 장롱 특허가 무수히 생겨나는 원인이다. 사업화가 가능한 새로운 기술, 산업현장에서 필요로 하는 기술위주의 연구개발을 하도록 평가기준이 바뀌어야 한다. 또 연구뿐 아니라 대학의 교육기능도 강화되어야 한다. 우리나라 대학교육의 사회부합도가 매우 낮다는 것은 주지의 사실이다. 40세 전후에 교수 개개인의 연구개발 능력을 가늠하여 연구개발 실적이 부진한 교수들은 연구 대신 교육에 치중하도록 교수평가 제도를 개선하는 것이 필요하다. 나아가 대학의 커리큘럼, 연구문화를 바꾸어 기업에서 필요로 하는 실무에 강한 인재, 그리고 전공지식뿐 아니라 의사소통 능력, 리더십 등을 두루 갖춘 인재가 배출되도록 해야 한다.

지식창의시대가 도래하면서 이제 대학은 창업을 위한 교육, 창업을 위한 연구, 또는 반대로 교육과 연구에 도움이 되는 창업을 대학의 이념으로 삼는 것이 필요하다. 즉 교육, 연구, 창업이 삼위일체가 되어야 하는 것이다. 가령 미국의 실리콘밸리는 스탠퍼드대학과 버클리대학이 주도하여 만들어진 곳이다. 특히 스탠퍼드 대학의 창업활동은 놀랍다. 스탠퍼드대학의 졸업생, 학생, 교수가 창업한 회사가 4만 개에 이르고, 이들이 올리는 연매출액은 약 2조 7,000억 달러로 세계 경제규모 5위인 영국의 GDP와 맞먹는다. 우리나라의 GDP인 1조 3,000여억 달러의 2배가 넘는 규모이다. 국가경제와 창조경제를 위해서 대학의 역할이 얼마나 중요한지 알려주는 좋은 예이다.

창업은 특별한 사람들만 할 수 있는 일이라고 배우면 도전이 어려워진다. 대학이 교육, 연구, 창업이라는 삼위일체 이념으로 창업국가전략의 시발점이 되어야 하는 이유인 것이다. 우리나라에 창업의 불을 지피는 일은 대학이 아니면 적극적으로 할 수 있는 곳이 없다. 우선 연구중심대학 중에서 창업중심대학을 기치로 내거는 대학이 나와야 한다. 성공한 창업이 논문을 게재하는 것보다 높게 평가되고, 우수한 학생들이 대기업에 취업하거나 의사, 변호사, 공무원이 되는 것보다 창업을 더 좋은 일이라 생각하는 대학이 나와야 한다. 다시 말해 미국의 스탠퍼드대학과 비슷한 이념을 가지는 대학이 한국에서도 나와야 한다. 이를 위해서 정부와 대학에서는 관련 제도를 바꾸어야 한다. 대학과 교수의 업적 평가기준에 창업 관련 항목을 높은 비중으로 추가해야 한다. 창업에 도움이 되는 논문이나 특허, 사회봉사 등을 높이 평가해주고, 학생들은 교육을 통해 창업하는 방법과 혁신적이고 도전적인 기업가정신을 배우며, 연구를 통해 창업을 예비할 수 있어야 한다. 창업에 필요한 교육내용을 정규 교과 과정에 반영하고 창업에 실질적으로 도움이 될 수 있는 교육이 이루어져야 한다.

글로벌 교육 역시 중요하다. 아무리 좋은 제품을 만들어도 해외시장을 뚫지 못하면 글로벌 강소기업이 될 수 없다. 이러한 관점에서 한국의 중소기업이 독자브랜드로 해외시장을 개척한다는 것은 여간 어려운 일이 아니다. 우선 언어장벽이 가장 큰 장애이고 외국인들의 문화와 정서를 터득하여 그들과 대등한 입장에서 논쟁하고 협상하고 설득하는 능력이 부족한 것이 문제이다. 온오프라인의 회사소개서, 제품소개서 등 모든 마케팅 자료와 사용설명서, 문제해결 매뉴얼, 품질보증서 등 각종 자료를 영어로 작성해야 함은 물론, 해외 거래선과 끊임 없이 소통해야 한다. 또한 판매대행자 교육, 사용자교육, 세미나 등 각종 행사를 주기적으로 운영해야 하고 분쟁이 발생할 경우 치열하게 담판도 하고 공방을 벌이기도 해야 한다. 주문자상표제작OEM 방식으로 위탁판매를 하면 이같은 수고가 줄어들겠지만, 향후 운신의 폭이 제한되고 성장의 기회도 줄어드는 단점이 있다. 외부에서 영어에 능통한 사람을 영입하여 해외영업을 담당하게 할 수는 있겠지만, 그들이 기업의 기술과 제품에 대한 전문지식을 가지기 어렵고 창업자만큼 열정을 가지기 어렵다. 따라서 영어를 자유로이 구사할 수 있는 글로벌 인재를 양성하는 것이 필수적이다.

고급인력 유치: 스톡옵션제도 개선

우수한 벤처기업이 탄생하고 글로벌 경쟁력을 갖기 위해서는 최고의 인재가 필요하다. 미국 실리콘밸리에서는 최고급 인재들이 벤처기업을 창업하고 벤처기업에 합류한다. 우리나라와 같이 고급 인력이 공무원이나 공기업, 대기업, 금융업 등 안정적인 조직을 선호하는 환경에서는 밝은 미래를 기대하기 어렵다. 이들에게 의미 있는 일에 도전하는 기업가정신을 함양시키고 창업에 필요한 소양을 가르쳐야 한다. 주위에서 벤처기업을 창업하거나 벤처기업에 합류하려는 이들을 만류할 것이 아니라, 실리콘밸리처럼 이들을 격려하고 박수 쳐주는 문화가 정착되어야 한다. 이를 위해서는 우수 사례를 발굴, 홍보하고 이 시대의 진정한 영웅이 아이돌 스타나 스포츠 스타가 아니라 바로 이들이라는 것을 깨우쳐 주어야 한다.

사회적 분위기와 더불어 벤처기업에 합류하는 인재들에게 충분한 금전적 보상이 주어져야 한다. 초기의 벤처기업은 자금력과 이익창출 능력이 부족하기 때문에 우수한 인재들에게 대기업 수준의 연봉을 줄 수 없다. 다른 곳에서 얼마든지 더 많은 연봉을 받을 수 있는 우수한 직원들에게 적은 연봉을 주는 대신, 그 차액을 보상해주는 것이 스톡옵션이다. 스톡옵션을 받은 직원은 회사가 성장하여 주식 가치가 올라가면, 과거의 저렴한 가격으로 주식을 매입할 수 있으므로 큰 차익을 얻을 수 있다. 주식의 가치가 올라가지 않으면 스톡옵션을 포기하면 그만이므로 투자손실을 보지 않게 된다.

그런데 우리나라의 스톡옵션제도에는 몇 가지 중대한 결함이 있다. 10여 년 전 벤처붐이 한창일 때 나타난 스톡옵션제도의 부작용을 보완하고자 규제를 가한 것이 사실상 스톡옵션제도를 유명무실하게 만들어버렸다. 2014년에 스톡옵션의 과세문제가 약간 개선되었지만 충분하지 않다. 주식을 매입할 때 내던 근로소득세를 주식을 팔 때 양도세만 내도록 세금을 경감시켰는데, 스톡옵션을 행사하여 1년 이상 주식을 보유해야 하고, 그것도 연간 행사 금액이 1억 원 이하라야 한다는 제약이 있다. 최근 다시 이 제약을 완화하려는 움직임이 있지만, 그 정도로는 실질적 효과를 기대하기 어렵다. 스톡옵션제도는 미국에서 생겼고, 이 제도에 의하여 미국 벤처들이 꽃을 피우고 있는 것이다. 원래 취지에 맞게 제약을 없애야 한다. 현재처럼 한다면 우수인력의 중소기업 기피 현상은 계속될 것이다.

우수인재를 영입할 수 있는 또 하나의 통로가 병역특례 제도이다. 병역특례 채용정원을 기술 벤처기업에 우선 배정하도록 해야 한다. 현재는 보충역의 경우 대기업에도 갈 수 있다. 중소기업에 병역특례로 입사한 사람이 6개월 후 대기업, 대학교, 연구소 등으로 전직이 가능하도록 되어 있다. 중소기업을 위한 병역특례제도가 제대로 작동하지 않는 원인이다.

과학기술정책 개혁

산업화 초기인 1960~1970년대에는 기간산업을 일으키고 국부를 창출하는 데 필요한 기술을 정부출연연구소가 개발하도록 지원하는 것이 국가 과학기술정책의 핵심이었다. 1980~1990년대에는 선진국의 기술을 추격하고, 수출 대기업의 경쟁력 강화를 위해 대형 국책과제를 대기업이 수행토록 하는 것이 추가되었다. 과거 추격형 성장시대에 적합했던 이러한 정책은 앞으로 선도형 성장시대에 맞도록 바꾸어야 한다. 정부 주도형 대규모 과제에서 다수의 소규모 과제를 민간이 자율적으로 수행하도록 방향을 전환해야 한다.

또 산업기술 등 제품화연구 활동은 이제 정부가 주도적으로 할 것이 아니라, 기업이 자체적으로 수행하도록 해야 한다. 정부출연연구소의 역할은 기초과학분야 또는 응용기술이지만 성공 가능성과 사업화 시기가 불분명해서 민간기업이 수행하기 어려운 분야에 초점을 두어야 한다. 예를 들어 생명공학, 나노기술, 핵융합 등은 장기적으로 보면 언젠가는 획기적인 결과를 기대할 수 있으나, 언제 얼마만큼의 경제적 보상을 가져올 것인지 가늠하기 어려운 분야이다. 출연연구소의 역할은 국가적으로 꼭 필요하지만 대학이나 민간기업이 수행하기 어려운 과제로 국한시켜야 한다.

과거에는 국내의 대기업도 글로벌 시장에서는 중소기업 수준이었기 때문에 이들에게 정부가 R&D 자금을 지원하는 것에 명분이 있었다. 그러나 이제는 사정이 다르다. 아직도 정부 R&D 자금을 대기업에 배정하는 것은 옳지 않다. 가장 효율적이고 열성적으로 기술을 개발하는 조직이 벤처기업이다. 이들은 기술개발의 성패에 따른 보상이 크고 조직에 대한 애착이 강하기 때문에 기술개발에 대한 열정이 뜨겁다. 또 기술개발의 목표도 뚜렷하다. 논문이나 특허 등 외형적인 지표를 위한 것이 아니라, 바로 제품화를 해야 하므로 실용성이 높은 연구를 하게 된다. 기술 벤처기업에 우선적으로 정부 R&D자금을 배정해야 한다. 다만 정부 R&D 자금으로 연명하는 '사이비 벤처기업'은 솎아낼 필요가 있다. 그러기 위해서는 과제의 성공과 실패를 수행 기업 스스로 선언하는 것이 아니라, 향후 그 기업이 시장의 기준으로 창업에 성공했는지, 외부로부터 투자를 얼마나 많이 유치했는지, 관련 제품 매출이 얼마나 늘어났는지, 고용이 얼마나 증가했는지 등으로 판단해야 한다.

그런데 이러한 평가를 방해하고 여러 가지 부작용을 일으키고 있는 것이 '기술료' 제도이다. 여기서 말하는 '기술료'는 특정한 지식재산, 즉 어떤 기술을 보유한 사람이 타인에게 그 기술을 사용하도록 허락한 대가로 받는 기술료royalty가 아니다. 국가연구개발사업에서 과제가 성공했을 경우, 그 과제를 수행한 주관연구기관이 정부출연금의 일부를 정부나 전문기관 등에 반납하는 금액을 말한다. 지식재산을 가지고 있지 않은 정부나 연구관리 전문기관이 기술료를 징수하는 것은 모순이다. 또 기술료라는 명목으로 정부가 환수해가는 것은 실제로는 '성공부成功附 반납금refund'이나 '환불금rebate'이다. 연구수행기업이 그 결과가 성공이라 선언하고 기술료를 납부하면 그 과제를 관리 감독해야할 전문기관에도 이득이 되므로 공정한 평가가 이루어질 수 없게 된다. 세계적으로 유례가 없는 이 기술료 제도는 여러 가지 부작용을 유발하고 있다.

법률 인프라 개선

벤처기업을 창업하고 운영해나가려면 무수한 서류를 작성해야 한다. 정관, 사업장 임대계약서, 고용계약서, 이사회 의사록, 주주총회 의사록, 투자계약서, 비밀유지계약서, 공동개발계약서, 판매대행계약서, 판매약관 등 이루 헤아릴 수 없이 많은 양식들이 필요하다. 그래서 미국 실리콘밸리에서는 창업자가 제일 먼저 찾아가는 곳이 변호사 사무실이다. 담당 변호사를 선임하고 매달 일정한 비용을 지불하면 일상적인 법률자문, 서류작업, 이사회 참관 등을 하면서 회사운영 전반에 대한 자문도 해준다. 시간당 변호사 수가가 비싸기는 하지만 이들은 매우 효율적으로 시간을 쪼개서 일하기 때문에 큰 비용을 청구하지 않는다. 이에 비해 우리나라는 변호사 문턱이 높을 뿐 아니라 비용이 상당히 높다. 그래서 우리나라에서는 대부분 중요한 계약서를 비전문가가 작성하거나 거래 상대방이 제시한 계약서를 그대로 받아들이기 일쑤다. 따라서 '을'에 대한 '갑'의 횡포가 방지될 수 없고 기술탈취, 핵심인력 빼가기 등을 방지하기 힘들다.

또한 글로벌 강소기업이 생겨나고 성장하기 위해서는 글로벌 수준의 법률서비스가 저렴한 비용으로 제공되어야 한다. 해외 거래선과 협상하고 이견을 조율하고 계약서를 작성하려면 영어에 능통함은 물론 변호사의 자질과 능력이 선진국 수준이어야 한다. 법률시장 개방을 통해 전반적으로 국내 변호사의 역량과 수준을 끌어 올리는 것이 필요하다.

지적재산권 보호

지적재산권을 보호하는 장치도 강화되어야 한다. 대기업들이 정당한 대가를 지불하지 않고 창업벤처기업들의 기술인력을 빼가고 기술을 탈취하는 문제를 바로잡아야 한다. 대기업의 기술탈취를 금지하기 위해 중소기업 기술보호에 관한 법률을 제정하는 등 정부도 노력하고 있으나, 보다 엄격한 법집행으로 창업벤처기업의 지적재산이 실질적으로 보호될 수 있도록 해야 한다.

또한 특허권을 보호받지 못하는 문제도 개선해야 한다. 한국 특허의 50% 이상이 무효로 판결되는 현 상황에서는 기술창업이 이루어지기 어렵다. 특허출원을 담당하는 변리사와 특허청의 능력을 더욱 높이고, 법관과 소송대리인의 전문성 강화가 필요하다. 특히 특허침해 배상액을 3배까지 가능하게 하여 침해예방효과를 노려야 한다. 한편 불법 소프트웨어 사용을 강력하게 단속하여 소프트웨어 산업의 토양을 마련해주어야 한다. 지식재산이 보호되지 않으면 기술 라이센싱, 기업 인수합병, 기술거래가 이루어지지 않는다.

자금시장 개선

우리나라에서는 창업 자금을 마련하는 것이 가장 어려운 일이다. 엔젤투자자가 적고 이들의 역량도 부족하기 때문이다. 그렇다고 투자가 아닌 융자로 창업자금을 조달하는 것은 매우 위험하다. 현재의 엔젤투자도 투자 개념이 아닌 융자 개념으로 진행되는 경우가 많다. 엔젤투자뿐만 아니라 기관투자에서도 교묘하게 창업자의 담보를 요구하는 편법 투자가 있다. 이런 투자를 받은 창업자는 사업이 실패할 경우 막대한 부채를 떠안고 신용불량자로 전락하여 재기가 어렵다. 이러한 편법 투자를 금지시켜야 한다.

정부가 엔젤투자자에 대한 소득공제 확대와 엔젤투자매칭펀드 등으로 투자시장 확산을 위해 노력하고 있으나, 보다 적극적으로 시장을 조성해야 한다. 소규모 R&D 자금을 미국의 중소기업 기술혁신 연구 Small Business Innovation Research, SBIR처럼 지원해 주고 제품화역량, 경영역량, 마케팅역량을 교육시키는 것도 하나의 방안이다.

어느 정도 기반을 갖춘 벤처기업은 다음 단계에서 필요한 자금을 벤처캐피털로부터 조달받는 것이 보통이다. 지난 10여 년 사이 우리나라의 벤처캐피털도 수준이 높아졌고 미국과 일본계 벤처캐피털도 국내에 진출하여 일정 요건을 갖추면 이들로부터 자금을 조달받는 것은 비교적 용이한 일이다. 하지만 투자의 조건은 아직도 개선의 여지가 많다. 기업이 미래 가치를 지나치게 높게 주장해 투자자에게 신뢰감을 주지 못하는 측면도 있고, 투자자의 안목이 불충분하여 기업의 가치를 평가하지 못하는 측면도 있다. "분야를 가리지 않고 좋은 벤처에는 투자합니다."라고 말하는 투자회사는 스스로 전문성이 없다는 것을 인정하는 셈이다.

벤처캐피털이 투자한 자본금을 부채로 인식하도록 하는 잘못된 현행 회계기준도 바로잡아야 한다. 국제회계기준(IFRS)은 상장기업(또는 이에 준하는 기업)을 위하여 '상환우선주'를 정의하고 있다. 이것은 보통주로는 자본조달이 어려운 상장기업이 상환우선주를 발행하여 자금을 조달할 수 있게 하는 제도이다. 상환우선주를 발행한 기업은 이를 부채로 인식하고, 상환우선주를 가진 사람은 기업이 파산 청산할 때 우선적으로 원금과 이자를 돌려받을 수 있다. 그런데 우리나라에서는 비상장 벤처기업에도 국제회계기준의 상환우선주 규정을 따르도록 하고 있다. 비상장 벤처기업이 벤처캐피털로부터 투자를 받을 때 발행하는 상환우선주는 전혀 다른 성격임에도 불구하고 이와 같은 규정을 따르게 되면, 투자 받은 자본금을 자본이 아닌 부채로 기입하여야 한다. 이렇게 하면 기업의 부채비율이 높아져 신용등급이 떨어지고, 매년 부채에 대한 이자를 적립하여야 하기 때문에 순이익도 줄어든다. 결국 기업의 가치가 하락하게 되고, 이 때문에 상장요건을 맞추지 못하는 사례도 발생한다. 또 상장 후에는 우선주를 보통주로 전환하게 되는데 이때 주식(보통주)의 시가와 우선주 발행가의 차이를 전환비용으로 인식하도록 하고 있어, 장부상 막대한 비용을 초래하는 것도 큰 부작용이다. 상장기업을 대상으로 제정된 국제회계기준을 그대로 비상장 벤처기업에게 확대 적용해서 생기는 문제이다.

기업이 더 성장하면 자금시장에서 필요한 자금을 유치하고, 기존의 투자자에게 출구를 제공하기 위해 상장을 하게 된다. 그런데 지금의 코스닥은 여러 문제가 있다. 코스닥은 기술주를 중심으로 하는 만큼 기업의 재무적 지표만 볼 것이 아니라 기업경쟁력, 시장잠재력, 성장가능성 등 질적인 면을 중시하여 상장요건을 합리화하고 기업가치 평가를 고도화해야 한다. 더불어 필요시 불량 기업을 퇴출시켜 전체 시장의 신뢰도를 높여야 한다.

미국의 경우 기업의 출구는 상장뿐 아니라 인수합병이 활성화되어 있다. 대기업들이 자체 사업을 신장하여 달성하는 성장뿐 아니라, 다른 중소규모의 기업들을 인수합병하여 달성하는 성장을 모색하기 때문이다. 글로벌 경쟁력을 가진 중소기업이 많아지고 기술인력 시장에 대한 공정한 제도가 정착되면, 우리나라 대기업이나 중견기업도 우량한 중소기업을 적절한 가격에 인수합병하는 것에 더 많은 관심을 갖게 될 것이다. 그러기 위해서는 지식재산 보호가 강화되어 기술탈취, 특허침해, 소프트웨어 불법사용 등이 없어져야 한다.

기업의 자금조달과 지배구조에 관련된 또 하나의 개선 사항은 주식의 액면가제도이다. 과거 요소투입주도형 기업에서는 투입된 자본과 기업의 가치가 거의 일치하기 때문에 액면가제도가 나름대로 의미가 있고 편리한 면이 있었다. 하지만 지식재산 등 무형자산이 중요한 혁신주도형 기업인 경우 투입된 자본과 기업의 가치는 거의 상관이 없다. 이 경우 액면가제도를 고수하는 것은 여러 가지 부작용을 낳게된다. 기업의 내재적 가치와 액면가가 연관돼 있지 않은데, 액면가 대비 몇 배의 가격으로 주식을 사고 판다는 것은 별 의미가 없고, 기업가치 평가에 혼란만 가져온다. 상장 후 회사가 자금이 필요하여 유상증자를 할 경우, 기업의 실적이 저조하여 주당가치가 액면가 이하라면 그에 맞게 낮은 가격에라도 자금을 조달할 수 있어야 하는데, 현행제도에서도 액면가 이하로 주식을 발행하는 것이 금지되어 있다. 또 액면가제도 때문에 기술을 투자한 창업자와 자본을 투자한 투자자 사이의 적정 지분 비율을 정하는 것이 매우 곤란해지기도 한다. 미국처럼 1주를 50원, 혹은 10원에 발행할 수 있어야 보통주와 우선주의 지분구조를 적절히 정할 수 있는데, 액면가제도 하에서는 액면가 이하로 주식을 발행할 수 없기 때문이다. 미국과 같이 액면가를 없애는 것이 여러 가지로 바람직하다. 우리나라에도 무액면가제도가 있기는 하지만 여러 가지 제약이 있어 사실상 활용되지 못하고 있다.

창업은 대한민국 킹핀 전략

우리나라는 여러 가지 면에서 위기 상황이다. 국가 경제가 저성장 기조로 들어가고 있는 가운데 사회는 불평등으로 갈등이 깊어가고 있고, 기술은 중국에 추월당하고 있으며, 정치는 불신과 무책임으로 난맥상을 보이고 있다. 저출산 고령화와 국제적인 위기 속에서 우리 대한민국이 어떻게 이 난국을 헤쳐 나갈지 참으로 막막하다. 그래도 유일하게 우리에게 희망을 줄 수 있는 것이 바로 벤처 창업이다. 새로운 성장동력을 발굴하고, 효용성이 다한 것으로 보이는 대기업 산업구조를 바꾸는 데에, 벤처기업 육성만큼 효과적인 방법이 없다. 지금 우리가 겪고 있는 여러 가지 문제들도 사실 알고 보면 국가 경제가 돌아가지 않고 서민 경제가 어려워졌기 때문에 나타난 것들이 많다. 우리 가정에서도 살림살이가 어려워지면 가족 간의 갈등도 더 커지고 복잡한 일들이 생긴다.

볼링에 킹핀king-pin이란 것이 있다. 킹핀전략은 공을 던질 때, 10개의 핀 중에서 5번 핀을 겨냥하여 던지면 나머지 핀들도 다 쓰러뜨릴 수 있다는 전략이다. 오늘 대한민국에도 킹핀전략이 필요하다. 그 킹핀은 바로 창업이다. 창업이 활성화 되어 신경제가 일어나고 살림살이가 좋아지면 여러 문제들이 해결될 것이다. 킹핀전략을 위하여 지금 정부가 할 일은 돈을 투입하여 창업을 지원하는 일보다 규제를 없애고 제도를 개선하여 창업을 지원하는 것이다. 제도 개선은 돈도 필요치 않다. 우리가 의식을 바꾸고 이해관계자들의 의견을 조율하기만 하면 된다.

6 글로벌산업 경쟁력전략

1960년대부터 본격화된 우리나라 산업화의 성공은 외부 개방을 통한 경계선의 확대와 가능성의 확장과정이었고, 대략 세 번의 구조개편기를 거쳐 오늘에 이르렀다. 초기에 풍부한 노동력을 기반으로 가발과 봉제 등의 경공업으로 출발하여 1970년대 후반 중화학 공업투자가 결실을 맺으면서 전자, 기계, 조선, 화학 등의 분야로 진출했다. 또한 1990년대 후반부터 본격화된 정보화 혁명을 기회로 활용하여 스마트폰과 반도체 산업 부문에서 '글로벌 리더'로 올라섰다. "산업화는 늦었지만 정보화는 앞서가자."라는 20여 년 전의 슬로건은 산업구조 변화의 변곡점을 성공적으로 통과한 우리나라 산업의 역사를 압축하고 있다.

미국경쟁력위원회와 컨설팅업체 딜로이트 글로벌이 2015년말 발표한 〈글로벌 제조업 경쟁력 지수 보고서〉에 따르면, 2020년경이 되면 제조업 분야에서 미국이 2015년 현재 1위인 중국을 제치고 다시 선두자리로 올라설 것으로 전망되었다. 또 독일과 일본이 3~4위로 현재 위치를 지키는 가운데 인도가 급부상하고 베트남, 인도네시아 등 동남아 국가들이 약진할 것으로 예상되었다. 미국은 셰일가스에 힘입어 에너지 주도권을 확보하고 제조업과 정보기술IT과의 융합 등으로 경쟁력을 더욱 높여갈 것으로 보이며, 독일은 인더스트리 4.0, 일본은 스마트 제조업 등 21세기형 혁신 추진이 경쟁력 유지의 요인으로 평가된 반면 우리나라는 하락이 예상되었다.

1997년 IMF구제금융 당시 우리나라 산업은 일본의 앞선 기술과 중국의 풍부하고 저렴한 노동력의 틈새에 끼어있다는 의미에서 호두까기 기계인 넛크래커nut-cracker로 지칭되었으나, 지금은 위아래에서 두들겨 맞는 '샌드백' 상황에 비유되고 있다. 중국에 가격경쟁력은 물론 기술경쟁력까지 뒤지는 가운데 일본은 혁신을 바탕으로 경쟁력을 회복하고 있기 때문이다. 또한 불과 4~5년 전만 해도 글로벌 1위였던 조선산업이 총체적 난국에 빠져있는 것처럼 오늘날 우리나라 산업은 기존 주력산업의 경쟁력 약화와 스마트 융합 혁명이라는 새로운 도전에 직면해 있다. 이러한 위기상황을 돌파하고 산업강국으로서의 위상을 회복하기 위해서는 21세기 산업재편의 핵심인 글로벌, 스마트, 디지털, 융합의 관점에서 정부의 제도개혁과 기업의 혁신이 병행되어야 한다. 앞으로는 "정보화에 앞서간 만큼 융합과 디지털화를 선도하자."라고 슬로건을 바꾸어 활로를 찾아야 할 시점이다.

융합과 스마트 혁명으로 진화하는 산업환경의 변화

동해의 울릉도와 독도 주변해역처럼 난류와 한류가 만나는 조경수역潮境水域에서는 황금어장이 형성된다. 무거운 한류가 아래쪽으로 이동하고 가벼운 난류가 위쪽으로 상승하면서 풍부해진 산소와 플랑크톤이 물고기들을 불러 모은다. 바다의 한류와 난류 경계선이 에너지가 분출되는 역동적인 권역을 이루는 것처럼 인간들의 역사에서도 특정 지역문명이 다른 문명과 만나면서 조성되는 긴장과 갈등, 협력관계를 통해 새로운 에너지가 생겨나고 역동적 시기를 맞곤 했다. 산업과 기술도 마찬가지이다. 고대에 시작된 농업은 철기를 만드는 금속기술이 접목되면서 생산성이 비약적으로 올라갔고, 전통적 가내수공업은 엔진과 모터와 접목되는 근대적 공장으로 변모하면서 산업혁명으로 발전하였다. 이처럼 기존의 산업은 다른 산업에서 발달된 새로운 기술에 의해 경계선이 약화되면서 만나고 섞이는 과정을 통해 새로운 에너지가 생겨나고 새로운 지평으로 확장해 나간다. 이러한 양상은 20세기 후반 정보화 혁명으로 더욱 촉발되었고, 21세기에 들어서는 더욱 빠르고 광범위하게 전방위적으로 확산되는 융합 및 스마트 혁명으로 진화하고 있다.

산업과 제품의 수명주기가 길었던 과거에 산업은 고체처럼 존재했다. 일단 산업구조와 지배적 기업이 형성되면 오랫동안 유지되었다. 그러나 20세기 후반 글로벌 시장의 출현과 정보화 혁명은 산업을 액체처럼 바꾸어 놓았다. 경쟁범위가 넓어지고 산업과 제품의 수명주기가 짧아지면서 역동성이 높아졌으며 특히 IT기술의 발달은 과거 분리되었던 산업을 통합시키고 있다. 경계선이 흐려지고 기존에는 무관해 보였던 영역의 혁신이 전이되면서 산업구조의 격변을 유발하는 양상이 생겨나고 있는 것이다. 방송과 통신이 융합되고 스마트폰이 등장하면서 카메라, 내비게이션, 게임기 시장이 타격을 입었다.

21세기 들어서 본격화된 융합과 디지털 혁명으로 산업환경은 이제기체로 변화하고 있다. 내연기관 기반의 자동차가 전기구동 인공지능 디바이스로 변화하면서 100년을 이어온 산업질서의 변화를 예고하고, 드론이 상징하는 무인자율 이동체는 군사에서 방송, 엔터테인먼트, 레저로, 그리고 심지어는 무인민간항공기로 확장되고 있다.

한편 SNS로 조밀하게 연결된 소비자들은 글로벌 차원에서 실시간으로 제품과 서비스에 대한 취향과 평가를 공유하면서 공급자에 대한 신속하고 강력한 피드백을 제공하고 있으며, 다양한 상거래 플랫폼에서 소비자, 공급자, 유통업자로 직접 참여하고 있다. 또한 과거 전통적인 규제산업으로 분류되었던 금융산업에서조차 핀테크를 활용한 비금융회사의 결제서비스 진입과 크라우드 펀딩 등 집단지성에 기반한 금융중개업이 등장하고 있다. 여기에 축적된 자본을 활용한 중국기업들의 적극적인 인수합병M&A까지 가세하여 그야말로 언제 어디에서 어떤 형태의 경쟁자가 나타나고 산업구조가 변화할지를 예측하기 어려운 기체와 같은 산업환경 변화가 지속되고 있다.

이런 환경에서 우리나라 기업들이 기존의 방식만으로는 경쟁력을 유지하기 어려울 것이며, 융합, 스마트, 플랫폼, 그리고 생태계를 키워드로 새로운 경계선을 찾아나서는 용기와 지혜가 필요한 이유이다.

재창조를 통한 글로벌 경쟁력 확보 전략방안

1990년대 정보화 혁명은 두 가지 방향으로 전개되었다. PC, 서버, 반도체, 네트워크 장비 등 IT산업이 태동되고 성장하면서 IT기술이 기존 산업에 접목되어 프로세스를 혁신하고 변화시키고 다시 IT산업을 성장시키는 상호촉진 방향이었다. 철강, 정유, 시멘트 등 전통적 중후장대 산업은 물론 패션, 유통 등 경박단소 산업들도 겉보기에는 비슷하지만 속으로는 모두 정보기술에 기반한 프로세스와 조직구조로 변모하였다. 2000년대의 융합 및 디지털 혁명도 유사한 양상으로 전개되고 있다. 새로운 산업이 태동하고 발전하면서 다시 기존산업을 변화시키는 경로이다. 구글맵의 위치기반 서비스와 스트리트뷰가 결합한 내비게이션 기능이 센서기술 및 인공지능과 결합하여 자율주행 무인자동차로 상용화 단계에 들어선 것이 대표적 사례로서 기존 자동차 기업의 핵심기술이 내연기관과 트랜스미션에서 인공지능과 배터리 분야로 이동하고 있다.

애플이 2001년 음악유통 플랫폼 개념의 아이튠스를 시작하여 큰 성공을 거두면서 플랫폼 사업모델이 등장했고, 구글, 아마존, 페이스북 등이 가세하였다. 이후 다양한 분야에서 다양한 형태의 플랫폼이 생겨나게 되었고 플랫폼 형성과 유지능력이 새로운 경쟁우위의 원천으로 부상했다. 그 결과, 개별 공급자와 수요자를 플랫폼으로 수렴하려는 전략과 경쟁도 치열해지고 있다. 플랫폼의 핵심은 개방과 확장, 그리고 상호이익이다. 누구나 참여하여 이익을 얻을 수 있으며 참여자가 많을수록 가치도 커진다. 플랫폼을 형성하고 주도할 수 있다면 가장 큰 이익을 얻을 수 있겠지만, 그렇지 못할 경우 플랫폼에 참여하여 이익을 얻는 대안도 매력적이기에 다양한 참여자가 모여들게 된다. 이제 기업들은 플랫폼을 주도적으로 만들거나 아니면 참여하여 소비자와 공급자를 만나고 협력해야 한다.

'구슬이 서 말이라도 꿰어야 보배'이듯이 관점이 없으면 시야가 좁아지고 본질이 아니라 주변적 이슈에 매몰되게 마련이다. 과거의 성공방식으로 미래를 바라보면 핵심을 놓치게 된다. 1997년의 IMF구제금융이 우리나라의 큰 위기였지만, 글로벌 경쟁력 확보라는 관점 전환과 디지털 혁명의 기회가 맞물려 사회경제적 제도를 개선하고 기업들의 사업구조를 재편하여 한 단계 도약할 수 있었다. 오늘의 시대정신은 기존의 산업을 융합, 스마트, 플랫폼, 그리고 생태계의 관점에서 재창조하여 재도약의 기회로 삼는 것이다. 낙후된 사회경제적 제도를 선진화하고 축적한 기술과 우수한 인력을 바탕으로 산업재편과 기업의 사업구조조정을 진행한다면 대한민국의 미래는 다시 열릴 것이다.

기존 제조업 혁신은 디지털 기술을 적용한 솔루션의 관점에서 접근

설비와 장비를 생산하는 하드웨어 산업은 시간이 흐를수록 가격은 하락하고 이익은 축소되는 숙명에 처해 있다. 21세기에는 신제품 개발, 원가절감이라는 전통적 접근법을 넘어서 디지털 기술을 활용하여 하드웨어를 솔루션으로 전환하여 고객가치를 높이고 차별적 경쟁력을 확보하는 사례가 늘어나고 있다.

예를 들어 미국의 GE는 항공기 엔진시장의 선두주자이지만 경쟁이 심하고 과점구조인 항공기 제조사의 시장 지배력이 강해 이익률이 낮아지는 어려움을 겪어왔다. 이러한 상황을 타개하기 위해 GE는 제품 판매 이후의 정비, 수리부품 판매 등 유지보수 서비스를 통합서비스로 디자인하여 2005년 온포인트OnPoint 브랜드로 시작하였다. 온포인트는 2008년 GE 항공사업부 매출의 25%, 이익의 50%를 차지하면서 가능성을 보였고, 2014년에는 매출의 48%가 서비스 부문에서 창출되었다. 온포인트의 성공에 고무된 GE의 제프리 이멜트Jeffrey Immelt 회장은 2015년 9월 미국 샌프란시스코에서 열린 사내 콘퍼런스에서 "2020년까지 세계 10대 소프트웨어 회사가 되겠다."고 공식선언한 바 있다. 항공기용 엔진, 플랜트용 장비, 헬스케어 제품 등에 빅데이터를 관리, 분석하는 소프트웨어를 탑재하여 유지보수는 물론 고객의 생산성을 높이는 서비스가 결합된 솔루션 개념의 소프트웨어 중심회사로 변신하겠다는 전략이다.

독일의 만트럭버스MAN Truck & Bus의 경우, 총소유비용TCO 관점에서 트럭 구입 비용은 라이프 사이클 전체 비용의 10%에 불과하다는 점에 주목하고 차주이자 자영업자인 고객들이 기타 비용을 효율적으로 관리할 수 있도록 지원하는 서비스를 제공해 고객 만족도를 높이는 새로운 수익원을 발굴하였다. 24시간 비상지원, 텔레매틱스 운송경로 최적화, 이상징후 발생시 사전 점검, 연료절감 운전교육 등 모든 부문에 걸친 유지보수 서비스를 제공하여 2014년에는 서비스 부문의 매출이 전체 매출의 20%를 넘어섰다.

세계 최대의 해운운송회사 머스크MAERSK의 본사가 있는 덴마크에서는 해운에서도 제품과 서비스를 결합시키는 프로테우스Proteus 프로젝트가 시도되고 있다. 이는 조선회사에서 선박판매 후 선박의 소모품, 유지보수, 시스템 업그레이드, 승무원 교육 등 다양한 후속 서비스 수요를 융합하여 새로운 수익창출로 연결한다. 최근 재편 과정에 있는 우리나라 조선업에서 주목할 필요가 있는 서비스이다.

이러한 제품-서비스 통합시스템product service systems의 개념은 제품판매에 그치지 않고 제품의 개발과정부터 후속 서비스를 고려해 새로운 사업 기회를 탐색하는 접근이다. 제품판매 중심의 제조업 개념에서 사후 서비스 영역까지 아우르는 사용자 관점의 솔루션을 제공하여 고객가치를 높이고 차별성을 확보하여 수익을 창출하는 21세기형 방식이라고 할 수 있다. 기술적으로는 제품에 센서, 텔레매틱스, 빅데이터 분석 등의 디지털 기술을 접목한 것이고, 서비스 측면에서는 고객의 잠재적 요구를 정확히 파악하여 실질적 서비스로 연결, 문제점을 해결해주는 성공적인 사업모델의 구축인 셈이다.

기존 단위제품은 스마트의 관점에서 재창조

1980년대 후반부터 보급된 PC는 기본적으로 네트워크와 무관한 스탠드 얼론stand alone 기기였지만, 1990년대부터 인터넷으로 연결되어 PC통신, 온라인 쇼핑 등이 시작되었다. MP3, TV, 냉장고 등 가전으로 확산된 디바이스 간 연결은 스마트폰의 보급으로 인간이 사용하는 모든 소비자용 디바이스로 확산되고 있다. 시장조사업체 가트너Gartner에 따르면, 사물인터넷IoT 연결 기기가 2015년 전 세계적으로 48억 8,000만 대에서 2020년 250억 6,000만 대로 급증할 것으로 전망되고 있으며, 미래 소비자용 디바이스는 대부분 연결성을 확보한 스마트 관점에서 재창조될 것이다.

삼성전자 사내 벤처인 솔티드벤처는 2016년 2월 스페인 바르셀로나에서 열린 '모바일 월드 콩그레스MWC 2016'에서 스마트 신발 '아이오핏IOFIT'을 공개하여 큰 관심을 모았다. 이것은 신발 밑창에 압력센서를 달아 측정된 데이터를 사용자의 스마트폰이나 태블릿으로 실시간 전송하는 제품인데, 균형감각을 유지하거나 무게중심 이동을 돕는 용도로 피트니스 트레이닝, 골프스윙 연습, 워킹자세 교정 등에 사용될 수 있다. 세계적 칫솔 브랜드 오랄비의 경우, 스마트 칫솔인 '지니어스GENIUS'를 출시했다. 치아를 닦으면서 스마트폰을 통해 어느 부분이 제대로 닦이지 않았는지 등을 확인할 수 있다. 사용자는 치아에 가해진 압력과 칫솔질 소요 시간 등 구강 내 각 위치의 세정 상태에 대한 정보를 즉각적으로 받을 수 있다. 영국의 스타트업 기업 스마터Smarter 는 주방의 음식재료를 단번에 파악하게 해주는 제품들을 선보인 바 있다. '냉장고 캠'을 냉장고 내부에 장착해 냉장고 안에 음식물이 얼마 나 남았는지를 외부에서 스마트폰으로 실시간 확인할 수 있어서 집 밖에서도 필요한 식료품만 구매할 수 있도록 도와주는 제품이다. 이외 에도 설탕, 소금 같은 조미료의 용기 밑에 '스마트 매트'를 깔아두면 용 기의 무게를 측정해 안의 내용물이 얼마나 남았는지를 실시간으로 알 수 있고, 벽에 부착한 '스마트 디텍트'는 오븐이나 밥솥의 조리 종료시 간을 스마트폰 알림으로 전송해준다.

이처럼 전통적 가전의 범주에 들어가는 냉장고, 세탁기, 에어컨 등 이 단위제품 지능화의 범위를 넘어 연결성까지 갖춘 스마트 기기로 진 화하는 가운데 전형적인 아날로그 제품인 신발이나 칫솔조차도 디지 털 기술을 적용한 스마트 디바이스로 재창조되고 있는 사례는 우리나 라 소비재 산업의 미래방향을 시사하고 있는 것이다.

인프라 서비스산업을 새로운 성장동력으로 추진

과거의 서비스 산업은 직접 대면한 상태에서 제공되는 특성상 협소 한 지역적 범위를 벗어날 수 없었다. 그러나 인터넷 통신과 디바이스 의 발달로 글로벌 범주 차원으로 확장되고 있다. 온라인 게임은 물론 K팝과 K드라마 등의 한류도 이러한 맥락에 있다. 앞으로는 우리나라 의 의료나 교육과 같은 인프라 서비스 분야의 잠재력을 활용하여 글 로벌 산업으로 성장시킬 필요가 있다.

1857년 독일 통계학자 에른스트 엥겔Ernst Engel이 저소득 가계일수 록 식료품비가 차지하는 비율이 높고 고소득 가계일수록 식료품비가 차지하는 비율이 낮은 '엥겔의 법칙'을 발견했고 이 비율을 '엥겔지수'라고 지칭했다. 엥겔지수로 대표되는 소득에 따른 지출 변화는 보편적인 패턴을 보인다. 가난한 상태에서 소득이 늘면 지출 비용은 가장 먼저 먹는 것에서 증가하고 그 다음에는 입는 것, 집을 고치는 것 등으로 단계를 옮겨간다. 기본적인 의식주가 해결된 후에는 교육비, 의료비 등에 지출하게 된다. 한국의 가계 소비에서는 교육과 의료의 비중이 빠른 속도로 증가해왔고 이는 관련 산업의 성장을 이끌었다.

특히 한국의 의료 산업은 좁은 국내를 벗어나 넓은 글로벌 시장으로 확장할 수 있는 높은 잠재성을 갖고 있다. 한국은 의료 산업이 발전할 수 있는 인구, 소득, 인력, 역량 등 기본 여건을 확보하고 있기 때문이다. 먼저 '5000만 명의 인구와 1인당 국민소득 약 3만 달러'라는 조건은 한국을 의료 산업이 발전할 수 있는 단위 시장으로 만드는 데 적절하게 작용할 수 있다. 소득이 높아도 인구가 적으면 의료 산업 발달에 한계가 있고 인구가 많아도 소득이 적으면 당장 먹고살기 급급해 의료 산업도 낮은 수준에 머무르기 때문이다. 또한 한국은 소득이 급속하게 증가하는 중국이라는 거대 시장에 인접해 있고 지난 수십 년간 우수한 인력 자원들이 의대, 약대, 간호대 등에 진학함으로써 결과적으로 풍부한 전문 인력도 육성했다. 이와 함께 의료가 정보기술과 결합해 융합 산업으로 재편되고 있는 상황에서 한국은 스마트폰, 통신장비 등 IT 분야에서 글로벌 기업들을 확보하고 있다.

하지만 인구, 소득, 인력, 역량이라는 4박자를 갖추고 있음에도 불구하고 한국의 의료 산업이 21세기 첨단 글로벌 산업으로 발전하지 못하고 있는 이유는 우리나라 내부의 이해당사자들이 현재의 협소한 이해관계에 매몰돼 미래지향적 관점으로 공감대를 형성하지 못하고 있기 때문이다. '투자개방형' 병원의 도입도 2002년에 전국 8개 경제자유구역 내 외국인 병원을 허용한 이후 지루한 논란만 이어지면서 많은 시간을 허비하였다. 반면 중국은 2014년 8월 베이징을 비롯한 7곳의 주요 도시에 외국자본을 100% 투자한 병원 설립을 전면 허용했다. 중국 정부는 의료 부문의 외국자본 개방을 통해 병원 운영의 효율성이 높아지고 의료 수준도 전반적으로 개선될 것으로 기대하고 있다. 이는 한국을 찾는 중국 의료 관광객 수가 상징하는 경쟁우위도 그나마 곧 사라질 것이고 중국이 한국 의료 산업의 잠재 시장으로 남아 있을 기간도 얼마 남지 않았다는 것을 시사한다. 따라서 빠른 시일 안에 내수관점에 머물러 있는 의료서비스 관련 제도를 글로벌 관점으로 전환하여 새로운 성장동력으로 정립할 필요가 있다. 의료산업은 고용유발 계수가 높기 때문에 청년실업 문제 완화에도 긍정적인 효과를 가져 올 것이다.

7

경제분야 미래전략

FTA전략

현재 세계시장에서 우리는 일본을 포함한 여러 국가들과 치열하게 경쟁하고 있다. 지난 10여 년간 우리는 일본보다 늦게 양자 FTA 대열에 합류했음에도 불구하고 일본이 농수산업 등 민감산업 개방에 주저하는 사이 과감한 FTA 추진으로 미국, EU, 중국을 포함한 주요 경제권과의 FTA를 완성시킴으로써 보다 유리한 입지를 선점했다. 하지만 통상환경의 조류가 변화하던 2013년 우리가 TPP 가입여부를 놓고 저울질하는 사이 일본은 참여를 결단함으로써 TPP 원년멤버가 되었을 뿐 아니라, 우리의 FTA네트워크를 넘어서는 성과를 기대할 수 있게 되었다. 이렇듯 통상질서의 변화를 제대로 읽고 적기에 대응하는 것은 대외개방도가 높은 우리로서는 선택이 아닌 필수라고 할 수 있다. 특히 2016년 6월 치러진 영국의 국민투표에서 브렉시트Brexit가 확정됨에 따라 한국은 영국과 별도의 FTA를 체결할 필요성이 대두되었다. 동시에 한국-EU 간 FTA에 EU 탈퇴를 결정한 영국의 브렉시트가 어떠한 영향을 줄지도 짚어봐야 할 상황이다. 또한 최근 거세지고 있는 신보호무역주의와 반세계화 등의 추세 속에서 FTA를 어떻게 추진해나갈 것인지도 당면과제로 떠오르고 있다. 이에 따라 통상환경의 변화와 전망을 살펴보고, 현재 우리의 위치와 성과를 점검함으로써 향후 FTA정책의 바람직한 방향을 제시하고자 한다.

통상환경의 변화

통상질서의 큰 흐름을 보면, 2000년대 초반까지 WTO를 중심으로한 다자주의가 주류였다가 2000년대 중반에 들어서면서 FTA로 대표되는 양자주의가, 2010년대 들어서면서는 WTO차원에서의 복수주의와 메가FTA로 특징되는 지역주의가 주류를 형성하고 있다. 최근 통상질서의 변화를 보여주는 대표적인 사건이 2015년 12월 케냐 나이로비에서 개최된 제10차 세계무역기구World Trade Organization, WTO 각료회의와 2015년 10월 타결되고 2016년 2월 정식서명된 환태평양경제동반자협정Trans Pacific Partnership, TPP이다.

1947년 체결된 관세와 무역에 관한 일반협정General Agreement on Tariffs and Trade, GATT이 1986년부터 1994년에 걸쳐 진행된 우루과이라운드 협상을 통해 관세뿐 아니라 비관세조치, 규범, 서비스, 분쟁해결 등을 망라하는 WTO협정으로 발전하면서 본격적인 다자주의 체제가 시작됐다. 하지만 2001년 카타르 도하에서 출범한 도하개발아젠다Doha Development Agenda, DDA 협상이 선진국과 개도국 간의 대립으로 가시적인 성과를 내지 못하면서, WTO의 획일성에서 벗어나 상호이해가 맞는 교역국 간 체결하는 양자 FTA가 대안으로 등장하며 매우 빠르게 확산되었다.

양자 FTA는 역내국에게만 특혜를 부여함으로써 상대적인 무역자유화의 이익을 추구하는 것이기 때문에 역외국에 의한 무임승차를 방지하기 위한 원산지 규정이 필수적이다. 전 세계적으로 FTA가 활발하게 추진되면서 배제에 따른 이익은 점차 줄어드는 반면 FTA마다 상이한 원산지규정으로 인해 원산지 충족비용은 오히려 증가하고[6] 또한 여러 FTA간 규정이 서로 충돌하는 상황도 발생하게 되었다. 이 때문에 2010년 이후 FTA 체결건수는 하락세에 접어들게 된다.

이러한 상황 속에서 국제통상환경에는 크게 두 가지 변화가 생기는데, 하나는 글로벌 가치사슬Global Value Chain, GVC의 발달이고, 다른 하나는 새로운 무역규범 이슈의 등장이다.

글로벌 가치사슬의 발달

글로벌 가치사슬이란 재화나 서비스가 초기 구상단계부터 생산, 마케팅, 판매에 이르는 단계가 여러 국가에 걸쳐 이뤄지는 현상을 의미한다. 국제생산 분업구조가 제조과정의 국제분업을 의미하는 데 비해, 글로벌 가치사슬은 제조과정의 전 단계부터 그 이후 단계를 포괄하는 개념이며 그 과정에서 창출되는 부가가치에 초점을 맞춘다.

글로벌 가치사슬의 발달은 세 가지 측면에서 통상환경의 변화를 불러온다. 첫째, 여러 국가에 걸쳐 이뤄지는 생산과정에서 투입되는 부품 등 중간재도 여러 국가를 이동하게 되는데, 그때마다 각 국의 무역장벽으로 인한 비용이 누적적으로 영향을 미치게 된다는 점이다. 무역비용에는 관세뿐 아니라 다양한 비관세장벽도 영향을 미치게 되며, 전자보다는 후자의 영향이 더 크기 때문에 비관세장벽에 대한 관심이 높아지게 되었다. 둘째, 투입되는 수입중간재에 대한 기술표준이나 생산시설에 대한 투자 규범 등 관련 제도와 일관성 및 투명성 강화가 중요한 무역의제로 등장하게 되었다는 점이다. 셋째, 가치가 창출되는 과정에서 유형의 재화뿐 아니라 중요한 역할을 하는 무형의 지식재산과 서비스에 대한 보호 중요성이 커졌다는 점이다. 따라서 글로벌 가치사슬의 효율적 활용과 발달을 위해서는 무역장벽을 낮추고 관련 규범을 조화시키기 위한 노력이 필요한데, 이는 전 세계 공통의 관심사이기보다는 가치사슬 구조를 형성하고 있는 국가들에 보다 중요한 이슈라는 점에서 다자주의 차원이 아닌 메가 FTA를 중심으로 한 지역주의 차원에서 다뤄지는 것이 일반적이다.

새로운 무역규범 이슈 등장

새롭게 등장하게 된 무역관련 이슈는 크게 두 종류로 분류할 수 있다. 하나는 국제적 공동노력이 필요한 이슈로 노동이나 환경 등을 들 수 있다. 이는 인권과 같은 인류의 보편적 가치나 지속가능한 발전 같은 미래세대의 가치를 보호하기 위해서는 국제적 공동대응이 반드시 필요하다는 인식 아래 무역에 있어서도 공정한 경쟁 환경 조성이라는 관점을 고려해야 한다는 특징이 있다.

다른 하나는 과거에는 존재하지 않았거나 상대적으로 덜 중요했던 이슈로 전자상거래와 융복합 산업 등을 들 수 있다. 경제와 기술이 발전하면서 새로운 산업이 등장하거나 국제 전자상거래가 활발해지는 데 비해, 이를 규율하기 위한 국제 무역규범이 존재하지 않거나 구체화되어 있지 않은 경우이다. 두 종류의 이슈 모두 WTO 차원에서 다뤄지는 것이 바람직하지만, 2001년 개시된 WTO DDA협상 의제에 포함되어 있지 않거나 합의에 의한 타결을 원칙으로 하는 WTO협상이 더 이상 유효한 협상플랫폼이 되기 어렵다는 점에서 현실적인 한계가 있다. 이에 대해 환경 등은 WTO차원에서 복수국간 협상의제로 다루고 있으며, 전자상거래나 지식재산권 등은 메가 FTA차원에서 다뤄지고 있는 형편이다.

한국의 FTA정책 성과와 평가

한국은 2000년대 중반까지 WTO중심의 다자주의에 초점을 맞춘 통상정책을 펼쳤다. 이후 뒤늦게 양자 FTA로 정책방향을 선회하면서 FTA로드맵에 기반한 동시다발적 협상을 진행해 왔다. FTA로드맵에는 포괄적이고 수준 높은 FTA라는 협상목표, 동시다발적 FTA라는 협상전략, 국민적 공감대라는 협상기반 등 세 가지 원칙과 함께, 상대국가를 경제적 파급력이나 규모가 작은 국가에서 큰 국가로 확장해 가는 계획이 담겨 있었다. 그 결과 2016년 6월 현재 52개국과 14건의 FTA를 발효시켰고 2건을 타결시켰으며, 5건의 협상이 진행중이고 6건은 협상을 준비하고 있다.

로드맵의 관점에서 외연적 성과를 평가한다면, 다소 늦게 양자 FTA 흐름에 합류했음에도 불구하고 동시다발적 추진전략으로 단기간에 성공적인 FTA네트워크를 구축했다. 특히 미국, EU, 아세안, 중국 등 거대경제권과의 양자 FTA를 발효시켰다는 점은 높이 평가할 만하다. 내용 측면에서도 대부분의 FTA에서 90% 이상의 높은 자유화 비율을 달성했으며, 선진국뿐 아니라 개도국과의 FTA에서도 서비스와 투자를 포함한 포괄적이고 수준 높은 FTA를 체결했다.

그러나 추진과정에서 대내협상이 충분하지 못했고 중소기업의 낮은 FTA 활용률, 소비자의 미흡한 체감도 등은 문제점으로 지적되면서 국민적 공감대 확산과 내실화를 위한 대책이 필요한 실정이다.

〈표 7-5〉 우리나라의 FTA 추진현황

발효(14건)	타결(2건)	협상 중(5건)	검토 중(6건)
칠레(04.4) 싱가포르(06.3) EFTA(06.9) ASEAN(07.6) 인도(10.1) EU(11.7) 페루(11.8) 미국(12.3) 터키(13.5) 호주(14.12) 캐나다(15.1) 중국, 뉴질랜드, 캐나다(15.12)	콜롬비아(13.2) 터키(15.2)	한중일 RCEP 중미(6개국) 에콰도르 이스라엘	인도네시아 일본 멕시코 GCC Mercosur 말레이시아

자료: www.fta.go.kr (2016.6 기준)

또한 FTA 성과는 체결 건수나 추진 로드맵에 대한 충실도보다는 FTA라는 정책수단을 통해 달성하려고 했던 경제정책적 목표의 달성 여부가 보다 중요한 잣대가 되어야 한다.

우선 FTA가 상품교역에 미친 영향을 분석한 결과에 따르면, 전체 수출입은 모두 증가시켰으나 산업별로는 다소 편차가 있는 것으로 나타났으며, 총 수출입과 달리 부가가치 측면에서는 유의한 영향을 미치지 못했다. 총 수출입액의 증가는 기존 교역품의 교역액 증가와 새롭게 등장한 교역품목의 교역액 증가로 구분할 수 있는데, 수입의 경우에는 새롭게 등장한 교역품목의 교역액 증가가 유의적인 영향을 미친데 비해, 수출의 경우에는 기존 주력수출품의 교역증가가 중요한 역할을 한 것으로 분석되었다. 즉 수입은 수입액 증가와 품목다변화 모두 긍정적인 성과를 거둔 반면, 수출의 경우에는 소수 품목에 대한 집중도가 오히려 증가한 측면이 있다. 이는 대기업과 중견기업에 비해 중소기업이 품목다변화나 FTA활용 측면에서 어려움을 겪는 현상의 결과로도 해석될 수 있는 것이다.

FTA는 서비스 수입에 더욱 긍정적인 영향을 미친 가운데, 특히 운송서비스, 통신서비스, 보험서비스, 컴퓨터·정보서비스, 기타 비즈니스서비스의 수출입 증가를 가져왔다. 이는 상품교역이 활발해지면서 운송, 통신, 보험 서비스에 대한 수요가 증가했고, 국경 간 공급 형태[7]의 서비스 수입과 컴퓨터·정보서비스 및 기타 비즈니스서비스 부문에서 교역이 크게 활발해졌기 때문으로 풀이된다. 투자에 미친 영향을 살펴보면, FTA가 외국인 투자유치에는 일정 부분 긍정적으로 작용하는 반면, 우리 기업들의 해외진출에 미친 영향은 제조업에서 일부 관측되었을 뿐 전반적으로는 기대에 못 미쳤다.

FTA로 인한 양자교역과 투자가 우리나라의 경제성장에 미친 영향을 살펴보면 대체로 EU로부터의 외국인 투자와 아세안으로부터의 상품교역 확대가 FTA로 인한 추가적인 경제성장을 견인한 것으로 보인다.

미국이나 EU와 같은 거대 선진경제권과의 FTA체결에는 제도 선진화라는 정책목표가 있었다. 발효시점을 고려할 때 엄밀한 평가를 하는 것이 시기상조이지만, 한미 FTA를 기준으로 FTA를 통한 국내 제도변화가 우리 경제시스템의 선진화에 기여하고 있는지는 살펴볼 수 있다. 가령 한미 FTA 체결에 따른 국내법 개정사항을 한미 간 규제조화(4건), 제도 간소화(3건), 공기업 경영 투명성 제고(3건), 고부가가치 서비스 시장 접근성 제고(5건), 지식재산권 보호수준 강화(9건), 제도 투명성 제고(1건) 등의 차원에서 검토해볼 수 있다. 한미 간 규제 조화는 국내 제품의 수출을 촉진하기 위한 상호인증(MRA)과 같은 상호제도의 조화와 통일이라는 점에서, 제도투명성 제고에 해당하는 행정절차법 개정은 이행관계자의 의견수렴을 위한 충분한 시간확보라는 점에서 제도 선진화 취지에 충분히 부합하는 것이라 할 수 있다. 다만 제도 간소화, 공기업 경영 투명성 제고, 고부가가치 서비스 시장 접근성 제고, 지식재산권 보호수준 강화 등은 논쟁의 여지가 남아 있다. 따라서 우리의 제도 선진화에 기여할 수 있도록 계속 관심을 가져야 하는 상황이다.

FTA 미래정책 방향

미래 FTA전략은 크게 두 방향에서 고찰해볼 수 있을 것이다. 하나는 지금까지 추진해온 FTA에 대한 성과평가를 기반으로 향후 정책방향을 도출하는 것이며, 다른 하나는 글로벌 가치사슬과 새로운 통상 이슈로 요약할 수 있는 국제통상환경의 변화에 효율적으로 대응하기 위한 정책방향을 고민하는 것이다. FTA는 통상정책의 한 종류이며 수단이라는 점에서 대외전략의 관점에서 정책방향을 도출하는 것도 중요하지만 동시에 그 성과가 우리 경제에 충분히 발현되기 위해서는 관련된 대내전략도 고려해야 한다.

미래 전략을 수립하는 과정에서 가장 중요한 것은 방향성과 목표 설정이다. 과거 우리의 FTA 추진목표는 교역과 투자를 활성화하는 것이었다. 즉 경제개혁과 규제완화, 그리고 경쟁촉진을 통해 생산성을 높이고 국제생산자원을 효율적으로 사용하여 한반도의 정치적 안정을 추구하는 것이었다. 이러한 목표들은 물론 여전히 유효하다. 그러나 통상환경과 경제상황의 변화를 고려하면, 궁극적으로 미래 FTA 정책목표는 삶의 질 향상을 위한 통상정책이어야 한다. 생산측면에서는 경제성장과 일자리 창출을, 소비측면에서는 후생증대를, 분배측면에서는 공정성 제고가 이뤄져야 한다. 나아가 대외전략으로는 FTA별 특화된 협상목표 수립, 부가가치 관점의 협상전략 수립, 적극적인 국제규범 논의 참여가 필요하고 대내전략으로는 FTA를 통한 국내 개방효과 제고, 건강한 경제시스템 구축 등이 추진되어야 할 것이다.

FTA 별 특화된 정책목표 수립

한국 경제의 규모가 커지면서 내수와 수출에 대해 균형적 정책을 수립할 필요성이 커지고 있다. 동시에 글로벌시장과의 연계성이 커지면서 지속적으로 개방정책을 추진해야 할 필요도 커지고 있다. 주요국과의 FTA가 완성되면서 이제 남아 있는 FTA는 다수의 국가가 참여하는 메가 FTA이거나 또는 신흥경제권이나 자원부국과의 양자 FTA이다. 지금까지는 상대국에 관계없이 획일적인 형식과 내용으로 협상을 진행하는 것이 가능했으나, 이제는 상황이 달라졌다. 다수 국가와의 논의에서 우리의 요구사안을 일괄적으로 주장하기 어려울 뿐 아니라 개방수준이나 경제발전단계가 낮은 국가를 대상으로 선진국과 체결한 FTA포맷을 강요하는 것은 큰 의미가 없을 수 있다. 따라서 이제는 협상을 시작하기 전에 참여국 또는 상대국에 따라 구체적이고 특화된 협상 목표를 세워야 한다. 협상을 통해 무엇을 얻을 것인지를 명확히 해야만 이에 초점을 둔 협상전략을 구축할 수 있기 때문이다.

이러한 정책방향을 구체적으로 적용해본다면, 우선 가장 관심이 높은 TPP의 경우, 참여중인 상당수 국가들과는 이미 양자 FTA를 체결하여 발효시킨 상황이므로 만약 양자 FTA처럼 시장접근 개선이 협상의 목표라면 설득력이 떨어지는 것이 당연하다. TPP와 같이 메가 FTA는 다수의 국가가 참여하고 있기 때문에 여기서 타결된 규범은 국제 규범으로 발전될 가능성이 높다. 따라서 TPP 참여를 결정하기 위해서는 TPP 협상에 우리 산업계의 이해를 얼마나 반영할 수 있는지, 주요 이슈가 한국 경제와 향후 국제통상질서에 미치는 영향은 어떠한지 등을 고려해야 하며 참여시 협상의 초점을 어디에 맞출 것인가를 정하는 것도 필요하다.

〈표 7-6〉 양자FTA와 메가FTA 비교

	양자 FTA	메가 FTA
배타적 특혜 (예: 상품양허 등)	양자 양허안	단일 양허안
원산지규정	양자주의 (스파게티 볼 효과)	공통, 누적 원산지
비배제적 이슈 (예: 규범, 표준, 규제 등)	상호 인증	네트워크 효과

자료: 김영귀(2014), 3중전회 이후 중국경제 환경 변화와 대응방안 세미나.

동남아시아국가연합ASEAN 10개국과 이미 FTA를 체결한 6개국이 협상을 진행중인 역내 포괄적 경제동반자협정Regional Comprehensive Economic Partnership, RCEP의 경우에는 TPP와 같이 높은 수준의 메가 FTA가 되기는 어려운 상황이다. 또한 이미 일본이 구축한 FTA 네트워크의 영향력이 상당할 뿐 아니라 경제적으로 ASEAN 회원국들에 대해 상당한 지원을 하고 있기 때문에 경제협력을 중시하는 RCEP 협상에서 우리가 수행 가능한 매개자 역할이 무엇인지를 명확히 할 필요가 있다. 막연히 선진국과 개도국을 잇는 중간자 역할이라는 식의 접근보다는 일본과 중국에 비해 한국이 취하는 것이 보다 적합한 역할을 찾아야 한다는 것이다. 구체적으로는 경제협력의 형태로 개발경험을 전수함으로써 한국 기업의 해외진출과 신흥개도국의 자립지원이라는 두 가지 목표를 동시에 추구할 수도 있을 것이다.

이런 관점에서 한-이스라엘 FTA의 경우 정부가 기술협력 FTA라고 지칭하는 것은 바람직한 현상이다. 양국의 교역관계나 경제규모를 고려할 때, 일반적인 교역확대의 관점에서 접근한다면 실익이 크지 않은 FTA 상대국이지만, 이스라엘이 갖춘 기술혁신과 창업노하우 등을 생각하면 기술협력의 좋은 파트너가 될 수 있기 때문이다.

부가가치 관점의 협상전략 수립

경제성장과 일자리창출은 무엇보다 중요한 경제정책 목표인데, 두 목표의 공통점은 총생산이나 수출이 아닌 부가가치에 의해 결정된다는 점이다. 경제성장을 측정하는 데 사용되는 지표인 실질 국내총생산Gross Domestic Product, GDP은 국내에서 만들어진 부가가치의 합이며, 부가가치는 노동과 자본에 분배되기 때문에 부가가치가 높아지면 고용이 늘어날 가능성이 높다.

현재는 협상할 때 수출이 늘어날 가능성이 높은 품목은 공세적으로, 수입확대가 우려되는 품목은 수세적으로 대응하고 있는 상황이다. 하지만 수출확대 품목이 수입중간재에 대한 의존성이 높다면 국내에서 창출되는 부가가치는 기대에 못 미칠 가능성이 있으며, 수입이 확대되는 품목이 수출품 제작에 주로 투입된다면 제3국으로의 수출확대를 통해 부가가치 창출에 기여할 수 있는 것이다.

또한 교역 대상이 되는 상품의 생산과정에는 여러 종류의 서비스가 투입된다. 중간재는 수입을 통해 조달될 수 있지만 생산과정에 투입되는 서비스는 국내에서 제공되어야 한다는 점에서 바로 부가가치로 이어진다는 특징이 있다. 부가가치가 반드시 국내에서만 만들어질 필요는 없다. 우리 기업들이 해외에 투자해 만들어지는 부가가치도 결국은 국내에 귀속된다는 점도 고려해야 한다. 따라서 경제구조를 고려하여 FTA가 국내에 높은 부가가치를 만들어낼 수 있는 방향으로의 협상이 중요하다.

적극적인 국제규범 논의 참여

세계 경제 성장이 둔화되면서 각 국은 새로운 성장동력 개척에 나서고 있으나, 아직까지 이를 규율할 수 있는 국제규범이 정립되지 않았거나 논의조차 시작되지 않은 경우가 많다. 예를 들어, 인터넷을 통한 국가 간 상품이나 서비스의 거래가 증가하면서 디지털경제digital economy라는 용어가 등장했으나 이러한 거래에 관한 무역규범은 아직 정립되지 못한 상황이다. 통상규범 제정은 서로 필요한 관련자에 의한 논의와 검토에서 출발한다. 이후 보다 공식적인 논의를 통해 구체적인 규범의 초안 등이 만들어지는데 이것은 종종 WTO의 작업반이나 OECD 관련 위원회에서 추진되며, 최종적으로 당사국이나 관련 국가들이 모여 정식으로 논의를 하게 된다.

따라서 새로이 등장하는 통상이슈는 초기부터 논의 동향을 면밀히 모니터링하여 필요시 적극적으로 참여해 우리의 이해를 반영해야 하며, 현재 TPP를 위한 메가 FTA에서 협정문으로 구체화된 내용을 파악할 필요가 있다. 국제통상 규범이 널리 받아들여지게 되면 대외의존도가 높은 우리로서는 수용이 불가피하다는 점에서 초기에 적극적으로 대응하는 것이 중요하다. 또한 우리가 그동안 체결한 FTA의 내용을 새로운 환경에 맞춰 수정, 보완, 조화할 필요가 있다. 무엇보다 새로운 이슈에 효율적으로 대응하기 위해서는 관련 분야의 전문가를 양성하고 국내외 인적 네트워크를 형성하는 데에도 힘써야 한다.

FTA를 통한 국내 개방효과 제고

FTA로 인한 수출확대를 그 성과로, 수입증가를 피해로 인식하는 태도는 FTA의 효과를 반쪽짜리로 만들 수 있다. FTA의 개방효과는 상대국 시장에 대한 접근성을 개선하는 것 못지않게 우리 시장을 상대에게 개방하는 데에서 크게 발생한다.

흔히 FTA의 수혜자로 수출증가가 예상되는 제조업을 꼽지만, 사실 다양한 수입품을 보다 싼 가격에 구매할 수 있게 된 소비자도 중요한 수혜자이다. 하지만 FTA 확산에도 불구하고 소비자 체감도는 낮은 실정이다. 이를 개선하기 위한 방법으로 수입업체의 과도한 시장지배력을 줄이는 것이 필요한데, 이를 위해 수입품의 유통구조를 개선하고 투명성을 높이는 한편 수입품에 대한 가격관련 정보 제공, 과도한 규제 완화 등이 필요하다. 아울러 FTA수출 활용률을 높이기 위해 다양한 지원을 아끼지 않는 것처럼 수입활용률을 높이는 데에도 정책적 관심을 기울여야 한다.

앞서 FTA를 통해 부가가치를 높이는 것이 중요하다고 지적한 바 있는데, 부가가치를 높이기 위해서는 가치사슬의 고도화가 필요하며 이를 위해서는 서비스의 역할이 중요하다. 특히 제조업을 직간접적으로 뒷받침하는 서비스산업의 경쟁력이 제조업의 부가가치 제고에 상당히 기여하기 때문에 서비스 산업의 경쟁력 제고를 위한 관련 국내 규제의 완화와 함께 서비스 시장의 대외개방 및 서비스 오프쇼어링offshoring 등이 적극 추진될 필요가 있다. 서비스 시장개방은 양질의 외국 서비스 공급을 통해 우리 제조업의 수출경쟁력을 개선할 뿐 아니라 경쟁을 촉진하여 국내의 관련 서비스산업의 생산성 향상으로 이어질 수 있기 때문이다.

건강한 경제시스템 구축

현재 우리 경제는 저성장의 덫에 빠진 것처럼 보인다. 대외적으로는 주력 수출품이 글로벌 수요감소와 중국의 부상 등으로 고전하고 있고, 대내적으로는 대기업과 중소기업 간 양극화, 분배구조 악화, 고용불안과 저임금 문제로 내수침체가 상당기간 지속될 것으로 우려된다.

한 사회가 건강한 경제시스템을 갖고 있다는 것은 공정한 경쟁 환경이 조성되어 있고, 변화와 실패에 대비한 사회안전망을 갖추고 있다는 의미일 것이다. 따라서 향후 FTA정책은 국내적으로 공정한 경쟁시스템을 구축하는 데 도움이 되고 FTA가 가져올 제도개혁과 경제 변화의 부작용이 최소화될 수 있도록 추진되어야 한다.

대기업과 중소기업의 양극화는 지난 20여 년간 더욱 심화되어 왔다. 그 결과 고용의 대부분을 책임지고 있는 중소기업의 처우악화가 고용시장의 미스매치와 과도한 스펙경쟁, 가계부채 확대와 고용불안으로 이어지고 있다. 해법 중 하나는 건전한 중소기업을 다수 육성하는 것이다. 현재 대기업의 2, 3차 협력업체로 종속되어 있는 중소기업들이 글로벌 가치사슬에 편입됨으로써 원청기업과 대등한 협상력을 발휘할 수 있게 되고, 우수한 기술력을 갖춘 중소기업들이 대기업과 공정하게 경쟁함으로써 정당한 대가를 받을 수 있어야 한다.

이를 위해서는 투명성과 공정성이 담보되는 건전한 경쟁 환경이 조성되어야 한다. 동시에 비효율적인 산업 분야에 대한 구조조정이 불가피하다. 자발적인 조정이 가장 바람직하겠지만 기득권 세력의 반발 때문에 쉽지 않은 경우가 대부분일 것이다. 따라서 FTA와 같은 개방정책이 개혁의 효율적인 촉매제로 작용할 수 있도록 추진하면서 동시에 구조조정 과정에서 발생하는 실업문제 등에 대한 현실적이고 적절한 정책적 지원이 병행되어야 할 것이다.

FTA전략 단기방안

앞서 살펴본 미래 FTA 정책방향을 효과적으로 달성하기 위한 단기방안으로는 통상정책 전담부서 설립과 유관기관 협의체 구성을 생각해볼 수 있다. 영국의 브렉시트가 발생했고, 미국의 일부 정치 리더들은 TPP에 반대하는 입장이다. 이렇듯 급변하는 국제통상 환경에 유연하게 대처하기 위해서는 제도적 장치를 통한 전략 수렴과 추진이 더욱 절실한 상황이다.

통상정책 전담부서 설립

통상정책 전담부서는 부처 간 이견 조율과 통상전문 인프라 구축을 위해 필요하다. 통상정책의 대상이 되는 산업을 관장하는 정부 부처는 다양하다. 특정 산업을 맡고 있는 부처가 통상정책을 겸할 경우 부득불 해당 산업의 관점에서 자유롭지 못하거나, 다른 산업을 담당하는 부처와의 이견을 효율적으로 조율할 수 있는 논리개발에 취약할 수 있다. 또한 과감한 결단을 통해 개방을 추진해야 하는 서비스 분야의 경우 분야별로 많은 부처가 연결되어 있고, 그 만큼 부처이기주의와 업계의 영향력에서 벗어나기가 쉽지 않다.

따라서 관련부처로부터 인력과 자원을 지원받고 통상을 전담하는 인력을 보강하여 통상관련 전담부처를 신설하는 것이 필요하다. 예를 들어, 미국의 무역대표부인 USTR와 같은 통상정책 전담부처나 국무총리실 소속의 대외통상협력처 또는 각 부처에 분산되어 있는 기능을 총괄할 수 있는 대외경제협력처와 같은 형태를 생각해볼 수 있다.

통상정책 전담부서의 신설은 중요성이 더 커지고 있는 국제규범에도 효과적으로 대응할 수 있는 토대가 될 것이다. 통상인력이 해당 분야에 장기간 근무함으로써 전문성을 배양할 수 있게 되고, 이것은 결국 국제적 대응능력의 향상으로 이어질 수 있기 때문이다. 또한 통상정책의 일관성을 떨어뜨리는 것 중 하나가, 정권에 따라 통상업무 기능이 여러 부처로 이동되는 현상이다. 이러한 문제점을 막기 위해서도 통상정책 전담부서의 신설을 검토해야 하는 것이다.

유관기관 협의체 구성

통상정책은 기업들에 유리한 공정경쟁의 장을 마련하는 데 그 목적이 있다. 즉 기업이 얼마나 잘 활용하느냐에 따라 통상정책의 성과가 결정된다. 이런 점에서 통상정책을 발굴하고 협상에 대응하며 활용과 이행의 걸림돌을 제거하는 모든 과정에 업계의 목소리가 반영되어야 한다. 미국과 같은 통상선진 국가는 이해관계자들이 적극적으로 의견을 제시함으로써 실효성 있는 정책을 펼치고 있는 반면, 한국의 경우 여전히 관 주도의 정책추진이 일반적이다.

  소수의 통상담당 인력이 다수의 정책의사결정을 내리는 현실을 고려할 때, 효율적인 의견수렴과 정책조언을 위해서는 유관기관 협의체 구성을 검토해볼 수 있다. 여기에는 업계의 의견을 취합하여 전달할 수 있는 관련 협회나 단체, 정책적 조언을 위한 전문가 그룹 등이 포함될 수 있을 것이다. 아울러 아직 국내에는 관련 단체가 없는 업계도 존재하기 때문에 이러한 업계의견이 누락되지 않도록 정책적으로 지원하는 방안도 생각해볼 수 있다. 이러한 유관기관 협의체는 정부 입장에서는 민감성 때문에 언급하기 어려운 이슈들도 보다 유연하게 다룸으로써, 정부의 정책이 올바른 방향으로 진행될 수 있도록 지지하고 제대로 된 정책홍보에도 기여할 수 있을 것이다.

3

국토교통전략

일반적으로 국토란 한 국가의 통치권이 미치는 범위의 토지를 말하며, 교통이란 공간적 격리를 극복하여 생산이나 소비의 효용을 극대화시키는 것으로 정의할 수 있다. 국토와 교통은 서로 분리된 이질적인 개념이 아니라 상호 밀접한 관련을 갖고 있다.

1960년대부터 1980년대까지 우리나라의 정책 기조는 성장이었으며, 이에 따라 국토개발 및 교통전략도 성장지원 개발이었다. 1980년대부터 성장 일변도의 부작용으로 국토개발전략이 성장과 균형으로 바뀌었고 1990년대부터는 환경에 대한 배려가 부분적으로 반영되기 시작했다. 1980년대부터는 거점개발방식이 특정지역 거점개발에서 지방거점개발, 광역권 거점개발, 광역경제권 개발 등으로 전환되었으나, 수도권 집중, 지역 간 불균형, 난개발, 농어촌 과소화 등 많은 문제점을 해결하지 못했다. 특히 급속한 도시화 현상은 국토공간구조에 부정적인 영향을 미쳤다. 1980년에 68.7%였던 도시화율이 2005년도에 90.1%로 급증하면서 주택, 교통, 환경문제를 파생시켰다. 교통부문에서는 도로망 확충과 더불어 교통수단의 고속화가 진행되어 2004년에 고속철도가 개통됐다. 한반도에 속도혁명이 나타난 것이다. 그밖에도 인천공항이 동북아시아의 허브공항으로 자리매김함에 따라 도로망과 철도망뿐 아니라 항공부문에서도 폭발적인 성장을 보였다.

그러나 고령화, 저성장, 기후변화 등 장기적이고 구조적인 사회환경의 변화는 국토이용과 교통정책에도 영향을 주고 있으며 특히 남북한 및 국가 간 협력 확대로 개방형 국토공간구조로의 전환도 불가피해지고 있다. 또한 미래 통일한반도 시대에 동북아시아의 거점으로서 역할을 하기 위한 준비도 해야 한다.

유럽연합의 설립조약인 마스트리히트Maastricht 조약(1992)에서도 "교통시설의 확충이 유럽경제의 경쟁력을 향상시킬 뿐만 아니라 유럽의 통합을 촉진시킬 것"이라고 강조한 바 있다. 즉 저렴한 운송비용은 유럽 산업의 경쟁력을 증진시키며, 교통시설의 정비 및 확충은 개발이 부진했던 지역과 주변 지역에 접근성을 향상시킴으로써 유럽 전체의 경제적 통합을 가속화시킨다는 것이다.

이런 맥락에서 국토공간 이용과 교통시설 확충이 체계적이고 효율적으로 추진된다면, 대한민국의 균형적인 발전뿐 아니라 향후 통일한국 시대에 환동해권, 환황해권, 동북아지중해권 등을 현실화시키며 우리의 활동공간 확장을 기대할 수 있을 것이다.

국토교통전략에 영향을 끼치는 미래환경 전망

국토교통전략은 정치, 경제, 사회, 환경 등 주변 요인의 변화와 무관하지 않다. 따라서 국토 및 교통정책에 영향을 주는 변화요인들을 전망하면서 이를 반영하는 전략수립이 이루어져야 한다. 사회경제 각 분야에서 나타나고 있는 변화의 기조는 국토교통의 미래변화에도 큰 영향을 미칠 수밖에 없기 때문이다.

사회구조 및 기술변화

우선 저출산, 고령화, 1인가구와 다문화가구 증가 등 인구구조 변화는 국토공간정책에 직접적 영향을 줄 것이다. 가령 저출산과 고령화는 경제활력의 약화로 국토의 신규 대규모 개발수요를 감소시키는 반면 삶의 질을 중시하면서 안전과 편리성, 여가문화, 건강, 환경보전 등에 우선순위를 둔 새로운 국토공간정책을 중시하게 될 것이다. 그동안 주목받지 못했던 산지나 섬, 자연환경이 생활공간으로서 관심을 받게 되고 적정한 국토개발 및 이용을 통해 홍수, 폭우 등 자연재해로부터 피해를 최소화하는 방재형 국토개발에 대한 수요가 증가할 것으로 보인다.

또한 지속적인 기술혁신으로 맞춤형 교통서비스가 증가하고 무인자동차, 무인항공과 무인운동 기술 및 자동제어 대중교통기술의 확산도 전망된다. 이러한 변화추세라면 자동차 위주의 교통체계에 혁신적 변화가 나타날 것이다. 그밖에도 기후변화와 자원고갈 문제해결을 위한 지구적 차원의 관심과 협력활동이 늘어나고 있어 국토교통전략에도 큰 변화를 초래할 것이다. 이를테면 지구온난화의 주범인 온실가스 감축을 위한 그린인프라 마련과 저탄소 국토 이용 및 교통시스템 개선이 시급한 해결과제로 대두하고 있다.

동북아 중심국가로서의 기회와 역할

남북이 통합되는 미래의 한반도는 유라시아 지역의 인적, 물적 이동의 거점으로서 위상이 많이 강화될 것으로 전망된다. 동북아시아가 세계 경제에서 차지하는 비중이 더욱 확대되면서 이 지역에서 국경을 초월한 네트워크가 확장되고 인적, 물적 통행이 급증할 것이다.

특히 한반도는 지정학적으로 동북아 지역에서 중심성과 연계성을 갖고 있다. 서울, 도쿄 베이징, 상하이, 블라디보스토크 등 동북아시아의 5대 도시 각각에서 다른 도시로의 항공거리를 합산할 경우, 서울은 3,648km로서 가장 짧다. 지정학적 중심성과 IT기술력을 활용한 여객, 화물정보의 거점역할도 기대해볼 수 있다. 한반도가 통합된다면 중국의 동북 및 내륙지역, 몽골, 극동 러시아까지 망라하는 배후시장으로 접근성이 강화될 것이며, 육상 운송의 대륙연계로 다양한 운송경로가 확보될 수 있다. 기존의 대륙연결 운송회랑인 시베리아횡단철도TSR, 중국횡단철도TCR, 만주횡단철도TMR, 몽골횡단철도TMGR 외에 새로운 간선수송회랑이 등장할 것이다. 하바로프스크-블라디보스토크-원산-서울-부산을 연결하는 고속교통망축과 하얼빈-창춘-연길-훈춘-나진-원산-서울-부산축, 중국 지안-만포-간계-구장-평산-서울을 연결하는 한반도 중심축 운송회랑 구축이 가능하다. 이 노선은 한반도를 통과하면서 남북 간 산업축, 동북아 역내 간선 수송로, 나아가 아시아와 유럽을 연결하는 랜드브리지landbridge로서의 기능을 수행할 것이다.

아울러 한중 해저터널과 한일 해저터널도 고려해볼 필요가 있다. 결국 미래는 연결에서 부가가치가 나온다. 동북아 삼국 연결의 중심국가가 된다는 것은 새로운 기회를 가져다 줄 것이다. 또한 역내 도시 간 연결이 확대되어 국경을 초월한 '초국경 경제권'이 나타날 것이다. 한반도에는 심양-신의주-평양 초국경 경제권, 블라디보스토크-나진-청진 초국경 경제권, 산동반도-인천·평택 초국경 경제권, 부산-규슈 해협경제권이 형성될 수 있다.

우리의 현황과 해결과제

우리나라는 남과 북이 통합된 한반도라는 환경에서 큰 그림을 그려본 적이 많지 않다. 외국 학자들도 대한민국은 소위 중국의 시대에 편승하여 부가가치를 창출하는 것이 필요하다는 논리를 펴고 있다. 『강대국의 흥망The Rise and Fall of the Great Powers』이라는 저서로 유명한 역사학자 폴 케네디Paul Kennedy는 21세기에 한국이 지속적인 성장을 유지하기 위해서는 제조업에 집중하는 것보다는 중국이 창출하는 부가가치의 흡수효과가 큰 산업을 전략산업으로 선정하여 집중 발전시켜야 한다고 제안한 바 있다. 북한의 국토 공간 개편 및 남북한 연결은 매우 중요한 사안이다. 그러나 현재의 남북 관계 속에서 중장기 한반도 국토교통개발 계획은 선언적 의미만 나열되어 있을 뿐 구체적인 목표나 실행 수준은 매우 미흡하다.

반면 중국은 미래 국가발전의 공간적 범위를 중앙아시아로 확대시켜 '실크로드 경제권 구상'을 제안함과 동시에 투자재원 조달을 위한 아시아인프라투자은행AIIB을 2015년 공식 출범시킨 바 있다. 러시아는 구소련시대의 공간적 복귀를 의미하는 '유라시아연합구상'으로 미래를 그려나가고 있다. 중국과 러시아가 북한과 연결하는 교통회랑 구축을 지속적으로 추진하고 있다는 사실을 간과해서는 안 된다. 러시아는 북러 간 경제협력사업의 걸림돌이었던 북한 채무 110억 달러를 90% 면제하는 조치를 전격적으로 취했으며, 나진-하산 간 철도와 나진항 현대화사업을 북러 공동사업으로 완료하였다. 중국은 북중 접경지역 개발 계획인 이른바 창지투 지구 개발계획을 통해 동해 진출을 가시화하며 북한의 청진항과 같은 전략 항만과 국경교량 현대화를 진행하고 있다.

우리나라도 유라시아 이니셔티브 구상을 제안하여 유라시아의 청사진을 그리고 있으나, 북핵 문제에 대한 제재 조치로 용이하지 않은 상태이다. 유라시아와 동북아지역에서 한반도가 갖는 지경학적 강점만을 주장하기에는 우리에게 주어진 시간이 많지 않다. 국제운송시장에서 탈락한 운송회랑은 다시 복원되지 않는다. 일본 고베대지진으로 고베항을 거점으로 이용하던 국제화물들은 인접한 다른 항만으로 이동했다. 고베항의 기능이 정상화된 이후, 고베항을 이탈한 화물은 고베항으로 회귀하지 않았다. 우리나라가 반면교사로 삼아야 할 귀중한 교훈이다.

미래 한반도가 생산의 중심지, 교역과 물류의 중심지로서 안정성, 친시장성, 노동유연성, 환경쾌적성, 행정효율성 측면에서 강점이 부각되는 전략 수립이 필요하다. 우리의 목표는 교통과 물류 허브로서의 한반도, 초국경 도시 간 연계거점으로서의 한반도, 산업 역동성이 발휘되는 한반도, 지역 간 교류 및 균형성장이 확보되는 한반도여야 한다.

미래전략

국경을 넘어선 협력 증대와 경제통합권 형성, 경제공간과 생활공간 등 중첩적 공간수요의 증대, 실물공간과 ICT 정보공간 간의 교류와 융합 등으로 미래의 국토공간구조는 지리적 경계를 넘어서게 될 것이다. 따라서 단절적이고 폐쇄적인 국토교통정책에서 탈피하여 개방형 공간구조 기반 형성이 필요하다. 그동안 경제적 효율성을 중시하고 획일적 인프라 공급 패러다임을 취해왔으나, 미래에는 국민의 안전과 건강, 여가 등 사회적 가치가 반영되어야 한다.

초국경 네트워크형 국토경영 기반 구축

한반도는 대륙경제권과 해양경제권을 연결하는 가교 역할이 가능하다. 이를 현실화하는 과정에서 특히 공간적 제약을 넘어서는 발상의 전환이 필요하다. 즉 한반도의 지경학적 강점을 활용해 블라디보스토크-하바로프스크-서울을 연결하는 초고속철도 구상 등을 구체화할 수 있을 것이다.

또 우리나라에는 부산항, 광양항, 인천항과 같은 국제해상 물류거점이 있다. 따라서 항공기 운송보다 저렴하면서 포화상태에 이른 육상 수송수단을 대체할 수 있는 방안으로 초고속선 개발 등에 더 큰 관심을 둘 필요가 있다. 이미 일본은 1989년부터 '바다의 신칸센'으로 불리는 초고속 해상수송수단 테크노 슈퍼라이너TSL 프로젝트를 가동시킨 바 있다.

최근 극동 시베리아 지역의 물동량도 급증하고 있다. 국제 컨테이너 수송량은 1999년 7만 TEU에서 2007년에는 62만 TEU로 9배 증가했다. 2008년 미국발 금융위기로 줄었다가 다시 회복세에 있다. 유라시아 동북부 철도연결 사업은 경제성뿐만 아니라 동북아의 평화체제 구축과도 긴밀한 관계가 있다. 우리나라가 대륙철도와 연결되면 유라시아 교통 네트워크에서 중요한 역할을 할 것이다. 부산에서 출발한 화물이 북한, 중국, 러시아, 중앙아시아, 동유럽까지 이르는 철의 실크로드를 완성하는 것이다. 그렇게 되면 부산항은 태평양의 허브항으로 더욱 중요한 위치를 가지게 된다.

대륙 간 철도연결에서 장애물은 국가 간 철도궤간의 폭이 다르다는 점이다. 동북아 국가들이 사용하는 철도궤간은 표준궤(1,435mm)를 사용하는 남북한과 중국, 광궤(1,520mm)를 사용하는 러시아와 몽골, 그리고 우즈베키스탄 등 독립국가연합CIS 국가들, 협궤(1,067mm)를 사용하는 일본으로 구분할 수 있다. 따라서 국가 간 철도궤간 차이로 인한 비효율성을 극복하기 위한 경제성, 안전성, 호환성이 확보된 기술 개발이 필요하다.

또한 해외 경제특구의 개발을 통하여 대한민국의 영토를 확장하는 전략도 빠뜨릴 수 없다. 세계에는 아직 개발되지 않은 토지가 많다. 이 중에는 외국에서 개발해주기를 바라는 곳도 적잖다. 우리의 기술과 자본을 투입하여 장기 임대 형식의 개발 사업을 추진한다면 자원 확보는 물론 실직적인 영토 확장의 효과를 얻을 수 있을 것이다.

한중 한일 해저터널

초국경 네트워크형 국토경영 기반을 구축하는 데 있어 한반도 통일 국토전략은 필수적 조건이다. 통일국토 관리기반 구축과 한반도 그랜드디자인 공동수립 및 실행, 한반도 메타경제권 형성 등 통일한반도의 균형발전을 위한 정책이 기반이 되어야 한다. 그리고 이러한 전략은 동북아 인접국과 상호 원원이 되는 방향으로 전개되어야 가능하다. 여기에서 남북한의 관계개선과 별개로 추진해야 할 사안이 해저터널 연결이다. 이 사업은 통일이 되더라도 필요한 사업이기 때문이다. 동북아 중심에 위치한 한국은 연결에서 새로운 부가가치를 창출할 수 있다. 만약 중국과 일본이 한국을 중심으로 연결이 된다면 한국의 역할은 더욱 강해질 것이다.

유럽의 경우, 영국과 프랑스 간 해저터널, 덴마크와 스웨덴 간 해저터널 및 교량이 초국경 지역경제권 형성에 기여한 사례로 주목받고 있다. 중국은 다롄과 산동성의 연대 사이에 해저터널 공사를 시작했다. 길이 165km의 매우 긴 터널이다. 약 50조 원의 비용이 소요된다고 한다. 중국의 산동성 위해와 한반도를 연결하는 터널은 약 340km가 될 것으로 예상된다. 이것은 중국의 다롄-연대 터널의 2배 길이이다. 중간에 인공섬을 만들면, 2개의 터널을 만든다고 생각하면 된다. 165km짜리가 성공하면 340km짜리도 당연히 성공한다. 물론 한일 해저터널과 제주도 해저터널도 필요하다. 인구 감소를 생각하면, 이제 국내 교통인프라 구축은 어느 정도 완성되고 있다고 생각한다. 국제간의 교통인프라도 고려할 시점이라 본다.

국토 인프라 재생 및 스마트 환경 구현

1960년대 중반 이후 산업화와 경제발전 차원에서 산업단지 조성 등 국토개발사업이 본격적으로 추진되었다. 당시 조성되었던 산업시설들의 경우 약 40~50년이 지나 노후화됨에 따라 이제 정책방향을 재검토할 필요가 있다.

산업인프라, 건축물, 사회기반시설Social Overhead Capital, SOC 지원의 전략화와 노후 인프라 재생을 추진하되, 개별시설 접근보다는 도시나 지역 등 공간통합적 접근으로 효과성과 효율성을 높여야 한다. 단기적으로는 도시재생 성공모델을 만들어야 한다. 공유경제와 재생수요 증대에 부응하기 위해 도시, 지역 등 공간단위별 재생뿐 아니라 각종 시설의 재생 촉진, 그리고 생활인프라의 공동이용 지원을 추진해야 한다. 이는 시민 주도의 생활인프라 생산과 소비체계 활용, 협동조합 활성화 등과도 맥을 같이 한다. 빈집, 빈점포 등 공간 공유사업 촉진, 유휴 토지나 시설의 용도 전환, 리모델링 지원, 현명한 이용 유도 등을 위한 제도마련이 필요하다. 또한 기술의 첨단 융복합화를 바탕으로 전국의 도시와 SOC 시설을 ICT 기반 스마트 시스템으로 개편함으로써 생활공간의 스마트화가 요구된다.

기후변화와 자원부족 등에 대비하기 위해서는 자원순환형, 재생에너지 위주의 지속가능 국토기반이 조성되어야 한다. 이를 위해 스마트 그린도시, 그린인프라 조성 및 에너지 자급마을 조성 등을 고려할 수 있다. 또 안전국토 실현 및 국토회복력 강화를 위한 방재형 기술을 개발해야 한다. 재난재해 사전감지 모니터링시스템 구축 및 협력적 운영이 그 사례이다. 범죄와 각종 사고로부터 안전한 국토 및 도시설계 기법과 관련 기술 개발도 필요하다.

통합적 정책방향과 소통형 정책 추진

국토교통 미래정책은 융합기술을 통해 안전하고 쾌적하게 이동성을 높이면서도 에너지 효율성과 환경을 고려하는 방향으로 추진해야 한다. 또 한반도의 반나절 생활권화 및 국토의 균형발전을 위한 한반도 단일성도 주요 정책방향이다. 그런데 이러한 정책을 추진하기 위한 주무 부처가 국토교통부, 해양수산부, 미래창조과학부, 환경부, 통일부로 분산되어 있어 매우 복잡한 구조를 갖고 있다. 이질적인 부문별 정책들을 융합시키고 조화시키기 위한 법적, 제도적 장치가 마련되어야 한다.

독일의 경우, 통일 이후 많은 혼란이 발생했고 통일비용이 예상보다 크게 증가했던 주된 이유 중의 하나로 국가 통합에 대비한 시나리오가 사전에 충분하지 않았기 때문이다. 한반도 통합에 대비한 미래전략으로 교류의 전면적 확대 및 돌발적인 통합에 대비할 수 있고 통합과정에서 발생하는 문제를 미리 상정하여 그 부작용을 최소화한다면 비용부담을 줄일 수 있을 것이다. 그러나 현재 남북 간에는 국토교통 관련 용어조차 쉽게 통용되지 않는 환경이며 남북 간 시설 표준화를 위한 실효성 있는 합의와 구체적 조치들도 이루어지지 않았다. 따라서 북한 지역의 국토교통부문에 대한 장기 수급전망, 기간시설 확충방향, 투자우선순위 등에 대한 전략을 수립하는 등 관련 대응이 수반되어야 한다.

한편 정책환경 및 정책수요자의 형태와 욕구가 급변하고 있다. 초연결시대에는 소통과 참여가 더욱 활성화될 것이므로 이에 맞는 정책추진 방식도 필요하다.

〈표 7-7〉 국토교통정책방향

분류	목표	기본방향
이동성	안전하고 쾌적한 이동성 향상 교통	융합교통기술의 적용으로 안전성과 신속성, 쾌적성 향상
정보성 경제성	교통정보 제공 향상을 통한 소통성 증진을 위한 교통	교통정보 제공 증대로 교통혼잡비용, 물류비용 등 사회적 비용 감소
형평성	지속적 성장을 위한 사회통합교통	사회통합 및 약자를 배려한 융합교통기술
친환경성	저탄소 녹색성장을 위한 친환경 교통	기후변화 대비 위한 CO_2 절감 및 에너지 효율 증대
한반도 단일성	공간적인 통합 지역간 균형	한반도의 반나절 생활권화 및 국토공간의 균형발전

〈표 7-8〉 미래 국토발전비전, 목표와 추진전략

비전	글로벌경제와 함께하는 사람 중심의 스마트 국토공간 실현		
목표	쾌적한 삶터	꿈이 있는 일터	즐거운 쉼터
국토발전전략	국토공간구조	① 네트워크형 창조적 국토 실현 － 초국경 협력적 국토경영 기반 구축 － 글로벌 한반도 통일국토 구현 － 연계협력 기반 네트워크형 국토공간 형성		
	국토이용·관리	② 융복합 스마트 국토 기반 구축 ③ 안전하고 회복력 있는 국토공간 조성 ④ 국토, 인프라 재생과 현명한 이용체계 구축 ⑤ 쾌적하고 포용력 있는 국토환경 구현		
	국토 거버넌스	⑥ 분권, 소통형 국토정책 추진		

9 주택전략

2008년 글로벌 금융위기를 지나면서 국내 주택시장은 비교적 가격 안정기에 진입한 것으로 보인다. 정부가 각종 부동산대책을 시행하고 있지만 과거 활황기로 돌아가는 것은 현실적으로 어려운 일이라는 데 대체로 동감하는 분위기이다. 그렇다면 향후 서민 주거문제 양상은 어떤 식으로 드러나고 대응전략은 어떠해야 할 것인가? 이런 배경에서 향후 주택시장을 전망해보고 예견되는 주거문제와 이에 대응하는 주택전략을 제시하고자 한다.

주택시장 전망

지난 30여 년간 지속적인 주택공급을 통해 우리나라의 주거 수준은 상당 수준 개선되었다. 1990년대 들어 주택의 양적 부족문제에 대응하여 대량공급이 이루어져 2000년대 이후 주택보급률은 100%를 넘어섰다. 주택의 양적 충족뿐만 아니라 질적 수준에서도 향상이 이루어졌다. 양질의 주택공급 확대에 힘입어 1인당 주거면적은 1985년

11.2㎡에서 2010년 25㎡까지 늘어났고, 최저주거기준 미달가구 비중도 1995년 34.4%에서 2010년 11.8%로 감소했다.

이 과정에서 주택시장은 주택의 양적 부족에 따른 수요 초과를 배경으로 과열 양상을 띠었다. 1990년대 후반의 외환위기 시기를 제외하면 거의 대부분의 시기에서 주택가격이 상승했다. 특히 2000년대 초·중반 시기는 1980년대 후반 및 1990년대 초반의 가격급등기에 준하는 주택매매가격의 상승이 이루어졌다. 그러나 최근 특정 지역 호황, 전세시장 수급불균형, 전월세 시장 폭등 등의 문제가 있기는 하지만, 전반적으로 볼 때 2008년 글로벌 금융위기 이후 주택시장은 안정세에 접어든 형국이다. 일례로 2006년 주택매매가격이 전년 대비 11.6% 상승한 반면, 2012년 -1.43%, 2013년 0.31%, 2014년 1.71%의 상승에 그쳤다.

향후 주택수요 및 주택시장의 상황은 과거와 다른 양상으로 전개될 것으로 예상된다. 무엇보다 경제의 저성장이 소비부진을 야기하여 주택시장의 안정세를 유지시키는 배경이 될 것이다. 통계청의 장래인구추계에 따르면 2030년경 총인구가 줄어들고, 2017년부터 생산가능인구(15~65세 미만)가 감소할 것으로 예상된다. 산업연구원(2015)은 이와 같은 인구전망을 기초로 한국경제는 2010년대 후반에 2%대, 2020~2040년은 1%대의 경제성장에 그칠 것으로 내다봤다. 이러한 경제성장의 둔화는 내수침체를 가져올 가능성이 높은데, 여기에 최근 문제가 되고 있는 가계부채의 증가추세는 주택시장의 소비부진을 더욱 심화시킬 것이다.

이상의 전망은 정부의 주택종합계획(2013~2022년)에서도 유사하게 드러나고 있다. 국토교통부는 가구수, 소득, 주택멸실[8] 등을 고려한 장래 주택수요에 대한 공급계획으로 2013~2022년간 연평균 39만 호가 필요한 것으로 추정했다. 과거 1990년대에는 52만 호, 2000~2012년에는 49만 호를 공급계획으로 설정했음을 고려하면 많이 줄어든 양이다. 더욱이 민간연구기관인 주택산업연구원(2015)에서는 2015년 34.5만 호에서 2022년 29.5만 호까지 수요가 줄어들 것으로 추산함으로써 정부안보다 수요가 더 위축될 것으로 내다봤다. 인구학적 변화나 경제적 요인과 더불어 주택의 양적 안정세가 지속되고 있는 현 상황에서는 과거와 같은 대량의 신규 주택수요가 형성되기 어렵다는 판단이다.

앞으로의 주택시장 및 주택수요에 대한 전망이 이와 같다면, 과거 공급 위주의 정책은 더 이상 의미를 갖기 어려울 것이다. 주택시장의 안정세를 배경으로 나타나고 있는 새로운 문제들을 보다 구체적으로 파악할 필요가 있으며, 이에 근거하여 대량공급 이후의 시대에 부합하는 정책방향과 정책수단을 강구하는 노력이 이루어져야 할 것이다.

예견되는 주거문제

주택시장 및 주택수요의 성격 변화를 바탕으로 현재 나타나고 있거나 향후 예견되는 문제들을 정리하면 다음과 같이 크게 5가지를 들 수 있다.

첫째, 전세가격의 지속 상승 및 전세의 월세 전환 등으로 임차가구의 임대료 부담이 증가할 것이다. 저금리 및 주택시장의 안정화로 인해 임대인들이 전세보다 월세를 선호하는 경향이 점차 강해지고 있으며, 이는 전세주택 공급 부족과 월세 거래량 증가로 이어지고 있다. 이러한 현상이 지속되면 전세주택은 고액 보증금 위주로만 남고 상당수의 임대주택은 월세로 운영될 것이다. 이로 인해 임대료에 대한 가구 부담은 더욱 늘어날 것이다. 특히 임대료 부담 증가는 소득이 낮은 가구일수록 소비를 제약하는 요인이 될 것이다.

둘째, 그동안 저소득층의 주거안정을 위해 정부가 주도해왔던 공공임대주택 공급은 위축될 가능성이 있다. 정부는 주로 공기업인 한국토지주택공사를 통해 공공임대주택의 대량공급을 추진해왔다. 소극적인 지자체보다는 공기업을 활용하는 것이 공급목표를 달성하는 데 효과적이라고 판단했기 때문이다. 그 결과 공공임대주택의 대량공급이 가능해져 공공임대주택 재고는 2014년 기준 전체 주택재고의 5.5%까지 늘었다. 그러나 주택시장 안정세에 따른 토지주택공사의 재무구조 악화, 복지재정 소요의 증가에 의한 주택예산 확보의 어려움, 수도권 택지개발사업 축소에 따른 대량공급 감소 등으로 공공임대주택 공급이 과거만큼 활발히 이루어지기는 어려운 상황이다. 이미 공공임대주택(사회주택) 재고율이 10%를 상회하는 서유럽 국가 등과 비교할 때, 우리나라의 공공임대주택 재고가 충분한 수준이라고 볼 수 없다. 그러나 현재와 같은 저성장 상황에서는 공급주체의 역량 약화와 결부되어 공공임대주택 재고의 비약적인 증가를 기대하는 데에는 한계가 있다.

셋째, 자력으로 주택을 확보하기 어려운 주거취약계층이 늘어날 수 있다. 이는 자칫 청년세대와 부모세대 간의 갈등으로 확산될 수 있다. 무엇보다 가계부채 증가, 소득 양극화, 전세의 월세 전환 증가 등은 저소득층의 소비 여력을 약화시키는 원인으로 작용할 것이다. 이런 상황에서 질병, 사고, 가정해체 등의 요인이 영향을 미치면 주거수준의 급격한 하향으로 이어지기 쉽다. 한편, 청년층은 저성장에 따른 일자리 감소, 고용불안 등으로 주거에 취약한 집단이 될 것이다. 반면 주로 은퇴자들이 주축을 이루는 다주택 보유자들은 저금리, 저성장 하에서 생활안정을 위해 일정 수준 이상의 월세소득을 필요로 하게 되는데, 이로 인해 안정적인 주거확보를 필요로 하는 청년세대와의 갈등이 발생할 수 있다. 이처럼 주거를 둘러싼 소득계층 간, 세대 간 갈등구조가 얽히면서 주거문제는 사회통합을 저해하는 요인이 될 것이다.

넷째, 주택수요의 감소, 소비위축 등은 사회 전반적으로 개발수요를 감소시킬 것이다. 재개발 등 주거지 정비사업은 사업성이 높고 리스크가 적은 특정 지역에 국한될 것이며, 그 외의 주거지역은 노후화가 지속되어 주거환경이 악화될 가능성이 높다. 주택구매력이 있는 가구들은 쇠퇴하는 주거지역을 떠나고 저소득층들이 다시 빈자리를 채우면서 노후 주거지역은 취약계층 밀집지역으로 변모할 것이다. 이러한 일련의 과정이 현실화되면 주거수준, 주거환경 등의 측면에서 공간적 분리가 발생함으로써 주거양극화를 심화시킬 수 있다.

마지막으로 노후 재고주택의 가치 저하가 나타날 경우, 해당 자산을 이주나 자금조달을 위한 수단으로서 활용하는 데 제약이 발생할 것이다. 주택시장의 안정화가 지속되면, 제한된 주택수요는 주로 신축주택 위주로 집중될 가능성이 높다. 이 경우 재고주택의 거래가 부진하게 되고 그 영향으로 가격 정체 또는 하락이 나타날 수 있다. 재고주택의 가치 저하가 발생하면 은퇴자, 노인 등은 보유주택을 자산으로 활용하기 곤란해질 것이며, 복지제도가 불충분한 상황에서 안정적인 노후생활에 어려움을 겪을 수 있다.

이상의 문제들과 관련하여 지향해야 할 목표를 정리하면 다음과 같다. 우선, 전세의 월세 전환 확대는 민간임대주택 거주자들의 주거비 부담 증가를 의미한다. 따라서 임대료 부담을 적정 수준으로 유지하는 것을 정책목표로 설정해야 한다. 그리고 공공임대주택 공급의 위축을 전제한다면 공공임대주택과 같은 저렴주택affordable housing 재고를 어떻게 확충시킬 것인지에 대한 근본 고민이 필요하다. 공공임대주택의 공급체계를 혁신하고 다양한 사회적 자원을 활용하는 등 저렴주택 재고를 확충하는 정책방안이 나와야 한다.

둘째, 주거문제를 매개로 소득계층, 세대 간 갈등이 발생하지 않도록 해야 한다. 이는 공공임대주택 등 저렴주택의 재고 확충과도 관계가 있다. 나아가 다양한 주거지원수단 체계화 등 종합적인 대응이 필요하다.

셋째, 지역의 쇠퇴를 야기하는 주거지 공간 분리를 방지해야 한다. 이를 통해 다양한 계층이 어울려 거주할 수 있는 지역사회 형성을 유도해야 한다.

넷째, 복지제도가 충분하지 않은 상황에서 주택은 노후생활에 있어서 사적인 복지재원이다. 재고주택의 시장가치를 향상시켜 자산으로서의 활용도를 높여 나갈 수 있는 방안이 강구되어야 한다.

주거안정을 위한 미래전략

저성장으로 주택시장 안정이 예상되는 상황에서 '소득계층-세대-주택-공간(지역)' 등 여러 층위에 걸쳐 새로운 문제들이 등장할 것으로 예견된다. 이들 문제는 서로 복잡하게 얽히면서 저소득층의 주거불안으로 이어질 가능성이 높다. 따라서 주택정책 차원에서 변화된 상황에 부합하는 새로운 대응전략 마련이 중요하다.

이후 논의하게 될 대응전략의 기조는 '주택(매매)시장 안정기에 적합한 주택정책의 재구조화restructuring를 통해 서민 주거안정을 지원'하는 것이다. 주택정책의 재구조화는 단편적인 정책수단 변화를 넘어 주체 및 권한, 정책영역, 정책대상 등과 관련한 종합적인 정책체계의 변화를 의미한다. 서민 주거문제와 관련하여 새롭게 형성되는 국면에 효과적으로 대응하는 데 초점을 맞춰야 할 것이다.

주택전략은 크게 4가지로 구분하여 제시할 수 있다. 첫째, 주택정책의 분권화 전략이다. 그동안 중앙정부 주도로 수립·시행해 온 주택정책을 지자체 중심의 상향식으로 전환하고, 저렴주택의 공급주체를 다원화하는 것이 분권화 전략의 주요 내용이다. 주택재고의 양적 안정세로 인해 택지개발을 통한 대량공급의 필요성이나 가능성이 크게 감소하는 상황에서 지역별 수요에 민감하게 반응할 수 있는 주체는 지자체일 수밖에 없다. 또한 공공임대주택과 같은 저렴주택의 공급을 중앙공기업뿐만 아니라 다양한 민간(비영리)조직도 담당하게 해야 한다. 이를 통해 사회 전체적으로 공급역량을 향상시키는 것이 필요하다. 분권화전략이 적극 고려되어야 한다.

둘째, 소득계층과 세대를 아우르는 통합형 주거지원 전략이다. 기존의 주택정책이 주로 소득계층별 정책이었다면, 향후 주택정책은 소득계층과 더불어 세대별 주거소요[9]를 감안해야 할 것이다. 특히 고용불안으로 주거불안상태에 놓일 가능성이 높은 청년층은 그동안 주거지원 대상에서 크게 고려되지 못했다. 청년층 대상 정책을 체계화하여세대 간 주거지원의 형평성을 기하려는 노력이 필요하다. 물론 임대사업자인 기성세대의 이해관계와 상충하거나 일반 저소득가구와의 정책수혜 경쟁이 발생하지 않도록 주의해야 한다.

셋째, 지역사회 기반 주거지원 전략이다. 그동안의 주거지원은 주거소요가 있는 가구에 주택을 제공하는 '점點'적인 접근이었다. 이제는 공간을 고려한 '면面'적인 접근으로 확장해야 한다. 저성장을 배경으로 개발수요가 제한되면서 쇠퇴 주거지의 고착화가 예상된다. 이러한 상황에서는 지역 전반의 주거환경 수준을 개선하여 다양한 계층이 함께 거주할 수 있는 조건을 만들어야 한다. 이를 위해서는 주거지원을 주축으로 도시재생사업, 고용 및 복지서비스 등이 연계된 복합적 지원이 필요하다.

마지막으로 신규공급 위주의 정책에서 탈피하여 주택재고의 유지·관리를 강화하는 전략을 취할 필요가 있다. 주택시장 안정기에는 주거이동이 활발하지 않을 것으로 예상된다. 이렇게 되면 위에서 언급한 재고주택의 가치 제고를 포함하여 현재 주민이 거주하고 있는 주택의 품질 수준을 향상시키는 것이 정책적으로 우선될 수밖에 없을 것이다.

이상 4가지의 주택전략은 상호 긴밀히 연계될 수 있는 것들이다. 그럼에도 각 전략이 도출하게 된 맥락이나 배경이 다소 상이하므로 그에 맞춰 각 전략을 구분하여 언급하였다. 다음 표는 주택정책의 4가

〈표 7-9〉 주택전략 개요

구분	과거	미래	
		주거문제	전략
주체 권한	중앙정부 주도 정책수립 및 시행	임대료 부담증가, 공공임대주택의 공급역량 위축	주택정책의 분권화 −지자체 중심의 상향식 −저렴주택 공급주체 다원화
정책 대상	소득계층별 정책	청년층의 주거불안 가중	소득계층과 세대를 아우르는 통합적 주거지원
접근 방법	신규주택공급 중심	재고주택의 가치 저하	주택재고의 유지·관리 강화
	개별 가구 주택공급 (점點적 접근)	주거수준의 공간적 불균형	쇠퇴주거지 주거수준 및 주거환경 개선(면(面)적 접근) −주거지원을 축으로 도시재생, 복지 지원 등과 연계

지 전략을 기존 정책 및 관련 주거문제와 연관해 정리한 것이다.

주택의 대량공급 시기를 지나 주택재고의 안정세에 접어든 국가들의 경험을 볼 때, 위에서 제시한 주택전략은 전혀 새로운 것이 아니다. 일례로 2000년대 이후 주택정책의 변화가 진행된 일본의 사례를 살펴보면 다음과 같다.

일본은 제2차 세계대전 이후, '주택금융공고법'(1950), '공영주택법'(1951), '일본주택공단법'(1955), '주택건설계획법'(1966) 등 주택 관련 법률을 제정하여 중앙정부에 의한 주택의 대량공급이 추진되었다. 그 결과 1973년 모든 지자체의 주택보급률이 100%를 넘어섰다. 그러나 버블경제가 붕괴된 이후 1990년대부터 시작된 저성장의 지속, 저출산·고령화의 심화, 주택재고의 양적 안정 등을 배경으로 일본의 주택정책은 구조적인 변화를 겪게 된다. 우선 2000년대 중반 들어서 주택의 대량공급을 뒷받침했던 법률은 공공임대주택 공급과 관련된 '공영주택법'만 유지한 채 모두 폐지되거나 전환되었다. 특히 '주택건설계획법'은 2006년 '주생활기본법'으로 전면 수정되었는데, 이를 통해 주택의 신규공급보다는 주택재고의 성능 및 품질 향상 등 질적 수준을 높이는 방향으로 정책이 전환되었다. 또한 2005년에는 통합보조금의 일종인 지역주택교부금을 도입하여 정책수단 활용에 대한 지자체의 재량을 보장하였고, 1993년부터 특정우량임대주택 제도(2007년 지역우량임대주택으로 변경) 신설을 통해 민간부문의 자원 및 역량을 활용한 저렴주택 공급 방식을 새로이 도입하였다. 더불어 2012년에는 '재고주택 리폼 종합계획'을 통해 재고주택의 관리와 투자 촉진을 유도하기 위한 다양한 대책을 제시하기도 했다. 이러한 일련의 변화를 보면, 대체로 지자체의 역할 강조, 주택재고 중시, 민간부문의 활용으로 수렴한다고 볼 수 있다.

주택전략의 정책 추진방안

주택정책 분권화는 향후 가중될 수 있는 임대료 부담, 공공임대주택 공급역량 약화에 대응하는 대안이 될 수 있다. 또한 청년층을 위한 주거지원정책은 청년층 주거문제 해결에 기여할 것이다. 한편 재고주택 유지·관리 정책은 재고주택의 가치 하락을 방지하여 은퇴자들의 노후생활 안정에 도움이 될 것이다. 마지막으로 쇠퇴 주거지 개선 노력은 주거수준의 공간적 불균형을 완화하고 다양한 계층이 함께 거주할 수 있는 환경을 마련할 것이다.

주택정책의 분권화

우선, 지자체의 역할이 확대되어야 한다. 과거와 같이 중앙정부가 주택수급계획을 수립하여 지자체에 통보하는 방식을 지양할 필요가 있다. 중앙정부는 국가 전체의 개괄적인 정책방향과 목표를 제시하고 지자체가 지역 내 수요파악을 토대로 수립한 주택공급계획에 의거하여 재원을 배분하는 역할을 담당하는 상향식 정책결정방식이 확립돼야 할 것이다.

또한 저렴주택의 공급주체가 다원화되어야 한다. 공공임대주택 정책을 사회주택 정책으로 확대하는 것을 전제로 민간비영리 임대사업자의 발굴 또는 육성을 추진할 필요가 있다. 더불어 민간임대부문에 대해서는 주택도시기금과 같은 공적 자금의 지원을 조건으로 정책대상계층을 입주시키는 등의 정책적 활용방안이 체계적으로 마련되어야 할 것이다.

소득계층과 세대를 아우르는 통합적 주거지원

기본적으로 공공임대주택, 주거급여, 주택개량, 민간임대부문 활용 등 여러 정책수단들의 지원대상, 지원규모 등을 재점검하여 촘촘한 주거안전망을 구축하는 것이 중요하다. 이를 통해 주거수준 하향이동의 결과로 비주택 또는 거리에서 생활하는 경우가 없도록 해야 한다. 비주택 가구에 대해서는 주거안전망을 통해 적절한 주택 확보가 가능하도록 해야 한다.

이와 함께 청년층에 대해서는 별도의 지원정책을 마련해야 한다. 현 세대의 주택가치 유지를 위한 정부의 지나친 시장개입은 자제할 필요가 있다. 청년층의 범위는 현재 대학생, 신혼부부, 사회초년생 정도로 정하고 있으나 사각지대가 발생하지 않도록 재검토가 필요하다. 또한 1인 청년가구의 주거소요를 감안하여 기숙사 등 준주택을 공공임대주택의 하위 유형에 포함시키는 것도 적극 고려해야 한다.

주택재고의 유지·관리 강화

주택재고의 유지·관리에 대한 지원뿐만 아니라 주택시장에서 재고 주택의 유통이 활발하게 이루어지도록, 재고주택의 가치 유지를 위한 정책이 필요하다. 이런 점에서 주택개량 및 재고주택 유통 활성화를 위한 기술 개발, 자금 지원, 인력 양성, 분쟁 해결 등의 종합대책이 필요하다. 현재 정부가 운용하는 장기주택종합계획에 이 대책들을 추가하거나 별도의 (가칭)재고주택관리계획을 운용하는 방안도 생각해볼 수 있다.

쇠퇴 주거지의 주거수준 개선

지하방, 옥탑방, 최저 주거기준 미달 주택, 비주택 등을 행정적, 재정적으로 지원하는 정책이 필요하다. 빈집 활용, 매입 임대 등 소규모 공공임대주택 공급, 임대료 지원, 주택개량, 복지서비스 및 일자리 연계 등 각종 지원이 해당 대상에 집중되도록 해야 한다. 이들 대상의 주거환경을 개선하고 거주가구의 사회경제적 지위를 향상시킬 수 있도록 해야 할 것이다. 필요하다면 해당 지역을 (가칭)주거복지지구 등으로 지정하여 해당 지구에 대한 지원을 제도화하는 방안도 검토해 볼 수 있다.

10

농업전략

우리 농업은 큰 변혁기에 있다. 대외적으로는 다자간 무역협상의 진행과 양자간 자유무역협정 체결이 확대되어 농업부문에서도 무한경쟁 시대가 다가오고 있다. 또한 대내적으로는 고령 농업인들이 농사현장에서 은퇴하고 새로운 영농주체가 우리 농업을 책임지는 세대교체 시기가 도래하였다. 이처럼 전환기에 선 우리 농업이 세계시장에서 경쟁력을 갖춘 생산, 가공, 유통, 수출 체계를 만들기 위해서는 농업의 영세성과 전근대성을 근본적으로 개혁해야 한다.

하지만 이에 대응하여 생산자, 소비자 등 국민 모두가 공감할 수 있는 농업의 비전과 전략을 정부가 제시하지 못하고 있다는 지적이 많다. 새로운 정부가 출범할 때마다 농정방향과 추진과제들이 제시되었으나, 중장기적인 농업의 미래모습을 상정한 발전전략이라기보다는 단기적인 관점에서 농업비전과 전략을 제시한 측면이 많았다. 이에 30년 후 한국농업의 바람직한 모습을 실현하기 위한 전략과 방안을 살펴보고자 한다.

농업환경의 변화에 따른 미래전망

향후 30년 간 농업분야에도 큰 변화가 예상된다. 무엇보다 국가 간 자유무역협정이 늘어나면서 국경장벽이 낮아지거나 없어져 범세계적 시장통합이 가속화될 전망이다. 경쟁력 없는 농업으로는 살아남기 어려운 무한경쟁시대가 될 것이다.

둘째, 인구의 고령화 및 저출산 등 인구구조의 급격한 변화가 예상된다. 다른 부문에 비해 노령화가 심화된 농업부문의 경우 65세 이상 농가인구의 비중은 2013년 38%에서 2045년 68%로 증가하여 고령화 문제가 더욱 심화될 전망이다. 이러한 현상은 농업인구의 세대교체로 발전할 가능성이 있다.

셋째, IT, BT, NT, ET(환경기술), ST(우주기술), CT(문화기술) 등 신과학기술의 융복합화가 가속화되고, 농업분야에도 이러한 첨단과학 기술을 활용한 새로운 비즈니스 모델이 부상할 전망이다.

넷째, 지구온난화로 인한 기후변화와 물 등 자원의 희소성 문제가 심화되고 있으며, 농산물 작황과 가격의 변동성도 커지고 있어 향후 기후변화에 따른 농업생산 구조의 변화가 예상된다.

다섯째, 세계인구 증가, 중국, 인도 등 신흥경제국의 식량수요 증가, 바이오 연료용 곡물 수요 증가로 국제적인 식량부족과 가격폭등의 위협이 한층 심화될 전망이다.

여섯째, 삶의 질을 중시하는 시대적 변화에 따라 농촌이 자연 경관 및 생태계 보전, 휴양과 체험의 공간 등 다양한 형태의 부가가치 창출 공간으로 거듭날 것으로 예상된다.

첨단과학기술 정밀농업 보편화

첨단과학기술과 융합한 농업기술 발전으로 정밀농업이 확산되고, 원예 및 축산 분야에서도 고능률, 작업 쾌적화 기술이 개발, 보급될 전망이다. 우선 지능형 전용로봇, 환경 제어형 기능성로봇이 실용화되어 노동절감형 농업이 보편화될 것이다. 또한 인공강우의 실용화와 기후변화 대응 종자 및 품종이 널리 보편화되어 적용됨으로써 농업생산의 불확실성을 축소시킬 것으로 예측된다.

전문경영체 중심 농업생산구조 확립

앞으로 30년 후에는 현재 농촌에 거주하는 인구가 거의 존재하지 않을 것이다. 현 농촌인구 연령이 대부분 70세 이상이기 때문이다. 자연스럽게 인력 개편이 이루어진다. 농업생산은 전문경영체 중심으로 재편되어 전업농의 생산 비중이 2030년경에 70%, 2045년경에는 80% 수준을 점유할 것이다. 청장년 경영주의 전업농 및 농업법인이 지역농업의 중심을 형성하고, 농업혁신과 농업경쟁력 강화를 주도할 것이다. 농업법인 수는 2030년에 8,000개 정도, 2045년에 1만 개가 설립되어 농업생산의 핵심으로 부상하여 운영될 것이다.

농업, 식품, 농촌 관련 서비스산업 활성화

농업, 식품, 농촌 분야에서도 농업인뿐만 아니라 소비자, 도시민 대상의 다양한 서비스산업이 출현하여 새로운 수익원으로 자리매김 할 것이다. 농업 및 농촌체험, 농촌관광 및 레저, 휴양 및 건강, 치유 및 힐링, 농식품 전자상거래, 농산물 계약거래 및 선물거래, 귀농·귀촌(알선, 정보제공, 교육), 사이버교육, 농업금융, 보험, 농업정보화, 농업관측, 외식

서비스, 광고 등의 다양한 비즈니스가 1차 농업과 연계되어 이루어질 것이다. 식품산업은 국내 농업성장을 견인하면서 지속적으로 성장할 것이다.

동식물자원 그린바이오(농생명) 산업 발전

동식물자원을 이용한 그린바이오(농생명) 산업은 IT, BT, NT와 융복합화하여 고부가가치를 창출하는 농생명산업으로 발전할 것이다. 국내 식물자원을 활용한 식물종자(형질전환), 바이오에너지, 기능성제품(천연물 화장품, 향료, 의약품), 동물자원을 활용한 가축개량, 동물제품(이종장기, 줄기세포), 동물의약품, 천적곤충 등 다양한 상품이 출시될 것이다.

식물공장, 수직농장 발전

농작물의 생육환경(빛, 공기, 열, 양분 등)을 인공적으로 자동제어하여 공산품처럼 계획생산이 가능하고, 사계절 전천후 농산물 생산이 가능한 식물공장이 운영될 것이다. 식물공장은 공간과 시간을 크게 단축하고, 생산성을 획기적으로 향상시킨 작물육종기술과 IT기술이 결합된 주문형 맞춤 농산물 생산기술과 연계하여 미래농산물 생산의 중요한 분야로 부각될 것으로 전망된다. 또한 식물공장의 발전한 형태로 도심에 수십 층의 고층빌딩을 지어 각 층을 농경지로 활용하는 수직농장vertical farm도 도입될 것으로 전망된다.

농촌지역의 6차 산업화

현재까지의 농업은 농산물을 생산하는 1차 산업이었지만 앞으로는 식품가공 등을 통해 부가가치를 창출하는 2차 산업 요소와 아름다운 농촌 공간을 활용한 서비스 산업이라는 3차 산업 요소가 결합하게 될 것이다. 이와 같이 1차+2차+3차 산업이 결합된 농업을 6차 산업이라고 부르기도 한다. 농업의 6차 산업화 개념은 제조분야의 제4차 산업혁명과 궤를 같이 하는 매우 선진적인 개념이다. 농촌지역의 6차 산업화가 활성화되면, 농업과 연계된 가공, 마케팅 및 농촌관광 등 전후방 연관 산업이 발달할 것이다. 특히 전원박물관, 전원갤러리, 테마파크 등이 농촌 지역을 중심으로 발달함으로써 농촌이 문화콘텐츠 산업의 주요 무대로도 성장할 것이다.

〈표 7-10〉 농업·농촌을 둘러싼 메가트렌드 변화와 파급영향

메가트렌드	전망과 특징	농업·농촌의 파급영향
글로벌경제 (무한경쟁시대)	• FTA 진전, 동북아경제 블록화, 아시아연합경제권 등으로 발전 • 2030년경부터 경제적 국경 소멸	• 경쟁력 있는 고부가가치 농업으로 구조조정 • 농산물 수입증가, 수출시장 확대
고령화사회 (장수시대)	• 저출산, 인구증가율 둔화, 수명연장 • 건강, 장수에 대한 니즈	• 농촌사회 활력 저하 및 지역경제 위축 • 고령친화 실버농업의 부상
과학기술 발전 (융복합기술시대)	• 과학기술 융복합화 • 자동화기술의 보편화	• 기계화·자동화의 정밀농업 발전, 우주농업, 원격탐사기술 등 • 정밀농업의 보편화
기후변화와 지구환경문제 (그린바이오 산업시대)	• 지구온난화로 2050년 기온 2℃ 상승, 강수량 8% 가량 증가 • 세계적인 물부족현상	• 한반도 아열대화로 인한 식생 변화, 열대과일 재배 • 지속가능한 환경농업 발전
글로벌 식량위기 (식량부족시대)	• 신흥국가(중국, 인도) 식량 수요증대 • 국제곡물가격 급등, 애그플레이션[3] 우려 상존	• 국내 곡물생산기반 감소추세 • 해외 곡물수입선 안정확보
새로운 가치 지향 (삶의 질 중시시대)	• 경제성장에서 탈피, 삶의 질 중시 • 여가 및 문화 가치 증대	• 농촌 어메니티 활성화, 농촌관광 산업화 • 휴양공간, 전원생활 수요 증가

취약한 농업기반의 해결과제

그동안 한국 농업은 다른 분야에 비해 상대적으로 큰 발전을 보지 못했다. 한국의 농업은 농업인의 고령화와 젊은 농업인의 유입 부족, 경지 규모의 영세성, 각종 규제와 민간 자본 유입 부족에 따른 기업적 경영 미흡, 열악한 기술개발과 보급 및 열악한 교육 시스템에 따른 낮은 기술 수준 등으로 농업 생산성이 정체되어 있는 상황이다.

농업성장 정체

농업 GDP는 꾸준히 증가하였으나 성장률은 다른 산업부문에 비해 저조하다. 예를 들어 1990~2013년 연평균 농업부문 GDP 성장률은 3.0% 수준으로 국가 전체 GDP 성장률(9.2%)의 3분의 1 수준으로, 같은 기간 동안 광공업 GDP 성장률(9.8%)과 서비스업 GDP 성장률(9.9%)에 크게 못 미치는 수준이다. 이로 인해 전체 GDP에서 농업이 차지하는 비중은 지속적으로 하락하고 있다. 국가 전체 GDP에서 농업이 차지하는 비중은 1990년 6.8% 수준에서 2013년 1.8%로 크게 감소하였다.

〈표 7-11〉 국민경제에서 차지하는 농업의 비중

구 분	1990년	1995년	2000년	2005년	2010년	2013년
GDP 대비 농림어업 비중	8.7%	6.2%	4.6%	3.3%	2.7%	2.4%
GDP 대비 농업 비중	7.5%	5.4%	4.0%	2.9%	2.4%	2.0%
농업 GDP(2005년 실질기준)	17.0조	20.3조	22.1조	22.8조	24.7조	24.8조

자료: 농림축산식품부, 농림축산식품 주요통계(2014), 한국은행 경제통계시스템

식량자급률 하락

우리나라의 식량자급률은 지속적으로 하락하여 OECD 국가 중 최하위 수준으로 국민이 소비하는 식량 가운데 75% 이상을 해외에서 조달하고 있다. 전체 식량자급률(사료용 포함)은 1970년 80.5% 수준에서 2013년 23.1%로 매년 감소추세에 있다. 세계 8위권의 대규모 식량 수입국이면서 식량자급률이 23%에 불과한 우리나라는 낮은 식량자급률과 특정 국가에 대한 높은 수입 의존성 등으로 식량안보에 매우 취약한 상황이다.

〈표 7-12〉 우리나라의 식량자급률 변화추이

(단위: %)

구 분	1990년	1995년	2000년	2005년	2010년	2013년
전체 식량자급률	43.1	29.1	29.7	29.3	27.6	23.6
사료용 제외 식량자급률	70.3	55.7	55.6	53.4	54.0	45.3

자료: 농림축산식품부, 농림축산식품 주요통계(2014)

농가인구 및 농업경영주 고령화

농가 및 농업경영주의 고령화로 농업과 농촌의 활력이 저하되고 있다. 농업취업자 중 60세 이상 고령 농가 비중이 1970년 6.3% 수준에서 2013년 60.9%까지 증가하여 경쟁력이 취약한 인력구조를 가지고 있다. 따라서 농업 및 농촌의 활력 유지를 위해 젊고 유능한 농업 후계자 육성이 필요하다.

농가 수익성 악화

농산물 시장개방의 가속화와 취약한 경쟁력으로 농가수익성은 급격히 악화되고 있다. 2010년을 기준으로 농업생산을 위해 농가가 구입하는 물품의 값을 뜻하는 농자재 구입가격지수는 1995년 51.4 수준에서 2013년 108.4로 크게 상승한 반면 농가의 농산물 판매 가격지수는 1995년 75.5에서 2013년 111.3으로 완만히 증가하였다. 이에 따라 농가의 수익성을 나타내는 경제적 지표인 농가교역조건은 1995년 146.9에서 2013년 102.7까지 떨어졌다.

도농간 소득격차 심화

농가의 연평균 소득은 1990년 1,103만 원 수준에서 2013년 3,452만 원으로 증가했으나 같은 기간 도시근로자 평균 소득은 1,132만 원에서 5,483만 원으로 더 빠르게 증가했다. 도시근로자 소득 대비 농가소득 비중은 1990년 97.4% 수준에서 2013년 63.0%로 크게 감소했다. 즉 1990년까지 도농간 소득 격차는 거의 없었으나 매년 그 격차가 벌어지고 있는 중이다.

농업경영 불안정성 고조

농가의 수익성이 줄어들고 농가소득이 상대적으로 낮아진 반면 농가당 평균 부채증가로 농가의 재무구조도 악화되어 농업경영의 불확실성이 증대되고 있다. 농가의 평균 부채는 1995년 916만 원 수준에서 2013년 2,736만 원으로 3배가 증가했고, 특히 농가소득 대비 부채 비중이 같은 기간 43% 수준에서 79%로 증가하여 재무 건전성이 악화되었다.

〈표 7-13〉 농가부채 변화추이

(단위: 천 원, %)

구 분	1990	1995	2000	2005	2010	2013
농가부채(A)	4,734	9,163	20,207	27,210	27,210	27,262
농가소득(B)	11,026	21,803	23,072	30,503	32,121	31,031
농가소득 대비 부채비중(A/B*100)	42.9	42.0	87.6	89.2	84.7	87.9

자료: 국가통계포털, 농가경제조사 각 연도, e-나라지표

농업의 환경부하 심화

화학적 농자재 과용과 축산폐수로 인한 환경 부하가 심화되고 있다. 오랫동안 집약적으로 농지를 이용하여 농축산물을 생산한 결과 ha당 질소와 인산수지 초과량이 OECD 평균의 3, 4배가 되고, 농약사용량은 14배, 에너지 사용량은 37배에 달한다. 축산폐수는 주요 수질오염원의 하나로 발생량은 전체 수질오염원의 0.6%이나 오염부하량은 25%를 차지하며 하천과 호수의 수질오염과 부영양화를 유발하고 있다. 친환경농업으로의 전환을 위한 대책 마련이 필요하다.

농정 패러다임의 변화 필요

지난 30년간의 농업투자 및 융자에도 불구하고, 농업의 성장정체(경쟁력 저하와 효율성 문제)와 소득부진(도농 간 소득격차 등 형평성 문제)이라는 오래된 과제가 해결되지 않고 있다. 이들 문제의 해결과 동시에 식량안보, 식품안전, 환경·에너지·자원위기 등 새로운 도전과제를 해결해 나갈 필요가 있다. 이를 위해 무엇보다 농업을 둘러싼 메가트렌드를 반영하여 농업, 농촌, 식품, 환경, 자원, 에너지 등 폭넓은 관점을

포괄하는 농정혁신의 틀을 마련해야 한다.

우선 농정의 대상을 농업생산자로만 한정짓지 말고 생산자, 소비자, 나아가 미래세대를 포괄하는 국민의 관점에서 접근하는 것이 중요하다. 또한 농정의 포괄범위도 종래의 생산 중심의 접근을 넘어 농어업의 전후방 관련 산업과 생명산업 전반까지 확대하는 관점이 필요하다. 농정의 추진방식도 직접시장개입은 지양하고, 민간과 지방정부의 역할을 강화해 나가는 데 중점을 둘 필요가 있다. 정부는 시장개입보다 시장혁신을 유도하는 제도 구축에 주력하는 촉진자, 그리고 시장실패의 보완자로서의 역할에 중점을 둘 필요가 있다. 이를 위해 정부와 민간, 중앙정부와 지방정부 간의 적절한 역할분담 및 협조체계를 구축하는 선진적 거버넌스 확립이 필요하다.

이런 측면에서 미래 농업의 비전을 성장, 분배, 환경이 조화된 지속가능한 농업으로 삼아야 한다. 발전 목표로 농업 생산자에게는 안정적 소득과 경영 보장, 소비자에게는 안전한 고품질의 농식품 제공, 후계세대에게는 매력 있는 친환경 경관과 쾌적한 환경을 설정한다. 특히 이러한 비전과 목표를 달성하고 농업의 활력을 유지하기 위해 전통적인 농업생산에서 탈피하여 농생명 첨단산업으로 영역을 더욱 확대하고, 다양한 첨단 과학기술과의 융합, 그리고 문화 및 관광산업과 연계된 고부가가치 6차 산업으로 전환시켜야 할 것이다.

현재 낮은 가치를 부여받고 있는 농업을 기능성 농식품 생산, 천연물 의약품, 천연물 화장품 소재 생산 등을 통해 고부가가치의 경쟁력 있는 신상품 생산 산업으로 탈바꿈시켜야 할 것이다. 농업생산에 투입되는 후방 관련 산업인 종자(육종), 농기계·장비, 농자재, 농업정보 산업과 연계된 발전도 필요하다. 또한 농업생산 이후 부가가치 창출과

〈그림 7–2〉 전통농업의 산업영역 확장방향

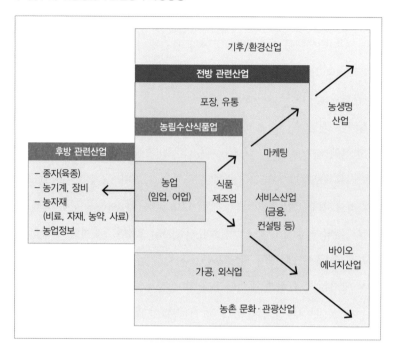

연계되는 전방산업인 포장, 유통, 가공, 외식, 마케팅, 서비스업 등과 연계된 성장이 필요하다. 특히 농업과 밀접히 관련되는 신성장동력산업인 기후·환경산업, 바이오생명산업(의약, 화장품, 식품소재), 바이오에너지산업, 농촌문화·관광산업 등과 연계된 성장산업으로 변모가 필요하다.

통합형 농식품 및 농촌발전 전략

농업의 목표를 효율적으로 추진하기 위해 농업의 영역을 농업, 식품, 농촌 등 3개 범주로 구분하여 각 범주별 전략을 제시하면 다음과 같다.

농업의 경쟁력 강화와 생명산업과 연계한 신성장 동력화

농업의 지속적 발전을 위해서는 경쟁력이 강화되어야 한다. 그러나 경쟁력의 개념은 비용중심의 가격경쟁력에서 기능과 비용이 결합된 품질 및 가치경쟁력으로 확대 전환될 필요가 있다. 품질 및 가치경쟁력은 수요자가 원하는 기능의 제고, 생산성 향상을 통한 비용절감의 양면전략이 필요하다.

또한 농업의 지속적 발전은 새로운 수요창출을 통해 가능하며, 이를 위해 마케팅 능력을 강화하는 전략이 요구된다. 농식품의 먹거리 안전과 품질을 선호하는 소비자와 시장수요에 부응하는 품질혁신으로 농업소득을 창출하고, '식품, 유통, 환경, 문화'와 결합된 새로운 수요개발로 신시장, 신수요를 창출하는 혁신이 이뤄져야 한다. 한편 비용절감도 '경영조직화와 투입감량화의 결합'이라는 새로운 전략에 따라 추진될 필요가 있다.

전통농업에 IT, BT, NT 등의 첨단기술과 융복합을 통한 고부가가치를 창출하는 생명산업 육성을 주요 정책방향으로 삼아야 한다. 미래 고부가가치산업으로 성장할 수 있는 분야인 종자산업, 식품산업, 천연물 화장품과 의약품 분야, 곤충 및 애완·관상용 동식물 활용분야 등을 전략분야로 선정해 집중 육성하는 것이 필요하다.

식품산업의 글로벌화

고부가가치 식품산업의 글로벌 기반을 구축하여 농업의 성장을 견인하면서 국가경제 차원의 핵심산업으로 육성하는 것이 필요하다. 식

품 R&D 등을 통해 식품산업이 고부가가치 산업으로 전환될 수 있
도록 기반을 조성해야 하며 새로운 수요를 창출하기 위해 건강, 웰빙
등 트렌드에 부합하는 전략품목을 개발할 수 있는 토대를 만들어야
한다.

농촌공간의 휴양, 관광 및 문화산업화를 통한 신수익 창출

'농촌다움', '생태경관자원', '전통문화자원'을 새로운 경쟁력의 원천
으로 활용해 미래 농촌의 주요한 수익창출 자원으로 활용해야 한다.
소득 증가와 삶의 질을 중시하는 미래 수요에 부응하는 자연, 경관, 문
화를 보전하여 농촌발전의 잠재력을 증진하는 것이다.

농업전략의 정책 추진방안

과거 농업정책이 농업생산자 중심의 1차 산업 위주의 저부가가치
전통농업에 치우쳤다면, 미래의 농업정책은 농식품 소비자와 고부가가
치 창출의 성장동력산업과의 연계를 추구하는 방식으로 개편될 필요
가 있다.

농업정책: 지속가능한 농업시스템 구축으로 가치창출력 제고

국내외 소비자들이 요구하는 건강, 안전, 안심을 추구하는 농식품
생산과 국민이 요구하는 환경 및 경관 보전을 도모해야 한다. 농업성
장과 농업인의 소득제고를 가능케 하는 방식의 농업시스템 구축이 선
결되어야 한다. 시장의 요구를 반영한 고품질·안전·안심농업, 친환경
농업·순환형 농업, 식품가공 및 농촌관광 연계 등으로 농업시스템을

혁신함으로써 다양한 고부가가치 창출기회를 확보할 수 있을 것이다.

식품정책: 안전한 식품의 안정적 공급

식품정책의 목표는 다른 선진국과 같이 국민이 요구하는 안전한 식품의 안정적 공급으로 설정해야 한다. 식품공급을 위한 식품산업정책은 식품산업 구성요소가 되는 식품제조업, 식품유통업, 외식산업의 건전한 발전을 목표로 하는 정책과 식품산업과 다른 부문, 특히 농업과의 연계 강화를 목표로 하는 정책으로 추진할 필요가 있다. 이러한 정책목표 달성을 위한 핵심과제는 식품산업의 R&D 확대, 유통의 합리화 및 효율화, 식품산업과 농업과의 연계강화 등이 될 것이다.

농촌정책: 지역역량 강화와 다원적 가치의 극대화

농촌정책의 목표는 지역역량 강화와 다원적 가치의 극대화로 설정될 수 있다. 이러한 농촌정책의 목표달성을 위한 핵심과제로는 농촌지역의 역량강화를 통한 지역 성장동력 창출, 농촌주민의 삶의 질 향상, 농촌지역의 자원보전 및 공익적 기능의 극대화이다. 특히 농촌지역별로 자신들의 강점과 약점을 고려하여 스스로 문제를 발견하고 해결할 수 있는 능력개발에 정책의 초점이 맞춰져야 한다. 농촌지역의 환경, 문화, 역사 등을 유지, 보전, 복원해 농촌이 지니는 쾌적함을 유지하고 다원적 가치를 극대화할 필요가 있다.

11

경제분야 미래전략
해양수산전략

영국 탐험가 월터 롤리Walter Raleigh는 "바다를 지배하는 자가 무역을 지배하고, 세계의 부를 지배하며, 결국 세계를 지배한다."고 했다. 논리적으로 과장되어 보이는 이 표현도 세계 역사를 되짚어보면 쉽게 이해할 수 있다. 스페인, 포르투갈, 네덜란드, 영국, 미국 등 바다를 딛고 한 시대를 이끌어갔거나, 이끌고 있는 국가들의 사례에서 보면 해양을 활용한 국부의 창출과 도전은 강대국으로 가기 위한 필수조건이었다. 중국의 경우 청나라까지는 대륙중심의 강대국이었다. 그러나 19세기 이후 해양을 중시한 유럽 열강들과의 대결에서 굴복하였다. 아쉽게도 조선의 경우도 500년 동안 일부 기간을 제외하고 이순신 장군의 큰 교훈을 살리지 못한 채 해양을 경원시하여 삼국시대와 고려시대를 잇는 동북아 해양왕국의 전통을 이어내지 못했다. 육당 최남선은 조선이 바다를 버림으로써 문약으로 흐르고 말았다고 지적했다.

우리나라 국토면적은 세계 109위 수준이며, 물리적으로 더 확대될 가능성이 없기에, 미래에는 육지 중심의 성장전략만으로는 국가발전에 한계가 있다. 즉 유라시아 대륙으로의 진출과 한반도 주변해역, 더 나아가 대양진출을 통한 균형적인 국가발전 패러다임의 구축은 우리의 미래성장을 위해서 필수적이다. 세계의 바다는 60% 이상이 공해公海이고 세계 각국이 치열하게 경쟁하는 장이어서 우리도 우리의 새로운 활동공간으로서 활용할 수 있는 가능성이 높다. 또한 거의 개발되지 못하고 있는 해저공간은 무한한 개발가능성을 가진 것으로 평가된다.

지속가능한 지구 생태계와 경제활동에 있어서 해양의 역할은 결정적이다. 해양은 남극과 북극에서 차가워진 해수를 대大컨베이어벨트 global ocean conveyer belt를 통해 이동시켜 지구의 온도를 일정하게 조절, 유지시키는 지구의 생명유지 장치역할을 한다. 해양생태계의 경제적 가치는 연간 총 22조 5,970억 달러로 육상의 2배에 달하며 심해저 망간단괴 내 함유된 구리, 망간, 니켈 등 전략금속 부존량도 육상보다 2~5배 수준이다. 해양에너지 자원은 약 150억kW 정도로 추정되고, 특히 북극해에만 매장된 광물자원의 가치는 2조 달러로 추정된다, 전세계 생물상품의 25%가 바다에서 생산되며 동물성 단백질의 16%가 어업을 통해 제공되는 등 현재에도, 미래에도 해양이 지구촌 경제활동에 미칠 영향은 막대하다. 더구나 해양공간의 95%가 개발되지 않은 미지의 공간이라는 점은 더욱 매력적이다. 한편 전 세계 교역량의 78%가 해양을 통해 이루어지며, 우리나라의 경우 99%를 해양을 통한 해운이 담당하고 있다.

현재 우리나라 종합해양력sea power은 세계 10위권 수준이다. 그중 조선, 항만건설, 수산양식업 등 해양수산 관련 제조업과 해운분야 등은 세계 최고 수준에 근접해 있다. 반면 해양환경관리, 해양과학기술과 R&D, 해양문화관광 등 서비스 분야는 여전히 세계 수준과 격차를 나타내고 있다. 안전, 재해대응 분야는 앞으로도 개선의 여지가 많은 것으로 보인다. 전 세계 GDP에서 해양수산분야가 차지하는 비중은 약 12% 정도로 추정되고 있다. 우리나라의 경우 해양이 가지는 중요성에도 불구하고 GDP의 약 6.2% 수준으로 최근 몇 년간 답보 상태여서 새로운 발전전략이 요구된다.

이에 육지면적의 4.5배에 이르는 우리의 해양관할권과 동북아시아-유라시아-태평양-북극해를 잇는 지리적 입지, 국가차원의 해양입국 의지를 바탕으로 하는 한국형 해양국가 발전비전을 모색해 보고자 한다.

해양수산분야 동향과 전망

해양수산전략을 수립하는 데 앞서, 해양과 관련된 주요현안들을 살펴보자.

해양영토 갈등 확대

1994년 유엔해양법협약UNCLOS의 발효로 연안국의 영해가 종전의 3해리에서 12해리로 확대되었다. 또한 배타적 경제수역EEZ이라는 200해리의 해양관할권이 부여됨으로써 해양공간 확보를 위한 경쟁시대에 돌입하게 되었다. 현재 152개 연안국 중 125개국이 EEZ를 선포(2007년)하였으며, 앞으로 연안국 모두가 EEZ를 선포하면 해양의 36%, 주요어장의 90%, 석유매장량의 90%가 연안국에 귀속되는 결과를 가져올 것이다. 이에 따라, 세계 각국은 21세기 마지막 프론티어로 알려진 해양에 대한 관할권 확보를 위해 치열한 경쟁을 전개하고 있으며 공해 및 심해저에 대한 영유권 또는 이용권에 대한 경쟁과 갈등도 점차 표면화될 것으로 예상된다. 동북아시아의 경우에도 한·중·일·러는 해양관할권을 한 치라도 더 확보하기 위한 경쟁과 갈등이 그 어느 지역보다 치열하다. 한·일의 독도, 중·일의 조어도, 일·러의 쿠릴열도, 한·중의 이어도 문제가 그 예이다.

기후변화의 해양영향 가시화 및 대응

기후변화에 관한 정부간 협의체IPCC 제5차 보고서에 따르면, 현재와 같은 추세로 온실가스를 배출할 경우, 세계 해수면의 높이는 2100년까지 63㎝가 높아질 것으로 전망되고 있다. 한반도 주변해역의 경우도 최근 35년(1968~2002년)간 해표면 수온은 0.85℃ 상승하고 해수면은 5.4㎜ 높아졌다. 이는 세계 평균(2.8㎜)의 2배에 이른다. 수온 상승은 해양생태계 전반의 변화를 야기할 수 있다.

한편 기후변화는 지구 환경문제에 대응하기 위한 새로운 시장이 형성될 가능성을 열어두고 있다. 예를 들어 100억 달러 규모의 온실가스 감축 관련 시장과 향후 30년 동안 연간 1,000억 달러 규모의 청정에너지 발전 플랜트 수요가 예상된다. 또 선박으로부터 질소산화물 및 황산화물 배출 규제 등 오염저감을 위한 설비시장 규모가 연간 38조원 규모로 성장할 것으로 전망되는 등 새로운 비즈니스의 기회도 제공하게 될 것이다.

해운 및 동북아 물류시장 변화

세계 경제의 변화는 선박, 해운 시장의 변화에도 영향을 주고 있다. 유조선의 경우 2030년 선복량은 현재의 1.7~1.8배로 소폭 증가하고 컨테이너선과 LNG선의 경우 2030년까지 1.8~3배로 크게 증가할 전망이다. 중국의 상선선대 규모는 2010년 세계 선복량의 15%에서 2030년에는 19~24%에 달할 것으로 예상되며, 현재 세계 선대규모의 12%를 보유한 일본의 경우 2030년에는 5.6~6.7%로 감소할 전망이다. 세계 경제의 중심이 아시아로 이동하면서 아시아 권역의 항만물동량이 크게 증가할 것이다. 아시아는 세계 항만산업의 중심이 될 것으로 보이며, 불가피하게 권역 내 경쟁은 더욱 치열해 질 것이다.

정보통신기술은 항만 내의 장비와 네트워크, 시스템 간의 정보교환을 확산시키고, 이로 인해 항만은 물류의 거점뿐만 아니라 빅데이터를 생산하는 정보거점으로 변모해 갈 것이다. 선박의 대형화도 계속되어 2030년에는 3만 TEU급 선박이 취항할 것으로 예측된다.

세계 물류시장 역시 크게 성장할 것으로 보이며, 경쟁심화 및 동북아지역의 역할 확대가 예상된다. 2013년 기준 세계 물류시장 규모는 약 3.3조 달러로 전 세계 GDP의 16%에 달했다. 특히 동북아 지역이 세계 3대 교역권의 하나로 부상하고 상하이, 홍콩, 싱가포르 등 세계 5대 항만이 동아시아에 입지하면서 세계 물류시장의 중심으로 자리매김할 것이다. 또한 북극해를 비롯한 북극권의 이용과 개발에서, 수요자이자 공급자인 동북아의 역할이 확대됨과 동시에 북극권 선점을 위한 국가 간, 지역 간 경쟁이 표면화될 가능성이 높다.

수산업 변화

세계은행에 따르면 2030년의 어업생산량은 1억 8,630만 톤으로 2011년의 1억 5,400만 톤에 비해 연평균 0.96% 증가할 것으로 전망된다. 2011년에 수산물 생산에서 60%를 차지한 어선어업의 비율은 2030년에 50% 수준으로 감소하고 총량은 280만 톤 증가에 그칠 전 망이다. 반면 양식어업의 경우 2011년의 6,360만 톤에서 2030년에는 9,360만 톤으로 연평균 2.0%의 증가율을 나타낼 것으로 보여 식용 어 업생산의 경우 2030년에 약 62%가 양식에 의해 생산될 것으로 예측 된다. 2030년경 중국은 5,326만 톤으로 전 세계 양식어업의 56.9%를 차지하며 독보적인 어업생산국으로서의 입지를 차지할 전망이다. 세 계 1인당 어류 소비량은 2010년의 17.2kg에서 2030년에는 18.2kg으 로 20년간 5.8% 증가할 것이며, 특히 중국은 2010년의 32.6kg에서 2030년에 41.0kg으로 증가하여 세계 수산물 소비시장에도 가장 큰 영향을 끼칠 것으로 예상된다.

이처럼 미래 수산업의 발전은 양식어업을 통해 실현될 것으로 예상 되며, 핵심이슈 또한 양식어류의 질병문제 해결이 될 가능성이 높다. 또한 수산물의 효율적인 물류 및 분배 네트워크 구축이 중요해질 것 이다.

해양과학기술 발전

미래 해양환경의 변화는 과학기술의 발달과 더불어 크게 달라질 것 으로 전망된다. 각 국은 지구온난화에 따른 자연재해 증가 및 해양생 태계 교란에 공동으로 대비하고 있으며, 육상 에너지자원 고갈 및 이 산화탄소 배출 규제문제도 해양과학기술을 통해 해결하려 하고 있다. 해양바이오, 해양플랜트 등 최첨단 융복합산업의 급속한 성장과 연안 및 해양의 이용 확대에 따른 해양관광시장의 급성장에도 적극적인 관 심을 갖고 있다.

〈표 7-14〉 주요국가별 해양과학정책 비교

국가별	주요 해양과학정책 및 전략
미국	2013: 해양과학 연구계획(Science for an Ocean Nation) 발표 목표: 기반 확충, 역량 강화, 협업체계 구축 등을 통한 미국 통합해양정책과의 연계성 강화 해양자원 보호, 해양생태계 복원력 증진 등 20개 중점과제 선정
유럽	2010: 유럽 해양에너지 로드맵 수립 목표: 2050년까지 총 수요전력의 15%를 해양에너지로 대체하여 47만 명의 고용, 연간 1억 3,630만 톤의 이산화탄소 저감 노력 해양에너지, 심해저탐사, 기후변화대응, 연안연구분야 집중육성
일본	2013: 제2차 해양기본계획 수립 목표: 해양 주도권 확보, 신해양산업 육성을 위한 해양과학기술 고도화 추진 해양인프라, 국제연구, 해양공학, 해양관측 및 예보분야 집중육성
중국	2010: 해양과학기술 2050 로드맵 수립 목표: 지속적인 해양자원의 이용, 해양 건강과 안전 확보, 해양력 강화 해양환경, 심해저탐사, 극지연구, 인력양성분야 집중육성

또한 드론, 로보틱스, 빅데이터, 사물인터넷과 같은 기술분야의 혁신은 해양수산분야와의 융복합을 통해 새로운 부가가치를 창출할 것으로 기대된다. 이에 해양 선진국들은 본격적인 과학기반 해양경쟁 시대에 대비하여 체계적인 대응방안과 체제구축에 적극 노력하고 있다.

미래비전의 방향

해양수산 분야는 1955년 해무청 설치 이후 오랫동안 분산된 행정체제하에서 운영되어 왔고, 이른바 통합행정체계가 마련된 것은 1996년 해양수산부의 설립 이후이다.

정부는 2015년 '2030 해양수산 미래비전'을 제시한 바 있다. '상상을 뛰어넘는 가치의 바다 창조'라는 비전을 제시하고 행복과 풍요의 바다, 도전과 창조의 바다, 평화와 공존의 바다라는 3대 핵심가치를 설정했으며, 이를 실천하기 위해 총 40개의 미래상과 170개의 세부실천과제를 마련했다. 이 비전을 통해 해양수산업이 GDP에서 차지하는 비중을 10%까지 제고하여 선진국 수준의 해양역량을 갖춰 나가겠다는 것이다.

〈표 7-15〉 2030 해양수산 미래비전 목표지표

지표명	현재	미래(2030년)
해양수산업의 GDP 기여율	6.0%('12)	10.0%
컨테이너 처리량	2,473만 TEU('14)	5,000만 TEU
해운선복량	7,900만 톤('13)	1억 5,000만 톤
수산물 자급률	75.3%('12)	90%
양식수산물 생산량	151만 5,000톤('13)	300만 톤
수산물 수출액	20억 7,000만 달러('14)	50억 달러
수산자원량	860만 톤('13)	1,100만 톤
해양수산 분야 R&D 투자액	5,911억 원('15)	2조 원
세계 선도기술	7개('14)	50개
해수리튬 생산량	–	5만 톤
해양심층수 시장규모	110억 원('14)	1만 5,000억 원
극지 과학기지	3개 소('14)	6개 소
e-Navigation 시장점유율	–	20%
크루즈 관광객	105만 명('14)	300만 명
등록 요트수	1만 2,985척('14)	10만 척
연안여객선 이용객	1,427만 명('14)	3,000만 명
해양에너지 공급량	254MW('14)	2,500MW
해양보호구역 면적	431.4㎢('14)	862.7㎢
국가해양관측망	90개 소('14)	200개 소

정부계획에 덧붙여 새로운 전략을 만들기 위해 고민해야 할 방향들은 다음과 같다.

한반도 주변해역은 물론, 전 세계의 해양공간은 해양경계 갈등과 해양환경 오염, 생물자원 감소 등으로 어려움이 가중되고 있고, 해운불황과 해양산업의 경쟁 심화 등으로 새로운 국면을 맞이하고 있다. 따라서 해양수산비전은 이러한 미래 여건과 도전과제에 대응할 수 있는 기반을 제공해야 한다. 이를 위한 중장기 해양수산정책이 필요하다. 누구나 공감할 수 있는 해양수산 미래상이 제시되고, 과거 해양수산 정책에 대한 평가와 현장의 목소리를 반영하여 실질적인 성과가 도출될 수 있는 새로운 정책이 발굴되어야 한다.

또한 해양수산업의 부가가치를 높일 수 있는 다양한 정책과제 개발이 필요하다. 해운산업의 위기극복, 항만의 경쟁력 제고와 국제물류시장 주도, 수산업의 미래산업화 등을 통해 전통산업의 가치를 재발견하고, 첨단 과학기술 기반의 해양신산업을 만들고, 해양관광문화 등과 관련된 해양 소프트산업 육성을 통해 해양수산업의 외연을 확대해나가야 한다.

건강한 해양공간 창조, 해양외교안보 및 글로벌역량 강화, 통일한반도 시대 대비 등을 통해 국가발전의 토대를 제공해야 할 것이다. 나아가 유라시아, 태평양, 북극해 등을 잇는 지정학적 강점을 바탕으로 해양입국海洋立國을 실현하기 위한 적극적인 정책의지가 담겨야 한다.

더 큰 대한민국으로 도약하기 위한 글로벌 국가비전이 되어야 한다. 즉 해양수산부가 중심이 되더라도 정부 전 부처가 참여하는 종합적인 해양수산비전이 필요하다는 것이다. 해양수산부문은 이느 한 부처가 전담하기에는 어려운 특성이 있다. 또한 인구감소와 고령화시대에 대응할 수 있는 해양수산 인력양성과 고도화된 해양공간 관리기반이 구축되어야 한다.

해양대국을 위한 노력

미래 해양수산은 어느 분야보다 변화가 심하고 경쟁과 협력이 공존하고 있다. 해양수산업의 특성상 연관기술과 산업의 발전 속도에 크게 영향을 받기 때문이다. 다른 산업분야 기술과 어떠한 융복합 체계를 구축해나가느냐에 따라 크게 달라질 수 있다. 사물 간의 네트워크와 데이터, 그리고 극지 및 해저 등 극한여건을 극복할 수 있는 기반기술의 발달은 해양수산업을 새로운 부가가치를 가진 분야로 성장시킬 수 있을 것이다.

예상컨대 향후 30년은 육상부문에 비해 상대적으로 국가 간 격차가 크지 않고 전 세계가 새롭게 눈뜨고 있는 해양수산 분야를 끌어갈 선도국가와 그렇지 못한 국가를 구분하는 중요한 전환기가 될 것이다. 해양수산 분야에서 주도권을 잡기 위해 필요한 전략 방향을 정리하면 다음과 같다.

해양수산전략, 정책 추진 기반 구축

미래비전이 실질적인 효과를 가질 수 있도록 이를 뒷받침할 수 있는 후속적인 제도적 기반을 구축해야 한다. 계획수립과 추진, 점검, 평가, 개선 등의 일련의 과정이 선순환 체계를 확립하기 위해서는 앞서 언급한 것처럼 부처 간 협업을 통한 시너지효과를 극대화해야 한다. 해양수산 분야에서는 외교부, 산업통상자원부, 국토교통부, 환경부 등

관계부처와의 공조가 필수적이다.

해양수산업의 고부가가치화 추진

현재 해양수산업의 국가기여도는 6%수준으로 세계 평균의 50% 수준에 그치고 있다. 전통 해양수산업의 서비스 기능강화를 통해 부가가치를 높이고 신해양산업 발굴을 통해 해양수산업의 외연확장으로 이를 제고시켜 나가야 한다. 또한 해양수산 분야와 다른 분야의 융복합을 통해 새로운 시장을 적극적으로 발굴해 나가는 노력이 요구된다.

과학기술 기반의 글로벌 해양수산업 생태계 조성

미래의 해양수산업은 과학기술 기반의 첨단산업으로 성장시켜 나가야 한다. 과학기술 투자를 기반으로 대학과 연구기관, 기업과 정부 간의 체계적인 연계를 통해 세계 최고수준의 '해양수산업 startup' 환경을 조성하여 창업으로 이어지는 해양수산기업 생태계를 구축해 나가야 한다. 이를 통해 고용증대와 고품질 일자리를 제공하고 글로벌 비즈니스 환경을 제공할 수 있는 해외마케팅 지원체계의 구축이 필요하다. 해양수산부문의 과학기술 연구개발능력을 확충하기 위해서는 기본적으로 연구개발예산이 대폭 확충되어야 한다. 한편으로는 일부 국책연구기관이 독점하다시피 하고 있는 연구개발체제도 대학, 나아가 해양수산부문이 아닌 대학과 연구기관에도 문호를 개방하여 융합과 협업을 해 나가야 한다.

해양수산업 안전망 구축을 위한 통합지원체계 마련

해양수산업의 구조변화, 신해양산업의 부상과 변동성 확대 등 변화로 인한 위험요인을 예측하고 대응할 수 있는 '해양산업 조기경보체계'를 마련해야 한다. 이를 통해 해양수산업의 안정적인 산업활동을 지원할 필요가 있다. 또한 국민의 안전한 해양활동을 지원할 수 있는 해역별 입체적 안전체계를 구축하여 안전사각지대가 발생되지 않도록 해야 한다.

효율적 공간 활용체계 구축

고도로 밀집된 연안지역에서 증가하고 있는 연안의 이용과 경제활동이 환경과 조화를 이룰 수 있도록 공간관리가 이루어져야 하며, 개발과 보전의 갈등을 조정할 수 있는 과학기반의 체계적인 제도의 틀이 강화되어야 한다. 또한 ICT 기반의 첨단관리시스템 구축을 통해 효율적인 연안공간 활용과 보전이 실현되도록 해야 한다.

해외시장 진출, 인력양성 기반 확대

해양수산업 분야 발전에 필요한 국내 기반은 여전히 취약하다. 특히 인도, 이란 등 해외시장개척과 신산업 분야의 전문인력 양성은 시장에만 기대하기 어려울 것으로 예상되므로, 전담체계를 구축하여 초기에 선점효과를 가져갈 수 있도록 정책적 배려가 필요한 부분이다.

해양국민 DNA 부활

해양수산과 관련한 위축된 국민의식을 회복하고 세계적인 해양문화 강국으로 도약하기 위해서는 우리 해양역사와 문화, 해양 인물에 대한 체계적인 조사와 연구, 홍보가 필요하다.

국제협력 강화

한반도 주변해역의 이용과 관리를 위한 정책뿐만 아니라, 국제협력을 통한 대양진출방안이 모색되어야 한다. 산업적인 측면과 더불어 기후변화와 해양생태계 변화와 같은 지구적 도전과제에 대해 우리의 역할을 확대해 나가야 한다. 해양수산부문은 가장 국제적인 분야이다. 기후변화, 자원보전 등에서는 국제간 긴밀한 공조가 요망되고 있고, 자원개발 부문 등에서는 치열한 경쟁이 이루어지고 있다. 해양강국으로서의 입지를 다지기 위해서는 국제기구 진출 확대와 해양수산 분야 국제기구 유치 등을 통해 국제적 위상을 제고하고, 국제적 이슈를 선도할 수 있는 기반을 마련해야 할 것이다.

12

서비스산업전략

의료, 교육, 금융, 문화콘텐츠, 소프트웨어, 관광 등 서비스산업은 고용기준으로 70%, 부가가치기준으로 60% 정도를 차지하는 한국경제의 중심산업이다. 선진국은 경제의 70% 이상, 중국 등 개발도상국도 서비스산업의 비중이 경제의 50%를 상회하고 있다. 또한 세계적으로 산업의 서비스화가 진행되고 있다. 스마트폰의 사례에서 보듯이 기존의 하드웨어 제품에 새로운 서비스를 실현하는 소프트웨어를 탑재하여 경쟁력을 강화시킨 것처럼, 전체 산업의 서비스화가 진행되고 있다. 특히 최근 제4차 산업혁명의 도래로 산업 간 경계가 해체되고 수요자 중심의 서비스경제로 경제 및 산업구조의 전환이 진행되고 있다. 제4차 산업혁명은 인공지능으로 대표되는 초지능화시대, 사물인터넷으로 대표되는 초연결화시대에서의 산업 변화를 의미한다. 제조업과 농업 등 기존 산업에 큰 변화가 예상되고, 서비스산업에도 큰 지각변동이 예상된다.

산업구조의 변화와 함께 일자리 구조도 급격하게 변화하고 있다. 제

4차 산업혁명 시대에는 다수의 고급 지식노동도 기계로 대체될 것으로 전망되고 있다. 지난 200여 년간 기계가 인간의 노동을 많이 대체해왔지만, 제조업과 서비스산업 등 신산업도 그 이상 많이 창출되어 일자리는 계속 증가되어 왔다. 그러나 제4차 산업혁명 시기에는 일자리의 순증가가 계속될지 불확실한 상황이다. 기계의 일자리 대체 속도와 신산업 창출 속도 간의 역전현상이 발생할 수 있기 때문이다. 인공지능, 사물인터넷의 발달로 기계가 인간의 일자리를 대체할 것으로 예상되는 분야는 무엇보다도 과학적 지식이 적용되는 분야일 것으로 예측된다. 모라벡의 역설Moravec's paradox에서도 제시된 바와 같이, 과학화 할 수 있는 분야는 역공학reverse-engineering이 상대적으로 쉬워서 인공지능 등으로 대체가 용이하다. 하지만 인류역사와 함께 오랜 기간 진화한 인간의 고유 영역인 창조역량, 협동역량, 감성역량, 긴밀한 상호작용이 요구되는 인적역량은 기계노동으로 대체되기 쉽지 않을 것으로 전망된다. 이렇게 기계가 대체할 수 없을 것으로 예상되는 영역이 바로 '피플 비즈니스'라고 불리는 서비스산업의 영역이다. 그래서 제4차 산업혁명의 성숙과 함께 세계경제는 서비스경제 구조로 더욱 진화될 것으로 보이며, 특히 일자리는 서비스산업 부문에서 주로 창출될 것으로 전망되고 있다.

이러한 상황에서 세계 각국은 서비스경제 촉진에 주력하고 있으나, 우리 한국은 구호만 무성할 뿐 서비스경제로의 실질적인 진전은 없는 상황이다. 산업에서 차지하는 비중이 적잖음에도 불구하고 선진국과 비교하면 서비스산업의 노동생산성이나 경쟁력은 여전히 하위권에 머물고 있다. 제조업의 서비스산업 활용도도 낮은 수준이다. 더구나 인적자본의 행사과정이라고 할 수 있는 서비스 재화에 대한 공짜인식은 아직도 심각한 수준이고, 신산업의 창출은 더디게 진행되고 있다. 이에 서비스산업의 미래를 전망해보고 한국의 서비스산업 현황에 대해 종합적으로 분석함으로써 서비스산업 발전과 한국 경제의 발전을 위한 실행 방안을 제시해보고자 한다.

서비스산업의 미래전망 및 미래전략

서비스산업의 발전과 전 산업의 서비스화는 세계적으로 빠르게 진행될 것으로 전망된다. 중국 등 개발도상국의 도시화 촉진과 글로벌 경제 성숙으로 관계재화relationship goods의 수요가 크게 늘어나고 있는데다 인공지능과 로봇기술 등 과학기술의 발전이 서비스 공급역량을 증대시키면서 서비스산업의 발전 속도를 가속화하고 있기 때문이다.

서비스산업이 주축이 될 신경제사회의 특성

미래의 토대가 될 신경제사회의 특성은 크게 다섯 가지로 전망해볼 수 있다. 첫째, 기존의 경제사회에서는 지식이 경쟁력의 원천이었지만, 신경제사회에서는 지식의 가치가 급속히 하락하는 지식보편화시대가 될 것이다. 인터넷과 방송통신 등의 발달에 따라 독점이 아닌 공유의 시대가 되고 있기 때문이다. 둘째, 무형적 가치가 중요해지는 무형재화intangible goods 시대가 될 것이다. 유형재화는 무형가치를 제공하기 위한 서비스 플랫폼으로 사용되고, 플랫폼 위에서 제공되는 서비스재화가 큰 가치를 지니게 될 것으로 보인다. 셋째, 신경제 시대에는 인간 고유의 감성이 중요해지는 시대가 될 것이다. 기계가 이성적 부분을 담당하게 되므로, 인간은 기계가 수행하기 어려운 감성 부분에 주력할 것이기 때문이다. 넷째, 인간의 욕구가 대폭 확장되는 시대가 될 것이다. 정치민주화와 함께 개인의 자유가 증대되면서 인간의 욕구가 확장되어 왔고, 교통 및 방송통신과 인터넷, 그리고 욕구확장 학문의 발전으로 인간의 욕구는 계속 확장되어 왔다. 이제 신경제사회에서는 인간의 노동 비중이 감소되면서, 욕구 개발에 보다 많은 시간을 투입하게 되어 욕구의 대폭 확장시대가 도래할 것으로 예측된다. 다섯째, 개인 중심 시대가 될 것이다. 과학기술발전으로 개인을 위한 제품과 서비스 공급역량이 증대되어 개인의 소비가 중심이 되는 시대가 올 것으로 보인다. 이러한 신경제사회의 특성이 함축하는 것은 서비스산업 중심의 경제구조 전환이 더욱 가속화할 것이라는 점이다.

이러한 전망은 수요 공급 차원에서도 살펴볼 수 있다. 우선 서비스 수요 측면에서, 제4차 산업혁명의 물결 속에 과학기술의 발전으로 생산성이 증대되면 인간의 유휴시간이 증대되고, 이러한 유휴시간의 증대는 서비스산업의 발전을 촉진할 것이다. 정치 민주화 등으로 현대사회에서 개인의 자유가 증대되고 인간의 욕구발현이 증대된 것도 서비스산업의 발전을 촉진하는 주요 요인이다.

서비스 공급 측면에서는 인공지능, 빅데이터, 사물인터넷, 초고속인터넷 등으로 서비스 플랫폼이 고도화되고, 로봇 등 비인간 서비스공급자가 등장하면서 서비스 공급능력이 대폭 증가할 것으로 예측되는데, 이러한 공급요인들은 곧 서비스산업 발전의 주요 토대가 될 것이다. 이와 같이 인간을 위한 서비스산업의 발전은 미래 경제의 중심이 되고 있는 것이다.

서비스산업의 발전전략

단기적 차원에서는 무엇보다 서비스산업이 산업으로서의 독립적인 위상을 확보하는 것이 시급하다. 그동안 한국에서의 서비스산업은 제조업의 경쟁력 강화를 위한 지원 산업이거나, 내수 활성화 차원의 부수 산업으로 인식되어 왔다. 따라서 독자적인 산업으로 인정받지 못하는 경우도 있었고, 산업정책의 중심이 되지도 못하였다. 선진국에서는 서비스산업이 이미 오래전부터 독자적 산업으로서 큰 부가가치를 창출해오고 있다. 서비스의 산업화 및 기존 서비스산업의 위상 강화가 서비스산업 발전을 위한 1차적 전략인 것이다.

중기적으로 서비스산업은 산업구조 선진화의 주체가 되어야 한다. 앞서 언급한 바와 같이, 과학기술 혁신으로 생산성이 증대될 것이며 산업구조와 일자리구조가 크게 변화될 것으로 전망된다. 글로벌 경제에서 이 새로운 변화를 주도하지 못하면 일자리 유지와 지속적 성장이 어려워지므로, 먼저 산업구조의 선진화를 이루어내야 한다.

인류의 일자리 또한 기존의 산업에 고르게 펼쳐져 있는 평탄한 일자리 구조에서 인간 고유 영역의 일자리 중심으로 재편될 것이다. 진화의 기간이 짧아서 기계가 모방하기 쉬운 기능을 수행하는 제조업 부문의 일자리가 기계로 대체되고, 진화의 기간이 길어서 기계가 대체하기 어려운 인간 본연의 역량을 발휘하는 일자리가 증대될 것이다. 상호작용이 많고 매우 복잡한 패턴인식이 필요하며 수시로 변화되는 상황에 대처해야 하는 직무는 기계가 대체하기 어렵다. 즉 인간 고유의 서비스 직무는 기계가 대체하기 어려운 것이다. 또한 협동 역량 발휘가 필요하고 창조역량 발휘가 중심이 되는 고급 지식서비스 영역도 기계가 대체하기 어려우므로 경제는 서비스산업 중심으로 재편될 수밖에 없다.

장기적으로는 우수한 인적자원을 가진 한국이 세계 서비스산업과 전체 세계경제를 선도하여 인류사회 발전에 기여해야 할 것이다. 인류 경제는 조만간 유형재화의 한계에 봉착할 것으로 전망된다. 유형재화 에 대한 인간의 수요는 유한하기 때문에 인구가 지속적으로 크게 증 가하지 않는 한 생산성 증대로 연결되기 어렵다. 즉 유형재화 중심의 경제는 수요정체에 따른 성장 한계를 보이게 된다. 지난 200여 년간 제조산업에 대한 학문이 인류의 고도 성장기를 견인해 왔는데, 이제 는 서비스에 대한 학문이 발전하여 향후 수백 년간 인류의 고도 성장 기를 이끌어가야 한다. 서비스경영, 서비스공학, 서비스경제, 서비스마 케팅 등 서비스에 대한 학문service science은 인적자원이 우수한 한국 이 뛰어난 성과를 올릴 수 있으므로 서비스학 진흥에도 관심을 기울 여야 한다.

서비스산업 발전을 위한 실행방안

서비스산업은 종합산업이고, 서비스는 인간의 본질적 활동이므로, 실행 방안도 종합적인 차원에서 설계되어야 한다. 〈표 7-16〉과 같이 산업육성을 위한 정부조직, 경제정책, 산업 정책, 인재양성, 기업의 전 략, 기업의 구조 등의 차원에서 실행 전략을 제시해볼 수 있다.

우선 서비스산업 발전을 위해 정부조직이 수평적 구조로 변화되어 야 한다. 서비스는 소비자 중심 산업이므로, 여러 산업이 융합하여 소 비자를 위한 가치를 창출하게 된다. 수직적 정부구조는 단일 산업 육 성에는 유리하지만, 서비스산업과 같은 소비자 중심 융합산업 육성에 는 한계가 있다. 수평적 조직이 되면 소비자 중심으로 산업이 창출되

〈표 7-16〉 서비스산업 발전을 위한 개선방안

	기존	개선
정부조직	수직적 구조	수평적 구조화
경제정책	산업간 구분 육성정책	통합적/창조적 육성 프레임
산업정책	기존 점 산업 육성 정책	점, 선, 면 융합산업 정책
인재 교육	전문가 양성	혁신가/창조자 양성
산업 구조	대형 수직 구조	수평 네트워크 구조
기업 전략	응용력/효율성 제고	창조력/네트워크력 제고

고 발전될 수 있다.

경제 정책의 경우, 산업간 구분이 없어져야 한다. 농업 등 1차 산업과 제조업과 여러 서비스업을 구분하여 분석하고 미래 전략을 수립하는 정책에서 통합적인 창조적 육성 정책으로 전환해야 한다. 모든 산업을 하나의 산업 차원에서 통합적으로 분석하고 관리해야 하며, 이러한 과정과 결과가 경제정책 수립에 반영되어야 한다. 한마디로 통합적 육성 프레임에 기초해 경쟁력을 키워나가야 한다.

현재의 산업정책도 기존의 산업 중심으로 짜여 있다. 기존 산업은 생산성 혁신으로 규모가 위축될 가능성이 많으므로, 기존산업들을 융합하여 새로운 산업을 만들어내는 정책들이 산업정책의 중심이 되어야 한다. 특히 기존 산업을 위치 좌표인 점이라고 보고, 점과 점을 연결하는 많은 융합 선 산업, 무수한 점들을 연결하여 창출되는 고도 융합 신산업 창출에 산업정책의 중심을 두어야 할 것이다.

<그림 7-3> 고도 융합 신산업 창출 모형도

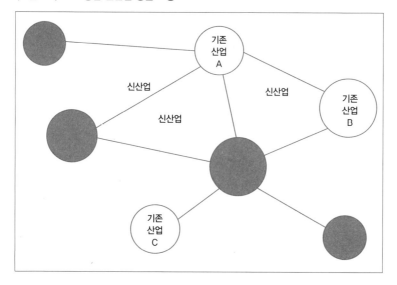

교육 정책의 경우, 가장 큰 변화가 필요한 부문이다. 서비스산업은 인간의, 인간을 위한 산업이므로, 인간에 대한 통찰력이 있는 인재를 바탕으로 근간을 이루어야 한다. 또한 과학기술 지식이 풍부한 인재로 양성해야 하며, 미래 변화에 대해 적응력이 강한 인재로 육성해야 한다. 따라서 교육 패러다임이 지식전달에서 역량개발로 변화해야 한다. 기존에는 특정 분야의 전문가 양성에 치중했다면, 이제는 혁신가와 창조자를 양성해야 하며 새로운 시대의 요구에 맞는 인적자원을 공급할 수 있도록 제도적 뒷받침이 이어져야 한다. 이 과정에서 초중고 및 대학교육 시스템의 변화가 필요하지만, 직무 역량은 산업과 시대변화에 따라 계속 변화하는 점에서 평생교육 체제도 정착되어야 한다. 평생교육시스템과 직무교육시스템, 대학교육시스템, 초중등 교육시스템 간의 균형적 역할 분담도 필요하다.

산업구조의 전환도 선결되어야 한다. 기존의 대기업 중심 수직계열화 구조가 서비스경제에서는 불리하다. 서비스경제는 수요자 중심 경제이기 때문이다. 효율성이 중심이 아니고 고객의 입장에서 효과성이 중심이기 때문이다. 고객의 수요를 중심으로 유기적으로 기업들이 결합되어 협업하는 수평적 네트워크 구조가 필요하다. 기업 전략은 시장에서의 효과성이 중심이 되어야 하고, 창조 역량이 중심이 되어야 한다. 시장과 고객의 욕구는 끊임없이 변화하기 때문이며, 잠재된 고객의 욕구를 먼저 발견하여 시장을 창조해낼 수 있어야 하기 때문이다.

이와 함께 미래 서비스산업 정책의 가장 중요한 방향은 양질의 일자리 창출에 맞춰져야 할 것이다. 현대사회에서 인간에게 일자리의 의미는 경제적 의미 이상이다. 즉 사회시스템 소속 여부와도 관련된다. 과거에는 일자리가 없어도 사회시스템에서 밀려나지는 않았다. 가족공동체가 건재했기 때문이다. 그러나 현대사회에서 일자리를 잃은 인간은 사회시스템에서 퇴출되는 의미를 가지게 되는 상황에 이르렀다. 따라서 일자리를 지켜주는 것이 산업 정책의 중요한 방향이 되어야 한다. 또한 국민의 일자리를 창출하고 지키기 위한 정부의 노력도 더욱 강화되어야 한다. 기계를 능가하는 고차원의 지식노동 일자리를 만들어 내거나, 기계가 모방하기 어려운 인적기반 일자리를 많이 만들어내는 노력도 그 일환이 될 것이다.

13 사회적경제 구축전략

인기를 모은 TV 예능 프로그램 중에 〈삼시세끼〉라는 프로그램이 있다. 말 그대로 삼시세끼를 챙겨먹는 모습을 보여주는 방송이다. 그 속에 '차줌마'라고도 불리며 생각지 못한 요리 실력을 뽐내는 배우 차승원이 있다. 그의 모습을 빌어 한국경제에 필요한 질문 하나를 던져본다. 〈삼시세끼〉 속 차승원의 역할, 즉 가정주부의 역할은 경제활동에 속할까?

우리는 경제활동이라고 하면 으레 GDP를 떠올린다. 이는 국내에서 생산된 부가가치의 총합을 뜻한다. 가정주부 역할의 경우 GDP에 아무런 기여를 하지 못한다. 거래를 통해 화폐로 교환되지 않았기 때문이다. 하지만 의문은 아직 풀리지 않는다. GDP는 부가가치의 총합이기도 하고, 차승원이 한 일 또한 분명히 부가가치를 만들었기 때문이다.

대한민국의 경제발전과 자살률

한국은 1960년대 1인당 국민소득이 80달러였던 국가에서 2015년 기준 2만 7,340달러가 될 정도로 비약적인 성장을 거두었다. 55년이 지나는 사이 300배 넘는 부가가치가 생산된 것이다. 간단하게 보면 우리가 먹는 식사의 질이 300배, 집의 품질과 크기가 300배 늘었다는 뜻이다.

물가상승률을 감안하면 300배보다는 낮은 수치이겠지만, 어쨌든 우리가 생산하고 제공하는 재화의 양과 질이 엄청나게 늘었다.

그러나 오늘의 대한민국에는 이 화려한 모습 뒤로 퍼즐 하나가 과제로 주어졌다. 바로 자살률 1위라는 숫자이다. 1980년대 중반에는 10만 명 당 8명 정도였던 자살률은 최근 몇 년 사이 30명 가까이로 늘었다. 그렇다면 이 높은 수치는 왜 나타난 것일까? 출산율도 마찬가지이다. 우리 사회의 상황을 단적으로 보여주는 두 지표인 자살률과 출산율에 빨간불이 들어온 지 이미 오래다. 일자리 없는 사람들도 힘들고 일자리 있는 사람들도 힘들다고 아우성치는 이 상황은 도대체 왜 발생하고 있는 것일까.

그 이유로는 무엇보다 빈부격차와 소득불평등을 들 수 있다. 기업소득은 늘었는데 가계소득은 늘지 못했다. 실질임금이 약 10년 간 늘지 않고 있다는 점도 주목해야 한다.

소득상위 인구가 너무 많이 가져가는 구조를 '세습 자본주의'라고 부르며 이를 강도 높게 꼬집었던 프랑스 경제학자 토마 피케티Thomas Piketty의 조사방법을 김낙년 동국대 교수가 가져와서 한국의 상위 소득점유율을 연구한 결과가 있다. 조사결과, 상위 1%가 12%의 소득점유율을 보였고, 상위 10%의 소득점유율은 45%에 육박했다. 둘 모두 매우 높은 수치이다. 자살률이 높아지는 곡선도 이 상위 소득인구의 소득점유율이 높아지는 과정과 비슷하게 그려졌다.

삶의 가치 창출, 사회적 경제

세습사회와 불평등한 사회를 막는 대안으로 사람들이 가장 많이 말하는 게 경제민주화와 복지국가, 즉 공정한 기회와 사회안전망이다. 그러나 만약 우리사회에서 공정한 경쟁이 이루어지고 사회안전망이 튼튼하게 갖춰진다면 높은 자살률과 낮은 출산율의 문제를 해결할 수 있을까? 이 질문은 여전히 남아 있다.

최근 OECD에서 재미있는 연구결과를 발표한 바 있다. 〈How's life〉라는 보고서이다. 〈삶의 질 보고서〉라고 번역할 수 있는데, "어떻게 사니?"라고 물어본 연구결과이다. 조사대상은 전 세계 사람들이다. 이 보고서 중 가장 눈길을 끄는 숫자가 바로 '사회관계망 지수social network support'이다. 조사방법도 간단하다. 똑같은 질문을 사람들에게 한다. "당신이 어려울 때 도움을 청할 친구나 친척이 있습니까?"

한국은 현저하게 낮은 70점대 초반 성적표를 받았다. 세대별로 질문을 다시 나눠봤다. 10대, 20대는 선진국에 뒤지는 편이기는 해도 90점대를 기록했다. 사회적 유대감이 없다고 쉽게 비판받던 세대가 실제로는 오히려 높은 점수를 보였다. 한창 사회생활을 할 나이인 30대와 40대에서는 70점대 후반으로 뚝 떨어졌다. 나이가 들수록 더 떨어져 50대 이후는 60점대를 기록했다. 이 결과를 보면 우리 사회가 한 개인의 사회네트워크를 빼앗는 사회라는 점을 알 수 있다. 지금 우리가 풀어야 할 문제는 경제가 아닌 삶에서 생기는 문제들이 더 핵심이다. 이웃 간의 따뜻한 공동체 의식, 부모자식 간의 유대감, 친구들의 관계 등 사회적 자본의 축적이 필요하다.

사회적 경제의 실천 사례: 어큐먼 펀드Acumen Fund

최근 사회적 경제의 중요성을 인식하고 이를 실천하고자 하는 움직임이 조금씩 대두되고 있다. 그 일환으로 등장한 개념이 바로 사회적 금융이다. 재클린 노보그라츠Jacqueline Novogratz라는 여성은 어큐먼 펀드Acumen Fund라는 사회적 금융 기법을 만들었다. 어린 시절 그녀에게는 파란 스웨터가 있었다. 그녀는 생일선물로 받은 이 스웨터를 몸이 자라서 입을 수 없을 때까지 매일 입고 다녔다. 작아진 옷을 입고 다니는 그녀를 남자아이들이 놀렸고, 재클린은 그 옷을 엄마에게 버리라고 화를 냈다. 하지만 엄마는 한국으로 치면 '아름다운 가게'에 해당되는 채리티숍charity shop에 의류를 기부했고, 그 옷은 재클린과 엄마의 기억 속에서 사라진다.

재클린이 대학을 졸업하고 유명 은행에 입사할 정도로 많은 시간이 흘렀다. 사회적으로 의미 있는 일을 해보고 싶어 재클린은 국제개발 NGO에 들어갔다. 그녀는 르완다라는 나라를 방문했다. 르완다는 내전으로 수십만 명이 죽고, 미혼모와 버려지는 아이들이 많았다. 재클린은 그곳에서 오래 전에 엄마가 기부한 파란색 스웨터를 입은 꼬마 아이를 길에서 마주친다. 재클린은 단순한 자선활동으로는 그 지역 사람들의 삶을 근본적으로 바꾸기 어렵다는 생각을 했고, 시장에 기반을 둔 새로운 접근법이 필요하다고 생각했다. 이에 사회투자 자본을 만들기에 이른다. 그게 바로 어큐먼 펀드이다.

이윤추구가 목적이 아니라면 투자를 받을 수 없는 시대이다. 이 문제를 풀기 위해 재클린 노보그라츠는 이윤이라는 개념을 돈이 아닌 사회적 성과로 치환하고, 사회적 성과의 크기에 따라 투자를 받을 수 있는 금융을 만들었다.

어큐먼 펀드는 비영리 벤처캐피털 또는 '인내자본patient capital'이라고 부른다. 영리와 비영리 자본이 섞인 형태인데, 미국 록펠러 재단과 시스코 재단, 켈로그 재단 등 20여 기업과 개인이 설립파트너로 동참했다. 지분참여나 자선기금 투자가 주춧돌이 되어주었고, 영리자본 유입도 그 덕에 가능했다. 수익률은 비교적 낮지만 장기적 투자를 통한 이윤창출을 모색했다. 이것이 사회적 금융이다. 사회적 투자진흥모델이라고도 할 수 있다. 이외에도 다양한 형태의 사회적 금융이 존재한다.

사회적 경제의 실천 사례: 서울시

서울시가 운용하고 있는 사회적 금융 두 가지 사례를 살펴보면, 첫 번째는 서울시와 민간영역에서 각각 500억 원을 투자해 만들기로 한 서울시 사회투자기금이다. 아직까지 민간영역에서 500억 원을 모으지는 못했지만, 민관 협동으로 펀드를 만들어서 신협이라든지 협동조합과 같은 사회적 경제 중간지원 기관들에 투자하고, 이 기관들이 사회적 경제 기업에 다시 투자해서 기업을 키우는 방식이다. 물론 사회투자기금에서 직접 투자할 수도 있다. 이 경우, 기업에 투자하기보다는 사회적 가치가 있는 프로젝트에 투자하는 형태를 취하는데, 예를 들면 차량 공유car-sharing 사업을 하는 쏘카에 차량 구입에 쓸 자금을 대출해준 바 있다. 공동체 주택을 만드는데도 이러한 직접 투자 방식을 생각해볼 수 있다.

또 하나는 소셜 임팩트 본드Social Impact Bond, SIB, 즉 사회성과연계 채권이라는 모델이다. 공공기관 사업에 민간 투자를 받아서 진행하는 형태이다. 일정 기간 동안 사업을 진행하고, 해당 사업이 종료되고 성과가 좋으면 공공기관이 사업비에 인센티브를 더해 민간기관에 보상해주는 방식이다. 일종의 성과급 투자방식인 셈이다. 따라서 성과가 나쁘면 공공기관은 인센티브는 물론 원금도 보상해주지 않을 수 있다. 서울시는 2016년 4월 약 11억 원의 민간자본을 유치해 1호 SIB를 조성하였으며, 1호 SIB를 재원으로 아동복지시설인 그룹홈Group Home에서 생활하는 아이들을 위한 교육사업을 진행할 예정이다. 몇 년 후 성과지표에 따라 서울시가 예산을 집행하게 된다. 목표를 초과달성하면 서울시가 민간기관에게 높은 수익률로 보상하고, 성과가 저조하면 민간기관 투자는 종료된다.

결국 첫 번째 모델은 사회적 경제 조직, 즉 비즈니스를 하지만 사회적 성과를 같이 내는 조직에 금융을 공급하는 것이다.

두 번째 방법인 SIB는 정부가 정책적으로 시행하는 사업을 민간기관 혹은 비영리기관에 위탁해서 그 사업의 성과에 따라서 예산을 집행하는 방식이다. 예산을 장기적으로 집행하는 방식으로 민간자본이 투자할 수 있도록 하는 모델인 것이다.

사회적 경제의 확산

이러한 시도 가운데 성공적인 것은 중앙정부와 국책은행으로 확산해 볼 필요가 있다. 수출이 나라를 먹여 살리기 시작했을 때 수출을 장려하고 경쟁력을 키우기 위해 큰 역할을 했던 곳이 국책은행인 산업은행과 수출입은행이었다. 또 중소기업이 중요하다고 여겨졌을 때에는 중소기업은행이 국책은행으로서 중요한 역할을 했었다. 마찬가지로 사회적 투자를 촉진하는 정부의 금융정책이 필요하다. 처음에는 특이해 보이는 금융상품으로 공공부문에서 시작하지만, 나중에는 주류 금융시장에서 다루는 상품이 되도록 잘 다듬어 나가야 할 것이다.

종합해보면, 우리가 사는 사회에는 두 가지 세계가 존재한다는 점이다. 측정되는 세계와 측정되지 않는 세계. 측정되는 세계는 기본적인 사회체계를 고치는 일로 개선이 가능하다. 공정한 경쟁이 이루어지도록 하고 사회안전망을 강화하는 노력을 하면 된다. 하지만 측정되지 않는 세계의 개선 방법은 이와 다르다. 사회적 경제의 역설이 여기에 있다. 사회적 경제는 측정되지 않는 것들을 생산하고, 그것들을 수면 위에 떠올려서 측정되게 해야 하는 임무를 갖고 있다. 그런 만큼 더욱 많은 노력과 시도가 필요하다. 그 노력 끝에 우리 사회가 풀지 못하고 있는 문제들의 '해결책'이 자리 잡고 있을 것이다.

14

K뷰티 산업전략

국내 산업 전반이 장기 침체에 빠진 가운데 'K뷰티beauty' 열풍을 타고 화장품 수출은 폭발적으로 증가하면서 국가경쟁력을 높이는 새로운 분야로 주목받고 있다. 국내 화장품 기업들은 중국을 중심으로 아시아 지역 진출에 적극적으로 나서고 있으며 한국 기업에 투자하는 중국 자본도 크게 늘고 있다. 70여 년 역사에 불과한 우리나라 화장품이 100년이 넘는 역사를 갖고 있는 세계 유수의 화장품 브랜드와 어깨를 나란히 하며 오늘날 세계 9위의 생산실적에 세계 6위의 수출규모의 화장품 강국이 된 것이다.

다만 화장품 수출이 중화권에 편중돼 있어 세계정세 변화 또는 외교적 마찰 등 예기치 못한 상황이 닥치면 화장품 산업 전반에 타격을 받을 가능성도 배제할 수 없다. 미국의 사드THAAD(고고도 미사일 체계) 배치를 놓고 한·중 양국 간 긴장감이 고조될 당시 K뷰티 열풍으로 상승세를 타고 있던 화장품 종목 주가가 일제히 내려간 바 있다. 국가 간 정치적 갈등 및 국민들의 정서 변화는 소비 경향에 영향을 크게 미치는 요인이다. 일본의 경우 6년 전만 해도 한류 바람을 타고 국산 화장품이 큰 인기를 모았지만, 최근에는 혐한 분위기가 확산하면서 우리나라 대부분 화장품 브랜드가 철수했다. 2015년 일본으로의 화장품 수출은 전년 대비 34.8% 급감했다. 마찬가지로 중국에서도 만에 하나 반한 감정을 자극하는 정치적 이슈가 확산되면 K뷰티 열풍이 한순간에 꺾일 수 있는 것이다.

화장품 기업과 정부는 이제 중국과 아시아를 넘어 세계를 공략해야 한다. 수출 다각화를 이뤄내고 맞춤형 현지 전략을 세우며 장기적이고 안정적인 성장을 도모해야 한다. 우리나라 화장품 산업은 중국인들이 사랑해준 덕분에 성장한 면이 크다. 그러나 앞으로 다가올 위기에 대비하고 또 충격을 완화하기 위해서는 '포스트 차이나'를 준비해야 한다.

K뷰티 산업 성장 현황

국내 화장품 생산실적은 2015년 10조 7,328억 원을 달성해 처음으로 10조 원을 넘어섰다. 2014년 생산실적 8조 9,704억 원 대비 19.6%(1조 7,620억 원)나 증가한 수치이다. K뷰티 열풍을 타고 중국 수출이 2년 연속 두 배로 치솟은 점이 주효했다. 최근 5년간 평균 성장률은 13.9% 수준이다. 2015년 화장품 수출은 2조 9,280억 원으로 2014년 1조 8,959억 원보다 43.76% 증가한 반면 수입은 1조 2,307억 원으로 2014년 1조 1,033억 원에서 3.83% 증가하는데 그쳤다. 이에 힘입어 2015년 화장품 무역흑자는 1조 6,973억 원으로 2014년 8,514억 원에서 두 배 가까이 늘었다. 사상 처음으로 생산실적 10조

원을 돌파하고 무역수지 흑자 규모도 1조 원을 넘어선 것이다.

對중국 수출, 2년 연속 2배 증가

이 중 화장품 중국 수출액은 1조 2,020억 원을 기록해 전체 수출 실적의 41.1%를 차지했다. 2014년 수출액 6,160억 원에서 2배, 2013년 수출액 3,100억 원에서 4배나 뛴 규모이다. 아모레퍼시픽, LG생활건강, 에이블씨엔씨 등 주요 화장품 기업들이 해외 시장에 적극적으로 진출해 괄목할만한 성과를 이룬 덕분이다. 드라마와 K팝 등으로 대표되는 한류 열풍의 영향도 컸다. 드라마 〈별에서 온 그대〉, 〈그녀는 예뻤다〉, 〈태양의 후예〉 등 한류드라마와 K팝, 한류스타가 등장하는 영화 등의 인기가 높아지면서 한국 화장품도 덩달아 인기가 치솟았다.

우리나라의 화장품 수출주요국은 중국(1조 2,021억 원), 홍콩(7,262억 원), 미국(2,133억 원), 일본(1,385억 원), 이탈리아(600억 원), 영국(570억 원) 순이고 화장품을 많이 수입한 국가는 미국(3,580억 원), 프랑스(3,478억 원), 일본(1,449억 원), 이탈리아(571억 원), 영국(506억 원) 순이다. 미국 수출은 2014년 대비 51% 증가했고 프랑스(149.8%), 미얀마(84.2%), 카자흐스탄(52.6%) 등에서도 수출이 증가해 수출국 다변화에 대한 기대감을 높이고 있다.

기능성화장품 비중 증가

화장품 유형별로는 기초화장용이 6조 2,016억 원(57.8%)으로 가장 많이 생산됐다. 색조화장용 1조 7,225억 원(16.1%), 두발용 1조 3,942억 원(13.0%), 인체세정용 8,247억 원(7.7%) 등이 뒤를 이었다. 특히 기능성 화장품의 성장이 두드러졌다. 기능성 화장품 생산실적은 3조 8,559억 원으로 전체 생산실적의 35.9%를 차지했다. 전체 화장품 중 기능성 화장품의 2014년도 생산실적은 2조 9,744억 원으로 점유율 33.2%에서 비중이 늘어난 것이다.

아모레퍼시픽의 고급 한방 브랜드 '설화수'와 '헤라', 그리고 LG생활건강의 '후'와 '숨' 등이 중국 시장을 파고들었다. 지난해 가장 많이 생산된 화장품은 아모레퍼시픽의 '설화수자유음액'으로 총 1,179억 원의 실적을 올렸다. 2위도 아모레퍼시픽의 '설화수자음수'로 1,140억 원치가 생산됐다. 3위는 LG생활건강의 '더히스토리오브후 비첩자생에센스'였으며 793억 원을 기록했다. 이 외에도 화장품 브랜드숍을 중심으로 잇츠스킨의 '달팽이크림', 클레어스코리아의 '마유크림', 미샤의 'M퍼펙트커버BB크림', 네이처리퍼블릭의 '알로에베라 92% 수딩젤' 등이 중국에서 입소문을 타고 불티나게 팔렸다.

한국 화장품 '역직구' 증가

온라인 해외 직접 판매액(역직구)은 2015년 사상 처음으로 1조 원을 돌파해 1조 1,933억 원을 기록했다. 2014년 6,542억 원에서 1년 만에 두 배 정도 증가했다. 같은 시기 온라인 해외 직접 구매액(직구)은 1조 7,014억 원으로 2014년 1조 6,471억 원보다 3.3% 증가하는데 그쳤다.

온라인 해외 직접 판매액도 중국인들의 수요로 가파르게 증가했다. 2015년 중국인의 온라인 해외 직접 판매액은 8,106억 원으로 2014년 2,968억 원에 비해 거의 3배의 증가폭을 나타냈다. 화장품의 온라인 해외 직접 판매액도 2015년 6,575억 원으로 2014년 2,343억 원보다 180.6% 증가했다. 전체 온라인 해외 직접 판매액에서 중국인 비중은 68%, 화장품 비중은 55%로 나타났다.

2014년 전체 온라인 해외 직접 판매액 규모는 6,542억 원으로 온라인 해외 직접 구매액 1조 6,471억 원의 40% 수준이었으나 2015년 해외 직접 판매액 규모는 1조 1,933억 원으로 온라인 해외 직접 구매액 1조 7,013억 원의 약 70%까지 따라왔다. 특히 2016년 1분기 역직구액은 4,787억 원으로 사상 처음으로 직구 판매액 4,463억 원을 앞섰다.

K뷰티 산업 지속 성장을 위한 해결과제

이렇듯 국산 화장품이 중국과 중화권을 중심으로 아시아 시장에서 큰 인기를 얻으면서 역대 최대 규모의 생산실적과 무역수지 흑자를 기록하고 있다. 그러나 화장품 수출이 중화권에 편중돼 있는 것은 고려해야 할 문제이다. 편중된 국가들과의 외교적 마찰 등 예기치 못한 상황에 접하게 되면 화장품 산업 전반의 위기로 확산될 수 있기 때문이다.

중화권 수출 편중 현상

2015년 국산 화장품이 가장 많이 수출된 국가는 중국으로 41.1% 비중을 차지해 2014년보다 11.4%포인트 상승했다. 특히 중화권에 속하는 홍콩과 대만을 포함하면 비중이 70.5%까지 올라 쏠림 현상이 더 심각해진다.

국내 화장품 전체 생산실적이 8조 9,704억 원(2014년)에서 10조 7,328억 원(2015년)으로 늘어날 때 수출 실적은 1조 8,959억 원에서 2조 9,280억 원으로 더 크게 증가했다. 최근 5년간 평균 수출 성장률은 34.3%로 가파른 상승 곡선을 탔다. 화장품 업체들이 해외에 공장을 세워 생산하는 물량까지 고려했을 때 수출이 화장품 업계의 성장을 견인하고 있는 것이다. 국내 면세점에서도 중화권 쏠림 현상을 살펴볼 수 있다. 호텔롯데가 금융감독위원회에 제출한 증권신고서에 따르면 면세 업계 1위 롯데면세점의 올해 1분기 매출에서 중국인 비중은 70.8%에 이르러 의존도가 큰 것으로 나타났다. 공교롭게도 화장품이 중화권에 수출되는 비중과 비슷하다. 이를 뒤집으면 수출이 줄어들면 국내 화장품 업계 전체적으로 위기를 맞을 수 있다는 것이 된다.

중국이 화장품 수출실적과 면세점 매출에서 절대적 비중을 차지하고 있어 중국 정부의 규제 정책이나 중국인들의 소비 경향에 국내 화장품 업계가 영향을 받을 수밖에 없는 구조인 것이다. 일본의 경우, 6년 전만 해도 한류 바람을 타고 국산 화장품이 인기를 모았으나, 일본 내 한류 인기가 하락하면서 국산화장품 브랜드 대부분이 철수했다. 2015년 국산 화장품 일본 수출도 전년 대비 34.8% 급감했다. 마찬가지로 중국에서도 K뷰티 인기가 한 순간에 꺼질 수 있음을 대비해야하는 이유이다.

특히 사드THAAD 배치를 둘러싸고 한국과 중국이 갈등 상황인 가운데, 사드 배치가 이뤄지면 화장품 업계가 가장 큰 영향을 받을 것이라는 전망도 있다. 중국 정부가 한국산 제품 통관·위생검사 등 비관세 장벽 강화, 비자발급 지연을 통한 중국인 관광객 통제, 관영언론을 활용한 불매운동, 중국 진출 한국기업 표적 단속 등을 통해 경제적 보복으로 대응할 수 있다는 우려가 나오고 있기 때문이다.

따라서 수출 주요 대상국과의 사이에서 발생할 수 있는 다양한 변동가능성을 예측하고 대비하는 것이 필요하며, 나아가 수출다변화를 시도해야 한다.

중국의 화장품 수입 규제 강화에 따른 대비

중국에서 화장품 수입은 국가식품관리감독국CFDA에서 관리·감독하고 있다. CFDA에 검사결과와 함께 수입화장품 위생허가신청서를 제출·신고해 심사를 받아야 한다. 허가증을 취득하지 못하면 통관 및 중국 내 판매를 할 수 없다. 품목별로 발급되는 위생허가증은 동일한 기업에서 생산되는 비슷한 화장품이라도 각각 허가번호를 취득해야 한다. 관련 수속기간은 최소 6개월에서 2년 정도 소요되며 공문의 유효기간은 4년이다.

여기에 중국 정부는 급증하는 한국 화장품 수입을 겨냥해 자국 산업을 보호한다는 명분으로 다양한 규제책을 마련하고 있다. 중국 정부는 2015년 공식 루트를 거치지 않고 화장품을 들여와 파는 '따이공'(보따리상) 규제를 시작한 바 있다. 또 2016년부터는 소액 직구 제품에 대한 면세를 폐지하고 위생허가 제도를 온라인몰까지 확대 적용하는 등 온라인 수출 길 좁히기에 나서고 있다.

중국 정부는 2016년 4월부터 해외 직구 품목을 1,293개로 제한하고 온라인몰에서 판매되는 화장품에도 위생허가를 의무화하며 소액 직구에 대한 면세를 폐지하는 내용의 신통관 정책 시행에 들어갔다. 새로운 제도에서는 100위안(약 1만 7,000원) 이하 저가 화장품에 적용되어온 면세 정책이 폐지되고 11.9~32.9%의 관세가 부과된다. 면세 혜택을 받아 100위안에 판매되던 화장품은 신정책 시행 후 가격이 약 140위안(약 2만 5,000원)으로 오르게 된다.

그밖에도 현재 대부분 국내 중소 화장품 업체들이 보따리상을 통한 수출과 온라인 해외 직접 판매 시장을 통해 수출하고 있는 점도 문제로 지적된다. 통관 서류 요구 정책은 2017년 5월 11일까지 1년간 유예

된 상태이다. 따라서 중소화장품 기업들은 당분간 원산지 증명서, 제품 검사 보고서, 위생 증명서 등 통관 서류 제출 절차 없이 거래를 할 수 있지만, 중국 정부가 원료에 대한 규제에 이어 유통 규제까지 나서는 등 확고한 내수 진작 의지가 드러난 만큼 철저한 대비가 필요하다.

K뷰티 산업 지속 성장을 위한 미래전략

앞서 살펴본 것처럼, 우리나라의 화장품 산업은 중국인의 폭발적 수요 증가에 힘입어 빠르게 성장했지만 쏠림현상에 따른 위험이 존재한다. 2015년 메르스 사태와 2016년 사드 배치 논란에서 드러났듯 중국만 바라보는 성장 전략은 양날의 검이 될 수 있다. 이제는 중국을 넘어 세계 화장품 시장을 공략하는 새로운 패러다임 구축이 필요한 시점이다.

세계시장 공략

우리나라의 2014년 화장품 시장규모는 74억 달러(약 8조 5,000억 원)로 세계 화장품 시장에서 러시아에 이어 10위를 차지했으며, 비중은 2.9% 수준이었다. 우리나라 화장품 기업의 선두격인 아모레퍼시픽은 쿠션 파운데이션 제품으로 공전의 히트를 치는 등 세계 유명 화장품 기업들을 견제할 수준까지 올랐지만 세계 전체로 봤을 때 인지도는 아직 낮다. 이를 극복하기 위해서는 한류에만 편승한 영역 확장이 아닌 현지화를 통한 연구개발, 중국 편향의 사업 전략을 버리는 장기적인 안목이 필요하다. 특히 세계 화장품 시장 규모는 2014년 2,598억 달러에서 2019년에는 3,300억 달러로 꾸준한 성장세를 이어갈 것으로 전망되고 있다.

물론 아모레퍼시픽, LG생활건강, 에이블씨엔씨, 토니모리 등 화장품 기업들은 아시아를 넘어 유럽과 북미 및 남미 시장공략에 나서고 있다. 특히 화장품 업계의 빅2인 아모레퍼시픽과 LG생활건강에 비해 에이블씨엔씨와 토니모리가 적극적으로 수출다각화를 꾀하는 화장품 기업들이기도 하다. 화장품 기업들이 글로벌 브랜드를 목표로 한다면 유럽 시장 공략이 필수적이고, 안정적인 성장을 목표로 한다면 중동과 북미 및 남미 시장을 공략해야 한다. 아직까지 한국 화장품에 대한 인지도는 낮지만, 이들 지역에서 한국에 대한 이미지는 우호적인 편이다. 화장품 산업이 불확실성을 줄이고 장기적이고 안정적인 성장을 도모하기 위해서는 중국과 동남아시아를 넘어 미국과 유럽, 그리고 중동과 중남미라는 세계 시장으로 도전해야만 한다.

현지화 전략

한류 바람을 타고 시장 진입에 성공했다고 하더라도 현지 시장에 맞는 제품을 개발하지 못하면 시장 안착에는 실패할 수 있다. 가령 색조화장품의 경우 현지의 피부색에 맞는 제품을 생산해야 하며, 현지의 문화에 맞는 전략 개발도 필요하다. 즉 중동 지역에 진출하기 위해서는 할랄 화장품 개발이 필수적이다. '할랄'은 이슬람교도인 무슬림이 먹고 쓸 수 있는 제품을 총칭한다. 아랍어로 '허용된 것'이라는 의미이다. 한국 화장품을 중동에 수출하려면 돼지에서 추출한 콜라겐과 알코올 성분인 글리세린 등을 대체할 성분을 개발해야 하는 것이다. 세계 각 현지에서 기피하는 성분을 파악해 대체 성분을 담은 특화된 제품을 끊임없이 연구개발해야 한다. 또 성장 잠재력을 가진 시장으로 평가되는 중남미에서도 시장에 안착하기 위해서는 여성들이 미용에 대한 관심이 많고 파티문화가 확산되어 있는 것 등을 반영한 제품과 스토리 개발이 뒷받침되어야 한다. 그밖에도 우리나라와 마찬가지로 고령화가 급속히 진행되는 중국 시장을 겨냥해 중노년층 대상 제품을 특화하는 것처럼, 현지의 문화와 트렌드에 맞춘 진출 전략이 마련되어야 한다.

정부의 지원 체계화

정부는 2016년 7월 열린 제10차 무역투자진흥회의에서 K뷰티 산업을 '글로벌 빅3' 수출산업으로 육성할 계획을 밝혔다. 이를 위해 식약처는 기능성 화장품 범위를 확대하고 대학과 연구소의 기능성 인정신청도 허용해 다양한 제품 개발 기반을 강화하기로 했다. 정부는 또 수출 상대국과의 규제협력을 강화하고 수출국 다각화를 지원할 계획이다. 그 일환으로 2016년 5월 박근혜 대통령의 이란 방문 당시 이란 식약청과 현장실사 면제와 국내 판매증명서 인정을 골자로 양해각서를 체결한 바 있다.

그러나 K뷰티 산업이 글로벌 빅3 수출산업으로 발돋움하기 위해서는 정부의 지속적인 지원이 체계적으로 이루어져야 한다. 화장품 산업은 다른 어떤 분야보다도 기술과 문화콘텐츠가 결합되는 분야이다. 또한 다른 산업의 제품과 비교했을 때, 상대적으로 유행주기가 짧고 소비자별 수요도 다양한 편에 속한다. 이는 곧 기술개발과 시장조사가 끊임없이 이루어져야 하고, 이를 담당할 전문인력의 육성이 필요하다는 것을 시사한다. 한편으로는 뷰티산업 구조에 대한 전반적인 분석도 필요하다. 이를 토대로 비관세장벽 대응, 무역거래 지원 등 바람직한 정책을 수립할 수 있기 때문이다. 따라서 기업의 약진과는 별개로 정부 차원에서 글로벌 빅3 수출산업으로 이끌어갈 일관된 정책 수립과 추진이 덧붙여져야 한다.

15 관광산업전략

　그동안 우리나라는 제조업 중심의 산업정책을 운용했지만 이제 전통적인 제조업만으로는 더 이상 고용창출을 기대할 수 없는 상황을 맞이했다. 이러한 기조 속에서 정부는 관광부문의 소비를 통한 국가 및 지역경제 활성화와 고용창출효과를 기대하고 있다. 2014년부터 시행된 여행주간정책, 대체공휴일제, 환승관광 무비자 입국 프로그램, 중국인 복수비자 발급 요건 완화 등 외국인 관광객 유치를 위한 비자제도 개선, 호텔등급제도 전면 개편, 관광경찰제도 도입, 의료관광과 일종의 비즈니스 관광인 MICE산업 육성, '올해의 관광도시' 사업 시행 등이 이러한 측면에서 시행된 정책들이다.

　관광산업의 GDP기여도를 직접효과 측면에서 살펴보면 한국 1.8%, 일본 2.6%, 중국 2.1%, 홍콩 8%, 마카오 34.5%로 나타나고, 이를 다시 총효과 측면에서 살펴보면 한국 5.1%, 일본 8%, 중국 7.9%, 홍콩 19.5%, 마카오 70.9%로 나타난다. 즉, 우리나라의 관광산업은 아직 많은 발전가능성을 가졌다고 해석해볼 수 있다. 현대사회에서 관광은 베블렌Veblen이 말한 과시적 소비conspicuous consumption 현상을 넘어 누구나 참여할 수 있는 관광tourism for all으로 자리를 잡았기 때문에 우리 사회에 미치는 영향은 더욱 커질 수밖에 없다. 이제 관광은 우리 일상생활에서 빼놓을 수 없는 필수영역인 것이다.

한국관광산업의 현황

국내관광 현황을 살펴보면, 우리 국민들 사이에서 관광이 점점 대중화되어가고 있음을 알 수 있다. 2011년 3,501만 명에 이른 국내관광 수요가 2015년에는 3,831만 명으로 증가했다. 관광수요 증가세는 2015년의 경우 87.9%라는 여행경험률로도 나타났는데, 이는 우리 국민 10명 중 약 9명 정도가 국내여행에 참가했음을 의미한다. 우리 국민의 국내여행 경험을 좀 더 구체적으로 살펴보면, 2015년 1인당 참가 횟수는 5.5회, 1인당 여행일수는 9.3일, 1인당 여행비용은 58만 2,770원으로 나타났다. 여행비용을 총량의 개념으로 환산하면, 우리 국민은 2015년 약 25조 원을 소비했다.

우리 국민의 국외관광 수요도 가파른 상승세를 이어가고 있다. 2015년 한국을 찾은 외국인 관광객 수는 1,323만 명이었지만, 우리 국민은 1,931만 명이 출국했다. 과거 5년간 연평균 약 50%의 증가율을 보였다. 한국인 관광객은 주로 중국과 일본을 여행하는 것으로 나타났는데, 2015년 일본을 방문한 한국인 관광객은 400만 명 정도로 전년대비 45.3%로 대폭 증가했다. 또 중국을 방문한 한국인 관광객은 444만 명으로 전년대비 6.3%의 증가를 보였다. 반면 일본인의 한국 방문은 2015년 184만 명으로 전년대비 19.4% 감소하며 2014년에 이어 감소세를 이어갔다. 중국인의 한국방문은 2014년 613만 명으로 전년대비 41.6% 증가하다가 2015년에는 메르스MERS의 영향으로 598만 명이 입국하며 전년대비 2.3% 감소했다. 중국인 관광객은 메르스 여파 이전에는 매년 큰 폭으로 증가하는 추세였다. 관광산업은 외부적인 영향에 취약하므로 이에 대한 대비책을 사전에 수립할 필요가 있음을 메르스사태가 일깨워준 셈이다. 현재 중국인 관광객과 일본인 관광객이 우리나라의 인바운드 관광과 경제활성화에 미치는 영향은 지대하지만 한편으로는 중국인과 일본인 관광객에 대한 의존도가 너무 높다는 것이 문제점이다.

한국을 방문하는 외국인 관광객 수가 여전히 상승세를 나타내고 있지만 2015년 메르스 여파와 일본관광의 급성장으로 인해 자칫하면 인바운드 관광은 조만간 정체기를 맞을지도 모를 상황이다. 특히 한국과 일본은 최대관광시장인 중국을 놓고 경쟁하는 구도에서 외국인 관광객을 유치하려는 일본관광은 우리나라에게는 큰 위협으로 나타나고 있다. 2015년 일본을 방문한 외국인 관광객 수는 1,973만 명으로 일본국민의 해외여행자수보다 많은 수를 기록했다. 특히 방일 중국인 관광객이 2014년 전년대비 83.3% 증가하였고, 2015년에도 107.3%로 급격하게 증가했다. 일본정부는 중국인 관광객에 대해 2005년 단체관광비자 전 지역 해제, 2009년 개인관광비자 발급, 2011년 비자발급요건 완화와 복수비자 발급 등을 통해 정책적으로 중국인 관광객을 유치하는데 힘썼다. 우리 정부도 중국인 관광객 유치를 위해 비자조건 완화 등 다각적인 방법으로 노력하고 있지만 이미 잘 갖춰진 일본의 관광기반시설과 관광지에 대한 중국인의 선호도가 높아 앞으로도 일본으로의 관광은 증가할 수밖에 없을 것으로 보인다.

관광산업의 문제점

현대사회에서 서비스산업의 중요성이 점점 증가하고 있음에도 불구하고, 우리나라의 관광산업이 근본적으로 해결해야 할 문제점들은 여전히 상존하고 있다. 세계경제포럼WEF에서 발표한 한국의 관광경쟁력은 조사대상국 141개국에서 29위로 아시아 국가 중에서도 일본(9위), 싱가포르(11위), 홍콩(13위), 중국(17위), 말레이시아(25위)에 뒤처지고 있다.

한국은 ICT기반 준비성(11위), 문화자원과 비즈니스여행(12위), 육상과 항만 기반시설(21위), 보건과 위생(16위) 등에서 비교적 높은 점수를 받은 반면 자연자원(107위), 가격경쟁력(109위), 환경적 지속성(90위)에서 낮은 점수를 받았다. 구체적으로 살펴보면, 테러발생수준(1위), 보건위생수준(1위), 구전 및 무형문화재(3위), B2C 인터넷 사용(6위), 모바일 광대역(7위) 등의 측면에서 매우 높은 점수를 받았다. 한국은 테러발생 가능성이 매우 낮고 위생환경이 아주 좋고, 정보통신수단의 접근이 우수한 안전하고 청정하며 편리한 국가란 평가를 받았다고 볼 수 있다. 반면 최근 사회적으로 큰 반향을 불러일으키고 있는 초미세먼지($2.5\mu g/m^3$)수준이 134위로 거의 꼴찌로 나타났고, 공항밀집도(123위), 외국인 근로자 채용 용이성(120위), 시장 지배력(120위), 멸종위기종(116위), 테러에 대한 기업의 인지된 비용(114위), 총 보호구역면적(111위) 등이 아주 낮은 점수를 받았다.

관광경쟁력에 대한 WEF 보고서가 객관적 평가에 의해 이루어지는 점을 고려할 때, 한국은 앞으로 기후변화에 대응하기 위한 국제사회의 압력에 대응하기 위해서라도 대기질의 개선에 만전을 기해야 하고, 지속가능한 자연자원의 보전, 국제공항의 확충과 지방공항의 활성화, 다문화 사회에서 이주민에 대한 사회적 배려 등의 대책을 수립하여 체계적으로 접근할 필요가 있다. 이와 더불어 정보통신기술을 활용한 관광경제영토의 확장에도 노력해야 하고, 테러로부터 안전하고 보건위생에서 청정하다는 국가이미지를 지속적으로 홍보할 필요가 있다.

질적으로 만족할만한 관광상품과 관광서비스가 부족한 것도 문제점이다. 그동안 한국의 관광환경은 양적, 질적으로 크게 향상됐지만 축적된 해외경험으로 무장한 우리 국민들의 눈높이를 맞추기에는 미흡하다. 우리 국민들에게 감동을 줄 수 있는 매력적인 관광상품이나 고품격의 관광서비스가 많지 않고, 지역의 독특한 자연과 문화를 관광상품에 반영하지 못하고 있는 점이 문제라고 볼 수 있다. 하지만 지역 곳곳에 독특한 자연과 문화가 있다. 그럼에도 불구하고 그러한 관광자원과 시설이 효과적으로 개발되거나 홍보되지 못하고 저평가되고 있는 점은 안타까운 일이다.

관광인프라의 수준이 높지 못한 것은 한국을 찾는 외국인 관광객에게도 그대로 불만사항이 된다. 최근에는 특히 그룹관광Group Tour, GT보다 개별자유관광Free Individual Tour, FIT 형태로 입국하는 외국인 관광객이 점점 증가하고 있다. 그러나 개별자유관광객들이 수도권이 아닌 지방의 관광지를 돌아보기에는 불편한 점이 한 두 가지가 아니다. 숙박시설 부족 및 질적 수준미달, 한국어를 모르는 외국인 관광객을 배려하지 못한 표지판과 메뉴판, 교통의 지역연계 부족, 언어소통의 문제 등이 그 예이다.

한편 최근 외국인 관광객들에게 가장 문제가 되고 있는 초저가여행상품은 여행사 간 경쟁이 과열되어 나타난 결과이다. 특히 중국인 관광객 대상 여행사는 소위 '노 투어 피,' '마이너스 투어 피' 등으로 외국인 관광객을 받기도 하고, '인두세'를 지불하면서 관광객을 받기도 한다. 초저가여행상품을 취급하는 여행사가 좋은 서비스를 제공할리는 만무하다. 초저가여행상품은 궁극적으로 한국에 대한 나쁜 이미지로 남을 수밖에 없다. 이와 더불어 무자격 관광통역안내사도 여행업계에서 큰 문제이다. 외국인 관광객들에게 올바른 관광정보를 제공하는 것이 아니라 한국문화를 폄하하는 내용으로 해설하는 등의 문제를 낳기 때문이다.

관광산업은 고용창출효과가 높지만 양질의 일자리를 제공하지 못하고 있는 점도 심각하게 고민할 문제이다. 관광산업계 신입사원 평균연봉은 대기업 사무직이나 제조업의 신입사원 평균연봉에 비해 훨씬 적다. 그렇다보니 우수한 인력들이 관광산업분야 취업을 기피하고 우수한 인재의 부재는 혁신적인 관광산업을 기대하지 못하게 하는 악순환 고리로 연결된다. 관광산업이 더 큰 경쟁력을 갖기 위해서는 우수인력을 적극적으로 확보하는 것이 필요한 이유이다.

관광환경의 미래 전망

2008년 세계금융위기와 저유가로 인한 세계경제의 침체, 메르스와 지카ZIKA 바이러스와 같은 전염병의 발생 등으로 국제사회는 전반적으로 경제사회적인 측면에서 위축된 상태이나, 국제관광은 오히려 지속적으로 그 규모가 증가하고 있다. 세계경제가 여전히 부침을 계속하고 있지만, 건강과 여유로운 삶을 추구하는 개인적 가치관의 변화 등은 관광시장을 지속적으로 증가시키고 있다. 이러한 흐름 속에서 관광산업의 미래 환경을 정리해보면 다음과 같다.

먼저, 관광은 점점 국제화되고 시간과 공간의 한계를 넘는 모빌리

티가 가속화됨으로써 관광지들은 더욱 강하게 상호 연계될 전망이다. 관광산업부문에서도 온실가스 감축과 기후변화에 대응할 수 있는 전략적 접근이 필요해지면서 관광 ODA 사업을 통해 개발도상국에 대한 관광개발사업이 확대될 것으로 보인다. 아시아권 국가 간 관광경쟁이 심화될 것으로도 예측된다. 특히 중국관광시장의 지속적 성장과 중국인 관광객을 유치하기 위한 경쟁이 심화되고 무슬림 관광시장이 새롭게 주목받으며 성장할 것이다.

또한 다양해지는 관광객의 수요에 맞춰 관광시장도 다변화될 전망이다. 1인 관광시장이 더욱 커지고 가성비가 높은 실속형 저가관광상품과 특별목적관광Special Interest Tour, SIT 영역이 세분화되며 ICT기반의 융합관광사업이 확대될 것으로 예측된다.

관광상품은 일종의 경험재적 상품인 점에서 신뢰구축을 위한 인증제도의 확산도 전망해볼 수 있다. 공정관광에 대한 인증제, 녹색관광에 대한 인증제 등이 하나의 사례이다. 나아가 서울 중심의 관광을 점차 벗어나면서 관광지 재생사업의 확산도 예상된다. 독특한 건축물, 전통시장 등 그동안 관광명소로 주목받지 못했던 지역의 시설과 문화에 스토리를 입히는 관광지 재생사업이 활발해질 것이다.

관광산업의 단기 전략과 실행방안

단기적인 전략으로는 현재 정부가 추진하고 있거나 대규모의 재원이 필요하지 않고 쉽게 접근할 수 있는 방안들을 들 수 있다. 즉, 다양한 관광수요를 대비할 수 있는 다양한 관광체험프로그램의 마련, 고부가가치 관광산업 육성을 위한 기반 구축, 한국관광의 매력을 증가시키는 한류의 지속적 확산, 우리 사회에 다문화국민을 통합하는 사회관광 실현, 사회적 신뢰를 바탕으로 하는 관광인증제도의 도입과 확산, 품격 있는 관광을 위한 여행상품시장의 관리 등이 이러한 방안에 속한다.

다양한 관광수요에 맞춘 관광프로그램 개발

관광의 목적은 점차 다양해지고 있다. 가족이나 친구들과 전통적인 문화유산을 찾는 문화유산관광이나 도시관광뿐 아니라 혼자 울창한 산림을 찾아 삼림욕을 하는 힐링관광, 사찰에서 기거하면서 자아성찰을 추구하는 템플스테이 등 현대인의 관광수요는 아주 다양하다. 대중관광mass tourism이 여전히 관광시장에서 큰 비중을 차지하고 있지만 점점 대안관광alternative tourism이나 특별목적관광SIT에 대한 관심이 증가하고 있다. 스포츠관광, 생태관광, 농촌관광, 해양관광, 지질관광, 교육관광, 식도락관광, 극한모험관광, 순례관광, 영성관광spiritual tourism 등의 형태가 여기에 속한다. 아웃도어 레크리에이션 시장의 팽창도 현대인의 자연친화적인 욕구가 반영된 새로운 현상이라고 볼 수 있다. 관광은 현대인의 정신적인 욕구불만과 스트레스를 풀어줄 수 있는 역할을 담당할 수 있으므로 다양한 수요를 반영한 관광프로그램과 이를 지원해줄 수 있는 시스템 개발이 뒤따라야 한다.

고부가가치 관광산업 육성을 위한 기반 구축

MICE산업과 의료관광은 고부가가치를 산출하는 대표적인 관광산업이다. MICE산업은 회의Meeting, 포상관광Incentive Travel, 컨벤션

Convention, 전시회Exhibition를 뜻하는 용어로, 일반적인 관광산업에 비해 경제적 사회적 효과가 크다. 한국에서 개최된 국제회의에 참가한 외국인 참가자의 1인당 평균 소비액은 2,488달러(COEX), 2,496달러(한국관광공사) 등으로 일반 관광객 지출(평균 892달러)을 훨씬 초과할 뿐만 아니라 국가급 지도층의 회의 참여는 한국을 자연스럽게 홍보하고 좋은 이미지를 높이는데 큰 역할을 한다. 그러나 우리나라의 경우 서울을 중심으로 하는 MICE산업은 높은 성장률을 기록했지만 지방의 MICE산업은 아직 숙박시설을 비롯한 관련 시설들이 미비한 실정이다. 따라서 MICE시설이 있는 지역의 도시를 중심으로 숙박시설의 장기적 확충, MICE를 기획하는 우수한 PCO와 PEO 등을 적극 육성할 필요가 있다.

한편 의료관광medical tourism은 실질적인 의료서비스뿐만 아니라 환자와 환자가족들을 위한 숙박 및 음식, 종교적인 배려가 뒷받침되어야 한다. 우리나라의 의료수준은 세계적으로도 우수하지만 의료관광서비스산업은 아직 초보적인 단계에 머물러 있다. 따라서 의료관광서비스산업을 발전시킬 수 있는 정책적인 노력이 필요하다. 장기적으로 의료관광은 병원중심에서 자연과 문화 환경 속에서 치료와 건강을 지향하는 치유관광healing tourism으로 그 영역을 확대할 필요가 있다. 이를 위해서는 의료기관과 관광분야, 환경분야 등의 협업이 필요하다.

한국관광의 매력을 증가시키는 한류의 지속적 확산

우리나라의 드라마 〈사랑이 뭐길래〉가 1997년 중국 CCTV에 방영되며 태동된 한류韓流는 최근에는 〈별에서 온 그대(2013년)〉, 〈태양의 후예(2016년)〉로 큰 관심을 모았고 K팝, K무비, K스타일, K푸드, K스포츠 등으로 영역을 넓혀가고 있다. 한류가 한국문화를 알리는데 결정적인 역할을 했지만 일본과 중국에서 반한류의 움직임을 보이기도 했다. 그런데 최근 한국에서 방영된 중국드라마 〈랑야방(琅琊榜 2013년)〉, 〈무미랑전기(武媚娘传奇 2014년)〉 등이 인기를 끌면서 중국의 한류漢流가 부상하는 현상이 나타나기도 했다. 한류는 우리나라와 상대국가에서 병행될 때 한 단계 더 발전된 모습으로 지속될 수 있을 것이다. 따라서 상호국가 간 협업을 통해 한류의 확산에 지속적인 노력을 기울여야 한다. 특히 해외 한류팬의 국적에 따라 차별화된 맞춤기획을 통해 구체적인 한류유치관광 계획을 수립해 접근해야 한다.

다문화국민을 통합하는 사회관광 실현

우리 사회도 이제는 다문화국민을 제외하고는 작동하기 어려운 상황에 이르렀다. 다문화국민은 우리 사회에서 경제적으로 어려운 삶을 살기도 하고 사회적으로 소외되기도 한다. 다문화국민과 관련된 국민이 100만 명이 넘는 현실에서 다문화국민이 가지고 있는 언어적인 능력을 관광산업에 적용하는 방법도 적극 모색해야 한다. 다문화국민들에게 관광서비스교육을 받게 함으로써 다양한 국가에서 들어오는 외국인 관광객을 맞이하는데 큰 역할을 할 것이다. 또한 경제적으로 어려운 다문화국민들을 위해 우리나라의 관광지와 문화를 경험할 수 있는 기회를 제공할 필요도 있다.

사회적 신뢰를 바탕으로 하는 관광인증제도의 도입과 확산

국민들의 관광경험이 많아지면서 이제는 경험의 질을 따지는 시대로 돌입했다. 인증제도는 고객들에게 믿고 구매할 수 있는 징표로서 역할을 할 뿐만 아니라 관광사업체의 질적 수준을 자발적으로 상승시킬 수 있는 역할을 한다. 인증제도는 숙박업, 음식점업, 여행상품, 관광지 등 다양한 분야에 적용시킬 수 있다. 관광상품은 사전경험이 불가능하기 때문에 인증제도를 통해 신뢰할 수 있는 상품 제공이 필요하다. 인증제도는 사회적으로 신뢰를 받는 기관에서 운영해야 하며 수여뿐 아니라 인증을 받은 관광사업체에 대한 사후 모니터링과 관리도 매우 중요하다.

품격 관광을 위한 여행상품시장 관리

초저가여행상품은 관광시장을 어지럽힌다. 따라서 초저가여행시장을 바로잡을 다양한 노력이 필요하다. 최근 문화체육관광부는 불합리한 저가 여행사를 퇴출할 수 있는 삼진 아웃제 시행에 들어갔다. 그동안 여행시장의 왜곡은 상당부분 중국 여행사와 한국의 현지여행사 간 비정상적 시장거래에 의해 이루어진 측면이 많았다. 비정상적으로 이루어지는 여행시장의 정상화는 정부의 강력한 지도감독과 여행업계의 자정노력에 의해 이루어져야 한다. 한편으로는 우수한 관광통역안내사와 여행사에 대한 시상과 인센티브 제공도 고려해볼 수 있다.

관광산업의 중기 전략과 실행방안

중기적인 전략으로는 3~4년 내로 추진할 수 있거나 해야만 하는 사업을 들 수 있다. 지역관광의 활성화 도모, 정보통신기술ICT을 기반으로 하는 공유경제형 융합관광 육성, VR과 AR과 같은 최신 컴퓨터기술을 활용한 사이버관광 육성, 관광산업분야에서의 온실가스 감축을 위한 저탄소관광 준비 및 시행 등이 이러한 방안에 속한다.

지역관광의 활성화

외국인 관광객의 78.7%가 서울을 방문하고 있다. 이어서 제주도 18.3%, 경기도 13.3%로 나타나는데 외국인 관광객들은 여전히 서울 중심으로 관광활동을 하고 있다. 지역관광이 활성화되면 지역균형발전에 도움이 될 뿐 아니라 관광객들에게도 다양한 관광경험을 제공할 수 있고 한정된 관광시설과 자원을 효율적으로 사용한다는 측면에서 매우 바람직하다. 지역관광을 활성화하기 위해서는 숙박시설과 음식점의 질적 수준 향상, 지역관광자원과 관광시설에 대한 적극적인 홍보, 지역사회의 능동적인 참여, 지역 내 편리한 교통체계 구축, 지역 고유의 특산품 및 기념품 개발과 판매 등이 필요하다.

ICT 기반의 공유경제형 융합관광 육성

세계화의 흐름 속에서 이동성을 강화하는 모빌리티 사회로의 진입은 관광의 영역을 더욱 확장시키고 있다. ICT의 발달로 세계의 모든 정보가 내 손 안의 스마트폰에 있듯이 지금 세계는 국가 간 물리적 경계가 최소한 관광객들에게는 희미해지고 있다. 지구촌시대가 그야말로 펼쳐지고 있는 것이다. 스마트폰과 자동차에서 길찾기를 쉽게 할 수 있는 네비게이션 시스템 보급, e-마켓플레이스를 통한 관광정보 획득의 용이성, 에어비앤비와 같이 공유경제 플랫폼을 기반으로 하는 공유숙박시설의 등장 등이 관광시장도 확장시키고 있다. 우리나라는 ICT와 관련된 기반시설이 세계최고 수준이다. 이러한 ICT 기술을 관광산업과 융합하여 이전의 관광 패턴과는 다른 창조관광을 발굴해내야 하며, 이를 위해 관광벤처에 대한 투자와 관심, 관련 인력의 육성이 지속적으로 이루어져야 한다.

VR과 AR과 같은 최신 컴퓨터기술을 활용한 사이버관광 육성

2020년 가상현실Virtual Reality, VR 콘텐츠시장이 61조 원을 넘어설 것으로 전망되고 있듯이, 최근 들어 VR과 증강현실Augment Reality, AR 기술을 활용한 가상체험시스템에 대한 관심과 투자가 증가하고 있다. VR과 AR은 현실세계에서 경험하기 어려운 관광지를 사이버공간으로 구축하여 가상적 체험을 할 수 있도록 도와준다. 나아가 온라인 게임과 같이 스토리를 갖춘 사이버 테마파크용으로 VR과 AR을 적용시킬 수도 있을 것이다. 사이버관광분야 또한 관련기술을 갖춘 우수한 인력과 적절한 투자가 병행되어야 한다.

관광산업분야에서의 온실가스 감축을 위한 저탄소관광 준비

지구온난화를 막기 위한 온실가스 감축에 대해 관광산업도 자유롭지 않다. 관광산업은 전 세계 온실가스 발생에 약 5%의 책임을 갖고 있다. 특히 교통부문은 75% 정도의 책임을 갖고 있다. 관광산업은 호텔과 리조트와 같이 건축물을 기반으로 관광객들에게 편의를 제공하고 있는데, 관광객의 편의를 위한 조명과 냉난방서비스에서 주로 온실가스가 발생한다. 또한 관광목적지로 갈 때 이용하는 교통수단과 음식물을 만들고 폐기할 때에도 상당한 양의 온실가스가 발생한다. 곧 관광객은 집에서부터 목적지를 거쳐 집으로 돌아오는 모든 여정에서 온실가스를 발생시킨다. 따라서 온실가스 감축을 위해 저탄소관광이 되도록 환경을 개선해야 한다. 우리나라의 관광분야에서는 아직 명확한 가이드라인이 수립되지 않은 채 일부 몇몇 대형사업체들이 온실가스 감축 의무를 지고 있을 뿐이다. 따라서 관광산업분야에서도 감축 계획과 가이드라인을 구체적으로 수립하는 것이 필요하다.

관광산업의 장기 전략과 실행방안

장기적인 미래전략으로는 최소한 5년 이상의 준비기간과 시행기간이 필요한 관광사업을 꼽아볼 수 있다. 인공지능Artificial Intelligence, AI 기술을 활용한 새로운 관광기반구축 준비, 국제관광시장의 다변화를 위한 무슬림 친화형 관광환경 및 기반시설 조성, 통일을 대비한 관광기반 준비 및 역량 강화 등이 이러한 방안에 속한다.

인공지능 기술을 활용한 새로운 관광기반 구축

관광부문에서도 인공지능의 활용이 기대되고 있다. 인공지능은 관광객이 계획하고 있는 관광목적지에 대해 다양한 정보를 이용하여 가장 최적의 여행프로그램을 구성하는데 큰 역할을 할 것으로 보인다. 즉, DB화된 세계의 관광정보를 수집하고 네트워크로 구축함으로써 관광객에게 필요한 최적의 맞춤형 관광지, 호텔, 음식점, 기념품 등을 선택하는데 '조언'할 수 있을 것이다. 이러한 인공지능 기술이 언어의 영역으로 확대된다면 관광객은 다른 나라에서도 의사소통의 문제를 겪지 않게 될 것이다. 이러한 장기 흐름을 염두에 두고 인공지능 기술과 관광정보DB 네트워크 구축 및 융합 관련 인력의 육성이 필요하다.

관광시장의 다변화를 위한 무슬림 친화형 관광환경 조성

최근 5년간 무슬림 관광객의 증가율은 11.6%로 다른 그 어떤 지역 증가율보다 높고, 1인당 지출액도 다른 지역 관광객의 2~3배에 달한다. 세계 무슬림 인구는 약 16억 명 이상으로 추산되며 세계 인구의 23% 정도를 차지한다. 무슬림 인구가 많은 국가는 중동지역뿐 아니라 인도네시아, 인도, 방글라데시, 말레이시아 등 우리나라와는 비교적 지리적으로 가깝다. 한류 등의 영향으로 방한하는 무슬림 관광객이 증가하고 있지만 아직 이들을 서비스할 수 있는 '할랄' 식당 등 무슬림 관광객의 문화와 종교적 특수성을 고려한 시설이 부족하다. 따라서 '무슬림 친화호텔(Muslim Welcome Hotel)'이나 '무슬림 친화 식당(Muslim Welcome Restaurant)'[12]과 같이 국내 관광기반시설을 국제적으로 다변화할 필요가 있다. 무슬림 시장은 향후 중국인과 일본인 관광객에 이어 우리나라의 관광산업에 큰 영향을 미칠 새로운 시장이 될 것이다.

통일대비 남북관광 기반 강화

북한으로의 관광은 남한에 살고 있는 우리 국민들에게 미래에 대한 염원이고 희망이다. 비록 지금은 중단되었지만 우리 국민은 북한관광을 한시적이나마 경험했다. 1998년 강원도 동해항에서 해로로 시작된 금강산관광은 2003년 육로관광, 2007년 개성관광 등으로 그 영역이 확장된 바 있다. 2008년 북한관광이 전면 중지되기 전까지, 금강산관광객은 193만 명, 개성관광객은 11만 명 정도를 기록했다. 지금으로서는 언제 북한 관광이 재개될지 예견하기 어렵지만, 관광을 통한 교류는 평화적 환경을 만드는 데 있어 매우 중요하다. 단기적으로는 관광

을 통한 남북 교류이지만 장기적으로는 통일한국을 대비하며 남한의
관광역량이 북한관광을 이끌어갈 수 있도록 준비해야 할 것이다.

'아시아 평화중심 창조국가'를 만들기 위해 또다시 국가미래전략보고서를 내 놓습니다. 완벽하다고 생각하지 않습니다. 국가의 미래전략은 정적인 것이 아니라 동적인 것이라 생각합니다. 시대와 환경 변화에 따라 전략도 변해야 합니다. 현재를 바탕으로 미래를 바라보며 더욱 정제하고 분야를 확대하는 작업을 시작했습니다. 서울창조경제혁신센터에서 매주 금요일에 진행된 토론회 내용을 기반으로 원고를 작성하고 전문가들이 검토하였습니다. 이번에는 57개 분야의 전략을 제시하였습니다.

국가의 목적은 국민의 행복입니다. 〈문술리포트〉의 목적도 국민의 행복입니다. 국민의 행복을 생각하며, 시대의 물음에 '선비정신'으로 답을 찾고자 했습니다. 오늘 시작은 미미하지만 끝은 창대할 것입니다. 함께한 모든 분들이 우국충정憂國衷情의 마음으로 참여해주셨습니다. 함께 해주신 모든 분들께 진심 어린 감사와 고마움의 마음, 고개 숙여 전합니다. 감사합니다.

기획위원 일동

- 2014년 1월 10일: 정문술 전 KAIST 이사장 미래전략대학원 발전기금 215억 원 출연(2001년 바이오및뇌공학과 설립을 위한 300억 원 기증에 이어 두 번째 출연). 미래전략분야 인력 양성, 국가미래전략 연구 요청.

- 2014년 3월: KAIST 미래전략대학원 교수회의, 국가미래전략 보고서 (문술리포트) 발행 결정.

- 2014년 4월 1일: 문술리포트 전담인력 채용, 기획위원회 구성.

- 2014년 4월 20일: 연구방향 결정 및 분야별 자문위원과 원고 집필자 위촉, 분야별 토론과 원고 집필 시작.

- 2014년 8월 10일: 원고 초안 수집 및 초고 검토 시작. 각 분야별로 전문가 3~5명이 원고 수정에 참여(총 100여 명).

- 2014년 10월 7일: 1차 종합 초안 바탕으로 공청회 개최(서울 프레스센터).

- 2014년 10월 23일: 국회 최고위 미래전략과정 검토의견 수렴.

- 2014년 11월 21일: 『대한민국 국가미래전략 2015』(문술리포트 2015) 출판.

- 2014년 12월 11일: 국회 미래전략최고위과정에서 문술리포트 2015 출판보고회 개최.

- 2015년 1~2월: 기획편집위원회 워크숍. 미래사회 전망 및 국가미래비전 설정을 위한 내부토론회(2회).

- 2015년 1~12월: 국가미래전략 정기토론회 매주 금요일(서울창조경제혁신센터) 개최. (2015년 12월 말까지 총 45회 개최).

- 2015년 4월 24일: 새누리당, KAIST 공동주최 〈대한민국 미래전략 토론회〉 개최(국회의원회관).

- 2015년 9~12월: 광복70년 기념 〈미래세대 열린광장 2045〉 전국투어 6회 개최.

- 2015년 10월 12일: 『대한민국 국가미래전략 2016』(문술리포트 2016) 출판.

- 2015년 10~11월: 광복70년 기념 〈국가미래전략 종합학술대회〉 4주간

개최(10.13~11.3, 매주(화)/프레스센터).

- 2015년 12월 15일: 세계경제포럼, KAIST, 전경련 공동주최 〈WEF 대한민국 국가미래전략 워크숍〉 개최.

- 2016년 1~2월: 〈문술리포트〉 2017 기획 및 발전방향 논의.

- 2016년 1월 22일: 아프리카TV와 토론회 생중계 MOU 체결.

- 2016년 1~12월: 국가미래전략 정기토론회 매주 금요일 (서울창조경제혁신센터) 개최. 2015~2016년 2년간 누적횟수 92회.

- 2016년 10월: 『대한민국 국가미래전략 2017』(문술리포트 2017) 출판.

1장

1 SCI 5만 1,051 편으로 12위, 인용 평균 4.55회 32위, 2003~2013 발표 논문 중 피인용분야별 상위 1% 논문의 비중은 MIT 5.15%, POSTEC 1.58%, KAIST 1.34%. 서울대 1.12% 이다.

2 정부의 R&D 관련 예산의 연도별 증가 추이 : 8.7% (2011)→ 7.6% (2012)→ 7.0% (2013)→ 3.5% (2014)→ 6.4% (2015)→ 0.2% (2016)

3 전력 저장 시스템의 확대로 인하여 리튬 수요는 지속적으로 증가할 것이다.

2장

1 1989년 노태우정부가 대한민국 공식통일방안으로 발표한 '한민족공동체 통일방안'을 김영삼 정부가 일부 수정하여 '민족공동체 통일방안'으로 발표하였다. 남북이 상호존중의 정신에 기반하고 '자주, 평화, 민주'의 원칙에 입각하여 '화해협력-남북연합-완전통일' 3단계로 통일하자는 것이다. 현재 대한민국의 공식통일방안이다.

2 대한민국의 헌법가치에도 국가목표로 국민주권-민주, 법치, 통일-평화, 인간존엄, 인권-안전보장, 행복추구, 평등, 자유 등을 명시하고 있다.

3 미래사회 변화의 주요 동인으로 평가되는 7대 영역별 분류로 KAIST 문술미래전략대학원이 독자적으로 개발한 분류이다.

4 피터 드러커Peter Drucker는 『21C 지식경영』(1999)을 통해 "이미 시작된 미래사회에는 준비하고 도전하는 자만이 살아남는다."며 미래를 적극적으로 준비하고, 주도할 것을 주문했다.

5 제4회 과학기술예측조사 2012~2035 총괄본, 한국과학기술평가원(2012)

6 김진현 전 과기처 장관은 새로운 사회적 패러다임, 신문명 모색의 혼돈 속에서 국가미래전략을 구성하는 핵심 키워드로 안전(생존), 평화(정의, 통일, 융합), 창조(새문명, 새패러다임, 새질서)를 제기한다.

7 '아시아 평화중심 창조국가'의 미래비전은 여러 많은 전문가들의 토론과 자문을 거쳐 완성되었다. 현재의 국가위기와 미래사회 변화 경향성에 대한 공유를 바탕으로 향후 30년 후를 내다보는 미래적 관점에서 가장 필요한 국가적 가치들을 수렴하는 과정에서 나온 개념이 '아시아' '중심' '평화' '창조'의 개념들이다. '중심'은 네트워크와 허브(Hub)의 개념을 포괄하고 '평화'는 분단극복, 평화의 제도화라는 실질적 통일 상황을 함의하며, '창조'는 미래 과학기술, 정치, 경제, 사회문화적으로 가장 중요하게 추구되어지는 가치개념으로 모아졌다. 이외에 많이 제기된 개념은 '신뢰' '행복' '창의' '정신문화' '지속가능' '선진' '번영' 등의 개념들이다.

8 김진현 전 장관은 아시아권과 다르게 중국과 인도를 합쳐 히말라야권(Himalaya Zone)의 부상을 제기한다. 이 지역에는 세계인구의 47%(2047년경엔 50% 초과 예상)가 살고 있다. 이 지역의 미래경제, 생명자원, 환경, 도시와 사회변화, 지정학적 분규들이 21세기 지구촌 생존의 안전과 평화의 핵심이고 인류 문제군의 진앙지가 될 것이라고 주장한다.

9 긴장과 대립이 유지되는 소극적 평화로부터 전쟁의 위험이 구조적, 제도적으로 사라지는 적극적 평화(실질적 통일상황)까지 개념이 다양하나 적극적 평화를 지향해가는 구조로 이해할 수 있다.

3장

1 통계청의 경제활동인구조사에 의하면 2004~2014년 사이에 서비스업 고용은 1,472.4만 명에서 1,800.9만 명으로 328.5만 명이 증가했으나 제조업에서는 417.7만 명에서 433만 명으로 15.3만 명 정도가 늘어서 서비스업 중심으로 일자리가 증가함을 알 수 있다.

2 2015년 현재 기대수명이 84세인데 태어나서 대학을 졸업할 때까지 부모에 의한 양육과 교육기간, 첫 직장을 구하는 27세부터 55세까지 28년간의 고용기간, 56~84세에 이르는 퇴직 후 사망까지 28년의 고령생활로 되어 있어 한 사람의 일생에서 1/3 정도만 일을 하는 구조로 되어 있다.

3 박남기(2003)는 『교육전쟁론』에서 학부모만이 아니라 국가, 사회, 기업, 학교, 교사 등도 독자적인 교육열의 주체임을 밝히고 있다.

4 송호근 교수는 성민이라고 번역하고 있으나 우리나라는 독일과 달리 자치 도시인 성 안에 사는 것이 아니라 대부분은 행정 단위인 자연마을에 살았으니 성민이라는 번역은 우리 상황에 맞지 않는 서양식 번역이다.

5 이 내용은 박남기(2008)의 논문 「유·초등교육의 발전 과제: 교육전쟁을 넘어 교육평화로」를 토대로 작성하였다.

4장

1   기존의 높은 전송 파워와 넓은 커버리지를 갖는 매크로 셀(Macro Cell)과 달리 낮은 전송파워와 좁은 커버리지를 갖는 소형 기지국.

2   일상에서 버려지거나 소모되는 에너지들을 모아 전력으로 재활용하는 기술.

3   인터넷 상의 유틸리티 데이터 서버에 프로그램을 두고 필요할 때마다 컴퓨터나 휴대폰 등에 불러와서 사용하는 웹기반 소프트웨어 및 그 서비스.

4   원자/분자 정도의 작은 크기 단위에서 물질을 합성하고, 조립, 제어하며 혹은 그 성질을 측정, 규명하는 기술.

5   기업 업무의 일부 프로세스를 경영 효과 및 효율의 극대화를 위한 방안으로 제 3자에게 위탁해 처리하는 것.

6   IPv6 over Low power Wireless Personal Area Networks

7   Domain Names – Concepts and Facilities, RFC 1034

8   한 가지 예로서 DEW(Directed Energy Weapons)와 같은 레이저 무기개발이다. DEW에는 레이저 무기 외에도 Electron Beam Gun과 같은 무기가 있으나 강대국들이 선호하는 분야는 레이저 무기에 더 관심을 보이고 있다. 현재 연구 추세로 레이저 무기는 곧 실용화가 될 것이며, 100~200km 사정거리에서 미사일 격추가 가능한 무기도 15년 이내에 나타날 것으로 예측되고 있다.

5장

1   미국인 식물채집가가 북한에서 채취하여 미국 내 라일락 시장의 30%를 장악한 미스킴 라일락과 한라산 특유 품종으로 유럽에 반출되어 크리스마스 트리로 대중적으로 사용되는 구상나무가 그 대표적인 예이다.

2   2014년 2월 16일 인도네시아 자카르타를 방문 중이던 존 케리 미 국무장관은 기후변화를 "아마 세계에서 가장 두려운 대량살상무기(perhaps the world's most fearsome weapon of mass destruction)"로 묘사했다.

3   세계위험보고서는 WEF와 위험관리 전문기구인 마시 & 맥러넌(Marsh & McLennan), 취리히 보험그룹(Zurich Insurance Group) 등이 공동으로 전 세계 학자, 최고경영자, 정치지도자 등 750명의 전문가들을 대상으로 수행한 위험 인식조사 결과를 담고 있다. 모든 위험의 정도는 발생가능성(likelihood)과 파급력(impact)의 조합에 의해 결정된다. 이번 조사에서 '기후변화 완화 및 적응의 실패'는 발생가능성에서 3위, 파급력에서 1위를 차지함으로써 종합위험요인 1위로 조사됐다.

4   2015년 8월 3일 미국의 오바마 대통령이 발표한 전력분야 온실가스 감축정책이다. 이 정책은 2014년 6월 공개되었던 초안에 비해 한층 강화된 내용으로 미 역사상 가장 강력한 탄소배출 규제조치로 평가된다. 이 계획은 2030년까지 발전부문의 탄소 배출량을 2005년 배출량 대비 32% 감축하고 풍력이나 태양광과 같은 재생 에너지 발전의 비중은 28%로 대폭 상향 조정한다는 내용을 담고 있다.

5 '파리 서약'은 파리총회 의장이었던 프랑스 외무장관 파비우스가 기업, 투자기관, 도시, 시민사회단체, 노동조합 등 다양한 '비국가 이해관계자(non-Party stakeholders)'들의 기후변화 대응을 독려하기 위해 공식 제안했던 자발적 서약 캠페인이다. 지금까지 1,300여개 민간기관들이 서약에 참여했다.

6 이에 대해서는 The Climate Group과 CDP(탄소공개프로젝트) 등이 주도하고 있는 100% 재생에너지 사이트 RE100(http://re100.org/)를 참조할 것.

7 파리협정 이전 당사국들이 제출한 '국가의 자발적 기여(Intended Nationally Determined Contributions; INDCs)'는 파리협정 타결 이후 '자발적'이라는 표현이 삭제된 '국가 기여(Nationally Determined Contributions; NDCs)'로 표현되고 있다.

8 파리협정과 함께 채택된 당사국총회(COP) 결정문에 따라 IPCC는 2018년까지 1.5℃ 상승 억제를 위한 감축 시나리오를 검토해 제시할 예정이다.

9 2015년 재생에너지 총 투자액은 약 2,860억 달러로 최고치를 기록했다. 재생에너지 투자액은 석탄 및 가스 발전 투자액의 2배를 상회하는 수준으로, 절반 이상이 개발도상국에서 투자되었다(UNEP, 2016. Global Trends in Renewable Energy Investment.)

10 중국은 재생에너지 설비 및 투자 분야에서 세계 1위의 국가이다.

11 '토지이용 및 그 변화와 산림에 따른 온실가스 배출(LULUCF)'을 제외할 경우 우리나라의 2013 온실가스 총배출량은 694.5백만 톤 CO2eq이다. 1990년도 총배출량은 292.3백만 톤 CO2eq이었다(온실가스종합정보센터 2015). 1990년 대비 2013년 연료연소에 의한 CO2 배출량 증감율은 156%로 OECD 회원국 중 칠레(179%)에 이어 2위이며, 전 세계 순위는 40위이다(온실가스종합정보센터 2015).

12 기후변화대응지수(CCPI) 평가 대상에는 온실가스를 전 세계 배출량의 1% 이상 배출하는 58개 국가만 포함되고 있다. 평가에는 온실가스 배출수준, 온실가스 배출량 변화추이, 재생에너지, 에너지효율, 기후보호정책 등의 지표가 적용된다(Germanwatch & CAN Europe, 2015).

13 2015년 6월 29일 관계부처 합동 보도자료. '2030년 우리나라 온실가스 감축목표 BAU 대비 37%로 확정' 참조.

14 산업부문 감축률을 12% 이하로 낮추게 되면 감축 부담의 비산업부문 이전이 불가피해 부문간 형평성 논란을 야기할 수 있다.

15 2015년 5월 18일 국무조정실 보도자료. '기후변화 대응체계 강화를 위한 시행령 개정 확정 및 배출권거래제의 원활한 정착을 위한 정책 지원 강화' 참조.

16 이에 대해서는 배출전망치(BAU) 대비 30% 감축한다는 내용의 국가 중기 온실가스 감축목표를 공식적으로 포기한 것이라는 점에서 논란과 국제사회의 우려가 존재한다.

17 2016년 7월 3일 현재 NAZCA 플랫폼에는 2,364개의 도시와 2,090개 기업 등 총 1만1,615건의 자발적인 감축행동 공약이 등록되어 있다. 이에 대해서는 http://newsroom.unfccc.int/lpaa/nazca/ 참조.

18 산업부문의 최종에너지와 전력소비 변화의 요인을 분석한 결과, 산업부문 전체적

으로 효율향상, 절전 등을 통한 전력원단위 개선이 부족하며 특히 제조업의 전력 원단위 개선이 부족한 것으로 나타났다. 제조업에서의 전력소비효율이 개선되지 못한 것은 낮은 전기요금에 따른 전력효율향상정책의 비효율성 등 여러 요인이 동시에 작용한 결과이다(임재규, 2013).

19 배출권 할당대상기업(총 523개)이 신고한 2015년도 배출실적을 분석한 결과, 대 상기업이 보유한 상쇄 배출권과 시설의 신·증설에 따른 추가 배출권 신청분을 모두 포함할 경우 보유 배출권(550백만 톤)이 실제 배출량(543백만 톤)보다 7백 만 톤을 초과한 상태이다(2015년 5월 18일 국무조정실 보도자료. 기후변화 대응 체계 강화를 위한 시행령 개정 확정 및 배출권거래제의 원활한 정착을 위한 정책 지원 강화).

20 국민연금재정추계위원회, 국민연금제도발전위원회, 국민연금기금운용발전위원회 (2013), 2013 국민연금재정계산, 국민연금장기재정추계, 국민연금 제도 및 기금운 용 개선방향.

21 인도네시아의 주요 광산물 원광수출 금지(2014)와 콩고민주공화국의 동, 코발트 정광수출 금지 및 현지제련 의무화(2015) 등.

22 구리의 경우, 칠레 주요 동광산의 조업 평균품위는 2005년 1%에서 2013년 0.70% 로 저하되었으며, 생산비용(조업코스트)은 2005년보다 2013년 2.24배 증가하였 다(칠레동위원회, 2014).

23 미국은 2012년 미 금융 규제개혁법 제1502조(일명 Dodd-Frank법)제정으로 DR콩고 및 주변지역에서 생산되는 분쟁광물(콜탄, 주석, 금, 텅스텐 광물과 파생 품. 단, 금 파생품 제외) 사용 여부에 대한 정보를 미국상장기업들에게 보고 및 표 시할 것을 의무화했다. OECD는 'Due Diligence Guideline for Responsible for Supply Chains of Minerals from Conflict-Affected and High-Risk Areas(2012)'를 발표하였다. 분쟁지역 및 고위험지역에서 생산되거나 경유하는 4종(탄탈륨, 주석, 텅스텐, 금)에 대한 공급망관리 방침을 OECD가맹국에게 알리 는 내용이었다.

24 과거에는 선광기술 및 제련기술이 발달되어 있지 않아, 과거에 발생된 광물자원찌 꺼기, 제련 슬래그에는 일반 광산에서 채굴되는 광석품위 못지 않게 금속량이 남 아 있는 경우가 많았다. DR콩고의 경우에는 이러한 폐자원에 대해서 광업권을 부 여하고 있으며, 대표적인 'Big Hill'프로젝트는 DR콩고 내에서 수익성이 높은 대 표적인 사업으로 평가되고 있다.

25 Accenture사(2015)의 조사에 따르면 메이저 석유가스개발기업 중에 디지털기술 을 활용하는 것이 자원개발 상류부문에 더 많은 가치를 창출할 것이라고 응답한 비율이 89%이며, 디지털 기술접목을 계획하고 있는 기업은 80%에 달한다. 미국 Chevron사는 'i-field'라는 빅데이터 관리시스템을 기반으로 시추현장과 저류층 모델간의 실시간 데이터를 비교 관리하고 있다.

26 "지속가능한 자원관리는 경제효율성과 사회적 형평성을 고려하면서, 물질의 전 주기 과정에서 발생하는 환경 부하를 저감하고, 천연자원을 보전하는 것을 목표 로 하는 통합적인 활동으로 지속가능한 자원 이용을 추구하는 접근이다."(OECD, 2005)

27 자원순환이란 자원이 환경으로부터 채굴되어 경제활동으로 소비되고 내구연한을 다한 후 폐기되어 환경으로 나가는 open system(환경에서 채굴되어 마지막에 다시 환경으로 배출)이 아니라 다시 경제계내로 순환되어 들어가는 closed system(환경에서 채굴되어 환경으로 배출되지 않고 다시 활용)으로 만들어 가자는 개념이다.

6장

1 스테퍼STEPPER 분류법은 사회, 기술, 환경, 인구, 정치, 경제, 자원 등 7가지 분야에 있어서 미래 변화상을 균형 있게 분석하고, 연구주제와 관련 있는 핵심동인을 찾아내는 기법이다

2 개성공단이 그것을 방증한다. 개성공단의 임금수준은 월 150달러 수준이었다. 중국과 동남아 등 전 세계 어디보다도 노동집약산업의 경쟁력이 높은 곳이 북한이다.

3 통일을 하고자 하는 목적과 국민행복, 총체적 국가발전의 가치적 측면에서 한 쪽의 급격한 붕괴에 의한 흡수통일적 상황은 결국 남북 모두에 재앙으로 다가오며 동반 몰락을 초래할 가능성이 높다.

4 노태우 정부 당시의 한민족공동체 통일방안에는 3원칙으로 자주, 평화, 민족대단결이었으나 김영삼 정부의 민족공동체통일방안에는 '민족대단결' 대신에 '민주'의 원칙을 넣는다.

5 2000년 6·15공동선언 2항의 합의사항이다. 2항은 남과 북은 나라의 통일을 위한 남한의 연합제안과 북한의 낮은 단계의 연방제안이 서로 공통성이 있다고 인정하고 앞으로 이 방향에서 통일을 지향시켜 나가기로 하였다.

6 북한은 1960년대부터 줄기세포분야에 대한 연구를 진행해 온 것으로 알려지고 있다.

7 핵과 미사일, 위성분야 등 주요무기산업 분야에서 상당한 기술력을 보유하고 있다.

8 중국해양석유총공사는 2004년 북한 서한만에 유전을 확인하고 상당한 규모의 경제성 있는 매장가능성을 추정했다. 북한의 유전탐사지역은 서한만분지 외에도 동한만분지, 남포, 평양분지, 안주분지, 길주분지, 경성만분지 등 총 7개 지역이다. 영국의 석유회사 아미넥스도 북한 원유와 천연가스 개발에 참여하고 있다.

9 북한의 희토류 매장량과 관련하여 영국 외교전문지 '더디플로매트(DP)'는 그 규모가 기존 세계 전체 매장량의 2배에 이르는 2억 1,600만 톤, 금액으로 수조 달러에 달하는 규모라고 밝혔다.(경향신문, 2014. 1.22) 일각에서는 희토류의 품위와 경제성을 확신할 수 없다는 분석도 없지 않다.

10 북한은 국가운영 특성상 1960년대 이후 국가적 차원의 분야별 자료와 정부통계를 대내외적으로 공표하지 않는다. 대부분의 통계들은 국제기구나 국제사회가 간접자료들을 가지고 추정하는 것들이 대부분이다.

11 예를들면, Alvin Toffler(1991), Omae Kennichi(1995), Otto Depenheuer (2005) 등이다

12 예를들면, 중앙은 외교·국방·통상·통화·금융 등 국가차원의 초광역적 사무를, 광역시·도는 교육·경찰·사회자본정비·산업활성화정책 등의 광역자치사무를 수행하며, 시·군·자치구는 생활환경개선·주민밀착서비스 등의 기초자치사무를 수행하는 것으로 사무 및 기능을 재배분할 수 있다.

13 선진국에서 중앙권한의 지방이양을 통한 지방정부의 기능과 역할의 강화를 위한 입법사례로는 영국의 「웨일즈 지방자치법(1998)」, 프랑스의 「지방이양일괄법(1985)」, 일본의 「지방분권일괄법(1999)」을 지적할 수 있다.

14 권익위원회가 주관하고 있는 부패관련 실태에 대한 설문조사에서, 부패문제의 심각성에 대한 인식이 공직자와 일반국민 사이에 약 40%의 차이가 발생하고 있다.

15 2012년 이후에는 이전의 10점 만점 기준에서 100점 만점 기준으로 변화된 것을 10점 기준으로 환산하여 계산한다.

16 청렴도 조사모델은 2008년과 2012년에 크게 수정된 측면이 있어 지수의 일관성에 한계가 있으나, 전체적으로 7점대 후반에서 8점대 후반으로 비슷하게 유지되고 있다.

17 한국행정연구원 조사에 따르면 2000년대를 걸쳐 몇몇 연도를 제외하고는 (2008~2010년, 2014~2015년 등) 약 70% 이상이 심각하다고 인식하고 있다.

18 1990년대 초반에는 '2000년대 경찰행정발전방안(KDI, 1992)'을 수립하여 2000년대의 치안을 대비한 바 있으며, 그로부터 10여년 뒤에는 '21세기경찰발전방안(한국형사정책연구원, 2004)'을 작성한 바 있다.

19 비전, 전략, 주요정책과제는 '경찰미래비전 2045' 연구보고서(KAIST 문술미래전략대학원, 2015)를 토대로 하였다.

7장

1 한국은 2018년 고령사회(노인인구 비중 14%), 2026년 초고령사회(20.8%)로 진입이 예상된다.

2 합계출산율은 가임여성(15~49세)이 가임기간 동안 낳을 것으로 예상되는 자녀의 수이다.

3 성장률 전망은 구계열(1993 SNA)기준이며, 한국은행은 2013년부터 신계열(2008 SNA)기준으로 성장률을 발표하고 있다. 신계열은 구계열에 비해 평균 0.2%포인트 높게 계산된다.

4 2012~2015년 실질경제성장률은 2.3~3.3%였다.

5 2014년 기준 우리나라의 GDP 대비 사회복지 지출의 비율은 10.4%로 OECD 28개 조사 대상국 가운데 28위를 차지했다.

6 이를 복잡하게 얽혀있는 상황에 빗대어 스파게티볼 효과(Spaghetti bowl effect)라고 지칭한다.

7 일반적으로 FTA 체결국들은 상대국에게 시장접근 의무, 내국민대우 의무, 최혜국대우 의무를 부여하여 Mode 1(국경간 공급) 형태의 교역을 활성화시킨다.

8 멸실주택이란 건축법상 주택의 용도에 해당하는 건축물이 철거 또는 멸실되어

더 이상 존재하지 않게 된 경우로서 건축물대장 말소가 이루어진 주택을 의미한다.

9   주거소요란 일정 공간에 거주하면서 필요한 모든 서비스를 일컫는다.

강대중, 〈평생교육법의 한계와 재구조화 방향 탐색〉, 평생학습사회, 5권 2호, 2009.

강창구, 하태진, 오유수, 우운택, 〈유비쿼터스 가상현실 구현을 위한 증강현실 콘텐츠 기술과 응용〉, 전자공학회지 38권 6호, 2011.

강환구 외, 〈우리경제의 성장잠재력 추정결과〉, 한국은행, 2016.

강희정 외, 〈한국의료 질 평가와 과제: 한국의료 질 보고서 개발〉, 한국보건사회연구원, 2014.

경제사회발전노사정위원회, 〈더 나은 내일을 위한 오늘의 개혁: 노동시장 구조개선을 위한 사회적 대타협〉, 2015.

고병헌, 〈평생학습-삶을 위한 또 다른 기회인가, 교육불평등의 확대인가〉, 평생교육학 연구, 9권 1호, 2003.

고영상, 〈한국 평생교육법제 변화 과정과 주요 쟁점〉, 한국평생교육HRD연구, 6권 3호, 2010.

고용노동부, '고용형태공시제 시행 2년차, 어떤 변화가 있나?', 고용노동부 보도자료 (2015.6.30).

고용노동부, 〈2013 고용형태별근로실태조사〉, 2013.

고용노동부, 〈알기 쉬운 임금정보〉, 2014.

곽삼근, 〈평생학습사회의 성인학습자와 고등교육개혁의 과제〉, 평생학습사회, 9권 3호, 2013.

관계부처합동, 〈제3차 국가생물다양성전략〉, 2014.

관광지식정보시스템(www.tour.go.kr) 국가별 관광산업기여도, 2016.

국가과학기술자문회의, 〈성장과 복지를 위한 바이오 미래전략〉, 2014.

국가생물자원프로젝트(NRBP)(http://www.nbrp.jp/about/about.jsp).

국가통계포털(www.kosis.kr).

국경복,『재정의 이해』, 나남, 2015.

국립환경과학원, 〈산림의 공익기능 계량화 연구〉, 2011.

국방부, 〈국방백서〉, 2014.

국토교통부, 〈2012년 주거실태조사 통계보고서〉, 2012.

국토교통부, 〈제2차 장기('13~'22) 주택종합계획〉, 2013.

국토교통통계누리(www.stat.molit.go.kr).

국회예산정책처, 〈2017년 및 중기경제전망〉, 2016.9.

국회예산정책처, 〈2016. 대한민국재정〉, 2016.

국회예산정책처, 〈한반도 통일의 경제적 효과〉, 2014.

기획재정부, 〈2016. 장기재정전망〉, 2015.12.

김경동, 〈왜 미래세대의 행복인가?〉, 미래세대행복위원회 창립총회, 2015.

김남조, 〈관광통역안내사의 질 높은 서비스 제공 조건〉, 한국관광정책, 2016.3.

김문수, 〈한국의 선진화를 위한 국가경영체제〉, 전국시도지사협의회 제2차 권역별 지방
분권토론회, 2013.

김영정, 〈균형발전 정책과 지방분권 논쟁〉, 균형발전정책과 지방분권 제5차 토론회 자
료집, 2010.

김완호, 〈어순중심의 사고구조 변환법을 통한 영어교수 학습방법의 전환〉, 국가미래전
략 정기토론회, 2015.

김용일, 〈김대중 정부의 교육정책 결정 구조〉, 한국교육정치학회 38차 춘계학술대회 논
문집, 2015.

김인춘, 고명현, 김성현, 암논 아란, 〈생산적 복지와 경제성장〉, 아산정책연구원, 2013.

김종일, 강동근, 〈양극화지표를 통해 본 대·중소기업의 생산성 격차 추이〉, 사회과학연
구, 19권 2호, 2012.

김평수, 윤홍근, 장규수,『문화콘텐츠 산업론』, 커뮤니케이션북스, 2016.

댄 히스, 칩 히스,『스위치』, 안진환 옮김, 웅진지식하우스, 2010.

데이비드 타이악, 래리 큐반,『학교없는 교육개혁: 유토피아를 꿈꾼 미국교육』, 권창욱,
박대권 옮김, 럭스미디어, 2011.

로마클럽, 〈성장의 한계(The Limits To Growth)〉, 1972.

리처드 리키,『제6의 멸종』, 황현숙 옮김, 세종서적, 1996.

마크 라이너스,『6도의 악몽』, 이한중 옮김, 세종서적, 2008.

문용린, 〈행복교육의 의미와 과제〉, KAIST 국가미래전략 정기토론회, 2015.

문화체육관광부, 〈2015국민여행실태조사(분석편)〉, 2016.5.

미래창조과학부 미래준비위원회, KISTEP, KAIST,『10년후 대한민국: 뉴노멀시대의 성
장전략』, 시간여행, 2016.

미래창조과학부, 방송통신위원회, 〈2015년도 방송산업 실태조사 보고서〉, 2015.11.

박남기,『교육진쟁론』, 장미출판사, 2003.

박남기, 〈'밝은 점' 찾기 전략〉, 교육전남, 2010.

박남기, 〈미래교육의 새 패러다임〉, 미래창조과학부 국가미래전략종합학술대회 자료집,
2015.

박남기, 〈실력주의사회에 대한 오해(1): 실력주의사회 기본 가정 해체. 교육을 바꾸는

사람들〉, 공교육희망, 2016.

박남기, 〈실력주의사회에 대한 오해(2): 비실력적 요인에 대한 생각 해체. 교육을 바꾸는 사람들〉, 공교육희망, 2016.

박남기, 〈유·초등교육의 발전 과제: 교육전쟁을 넘어 교육평화로〉, 한국교육학회 2008 춘계학술대회 자료집.

박남기, 〈학교혁신의 방향과 과제: 교육개혁을 위한 새패러다임 탐색〉, 한국교원단체총연합회 5·31 교육개혁 20주년 연속 세미나 자료집, 2015.

박남기, 김근영, 『학부모와 함께 하는 학급경영』, 태일사, 2007.

박남기, 임수진, 〈5·31 대학교육 혁신의 영향과 과제: 대학설립 준칙주의와 정원 자율화 정책을 중심으로〉, 한국교원단체총연합회 5·31 교육혁신 20주년 연속 세미나 자료집, 2015.

박세일, 〈21세기 선진통일을 위한 교육개혁: 철학과 전략〉, 국회미래인재육성포럼, 한반도선진화재단, 미래인재육성 대토론회, 5·31 교육개혁 20주년 세미나 자료집, 2015.

밥 루츠, 『빈 카운터스』, 홍대운 옮김, 비즈니스북스, 2012.

배달형, 〈작전활동의 확장과 통합에 관한 소고〉, 국방논단, 1623호, 2016.

배정옥, 〈중동에서 유행하는 한류콘텐츠〉, 한국문화관광연구원 웹진 문화관광, 2016.6.

보건의료미래위원회, 〈2020 한국의료의 비전과 정책방향〉, 2011.

산림청, 〈생물다양성과 산림〉, 2011.

산업연구원, 〈한국경제의 일본형 장기부진 가능성 검토〉, 2015, 산업경제정보 제610호.

생명공학정책연구센터, 〈Bioin 스페셜 생명연구자원〉, 2013.

생물다양성협약 제2조.

생물다양성협약사무국, 〈제4차 지구생물다양성전망〉, 2014.

서영정, 이영호, 우운택, 〈유비쿼터스 컴퓨팅에서의 가상현실과 상호작용〉, 정보과학회지 24권 12호, 2006.

서용석, 〈세대 간 형평성 확보를 위한 미래세대의 정치적 대표성 제도화 방안 연구〉, 한국행정연구원, 2014.

서용석, 〈지속가능한 사회를 위한 '미래세대기본법' 구상 제언〉, 과학기술정책연구원 미래연구포커스, Future Horizon Autumn, 22호, 2014.

서일홍, 〈AI and Robot AI: Dream & Future〉, 미래성장동력 오픈톡 플레이 발표 자료, 2016.

설동훈, 〈국제결혼이민과 국민·민족 정체성: 결혼이민자와 그 자녀의 자아 정체성을 중심으로〉, 경제와사회 103호, 2014.

설동훈, 〈다문화 사회에서의 문화 상호 교류〉, 새국어생활, 18권 1호, 2008.

설동훈, 〈한국의 인구고령화와 이민정책〉, 경제와사회, 106호, 2015.

성명재, 〈인구·가구특성의 변화가 소득분배구조에 미치는 영향 분석 연구〉, 사회과학연구, 22권 2호, 2015.

성지은 외, 〈저성장시대의 효과적인 기술혁신지원제도〉, 정책연구, 2013.12.

성지은, 박인용, 〈저성장에 대응하는 주요국의 혁신정책 변화 분석〉, Issues&Policy, 68호, 2013.

송호근, 〈시민교육, 더 이상 늦출 수 없다〉, 동아일보 심포지엄: 무한경쟁에서 개성존중의 시대로, 2015.

송호근, 〈우리는 아직도 '국민' 시대를 산다〉, 중앙일보, 2014.12.2.

식품의약품안전처, 〈국내 화장품 생산실적 10조원 돌파, 무역 흑자 1조원 넘어서〉, 2016.

신춘성, 오유수, 서영정, 윤효석, 우운택, 〈모바일 증강현실 서비스 동향과 지속 가능한 콘텐츠 생태계 전망〉, 정보과학회지, 28권 6호, 2010.

실감교류인체감응솔루션 연구단(http://www.chic.re.kr/)

아주대중국정책연구소, 〈사드 도입 논쟁과 중국의 對韓 경제보복 가능성 검토〉, 2016.

안병옥, 〈기후변화 에너지 법제 개선방안 연구〉, 국회기후변화포럼, 2014.

안와르 샤, 〈비교 관점에서 본 경제성장의 촉매제로서 지방정부의 역할〉, 한국지방행정연구원 세미나, 2010.

안정헌, 〈Sense group grammar〉, 5차원전면교육협회 학술대회 학술지, 2016.

앤디 하그리브스, 데니스 셜리, 『학교교육 제4의 길』, 이찬승, 홍완기 옮김, 21세기교육연구소, 2015.

앨빈 토플러, 『제3의 물결』, 원창엽 옮김, 홍신문화사, 2006.

앨빈 토플러, 정보통신정책연구원, 〈위기를 넘어서: 21세기 한국의 비전〉, 정보통신정책연구원, 2001.

앨빈 토플러, 하이디 토플러, 『전쟁 반전쟁』, 김원호 옮김, 청림출판, 2011.

에릭 브린욜프슨, 앤드루 매카피, 『기계와의 경쟁』, 정지훈, 류현정 옮김, 틔움, 2011.

에스놀로그(http://www.ethnologue.com), 2014.

영화진흥위원회, 〈2015년 한국영화산업 결산〉, 2016.2.

영화진흥위원회, 〈한국영화진흥종합계획 2016~2018〉, 2016.3.

오마에 겐이치, 『국가의 종말』, 박길부 옮김. 한언, 1996.

오상록, 〈A Study on Iterative Learning Control Methods for Robot Manipulators〉, KAIST 박사학위논문, 1988.

오윤경, 〈통일세대를 위한 수용성 교육의 의의〉, KAIST 국가미래전략 정기토론회, 2015.

온실가스종합정보센터, 〈2015 국가 온실가스 인벤토리 보고서〉.

외교부, 〈주요국 대상 한국이미지조사 결과〉, 2014.7.25.

요스타 에스핑-안데르센, 『끝나지 않은 혁명』, 주은선, 김영미 옮김, 나눔의집, 2014.

우운택, 이민경, 〈증강현실 기술 연구 동향 및 전망〉, 정보처리학회지, 11권 1호, 2004.

원동연, 『5차원독서법과 학문의 9단계』, 김영사, 2000.

유재국, 〈인구구조변화와 정책적 시사점〉, 국회입법조사처 이슈와 논점, 2013.8.

윤덕민, 〈미래를 위한 통일교육 전략〉, KAIST 국가미래전략 정기토론회, 2015.

윤석명, 〈인구고령화를 반영한 공적연금 재정전망과 정책과제〉, 보건복지포럼, 2011.

이광형, 〈인식의 틀과 가치좌표〉, KAIST 국가미래전략 정기토론회 자료집, 2016.

이기우, 〈지방분권, 지방발전, 국가발전〉, 강원포럼, 2013.

이병희, 장지연, 황덕순, 김혜원, 반정호, 〈한국형 실업부조 도입 방안〉, 한국노동연구원, 2013.

이삼식 외, 〈2015년 전국 출산력 및 가족보건·복지실태조사〉, 한국보건사회연구원,

2015.

이삼식 외, 〈고령화 및 생산가능인구 감소에 따른 대응전략 마련 연구〉, 보건복지부·한국보건사회연구원, 2015.

이삼식 외, 〈미래 인구변동에 대응한 정책방안〉, 보건복지부·한국보건사회연구원, 2011.

이상오, 『지식의 탄생』, 한국문화사, 2016.

이영호, 김기영, 신춘성, 우운택, 〈유비쿼터스 가상현실에서 디지로그형 u-콘텐츠 기술 동향 및 응용〉, 정보과학지, 26권 12호, 2008.

이영호, 신춘성, 하태진, 우운택, 〈스마트 환경을 위한 유비쿼터스 가상현실 구현기술 및 응용〉, 한국멀티미디어 학회지, 13권 3호, 2009.

이장원, 전명숙, 조강윤, 『격차축소를 위한 임금정책: 노사정 연대임금정책 국제비교』, 한국노동연구원, 2014.

이지순, 서용석, 『미래세대의 지속가능발전조건: 성장 환경 복지의 선순환』, 박영사, 2012.

이한진, 〈대한민국 수학교육의 진단과 미래비전〉, 5차원전면교육협회 학술대회 학술지, 2016.

이화여자대학교 한국문화연구원, 『교육학 연구 50년』, 혜안, 2004.

이희수, 〈학습사회에서 학습경제로의 전환 논리와 그 의미〉, 평생교육학연구, 7권 1호, 2001.

인터넷세계통계(http://www.internetworldstats.com), 2012.

일 예거, 『우리의 지구, 얼마나 더 비틸 수 있는가』, 김홍옥 옮김, 길, 2010.

임경호, 〈수용성교육을 통한 통일이후 통합교육 방안〉, 5차원전면교육협회 학술대회 학술지, 2016.

임재규, 〈산업부문의 전력수요관리정책 추진방향에 대한 연구〉, 에너지경제연구원, 2013.

임정선, 〈IoT-가속화되는 연결의 빅뱅과 플랫폼 경쟁의 서막〉, KT 경제경영연구소 Special Report, 2015.

자크 아탈리, 『합리적인 미치광이』, 이세욱 옮김, 중앙 M&B, 2001.

정경희 외, 〈2014년도 노인실태조사〉, 보건복지부·한국보건사회연구원, 2014.

정영호, 2013, 〈고령자의 복합만성질환 분석〉, 한국보건사회연구원 Issue&Focus. 2013.6.

정용덕, 〈바람직한 문명 발전을 위한 국가 행정 제도화 시론: 공익 개념을 중심으로〉, 행정논총, 53권 4호, 2015.

정지웅, 김지자, 『사회교육학개론』, 서울대학교 출판부, 1986.

제12차 생물다양성협약 당사국총회 평창2014 홈페이지(www.cbdcop12.kr).

조성호, 〈왜 지방분권인가?〉, 전국시도지사협의회 제2차 권역별 지방분권토론회, 2013.

지방자치발전위원회, 〈지방자치발전 종합계획〉, 2014.

최광, 〈소득 양극화: 인식 진단 및 처방〉, KIPA 조사포럼, 4호, 2013.

최성철, 〈베이비붐세대가 국민연금에 미치는 영향에 관한 연구〉, 원광대학교 대학원 박사학위논문, 2008.

최윤식, 『2030 대담한 미래』, 지식노마드, 2013.

최호철, 〈2014년 국어정책 통계조사〉, 국립국어원, 2014.

칼리지보드(http://www.collegeboard.com), 2014.

통계청, 〈2016년 3월 온라인쇼핑 동향〉, 2016.

통계청, 〈경제활동인구조사 부가 조사〉, 2015.

통계청, 〈경제활동인구조사 부가조사(고용보험과 공적연금 가입실태)〉, 2014.

통계청, 〈경제활동인구조사-근로형태별 사회보험 가입자 비율 및 증감〉, 2016.

통계청, 〈경제활동인구조사-근로형태별 월평균 임금 및 증감〉, 2016.

통계청, 〈사회조사-계층의식(13세 이상 인구)〉, 2015.

통계청, 〈지역별 고용조사-연령대별 경력단절 여성〉, 2016.

통계청, 〈통계로 본 온라인쇼핑 20년〉, 2016.

트렌즈지 특별취재팀, 『10년 후 시장의 미래: 세계경제를 뒤흔드는 28가지 트렌드』, 권춘오 옮김, 일상이상, 2014.

페르난도 트리아스데 베스, 『시간을 파는 남자』, 권상미 옮김, 21세기북스, 2006.

한국감정원(www.kab.co.kr).

한국고용정보원, 『미래의 직업연구』, 2013.

한국관광공사, 〈중동 관광시장조사〉, 2007.

한국교육개발원, 〈교육과 사회계층이동 조사연구〉, 2011.

한국교육개발원, 〈한국사회교육의 과거·현재·미래 탐구〉, 1993.

한국문화관광연구원, 〈2015 외래관광객실태, 그것이 알고 싶다〉, KTCI-Info, 제6호, 2016.5.

한국문화관광연구원, 〈한·중·일 관광교류 현황(2015년 연간 및 2016년 1월)〉, 투어고포커스 제198호, 2016.3.

한국문화산업교류재단 조사연구팀, 〈한류리포트글로벌 한류 동향〉 105호, 111호, 112호.

한국문화산업교류재단, 『2015 대한민국 한류백서』, 2016.

한국보건사회연구원, 〈사회통합 실태진단 및 대응방안 Ⅱ〉, 2015.

한국보건산업진흥원, 〈2015년 화장품산업 분석 보고서〉, 2016.

한국사회갈등해소센터, 〈4차 한국인의 공공갈등 의식조사〉, 2016.

한국생명공학연구원, 〈바이오산업과 나고야의정서〉 2011.

한국영화진흥위원회, 〈디지털 온라인 시장 진단〉, 2016.6.

한국은행, 〈우리나라의 고용구조 및 노동연관 효과〉, 2009.8.

한국은행, 〈국민계정〉, 2016.3.

한국조세연구원, 〈미래 환경 변화에 대비한 조세체계 개편방안 연구〉, 2011.

한국환경산업기술원, 〈녹색소비생활 확산을 위한 그린카드제도 운영현황 및 추진방안〉, 2013.

한만중, 〈5·31 교육개혁 평가와 진보적 교육개혁의 전망〉, 새정치민주연합 특별위원회 제4차 교육포럼 자료집, 2015.

한표환 외, 〈지방자치법 실태분석 및 개선방안〉, 대통령소속 지방자치발전위원회 보고서, 2015.

한표환 외, 〈지방자치법 실태분석 및 개선방안〉, 대통령소속 지방자치발전위원회 보고 서, 2015.

한표환, 〈행복한 주민, 살기 좋은 지역을 위한 정책방향〉, 지역발전위원회 세미나 자료 집, 2012.

허찬국, 〈저성장 시대 기회요소와 위험 요소〉, CHIEF EXECUTIVE, 2007.3.

현대경제연구원, 〈국내 MICE산업 경쟁력 현황과 시사점〉, 2014.3.

홍일선, 〈세대간 정의와 평등: 고령사회를 대비한 세대간 분배의 불균형문제를 중심으 로〉, 헌법학연구, 16권 2호, 2010.

환경부 홈페이지(http://www.me.go.kr).

환경부, 〈제5차 환경보전중기종합계획〉, 2013.

환경부, 〈환경보전에 대한 국민인식조사〉, 2013.

황덕순, 이병희, 〈활성화 정책을 통한 근로빈곤층 지원 강화 방안〉, 사회통합위원회·한 국노동연구원, 2011.

황종건, 『한국의 사회교육』, 교육과학사, 1978.

EIA 홈페이지(http://www.eia.gov/todayinenergy/detail.cfm?id=25492).

KAIST 미래전략연구센터, 『KAIST, 미래를 여는 명강의 2014』, 푸른지식, 2013.

KISTI 미리안, 〈글로벌동향브리핑〉, 2014.

UNEP, 〈생태계와 생물다양성의 경제학(TEEB) 보고서〉, 2010.

Acemoglu, D., & Robinson, J., 『Why Nations Fail: The Origin of Power, Prosperity and Poverty』, Crown Business, 2012.

Alpert, D., 『The age of oversupply: Overcoming the greatest challenge to the global economy』, Penguin, 2013.

Arkin, R. C., 『Behavior-based Robotics』, The MIT Press, 1998.

Ascher, W., 『Bringing in the Future』, Chicago University Press, 2009.

Binder, S., 〈Can Congress Legislate for the Future?〉, John Brademas Center for the Study of Congress, New York University, Research Brief No.3, 2006.

Bloomberg, 〈How ambitious are the post-2020 targets?〉, Bloomberg New Energy Finance White Paper, 2015.

Boston, J. & Lempp, F., 〈Climate Change: Explaining and Solving the Mismatch Between Scientific Urgency and Political Inertia〉, Accounting, Auditing and Accountability Journal, 24(8), 2011.

Boston, J. & Prebble, R., 〈The Role and Importance of Long-Term Fiscal Planning〉, Policy Quarterly, 9(4), 2013.

Boston, J. and Chapple, S., 『Child Poverty in New Zealand Wellington』, Bridget Williams Books, 2014.

Boston, J., Wanna, J., Lipski, V., & Pritchard, J. (eds), 『Future-Proofing the State: Managing Risks, Responding to Crises and Building Resilience』, ANU Press,

2014.

Bryan, G. et al., 〈Commitment Devices〉, Annual Review of Economics, 2, 2010.

Clasen, J. & Clegg, D. (eds), 『Regulating the Risk of Unemployment: National Adaptations to Post-Industrial Labour Markets in Europe』, Oxford University Press, 2011.

Debrun, X. & Kumar, M., 〈Fiscal Rules, Fiscal Councils and All That: Commitment Devices, Signaling Tools or Smokescreens〉, Proceedings of the Banca d'Italia Public Finance Workshop, 2007.

Ekeli, K. S., 〈Giving a voice to posterity – deliberative democracy and representation of future people〉, Journal of Agricultural and Environmental Ethics, 18(5), 2005.

Ekeli, K. S., 〈Constitutional Experiments: Representing Future Generations Through Submajority Rules〉, Journal of Political Philosophy, 17(4), 2009.

Elster, J. & Slagstad, R. (eds), 『Constitutionalism and Democracy』, Cambridge University Press, 1988.

EU, 〈Biodiversity Strategy to 2020: towards implementation〉, 2011.

Germanwatch & CAN Europe, 〈The Climate Change Performance Index-Results 2015〉, 2015.

Global Commission on the Economy and Climate, 〈Better Growth, Better Climate: The New Climate Economy Report〉, 2014.

Goodin, R., 〈Enfranchising All Affected Interests, and Its Alternatives〉, Philosophy and Public Affairs, 35(1), 2007.

Gordon, R. J., 〈Is US economic growth over? Faltering innovation confronts the six headwinds〉, National Bureau of Economic Research, 2012.

Hagemann, R., 〈How Can Fiscal Councils Strengthen Fiscal Performance?〉, OECD Journal: Economic Studies, 1, 2011.

Helliwell, Layard & Sachs, 〈World Happiness Report 2016〉, Sustainable Development Solutions Network, 2016.

Helm, D., 〈Taking natural capital seriously?〉, Oxford Review of Economic Policy, 30(1), 2014.

Helm, D. & Hepburn, C. (eds.), 『The Economics and Politics of Climate Change』, Oxford University Press.

House of Commons Public Administration Select Committee, 〈Governing the Future〉, Second Report of Session, 2007.2.22.

Howard, P. N., 『Pax Technica: How the Internet of Things May Set Us Free or Lock Us Up』, Yale University Press, 2014.

IEA, 〈World Energy Outlook 2015〉, International Energy Agency, 2015.

IMF, 〈World Economic Outlook Database〉, 2016.

Institute for 21st Century Energy, 〈International Energy Security Risk Index〉, US Chamber of Commerce, 2015.

IPCC, 〈Climate Change 2007: Mitigation of Climate Change〉, 2007.

Ireland Department of Health, 〈Future Health: A strategic Framework for Reform of the Health Service 2012-2015〉, 2012.

Jackson, T., 『Prosperity without Growth: Economics for a Finite Planet』, Earthscan, 2009.

James, C., 〈Making Big Decisions for the Future?〉, Policy Quarterly, 9(4), 2013.

McLeod, T., 〈Governance and Decision-Making for Future Generations〉, Background Paper for Oxford Martin Commission on Future Generations, 2013.

Murphy, R., 『Introduction to AI Robotics』, The MIT Press, 2000.

Natural Capital Committee, 〈The State of Natural Capital: Towards a framework for measurement and valuation London〉, First Report from the Natural Capital Committee, 2013.

OECD, 〈Education at a Glance〉, 2012.

OECD, 〈Looking to 2060: long-term global growth prospects〉, 2012.

OECD, 〈Divided We Stand: Why Inequality Keeps Rising?〉, 2011.

OECD, 〈Health Data〉, 2016.

OECD, 〈Health Data-Demographic Reference〉, 2016.

OECD, 〈Biodiversity Offsets〉, 2014.

OECD, 〈Environment outlook to 2050〉, 2012.

OECD, 〈The Bioeconomy to 2030: Designing a Policy Agenda〉, 2009.

Oxford Martin Commission, 〈Now for the Long Term〉, Report of the Oxford Martin Commission for Future Generations, 2013.

Park, I., 〈The Labour Market, Skill Formation and Training in the 'Post-Developmental' State: The Example of South Korea〉, Journal of Education and Work, 20(5), 2007.

Rejeski, D. (eds), 〈Government Foresight: Myth, Dream or Reality?〉, Woodrow Wilson International Centre for Scholars, 2003.

Ryan, B. & Gill, D. (eds), 『Future State: Directions for Public Management Reform in New Zealand』, Victoria University Press, 2011.

Sunstein, C., 『Why Nudge: The Politics of Libertarian Paternalism』, Yale University Press, 2014.

Thompson, D., 〈Democracy in time: popular sovereignty and temporal representation?〉, Constellations, 12(2), 2005.

Thompson, D., 〈Representing Future Generations: Political Presentism and Democratic Trusteeship?〉, Critical Review of International Social and Political Philosophy, 13(1), 2010.

Tiihonen, P., 〈Revamping the Work of the Committee for the Future〉, Eduskunta (Parliament of Finland) Committee for the Future, 2011.

UN, 〈Global Biodiversity Outlook 3〉, 2010.

UN, 〈High Level Representative for Future Generations〉, The General Assembly, Draft, 2013.7.23.

UN, 〈World Population Prospects 2012〉, 2013.

UN, 〈Millennium Ecosystem Assessment〉, 2005.

UNEP, 〈Global Environment Outlook 4〉, 2007.

UNEP, 〈Global Environment Outlook 5〉, 2012.

UNEP, 〈Payments for Ecosystem Services: Getting Started〉, 2008.

UNEP, 〈Global Trends in Renewable Energy Investment〉, 2016.

UNWTO, 〈Climate change: Responding to global challenge〉, 2008.

Vestergaard, J. & Wade, R., 〈Establishing a New Global Economic Council: Governance Reform at the G20, the IMF and the World Bank?〉, Global Policy, 3(3), 2012.

Ward, H., 〈Beyond the Short Term: Legal and Institutional Space for Future Generations in Global Governance?〉, Yearbook of International Environmental Law, 22(1), 2011.

WEF, 〈The Global Risks Report〉, 2016.

Welsh Government, 〈Future Generations Bill?〉, 2014.

Welsh Government, 〈Well-being of Future Generations〉, 2014.

World Economic Forum, 〈Sustainable Health Systems Visions, Strategies, Critical Uncertainties and Scenarios〉, 2013.

World Economic Forum, 〈The Travel & Tourism Competitiveness Report〉, 2015.

World Economic Forum, 〈A vision for the Dutch health care system in 2040〉, 2013.

World Energy Council, 〈2015 Energy Trilemma Index〉, 2015.

World Future Council, 〈The High Commissioner for Future Generations: The Future We Want〉, 2012.

World Future Council, 〈Global Policy Action Plan: Incentives for a Sustainable Future〉, 2014.

대한민국
국가미래전략
2017

1판 1쇄   2016년 11월   1일
1판 2쇄   2016년 12월 28일

지은이   KAIST 문술미래전략대학원
펴낸이   김승욱
편집   고아라 김승욱
디자인   윤종윤 이정민 이보람
마케팅   방미연 최향모 오혜림 함유지
홍보   김희숙 김상만 이천희
제작   강신은 김동욱 임현식

펴낸곳   이콘출판(주)
출판등록 2003년 3월 12일 제406-2003-059호

주소   10881 경기도 파주시 회동길 210
전자우편   book@econbook.com
전화   031-955-7979
팩스   031-955-8855

ISBN 978-89-97453-74-0 03300

───

이 도서의 국립중앙도서관 출판시도서목록(CIP)은 e-CIP 홈페이지(http://www.nl.go.kr/ecip)와
국가자료공동목록시스템(http://www.nl.go.kr/kolisnet)에서 이용하실 수 있습니다.
(CIP제어번호: CIP2016024471)